W0412346

Mickel · Wiegand

GESCHICHTE POLITIK UND GESELLSCHAFT

Lern- und Arbeitsbuch für Geschichte
in der gymnasialen Oberstufe

Band 1

**Von der Französischen Revolution
bis zum Ende des 2. Weltkrieges**

Herausgegeben von Wolfgang W. Mickel
in Zusammenarbeit mit
Thomas Berger, Udo Margedant,
Frieder Mutschler und Petra Rentschler

Cornelsen

Gesamtübersicht

Band 1: Von der Französischen Revolution bis zum Ende des 2. Weltkrieges

A. Die Revolution des Bürgertums 1789: Der Kampf um den demokratischen Verfassungsstaat
von Prof. Dr. Wolfgang W. Mickel und Frieder Mutschler

B. Die gesellschaftlichen und politischen Veränderungen in Deutschland bis 1848
von Prof. Dr. Wolfgang W. Mickel

C. Die Entstehung und Entwicklung des Deutschen Reiches im Spannungsfeld liberaler, nationaler und konservativer Kräfte des 19. Jahrhunderts
von Prof. Dr. Wolfgang W. Mickel

D. Wirtschaft und Gesellschaft im Zeitalter der Industrialisierung: Von der Agrar- zur Industriegesellschaft
von Prof. Dr. Wolfgang W. Mickel und Petra Rentschler

E. Die soziale Frage und die Kritik an der bürgerlichen Gesellschaft
von Prof. Dr. Wolfgang W. Mickel

F. Die Weimarer Republik
von Dr. Udo Margedant

G. Der Nationalsozialismus
von Dr. Thomas Berger

Band 2: Die Großmächte – Internationale Politik – Deutschland nach 1945

A. Der Aufstieg der Vereinigten Staaten zur Weltmacht
von Prof. Dr. Wolfgang W. Mickel

B. Die Sowjetunion
von Dr. Wanda Kampmann und Dr. Berthold Wiegand

C. Deutschland nach 1945
von Dr. Berthold Wiegand und Renate Grolig-Gräf

D. Veränderungen des internationalen Mächtesystems und der Weltpolitik im 19. und 20. Jahrhundert
von Prof. Dr. Wolfgang W. Mickel und Karl-Heinz Holstein

E. Die Volksrepublik China als neuer Faktor der Weltpolitik
von Dr. Wanda Kampmann und Dr. Berthold Wiegand

Redaktion: Karl-Heinz Holstein, Hermann Kalbfuss

Umschlagentwurf: Maria Geitmann, Ranstadt
Grafiken: Annette Pflügner, Mörfelden
Karten: Gerd Holtkamp, München; Günter Wiesler, Fraunberg

3. Auflage   Druck 9 8 7   Jahr 99 98

Alle Drucke dieser Auflage können im Unterricht nebeneinander verwendet werden.

Satz: Robert Hurler GmbH, Notzingen

Druck: Cornelsen Druck, Berlin

ISBN 3-454-59710-2

Bestellnummer 597102

gedruckt auf säurefreiem Papier, umweltschonend hergestellt aus chlorfrei gebleichten Faserstoffen

Inhaltsübersicht

A. Die Revolution des Bürgertums 1789: Der Kampf um den demokratischen Verfassungsstaat

1. Die politischen, sozialen, wirtschaftlichen und geistigen Voraussetzungen der Revolution

Als am 5. Mai 1789 in der Versammlung der französischen Generalstände Vertreter des Adels, der Geistlichkeit und der städtischen Körperschaften zusammentraten, um über die Misere der Staatsfinanzen und ihre Beseitigung zu beraten, ahnte wohl keiner der Beteiligten, daß mit diesem Tag Frankreich und mit ihm Europa an der Wende seiner Geschichte stand. Seit 1614 waren die **Generalstände** (Etats généraux) nicht mehr einberufen, sondern durch das absolutistische Königtum ausgeschaltet worden. Ihre Wiederberufung, die der König unter dem Druck der katastrophalen Finanzsituation angeordnet hatte, leitete eine Kette von Ereignissen ein, in deren Verlauf und Folge die bisherige, nach Geburts- und Berufsständen gegliederte, absolutistische Untertanengesellschaft umgestürzt und durch neue Formen der politischen und gesellschaftlichen Ordnung abgelöst wurde.
Bereits sechs Wochen später, am 20. Juni 1789, wurde der revolutionäre Zug offenkundig, als im Ballhaus von Versailles Vertreter des **Dritten Standes** – in der Mehrzahl Juristen, Großbürger und Gelehrte (s. 1.2) – gegen die Autorität des Königs auf der Schaffung einer **konstitutionellen Verfassung** bestanden, die nicht nur verbindliche Regeln für die Leitung des Staates enthalten, sondern auch die Stellung des Bürgers im Staate rechtlich festigen und dem Dritten Stand (s. 2.1) parlamentarische Mitsprache sichern sollte. In diesen revolutionären Forderungen, auch gegenüber Adel und Geistlichkeit, äußerte sich ein neues politisches Selbstbewußtsein des Bürgertums.

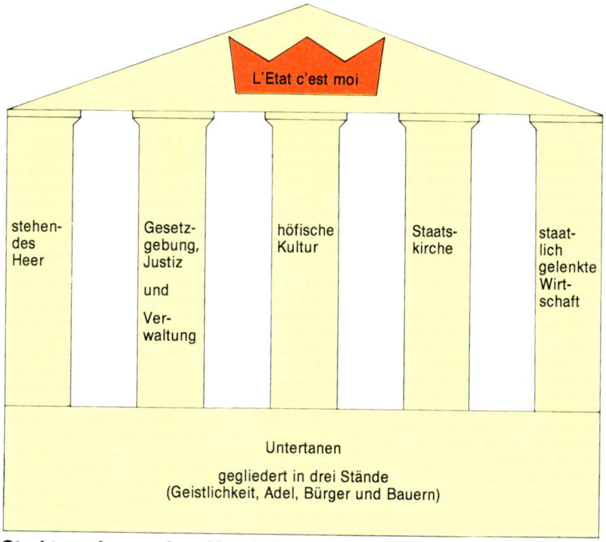

Strukturschema des Absolutismus

Wichtigstes Bildungselement dieses Selbstbewußtseins war die offenkundige Diskrepanz zwischen der vorherrschenden Stellung des Bürgertums im Wirtschaftsleben Frankreichs und seiner völligen Einflußlosigkeit auf die politische Gestaltung von Staat und Gesellschaft. Gestützt wurde dieses Selbstbewußtsein durch Beiträge aus der zeitgenössischen Staatstheorie und Philosophie (T 4–8), die den Bürgern die Argumente für den Kampf gegen Alleinherrschaft und Ständeprivilegien lieferten.
Außerdem stand vielen das Beispiel der erfolgreichen Auseinandersetzung vor Augen, die die amerikanischen Siedler mit der englischen Krone um die politische Selbstbestimmung geführt hatten. Die Verfassungen, die sich elf der sich unabhängig erklärenden Staaten zwischen 1776 und 1780 gegeben hatten, waren auch in Europa bekannt geworden. Das gebildete Bürgertum erfuhr in den Salons von Paris, in den rasch zahlreicher werdenden politischen Klubs, in den Logen der Freimaurer und bei ähnlichen Zusammenkünften, wie in Nordamerika ein Volk – wenn auch unter anderen Bedingungen – auf dem Weg war, die politische Führung in die eigene Hand zu nehmen (s. Bd. 2, A 1).

1.1 Die vorrevolutionäre Situation

Frankreich, dessen Staats- und Gesellschaftsordnung seit dem 16. Jahrhundert unangefochten bestand, erlebte – wie in England (s. D 3.1) – seit etwa 1750 eine Zeit des raschen sozialen und wirtschaftlichen Wandels. Die Bevölkerungszahl stieg zwischen 1700 und 1789 von 21,5 Mio. auf über 25 Mio (England hatte um 1789 ca. 9 Mio. Einwohner, Spanien 10,5 Mio., Preußen um 1770 4,2 Mio., Österreich, Böhmen und Mähren um 1800 9,6 Mio.). Parallel dazu konnte die Landwirtschaft ihre Erträge steigern; auf dem Markt stiegen die Preise für Agrarprodukte. Der französische Kolonialhandel vermehrte sich zwischen 1716 und 1787 um das Zehnfache. Diese wirtschaftliche Aufwärtsentwicklung wurde seit 1770 abgebremst, und der Stagnation folgte am Ende der siebziger Jahre ein allgemeiner Rückgang (Rezession). Lebensmittelteuerung und Arbeitslosigkeit verschärften die ohnehin kritische Situation des Ancien régime, dem nun neben Autoritätsverlust und sozialen Unruhen auch der wirtschaftliche Ruin drohte.
Diese Kombination von Wirtschafts-, Gesellschafts- und Herrschaftskrise markiert den Ausgangspunkt der revolutionären Umwälzung. Deutlich wird aber auch, daß die daraus entstehende bürgerliche Gesellschaft nicht aus einer plötzlichen Überwindung der feudalständischen Verhältnisse hervorging. Die Vorgeschichte der Revolution ist die Geschichte der sozialen und politischen Auflösungsprozesse, in die alle Bevölkerungsschichten Frankreichs hineingerissen wurden – auf unterschiedliche Weise und mit unterschiedlichen Motiven. In der Wissenschaft (E. Fehrenbach) spricht man in diesem Zusammenhang von drei Revolutionen, die sich 1789 als Teilprozesse mit oft gegensätzlicher Tendenz ineinander verwoben: die Revolution der Bauern, der städtischen Unterschichten und der Stände.

1.1.1 Die Lage der Bauern

Das 18. Jahrhundert brachte für die ländliche Gesellschaft Frankreichs den Umwandlungsprozeß der feudalen Wirtschaftsweise in die kapitalistische Organisation des Grundbesitzes. Diese neue Wirtschaftsform war durch zwei Grundtendenzen gekennzeichnet: die Konzentration des Grundbesitzes und sein auf optimalen wirtschaftlichen Nutzen (Kommerzialisierung) ausgerichteter Gebrauch. Im Gefolge des wachsenden Einflusses einer unternehmerischen Landbourgeoisie entwickelten die adligen Grundherren ein geradezu „bürgerliches“ Erwerbs- und Gewinnstreben. Zum Beispiel wurde das Abgabenwesen durch Grundbuchkommissare genau erfaßt, der selbst-

bewirtschaftete Landbesitz wurde durch die Wahrnehmung grundherrlicher Vorkaufsrechte, teilweise durch ungerechtfertigte Inbesitznahme der allen Gemeindemitgliedern gehörenden Flur (Allmende) erweitert und schließlich verpachtet.
Gegen die Revision der Grundbücher und das Geltendmachen alter Besitzrechte am Gemeindeeigentum protestierten die betroffenen Bauern. Allerdings waren die alten Feudalabgaben – Grundzinsen, Feldzehnten, Besitzwechselabgaben, Sterbefallgelder usw. – im Verhältnis zu den Einnahmen aus der Geld- und Naturalpacht sowie den Gewinnen aus der Selbstbewirtschaftung relativ gering.
In dieser Zeit der hohen Einkommen aus dem Eigentum an Grund und Boden (Grundrenten) – im 18. Jahrhundert stiegen die Pachtzinsen trotz der hohen Agrarpreise um real 51% an – erwarb auch das wohlhabende Stadtbürgertum Grundbesitz, so daß von den adligen und großbürgerlichen Grundherren die gleichen Interessen verfolgt wurden. Ein Ergebnis dieser gemeinsamen Interessenlage bestand darin, daß die Bauern am Ende des Ancien régime nur noch über ein Drittel des Bodens verfügten. Den übrigen Landbesitz teilten sich zu 10% die Geistlichkeit, zu 20% der Adel und zu 30% das städtische Bürgertum. Ein Rest war Gemeineigentum. Durch die fremden Landbesitzer, ortsfremden Pächter und Gutsverwalter löste sich die geschlossene bäuerliche Dorfgemeinschaft auf. Die Masse der Kleinbauern wurde infolge der Bevölkerungszunahme, der Preissteigerungen und der Konzentration des Grundbesitzes seit etwa 1750 zu einem Landproletariat aus Tagelöhnern, Saisonarbeitern und Wohnsitzlosen, das in manchen Gegenden über 60% der Landbevölkerung ausmachte. Die daraus entstehende Unzufriedenheit entlud sich bereits seit 1750 in einer Welle von Auflehnungen und Unruhen.

Die Privilegierten. – Französisches Flugblatt, um 1788

Die gegen die Herrschaft der adligen und bürgerlichen Grundbesitzer gerichtete Empörung der Bauern wurde durch die zunehmend radikale Anwendung der grundherrschaftlichen Rechte – Fronarbeit in Gestalt unentgeltlicher Arbeitsleistungen für die Benutzung von Grund und Boden, Jagd-, Fischerei-, Mühlen-, Kelterei- und Braumonopol des Adels sowie eine unwägbare grundherrliche Gerichtsbarkeit – verstärkt (réaction feodale). Nicht unerheblich war für viele Bauern, daß sie die Herrenjagd auf ihren Feldern dulden mußten und dabei Dienste, z. B. als Treiber, zu leisten hatten. Daneben mußten sie aber auch an den König Abgaben leisten und Dienste erbringen, u. a. die sog. Taille (allgemeine Königssteuer), eine Kopfsteuer, den „Zwanzigsten" und Frondienste für den Wegebau und für Militärtransporte. Indirekte Steuern waren u. a. auf Salz zu entrichten. Schließlich lasteten auf den Bauern Abgaben an den Grundherren und an die Kirche: der sog. „Zehnt", d. h. der zehnte Teil der Weizen-, Roggen-, Hafer- und Gersteernte mußte abgeführt werden, der kleine Zehnt forderte den zehnten Teil der übrigen Ernte, der Viehzehnt den zehnten Teil des Tierbestandes. Die daraus folgende Revolution der Bauern war im Grunde eine konservative Revolution. Sie richtete sich gegen den zu raschen wirtschaftlichen und sozialen Wandel und versuchte verzweifelt, die alten, vorkapitalistischen Verhältnisse wiederherzustellen.

Die Schichtung der französischen Gesellschaft vor der Revolution

1. Stand: Geistlichkeit (le Clergé)

Anzahl:
ca. 130 000 (= 0,5% der Bevölkerung, weniger als im protestantischen England).

Gliederung
a) Hohe Geistlichkeit, 143 Bischöfe und Äbte, 4000 Domherren und Prälaten adliger Herkunft mit bedeutenden Einkünften.
b) Niedere Geistlichkeit bäuerlicher bzw. bürgerlicher Herkunft, z. T. ärmlich; 25 000 Ordensbrüder; 40 000 Ordensschwestern; 70 000 Pfarrer und Vikare.

Privilegien:
Befreiung vom Militärdienst und allen Steuern (die Geistlichen gaben eine freiwillige Steuer); Erhebung eigener Steuern (Zehnt); Ehrenrechte; eigene Gerichtsbarkeit.

Pflichten:
Armen- und Krankenfürsorge; Seelsorge; Unterrichtswesen.

2. Stand: Adel (la Noblesse)

Anzahl:
ca. 300 000 bis 400 000 (ca. 1,3% der Bevölkerung; in Polen und Ungarn: 4% bis 8%).

Gliederung:
a) Geburtsadel (Noblesse d'epée) ca. 20 000 Personen.
– Hofadel (Noblesse de cour) 4000 Familien, die von ihrem Grundbesitz, von königlichen Pensionen und den Einkünften bestimmter Ehrenämter lebten.
– Landadel (Noblesse provinciele), unterschiedlicher Besitz, häufig verarmt, Einkünfte aus Feudalrechten.
Ursprung: Schwertadel, feudaler und militärischer Ursprung im Mittelalter.
b) Amtsadel (Noblesse de robe), durch Kauf von Ämtern mit adelnder Wirkung aus dem Großbürgertum hervorgegangen.

Privilegien:
Befreiung von den meisten Steuern; Feudalrechte: Frondienste abhängiger Bauern, Erhebung von Abgaben (Zehnt), Anrecht auf Ämter und Pfründen. Jagd-, Holz-, Wasserrechte u. a.; Herrenrechte. Einschränkungen bei der Betätigung in Handel und Gewerbe.

Pflichten:
ursprünglich Militärdienst, im 18. Jahrhundert keine Gegenleistung mehr.

3. Stand: Bürgertum und Bauern

Anzahl:
25 Millionen; umfaßt das gesamte Volk in Stadt und Land, in sich vielfach nach der sozialen Lage geschichtet, einig nur in der Opposition gegen die Privilegierten.

Gliederung:
a) Großbürgertum (Bankiers, Fabrikanten, Steuerpächter, Großhändler), Aufstiegsmöglichkeit zur Noblesse de robe.
b) Bürgerliche in freien Berufen (10–20% des Bürgertums, Advokaten, Notare, Ärzte, Gelehrte, Lehrer, Schriftsteller, Künstler). Diese Gruppe stellt die Wortführer der Revolution.
c) Handwerker und Ladenbesitzer (ca. 65% des Bürgertums) mit großen Unterschieden im Lebensstandard. „Le peuple."
d) In Zünften organisierte Arbeiter, Gesellen und Lehrlinge, die im Haus des Meisters leben.
e) Fabrikarbeiter, Tagelöhner, Hauspersonal, im Laufe des 18. Jhs. zunehmend verarmt durch die steigenden Brotpreise, meist schutzlos Krankheiten, Unfällen und dem Alter ausgesetzt. „La canaille."
f) Bauern (über 20 Millionen, 85% der Gesamtbevölkerung; davon 1 Million Leibeigene) wurden infolge von Abgaben an die Feudalherren und hohen Steuerlasten am wirtschaftlichen Aufstieg gehindert.
Wenige Großpächter verfügen über den größten Teil der Bodenfläche. Tendenz zur weiteren Konzentration des Bodens in ihrer Hand zur billigen Großproduktion von Weizen für den Markt.
Eine kleine Gruppe von Bauern, die von ihrem Boden leben und etwas an Überschüssen für den Markt produzieren; die „Bourgeoisie" der Dörfer.
Proletarisierte Kleinbauern („paysans") (ca. 8 Millionen), die nur kleine Landparzellen besitzen, deren Ertrag knapp das Existenzminimum liefert.
Pächter, die gegen Ablieferung des halben Ertrags die Ländereien des Klerus, Adels und Bürgerlicher bewirtschaften, ohne Viehbesitz und Überschüsse.
Mobile Landarbeiter auf der Schwelle zum Bettlertum und zum Vagabundentum.
(Zusammengestellt nach: K. Griewank, Die Französische Revolution 1789–1795. Graz–Köln 1958, S. 10ff.; M. Duverger, Institutions Politiques. Paris 1963; F. Furet/D. Richet, Die Französische Revolution. Frankfurt/Main 1968, S. 29; D. Brelingard, R. Lohrer, L. Mazoyer, Histoire. L'Ere des Révolutions. Paris 1963, S. 11ff.)

1.1.2 Das Aufbegehren der städtischen klein- und unterbürgerlichen Schichten

Die kleinen Handwerker und Ladenbesitzer, die 1792/93 den Kern der Sansculotten-Bewegung bildeten (s. 3.1), stemmten sich gegen den wirtschaftlichen Fortschritt, der sie immer ärmer, die Reichen aber immer reicher machte. Die Steigerung der Lebenshaltungskosten von 1741 bis 1785 betrug 65%, während die Löhne kaum anstiegen. Der Brotpreis erforderte die Hälfte, in Zeiten der Teuerung 80% des Familieneinkommens. Daraufhin brachen Brot- und Hungerrevolten aus. Die notleidende Bevölkerung hoffte auf einen Ausweg in der früher praktizierten staatlichen Lenkung der Wirtschaft und geriet damit in Gegensatz zu den Interessen des in Handel und Manufaktur tätigen Bürgertums.
So wurde das soziale Klima kurzfristig vor der Revolution krisenhaft verschärft. Die Freigabe der Getreideausfuhr als Folge einer liberalen Handelspolitik, Mißernten (1788) und Viehseuchen führten zu einer akuten Versorgungs- und Ernährungskrise. Zwar erleichterte der 1786 mit England abgeschlossene Handelsvertrag die Einfuhr billiger britischer Waren, erschwerte jedoch die Situation französischer Produzenten, die einen Teil ihrer Arbeiter entlassen mußten. Arbeitslosigkeit und Hunger herrschten in den Städten, viele Bauern verloren ihren Nebenverdienst in der Heimindustrie. Der Brotpreis kletterte mancherorts um über 100% und erreichte in Paris am Tag der Erstürmung der Bastille, am 14. Juli 1789 (s. 2.2), den Höchststand des Jahrhunderts.

1.1.3 Die Situation des Bürgertums und des Adels

Das entscheidende Signal zur politischen Revolution der Herrschaftsverhältnisse setzte die Herrschaftselite selbst. Ihre Versuche nämlich, der umfassenden Krise Herr zu werden, brachte nicht die Lösung, sondern mündete in den unversöhnlichen Konflikt zwischen Reformversuchen einerseits und Restaurationspolitik andererseits. Diese Uneinigkeit war das Vorspiel zum Ständekampf. Unmittelbaren Anlaß der aufbrechenden Gegensätze bot die katastrophale Finanzsituation des Staates. Die Teilnahme am österreichischen Erbfolgekrieg (1740–1748), am Siebenjährigen Krieg (1776–1783), das Engagement im amerikanischen Unabhängigkeitskrieg sowie die Verschwendungssucht des Hofes verursachten eine Schuldenlast, zu deren Tilgung 1788 allein 50% der Staatseinnahmen aufgewandt werden mußten. Das staatliche Defizit wuchs. Es konnte nur durch eine Steuerreform beseitigt werden, die notwendigerweise die Steuerprivilegien von Adel und Geistlichkeit angreifen mußte. Diese beiden Stände waren nicht bereit, auf Privilegien zu verzichten. Ihre Weigerung, die einerseits den Macht- und Autoritätsverlust der Krone deutlich dokumentierte, führte andererseits zum Bruch des gegen die königliche Alleinherrschaft gerichteten Bündnisses der Stände. Die in Versailles versammelten Abgeordneten des bürgerlichen Dritten Standes bekämpften die Vorrechte und Privilegien von Adel und Geistlichkeit und nahmen für sich in Anspruch, die gesamte „Nation“ zu repräsentieren (s. T. 1). Diesem in den Maitagen 1789 erneut aufbrechenden Gegensatz zwischen Adel und Bürgertum war eine zunehmende Auflösung der alten Ständeordnung vorausgegangen.
Der Adel genoß zwar noch Privilegien wie Steuerfreiheiten, Ämtermonopole, Ehrentitel, aber durch den Kauf von Ämtern waren auch zahlreiche Bürgerliche in den Adel aufgestiegen. Viele französische Kaufleute, Großhändler, Manufakturbesitzer und Bankiers, die zu Reichtum gekommen waren, drängten nach den Statusmerkmalen eines Adelstitels und zogen es vor – im Unterschied zum englischen Bürgertum – Landgüter zu erwerben und den adligen Lebensstil zu kopieren. Diese von den jeweiligen Erträgen („Renten“) lebende sogenannte Rentnerbourgeoisie bildete den Kern des französischen Besitzbürgertums. 1787 umfaßte dessen Vermögen aus Land- und Hausbesitz, Ämtern und sonstigen Einkommen 80% des gesamten französischen Privatvermögens. Umgekehrt paßte sich ein Teil der Aristokratie dem Bürgertum an. Zwar war ihr

das Betreiben von Handel und Gewerbe verboten und konnte zum Entzug des Titels führen, aber es war dem Adel gestattet, der Landwirtschaft, der Steuerpacht, dem Fernhandel und dem Bankgeschäft nachzugehen.

Grundherrschaftlicher Besitz, der von Pächtern, Landarbeitern und Leibeigenen gegen Geldzins oder Naturalabgaben bewirtschaftet worden war, wurde in landwirtschaftlich rationelle Betriebe umgewandelt. Einige Adlige beteiligten sich an Handel und Industrie, gelegentlich durch bürgerliche Strohmänner. Viele Manufakturen waren im Besitz des Hochadels; Bergbau und Metallgewinnung gehörten zu den Bodenregalien, d. h. vom König verliehenen Rechten des Adels. Somit unterschied sich das adlige kaum mehr vom bürgerlichen Vermögen. Ebenso erfolgte eine Anpassung im kulturellen Bereich. In den Akademien, Salons, Lesezirkeln und Logen wurden die Standesgrenzen verwischt. Diese Aufklärungsgesellschaft bildete eine offene aristokratisch-bürgerliche Elite. Daß es dennoch zum Ständekampf von 1789 kam, lag – so paradox es klingen mag – an der verhältnismäßigen Offenheit des aufgeklärten Adels gegenüber der bürgerlichen Wirtschafts- und Denkweise. Damit war der Konflikt zwischen den Ständen zum Konflikt innerhalb der Adelsgesellschaft geworden. Der Provinz- und Landadel, weniger mit Reichtümern gesegnet als der luxuriös lebende Hof- und Robenadel von Paris, hegte ein starkes Mißtrauen gegen die geadelten bürgerlichen Emporkömmlinge. Für den Landadel war nicht die entscheidende Frage, ob einer aus dem Adel oder Bürgertum stammte, sondern ob er dem Altadel oder Neuadel angehörte. Von den zwischen 1774 und 1789 verliehenen 3389 Adelstiteln gingen 73% an Personen bürgerlicher Herkunft. Die Kleinadelsfamilien verteidigten ihre altadligen Berufspositionen und Privilegien. Sie beunruhigten sich über den zunehmenden sozialen Wandel. Ebenso unbefriedigt blieben jene ehrgeizig nach oben strebenden Bürger, die den Adelstitel (die Nobilitierung) nicht erreichten. Die Monarchie, die durch Adelsverleihungen den Kreislauf der Eliten steuerte, geriet in Schwierigkeiten, denn sie konnte weder die Wünsche des alten Adels noch die des wirtschaftlich erstarkten Bürgertums erfüllen.

1.2 Die politische Krise

Die politische Krise entzündete sich an dem drohenden Staatsbankrott, auf den die wachsende Verschuldung zutrieb. Eine Reihe von Reformministern (Turgot, Necker, Calonne) hatte vergeblich versucht, die Steuerfreiheit der oberen Stände zu beseitigen und die Handlungsfreiheit der Krone zu verwirklichen. Dabei stießen sie auf den Widerstand der „Parlamente", jener vor allem vom Adel besetzten Obersten Gerichtshöfe des Landes, die im Laufe der Jahrhunderte eine immer stärkere Mitsprache in Staatsdingen, z. B. bei der Steuerbewilligung, erlangt hatten. Eine herausgehobene Stellung hatte das Pariser Parlament, das alle königlichen Gesetze und Verordnungen prüfen und registrieren mußte, damit sie Gültigkeit erlangten. Die Parlamente wollten das ständische System abgestufter Verpflichtungen und Privilegien erhalten – der König wollte die Parlamente durch eine Justizreform entmachten und so die innere und äußere Verfassung des Landes modernisieren.

Die Parlamente fanden bei ihrem Widerstand gegen die Reformpolitik der Krone zunächst

Regierungsbudget von 1788

Einnahmen 503 Millionen Livres		
Ausgaben 629 Millionen Livres		
Defizit 126 Millionen (= 20% der Ausgaben)		
Die Ausgaben des Haushalts verteilten sich folgendermaßen:		
Zivile Ausgaben	145 Mio.	23%
Öffentliche Bildung und Fürsorge	12 Mio.	unter 2%
Hof und Privilegierte	36 Mio.	6%
Militärausgaben	165 Mio.	26%
Zinsen für die Staatsschulden	318 Mio.	über 50%

(A. Soboul: Die große Französische Revolution. Frankfurt [2]1973)

Die Eröffnung der Generalstände am 5. Mai 1789. Gemälde von A. Couder

den Beifall und die Unterstützung im ganzen Lande, auch von seiten des Bürgertums. Am 16. August 1788 sah sich die französische Staatskasse gezwungen, ihre Zahlungen einzustellen. Noch im August willigte Ludwig XVI. in die Forderung der Parlamente ein, zur Lösung der Finanzkrise die Generalstände seines Landes für den 1. Mai 1789 nach Versailles einzuberufen und mit den von den drei Ständen gewählten Vertretern eine Reform des Staates zu beraten.

Seit dem Spätherbst 1788 äußerte sich in einer Fülle von Flugschriften und Broschüren die öffentliche Meinung des Dritten Standes. In den traditionellen Cahiers de doléances, den Beschwerdeheften, in denen die Wahlberechtigten ihren Abgeordneten Wünsche und Klagen nach Paris mitgaben, kamen auch die Bauern zu Wort. Sie empfanden ihre Verpflichtungen gegenüber den Grundherrschaften als drückende Last (T 3). Wortführer des Dritten Standes war – neben Mirabeau (T 2) – der **Abbé Emmanuel Joseph (Graf) Sieyès**

Abgeordnete des Dritten Standes

Händler	76	
Fabrikanten	8	**85**
Handwerker	–	
Bankiers	1	
Beamte der Gerichtsbezirke	90	
Beamte der Lokalverwaltungen	95	
Staatanwälte	47	
Juristen des Königs	12	
Notare des Königs	8	**285**
Gerichtsschreiber	1	
Beamte der Zentralverwaltung	25	
Beamte bei Provinzialverwaltungen oder beim hohen Adel	7	
Rechtsanwälte	159	**166**
Notare	7	
Heeresoffiziere	4	
Professoren und Lehrer	5	**27**
Ärzte	18	
Wissenschaftler, Literaten	4	
Kleriker	4	
Adlige	5	
Sonstige (z. B. Rentiers, Plantagenbesitzer, Bourgeois etc.)	72	

(Nach: A. Cobban, The Myth of the French Revolution. In: Die Französische Revolution. Hrsg. von E. Schmitt. Wissenschaftliche Buchgesellschaft, Darmstadt 1973, S. 192f.)

(1748–1836), einflußreicher Publizist seiner Zeit. Er redigierte den Ballhausschwur (s. 2.1) und arbeitete an der Erklärung der Menschen- und Bürgerrechte sowie an der Verfassung mit. In seiner berühmten, im Januar 1789 erschienenen Kampfschrift „Was ist der Dritte Stand?" (T 1) forderte er die Aufhebung der privilegierten Stände. Fünf Monate später nahmen die Ständevertreter in Versailles – aufgeklärt-liberale Adelige und Bürgerliche – diese Forderung beim Wort, als sie am 20. 6. 1789 den Eid auf Verfassung und bürgerliche Rechte ablegten.
Der gescheiterten Reform war die Revolution gefolgt. Ihren Ausgangspunkt hatte sie in den politischen Auseinandersetzungen in Versailles, ihren Grund in den sich verändernden sozialen und wirtschaftlichen Verhältnissen, die – unter der Führung des Dritten Standes – die politische Umgestaltung der Herrschaftsverhältnisse fast zwangsläufig nach sich zogen. Die zwischen März und Mai 1789 wieder aufflackernden spontanen Bauernaufstände und Unruhen städtischer Volksmassen dagegen hatten ihre Wurzel in der wirtschaftlichen und sozialen Not der Bevölkerung und standen damit noch in der Tradition der politisch uneindeutigen, unorganisierten Hungerrevolten, die das Ancien régime des 18. Jahrhunderts immer wieder erlebt hatte. Insofern war die Aufruhrstimmung breiter Bevölkerungsschichten im Frühsommer 1789 weniger Auslöser als Begleiterscheinung der politisch revolutionären Ereignisse. Diese erst gaben den kommenden Revolten die gegenabsolutistische und antifeudale Prägung.

1.3 Der Weg vom absoluten Königtum zu Gesellschaftsvertrag und Gewaltenteilung

Der Absolutismus konnte sich auf die Souveränitätslehre des französischen Staatsrechtslehrers **Jean Bodin** (1530–1596) stützen, wonach die staatliche Gewalt von ihrem Inhaber absolut und uneingeschränkt ausgeübt werden darf. Dem Souverän, argumentierte Bodin, sei die gesamte Bevölkerung unterworfen, ohne Rücksicht auf die Unterschiede von Stand und Geburt; der souveräne Herrscher selbst aber fände die Grenzen seiner weltlichen Allmacht an den „Gesetzen Gottes und der Natur". Bodin gab damit den absolutistischen Herrschern die Begründung für die Ausschaltung der Aristokratie als politische Kraft. (T 4) Konkreter Anlaß der Souveränitätslehre waren die Religionskriege in Frankreich (1562–1598), unter denen das Land zu zerbrechen drohte.
Einen anderen Kurs steuerte die englische Staatstheorie.
Thomas Hobbes (1588–1679), klassisch gebildeter Sohn eines Geistlichen, Hofmeister im Haus des Barons Cavendish und während seines Pariser Exils Lehrer des späteren Königs Karl II., veröffentlichte 1651 in London sein Buch „Leviathan". Das Werk rechtfertigt, ähnlich wie Bodin, die absolute Gewalt der Krone, aber mit anderer Begründung. (T 5)
Hobbes Staatslehre beruht – belehrt durch die Erfahrungen des englischen Bürgerkrieges und der aufkommenden frühkapitalistischen Konkurrenzgesellschaft – darauf, daß der natürliche Macht- und Freiheitstrieb des Menschen den „Kampf aller gegen alle" (bellum omnium contra omnes) bedinge. Gegen diesen Naturzustand, worin der Mensch des Menschen Wolf (homo homini lupus) sei, richteten sich die ebenso natürlichen Selbsterhaltungstriebe und Sicherheitsbedürfnisse.
Den Ausgleich dieser gegensätzlichen Antriebe erkennt Hobbes in der freiwilligen Unterwerfung unter die beschützende, aber auch beschränkende Macht eines Souveräns. Jeder einzelne unterwirft sich, um seine privaten Schutz- und Sicherheitsbedürfnisse durchzusetzen, und indem sich alle unterschiedslos in Untertanen verwandeln, respektieren sich diese Untertanen als gleichberechtigte Personen. Der **Unterwerfungsvertrag** mit dem absoluten Souverän beinhaltet also auch den Vertrag jedes mit jedem, und erst durch die gemeinsame vertragliche Unterwerfung unter den Souverän entsteht der bürgerliche Staat. Es ist der Staat des aufgeklärten Absolutismus.

John Locke (1632–1704), den man auch als „Jäger des Leviathan" bezeichnete, verfolgte einen ähnlichen vertragstheoretischen Ansatz wie Hobbes. (T 6)
Locke studierte in Oxford Philosophie und Medizin, wählte aber nicht wie Hobbes die akademische Laufbahn, sondern beschäftigte sich als Sekretär des Parteiführers Lord Shaftesbury mit praktischer Politik. Locke war auf diese Weise indirekt am Sturz der Stuarts beteiligt, und seine Schriften lieferten die Begründung sowohl für die „Glorious Revolution" (1688; s. B 2.4) als auch für die „Declaration of Rights" (1689).
Locke ging in seinen „Two Treatises of Government", 1690 anonym veröffentlicht, davon aus, daß die Menschen zwar an sich gesellige Wesen seien, die aber, wenn sie ihr „Leben, ihre Freiheit und ihre materiellen Güter" schützen wollen, „keine getreuen Beobachter der Gerechtigkeit und des Rechts" sein könnten. Locke kam deshalb, äußerlich ähnlich wie Hobbes, zu dem Ergebnis, daß die konkurrierenden Interessen um das Eigentum der einzelnen nur im Rahmen von Vertrag und Übereinkunft einen gerechten Verlauf nehmen. Die Vorrangstellung der Legislative hängt mit der wachsenden Bedeutung des Naturrechtsgedankens von der natürlichen Freiheit und Gleichheit des Menschen zusammen; folgerichtig entwarf Locke den neuen Staat ausschließlich auf der Grundlage der vernünftigen Übereinkunft. Den anderen Bezugspunkt seiner Staatsvorstellung bildeten die eher praktisch-politischen Bedürfnisse des boden- und kapitalbesitzenden englischen Adels und Großbürgertums. Das Unterhaus des Parlaments, das sich gegen das aristokratische Oberhaus und den König durchgesetzt und als eigentlicher Entscheidungsträger der Gesetzgebung etabliert hatte, war in der Hand einiger reicher Familien. Für den Fortbestand dieser Verhältnisse sorgte ein Wahlrecht, das mit regionalen Unterschieden im allgemeinen die besitzende Oberschicht begünstigte. – Als Verfechter eines Staates, in dem die Freiheit der Einzelperson und ihres Eigentumsinteresses im Vordergrund stand, wurde Locke zum Stammvater des **Liberalismus.** Die Patrioten der amerikanischen Unabhängigkeitskriege schenkten seinen Schriften große Beachtung.
Entscheidende Bedeutung für die Gestaltung des bürgerlichen Staatsaufbaus kommt den Schriften Montesquieus zu. Der **Baron Charles de Montesquieu** (1689–1755), Angehöriger des französischen Hochadels und späterer Präsident des Obersten Gerichtshofes (Parlament) von Bordeaux, entwickelte seine Staatstheorie unter dem Eindruck der absolutistischen Herrschaft der französischen Könige (Ludwig XIV., XV.). 1721 veröffentlichte Montesquieu unter dem Pseudonym eines persischen Weltreisenden in den „Persischen Briefen" („Lettres persanes") eine ironische Kritik des französischen Absolutismus. Später gewann er durch ausgedehnte Reisen, vor allem durch einen zweijährigen Aufenthalt in England praktische Vergleichsmöglichkeiten der verschiedenen Staatssysteme. In seinem Hauptwerk „Vom Geist der Gesetze" (De l' Esprit des Lois, 1748 anonym in Genf veröffentlicht), vertrat Montesquieu eine politische Ordnungsvorstellung, die sich am englischen Modell der eingeschränkten exekutiven Gewalt des Königs orientierte. Allerdings wollte Montesquieu, der durch die eigene Erfahrung mit der Uneinheitlichkeit und Willkür des französischen Rechtswesens den Wert der Rechtssicherheit schätzen lernte, die Rechtsprechung als eigenständige Gewalt im Staat verankern. Erst in der vollständigen **Teilung der Gewalten** – Legislative–Exekutive–Judikative – und ihrer wechselseitigen Kontrolle erkannte er die Voraussetzung für die politische Freiheit der Einzelpersonen. (T 7)
Eine demokratische Mitbestimmung des Volkes bei der Verwirklichung dieses Staates war nicht vorgesehen: das monarchisch-aristokratische Element hatte in Montesquieus Staatstheorie das Übergewicht. Montesquieus Analysen und Definitionen wirkten sich auf die Verfassung der USA (s. Bd. 2, A 1.2) wie auf die erste und dritte Verfassung der Französischen Revolution (s. 2.1 u. 2.4) aus. Viele spätere Verfassungen griffen auf Montesquieus Gedanken zurück.

1.4 Die Aufklärung: Die natürliche Harmonie des einzelnen und der Gesellschaft

In der Lehre vom vernünftigen Vertrag als Grundlage des gesellschaftlichen Zusammenlebens (s. 1.5) zeichnete sich die Wende des ganzen Zeitalters von der Bindung an die bisherigen Autoritäten – Thron und Altar – zur Selbstbestimmung des Menschen aus Kräften der Vernunft und des Verstandes ab. Man spricht vom Zeitalter der Aufklärung.

Der deutsche Philosoph **Immanuel Kant** (s. B 1.2) charakterisierte 1784 in seiner Schrift „Was ist Aufklärung?" diese mit der berühmten Formulierung: „Aufklärung ist der Ausgang des Menschen aus seiner selbstverschuldeten Unmündigkeit. Unmündigkeit ist das Unvermögen, sich seines Verstandes ohne Leitung eines anderen zu bedienen. Selbstverschuldet ist diese Unmündigkeit, wenn die Ursache derselben nicht am Mangel des Verstandes, sondern der Entschließung und des Mutes liegt, sich seiner ohne Leitung eines anderen zu bedienen. *Sapere aude!* Habe Mut, dich deines Verstandes zu bedienen, ist also der Wahlspruch der Aufklärung." Politisch traten die Aufklärer für die Herrschaft der Vernunft, für Fortschritt, Freiheit des einzelnen, Toleranz, Gleichheit und Gerechtigkeit in Staat und Gesellschaft, im Recht und im Handel ein. Aufklärung bedeutete auch die Klärung von Begriffen, die Prüfung von Ansichten, die Kritik von Zuständen im „Licht der Vernunft" (engl.: enlightenment, franz.: siècle des lumières), um die Entwicklung des menschlichen Geistes zu vernünftiger Selbsterkenntnis und Erkenntnis der Welt sowie um die Umgestaltung der gesellschaftlichen, ökonomischen und politischen Zustände nach vernunftgemäßen Prinzipien zu fördern. Das Vorbild dieses Denkens war das mechanistische, auf rationale Erklärbarkeit vertrauende Weltbild der neuen Naturwissenschaften (z. B. Newton). Entsprechend soll eine vernunftgemäße Philosophie und Wissenschaft Garant für eine vernünftige Einrichtung und Steuerung des menschlichen Zusammenlebens werden.

Im Gegensatz zur christlichen Lehre von der erbsündigen Natur des Menschen ging die Aufklärung davon aus, daß der Mensch von Natur aus gut und vernünftig, seine Schlechtigkeit nur Folge schlechter politischer, religiöser und gesellschaftlicher Ordnung sei. Da die menschliche Seele bei der Geburt als „white paper, void of all characters", d. h. ohne angeborene Ideen und Eigenschaften, vorgestellt wird – wie die zeitgenössische Philosophie seit Locke lehrte –, ist der Mensch das, wozu ihn Erziehung, Umwelt und Gesellschaft bilden. Im Glauben an die Macht der Erziehung wagten es die Aufklärer, die alte Ordnung mit ihren Gegenentwürfen zu konfrontieren. In ihren Vorstellungen sollte die neue Gesellschaft auf den Prinzipien der Vernunft und des Naturrechts aufgebaut sein, wobei in den Augen der Aufklärer die praktizierte Vernunft auch als das sittlich Gute erschien. Die dem Aufklärungsgedanken feindlich gesonnene Kirche schied für sie damit als Erziehungsmacht aus; ihre Hoffnungen richteten sich auf den Staat, der durch eine vernunftgemäße Gesetzgebung diese Erziehung leisten sollte.

Antoine Marquis de Condorcet (1743–1794), im Jahre 1792 Präsident der Gesetzgebenden Nationalversammlung (s. 3.1), gilt als einer der namhaftesten Erziehungstheoretiker der Aufklärung und der Revolution. Als Sprecher der revolutionären Unterrichtskommission legte er den Entwurf für eine „Nationalerziehung", eines öffentlichen Unterrichts für alle, vor („Bericht und Entwurf einer Verordnung über die allgemeine Organisation des öffentlichen Unterrichtswesens"). In seinen Schriften wird das neue, auf die Entfaltung individueller Anlagen und Fähigkeiten bezogene Bildungsideal verdeutlicht. Bildung und Ausbildung sollen nicht mehr die Folge von Geburt und Vermögen sein, sondern umgekehrt, die soziale Funktion der entfalteten Persönlichkeit sollte die Folge von erfolgreicher Bildung sein.

Die Aufklärer rechneten mit der menschlichen Eigenliebe als einem Hauptpfeiler des sozialen Gebäudes. Sie sahen sie von Natur aus unlöslich verquickt mit dem Instinkt des Wohlwollens, des Gesellschaftstriebes, so daß der einzelne nicht glücklich sein kann, ohne auch das Glück des anderen zu bewirken. Tugend ist nichts anderes als die kluge Auswahl dessen, was für einen selbst und

zugleich für andere wahrhaft nützlich ist. Glück erwächst nur dem, der mit sich selbst und seiner Umwelt in Harmonie lebt. Der Gesetzgeber hat Wege zu weisen, wie das persönliche Wohl mit dem Allgemeinwohl in Einklang zu bringen ist. Seine Maßnahmen – Gesetze, Institutionen, Erziehungswesen, Belohnungen und Strafen – sollen die Menschen zur praktischen Tugend leiten. Gute Gesetze allein bilden den tugendhaften Menschen. Laster fallen im Grunde nicht ihrem Täter, sondern der verfehlten gesellschaftlichen Ordnung zur Last.
Mit der Lehre, das wahre Interesse des einzelnen falle mit dem der Allgemeinheit zusammen und die Harmonie sei durch Erziehung zu erreichen, begegneten die Aufklärer dem Argument, die Religion sei unentbehrlich als sittliches Bindemittel der Gesellschaft. Entsprechend kritisch war auch ihre Haltung gegenüber der Bindung des einzelnen an seinen Stand. Der aufgeklärte Gesellschaftsentwurf stützte sich auf das ungebundene Individuum und auf den Staat als der Organisationsform dieser Individuen; die Stände und Korporationen (Zünfte, Innungen, Berufsstände, Körperschaften) der alten Gesellschaft hatten darin keinen Platz. Politisch stand vielen deshalb der aufgeklärte Absolutismus, wie ihn Friedrich II. in Preußen oder Joseph II. in Österreich vertraten (s. B 1.1 u. 1.2), nahe.
Den wirtschaftstheoretischen Beitrag gegen das beengende Merkantilsystem des Absolutismus lieferten die **Physiokraten** (griech. = Naturherrschaft). Besonders **François Quesnay** (1694–1774) forderte in den 60er Jahren des 18. Jahrhunderts die „natürliche Ordnung“ (ordre naturel) auch des wirtschaftlichen Lebens wiederherzustellen und alles zu beseitigen, was die freie Entfaltung der produktiven Kräfte hemme, z. B. das Zunftwesen und die staatliche Vergabe von Handelsmonopolen. Über den erstrebten persönlichen Gewinn und die ständige Ausweitung der Produktion werde auch das Allgemeinwohl bewirkt. Nach Auffassung der Physiokraten liegt die Quelle der Wohlfahrt in den im Boden angehäuften Geschenken der Natur (physis). Handel und Industrie schaffen keinen neuen Reichtum, sondern wandeln nur bestehende Stoffe um und schaffen sie von Ort zu Ort.
Dieser Gedanke der alleinigen Produktivität der Landwirtschaft liegt auch der Einteilung der Bevölkerung in soziale Klassen zugrunde. Quesnay unterscheidet Grundbesitzer (classe distributive), Pächter (classe productive) und Handwerk, Handel (classe stérile). Da die Bauern die produktive Klasse der Bevölkerung bilden, verlangten die Physiokraten deren Freiheit von allen staatlichen Reglementierungen, nämlich Freiheit der Person, Freizügigkeit, Freihandel und schließlich Selbstverwaltung. Damit griff die Lehre der Physiokraten an die Grundlagen der feudalen Gesellschaftsordnung und des absoluten Staates. Denn indem die Landwirtschaft auf ein rein ökonomisches Verhältnis gestellt wurde, zerbrach das Abhängigkeitsverhältnis von Grundherr und Hörigen und nahm dadurch der herrschenden Klasse ihre wichtigsten Privilegien. Die Reformminister Ludwigs XVI. vor der Revolution, Turgot, Necker, Calonne (s. 1.2), versuchten – vergeblich – zur Sanierung des französischen Wirtschaftslebens das physiokratische Programm durchzusetzen.
Die Idee von einem natürlichen Ausgleich (Harmonie) liegt auch der Wirtschaftslehre des Schotten **Adam Smith** (1723–1790; s. D 3.4) zugrunde. Nach seiner Vorstellung sorgt die freie Konkurrenz auf dem freien Markt dafür, daß sich die Warenpreise nahe beim Warenwert einpendeln. Auf diese Weise findet der Besitzegoismus des einzelnen seine natürliche Schranke am Besitzegoismus seiner Tauschpartner und Konkurrenten auf dem Markt. Dieses Modell des freien Marktes richtete sich gegen das staatsdirigistische Merkantilsystem und die zu ihm gehörenden Zollschranken wie gegen die Produktionsvorschriften der Zünfte. Freihandel und Gewerbefreiheit waren die Forderungen dieser Frühliberalisten.
Die 1751 bis 1781 in 35 Bänden erschienene „Enzyklopädie der Wissenschaften, Künste und Gewerbe“ war der Versuch einer übersichtlichen und umfassenden Darstellung des gesamten Wissensstoffes jener Zeit. Nach Auffassung der aufklärerischen Enzyklopädisten sollten Wissen und Vernunft zum allgemeinen Besitz werden. Die Mächte der Vergangenheit, bestimmt durch

meln, dann wäre ebenso gewiß seine Vertretung dem Wesen nach von ihnen geschieden und getrennt; sie ist der Nation fremd, zum einen durch ihr Prinzip, da ja ihr Auftrag nicht vom Volk ausgeht; und zum anderen durch ihr Ziel, das ja darin besteht, nicht das Gemeininteresse, sondern das Eigeninteresse zu verteidigen.

Der Dritte Stand umfaßt also alles, was zur Nation gehört; und alles, was nicht der Dritte Stand ist, kann sich nicht als Bestandteil der Nation ansehen. Was also ist der Dritte Stand? ALLES. [...]

Welche Möglichkeiten bleiben dem Dritten Stand unter diesen Umständen, wenn er seine politischen Rechte auf eine Art und Weise wiedererlangen will, die der Nation nützt? Zu diesem Ziel bieten sich zwei Wege an. Wenn er den ersten Weg beschreitet, muß sich der Dritte Stand gesondert versammeln; er darf nicht gemeinsam mit ihnen abstimmen, weder nach Ständen noch nach Köpfen. Ich bitte zu beachten, welch gewaltiger Unterschied zwischen der Versammlung des Dritten Standes und den Versammlungen der beiden anderen Stände besteht. Ersterer vertritt fünfundzwanzig Millionen Menschen und berät über die Interessen der Nation. Die beiden letzteren haben, sollten sie zusammentreten, nur die Vollmacht von ungefähr zweihunderttausend Einzelpersonen und denken nur an ihre Vorrechte. Man wird sagen, der Dritte Stand allein könne keine Generalstände bilden. Nun, um so besser, dann wird er eben eine Nationalversammlung bilden! Ein so wichtiger Vorschlag bedarf jedoch der klarsten und zuverlässigsten Rechtfertigung, welche die guten Grundsätze bieten.

Ich behaupte, daß die Abgeordneten der Geistlichkeit und des Adels mit der Nationalrepräsentation nichts zu tun haben, daß auf den Generalständen keinerlei Bündnis zwischen den drei Ständen möglich ist und daß diese nicht gemeinsam abstimmen können, also weder nach Ständen noch nach Köpfen. [...]

(Emmanuel Joseph Sieyès, Was ist der Dritte Stand? In: Ders., Politische Schriften 1788 bis 1790. Übersetzt u. hrsg. v. Eberhard Schmitt u. Rolf Reichardt. Darmstadt/Neuwied 1975, S. 117–195, hier S. 119, 124f., 179f., 184)

T 2 Graf Mirabeau: Erwartungen des aufgeklärten Adels (1788)

Gabriel-Honoré de Mirabeau (1749–1791) war einer der adligen Wortführer des Dritten Standes und wurde als dessen Abgeordneter in die Versammlung der Generalstände gewählt. Als produktiver Schriftsteller und hinreißender Redner verfocht er die Idee einer konstitutionellen Monarchie. – Der folgende Brief wurde kurz nach der Einberufung der Generalstände 1788 an einen Straßburger Buchhändler geschrieben.

Kein Zweifel mehr, die Generalstände werden stattfinden. Der Regierung ist geschehen, was ich ihr oft vorausgesagt: „Wollt ihr sie nicht zu Fuß, so werden sie zu Pferde kommen." In dem Versuch, sie hinauszuschieben, haben sie sie beschleunigt, bis zur Überstürzung, und das wird man sicherlich zu spüren haben. Was werden sie machen? Viele Dummheiten, gewiß; aber was liegt daran? Die Nationen haben ihre Kämpfe wie die Kinder ihr Zahnen und entwickeln sich wie sie. – Scheuen wir uns nicht, eine ganz neue Verfassung zu machen: ist heute alles gerecht, wird morgen alles gesetzlich sein. Hüten wir uns vor allem vor Bücherweisheit; mißachten wir, was geschehen ist; suchen wir, was geschehen muß, und unternehmen wir nicht zuviel auf einmal. Die Zustimmung der Nation zu Steuern und Anleihen, die bürgerliche Freiheit, regelmäßige Wiederkehr der Versammlungen: das sind die drei Hauptpunkte, welche auf einer bestimmten Erklärung der nationalen Rechte beruhen müssen, das übrige kommt von selbst.

(Mirabeau, Mémoires V, S. 187. Zit. nach: P. Hartig, Die Französische Revolution. Stuttgart [4]1965, S. 11f.)

T 3 Forderungen der Bauern (1789)

In ihrem Beschwerdeheft forderten die Bauern des Dorfes Guyancourt 1789 u. a.

1. daß alle Steuern von den drei Ständen ohne irgendwelche Ausnahme gezahlt werden, von jedem Stand entsprechend seinen Kräften;
2. das gleiche Gesetz und Recht im ganzen Königreich;
3. die völlige Aufhebung der Sondersteuern und der Salzsteuer;
5. die völlige Beseitigung jeglicher Art von Zehnten in Naturalien;
8. daß die Eigentumsrechte heilig und unverletzlich sind;
9. daß schneller und mit weniger Parteilichkeit Recht gesprochen wird;
10. daß alle Frondienste [...] beseitigt werden.

(Alba, Histoire contemporaine, S. 6. Zit. nach: Hartig, a.a.O., S. 13.)

T 4 Jean Bodin: Die Lehre von der Souveränität (1576)

Bodin (1530–1596) war der bedeutendste französische Staatsrechtler des 16. Jahrhunderts. Seine Lehre hat das Staatsrecht bis heute beeinflußt.

Die Souveränität ist die absolute und immerwährende Gewalt eines Staates, die auf lateinisch „maiestas" genannt wird.

Die Haupteigenschaften der Souveränität sind: a) Das Recht, den Bürgern insgesamt und dem einzelnen Gesetze zu geben, und zwar ohne an die Zustimmung einer höheren oder niederen Instanz gebunden zu sein. Die Zustimmung eines Senates oder einer Volksversammlung oder der Stände kann auch in der Monarchie nützlich sein, aber sie ist nicht wesensnotwendig, wenn andererseits die monarchi-

sche Souveränität unversehrt bleiben soll. b) Das Recht, Krieg zu erklären und Frieden zu schließen. c) das Recht, die obersten Behörden zu ernennen. d) das Recht der letzten Instanz. Wenn ein Vasall es erreicht, daß kein Rechtszug von ihm an den Souverän möglich ist, dann ist er auf dem Wege, die Souveränität abzustreifen und selbst Souverän zu werden. e) Das Recht der Begnadigung und der Straferstattung. f) das Recht, Münzen zu prägen. (I, 10)
Die Merkmale der Souveränität müssen so beschaffen sein, daß sie nur dem souveränen Fürsten zukommen können. Sind sie auf die Untertanen übertragbar, so können sie nicht als Merkmale der Souveränität bezeichnet werden [...] So wie der große souveräne Gott keinen anderen ihm ähnlichen Gott schaffen kann – ist er doch unendlich, und zwei unendliche Dinge können logischerweise nicht nebeneinander existieren –, so kann auch der Fürst, den wir als Ebenbild Gottes bezeichnet haben, keinen Untertan sich selbst gleich machen, ohne seine eigene Macht zu zerstören. (I, 11)
Gänzlich anders verhält es sich mit den göttlichen und den natürlichen Gesetzen. Alle Fürsten der Erde sind ihnen unterworfen, es liegt nicht in ihrer Macht, sich ihnen entgegenzustellen, sie wollten denn sich der göttlichen Majestätsbeleidigung schuldig machen. Und so erstreckt sich die absolute Gewalt des Fürsten und souveränen Herren nicht auf die Gesetze Gottes und der Natur. (I, 9)
(Jean Bodin, Les six Livres de la République. 1576)

T 5 Thomas Hobbes: Die Lehre vom Vertragsschluß und von der Macht des Souveräns (1651)

Die letzte Ursache und der Hauptzweck des Zusammenlebens der Menschen in einem Staat und somit auch der damit verbundenen Selbstbeschränkung (die in offenem Gegensatz zu seiner natürlichen Freiheitsliebe und seinem Machttrieb steht) ist sein Selbsterhaltungstrieb und sein Wunsch nach einem zufriedeneren Leben. Damit ist gemeint: der Wunsch, dem elenden Kriegszustand zu entrinnen, der [...] die notwendige Folge der natürlichen Leidenschaften des Menschen ist, wenn es keine sichtbare Gewalt gibt, die ihn in Zucht hält, und ihn durch die Furcht vor Strafe an die Erfüllung seiner Verträge bindet und ihn zur Einhaltung der Naturgesetze zwingt [...].
Denn jene Naturgesetze – Gerechtigkeit, Gleichheit, Bescheidenheit, Barmherzigkeit, kurz alles, was in dem Satz zusammengefaßt werden könnte: Handle deinem Mitmenschen gegenüber so, wie du wünschest, daß auch an dir gehandelt werde – laufen unseren natürlichen Trieben zuwider; denn diese führen uns, ohne den Zwang einer höheren Gewalt, zu Parteilichkeit, Stolz, Rachsucht und dergleichen. Und Verträge sind ohne das Schwert leere Worte und vermögen in keiner Weise dem Menschen Sicherheit zu geben. Wenn es keine übergeordnete Gewalt gibt oder wenn sie nicht stark genug ist, für unsere Sicherheit zu sorgen, so muß sich deshalb jeder, ungeachtet aller Naturgesetze, die im übrigen auch immer nur dann beachtet worden sind, wenn man gerade Lust dazu hatte und wenn kein persönlicher Schaden damit verbunden war, zum Schutz vor seinem Nächsten auf seine eigne Kraft und Geschicklichkeit verlassen und hat auch das volle Recht dazu. [...]
Der einzige Weg, eine solche allgemeine Gewalt zu schaffen, die in der Lage ist, die Menschen vor feindlichen Einfällen oder den Übergriffen ihrer Mitmenschen zu schützen und sie derart zu sichern, daß sie sich durch ihren eigenen Fleiß und die Früchte der Erde ernähren und friedlich leben können, liegt darin, daß alle Macht einem Einzigen übertragen wird – oder aber einer Versammlung, in der durch Abstimmung der Wille aller zu einem gemeinsamen Willen vereinigt wird. Das heißt soviel, wie einen Menschen oder eine Versammlung von Menschen zur Verkörperung ihrer Person zu bestimmen, wobei ein jeder als seine Handlungen und sich selbst als den Urheber alles dessen anerkennt, was der, der ihre Person derart verkörpert, hinsichtlich des allgemeinen Friedens und der allgemeinen Sicherheit tut oder veranlaßt – und dabei den eigenen Willen und das eigene Urteil seinem Willen und seinem Urteil unterwirft. Und dies ist mehr als nur ein Übereinkommen oder ein Friedensversprechen; es ist eine durch Vertrag eines jeden mit jedem gegründete Vereinigung aller zu ein und derselben Person. Jeder einzelne sagt gleichsam: Ich gebe mein Recht, über mich selbst zu bestimmen, auf und übertrage es diesem anderen Menschen oder dieser Versammlung – unter der alleinigen Bedingung, daß auch du ihm deine Rechte überantwortest und ihn ebenfalls zu seinen Handlungen ermächtigst.
Wenn sich Menschen zu einer Person vereinigen, bilden sie einen Staat, der Lateiner sagt civitas. Dies ist die Geburt des Großen Leviathan, oder vielmehr (um ehrerbietiger zu sprechen) des sterblichen Gottes, dem allein wir unter dem ewigen Gott Schutz und Frieden verdanken. Durch die (ihm von jedem Einzelnen im Staate zuerkannte) Autorität und die ihm übertragene Macht ist er nämlich in der Lage, alle Bürger zum Frieden und zu gegenseitiger Hilfe gegen auswärtige Feinde zu zwingen. Er macht das Wesen des Staates aus, den man definieren kann als eine Person, deren Handlungen eine große Menge durch Vertrag eines Jeden mit einem Jeden als die ihren anerkennt, auf daß sie diese einheitliche Gewalt nach ihrem Gutdünken zum Frieden und zur Verteidigung aller gebrauche.
Und er, der diese Person trägt, wird Souverän genannt. Man sagt, er habe souveräne Gewalt. Und alle übrigen nennt man Untertanen.
(Thomas Hobbes, Leviathan. Hrsg. v. Peter Cornelius Mayer-Tasch, übersetzt von Dorothee Tidow, Rowohlts Klassiker. Reinbek [2]1969, S. 133ff.)

T 6 John Locke: Von der Notwendigkeit der Kontrolle staatlicher Gewalt (1690)

Lockes Vorstellung vom Aufbau des Staates gründet auf dem Naturrechtsgedanken von der ursprünglichen Freiheit und Gleichheit aller Menschen. Weil aber dieser Naturzustand auch die Bedrohung des eigenen Lebens, der Freiheit und des Eigentums enthält, verbinden sich die Menschen untereinander, um Leben und Eigentum jedes einzelnen gemeinsam zu bewahren.

§ 131. Mit ihrem Eintritt in die Gesellschaft verzichten nun die Menschen zwar auf die Gleichheit, Freiheit und exekutive Gewalt des Naturzustandes, um sie in die Hände der Gesellschaft zu legen, damit die Legislative so weit darüber verfügen kann, wie es das Wohl der Gesellschaft erfordert. Doch geschieht das nur mit der Absicht jedes einzelnen, um damit sich selbst, seine Freiheit und sein Eigentum besser zu erhalten (denn man kann von keinem vernünftigen Wesen voraussetzen, daß es seine Lebensbedingungen mit der Absicht ändere, um sie zu verschlechtern). Man kann deshalb auch nie annehmen, daß sich die Gewalt der Gesellschaft oder der von ihr eingesetzten Legislative weiter erstrecken soll als das gemeinsame Wohl. Sie ist vielmehr verpflichtet, das Eigentum eines jeden zu sichern. Wer immer daher die Legislative oder höchste Gewalt eines Staatswesens besitzt, ist verpflichtet, nach festen, stehenden Gesetzen zu regieren, die dem Volke verkündet und bekanntgemacht wurden, und nicht nach Beschlüssen des Augenblicks; durch unparteiische und aufrechte Richter, die Streitigkeiten nach jenen Gesetzen entscheiden müssen. Weiter ist er verpflichtet, die Macht dieser Gemeinschaft im Innern nur zur Vollziehung dieser Gesetze, nach außen zur Verhütung und Sühne fremden Unrechts und zum Schutz der Gemeinschaft vor Überfällen und Angriffen zu verwenden. Und all dies darf zu keinem anderen Ziel führen als zum Frieden, zur Sicherheit und zum öffentlichen Wohl des Volkes.

§ 143. Die legislative Gewalt ist die Gewalt, die ein Recht hat zu bestimmen, wie die Macht des Staates zur Erhaltung der Gemeinschaft und ihrer Glieder gebraucht werden soll. Da aber diejenigen Gesetze, die laufend vollzogen werden und deren Kraft ständig dauern soll, in einer kurzen Zeit geschaffen werden können, so ist es auch nicht notwendig, daß sich die Legislative immer im Amte befindet, weil sie nicht ständig beschäftigt ist. Bei der Schwäche der menschlichen Natur, die stets bereit ist, nach der Macht zu greifen, würde es jedoch eine zu große Versuchung sein, wenn dieselben Personen, die die Macht haben, Gesetze zu geben, auch noch die Macht in die Hände bekämen, diese Gesetze zu vollstrecken. Dadurch könnten sie sich selbst von dem Gehorsam gegen die Gesetze, die sie geben, ausschließen und das Gesetz in seiner Gestaltung wie auch in seiner Vollstreckung ihrem eigenen persönlichen Vorteil anpassen.

Schließlich würde es dazu kommen, daß sie von den übrigen Gliedern der Gemeinschaft gesonderte Interessen verfolgen würden, die dem Zweck der Gesellschaft und Regierung zuwiderlaufen. Deshalb wird in wohlgeordneten Staaten, in denen das Wohl des Ganzen gebührend berücksichtigt wird, die legislative Gewalt in die Hände mehrerer Personen gelegt, die nach einer ordnungsgemäßen Versammlung selbst oder mit anderen gemeinsam die Macht haben, Gesetze zu geben, die sich aber, sobald dies geschehen ist, wieder trennen und selbst jenen Gesetzen unterworfen sind, die sie geschaffen haben. Dies ist eine neue und starke Verpflichtung für sie, darauf bedacht zu sein, daß sie ihre Gesetze zum öffentlichen Wohl erlassen.

§ 144. Da aber die Gesetze, die auf einmal und in kurzer Zeit geschaffen werden, eine immerwährende und dauernde Kraft haben und beständig vollstreckt oder befolgt werden sollen, ist es notwendig, daß eine ständige Gewalt vorhanden sei, die auf die Vollziehung der erlassenen und in Kraft bleibenden Gesetze achten soll. Und so geschieht es, daß die legislative und die exekutive Gewalt oftmals getrennt sind.

(John Locke, Zwei Abhandlungen über die Regierung. Übers. von H. J. Hoffmann. Hrsg. u. eingel. von W. Euchner. Frankfurt 1977, S. 279ff.)

T 7 Charles de Montesquieu: Von der Teilung der Gewalten (1748)

Es gibt in jedem Staat drei Arten von Vollmacht: die legislative Befugnis, die exekutive Befugnis in Sachen, die vom Völkerrecht abhängen, und die exekutive Befugnis in Sachen, die vom Zivilrecht abhängen.

Aufgrund der ersteren schafft der Herrscher oder Magistrat Gesetze auf Zeit oder für die Dauer, ändert geltende Gesetze oder schafft sie ab. Aufgrund der zweiten stiftet er Frieden oder Krieg, sendet oder empfängt Botschaften, stellt die Sicherheit her, sorgt gegen Einfälle vor. Aufgrund der dritten bestraft er Verbrechen oder sitzt zu Gericht über die Streitfälle der Einzelpersonen. Diese letztere soll richterliche Befugnis heißen, und die andere schlechtweg exekutive Befugnis des Staates.

Politische Freiheit für jeden Bürger ist jene geistige Beruhigung, die aus der Überzeugung hervorgeht, die jedermann von seiner Sicherheit hat. Damit man diese Freiheit genieße, muß die Regierung so beschaffen sein, daß kein Bürger einen andern zu fürchten braucht.

Sobald in ein und derselben Person oder derselben Beamtenschaft die legislative Befugnis mit der exekutiven verbunden ist, gibt es keine Freiheit. Es wäre nämlich zu befürchten, daß derselbe Monarch oder derselbe Senat tyrannische Gesetze erließe und dann tyrannisch durchführte.

Freiheit gibt es auch nicht, wenn die richterliche Befugnis nicht von der legislativen und von der exekutiven Befugnis geschieden wird. Die Macht über

Leben und Freiheit der Bürger würde unumschränkt sein, wenn jene mit der legislativen Befugnis gekoppelt wäre, denn der Richter wäre Gesetzgeber. Der Richter hätte die Zwangsgewalt eines Unterdrückers, wenn jene mit der exekutiven Gewalt gekoppelt wäre.

Alles wäre verloren, wenn ein und derselbe Mann beziehungsweise die gleiche Körperschaft entweder der Mächtigen oder der Adligen oder des Volkes folgende drei Machtvollkommenheiten ausübte: Gesetze erlassen, öffentliche Beschlüsse in die Tat umsetzen, Verbrechen und private Streitfälle aburteilen.

(Charles de Montesquieu, Vom Geist der Gesetze. Eingel. und übers. von K. Weigand. Stuttgart 1965, S. 212f.)

T 8 Jean Jacques Rousseau: Der Gesellschaftsvertrag und die Volkssouveränität (1762)

Der Mensch wird frei geboren, und dennoch liegt er in Ketten. [...] Betrachte ich nur die Gewalt und die von ihr ausgehenden Wirkungen, so würde ich sagen: solange ein Volk gezwungen ist zu gehorchen und wirklich gehorcht, tut es gut daran. Sobald es sich befreien kann und wirklich befreit, tut es noch besser daran. Denn wenn es seine Freiheit mit demselben Recht wiedererobert, mit dem man sie ihm geraubt hat, war es entweder befugt, sie zurückzunehmen, oder man war nicht befugt, sie ihm zu nehmen. [...]

Auf seine Freiheit verzichten, heißt auf seine Eigenschaft als Mensch, auf die Menschenrechte, sogar auf seine Pflichten zu verzichten. Es gibt keine mögliche Entschädigung für jemanden, der auf alles verzichtet. Ein solcher Verzicht ist unverträglich mit der Natur des Menschen; und würde man seinem Willen jede Freiheit nehmen, so hätten seine Handlungen keinen sittlichen Wert. [...]

Ich setze den Fall, daß die Menschen in ihrer Entwicklung einen Punkt erreicht haben, wo die Widerstände, die sich ihrer Erhaltung im Naturzustande entgegensetzen, diejenigen Kräfte überwiegen, die der einzelne aufbringen muß, um sich in diesem Zustand erhalten zu können. Dann kann dieser ursprüngliche Zustand nicht mehr fortbestehen, und das menschliche Geschlecht würde zugrunde gehen, wenn es nicht die Art seines Daseins änderte.

Da nun die Menschen unfähig sind, neue Kräfte hervorzubringen, sondern lediglich die einmal vorhandenen zu vereinigen und zu lenken vermögen, verbleibt ihnen zu ihrer Erhaltung nur das Mittel, durch Vereinigung eine Summe von Kräften zu bilden, die den Widerstand überwinden kann, und alle diese Kräfte durch eine einzige Triebkraft in Bewegung zu setzen und sie in Gemeinschaft wirken zu lassen. [...]

Es ist eine Gesellschaftsform zu finden, die mit der ganzen gemeinsamen Kraft die Person und das Eigentum eines jeden Mitgliedes schützt und verteidigt und in der jeder, obwohl er sich mit allen zusammenschließt, dennoch nur sich selbst gehorcht und ebenso frei bleibt wie vorher. Das ist die Grundaufgabe, deren Lösung den Vertrag der Gesellschaft ergibt.

Die Bedingungen dieses Vertrages sind durch die Natur seines Zustandekommens so genau bestimmt, daß die geringste Änderung ihn nichtig und wirkungslos machen würde. Sie sind, obgleich vielleicht niemals formell verkündet, überall dieselben, überall stillschweigend angenommen und anerkannt, bis nach Verletzung dieses Vertrages jeder in seine ursprünglichen Rechte zurücktritt und seine natürliche Freiheit wiedererlangt, wobei er zugleich die durch den Vertrag erlangte Freiheit, die ihn zum Verzicht auf jene erste bewog, verliert.

Diese Bedingungen, richtig verstanden, lassen sich auf eine einzige zurückführen, nämlich auf die vollständige Hingabe jedes Mitgliedes mit allen seinen Rechten an die ganze Gemeinschaft. Denn da sich jeder ganz hingibt, ist die Bedingung erstens für alle gleich, und niemand kann ein Interesse daran haben, sie für den anderen drückend zu machen.

Da ferner dieses Aufgehen ohne jeden Vorbehalt geschieht, so ist die Vereinigung so vollkommen, wie sie sein kann, und kein Mitglied kann weitere Ansprüche erheben. Denn würden irgendwelche Rechte den einzelnen verbleiben, so müßten sie in irgendeinem Punkt, da kein gemeinsames Oberhaupt zwischen ihnen und der Gemeinschaft entscheiden könnte, ihr eigener Richter sein und würden bald beanspruchen, es in allem zu sein. Der Naturzustand würde fortbestehen, und die Vereinigung wäre notwendigerweise tyrannisch oder zwecklos.

Schließlich gibt sich jeder an alle und gibt sich somit niemandem; und da man über jedes Mitglied das gleiche Recht erwirbt, das man ihm über sich selbst gewährt, so gewinnt man das Äquivalent für alles, was man verliert, und mehr Kraft, das zu bewahren, was man hat. Befreit man also den Gesellschaftsvertrag von allem Unwesentlichen, so wird man finden, daß er sich auf folgende Formel zurückführen läßt: Jeder von uns stellt seine Person und seine ganze Kraft gemeinschaftlich unter die oberste Leitung des allgemeinen Willens (volonté générale); wir nehmen jedes Mitglied in einem Körper als untrennbaren Teil des Ganzen auf.

An Stelle der einzelnen Person jedes Vertragsschließenden entsteht jetzt durch diesen Akt der Vergesellschaftung ein sittlicher und gemeinschaftlicher Körper, der sich aus soviel Mitgliedern zusammensetzt, wie die Versammlung Stimmen hat, und der durch ebendiesen Akt seine Einheit, sein gemeinschaftliches Ich, sein Leben und seinen Willen empfängt. Diese Staatspersonalität, die sich durch die Vereinigung aller Einzelpersonen bildet, erhielt ehemals den Namen Stadt (cité) und heißt jetzt Republik oder Staatskörper, der von seinen Mitgliedern Staat genannt wird, wenn er passiv bleibt, Staatsoberhaupt, wenn er aktiv ist, Macht, wenn er sich in Vergleich zu andern setzt. Die Mitglieder der Gesellschaft erhalten als Gemeinschaft den Namen Volk und nennen sich als einzelne Staatsbürger in ihrer Eigenschaft als Teilhaber der höchsten Staatsgewalt Untertanen, soweit sie den Gesetzen des Staates unterworfen sind. [...]

Da nun das Staatsoberhaupt nur aus den einzelnen besteht, aus denen es zusammengesetzt ist, hat es und kann es kein ihnen selbst entgegengesetztes Interesse haben; demzufolge bedarf die oberste Gewalt gegenüber den Untertanen keiner Bürgschaft, weil der Körper seine Glieder unmöglich schädigen will, und wie wir später sehen werden, kann er keinen, auch nicht einen einzelnen schädigen. Das Staatsoberhaupt ist allein dadurch, daß es ist, auch immer schon das, was es sein soll.

Anders jedoch verhält es sich mit den Untertanen in bezug auf das Staatsoberhaupt, denn dieses würde trotz des gemeinsamen Interesses keine Sicherheit für deren Verpflichtungen haben, wenn es keine Mittel fände, sich ihrer Treue zu versichern.

In der Tat kann jedes Einzelwesen als Mensch einen besonderen Willen haben, der mit dem allgemeinen Willen, den es als Staatsbürger hat, nicht übereinstimmt oder ihm entgegengesetzt ist. Sein Privatinteresse kann ihn ganz anders ansprechen als das gemeinsame Interesse; sein selbständiges und von Natur aus unabhängiges Dasein kann ihm das, was er der Gemeinschaft schuldet, als einen freiwilligen Beitrag erscheinen lassen, dessen Entziehung für die anderen nicht so schädlich, wie die Leistung für ihn beschwerlich sei; und da er die den Staat darstellende sittliche Person, weil sie kein Mensch ist, nur als eine Idee auffassen könnte, würde er die Rechte des Staatsbürgers genießen, ohne die Pflichten des Untertanen erfüllen zu wollen; eine Ungerechtigkeit, die fortschreitend den Untergang des Staatskörpers herbeiführen würde.

Damit so der Vertrag der Gesellschaft keine leere Form sei, enthält er stillschweigend die Verpflichtung, daß, wer sich weigert, dem allgemeinen Willen zu gehorchen, durch die Gesamtheit gezwungen werden kann. Das bedeutet nichts anderes, als daß er gezwungen wird, frei zu sein.

(J. J. Rousseau, Der Gesellschaftsvertrag. Hrsg. von W. Tietze. München 1948, S. 46, 53, 59 ff., 64 f.)

Problem und Diskussion

1 *Rekonstruieren Sie die Situation vor der Revolution (Gliederung der französischen Gesellschaft, politische Einflußmöglichkeiten der Stände, Lebensverhältnisse der verschiedenen Bevölkerungsschichten, Privilegien und Abhängigkeitsverhältnisse, Lage von Krone und Staat).*

2 *Welche Bedeutung kommt dem Dritten Stand für die Revolution zu (T 1, Sieyès)?*

3 *Worin unterscheiden sich die in den Texten T 1–3 geäußerten Grundgedanken von der gesellschaftlichen Situation der Zeit (Feudalismus, Absolutismus)? Inwieweit haben sie die Entwicklung einer bürgerlichen Gesellschaft gefördert? Welches sind die Hauptprinzipien im Verhältnis der Menschen untereinander bei Hobbes (T 5) und Locke (T 6)? Wer nimmt die Schlüsselrollen im Staatsgefüge jeweils ein, und wie werden sie begründet?*

4 *Arbeiten Sie aus den Texten (T 4–8) die wichtigsten Punkte heraus, die für die Formulierung von Grundprinzipien demokratischer Verfassungen maßgebend geworden sind. Vergleichen Sie mit der amerikanischen Unabhängigkeitserklärung (s. Bd. 2, A 1.2) und der französischen Verfassung von 1791 (T 10).*

5 *Welche Bedeutung messen Sie der geistigen Bewegung der Aufklärung, insbesondere von Rousseau, für die Veränderung der damaligen Gesellschaft bei?*

6 *Welcher politische und persönliche Spielraum bleibt dem Individuum, das sich der volonté générale des Rousseauschen Staates verpflichtet hat?*

7 *Welches Problem ergibt sich für die Volkssouveränität a) aus der Gewaltenteilung (T 5–7), b) aus der volonté générale (T 8)?*

8 *Inwieweit legitimieren sich totalitäre Systeme unter Hinweis auf die direktdemokratische Lehre Rousseaus?*

2. Die erste Phase der Revolution: Die Verwirklichung des Verfassungsstaates

2.1 Nationalversammlung, Souveränität der Nation, Verfassung und konstitutionelle Monarchie

Kaum waren am 5. Mai 1789 die Generalstände im Ballhaus (= Ort für Ballspiele) von Versailles zusammengetreten, wurden sie mit der Forderung des Dritten Standes konfrontiert, nicht nur die gleiche Zahl an Abgeordneten zu erhalten wie die beiden oberen Stände zusammen – was die Krone bereits zugestanden hatte –, sondern auch nach Köpfen statt wie bisher nach Ständen abzustimmen. Der Dritte Stand konnte mit Stimmen aus dem niederen Adel und Klerus rechnen. Von den 291 Geistlichen waren 205 (70%) bereit, für Reformen zu stimmen, von den 270 Adeligen 90 (33%). Da von den insgesamt 1139 Abgeordneten 873 (75%) für Reformen waren, mußte dem Dritten Stand die Mehrheit zufallen. Das Vorbild des amerikanischen Nationalkongresses vor Augen (s. Bd. 2, A 1), erklärten sich die Abgeordneten des Dritten Standes auf Antrag Sieyès' zur Assemblée nationale, zur **Nationalversammlung**. Sie betrachteten sich als die Repräsentanten des gesamten französischen Volkes und bekräftigten ihre Absicht, auch gegen den Widerstand des Königs eine Verfassung auszuarbeiten, am 20. Juni mit dem **Ballhausschwur** (s. 1.2). Ludwig XVI. (1774–1792) wich schließlich vor der Gehorsamsverweigerung des Dritten Standes zurück und veranlaßte auch die oberen Stände, sich der Nationalversammlung anzuschließen. Damit schien er eine Souveränität der „Nation" neben seiner eigenen anzuerkennen.

Der Dritte Stand ging, von Mirabeau (s. 1.2) inspiriert, mit der Hoffnung ans Werk, die politische Umgestaltung zusammen mit der Krone leisten zu können. Zwar hatte in den führenden Köpfen bereits Rousseaus „volonté générale" (s. 1.5) bzw. der auf Sieyès zurückgehende „Willen der Nation" den Platz des Herrschers eingenommen, doch dachte nur eine kleine Minderheit an die

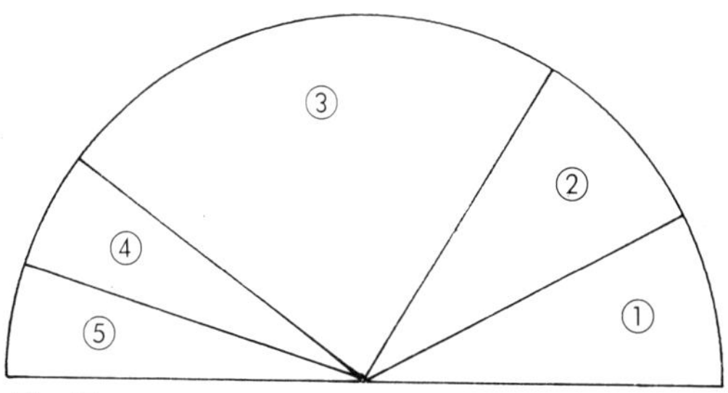

Die Zusammensetzung der Verfassunggebenden Nationalversammlung 1789

① Aristokraten: Verteidiger der ständischen Privilegien, Adlige und Geistliche.
② Monarchisten: Bürgerliche und adlige Vertreter einer starken Stellung des Königs.
③ Konstitutionelle: Befürworter einer gemäßigten Monarchie mit starker politischer Machtstellung des Bürgertums und der Prinzipien von 1789. Mehrheit der Vertreter des Bürgertums und einige Geistliche.
④ Triumvirat: Gruppe der Abgeordneten um Barnave, Du Port und Alexandre de Lameth mit stark liberalen Tendenzen.
⑤ Demokratische Gruppe: Interessenvertreter der breiten Volksmassen und Befürworter des allgemeinen Wahlrechts (statt Zensuswahlrecht).

(Zusammengestellt nach: Albert Soboul, Histoire de la Révolution Française. Paris 1964. Bd. 1, S. 188/190)

Der Schwur auf die Aussöhnung der drei Stände. 1789

Abschaffung der Monarchie. Sieyès bezeichnet als „nationalen Willen" den politischen Selbstanspruch des Dritten Standes, den er als Träger und Repräsentant des neuen **Nationalstaates** versteht.
Dessen institutionelle Form deckte sich allerdings nicht mit der „Volkssouveränität" im Sinne der „volonté générale" Rousseaus; der „nationale Wille" delegiert die gesetzgebende Gewalt an die Abgeordneten des gewählten Parlaments, d. h. an die Nationalversammlung (**Repräsentatividee**). Es entsprach der Überzeugung der Zeit, der überkommenen Ordnung der absoluten Monarchie und ihren an die Standesperson gebundenen Rechten und Vorrechten eine rationale Verfassungsordnung (constitution) entgegenzusetzen, deren Grundsätze sich auf das Naturrecht (s. 1.4), d. h. auf die Beteiligung aller von Natur aus gleichen Individuen, stützten. Ebenso vernünftig schien es, der Verfassung eine klare Bestimmung der Grundrechte des einzelnen Bürgers in Staat und Gesellschaft vorauszuschicken, nachdem die Nationalversammlung am 4./5. August 1789 (s. 2.2) das Feudalsystem abgeschafft hatte. So beriet auf Antrag des Marquis de Lafayette (1757–1834, Mitkämpfer im amerikanischen Unabhängigkeitskrieg und Freund von Präsident Washington, Führer der Nationalgarde, s. u.) die Nationalversammlung, die auch als Verfassunggebende Versammlung (Konstituante) bezeichnet wird, den Entwurf einer Erklärung der Menschen- und Bürgerrechte, den der amerikanische Gesandte und spätere Präsident Jefferson – Autor der amerikanischen Unabhängigkeitserklärung von 1776 – überarbeitet hatte. Ihr Titel – **„Menschen und Bürgerrechte"** (T 9) – deutete auf die natürliche Gleichheit aller Menschen hin sowie auf ihren Status als Staatsbürger, den sie gerade errungen hatten. Im Mittelpunkt stehen die Rechte, nicht die Pflichten. Der Katalog der Grundrechte war als erster Teil der neuen Verfassung gedacht. Die am 26. August verabschiedete Fassung war daher stark der „Virginia Bill of Rights" von 1776 (s. Bd. 2, A 1.2) und anderen amerikanischen Vorbildern verpflichtet. Ihre programmatischen Begriffe sind **liberté:** Freiheit des einzelnen, **égalité:** Gleichheit der Bürger vor dem Gesetz, **fraternité:** Brüderlichkeit aller Menschen. Die Menschen- und Bürgerrechte gehören zum festen Bestand moderner Verfassungen, je nach dem politischen Ordnungssystem mit verschiedener Gewichtigkeit. Mit deutlichen Einschränkungen wurde die Erklärung der Menschen- und Bürgerrechte der französischen **Verfassung von 1791** als Präambel vorangestellt.
Eingeschränkt war auch von Anfang an der Geltungsbereich der Menschen- und Bürgerrechte. Nur die Männer konnten diese Rechte beanspruchen, die Frauen blieben von der allgemeinen politischen und rechtlichen Befreiung nahezu ausgeschlossen. In den Jahren 1789–1793 wurden in zahlreichen Frauenversammlungen Bittschriften für die politische, wirtschaftliche und gesetzliche Gleichberechtigung der Frau verfaßt und an die Machthaber übersand. Dies war der Anfang der modernen Frauenrechtsbewegung. Olympe Marie Aubry (Pseudonym: de Gouges), dem Kreise um Condorcet (s. 1.4) angehörend, von Robespierre 1793 hingerichtet, verfaßte 1791 ihre „Erklärung der Rechte der Frau und Bürgerin" (T 11). Diese Erklärung wurde von der Nationalversammlung nicht verabschiedet. (Den Frauen wurde das Wahlrecht in Frankreich erst 1945 eingeräumt.)
1791 konzentrierten sich die Beratungen der Abgeordneten auf die Niederschrift der Verfassung. Aufgrund der starken Stellung der konstitutionellen Fraktion in der Konstituante war schon frühzeitig klar, daß die Abschaffung der Monarchie nicht auf der Tagesordnung stehen würde. Strittig war allerdings, ob man der Krone ein Vetorecht gegenüber der Gesetzgebung der Nationalversammlung einräumen und ob – nach englischem und amerikanischem Vorbild – das Zweikammersystem (Oberhaus/Unterhaus) übernommen werden sollte. Der Verfassungstext (T 10), der am 3. 9. 1791 verabschiedet wurde, sah eine zusätzliche Schwächung der königlichen Exekutivgewalt vor, die sich aus der Selbstverwaltung der Départements (neue Verwaltungsbezirke), die an die Stelle der alten Provinzgliederung getreten waren, ergab.

Die Einrichtung eines Oberhauses war aufgrund des mehrheitlichen Mißtrauens gegenüber dem Adel abgelehnt worden. Montesquieus Grundsatz der Gewaltenteilung, dem die Verfassunggebende Versammlung weitgehend gefolgt war, bot den verfassungsmäßigen Schutz gegen eine befürchtete Rückkehr zum Absolutismus. Frankreich war damit eine **konstitutionelle Monarchie,** d. h. das Handeln der Regierung wurde der Verfassung (constitution) unterstellt (sog. Konstitutionalismus). Da das Wahlrecht vom Vermögen des einzelnen und seiner Steuerleistungen (Wahlzensus) abhängig war, galt es nur für 4,3 Mio. von 7 Mio. Männern, und von den Wahlberechtigten hatten kaum 40 000 das Recht, als Abgeordnete zu kandidieren. Durch den **Wahlzensus** sicherte sich das besitzende Bürgertum ein politisches Übergewicht. Die Wandlung des politisch-revolutionären Citoyen (Staatsbürger) zum interessenbestimmten Bourgeois (Wirtschaftsbürger) zeichnete sich ab.
Ludwig XVI. mußte im Juni 1791, nach seinem gescheiterten Fluchtversuch in die Niederlande, den Eid auf die Verfassung leisten. In Petitionen und Adressen übten die Pariser Druck auf die Nationalversammlung aus und drängten sie zur Bestrafung des Königs. Auch Anträge zur Abschaffung des Königtums und zur Errichtung einer Republik wurden überreicht. Die Nationalversammlung enthob den König vorläufig seines Amtes, setzte ihn aber bald wieder in seine Rechte ein. Seine Politik des – verfassungsmäßig garantierten – **„suspensiven** (= aufschiebenden) **Vetos“** gegenüber den Beschlüssen der im Oktober 1791 nach der neuen Verfassung gewählten „legislativen“ Nationalversammlung machten ihn bei der Bevölkerung immer unbeliebter.

2.2 Die Abschaffung der Feudalordnung

Die revolutionäre Situation von 1789 war durch die Herrschaftskrise des Absolutismus und durch Unruhen unter den sozialen Ständen seit Jahrzehnten vorbereitet worden (s. A 1). Im Sommer 1789 verweigerten Abgeordnete des Dritten Standes und ihre adligen Mitkämpfer dem König den Gehorsam. Aufruhr- und Umsturzbewegungen überzogen das Land. Gerüchte von einem Gegenschlag königlicher Truppen gegen die Nationalversammlung und die Entlassung des Reformministers Necker, der auf die Abschaffung des adligen Steuerprivilegs drängte (11. Juli), lösten in Paris einen Aufstand aus. Der **Sturm auf die Bastille** – die als Staatsgefängnis dienende ehemalige Burg von Paris, in der am 14. Juli nur sieben Gefangene einsaßen und in der man zunächst nur Waffen suchte – stärkte das revolutionäre Bewußtsein der Volksmassen. Die Aufständischen bildeten ein revolutionäres „Ständiges Komitee“ (Comité permanent), das die Stadtverwaltung übernahm. Als Schutz gegen ein militärisches Eingreifen wie gegen plündernde Banden stellte das Komitee eine Nationalgarde auf, die nur aktive Wahlbürger, d. h. Bürger mit Grundbesitz, aufnahm. So begann die größte Gemeinde Frankreichs mit einer Art Selbstverwaltung. Nach dem Pariser Vorbild traten in zahlreichen Städten Komitees unter Führung des Bürgertums zusammen, um die Lücke der zusammenbrechenden königlichen Autorität zu füllen.
In verschiedenen Provinzen erhoben sich die Bauern gegen die adligen und geistlichen Grundherren und verbrannten die Archive der Schlösser und Klöster in denen sie Rechtsaufzeichnungen der bäuerlichen Pflichten vermuteten. So wollten sie ihrer Forderung nach Aufhebung der aus Naturalabgaben, Geld oder Frondiensten bestehenden Grundlasten Nachdruck verleihen. Vorher hatte das Volk in der Provinz nach der Mißernte von 1788 von der Gemeindeverwaltung verlangt, den Brotpreis zu senken. Die Beamten fühlten sich bedroht und flohen. Aufruhr entstand; Häuser von Autoritätspersonen und Getreidekäufern wurden geplündert.
Die Nationalversammlung wurde aktiv anstelle der geschwächten Krone. In der Nachtsitzung des 4. August verzichteten Adel und Klerus auf ihre Privilegien, und die Nationalversammlung verabschiedete ihr erstes großes **Reformwerk**: Sie beseitigte die Sonderrechte der Städte und Provinzen,

Der nationale Nivellierapparat. Zeitgenössische Satire

hob staatliche und private Handelsmonopole und Zunftprivilegien sowie den Zunftzwang auf, schaffte die mit der Grundherrschaft verbundenen Rechte ab, z. B. die Feudalabgaben, die außer den Kirchenzehnten nicht entschädigungslos entfielen, sondern nur für ablösbar erklärt wurden, ferner Ämterkäuflichkeit, Leibeigenschaft, gutsherrliche Gerichtsbarkeit, Steuerbefreiung, Herrenrechte, Pfründenhäufung. Da aber nicht alle Grundabgaben unentgeltlich aufgehoben wurden, ging die finanzielle Ablösung der bisherigen dinglichen Pflichten und Lasten der Bauern nur schleppend vor sich; in der Regel konnten die Bauern die hohen Ablösungssummen – etwa den zehn- bis fünfzehnfachen Betrag der jährlichen Abgabesumme – nicht aufbringen.
Wie sich der politische Druck der Volksbewegung im Denken einiger adligen Abgeordneter widerspiegelte und sie zur Zustimmung (nicht ohne Hintergedanken) zwang, geht aus dem Schreiben des Abgeordneten Marquis de Ferrières an einen adligen Freund vom 7. August 1789 hervor:
„Die Sitzung des 4. August ist die denkwürdigste, die jemals in irgendeiner Nation stattgefunden hat. Sie hat der ganzen Welt gezeigt, wozu eine Nation fähig ist, wenn die Ehre, die Liebe zum Guten, der Patriotismus es verlangen. [...]
Es wäre zwecklos, selbst gefährlich gewesen, sich dem allgemeinen Wunsch der Nation entgegenzustellen. Man wäre dann ein Opfer der Wut der Menge geworden, man hätte zusehen müssen, wie sie einem das Haus ansteckt. Die Adligen, die diesen Opfern zugestimmt haben, verlieren gleichfalls, und mehr als Sie. Die Notwendigkeit, die Unmöglichkeit, sich anders zu verhalten, die Kenntnis, die wir von dem beklagenswerten Zustand des Adels überall im Königreich haben, haben uns nicht erlaubt, einen Moment zu zögern. Seien Sie versichert, daß unser kleiner Bezirk bis jetzt die Region ist, die am wenigsten von den Unruhen und dem Unglück heimgesucht wurde. Ich habe auf jede Art und Weise zu vermeiden versucht, Sie zu kompromittieren. [...]
Sie müssen wissen: Wenn die Kommunen etwas wollen, dann ist es unmöglich, dies zu verhindern. Sie haben den größten Teil des Klerus und einige Mitglieder des Adels hinter sich; fügen Sie den Einfluß von Paris hinzu, die riesige Menge von 24 Millionen Menschen, die nach ihrem Belieben eingesetzt werden.

Pflanzen eines Freiheitsbaumes, wie es seit 1790 in allen Gemeinden geschah

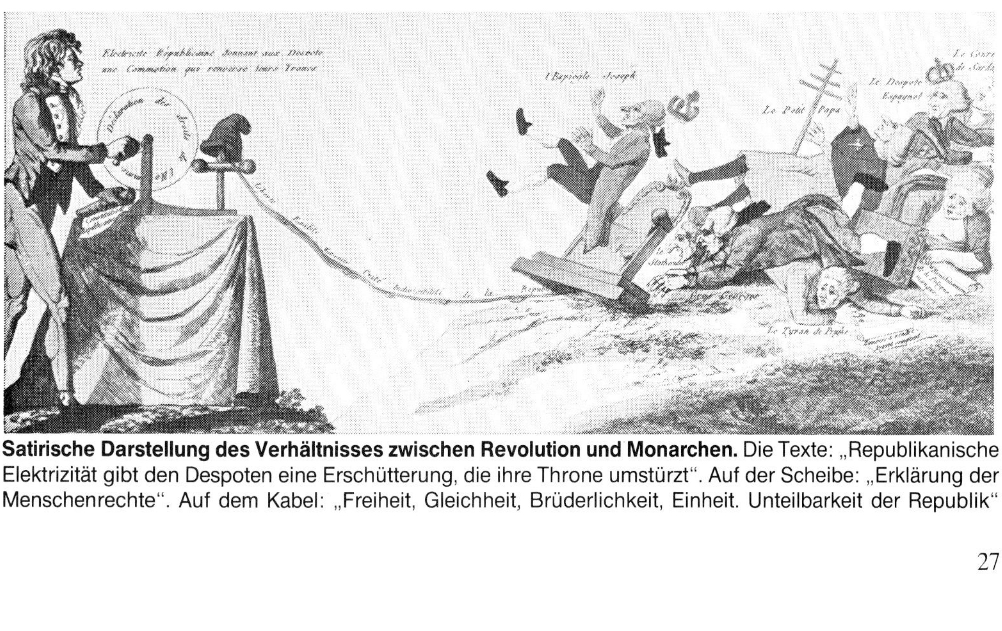

Satirische Darstellung des Verhältnisses zwischen Revolution und Monarchen. Die Texte: „Republikanische Elektrizität gibt den Despoten eine Erschütterung, die ihre Throne umstürzt". Auf der Scheibe: „Erklärung der Menschenrechte". Auf dem Kabel: „Freiheit, Gleichheit, Brüderlichkeit, Einheit. Unteilbarkeit der Republik"

Es gibt ein Ziel: man will das Volk bewaffnen, es versammeln und es dorthin führen, wo man es haben will. Man braucht jetzt viel vorsichtige Klugheit [...] Ich weiß nicht, ob es von der Nationalversammlung allein abhängt, daß wieder Ruhe und Ordnung einkehren. Urteilen Sie nicht zu streng, wir sind in Wahrheit zu beklagen, wir müssen alles um Eurer Interessen willen ertragen. Der geringste Widerstand wäre gleich ein Signal [...]." (Nach O. Voilliard u. a. S. 42ff.)

Die sog. Augustbeschlüsse waren nicht nur ein politisches Manöver, um durch begrenzte Zugeständnisse die Bauern zu befriedigen. Es handelte sich vielmehr um eine Revolution des feudalen Eigentumsrechts. Während vor der Revolution die Rechtstitel des Adels – z. B. auf eine Grundherrschaft und den dazugehörigen Ansprüchen auf Dienste und Abgaben – innerhalb der Familie von Generation zu Generation weitergegeben wurden, bestätigte die Nationalversammlung in der Nachtsitzung den bürgerlich-liberalen Eigentumsbegriff, der die rechtliche Gleichstellung aller Eigentümer zur Grundlage hat. Wer Eigentum erwerben oder verkaufen wollte, sollte dies ohne Ansehen von Person und Stand auch tun können.

Die radikale Umgestaltung der Gesellschaft wurde durch weitere gesetzliche Maßnahmen vorangetrieben. Um dem Staatsbankrott (s. u.) zu begegnen und um die starke wirtschaftliche und öffentliche Position der Kirche als der traditionellen Stütze der alten Gesellschaft zu schwächen, wurden auf Antrag von **Charles Maurice de Talleyrand** (1754–1838) – ehemaliger Bischof, Außenminister des Direktoriums (s. 4.) und Napoleons, Vertreter Frankreichs auf dem Wiener Kongreß – im April 1790 die Kirchengüter verstaatlicht. Sie umfaßten schätzungsweise ein Fünftel des Bodens und hatten einen Wert von 4 Mrd. Francs damaliger Währung. Sie erwirtschafteten einen Jahresbetrag von 80–100 Mio. Francs. Zunächst wurden auf den beschlagnahmten Grundbesitz zur Abdeckung der Staatsschulden Anweisungen (Assignaten) ausgegeben, die als Zahlungsmittel kursierten. Durch den Erwerb der Kirchengüter wurde die bürgerlich-bäuerliche Mittelschicht wirtschaftlich wesentlich gestärkt und zugleich mit der Revolution versöhnt.

Klöster und Orden wurden aufgelöst (Juli 1790), die standesamtliche „Zivilehe" eingeführt, die Schulen verstaatlicht und ihre Aufsicht dem Klerus entzogen. Die Priester – nun vom Staat bezahlt – sollten von der Bevölkerung gewählt und ihre Bindung an Rom gelöst werden. Es war das Ziel, eine französische Nationalkirche zu schaffen. Von den Priestern wurde ein Eid auf die neue Ordnung verlangt, den die meisten von ihnen jedoch ablehnten. Deren Verfolgung vertiefte die Spaltung der Nation.

Die Verfassunggebende Versammlung (Konstituante) traf auch Maßnahmen zur Umgestaltung der nationalen Wirtschaftsordnung. Die Berufs- und Gewerbefreiheit wurde durch Gesetz vom 2. März 1791 über die Abschaffung der Zünfte und Korporationen (Vereinigungen) eingeführt. Das Gesetz „Le Chapelier" vom 14. Juni verbot – ebenfalls unter Berufung auf die Grundsätze des wirtschaftlichen Liberalismus – die Vereinigung von Handwerksgesellen und Meistern, die Zusammenschlüsse von Arbeitern und den Streik. Daraus wird deutlich, daß die Konstituante die Gruppeninteressen des liberalen Besitzbürgertums vertrat, keineswegs aber die Interessen des gesamten Dritten Standes wahrnahm. Die Kaufleute und Manufakturbesitzer begrüßten die Freiheit von Handel und Gewerbe, die bisher durch merkantilistische Zwangsbestimmungen eingeengt waren, während die Arbeiter, die u. a. unter den krisenbedingt hochgetriebenen Getreidepreisen zu leiden hatten, solchen Notsituationen durch das Streikverbot nahezu wehrlos ausgesetzt waren. Auch die kleinen Handwerker waren durch die neuen Gesetze der Konkurrenz ungeschützt preisgegeben. Die Sansculottenbewegung von 1792/93 (s. 2.3) verlangte deshalb die Wiederherstellung der Zünfte.

Das **Ende der ersten Phase der Revolution**, 1789–1792, ist gekennzeichnet u. a. durch das ungelöste Problem der Staatsfinanzen, die Entwertung der Assignaten, die Teuerung und die Lebensmittelknappheit. Auch der Verkauf von Kirchengütern hatte nicht die beabsichtigten Folgen, weil die wohlhabenden Landbesitzer sich bereicherten und die wenigen zahlungskräftigen Klein-

bauern leer ausgingen. Der als Hochverrat verstandene Fluchtversuch der königlichen Familie besiegelte den Bruch zwischen den gemäßigten Kräften der Nationalversammlung und König Ludwig XVI. Die Revolution rief vor allem im Anfangsstadium in Europa großen Widerhall und teilweise begeisterte Zustimmung bei denen hervor, die darin die Chance sahen, bürgerliche Freiheitsrechte auch in ihren Ländern zu verwirklichen.
Als prominenter Gegner unterzog aber schon 1790 der konservative englische Philosoph und Abgeordnete des Unterhauses **Edmund Burke** die Revolution einer grundsätzlichen Kritik und verteidigte die englische Staatsverfassung: „Ich habe gehört, man erzählt in Frankreich, daß das, was dort jetzt geschieht, dem Beispiel Englands folgt. Ich muß dagegen behaupten, daß kaum etwas in Ihrem Land den Bräuchen oder Auffassungen unseres Volkes nachgebildet ist, weder im Tatsächlichen noch im Geiste. [...] Die Abneigung, die ich für jede Revolution empfinde; der Geist des Wandels, der in anderen Ländern herrscht; die völlige Verachtung, mit der man bei Ihnen – und vielleicht auch einmal bei uns – alle alten staatlichen Einrichtungen behandelt, die im Widerspruch zu all dem stehen, was man gegenwärtig für geeignet oder möglich hält: alle diese Überlegungen machen es nach meiner Meinung ratsam, uns noch einmal den Prinzipien unserer eigenen Gesetze zuzuwenden. [...]
Unsere Revolution wurde gemacht, um unsere alten, unbestreitbaren Gesetze und Freiheiten und jene alte Verfassung zu erhalten, die unsere einzige Garantie für Ordnung und Freiheit ist. Allein der Gedanke daran, eine neue Regierungsform zu errichten, erfüllt uns mit Abscheu und Schrecken. Wir wollten zur Zeit der Revolution 1688 und wollen jetzt alles das, was wir haben, als Erbschaft unserer Vorfahren besitzen. Alle Reformen, die wir bislang gemacht haben, entsprangen dem Grundsatz, das Überkommene mit Ehrfurcht zu behandeln. [...]
Sie hätten, wenn Sie wollten, von unserem Beispiel profitieren und Ihrer wiedergewonnenen Freiheit eine entsprechende Würde geben können. Ihre Freiheiten, obwohl durch den Absolutismus unterbrochen, waren nicht vergessen. In Ihren alten Ständen hatten Sie jene Vielfalt, die Ihrer Gesellschaft entsprach, Sie hatten Übereinkunft und Konflikt von Interessen, der in der Welt der Natur wie der Politik aus dem Kampf entgegengesetzter Kräfte die Harmonie des Weltalls entstehen läßt. Jene Interessenkonflikte, die Sie als große Fehler in Ihrer alten und unserer gegenwärtigen Verfassung ansehen, sind eine heilsame Kontrolle für alle überstürzten Entscheidungen. Sie machen die Entscheidung zu einer notwendigen, nicht beliebigen Angelegenheit. Sie unterwerfen alle Veränderungen dem Kompromiß, was natürlich mäßigend wirkt. Sie erzeugen Charakter, verhindern abrupte, rauhe Veränderungen und machen überstürzte Willkürmaßnahmen einiger oder vieler fortwährend undurchführbar.“ (E. Burke, Reflections on the Revolution in France. Oxford 1875.)
Um eine Ausdehnung der revolutionären Strömungen in Europa zu verhindern betrieb Burke aktiv den Eintritt Englands in das Bündnis der europäischen Mächte.

2.3 Die Anfänge politischer Parteienbildung

Bereits vor der Revolution hatten sich in Paris und anderen Städten politische Debattierklubs gebildet. Ihre Bedeutung wuchs, als die Auseinandersetzungen und Beratungen in der Nationalversammlung einsetzten. Anträge und Entwürfe wurden meist zuvor in den Klubs erörtert und formuliert.
Am einflußreichsten wurde der im Mai 1789 gegründete **Jakobinerklub**, benannt nach seinem Treffpunkt im ehemaligen Kloster St. Jakob in Paris. Ursprünglich waren fast alle konstitutionell gesinnten Abgeordneten der Nationalversammlung Mitglieder des Jakobinerklubs, der auf dem Höhepunkt der Revolution über 400 Tochterklubs zählte. Unter der straffen Führung der

Muttergesellschaft in Paris drängten seit 1791 diese Klubmitglieder in die Schaltstellen der Gemeindeverwaltungen und suchten durch die Öffentlichkeit ihrer Beratungen auch Einfluß auf die öffentliche Meinung zu gewinnen.
Unter dem Eindruck der zunehmend republikanischen Agitation zahlreicher Jakobiner, die vor allem nach dem gescheiterten Fluchtversuch des Königs den endgültigen Bruch mit der Monarchie suchten, spaltete sich der rechtsstehende Klub der **Feuillants** ab. Ihren Namen hatte diese Gruppe von einem Zisterzienserkloster, das als Versammlungsort diente. Die Feuillants, unter denen die liberalen Adligen und Vertreter des Großbürgertums den Ton angaben, hielten an der konstitutionellen Monarchie von 1791 fest.
Die zunächst zahlenmäßig kleinere, aber politisch aktivere Gruppe der **Girondisten**, deren bekannteste Vertreter aus der Gironde kamen, beherrschte dagegen die neugewählte und im Oktober 1791 zusammengetretene Gesetzgebende Versammlung. Im März des folgenden Jahres berief der König girondistische Minister.
Die Girondisten vertraten das Bürgertum der Provinzen. Sie waren Republikaner, aber anfänglich bereit, den König als Galionsfigur der Nation zu dulden. Sie verstanden das demokratische Gleichheitsprinzip (égalité) als Rechts- und Chancengleichheit; jeder sollte die gleichen Möglichkeiten haben, seine individuellen Anlagen und Fähigkeiten zu entfalten.
Zusammen mit den radikalen Jakobinern stürzten die Girondisten im September 1792 das Königtum und verkündeten die Republik. Ihre Wirtschaftspolitik, die das Besitzbürgertum begünstigte, und militärische Mißerfolge im ersten Koalitionskrieg (s. 3.2) brachten die Girondisten aber bald in Gegensatz zu den **Montagnards** („Berg-Partei", so genannt nach ihren hochgelegenen Sitzen in der Nationalversammlung) und deren führenden Köpfen Danton, Marat, Robespierre, Saint-Just und Desmoulins.
Die Montagnards verdankten ihren Aufstieg den Pariser **Sansculotten** (frz. ohne Kniehosen, wie sie die Adligen trugen), die sich in den Pariser Stadtbezirken („Sektionen"; s. 3.1) eine führende Stellung erkämpft hatten. Die Sansculotten rekrutierten sich vor allem aus Kleinbürger- und Arbeiterkreisen und übten durch Demonstrationen und bewaffnete Auftritte zeitweilig starken Druck auf den Nationalkonvent aus. Ihre Ziele waren unmittelbare Volksherrschaft (direkte Demokratie; vgl. Rousseau 1.5), Volksjustiz, Öffentlichkeit aller Versammlungen und Entscheidungen und vollständige Entmachtung der seitherigen herrschenden Klasse. Viele dieser Ziele haben in die politische Vorstellungswelt der Montagnards Eingang gefunden (s. 3.1).
Die Mehrheit der Abgeordneten – nach der Sitzordnung im Parlament die Ebene („la plaine") oder Sumpf („le marais") genannt – richtete ihre politische Haltung je nach den jeweiligen innen- und außenpolitischen Verhältnissen aus. Alle diese politischen Gruppen vermieden es, sich als „Parteien" zu bezeichnen, da die Abgeordneten als Vertreter der ganzen Nation galten und nicht in den Verdacht geraten wollten, die Interessen einzelner Gruppen zu verfechten.

T 9 Erklärung der Menschen- und Bürgerrechte (26. August 1789)

Präambel. Die als Nationalversammlung vereinigten Vertreter des Französischen Volkes betrachten die Unkenntnis der Menschenrechte, die Vergessenheit oder Mißachtung, in die sie geraten sind, als die einzigen Ursachen der öffentlichen Mißstände und der Verderbtheit der Regierungen. Daher haben sie beschlossen, in einer feierlichen Erklärung die angestammten, unveränderlichen und heiligen Rechte des Menschen darzulegen, damit diese Erklärung allen Gliedern der menschlichen Gesellschaft ständig vor Augen sei und ihm seine Rechte und Pflichten immer wieder ins Gedächtnis rufe; damit die Handlungen der gesetzgebenden und die der ausübenden Gewalt jederzeit am Endzweck jeder politischen Einrichtung gemessen werden können und um so mehr Achtung finden mögen; damit die Forderungen der Bürger, nunmehr auf klare und unerschütterliche Prinzipien gegründet, stets der Aufrechterhaltung der Verfassung und dem Wohle aller dienen.
So erkennt und verkündigt die Nationalversammlung, angesichts des Höchsten Wesens und unter seinen Auspizien, die Rechte des Menschen und des Bürgers wie folgt:
1. Artikel. Frei und gleich an Rechten werden die

Menschen geboren und bleiben es. Die sozialen Unterschiede können sich nur auf das gemeine Wohl gründen.
2. Artikel. Der Zweck jeden politischen Zusammenschlusses ist die Bewahrung der natürlichen und unverlierbaren Menschenrechte. Diese Rechte sind Freiheit, Eigentum, Sicherheit und Widerstand gegen Bedrückung.
3. Artikel. Jegliche Souveränität liegt im Prinzip und ihrem Wesen nach in der Nation; keine Körperschaft und kein einzelner kann eine Autorität ausüben, die sich nicht ausdrücklich von ihr herleitet.
4. Artikel. Die Freiheit besteht darin, alles tun zu können, was anderen nicht schadet. Also hat die Ausübung natürlicher Rechte bei jedem Menschen keine anderen Grenzen als die, den anderen Mitgliedern der Gesellschaft den Genuß der gleichen Rechte zu sichern. Diese Grenzen können nur durch das Gesetz bestimmt werden.
5. Artikel. Das Gesetz hat nur das Recht, Handlungen zu verbieten, die der Gesellschaft schädlich sind. Was nicht durch Gesetz verboten ist, darf nicht verhindert werden, und niemand kann gezwungen werden, etwas zu tun, was das Gesetz nicht befiehlt.
6. Artikel. Das Gesetz ist der Ausdruck des allgemeinen Willens; alle Bürger haben das Recht, persönlich oder durch ihre Vertreter an seiner Schaffung mitzuwirken. Es muß für alle das gleiche sein, mag es nun beschützen oder bestrafen. Alle Bürger sind vor seinen Augen gleich. Sie sind in der gleichen Weise zu allen Würden, Stellungen und öffentlichen Ämtern zugelassen, je nach ihrer Fähigkeit und ohne andere Unterschiede als ihre Tüchtigkeit und Begabung.
7. Artikel. Niemand kann angeklagt, verhaftet oder gefangengehalten werden in anderen als den vom Gesetz festgelegten Fällen und in den Formen, die es vorschreibt. Wer Willkürakte anstrebt, befördert, ausführt oder ausführen läßt, ist zu bestrafen; aber jeder Bürger, der durch ein Gesetz gerufen und erfaßt wird, muß augenblicklich gehorchen; durch Widerstand macht er sich schuldig.
8. Artikel. Das Gesetz darf nur unbedingt und offensichtlich notwendige Strafen festsetzen, und niemand darf bestraft werden, es sei denn kraft eines bereits vor seinem Delikt erlassenen, veröffentlichten und legal angewandten Gesetzes.
9. Artikel. Jeder wird so lange als unschuldig angesehen, bis er als schuldig erklärt worden ist; daher ist, wenn seine Verhaftung als unerläßlich gilt, jede Härte, die nicht dazu dient, sich seiner Person zu versichern, auf dem Gesetzeswege streng zu unterdrükken.
10. Artikel. Niemand darf wegen seiner Überzeugungen, auch nicht der religiösen, behelligt werden, vorausgesetzt, daß ihre Betätigung die durch das Gesetz gewährleistete öffentliche Ordnung nicht stört.
11. Artikel. Die freie Mitteilung seiner Gedanken und Meinungen ist eines der kostbarsten Rechte des Menschen. Jeder Bürger darf sich also durch Wort, Schrift und Druck frei äußern; für den Mißbrauch dieser Freiheit hat er sich in allen durch das Gesetz bestimmten Fällen zu verantworten.
12. Artikel. Die Sicherung der Menschen- und Bürgerrechte macht eine öffentliche Gewalt notwendig; diese Gewalt wird demnach zum Nutzen aller eingesetzt, nicht aber zum Sondervorteil derjenigen, denen sie anvertraut ist.
13. Artikel. Für den Unterhalt der öffentlichen Gewalt und für die Aufgaben der Verwaltung ist eine allgemeine Steuer vonnöten; sie ist gleichmäßig auf alle Bürger zu verteilen nach Maßgabe ihres Vermögens.
14. Artikel. Die Bürger haben das Recht, selbst oder durch ihre Vertreter die Notwendigkeit einer öffentlichen Auflage zu prüfen, sie zu bewilligen, ihren Gebrauch zu überwachen und ihre Teilbeträge, Anlage, Eintreibung und Dauer zu bestimmen.
15. Artikel. Die Gesellschaft hat das Recht, von jedem öffentlichen Beauftragten ihrer Verwaltung Rechenschaft zu fordern.
16. Artikel. Eine Gesellschaft, deren Rechte nicht sicher verbürgt sind und bei der die Teilung der Gewalten nicht durchgeführt ist, hat keine Verfassung.
17. Artikel. Da das Eigentum ein unverletzliches und heiliges Recht ist, darf es niemandem genommen werden, es sei denn, daß die gesetzlich festgestellte öffentliche Notwendigkeit es augenscheinlich verlangt, und nur unter der Bedingung einer gerechten und im voraus zu entrichtenden Entschädigung.
(Propyläen Weltgeschichte. Bd. 8. Berlin 1960)

T 10 Die französische Verfassung vom 3. September 1791

Da die Nationalversammlung die Verfassung auf den Grundsätzen aufbauen will, die sie soeben anerkannt und verkündet hat, beseitigt sie unwiderruflich die Einrichtungen, die die Freiheit und Rechtsgleichheit verletzten.
Es gibt keinen Adel mehr, keinen Hochadel, keine erblichen Auszeichnungen, keine Standesunterschiede, keine Lehnsherrschaft, keine Patrimonialgerichtsbarkeit, keinen Ritterorden, keine Körperschaften oder Auszeichnungen, die Adelsproben erforderten oder die Auszeichnung der Geburt voraussetzten, und keine andere Obergewalt als die des Staatsbeamten in Ausübung seines Dienstes.
Es gibt nicht Käuflichkeit oder Erbrecht irgendeines Amtes. Es gibt nicht mehr für irgendeinen Teil der Nation oder für irgendein Individuum irgendein Privileg oder eine Ausnahme von dem allen Franzosen gemeinsamen Recht.
Das Gesetz anerkennt nicht mehr religiöse Gelübde oder irgendwelche anderen Verpflichtungen, die im Widerspruch zu den Naturrechten oder zu der Verfassung stünden.

Von der Verfassung verbürgte Grundeinrichtungen (Grundrechte)
Die Verfassung verbürgt als natürliche und öffentliche Rechte:
1. daß alle Staatsbürger zu allen Stellungen und Beamtungen zugelassen sind, ohne einen anderen Unterschied als den ihrer Tugenden und ihrer Talente;
2. daß alle Abgaben auf alle Bürger gleichmäßig unter Berücksichtigung ihrer Vermögensverhältnisse verteilt werden;
3. daß dieselben Verbrechen mit denselben Strafen belegt werden, ohne irgendeinen Unterschied der Person.
Die Verfassung verbürgt gleichfalls als natürliche und bürgerliche Rechte:
die Freiheit jedes Menschen zu gehen, zu bleiben, zu reisen, ohne verhaftet oder gefangengehalten zu werden als in den durch die Verfassung festgelegten Formen;
die Freiheit jedes Menschen zu reden, zu schreiben, zu drucken und seine Gedanken zu veröffentlichen, ohne daß seine Schriften irgendeiner Zensur oder Aufsicht vor ihrer Veröffentlichung unterworfen sein dürfen, und den religiösen Kult auszuüben, dem er anhängt;
die Freiheit der Bürger, sich friedlich und ohne Waffen zu versammeln in Übereinstimmung mit den Polizeigesetzen;
die Freiheit, an die errichteten Behörden persönlich unterzeichnete Bittschriften zu richten.
Die gesetzgebende Gewalt kann keine Gesetze erlassen, welche die Ausübung der natürlichen und bürgerlichen Rechte, die in diesem Abschnitt bezeichnet und durch die Verfassung verbürgt sind, beeinträchtigen oder hindern. Und da die Freiheit nur darin besteht, alles das tun zu können, was weder den Rechten eines anderen noch der öffentlichen Sicherheit schadet, kann das Gesetz Strafen gegen die Handlungen festsetzen, welche die öffentliche Sicherheit oder die Rechte eines anderen angreifen und dadurch der Gesellschaft schaden würden.
Die Verfassung verbürgt die Unverletzlichkeit des Eigentums oder die gerechte und vorherige Entschädigung von dem, was die gesetzlich festgelegte, öffentliche Notwendigkeit als Opfer erfordert. [...]
Von den öffentlichen Gewalten
Art. 1. Die Souveränität ist einheitlich, unteilbar, unveräußerlich und unverjährbar. Sie gehört der Nation. Kein Teil des Volkes und keine einzelne Person kann sich ihre Ausübung aneignen.
Art. 2. Die Nation, von der allein alle Gewalten ihren Ursprung haben, kann sie nur durch Übertragung ausüben. Die französische Verfassung ist eine Repräsentativverfassung. Ihre Repräsentanten sind die gesetzgebende Körperschaft und der König.
Art. 3. Die gesetzgebende Gewalt ist einer Nationalversammlung übertragen, die aus Abgeordneten besteht, die durch das Volk frei und auf Zeit gewählt werden, um sie mit Billigung des Königs auf die Art auszuüben, die nachstehend bestimmt wird.
Art. 4. Die Regierung ist monarchisch. Die ausführende Gewalt ist dem König übertragen, um unter seiner Autorität durch die Minister und andere verantwortliche Beamte auf die Art ausgeübt zu werden, die nachstehend bestimmt wird.
Art. 5. Die richterliche Gewalt ist den durch das Volk auf Zeit gewählten Richtern übertragen.
Von der gesetzgebenden Nationalversammlung
Art. 1. Die Nationalversammlung, welche die gesetzgebende Körperschaft bildet, ist immerwährend und ist nur aus einer Kammer zusammengesetzt.
Art. 2. Sie wird alle zwei Jahre durch Neuwahlen gebildet.
Art. 5. Die gesetzgebende Körperschaft kann durch den König nicht aufgelöst werden.
Urversammlungen. Bestellung der Wahlmänner
Art. 1. Um die gesetzgebende Nationalversammlung zu wählen, treten die aktiven Bürger alle zwei Jahre in den Städten und den Kantonen zu Urversammlungen zusammen.
Die Urversammlungen treten rechtmäßig am zweiten Märzsonntag zusammen, wenn sie nicht schon früher durch die vom Gesetz bestimmten öffentlichen Beamten einberufen worden sind.
Art. 2. Um aktiver Bürger zu sein, ist es notwendig:
als Franzose geboren oder Franzose geworden zu sein,
das 25. Lebensjahr vollendet zu haben,
seinen Wohnsitz in der Stadt oder dem Kanton seit der durch das Gesetz festgelegten Zeit zu haben,
in irgendeinem Orte des Königreichs eine direkte Steuer zu zahlen, die wenigstens dem Wert von drei Arbeitstagen gleichkommt, [...]
nicht dem Bedientenstand anzugehören, d. h. Lohndiener zu sein. [...]
Art. 6. Die Urversammlungen wählen die Wahlmänner im Verhältnis zur Zahl der aktiven, in der Stadt oder im Kanton wohnenden Bürger. Es wird auf 100 Aktivbürger, ob in der Versammlung anwesend oder nicht, ein Wahlmann zur Versammlung gewählt. [...]
Wahlversammlung. Wahl der Abgeordneten
Art. 1. Die in jedem Departement gewählten Wahlmänner treten zusammen, um die Anzahl der Abgeordneten, die ihrem Departement zugeteilt ist, und eine Anzahl von Stellvertretern [...] zu wählen. [...]
Art. 2. Die Abgeordneten und ihre Stellvertreter werden mit absoluter Stimmenmehrheit gewählt. Sie können nur unter den aktiven Bürgern des Departements gewählt werden. [...]
Von der königlichen Bestätigung
Art. 1. Die Beschlüsse der gesetzgebenden Körperschaft werden dem König vorgelegt, der ihnen seine Zustimmung verweigern kann.
Art. 2. Im Falle, daß der König seine Zustimmung verweigert, ist diese Verweigerung nur von aufschie-

bender Wirkung. Wenn die beiden Legislaturperioden, die derjenigen folgen, die den Beschluß vorgelegt hat, nacheinander den gleichen Beschluß in der gleichen Fassung wieder vorlegen, so wird angenommen, daß der König seine Bestätigung erteilt hat. [...]
(G. Franz, Staatsverfassungen. München [3]1975, S. 291 ff.)

T 11 **Olympe Marie Aubry** (gen. de Gouges): **Erklärung der Rechte der Frau und Bürgerin (1791)**

Diese Erklärung wurde zu ihrer Zeit nie veröffentlicht.

Artikel I
Die Frau ist frei geboren und bleibt dem Manne gleich in allen Rechten. Die sozialen Unterschiede können nur im allgemeinen Nutzen begründet sein.

Artikel II
Ziel und Zweck jedes politischen Zusammenschlusses ist der Schutz der natürlichen und unveräußerlichen Rechte sowohl der Frau als auch des Mannes. Diese Rechte sind: Freiheit, Sicherheit, das Recht auf Eigentum und besonders das Recht auf Widerstand gegen Unterdrückung.

Artikel IV
Freiheit und Gerechtigkeit bestehen darin, den anderen zurückzugeben, was ihnen gehört. So wird die Frau an der Ausübung ihrer natürlichen Rechte nur durch die fortdauernde Tyrannei, die der Mann ihr entgegensetzt, gehindert. Diese Schranken müssen durch Gesetze der Natur und Vernunft revidiert werden.

Artikel VI
Recht und Gesetz sollten Ausdruck des Gemeinwillens sein. Alle Bürgerinnen und Bürger sollen persönlich oder durch ihre Vertreter an ihrer Gestaltung mitwirken. Es muß für alle das gleiche sein. Alle Bürgerinnen und Bürger, die gleich sind vor den Augen des Gesetzes, müssen gleichermaßen nach ihren Fähigkeiten, ohne andere Unterschiede als die ihrer Tugenden und Talente, zu allen Würden, Ämtern und Stellungen im öffentlichen Leben zugelassen werden.

Artikel XVII
Das Eigentum gehört beiden Geschlechtern vereint oder einzeln. Jede Person hat darauf ein unverletzliches und heiliges Anrecht. Niemandem darf es als eigentliches Erbteil vorenthalten werden, es sei denn, eine öffentliche Notwendigkeit, die rechtmäßig ausgewiesen wurde, mache es erforderlich, natürlich unter der Voraussetzung einer gerechten und vorher festgelegten Entschädigung.
(H. Schröder/Th. Sauter, Zur politischen Theorie des Feminismus. In: Aus Politik und Zeitgeschichte B 48/77, S. 50ff.)

Problem und Diskussion

1 *Zeichnen Sie die wichtigsten gesellschaftlichen und politischen Etappen bis zur Verfassung von 1791 anhand der Erläuterung zentraler Begriffe nach (Absolutismus - konstitutionelle Monarchie, Stände – Nation, Feudalismus – Augustbeschlüsse, Privilegien - Menschenrechte, Untertan – Bürger.)*

2 *Analysieren Sie die soziale Zusammensetzung der Verfassunggebenden Nationalversammlung und der Abgeordneten des Dritten Standes (S. 12).*

3 *Worin besteht der revolutionäre Grundgedanke in der „Erklärung der Menschen- und Bürgerrechte"? Zeigen Sie anhand von Beispielen aus der Gegenwart Folgewirkungen dieser Menschenrechtserklärung.*

4 *Entwerfen Sie eine graphische Darstellung der Verfassung von 1791. Welches sind ihre politischen Hauptprinzipien?*

5 *Vergleichen Sie die Erklärung der Menschenrechte mit der Verfassung (1791) und ziehen Sie Schlüsse aus diesem Vergleich.*

6 *Welche Punkte der Verfassung von 1791 (T 10) sind nach Ihrer Ansicht für die künftige Verfassungsentwicklung in Westeuropa ausschlaggebend geworden?*

7 *Ziehen Sie aus der unveröffentlichten „Erklärung der Rechte der Frau und Bürgerin" von O. M. Aubry (T 11) Rückschlüsse auf die Situation der Frauen. Beurteilen Sie die ideengeschichtliche Wirkung und Folgen dieser Erklärung für die Emanzipation der Frau.*

8 *Welche Motive liegen der Kritik von Edmund Burke zugrunde, und wie beurteilen Sie die einzelnen Einwände?*

9 *Im Unterschied zu Revolten und spontanen Aufständen, die regional begrenzt, unorganisiert und für Staat und Gesellschaft ohne tiefgreifende Folgen bleiben, führen Revolutionen zur Umwälzung der politischen und sozialen Herrschaftsverhältnisse einer Nation.*
Worin erkennen Sie die entscheidenden Ursachen und Kräfte, die eine Revolutionierung der alten Verhältnisse bewirkten?

10 *Die „Augustbeschlüsse" von 1789 werden auch als „Sterbeurkunde des Ancien régime" bezeichnet. Erläutern Sie diese Bezeichnung anhand der sozialen, wirtschaftlichen, rechtlichen und politischen Folgen dieser Beschlüsse.*

11 *Beschreiben Sie den Entstehungsprozeß der politischen Parteien in der Französischen Revolution und stellen Sie die Ziele und Vorstellungen der Parteien heraus. Welchen Einfluß hatten die Parteien auf den weiteren Verlauf der Revolution?*

3. Die zweite Phase der Revolution: Die Problematik einer radikalen Demokratie

3.1 Die radikale Demokratie und der Weg in Diktatur und Terror

Der König hegte die Hoffnung, ein militärisches Eingreifen der europäischen Fürsten werde die Revolution niederwerfen. Aus anderen Motiven setzten die Girondisten auf einen künftigen Krieg. Sie wollten die Revolution in die Nachbarländer exportieren und erhofften sich durch die militärische Anspannung nach außen gleichzeitig eine Entspannung der innenpolitischen Situation. Am 20. April 1792 erklärte die Nationalversammlung Österreich den Krieg, und zunächst schienen sich die Hoffnungen Ludwigs XVI. zu erfüllen; denn die französische Offensive gegen das österreichische Belgien scheiterte an der Unerfahrenheit des Revolutionsheeres. Die Österreicher und Preußen rückten vor. Am 25. Juli erließ der Oberbefehlshaber, der Herzog von Braunschweig, ein Manifest an die Pariser Bevölkerung, in dem er sie zu unbedingter Treue und zum Gehorsam gegenüber ihrem König aufforderte.
Die Veröffentlichung dieses Manifestes in Paris war der Zündfunke zur sog. „Zweiten Revolution", die am 10. August mit dem **Sturm auf die Tuilerien,** der Residenz Ludwigs XVI., und der Vertreibung des Königs einsetzte. Die Pariser Sektionen (Angehörige der 43 Stadtbezirke), zusammen mit den Föderierten der Provinz – den fortschrittlichen Bürgern, die nach Pariser Vorbild im ganzen Land „Kommunen", d. h. die Selbstverwaltung in den Gemeinden, organisierten und für direkte Demokratie eintraten – setzten den König gefangen. Die Nationalversammlung hob die Monarchie auf und übernahm die exekutive Regierungsgewalt. Am 21. September wurde die Republik ausgerufen, und die Legislative ging auseinander. Sie machte einer neuen Nationalversammlung, dem **Nationalkonvent,** Platz. Dessen Aufgabe sollte es sein, eine neue republikanische Verfassung für Frankreich auszuarbeiten (s. u.). Die Ereignisse von 1792 hatten den Girondisten bei den Wahlen die Mehrheit im Nationalkonvent eingebracht (bei 90% Stimmenthaltung). Damit begann die zweite Phase der Revolution, die „Revolution de l'égalité".
Die Frühjahrskrise 1793 markierte deren ersten Höhepunkt. Die Republik war durch die Koalitionsarmeen der europäischen Monarchen (s. 3.2) in schwere Bedrängnis geraten, im Innern erschütterten Aufstände die Nation, die städtischen Volksmassen standen vor der Hungerkrise, Unruhen königs- oder kirchentreuer Bauern gegen die Revolutionsregierung begannen in der Vendée (Westfrankreich), die Schuldenlast des Staates stieg weiter, begleitet von einer raschen Geldentwertung. All diese Ereignisse förderten die politische Radikalisierung des Landes. In dieser Situation und auch angesichts der politischen Erfolglosigkeit der verantwortlichen Girondisten konnten die radikalen Jakobiner das Ruder übernehmen. Unterstützt wurden sie dabei von den Sansculotten, in deren Kreisen der soziale Gleichheitsgedanke (vgl. Babeuf, T 14) am tiefsten verwurzelt war.
Die **Sansculotten,** denen die bürgerlichen Abgeordneten der Gironde der Feindschaft gegen Volk und Gleichheit verdächtig waren, hatten sich seit 1792 in den „permanent" tagenden Sektionsversammlungen und im Generalrat der Pariser Kommune organisiert. Von hier aus sollte die Volkssouveränität nach dem Modell der direkten Demokratie ausgeübt werden. Diesem Selbstverständnis entsprach der Anspruch auf Kontrolle und Absetzbarkeit der Parlamentarier durch Sektionsbeschlüsse, der Bestätigungsvorbehalt bei der Gesetzgebung, und auch die Volksjustiz, die in den „Septembermorden" 1792 erstmals praktiziert worden war, schien ihnen durch die Volkssouveränität gedeckt zu sein.
Die **Montagnards** (Berg-Partei), die immer mehr mit dem Jakobinertum gleichgesetzt wurden, waren den Sansculotten schon im September 1792 bei der Wahl zum Nationalkonvent entgegengekommen, als sie die Forderungen nach allgemeinem Wahlrecht unterstützten und durchsetzten –

Verfassungsgebende Nationalversammlung (Assemblée Nationale Constituante) 17. 6. 1789 ca. 800 Mitglieder der bisherigen Ständeversammlung[1] 1. Phase der Revolution: Verfassungsentwurf für eine konstitutionelle Monarchie Verwaltungs- und Justizreform Säkularisation	**Demokraten** (Jakobiner) vertreten stärker die Interessen des Volkes Anhänger Rousseaus (z. B. Robespierre)	**Konstitutionelle** vertreten die Interessen der Großbürger Anhänger Montesquieus (z. B. Lafayette, Abbé Sieyès)	**Monarchisten** Für eine starke Exekutivgewalt des Königs (absolutes Veto gegenüber der Volksversammlung) (z. B. Mirabeau)	**Aristokraten** Für die Beibehaltung der überkommenen Privilegien

Gesetzgebende Nationalversammlung (Assemblée Législative)[2] 1. 10. 1791 ca. 750 Mitglieder	**Jakobiner (136)** Radikale Jakobiner vertreten die Interessen des Kleinbürgertums	 Girondisten u. a. Abgeordnete aus der Gironde, vertreten das mittlere Besitz- und Bildungsbürgertum	**Unabhängige (345)** unbestimmte Masse, ohne feste Meinung	**Konstitutionelle (264)** (Feuillants) für die Aufrechterhaltung der konstitutionellen Monarchie

Nationalkonvent (Convention Nationale)[3] 21. 9. 1792 ca. 749 Mitglieder bei Zusammentritt, aber Zahl ständig wechselnd 2. Phase der Revolution: Abschaffung der Monarchie Herrschaft der Konvente	**Der „Berg" (140)** (Les Montagnards) Radikale Jakobiner Vertreter eines politischen und wirtschaftlichen Egalitarismus (z. B. Robespierre, St. Just)	**Die „Ebene"** **Der „Sumpf"** (Le Marais) Unentschieden; neigen bis zum Sturz Robespierres mehr und mehr nach links	**Girondisten (160)** finden sich durch die zunehmende Radikalisierung am rechten Rand des Spektrums der Parteiungen wieder.

Politische Gruppierungen in den Nationalversammlungen

1 Von den 1139 Vertretern der Generalstände blieben 800; der Rest ging nach Hause. Die Größen der einzelnen Gruppierungen beruhen auf grober Schätzung. Es gab Überschneidungen.

2 Wahlbeteiligung gering. Selbst in Paris stimmten von 81000 Wahlberechtigten 74000 nicht ab. Auf Antrag Robespierres durfte kein Mitglied der verfassunggebenden Versammlung in die gesetzgebende gewählt werden. Die Mehrheit der Abgeordneten war unter 30 Jahren.

3 Von 5 Mio. Stimmbürgern stimmten nur etwa 500000 ab. In Paris war die Stimmabgabe öffentlich.

(Nach H. D. Schmid [Hg.], Fragen an die Geschichte Bd. 3, Hirschgraben-Verlag, Frankfurt/M. [3]1980, S. 125, erweitert)

teils, weil es den politischen Grundsätzen der Berg-Partei und ihrer Führer Robespierre und Danton entsprach, teils aus der machtpolitischen Erwägung, mit Hilfe der Sansculotten die girondistischen Rivalen ausschalten zu können. Gemeinsam drängten Sansculotten und Montagnards auf die systematische Bestrafung der inneren und äußeren Feinde der Republik und betrieben die Aburteilung und Hinrichtung Ludwigs XVI. (21. 1. 1793).

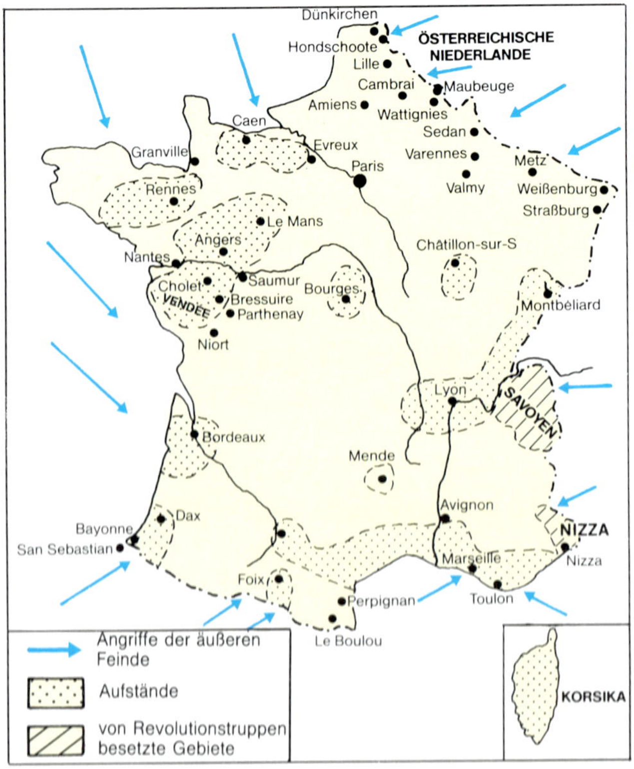

Widerstand gegen das Revolutionsregime
(Nach Bouloiseau, 1972, S. 81)
Im März 1793 begannen Unruhen und Widerstandsaktionen gegen die Revolution in der Vendée, in Westfrankreich. Sie breiteten sich rasch aus und erfaßten auch andere Departements. Über ihre Ursachen ist wenig bekannt, vielleicht waren es besonders königstreue, vielleicht auch kirchentreue Bauern, die gegen die Revolution marschierten.

Der von den Sansculotten getragene Aufstand vom 31. 5.–2. 6. 1793 – ein 80 000 Mann starkes Aufgebot aus Sektionen und Nationalgarde – zwang den Nationalkonvent zur Verhaftung und Auslieferung von girondistischen Politikern und besiegelte damit die Machtstellung der Berg-Partei.

Bereits im März 1793 hatte der Nationalkonvent angesichts der bedrohten Republik und auf energisches Drängen des Anwalts **Maximilien Robespierre** (1758–1794) das sog. Revolutionstribunal eingerichtet, gegen dessen Urteil es keine Berufung gab. Als Exekutivorgan mit weitreichenden Vollmachten folgte im April die Errichtung eines sog. Wohlfahrtsausschusses (Comité du salut public), eine Art Revolutionsregierung, die zuerst von dem Anwalt **Georges Jacques Danton** (1759–1794), vier Monate später von Robespierre geleitet wurde und die durch die Vielzahl ihrer Befugnisse die Gewaltenteilung außer Kraft setzte.

Die Gesetzesinitiativen und Maßnahmen, die in den Folgemonaten ergriffen wurden, um die innere und äußere Krise zu überwinden, zeigen die Handschrift der radikalen Jakobiner. Die unzufriedenen Bauern sollten mit der entschädigungslosen Aufhebung aller noch verbliebenen Feudallasten besänftigt werden; die Festsetzung von Höchstpreisen, zunächst für Getreide („kleines Maximum“ vom 4. 5. 1793), dann für die Löhne und für die Preise der Grundlebensmittel und wichtigsten Güter („großes Maximum“ vom 29. 9. 1793) zielten sowohl auf die verbesserte Versorgung der städtischen Bevölkerung wie auch auf die Stärkung der Kriegswirtschaft; Besteuerung und Zwangsanleihen richteten sich gegen die „Händleraristokratie“, die zur Deckung der Staatsschulden und zur Finanzierung des Krieges herangezogen wurde. Für die Einhaltung der Minimum- und Maximum-Gesetze sorgte die Terreur (s. u.).

Nach der Mißernte von 1794 und 1795 kam es erneut zu Hungeraufständen der Pariser Bevölkerung. Das Volk verlangte „Brot und die demokratische Verfassung von 1793" (Erklärung der Aufständischen vom 20. 5. 1795).
Den größten Erfolg hatte das Dekret des Konvents vom 23. 8. 1793, das die Franzosen zur **„levée en masse"**, d. h. zur allgemeinen Wehrpflicht aufrief. Der Verteidigungskampf für die neue Staatsverfassung gegen die Koalition der Monarchen war zur Sache der ganzen Nation geworden, und das erste Volk Europas, das ein allgemeines Wahlrecht erkämpft hatte, war bereit, für die Republik seine nationale Pflicht zu erfüllen. Gleichzeitig wurde unter dem Einfluß der Jakobiner die neue, von Condorcet entworfene Verfassung (Juni 1793) radikal nach dem Prinzip der Volkssouveränität konzipiert. Die Gesamtheit der französischen Bürger – alle gleichberechtigt, ohne Unterschied des Geschlechts – bildete den Souverän. Daher sollte es für die Bürger keine Beschränkung des Wahlrechts mehr geben. Auch sollte das Volk nicht nur die Legislative, sondern durch Wahlmänner auch die Exekutive wählen. Als Sinn und Zweck des Staates rückte jetzt das „Allgemeinwohl" (salut public) ins Zentrum der Verfassung; die rechtliche Sicherung von Freiheit und Eigentum des einzelnen, Kernstück in der Verfassung von 1791, blieb formell garantiert. Zum Begriff des „Allgemeinwohls" zählte auch die verfassungsrechtliche Verankerung sozialer Grundrechte: das Recht der Armen auf Unterstützung, das Recht auf Arbeit, das Recht auf Bildung.
Die Jakobiner-Verfassung trat nie in Kraft. Der Konvent hatte am 10. 9. 1793 beschlossen, daß die Regierung bis zum Friedensschluß revolutionär bleibt, d. h. ohne eine verfassungsrechtliche Legitimation. Konvent und Wohlfahrtsausschuß erklärten im September 1793 angesichts der angespannten Lage in Frankreich die **Terreur** (T 13) zum offiziellen Prinzip der Revolutionsregierung und verliehen in einem Gesetz gegen „Verdächtige" den mit Anhängern der Montagnards besetzten Überwachungsausschüssen die Vollmacht, Bürgerzeugnisse auszustellen. Wer als „verdächtig" galt und kein Bürgerzeugnis erhielt, mußte mit der Todesstrafe rechnen. Der „Despotismus der Freiheit" nahm keine Rücksicht auf die Freiheit des einzelnen. Vor allem Robespierre, der „Unbestechliche", bediente sich guten Gewissens des Terrors als politisches Mittel. Für ihn waren Tugend und Schrecken die beiden Säulen der Erziehung zu einem nationalen und republikanischen Bewußtsein, das durch die Umgestaltung auch der alltäglichen Lebensverhältnisse gestützt werden sollte (revolutionäre Zeitrechnung, Verehrung des „Höchsten Wesens", Umbenennung von Straßen und Plätzen, republikanische Namensgebung usw.). Wer sich dieser Umwälzung des Denkens widersetzte oder entzog, war aus der Perspektive der radikalen Jakobiner, die sich als Hüter des Allgemeinwohls begriffen, hinreichend verdächtig. Insgesamt kamen durch den Terror 30–40 000 Menschen ums Leben, 16 594 davon aufgrund von Todesurteilen der Revolutionstribunale und Sondergerichte; die übrigen fanden ohne Richterspruch den Tod. In der Bilanz des Schreckens, der zwischen Oktober 1793 und Mai 1794 seinen Höhepunkt erreichte (10 812 Tote) ist der „Dritte Stand" mit 84% der Hingerichteten verzeichnet; 8,5% der Opfer zählten zum Adel, 6,5% zur Geistlichkeit.
In der Wahl der Mittel waren aber je länger je mehr auch die Montagnards uneinig, und diese Unterschiede brachen öffentlich auf, als der bislang einigenden Wirkung der außenpolitischen Bedrohung durch die Siege der Revolutionstruppen die Grundlage entzogen wurde. Auf dem linken Flügel der Berg-Partei traten die „Hébertisten" für eine Verschärfung des Terrors und den unbegrenzten Krieg nach außen ein. Auf dem rechten Flügel forderten Danton und die sog. „Indulgents", die „Nachsichtigen", Mäßigung und Beendigung des Krieges. Die Anhänger beider Richtungen wurden auf die Guillotine gebracht; Ende April 1794 wurde auch Danton hingerichtet. Die Selbstruinierung der jakobinischen Diktatur konnte durch den Terror gegen abweichende Mitglieder der eigenen Partei nicht aufgehalten werden.

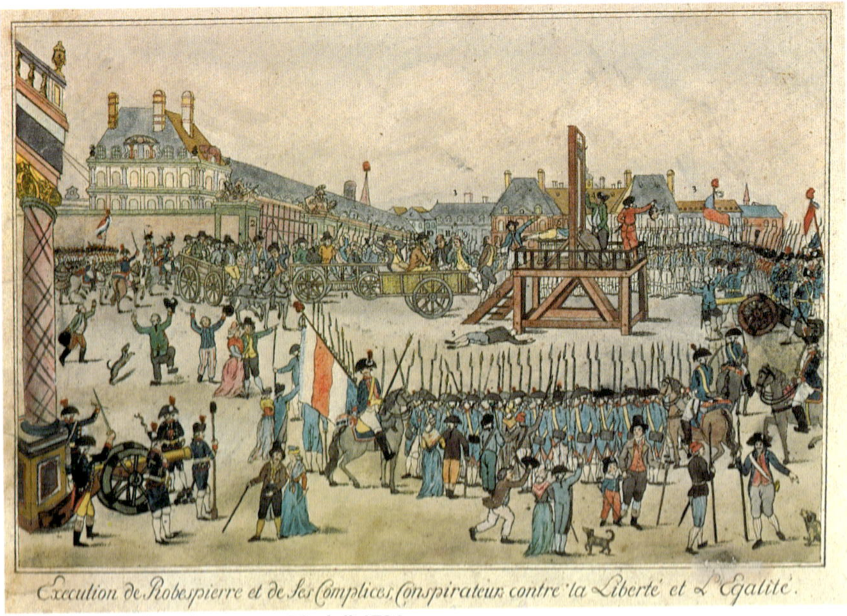

Hinrichtung Robespierres am 28. Juli 1794

Robespierre verlor seine Anhängerschaft im Volk, als die Lebensbedingungen der Lohnarbeiter sich verschlechterten, die Kontrollen der Lebensmittelpreise jedoch gelockert und die strengen Strafen für Warenhortung abgeschafft und schließlich streikende Arbeiter der staatlichen Rüstungsbetriebe als „Verdächtige" verhaftet wurden. Als selbst das Revolutionstribunal, das zuletzt nur noch über Tod oder Freispruch zu entscheiden hatte, und der Wohlfahrtsausschuß von „Zauderern" gesäubert werden sollte, beschloß der Konvent am 9. Thermidor (27. Juli) die Verhaftung und **Hinrichtung Robespierres.**

3.2 Das Ausland formiert sich gegen die Revolution

Die europäischen Großmächte beobachteten das revolutionäre Geschehen in Frankreich mit Sorge, da die Revolution die überkommene staatliche Ordnung, die absolute Monarchie, grundsätzlich in Frage stellte. Im August 1791, zwei Monate nach dem gescheiterten Fluchtversuch Ludwigs XVI., traten Österreich und Preußen als Vertreter der europäischen Monarchen für die Wiederherstellung der „legitimen" königlichen Regierungsgewalt ein und stellten eine militärische Intervention in Frankreich in Aussicht. Noch aber kämpfte man in Frankreich um die konstitutionelle Monarchie. Erst im April 1792, als die Franzosen ihre Revolution von außen bedroht sahen, erklärte die Gesetzgebende Nationalversammlung Österreich den Krieg; wenig später trat Preußen auf seiten Österreichs in den Krieg ein. Die Armeen unter Führung des Herzogs von Braunschweig drangen zunächst in Richtung Paris vor, konnten sich jedoch gegen das aus Bürgersoldaten bestehende, hingebungsvoll kämpfende Revolutionsheer nicht lange halten. Nach der Kanonade von Valmy in der Champagne (20. September) traten die Preußen den Rückzug an. Die Revolutionsarmeen rückten in die linksrheinischen Gebiete ein und eroberten Speyer, Worms

und Mainz. Im Süden wurden Savoyen und Nizza annektiert. Die Österreicher wurden bei Jemappes (Belgien) geschlagen, die österreichischen Niederlande von französischen Truppen besetzt. England sah in dieser Okkupation eigene Interessen berührt, weil mit der Scheldemündung einer der wichtigsten kontinentalen Umschlagplätze des internationalen Handels unter französische Kontrolle geraten war. Außerdem befürchtete England insgesamt eine Verschiebung des europäischen Gleichgewichts zugunsten Frankreichs, dessen ursprünglicher Verteidigungskrieg mehr und mehr in Eroberungspolitik umzuschlagen drohte. Es ging den Girondisten nicht mehr um „natürliche Grenzen", wie sie zuvor schon die französischen Könige gefordert hatten; man sah sich auch verpflichtet, den übrigen Völkern Europas die „Freiheit" zu bringen.
Die gegenrevolutionäre Front der europäischen Mächte kam allerdings erst nach der Hinrichtung Ludwigs XVI. zustande (21. 1. 1793). England und Holland, denen Frankreich am 1. Februar 1793 den Krieg erklärte, sowie Spanien, Sardinien, Portugal und die meisten deutschen und italienischen Staaten bildeten mit Österreich und Preußen die **erste Koalition** (1793–1797).
Die Armee der Republik mußte ihrem Druck anfänglich weichen und verlor im April 1793 Belgien und das linke Rheinufer. Ein Jahr später wehte dort wieder die Trikolore – eine militärische Leistung, die erst durch die „levée en masse" möglich geworden war. Die in ihrem Erfolg bedrohte Revolution gewann aus dem Krieg, in dem sich die Nation in gemeinsamer Anstrengung und nationaler Begeisterung wiederfand, eine neue Dynamik.
Belgien, die linksrheinischen Gebiete, Savoyen und Nizza wurden annektiert und ihnen drückende Steuern, Kriegslasten und Truppenaushebungen auferlegt. Diese Einverleibungen wurden von Danton mit der Theorie der „natürlichen Grenzen" gerechtfertigt, wonach der Rhein, die Schelde, die Pyrenäen und die Alpen als Grenzen Frankreichs von der Natur vorgezeichnet seien. Die Politik der Expansion und der Annexionen wurde vom Direktorium (s. A 4) und später von Napoleon fortgeführt.

T 12 Über den Geist der Revolution (1793)

Aus einer Anweisung der republikanischen Überwachungskommission vom 10. 11. 1793 an die Revolutionsausschüsse und Gemeindeverwaltungen im Land.

Denen, die im Geist der Revolution handeln, ist alles erlaubt; für den Republikaner besteht nur die eine Gefahr, daß er hinter den Gesetzen der Republik zurückbleibt. [...] Jeder Bürger muß in sich eine Umwälzung fühlen, derjenigen gleich, die das Gesicht Frankreichs verwandelt hat. Nichts, gar nichts ist dem Sklaven und dem Bewohner eines freien Staates gemein; die Gewohnheit dieses letzteren, seine Grundsätze, seine Gefühle, seine Handlungen, alles muß neu sein. Ihr wart unterdrückt, ihr müßt eure Unterdrücker zermalmen.
Ihr wart Sklaven des Aberglaubens, ihr dürft keinen anderen Glauben mehr haben als den der Freiheit, keine andere Moral als die der Natur. [...] Ihr kanntet kein Vaterland; heute dürft ihr nichts kennen als dieses, ihr müßt es überall sehen, hören, anbeten. [...] Es lebe die Republik! Es lebe das Volk! Die Republik will nur freie Menschen in ihrem Schoß; sie ist entschlossen, alle anderen auszurotten und als ihre Kinder nur die anzuerkennen, die für sie allein zu leben, zu streiten und zu sterben wissen.
(Barante, Histoire de la Convention nationale III, S. 408ff. Nach: Hartig a.a.O. S. 54)

T 13 Robespierre: Über die Tugend und den Terror (Rede vor dem Konvent, 7. 2. 1794)

Wir wollen in unserem Lande Selbstsucht durch Sittlichkeit ersetzen, Ehre durch Reinlichkeit, Sitten durch Grundsätze, Anstand durch Pflicht, die Tyrannei der Mode durch das Reich der Vernunft, Verachtung des Unglücks durch Verachtung des Lasters, Frechheit durch Stolz, Eitelkeit durch Größe der Seele, Liebe zum Intrigenspiel durch Liebe zum Ruhm, feine Gesellschaft durch gute Menschen, Ränke durch Verdienst, den Schöngeist durch das Genie, Schein durch Wahrheit, Überdruß der Lust durch Zauber des Glücks, die Kleinheit der Großen durch die Größe der Menschen, ein liebenswürdiges, leichtsinniges und elendes Volk durch ein hochherziges, mächtiges und glückliches Volk: das heißt, alle Laster und lächerlichen Züge der Monarchie durch die Tugenden und Wunder der Republik. In einem Wort: Wir wollen den Forderungen der Natur nachkommen, die Gesetze der Humanität und die Versprechen der Philosophie erfüllen und den Götzen der langen Gewalt- und Verbrechensherrschaft zum Teufel jagen [...]. Welche Form der Regierung kann diese Wunder wahrmachen? Allein die demokratische oder republikanische Regierung [...]
Die Demokratie ist ein Staat, in dem das souveräne Volk durch Gesetze, die sein Werk sind, all das selber

tut, was es tun kann, und durch Abgeordnete alles, was es selber nicht tun kann [...] Was ist nun der erste Grundsatz der Demokratie oder Volksherrschaft, das heißt, welche wesentliche Triebkraft bringt sie in Gang und bewegt sie? Es ist die Tugend. Ich spreche von jener hohen Tugend, die in Griechenland und Rom so viele Wunder hervorbrachte und die im republikanischen Frankreich noch viel erstaunlichere vollbringen soll. Ich spreche von der Tugend, die nichts anderes ist als Liebe zum Vaterland und zu seinen Gesetzen.

Aber da das Wesen der Republik und Demokratie Gleichheit ist, bedeutet folglich Liebe zum Vaterland auch Liebe zur Gleichheit. Dieses erhabene Gefühl setzt nun voraus, daß das Volksinteresse wirklich jedem persönlichen Interesse vorangeht, und daher kommt es, daß die Liebe zum Vaterland wiederum alle Tugenden voraussetzt oder alle Tugenden weckt; denn was sind sie anderes als Kraft der Seele, die zu solchen Opfern befähigt? Und wie könnte zum Beispiel der Sklave des Geizes oder des Ehrgeizes sein Idol dem Vaterlande opfern?

Die Tugend ist aber nicht nur die Seele der Demokratie, sondern sie kann sogar nur unter dieser Regierungsform leben [...]

Nur in der Demokratie ist der Staat wirklich das Vaterland aller Einzelwesen, die zu ihm gehören, und kann mit ebensoviel Kämpfern für seine Sache rechnen, als er Bürger zählt. Hier liegt die Quelle der Überlegenheit freier Völker über die anderen [...]

Da die Seele der Republik Tugend und Gleichheit sind, da es euer Ziel ist, die Republik zu schaffen und zu festigen, muß der erste Leitsatz eurer politischen Haltung sein, alle eure Unternehmen auf die Erhaltung der Gleichheit und die Entwicklung der Tugend abzustimmen; denn die erste Sorge des Gesetzgebers muß sein, das Prinzip seiner Regierungsform zu festigen. Daher müssen wir alles, was die Vaterlandsliebe weckt, was die Sitten rein hält, was die Seelen erhebt, was die Leidenschaft des Menschenherzens zum Allgemeinwohl hinlenkt, annehmen und pflegen. Alles, was sie niederträchtig auf ein persönliches Ich konzentriert, was die Sucht zu kleinen Dingen und den Mißbrauch der großen Dinge weckt, müssen wir verwerfen und unterdrücken. Das heißt für die Französische Revolution, Unsitten, politische Interessenlosigkeit, alles Zerstörende und jede Konterrevolution verdammen. [...]

Tyrannen bedrohen eure Grenzen, und hier im Lande verschwören sich alle Freunde der Tyrannei. Sie werden Verschwörer sein, bis dem Verbrechen jede Hoffnung genommen ist. Wir müssen die inneren und äußeren Feinde der Republik ersticken oder mit ihr untergehen. Deshalb soll in dieser Lage die erste Regel der politischen Tugend sein, das Volk durch Vernunft zu leiten und die Feinde des Volkes durch Terror zu beherrschen.

Wenn der Geist der Regierung im Frieden die Tugend ist, so ist er während der Revolution Tugend und Terror zugleich: Tugend, ohne die der Terror verderblich ist, Terror, ohne den die Tugend ohnmächtig ist. Terror ist nichts anderes als rasche, strenge und unbeugsame Gerechtigkeit. Er ist eine Offenbarung der Tugend. Der Terror ist nicht ein besonderes Prinzip der Demokratie, sondern er ergibt sich aus ihren Grundsätzen, welche dem Vaterland als dringendste Sorge am Herzen liegen müssen. [...]

(Robespierre: Über die Tugend und den Terror. In: Janko Musulin [Hrsg.], Proklamation der Freiheit. Frankfurt a. M. 1959, S. 81ff.)

T 14 François Babeuf: Das Manifest der Plebejer (30. 11. 1795)

Babeuf (1760–1797) drückte die politischen und sozialen Auffassungen vieler Sansculotten aus. Der von ihm und einem „Geheimen Wohlfahrtsdirektorium“ geplante Umsturz des herrschenden Machtsystems wurde verraten, Babeuf selbst verhaftet und zum Tode verurteilt. Kurz vor der geplanten Hinrichtung beging er Selbstmord. Er gilt als Vorläufer der Frühsozialisten (s. E 3.3).

Wir werden deutlich aussprechen, was das gemeine Glück, Ziel der Gesellschaft, ist.

Wir werden zeigen, daß beim Übergang aus dem Naturzustand zum gesellschaftlichen Zustand das Los keines einzigen sich hätte verschlechtern dürfen.

Wir werden die Grenzen des Eigentums festsetzen.

Wir werden beweisen, daß Grund und Boden nicht einzelnen, sondern allen gehört.

Wir werden beweisen, daß alles, was sich jemand mehr davon aneignet, als er zu seiner Ernährung braucht, Diebstahl an der Gesellschaft ist. [...]

Wir werden beweisen, daß das Erbrecht der Familie ein nicht minder großer Greuel ist; daß es alle Mitglieder der Gesellschaft voneinander isoliert und aus jedem Haushalt eine kleine Republik macht, die gezwungen ist, gegen die große Republik zu konspirieren und die Ungleichheit zu verewigen.

Wir werden beweisen, daß alles, was ein Glied des Gesellschaftskörpers weniger besitzt, als es zur Befriedigung seiner verschiedenen Bedürfnisse immer braucht, einen Raub an seinem natürlichen persönlichen Eigentum darstellt, begangen von denen, welche die gemeinschaftlichen Güter an sich reißen.

Daß ähnlicherweise alles, was ein Glied des Gesellschaftskörpers mehr besitzt, als es zur Befriedigung seiner verschiedenen Bedürfnisse immer braucht, Ergebnis einer Beraubung um ihren rechtmäßigen Anteil an den gemeinschaftlichen Gütern gebracht haben. [...]

Daß Überlegenheit der Talente und des Fleißes nur ein Märchen, ein blendender Betrug ist, der zu allen Zeiten den Komplotten der Verschwörer gegen die Gleichheit einen Schein von Rechtfertigung verschafft hat.

Daß die Unterschiede des Wertes und des Verdienstes am Produkt der Arbeit der Menschen nur auf der Ansicht beruhen, die einige von ihnen darüber gehegt und zum Sieg verholfen haben. [...]
Daß alle Proletarier nur zu solchen geworden sind infolge des gleichen Schwindels in der Anwendung von Vergleichsmaßstäben, die alle ausschließlich auf dem Unterschied des Wertes beruhen, der den Sachen bloß auf Geheiß jener Ansicht beigemessen wird.
Daß es widersinnig und ungerecht ist, eine größere Belohnung für denjenigen zu verlangen, dessen Arbeit einen höheren Grad von Intelligenz, mehr Fleiß und geistige Anstrengung erfordert; daß diese keineswegs die Kapazität seines Magens vergrößern. [...]
Daß die Erziehung eine Ungeheuerlichkeit ist, wenn sie ungleich, nur das ausschließliche Vorrecht eines Teils der Gesellschaft ist, weil sie dann in den Händen dieses Teils eine Anhäufung von Maschinen, ein Arsenal von Waffen aller Art wird, mit deren Hilfe dieser Teil gegen den anderen, der waffenlos ist, kämpft und folglich leicht dazu gelangt, ihn zu erdrosseln, zu betrügen, zu berauben, in entwürdigende Ketten zu schlagen.
Daß, um es noch genauer zu sagen, man dahin kommen muß, das Schicksal anzuketten, das Los jedes Mitglieds der Gesellschaft unabhängig zu machen von allen glücklichen und unglücklichen Zufällen und Umständen; jedem einzelnen und seinen Nachkommen, wie groß ihre Zahl auch sei, den ausreichenden Bedarf, aber auch nichts als diesen, zu sichern; und allen jeden nur möglichen Weg zu versperren, um jemals mehr als ihren rechtmäßigen Anteil an den Produkten der Natur und der Arbeit zu erlangen.
Daß das einzige Mittel, dies zu erreichen, darin besteht, die gemeinschaftliche Verwaltung einzuführen, das Sondereigentum aufzuheben, jedem Menschen nach seiner Anlage und seiner beruflichen Fähigkeit die für ihn geeignete Tätigkeit zuzuweisen; ihn zu verpflichten, die Frucht derselben in natura an das gemeinschaftliche Magazin abzuliefern, eine einfache Distributionsverwaltung einzurichten, eine Lebensmittelverwaltung, die über alle Individuen und Sachen Buch führt, [...] und jedem Bürger in seine Behausung zuführt.
Daß diese Regierung, welche die Erfahrung als ausführbar bewiesen hat, weil es die gleiche ist, die gegenüber den zwölfhunderttausend Mann unserer zwölf Armeen angewandt wird (und was im Kleinen möglich ist, ist es auch im Großen), daß diese Regierung die einzige ist, aus der ein allgemeines, unvergängliches, ungetrübtes Glück hervorgehen kann – das gemeine Glück, Ziel der Gesellschaft. [...]
(Gracchus Babeuf, Abriß des großen Manifestes, das verkündet werden soll, um die tatsächliche Gleichheit wieder einzuführen. Notwendigkeit für alle unglücklichen Franzosen, sich auf den heiligen Berg zurückzuziehen oder eine plebejische Vendée zu bilden. In: Le Tribun du Peuple [Der Volkstribun], Nr. 35, 30. 11. 1795. Zit. nach: Frits Kool/Werner Krause [Hrsg.], Die frühen Sozialisten, Bd. 1. DTV 4102. München 1974, S. 115 ff.).

4. Die dritte Phase der Revolution: Der Übergang zur autoritären Regierungsform

Nach dem Zusammenbruch der Schreckensherrschaft stand das Land vor dem finanziellen Bankrott; die Geldentwertung schritt rasch voran und die Lebensmittelversorgung versagte. Bürger aller sozialen Schichten und Klassen ersehnten den inneren und äußeren Frieden, Sicherheit und geordnete Verhältnisse. Aber von rechts drohte die Gegenrevolution der Royalisten und zurückgekehrten adligen Emigranten; von links drängten die Sansculotten auf die Erfüllung ihrer verfassungsmäßig verbrieften sozialen Grundrechte.
Ein Ende des Krieges war nicht abzusehen. Deshalb konnten die Abgeordneten, die Robespierre und seine Anhänger am 27. Juli 1794 gestürzt hatten, sich kaum größerer Beliebtheit erfreuen als ihre Vorgänger. In dieser politisch instabilen Situation gewann das Großbürgertum als die gesellschaftlich und wirtschaftlich tonangebende Schicht wieder Bewegungsfreiheit; die Girondisten kehrten in den Konvent zurück.
Da es aber auch mit den Mitteln einer liberalen Wirtschaftspolitik (Aufhebung des Preis- und Lohnmaximums, s. 5.1) nicht gelang, Inflation und Spekulation, Hungersnöte und Korruption wirksam zu bekämpfen, büßte die neue Führungsspitze – ein aus dem Konvent gewähltes fünfköpfiges **Direktorium** – bald an Glaubwürdigkeit ein. Schon bei der Volksabstimmung zur neuen **Direktorialverfassung** (17. 8. 1795) sprachen sich nur 2 Mio. für diese Verfassung aus; fast 6 Mio. hatten sich der Stimme enthalten, weil das Verfassungswerk deutlich die Interessen der

Bourgeoisie spiegelte. Das Wahlrecht wurde wieder an das Einkommen gebunden und die in der Jakobinerverfassung verbürgten sozialen Grundrechte entfielen gänzlich. So blieb diese Verfassung insgesamt unattraktiv, obgleich die Gewaltenteilung sowohl die Restauration des absoluten Königtums als auch eine bürgerliche Diktatur ausschloß und – wenngleich eingeschränkt – die Grundfreiheiten der Person ausdrücklich bestätigt wurden.Die sozialen und politischen Unruhen im Land hielten an. 1795 schlug General **Napoléon Bonaparte** (1769–1821) in Paris einen Aufstand der Royalisten nieder; 1796 zerschlug das Militär die von Babeuf (T 14) angeführte „Verschwörung der Gleichen". Das Direktorium konnte sich nur noch auf die Armee stützen, die allein in der Lage schien, die Einigkeit der Nation zu sichern.
Während die innenpolitische Situation weiter kritisch blieb, feierten die französischen Truppen Siege in ganz Europa. Um die unzufriedene Bevölkerung von den inneren Schwierigkeiten abzulenken und auch aufgrund der Schwäche der Gegner ließ das Direktorium zwischen 1795 und 1797 wiederholt Friedensverhandlungen mit England scheitern. England war vom Kontinent isoliert und durchlebte eine schwere innenpolitische Krise, Belgien war annektiert, Holland in die Batavische Republik umgewandelt, Italien – mit Ausnahme der an Österreich abgetretenen Gebiete der Republik Venedig und der Toskana – wurde in den Jahren 1796 bis 1799 nach den Vorschlägen des Generals Bonaparte in fünf Tochterrepubliken aufgeteilt; die Franzosen beherrschten das Mittelmeer, Spanien war mit Frankreich verbündet. In den **Friedensschlüssen** von Basel (1795) – Preußen tritt aus der Koalition aus, um bei der bevorstehenden polnischen Teilung evtl. Truppen gegen Österreich und Rußland zur Verfügung zu haben – und Campo Formio (1797) erkannte die erste antifranzösische Koalition aus Preußen und Österreich die Abtretung des linken Rheinufers an Frankreich an. Die weltlichen Reichsfürsten wurden mit dem Erwerb der rechtsrheinischen Gebiete der geistlichen Reichsstände für den Verlust entschädigt. In den süddeutschen Staaten und in der Schweiz machten sich Bestrebungen bemerkbar, sich stärker nach Frankreich hin zu orientieren.
Diese beherrschende Stellung Frankreichs begann sich nach Ablehnung des englischen Friedensangebots zu ändern. Die englische Flotte besiegte unter Admiral Nelson die mit den Franzosen verbündete niederländische und spanische Flotte und drang ins Mittelmeer ein. Schließlich wurde die französische Flotte am 1. August 1798 in der Bucht von Abukir von Nelson geschlagen. Dadurch wurde dem Heer Napoleons, dessen Ägypten-Feldzug nur dazu unternommen wurde, um englische Interessen zu schädigen, der Rückzug abgeschnitten. Es kehrte erst 1802 zurück.
Unter diesen Umständen war eine Landung französischer Truppen in England nicht mehr zu befürchten. England bildete unter Premierminister Pitt d. J. 1799 die **zweite Koalition** gegen Frankreich, zusammen mit Rußland, Österreich, Portugal, Neapel und der Türkei (der Ägypten gehörte). Preußen blieb neutral. In dieser innen- und außenpolitisch brisanten Situation konnte der **Staatsstreich** des populären Generals Bonaparte mit Erfolg rechnen (18. Brumaire, 9. November 1799).
Zusammen mit Sieyès und dem Mitverschwörer Ducos übernahm Bonaparte die Regierungsgewalt und ersetzte das glücklose Direktorium durch ein Kollegium von drei Konsuln, in dem er als **Erster Konsul** den Vorsitz führte. Die neue, von ihm geprägte, aber weitgehend von Sieyès ausgearbeitete **Konsulatsverfassung** (1799) sah die Stärkung der Regierung als unbeschränkte Exekutivgewalt vor. Die parlamentarischen Kammern, deren Mitglieder nicht durch Wahl, sondern durch Ernennung amtierten, hatten nur noch beratenden Einfluß auf die Gesetzgebung; die Regierungsautorität sollte durch Plebiszite gestützt werden, die eine geschickte Propaganda wunschgemäß lenkte. Mit der verfassungsmäßig starken Stellung des Ersten Konsuls, der faktisch Exekutive und Legislative in einer Hand hielt und überdies als Oberbefehlshaber des Heeres amtierte, war aber auch das Risiko verbunden, revolutionäre Errungenschaften preiszugeben und den Weg für die Restauration zu öffnen.

Zusammenfassung

Die begeisterte Rechtfertigung der Französischen Revolution durch den Königsberger Philosophen Immanuel Kant, der in den politischen und gesellschaftlichen Umwälzungen Frankreichs eine Äußerung der „moralischen Anlage im Menschengeschlecht“ vermutete, ist eines von zahllosen Beispielen dafür, daß der revolutionäre Umsturz des **Ancien régime** auch den europäischen Nachbarländern den Impuls zum Umdenken und zur Umgestaltung gab. In der Französischen Revolution wurde demonstriert, wie aus Untertanen freie Bürger werden, aus einer rechtlosen Bevölkerung ein Volk, das Souveränitätsrechte für sich reklamierte, aus einem absolutistischen Herrschaftssystem ein Staat mit **Gewaltenteilung** und **parlamentarischer Volksvertretung.** Bei allen Änderungen der politischen Zielsetzungen in den jeweiligen Phasen der Revolution blieb es die gemeinsame Überzeugung der Verantwortlichen – von der **Verfassunggebenden Nationalversammlung** über den **Nationalkonvent** bis zur **Konsulatsregierung** –, daß es eine Rückkehr zu den feudal-absolutistischen Zuständen vor 1789 nicht geben dürfe. Der **Nationalstaat** und die ihn tragenden Prinzipien der **bürgerlichen Volkssouveränität,** der **Freiheit und Rechtsgleichheit** blieben unangetastet. Begleitet war diese nur scheinbar geradlinige Entwicklung von der **absoluten Monarchie** über die **konstitutionelle Monarchie** zur **Republik** von zahlreichen Einschnitten und Brüchen, von Verzögerungen und Schüben des revolutionären Prozesses. Teilweise erklärt sich dies aus den Rückwirkungen der außenpolitischen Ereignisse auf den Revolutionsverlauf. Der wichtigste Grund dafür aber liegt in den kaum veränderten Eigentumsverhältnissen, die für die von Armut und Hunger bedrohten Bevölkerungsschichten, vor allem für die Sansculotten, ständig Anlaß zu Unruhen bot. Nicht selten kehrten sich dabei deren soziale Forderungen gegen die neue liberale Wirtschaftsordnung (Parzellenbauern gegen den bürgerlichen Großgrundbesitz, Kleinhändler und Handwerker gegen den Freihandel und die Gewerbefreiheit).
Die Auseinandersetzungen um Grundrechte, Wahlrecht und Regierungsform (Repräsentativregierung oder direkte Demokratie) dokumentieren deshalb auch das Kräfteverhältnis innerhalb des **Dritten Standes** zwischen dem Besitzbürgertum und den besitzlosen Bürgerschichten, die am Aufstieg der Bourgeoisie zur Notabeln-Elite keinen Anteil hatte.
Die Französische Revolution war in ihrem Ergebnis wesentlich die politische Revolution des wirtschaftlich starken und selbstbewußten Bürgertums, das schon die alte Gesellschaft vor die unausweichliche Notwendigkeit ihrer eigenen Modernisierung gestellt hatte. Die starren Selbsterhaltungsversuche des Ancien régime erwiesen sich letztlich als wirksamstes Mittel zur Beschleunigung seines Untergangs.

Problem und Diskussion

1 *Welche politische und verfassungsmäßige Stellung hatte der König vor seiner Verhaftung eingenommen?*
2 *Vergleichen Sie die Zusammensetzung der Verfassunggebenden Nationalversammlung (1789), der Gesetzgebenden Nationalversammlung (1791) und des Nationalkonvents (1792). Geben Sie eine Erklärung für die Kräfteverschiebungen.*
3 *Welche Ziele verfolgten die radikalen Jakobiner? Nennen Sie die entscheidenden Gründe für die Möglichkeiten ihrer Machtergreifung 1793.*
4 *Versuchen Sie, den jakobinischen „Terror“ in seiner rein politischen Funktion, d. h. im außermoralischen Sinn, zu beurteilen. Erwägen Sie alternative Maßnahmen.*
5 *Ermitteln Sie die Ursachen und Gründe, die zum Sturz der Jakobinerherrschaft führten.*
6 *Die Ablösung der konstitutionellen Monarchie durch die Republik hatte Folgen für die Verfassungsentwicklung in Europa. Erläutern Sie die Wirkungsgeschichte jakobinischer Verfassungsprinzipien an Beispielen aus der europäischen Verfassungsgeschichte.*
7 *Inwieweit läßt sich die Französische Revolution mit anderen europäischen Revolutionen vergleichen? (z. B. 1848, 1917)?*
8 *Fertigen Sie ein Phasenmodell der Französischen Revolution an. (Mögliche Kriterien der Phasengliederung: soziale, wirtschaftliche, innen- und außenpolitische Verhältnisse; Trägerschichten der Revolution, Ziele, Mittel der Zielverfolgung.)*
9 *Differenzieren Sie die einzelnen Etappen der Revolution nach Zentren der revolutionären Aktivitäten, Zielsetzungen und angewandten Mitteln.*

5. Die Ära Napoleons und die hegemoniale Ordnung Europas

5.1 Napoleon – Vollender oder Überwinder der Revolution?

Militärische Erfolge und eine Politik, die trotz der straffen, von Zensur und Verbannung begleiteten Führung den Beifall breiter Volksschichten (Belebung der Wirtschaft und niedrige Lebensmittelpreise) fand, begünstigten Napoleons Versuch, die Alleinherrschaft an sich zu ziehen.
Durch Volksabstimmung ließ er sich 1802 das **Konsulat auf Lebenszeit** übertragen und 1804 durch Senatsbeschluß und Volksabstimmung – das Plebiszit erbrachte 3,5 Mio. Ja- und 2500 Nein-Stimmen – in ein **erbliches Kaisertum** umwandeln. Damit dokumentierte er, daß er sich nicht in der Tradition des französischen Königtums sah. Er empfand sich auch nicht als Nachfolger der deutschen Kaiser, sondern übernahm vielmehr den Kaisertitel, um auf die von ihm angestrebte neue europäische Ordnung hinzuweisen. Davon mußte sich besonders das auf das europäische Gleichgewicht bedachte England betroffen fühlen. In Frankreich änderte sich – hinter der Fassade einer demokratischen Repräsentativverfassung und Volkssouveränität – die staatliche Gewalt zu einer autoritären Regierungsform, die viele Zeitgenossen als eine neue Form der Monarchie verstanden. Zwar gab es nach wie vor parlamentarische Einrichtungen in Frankreich: die gesetzgebende Körperschaft (corps législatif), zwei legislative Kammern als verfassungsbewahrende Instanzen (das Tribunal als gesetzgebende und ein Senat als über die Gesetzesvorlagen abstimmende Kammer) sowie Verwaltungsorgane in den Départements, Bezirken, Kantonen und Gemeinden; aber diese Institutionen blieben ohne politische Eigenbefugnisse. Die Gesetzesinitiative war einem Staatsrat vorbehalten, dem Napoleon vorsaß. Napoleon ernannte alle Minister, Offiziere, die Präfekten (Département), Unterpräfekten (Arrondissement), Bürgermeister (Gemeinde) und die Senats- und Staatsratsmitglieder. Auch in der Justiz traten die beamteten Richter, auf Lebenszeit gewählt und unabsetzbar, an die Stelle der vom Volk gewählten. Im Grunde herrschte Napoleon absolut. Die Regierungsgewalt übte er mit Hilfe einer straff und zentral geführten Bürokratie aus, die im Zuge der Verwaltungsreform von 1800 alle Selbstverwaltungsorgane in den Départements, Städten und Gemeinden ersetzte. Die Bürokratie war allein der Regierung verantwortlich und hatte als oberste Aufgabe, die Absichten der Zentrale mit eindeutiger Klarheit vorzutragen und untadelig auszuführen.
Durch den **Code Napoléon** – bestehend aus dem Code civil (1804) (T 15) und dem Code pénal (1810), die das Zivil- und Strafrecht auf die neue Grundlage der Rechtsgleichheit aller Bürger stellten – sicherte Napoleon die persönliche Freiheit des einzelnen und dessen Eigentum. Voraussetzungen für das neue Recht waren die Abschaffung der Grundherrschaft und die rechtliche Absicherung von Eigentum und Besitz. Dazu gehörte die Freiheit, Verträge zu schließen und sich unbehindert wirtschaftlich zu betätigen. Der Code Napoléon wurde, indem er den Forderungen der Bourgeoisie entsprach, zum Mittel der Herrschaftssicherung. Gleichzeitig band Napoleon durch das Plebiszit breite Bevölkerungskreise an die Regierungsgewalt. Entscheidend war dabei, daß es Napoleon gelang, die neue Rechtsordnung im nationalen Rahmen durchzusetzen. Seine Gesetzbücher machten Epoche auch in der europäischen Rechtsgeschichte und beeinflußten in den abhängigen und besetzten Gebieten das Rechtswesen im bürgerlich-modernen Sinn.
Der innenpolitischen Grundidee Napoleons vom Ausgleich der politischen und sozialen Kräfte entsprach auch der Versuch, die Kirche mit dem bürgerlichen Staat zu versöhnen. Ein Vertrag mit dem Vatikan (1801), Konkordat genannt, bestätigte den Katholizismus als die Religion der großen Mehrheit, sicherte aber dem Staat durch das Mitspracherecht bei der Investitur (= Einsetzung) der Bischöfe und durch die Abhängigkeit der Geistlichen von der staatlichen Besoldung die Loyalität

des Klerus. Damit war auch der royalistischen Gegenrevolution eine entscheidende Stütze entzogen.
Die Kirchengüter blieben mit päpstlicher Billigung säkularisiert, die standesamtliche Zivilehe und Ehescheidung (Zivilstandsregister) erhielten im Code civil die rechtsgültige Form.
Zur Politik des Ausgleichs gehörte auch, die Emigranten wieder ins Land kommen zu lassen, sofern diese einen Eid auf die Verfassung leisteten. Mehr als ein Viertel der Adelsgüter gelangte durch Rückkauf oder Freigabe der eingezogenen Ländereien wieder in die Hände ihrer alten Besitzer, ohne daß das Lehenswesen von neuem auflebte. Diese Zugeständnisse an Adel und Geistlichkeit wurden durch die Versöhnung mit dem Besitzbürgertum ergänzt und schufen so Voraussetzungen für eine dem Kaiser und seiner Regierung verläßliche soziale Führungsschicht aus Adel und Bürgertum. Die napoleonische Aristokratie war nach Verdienst und Funktion ausgewählt, nicht mehr nach Geburt, Stand oder Privileg. Statusbedürfnisse und Ämterehrgeiz wurden jetzt anders als vor 1789 befriedigt: durch Positionen im Regierungsapparat, in der Präfekturverwaltung, in den Magistraten, im Senat, im Staatsrat, in den Wahlkollegien, in der Armee und nicht zuletzt im Episkopat (= Gesamtheit der Bischöfe). Ohne den von der Konstituante abgeschafften alten Adel wiederherzustellen, eröffnete Napoleon mit seiner Verdienstadel-Ordnung so auch jenen Advokaten und Juristen Karrieremöglichkeiten, deren Kampf gegen Ämterkäuflichkeit und Amtsmonopol sie ins revolutionäre Lager gedrängt hatte. Trotz der offiziellen Darstellung des neuen Verdienstadels als einer ausschließlich durch Leistung zustande gekommenen neuen Elite blieben die Minderbemittelten, die sich eine teure Ausbildung nicht leisten konnten, von den Aufstiegschancen ausgeschlossen.
Nach beruflicher Herkunft rekrutierte sich dieser Verdienstadel zu 59% aus der Armee, zu 22% aus dem höheren Staatsdienst, zu 17% aus anderen Notabelnschichten, zu 1,5% aus freien Berufen und nur zu 0,5% aus Kreisen des Handels und der Industrie. Der Anteil des Altadels am neu zusammengesetzten Adel lag bei 22,5%. Die altaristokratische Elite verschmolz mit der neuen Elite bürgerlicher Herkunft, die ihren Aufstieg über die zivile und militärische Laufbahn nahm. Die Ausstattung des Neuadels mit Grund und Boden bürdete Napoleon den besiegten Ländern auf. Allerdings blieb das kapitalistische Erwerbs- und Profitstreben dieser Gesellschaft von Notabeln, (darunter Manufakturbesitzer, Großkaufleute und Bankiers) in ihrer Mehrheit noch lange Zeit fremd – trotz des liberalen Gesetzeswesens, das die Entfaltung der Nationalwirtschaft vorantreiben sollte. Auch weiterhin bildete der Landbesitz die Quelle des Reichtums und ein wichtiges Kriterium für das Sozialprestige. Diese Bindung an das Grundeigentum wirkte der Entfaltung einer industriellen Wirtschaftsgesellschaft entgegen. Die ursprünglich eingeschlagene Entwicklung zum Agrarkapitalismus, d. h. zur Konzentration und rationellen Bewirtschaftung der Güter, wurde durch die bauernpolitischen Maßnahmen der Jakobiner – Parzellierung der den Kleinbauern angebotenen Adels- und Kirchengüter, entschädigungslose Abschaffung der Feudallasten – abgebremst.
Napoleon verstand sich als Läuterer und Vollender der Revolution. Nach Erlaß der Konsulatsverfassung verkündete er: „Die Konstitution gründet auf den heiligen Rechten des Eigentums, der Gleichheit, der Freiheit [...]. Bürger, die Revolution ist zu den Prinzipien zurückgekehrt, von denen sie ausgegangen ist. Sie ist vollendet.“ Angesichts der später durchgesetzten Erbmonarchie, aristokratischer Elitenbildung, der eingeschränkten Rede-, Presse- und Versammlungsfreiheit und polizeistaatlicher Methoden der Bespitzelung scheint dieses Selbstverständnis selbst dann zweifelhaft, wenn man davon ausgeht, daß liberté, égalité und fraternité von den verschiedenen gesellschaftlichen Gruppen immer verschieden interpretiert wurden. Gleichzeitig aber hat sich Napoleon durch seine Verwaltungsreformen und Gesetzeswerke bleibende Verdienste für die Entwicklung der bürgerlichen Gesellschaft Europas erworben.

5.2 Das militärische Scheitern des napoleonischen Imperiums

Als Erbe der bis 1799 geschaffenen politischen Verhältnisse zielte Napoleon auf eine Ordnung mittelgroßer europäischer Staaten ab, unter der teils direkten, teils indirekten Regie Frankreichs: Staaten, die im Innern nach französischem Muster modernisiert und statt der Sonderrechte der Stände eine Zentralgewalt mit einer hierarchisch aufgebauten Verwaltung kannten.
Erste Etappe dieses Vorhabens waren die französischen Siege bei Marengo und Hohenlinden im Juni bzw. Dezember 1800 über Österreich, die die bedrohliche Situation auf den Kriegsschauplätzen in Oberitalien und Süddeutschland beendeten. Im Friedensvertrag von **Lunéville** im Januar 1801, der den Frieden von Campo Formio (s. 4.) bestätigte, erkannte Kaiser Franz II. für das Deutsche Reich die Annexion Belgiens, die Bildung der Tochterrepubliken in Holland (Batavische Republik), Italien und der Schweiz (Helvetische Republik seit 1798) sowie die Abtretung des linken Rheinufers an. Frankreich besaß die „natürlichen Grenzen" (s. 3.2), die bereits das territoriale Ziel Ludwig XIV. gewesen waren; Rußland wurde auf diplomatischem Wege von der Fortführung des Krieges abgehalten und schloß sich wegen Auseinandersetzungen mit England um Malta, das der Zar als Großmeister des Malteserordens für sich beanspruchte, Frankreich an. So hatten sich die Fronten des **zweiten Koalitionskrieges** umgekehrt. England war nahezu isoliert, Österreich besiegt, und Rußland stand auf der Seite Frankreichs. Das unter französischem Einfluß stehende Spanien wurde ermutigt, in Portugal einzufallen- Zar Paul I. vereinbarte, mit den skandinavischen Ländern einen Bund der Seeneutralität zur Abwehr englischer Übergriffe gegen den Handel der Neutralen. Preußen trat bei und besetzte – vorübergehend – auf französisches und russisches Drängen das in Personalunion mit England verbundene Hannover.
England mußte daraufhin im Frieden von **Amiens** im März 1802 seine im zweiten Koalitionskrieg eroberten Gebiete – Ägypten und Malta – herausgeben und die „natürlichen Grenzen" Frankreichs respektieren. Im Gegenzug verzichtete Frankreich für die Zukunft auf weitere Kolonialerwerbungen.
Faktisch hatte der Friede von Amiens allerdings für beide Seiten lediglich den Charakter eines Waffenstillstandes. Bereits 1803 brachen die Feindseligkeiten wieder auf und weiteten sich 1805 – nach dem Wiedereintritt William Pitts d. J. in die Regierung – zum **dritten Koalitionskrieg** aus. Vordergründig ging es darum, daß England sich weigerte, Malta zu räumen, und Frankreich seine Truppen aus Holland und Süditalien nicht abzog – ein Verstoß gegen den Vertrag von Lunéville. Die französische Flotte wurde von den englischen Seestreitkräften (Nelson) bei **Trafalgar** geschlagen. Damit war die Vorentscheidung über den Fortbestand der englischen Seeherrschaft gefallen. Zwei Monate später, im Oktober 1805, hielt sich Napoleon auf dem Kontinent dafür schadlos, als er das österreichisch-russische Heer in der **Dreikaiserschlacht von Austerlitz** bei Brünn besiegte. Österreich verlor im Diktatfrieden von **Preßburg** (östlich von Wien) seine oberrheinischen (Breisgau u. a.) und oberschwäbischen Besitzungen an Baden und Württemberg, Tirol, Lindau und Vorarlberg u. a. an Bayern.
Preußen war von 1795 bis 1805, im zweiten und dritten Koalitionskrieg, neutral geblieben und wurde dafür belohnt. Nach Austerlitz übernahm es – wiederum vorübergehend – das englische Hannover von Napoleon als Ersatz für das preußische Kleve und Ansbach. Mit der geplanten Verfeindung zwischen Preußen und England, das Frankreich den Krieg erklärte, hatte Preußen die ihm zugedachte Rolle ausgespielt. 1806 überraschte Napoleon den preußischen König Friedrich Wilhelm III., der noch an den Plänen eines norddeutschen Bundes unter preußischer Vorherrschaft festhielt, mit der **Gründung des Rheinbundes**. Die ultimative Aufforderung Preußens an Frankreich, sich aus Süddeutschland zurückzuziehen und die Bildung eines norddeutschen Bundes nicht zu behindern, zeigt, wie sehr die politischen und diplomatischen Möglichkeiten Preußens erschöpft waren.

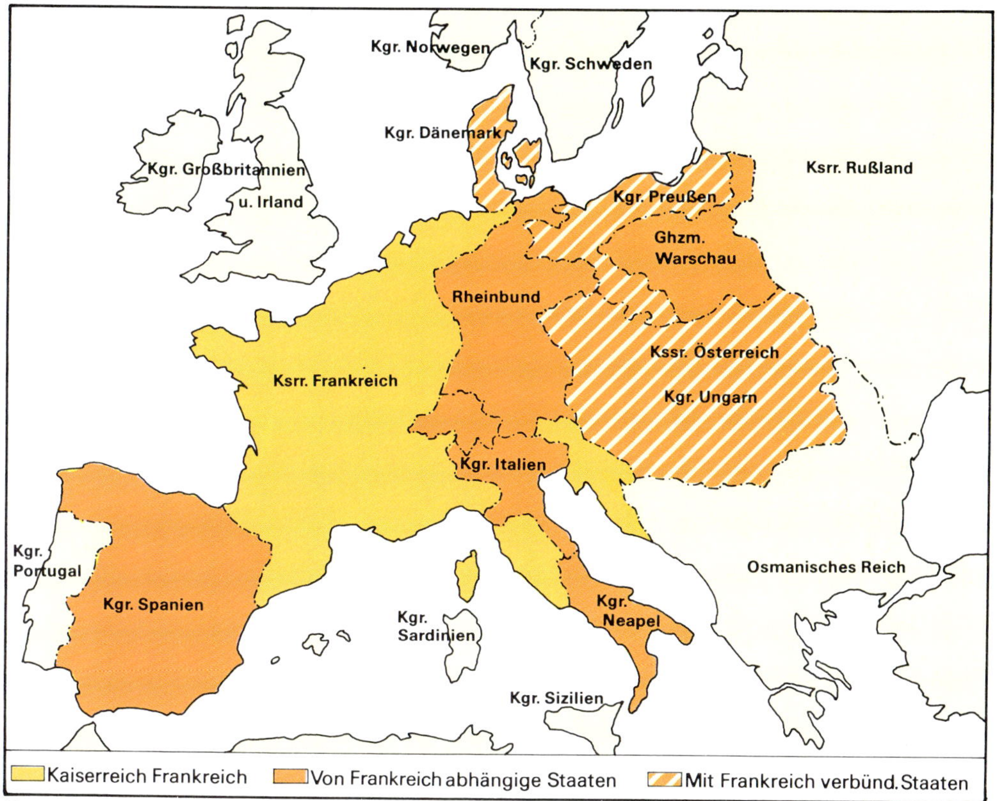

Europa 1812

Napoleon beantwortete das Ultimatum am 9. Oktober mit der Kriegserklärung. Die Auseinandersetzungen endeten am 14. Oktober 1806 mit der vernichtenden Niederlage der Preußen bei **Jena und Auerstedt;** die Russen, die unter Zar Alexander zur Koalition mit England zurückgefunden hatten, wurden bei **Friedland** geschlagen. Im Frieden von **Tilsit** (1807), dessen Ergebnis den Höhepunkt der französischen Vorherrschaft auf dem Kontinent markiert, entging Preußen seiner völligen Auslöschung als Staat auf die Fürsprache des Zaren Alexander I. Es verlor die Hälfte seines Gebietes mit ca 5 Mio. Einwohnern und wurde aufgeteilt: aus Braunschweig-Wolfenbüttel, kurhessischen, hannoverschen, sächsischen, preußischen und anderen Gebieten entstand das Königreich Westfalen unter Napoleons Bruder Jérôme (bis 1813, mit Sitz in Kassel); aus den durch die polnischen Teilungen Preußen zugefallenen Gebieten unter der Krone Sachsens wurde das Großherzogtum Warschau gebildet.

Preußen, dessen Heer auf 42 000 Mann begrenzt wurde und das zudem die riesige Summe von 120 Mio. Francs Kriegsentschädigung aufbringen mußte, hatte damit auf Jahre seine Großmachtrolle ausgespielt. Rußlands Stellung dagegen blieb im Frieden von Tilsit unangetastet. Trotz der gegensätzlichen Interessen im Mittelmeerraum – Napoleon versuchte, den Russen den Zugang durch den Bosporus zu blockieren – war Frankreich auf die Hilfe des Zaren angewiesen, um England durch die Wirtschaftsblockade (s. 5.3) in die Knie zu zwingen. Erst die russische Weigerung, die Kontinentalsperre fortzusetzen, führte zum Bruch zwischen Alexander und Napoleon.

Im Juni 1812 begann der Feldzug der „Grande Armée" (ca. 600 000 Mann, darunter 30 000 Bayern, 28 000 Westfalen, 26 000 Sachsen, 15 000 Württemberger, je 7 000 Badener und Hessen, 20 000 Preußen, 34 000 Österreicher, 70 000 Polen und viele andere, schließlich ca. 241 000 Franzosen) gegen Rußland, der nach hinhaltendem russischen Widerstand mit der Eroberung von **Moskau** endete. Da Zar Alexander dennoch kein Friedensangebot machte, Moskau hatte abbrennen lassen, mußte der Rückzug angetreten werden. Im russischen Winter ging die schlecht versorgte Armee fast vollkommen zugrunde. Nur 5000 Soldaten erreichten wieder Paris. Mit diesem militärischen Fiasko hatte der militärische Niedergang der napoleonischen Herrschaft begonnen.
Die politische Zerrüttung des Empire hatte zuvor mit einer Reihe nationaler Aufstände gegen die französische Vorherrschaft eingesetzt. Spaniens konservativ-katholische Bevölkerung erhob sich 1808 gegen den von Napoleon eingesetzten, kirchenfeindlichen König Joseph und wurde dabei von England unterstützt. 1809 folgte Österreich diesem Beispiel, in Preußen diskutierten die Militärs den nationalen Volkskrieg.
Gelegenheit zur Befreiung von Napoleon bot die militärische Schwächung Frankreichs nach dem Rußlandfeldzug. Ohne das ausdrückliche Einverständnis des zögernden preußischen Königs schloß General Yorck bei **Tauroggen** in Westlitauen den Neutralitätsvertrag mit Rußland (Dezember 1812). Dies war möglich, weil das preußische Hilfskorps die nordöstlichen Gebiete gesichert hatte und so dem Untergang der napoleonischen Armee entgangen war. Im Februar 1813 verbündeten sich Preußen und Rußland, im März folgte die Kriegserklärung Preußens an Frankreich. Begleitet war diese Entwicklung von einer nationalen Hochstimmung, die von allen Bevölkerungsschichten geteilt wurde: von den Bauern, die im Oktoberedikt von der Erbuntertänigkeit befreit wurden, von Handwerkern und Unternehmern, die von der Gewerbefreiheit profitierten, vom Bildungsbürgertum, dem sich im reformierten Heeres- und Bildungswesen neue Aufstiegsmöglichkeiten eröffneten. Ein zusätzliches Motiv zum **Volksbefreiungskrieg** ergab sich aus den drückenden Lasten, die Preußen aus der Kontinentalsperre und den Kriegsentschädigungen entstanden. Massenhafte Bankrotte, Arbeitslosigkeit und Steuererhöhungen stürzten einen großen Teil der preußischen Bevölkerung in materielles Elend und trugen dazu bei, daß auch der gemeine Mann kriegsbereit wurde.
Nach anfänglichen Rückschlägen schlug die zur Koalition erweiterte Streitmacht aus Preußen, Österreichern, Russen, Schweden und Engländern (ca. 205 000 Mann) unter Feldmarschall Blücher das napoleonische Heer, das aus rasch ausgehobenen Truppen (ca. 190 000 Mann) bestand, in der **Völkerschlacht bei Leipzig** (16.–19. 10. 1813). Napoleon dankte am 6. April ab. Mit Rücksicht auf die wieder eingerichtete Monarchie der Bourbonen waren die Bedingungen des ersten Pariser Friedens äußerst milde. Frankreich erhielt die Grenze von 1792 und Landau, Saarlouis und Saarbrücken. Entgegen den Hoffnungen Preußens wurden die mit Napoleon verbündeten Mittelstaaten nicht aufgelöst, sondern hatten vom österreichischen Außenminister Fürst Metternich eine Bestandsgarantie unter der Voraussetzung erhalten, daß sie von Frankreich abfallen und in das Lager der Alliierten überwechseln. Der Rheinbund löste sich auf.
Napoleon erhielt nach seiner Abdankung die Insel Elba als Fürstentum, von wo er 1815 noch einmal bei Marseille landete und für einhundert Tage zur mißglückten Eroberung Frankreichs und Europas aufbrach. Bei **Waterloo** (Belle-Alliance), südlich von Brüssel, wurde er am 18. Juni 1815 durch die englische Armee unter Wellington und die preußische unter Blücher besiegt. Inzwischen wurde auf dem Wiener Kongreß (s. B 3.1) über das Gleichgewicht der Mächte in Europa beraten und entschieden.
Im **zweiten Pariser Frieden** vom 20. 11. 1815 verlor Frankreich auch die vor 1792 eroberten Grenzgebiete.

5.3 Die wirtschaftlichen Zwangsmaßnahmen Napoleons: Die Kontinentalsperre

Neben den militärischen Aktionen liefen wirtschaftliche Zwangsmaßnahmen, mit denen Napoleon insbesondere die für ihn unerreichbare britische Insel niederzwingen wollte; denn England war nicht bereit, das Gleichgewicht der europäischen Großmächte preiszugeben und die Vorherrschaft *einer* Macht zu dulden, zumal wenn diese die Kanalküste besetzt hielt. Der dauernde Frieden mit England – der Friedensschluß von Amiens 1802 (s. 5.2) blieb ein Zwischenspiel – war nur durch Verzicht auf die Vormachtstellung zu erreichen.
Eine militärische Lösung war seit dem Verlust der französischen Flotte bei Trafalgar (1805; Nelson) nicht mehr möglich. Daher versuchte Napoleon, England mit wirtschaftlichen Mitteln niederzuringen. Gleichzeitig sollten auch die kontinentalen Märkte stärker für Frankreich verfügbar werden.
1806 verhängte Napoleon eine totale Handelssperre („Embargo") über die britischen Inseln; im Dezember 1807 ordnete er die Beschlagnahme aller englischen Waren an. Von diesen Sperrmaßnahmen, die von England mit einer Gegenblockade beantwortet wurden, erhoffte er eine innere Zerrüttung des britischen Reiches durch steigende Getreidepreise, Überproduktion, Währungsverfall und Arbeitslosigkeit. Anfangs schien diese Embargopolitik den gewünschten Erfolg zu versprechen. England verlor den europäischen Markt, der ein Drittel seiner Exporte aufgenommen hatte. Außerdem war die englische Wirtschaft auf Importe von Holz und Getreide aus Europa angewiesen. Die Blockierung dieser Mächte machte sich in Zeiten der Mißernte 1808 und 1810/11 besonders bemerkbar. Gleichzeitig stockten die Exporte in die USA, die aus Protest gegen die englische Seeüberwachung ihre Häfen für englische Waren schlossen. Der englisch-amerikanische Krieg (s. Bd 2, A 3.1.1) war insofern die mittelbare Folge der **europäischen Kontinentalsperre**.
Daß es dennoch nicht gelang, die britische Wirtschaft entscheidend zu schwächen, lag einerseits an den Möglichkeiten Englands, die Export- und Importeinbußen durch den Ausbau des überseeischen Kolonialhandels auszugleichen; andererseits scheiterte Napoleons Versuch einer lückenlosen Überwachung der Embargomaßnahmen. England sicherte sich durch den Überfall auf die dänische Flotte den Zugang zur Ostsee, Schmuggelgut erschien auf mittel- und osteuropäischen Märkten, die Händler und Zwischenhändler mieden die Küsten und verlagerten die Handelswege auf die kontinentale West-Ost-Achse.
Frankfurt a. M. und Leipzig wurden aufgrund der Handelssperre zu bedeutenden Handelszentren, und die ehemaligen Rheinbundstaaten, die 1810 98,2% des französischen Deutschland-Exports aufnahmen, profitierten eher von dieser Umschlagplatzfunktion, als daß sie unter den napoleonischen Zollschranken und Monopolansprüchen litten. Dagegen wurden die Agrargebiete in Ostdeutschland durch den Verlust des wichtigen Absatzmarktes für Getreide und Holz, England, schwer getroffen. Vor 1807 bezog England zwei Drittel seiner Holzimporte und ein Drittel seiner Getreidelieferungen aus Ostpreußen. Umgekehrt erzeugte der beschnittene Import einen spürbaren Mangel an Kolonialwaren und Rohstoffen, so daß für die ostdeutschen Gebiete die wirtschaftlichen Nachteile der Kontinentalsperre überwogen.
Im Unterschied zu Handel und Verkehr, die von den Blockademaßnahmen direkt, aber eher kurzfristig betroffen waren, wirkte sich die Kontinentalsperre auf die Entwicklung von Handwerk und Gewerbe indirekt und langfristig aus. Die Verlagerung der Wirtschaft von den Küsten ins Inland machte die Konzentration auf die nationalen Binnenmärkte, die Schaffung größerer Wirtschaftseinheiten durch Abbau der Binnenzölle (was zur Gründung des Zollvereins führte; s. D 4.1) und die Freigabe der Gewerbe erforderlich. Die Binnenzölle wurden durch Grenzzölle ersetzt; Münzen, Maße und Gewichte wurden verbessert; das Steuersystem richtete sich nach dem Grundsatz der Steuerpflicht für alle.

Diese Vereinheitlichung des Wirtschaftslebens schuf die Rahmenbedingungen für die Industrialisierung wichtiger Gewerbezweige. Der Textilproduktion, vor allem der Leinenbetriebe in den rheinländischen Gebieten, gelang der Übergang von den alten Methoden des Verlagssystems und der Heimarbeit zur mechanisierten Baumwollindustrie. Der linksrheinische Kohleabbau an der Saar und im Aachener Revier konnte aufgrund der Vorteile, die Napoleon der französischen Wirtschaft eingeräumt hatte, die Produktion verdreifachen; die Eisen- und Stahlerzeugung im Großherzogtum Berg bildete den Auftakt zur Industrialisierung des Ruhrgebietes.
Weniger stürmisch verlief die Industrialisierung Süddeutschlands. Trotz ähnlich günstiger Voraussetzungen wie im Rheinland konzentrierte sich hier der „Gewerbefleiß" auf die kleinen und mittelständischen Unternehmen; die Haupterwerbsquelle war die Landwirtschaft.
Preußen, das nur die Nachteile der Kontinentalsperre kennengelernt hatte, blieb, wie es ein rheinischer Industrieller angesichts der Angliederung des Rheinlands an Preußen 1815 ausdrückte, „eine arme Familie", in die man einheiraten mußte.

5.4 Die Machtpolitik Napoleons und die Auflösung des Heiligen Römischen Reiches Deutscher Nation

Napoleon setzte die Politik der Revolutionsregierung fort, die kontinentaleuropäische Staatenwelt – vor allem in den Ländern um Frankreich – nach republikanischen Prinzipien zu gestalten. Die unter seiner Herrschaft einsetzenden territorialen und politischen Veränderungen durch die **Säkularisierung** (= Einziehung kirchlichen Eigentums durch den Staat) und **Mediatisierung** (= Beseitigung der Reichsunmittelbarkeit) in den links- und rechtsrheinischen Gebieten waren der Beginn des politischen und gesellschaftlichen Umwälzungsprozesses in Deutschland und der Auflösung des alten Reiches. Die Reichskirche verlor durch die Säkularisierung die jahrhundertealte Stellung als weltliche Macht und der Kaiser eine Stütze seiner Zentralgewalt. Fast alle geistlichen, reichsstädtischen und reichsritterlichen Gebiete sowie die kleineren weltlichen Fürstentümer, mit deren Hilfe der Kaiser bislang die Machterweiterung der großen Landesherren einzudämmen versuchte, wurden 1803 im **Reichsdeputationshauptschluß** zu Regensburg und 1805/1806 nach dem Frieden von Preßburg (s. 5.2) den größeren weltlichen Staaten zugeteilt. Die Zahl der 250 souveränen Herrschaften des Reiches schmolz auf 39 zusammen. Die dank napoleonischer Hilfe vergrößerten Mittelstaaten Bayern, Baden, Württemberg und Preußen gerieten in eine engere Bindung zu Frankreich. Sie gewannen mehr, als sie linksrheinisch verloren hatten: Preußen etwa das Fünffache, Württemberg das Vierfache, Baden das Siebeneinhalbfache des Verlustes. Napoleons Ziel war die Hegemonie Frankreichs in Europa. Die endgültige Beseitigung der faktisch nicht mehr vorhandenen Einheit des alten Reiches war ein wichtiger Schritt dazu. Preußen sollte in diesem Plan als Gegengewicht gegen Österreich zur beherrschenden norddeutschen Vormacht aufgebaut werden; ein Kranz von abhängigen und die napoleonische Politik unterstützenden Mittelstaaten waren als Puffer zwischen Frankreich und Österreich gedacht. Napoleons neue Verbündete waren stark genug, um als Schützenhilfe gegen Österreich zu dienen, jedoch zu schwach, Frankreich zu bedrohen. Ihre Territorien wurden nach der Niederlage Österreichs gegen Napoleon bei Austerlitz 1805 auf Kosten Österreichs nochmals gebietsmäßig erweitert (s. 5.2) und durch Rangerhöhung zu Königreichen (Bayern, Württemberg) bzw. Großherzogtümern (Baden, Hessen-Darmstadt) politisch aufgewertet. Die Westorientierung von 16 süd- und westdeutschen Staaten im **Rheinbund** (1806), verbunden mit dem Reichsaustritt am 1. August 1806, veranlaßten **Kaiser Franz II.**, die **deutsche Kaiserkrone** am 6. August **niederzulegen.** Das Reich hatte aufgehört zu bestehen. Damit war eine Entwicklung abgeschlossen, die in der Stauferzeit (1138–1254) mit dem Erstarken der Reichsfürsten begonnen und ihre Wurzeln in der **föderativen Struktur** des Deutschen Reiches selbst hatte. Das föderative Moment (der König als Erster unter Gleichen) des freiwilligen Zusammenschlusses selbständiger Reichsfürsten und das Moment einer souveränen Zentralgewalt blieben durch die Geschichte des Deutschen Reiches hindurch ständig im Widerstreit. Die jahrhundertelangen Auseinandersetzungen zwischen dem Kaisertum und den starken Territorialstaaten haben gezeigt, daß eine einvernehmliche und endgültige Beilegung des Machtkonflikts entweder zugunsten der Zentralgewalt oder zugunsten eines losen Staatenbundes nicht zu erwarten war. Die Lösung bahnte sich vielmehr unmerklich an durch die auf Gebietserwerb gerichtete Politik Friedrichs II. von Preußen, der im Siebenjährigen Krieg (1756–1763) auf Kosten der österreichischen Erblande Preußen so sehr verstärkte, daß es als gleichgewichtige Macht neben die Zentralgewalt treten konnte. Die Verstärkung Preußens und der deutschen Mittelstaaten (Reichsdeputationshauptschluß 1803, s. o.) verwies auf den **Staatenbund** als einzige Möglichkeit gemeinsamer nationaler Staatlichkeit, es sei denn, die alten legitimen Herrschaften der Einzelstaaten würden mit Gewalt besiegt. Dieser Staatenbund wurde auf dem Wiener Kongreß 1815 im „Deutschen Bund" verwirklicht (s. B 3.1). Die Rheinbundstaaten – vorweg die drei süddeutschen Staaten Bayern, Württemberg und Baden, ein Drittel des deutschen Gebietes, und die „Modellstaaten" Berg und Westfalen – öffneten sich den napoleonischen Reformen. Die Zentralisierung der Verwaltung, die Beseitigung der Steuerprivilegien und der Ämtermonopole für die oberen Stände und die Errichtung einer Gesellschaft aus freien Eigentümern sollten die Voraussetzung für eine einheitliche, auf zweckmäßigen und nicht auf geschichtlichen Grundlagen beruhende Staatsorganisation schaffen. Die grundherrschaftlichen Verhältnisse blieben davon weitgehend unberührt. Der Code civil, den die Rheinbundstaaten übernommen hatten, enthielt die Ablösegesetzgebung, die eine Befreiung der Bauern von Diensten und Abgaben nur gegen die Bezahlung meistens unerschwinglich hoher Entschädigungsgelder ermöglichte. Überdies bestätigte der Code civil ausdrücklich zentrale Privilegien der Grundherrschaft (mittlere und niedere Gerichtsbarkeit, Jagd- und Fischereirecht, Mühlenmonopol, Bergwerksregalien, Zehnten).

Eine besondere Entwicklung nahm **Bayern.** Unter dem leitenden Minister Graf Montgelas (s. B 3.2) verpflichtete sich das Land zur Annahme einer Repräsentativverfassung anstelle der Ständeverfassung (ebenso Württemberg), zur Übernahme des Code Napoléon (T 15) und, als Kernstück der Reformen, zum Ausbau einer zentralistisch-bürokratischen Staatsverwaltung, die dazu diente, die ständischen, feudalen, kirchlichen, provinziellen und lokalen Sondergewalten zurückzudrängen. Die Kreise und Gemeinden verloren ihre Selbstverwaltung; die alten, geschichtlich gewachsenen Provinzen wurden aufgelöst und durch neugeschaffene Gebietseinheiten nach dem Muster der französischen Départements ersetzt. In den Mittelbehörden wurde die Justiz von der Verwaltung getrennt. Allerdings durchkreuzte Napoleon durch seine Adelspolitik (s. 5.1) die völlige Abschaffung der feudalen Rechte und Institutionen. Der bayerische Verfassungsentwurf, der die Ausdehnung der Menschenrechte auf alle Bürger vorsah, blieb Papierwerk. Dennoch hatte die süddeutsche Verfassungsentwicklung (s. B 3.2) nachhaltigen Einfluß auf die Verfassungsbewegung in Deutschland.

T 15 Aus dem Code civil (Code Napoléon, 1804)

1. Die Freiheit

Der Staatsbürger hat mit seiner Großjährigkeit die Freiheit, über seine Person zu verfügen. Er kann daher seinen Wohnsitz wählen, wo es ihm gutdünkt. [...]

Wir bezeichnen es als Naturrecht, daß wir den Menschen als moralisches Wesen behandeln, d. h. als ein vernunftbegabtes und freies Wesen, das dazu bestimmt ist, mit anderen vernunftbegabten und freien Wesen zusammenzuleben.

2. Die Rechtsgleichheit

Nachdem unsere Verfassung die Rechtsgleichheit eingeführt hat, muß jeder, der sie wieder abschwört und die abgeschafften Vorrechte der Geburt wieder einführen will, als Frevler gegen unseren Gesellschaftsvertrag gelten und kann nicht Franzose bleiben.

3. Die Gewalt des Familienvaters als Vorbild

Der Ehemann schuldet seiner Frau jeglichen Schutz, die Ehefrau schuldet dem Manne Gehorsam.

Die Frau kann vor Gericht erscheinen nur mit Ermächtigung ihres Mannes, auch wenn sie selbst

einen Beruf ausübt. In Dingen, die ihr Geschäft betreffen, ist sie selbständig.
Das Kind ist in jedem Alter verpflichtet, Vater und Mutter Ehre und Achtung zu erweisen.
Das Kind verbleibt in der elterlichen Gewalt bis zur Großjährigkeit oder bis zur Heirat.
4. Von dem Eigentum
Eigentum ist das Recht, eine Sache auf die unbeschränkteste Weise zu benutzen und darüber zu verfügen, vorausgesetzt, daß man davon keinen durch die Gesetze oder Verordnungen untersagten Gebrauch mache.
Niemand kann gezwungen werden, sein Eigentum abzutreten, wenn es nicht des öffentlichen Wohls wegen und gegen eine angemessene und vorgängige Entschädigung geschieht.
(Code Napoléon. Einzige offizielle Ausgabe für das Großherzogtum Berg. Düsseldorf 1810)

6. Die Französische Revolution im Spiegel der Geschichtswissenschaft

T 16 Friedrich Engels: Das „Reich der Vernunft" brach nicht an (1882)

Für den Freund von Karl Marx und die Sozialisten erwies sich die Französische Revolution teilweise als eine Enttäuschung.

Jetzt... brach das Tageslicht, das Reich der Vernunft an; von nun an sollte der Aberglaube, das Unrecht, das Privilegium und die Unterdrückung verdrängt werden durch die ewige Wahrheit, die ewige Gerechtigkeit, die in der Natur begründete Gleichheit und die unveräußerlichen Menschenrechte. Wir wissen jetzt, daß dieses Reich der Vernunft weiter nichts war als das idealisierte Reich der *Bourgeoisie*; daß die ewige Gerechtigkeit ihre Verwirklichung fand in der Bourgeoisjustiz; daß die Gleichheit hinauslief auf die bürgerliche Gleichheit vor dem Gesetze; daß als eines der wesentlichsten Menschenrechte proklamiert wurde – das bürgerliche Eigentum; und daß der Vernunftstaat, der Rousseausche Gesellschaftsvertrag ins Leben trat und nur ins Leben treten konnte als bürgerliche, demokratische Republik. So wenig wie alle ihre Vorgänger konnten die großen Denker des 18. Jahrhunderts hinaus über die Schranken, die ihnen ihre eigene Epoche gesetzt hatte.
(Friedrich Engels, Die Entwicklung des Sozialismus von der Utopie zur Wissenschaft. 1882; zit. nach der Ausgabe Berlin 1904, S. 3)

T 17 Gerhard Ritter: Die Revolution und der politische Totalitarismus (1948)

Prof. Ritter († 1967) war ein bekannter Historiker an der Universität Freiburg.

Indem sie *(die Französische Revolution)* den gewagten Versuch machte, ihren Staat ausschließlich auf rationale, d. h. jedem ohne weiteres einleuchtende Prinzipien, statt auf uraltes Herkommen und religiöse Gehorsamkeitsgebote zu begründen, hat sie die naive Selbstverständlichkeit erschüttert, mit der bis dahin in Europa historische Autoritäten als solche anerkannt worden waren. Die europäische Menschheit wurde zur kritischen Nachprüfung ihres Autoritätsglaubens; die öffentliche Meinung wurde überall mobilisiert, ein ungeheurer Prozeß der Politisierung eingeleitet, in den nach und nach alle Volksschichten hineingezogen wurden: zuerst das Bürgertum, zuletzt auch die Masse des Industrieproletariats. Was so entstand, war ein Gärungsprozeß, der seinem Wesen nach unendlich ist und eine ewig erneute Unruhe in das politisch-soziale Gefüge der europäischen Menschheit hineingebracht hat. Dabei war die Rationalisierung des politischen Lebens nur ein Teilstück der großen, seit dem 18. Jahrhundert siegreich vordringenden Bewegung zur Rationalisierung, Entzauberung, Technisierung der Welt überhaupt; ihr fiel auch die alte Herrschaft der Kirche über die Geister zum Opfer, so daß nun der Staat mehr als jemals früher zur beherrschenden Macht des öffentlichen Lebens werden konnte. Mit der Umwandlung des alten Obrigkeitsstaates zum demokratischen Volksstaat und mit der Verdrängung der Kirchen aus dem Mittelpunkt des Lebens war grundsätzlich der Weg zum modernen Totalstaat eröffnet [...] Alle Welt ist heute eifrig bemüht, nach den „Wurzeln des Nationalsozialismus" in der deutschen Geschichte zu fahnden. Ein höchst notwendiges Geschäft [...] Aber es würde erfolglos bleiben, wollten wir bei dieser Suche unseren Gesichtskreis auf Deutschland beschränken. Nicht irgendein Ereignis deutscher Geschichte, sondern die große Französische Revolution hat den festen Boden politischer Traditionen Europas entscheidend aufgelockert; sie hat aber auch die neuen Begriffe und Schlagworte geprägt, mit deren Hilfe der moderne Volks- und Führerstaat sich selbst begründet. Vor allem: sie hat das Vorbild eines solchen Staatswesens selbst geschaffen und hat mit dessen Waffen den ganzen europäischen Kontinent überschwemmt.
(Gerhard Ritter, Europa und die deutsche Frage. München 1948, S. 43 u. 51).

T 18 Albert Soboul: Das Erbe der Revolution (1973)

Soboul lehrt Geschichte an der Sorbonne in Paris und ist ein bedeutender Forscher über die Französische Revolution.

Zehn Jahre revolutionärer Ereignisse hatten allerdings die Lage in Frankreich im wesentlichen in Übereinstimmung mit den Wünschen der Bourgeoisie und Besitzenden grundlegend verändert. Die alte Aristokratie war samt ihren Privilegien und ihrer führenden gesellschaftlichen Bedeutung zerschlagen, und die letzten Spuren der Feudalität waren beseitigt. Mit der radikalen Zerstörung der gesamten feudalen Hinterlassenschaft, der Befreiung der Bauern von den Herrenrechten, den kirchlichen Zehnten. [...]
Mit der Aufhebung der Zunftmonopole und der Herstellung des nationalen Marktes beschleunigte die Französische Revolution die Entwicklung des Übergangs vom „Feudalismus" zum Kapitalismus und bildete zugleich eine ihrer entscheidenden Etappen. Indem sie andererseits die provinziellen Besonderheiten und die lokalen Vorrechte aufhob und die Staatsgewalt des Ancien Régime zerbrach, schuf sie vom Direktorium bis zum Empire die Voraussetzungen eines modernen Staates, der den wirtschaftlichen und sozialen Interessen der Bourgeoisie entsprach.
Als großartigste bürgerliche Revolution, die durch den bewegten Charakter ihrer Klassenkämpfe alle vorangegangenen Revolutionen in den Schatten stellt, ist die Französische Revolution, [...] „im weitesten Sinne bürgerlich und demokratisch", während die amerikanische und englische Revolution „borniert bürgerlich und konservativ" blieben. Sie verdankt dies dem Widerstand der Aristokratie, die jeden politischen Kompromiß angelsächsischer Provenienz unmöglich machte und die Bourgeoisie zwang, nicht minder hartnäckig die totale Zerstörung der alten Ordnung zu betreiben: dies aber konnte sie allein mit Unterstützung des Volkes durchführen. Marx hat von den „furchtbaren Hammerschlägen" des Terrors und dem „gigantischen Besen" der Französischen Revolution gesprochen. Deren soziales und politisches Instrument stellte die jakobinische Diktatur der kleinen und mittleren Bourgeoisie dar, die von den städtischen und ländlichen Volksmassen gestützt wurde: soziale Schichten, deren Ideal eine Demokratie kleiner selbständiger Erzeuger, Bauern und Handwerker war, die selbständig produzierten und frei austauschten.
Der Versuch des Jahres II (1793) hat trotz seines endgültigen Scheiterns beispielhaften Wert. Die Männer von Dreiundneunzig, besonders die Robespierristen, versuchten, den grundlegenden Widerspruch zwischen den Erfordernissen der grundsätzlich verkündeten Rechtsgleichheit und der wirtschaftlichen Freiheit zu überwinden, um im Rahmen einer demokratischen und sozialen Republik den *gleichen Genuß aller Güter* zu ermöglichen. Ein grandioser Versuch, dramatisch selbst in seiner Ohnmacht, der den unversöhnlichen Gegensatz zwischen den Erwartungen einer sozialen Gruppe und dem objektiven Stand der historischen Notwendigkeiten erahnen läßt. Wie kann man in der Tat den unverjährbaren Charakter des Eigentumsrechts, die Anforderungen privater Interessen und des freien Profitstrebens anerkennen und zur gleichen Zeit die Auswirkungen dieser Rechte für bestimmte Gruppen annullieren, um eine egalitäre Gesellschaft zu bilden? [...]
Der Versuch des Jahres II hat die Gesellschaftstheorie des 19. Jahrhunderts geprägt, und die Erinnerung daran hat seine politischen Kämpfe gewaltig vorwärts getrieben. Die montagnardischen Entwürfe haben nach und nach konkrete Gestalt angenommen; zu allererst die allen zugängliche Volksbildung, die von den Sansculotten als eine der notwendigen Voraussetzungen der sozialen Demokratie vergebens gefordert worden war. Zur gleichen Zeit aber vertieften wirtschaftliche Freiheit und kapitalistische Konzentration die sozialen Gegensätze und verschärften die Widersprüche, so daß der *gleiche Genuß aller Güter* mehr und mehr außer Reichweite geriet. Handwerker und Kleinhändler klammerten sich als Nachkommen der Sansculotten von Dreiundneunzig an ihren Stand und hingen an dem auf persönliche Arbeit gegründeten kleinen Eigentum; sie schwankten zwischen Utopie und Revolte. Der gleiche Widerspruch und die gleiche Ohnmacht bestimmten auch die Bestrebungen nach sozialer Demokratie, wovon die Tragödie im Juni 1848 Zeugnis ablegt. [...]
(Albert Soboul, Die Große Französische Revolution. Köln 1973, S. 571–573)

Problem und Diskussion

1 *Erläutern Sie die Gründe für Napoleons Aufstieg zur Alleinherrschaft und zeigen Sie die Ursachen seines Scheiterns.*

2 *Beschreiben und beurteilen Sie die innen- und außenpolitischen Maßnahmen Napoleons unter dem Gesichtspunkt ihrer Folgen für Deutschland.*

3 *Die Erklärung der Menschenrechte 1789 (T 9) versprach den Bürgern Freiheit und Gleichheit. Zeigen Sie, inwiefern diese Versprechungen erfüllt bzw. nicht erfüllt wurden. Differenzieren Sie dabei zwischen persönlichen, politischen und wirtschaftlichen Freiheits- und Gleichheitsrechten.*

4 *Die Französische Revolution lieferte die Vorbilder für die modernen Herrschaftsformen des 19. und 20. Jahrhunderts: Militärdiktaturen, totalitäre Regime, direktdemokratische Machtorganisationen, liberal-repräsentativ verfaßte Staaten, sozialistische Volksrepubliken. Zeigen Sie, in welchen Revolutionsphasen die jeweiligen Herrschaftsformen ihre Wurzeln haben.*

5 *Geben Sie die zentralen Argumente der geschichtswissenschaftlichen Urteile über die Revolution (T 16–T 18) in eigenen Worten wieder und diskutieren Sie die Stichhaltigkeit der jeweiligen Aussagen.*

6 *Der französische Politiker und Historiker Alexis de Tocqueville (1805–1859) stellte die These auf, die Revolution hätte die zentralistischen Bemühungen des Absolutismus zuende geführt. Setzen Sie sich mit dieser Behauptung (pro und contra) auseinander.*

Zeittafel

1788 Einberufung der Generalstände. Verdoppelung der Abgeordneten des Dritten Standes.
1789 5. Mai Zusammentritt der Generalstände.
17. Juni Erklärung des Dritten Standes zur Nationalversammlung.
1789–1791 Beratung der neuen Verfassung.
1789 14. Juli Bastillesturm.
4. August Aufhebung des Feudalsystems.
26. August Erklärung der Menschen- und Bürgerrechte.
2. November Verstaatlichung der Kirchengüter.
1791 3. September Die Verfassung tritt in Kraft. Eid des Königs auf die Verfassung.
1792–1797 1.Koalitionskrieg gegen Frankreich
1792 10. August Zweite Revolution. Sturm auf die Tuilerien.
Suspendierung des Königtums.
21. September Abschaffung des Königtums.
1793 21. Januar Hinrichtung Ludwigs XVI. Zweite Verfassung. Frankreich wird Republik.
1793–1794 Schreckensherrschaft.
1793 10. März Einsetzung eines Revolutionstribunals.
6. April Wohlfahrtsausschuß als Exekutivorgan des Nationalkonvents.
23. August Levée en masse: Allgemeine Wehrpflicht.
1794 27./28. Juni Sturz und Hinrichtung Robespierres.
1795–1799 Direktorialregierung (Direktorium von 5 Konventsmitgliedern).
1799–1802 2. Koalitionskrieg gegen Frankreich.
1799–1804 Konsulatsregierung, Napoleon Erster Konsul.
1803 Reichsdeputationshauptschluß zu Regensburg.
1804–1813/14 Napoleon I., Kaiser der Franzosen.
1805 3. Koalitionskrieg gegen Frankreich.
2. Dezember Sieg Napoleons bei Austerlitz über Österreicher und Russen.
1806 Austritt von 16 deutschen Fürsten aus dem Reich und Gründung des Rheinbunds.
6. August Kaiser Franz II. legt die Kaiserkrone nieder.
1806–1807 Krieg Frankreichs gegen Preußen und Rußland.
14. Oktober Niederlage Preußens bei Jena und Auerstädt.
21. November Verkündung der Kontinentalsperre gegen englische Waren.
1808–1814 Krieg Napoleons gegen Spanien und Portugal.
1809 Krieg Österreichs gegen Frankreich.
1812 Krieg Napoleons gegen Rußland.
1813 28. Februar Bündnis zwischen Rußland und Preußen. Beitritt Englands und Österreichs.
16.–19. Oktober Völkerschlacht bei Leipzig. Auflösung des Rheinbunds.
1814 31. März Einzug der Verbündeten in Paris. Abdankung Napoleons.
1815 1. März Napoleons Landung bei Marseilles. Herrschaft der hundert Tage.
18. Juni Niederlage Napoleons bei Belle-Alliance (Waterloo).
7. Juni Einnahme von Paris. Napoleon nach St. Helena verbannt.

Literaturhinweise

Fehrenbach, E.: Vom Ancien Régime zum Wiener Kongreß. Oldenbourg Verlag, München 1981

Fetscher, Iring/Münkler, Herfried (Hrsg.): Pipers Handbuch der politischen Ideen. Band 4. Neuzeit: Von der Französischen Revolution bis zum europäischen Nationalismus. R. Piper Verlag, München 1986

Furet, E./Richert, D.: Die Französische Revolution (1965). Aus dem Französ. übers. vom U. F. Müller. Verlag C. H. Beck, München ²1980. TB-Ausgabe: Fischer Verlag, Frankfurt 1987

Grab, W. (Hrsg.): Die Französische Revolution. Eine Dokumentation (Nymphenburger Texte zur Wissenschaft 14). Nymphenburger Verlagshandlung, München 1973

Gumbrecht, H. U./Reichardt, R./Schleich, Th. (Hrsg. u. Verf.): Sozialgeschichte der Aufklärung in Frankreich... 12 Originalbeiträge. Teil 1–2. Oldenbourg Verlag, München 1981 (Ancien Régime, Aufklärung und Revolution 4)

Hartig, A. I. (Hrsg.): Geburt der bürgerlichen Gesellschaft: 1789... Aus dem Französ. von K. Voigt. Suhrkamp Verlag, Frankfurt 1979 (sv 937)

van den Heuvel, G.: Bauernschaft und Agrarstruktur Frankreichs 1750–1800. Oldenbourg Verlag, München 1982 (Ancien Régime, Aufklärung und Revolution 6)

Schieder, Th.: Theorie und Revolution. In: Schieder, Th. (Hrsg.): Revolution und Gesellschaft. Theorie und Praxis der Systemveränderung. Herder Verlag, Freiburg 1973

Schmitt, E.: Einführung in die Französische Revolution (Beck'sche Elementarbücher) Verlag C. H. Beck, München ²1980

ders. (Hrsg.): Die Französische Revolution. Anlässe und langfristige Wirkungen. (Wege der Forschung 293) Wissenschaftliche Buchgesellschaft, Darmstadt 1973

ders. (Hrsg.) Die Französische Revolution. (Neue wiss. Bibliothek, Hain) Köln 1976

Soboul, A.: Die große Französische Revolution. EVA, Frankfurt ²1973

Ziebura, G.: Frankreich 1789–1870. Die Entstehung einer bürgerlichen Gesellschaftsformation. Campus-Verlag, Frankfurt/Main, New York 1979

B. Die gesellschaftlichen und politischen Veränderungen in Deutschland bis 1848

1. Preußens Versuch einer „Revolution von oben"

1.1 Staat und Stände

Der Staat **Friedrichs II.** (1740–1786) war auf die persönliche Herrschaft des Königs ausgerichtet. Doch seine Reformen (von der Verwaltung unabhängige Justiz, religiöse Toleranz, aufgeklärte Bildung – „Generallandschulreglement" 1763 –, Abschaffung von Ämterkäuflichkeit und Folter) machten Preußen zu einem modernen Staat und wiesen in die Richtung eines Rechts- und Verfassungsstaates. Das **Allgemeine Landrecht** (T 1) für die preußischen Staaten (1794) leitete seine Neuordnung aus der Zweckbestimmung von Staat und Gesellschaft ab, wie sie die Aufklärung (s. 1.2) formuliert hatte. Es legte den „Gesellschaftsvertrag aller mit allen" zugrunde und anerkannte für alle Bürger die Menschen- und Bürgerrechte (ähnlich wie die französische Verfassung von 1791; s. A 2.1), allerdings nur die individuellen Rechte. Der Staat respektierte die geistige Freiheit seiner Untertanen, wünschte aber nicht deren politische Aktivität. An der ständisch-sozialen Ordnung sollte nicht gerüttelt werden. Alle Untertanen sollten an den Staat gebunden werden. Deshalb wurden viele unmittelbare Herrschaftsfunktionen den Ständen entzogen. Geburt, wirtschaftliche Funktion oder staatliche Dienstleistung bestimmten von nun an den Stand. Die Stände sollten den Staat und die Gesellschaft je auf ihre Weise mit Menschen und Dienstleistungen versorgen.
Preußens Stellung im 18. Jahrhundert beruhte auf einer starken **Militärmacht**. Unter Friedrich II. wurde die Armee von 80 000 auf 200 000 Mann vergrößert (Friedensstärke). Das Heer war das wichtigste Instrument des Staates und wurde durch Steuereinnahmen finanziert. Die Soldaten wurden jährlich für dreimonatige Übungen an den Truppenstandort befohlen. In der übrigen Zeit waren sie beurlaubt und mußten ihre Arbeitskraft entweder der Gutswirtschaft zur Verfügung stellen – der Gutsherr war oft auch der zuständige Offizier –, oder sie arbeiteten als sog. „Freiwächter" außerhalb der Kaserne bei Handwerkern, als Handlanger, Heimarbeiter, Hausierer, Straßenhändler usw. So mußten sie sich selbst und ihre Familien unterhalten.
Die **merkantilistische Wirtschaftsform** (s. D 1.2) war stark auf die Bedürfnisse der Armee abgerichtet. Der Staat subventionierte die Manufakturen und Webereien ungewöhnlich hoch, gründete eine (Staats-)Bank, legte das Oderbruch trocken und siedelte Tausende von Emigranten (Hugenotten, Salzburger, Juden) in dem durch den Dreißigjährigen Krieg (1618–1648) verwüsteten menschenleeren Land an, besonders in Brandenburg und Hinterpommern.
1660 kam das Herzogtum Preußen als souveräner Besitz an das Kurhaus Brandenburg. Der **Staat Brandenburg-Preußen** (= Altpreußen) umfaßte vor den napoleonischen Kriegen östlich der Elbe Pommern, Oberschlesien, Ostpreußen. Friedrich II. eroberte (bis 1763) das österreichische (katholische) Schlesien in drei Kriegen und machte Preußen zur europäischen Großmacht. 1772 erwarb er Westpreußen, das Ermland und den Netzedistrikt anläßlich der ersten polnischen Teilung. Infolge der unterschiedlichen Nationalitäten der Bevölkerung in den einzelnen Landesteilen, zu denen 1815 die katholischen Gebiete an Rhein, Ruhr und Mosel (= die Provinzen Rheinland und Westfalen; Cleve, Mark und Ravensberg waren schon 1614 durch Erbschaft an die Hohenzollern gefallen) kamen, kann man in bezug auf Preußen nicht von einem einheitlichen nationalen Territorium sprechen, sondern eher von einem Machtstaat, in dem für alle bestimmte Rechte und Pflichten galten.

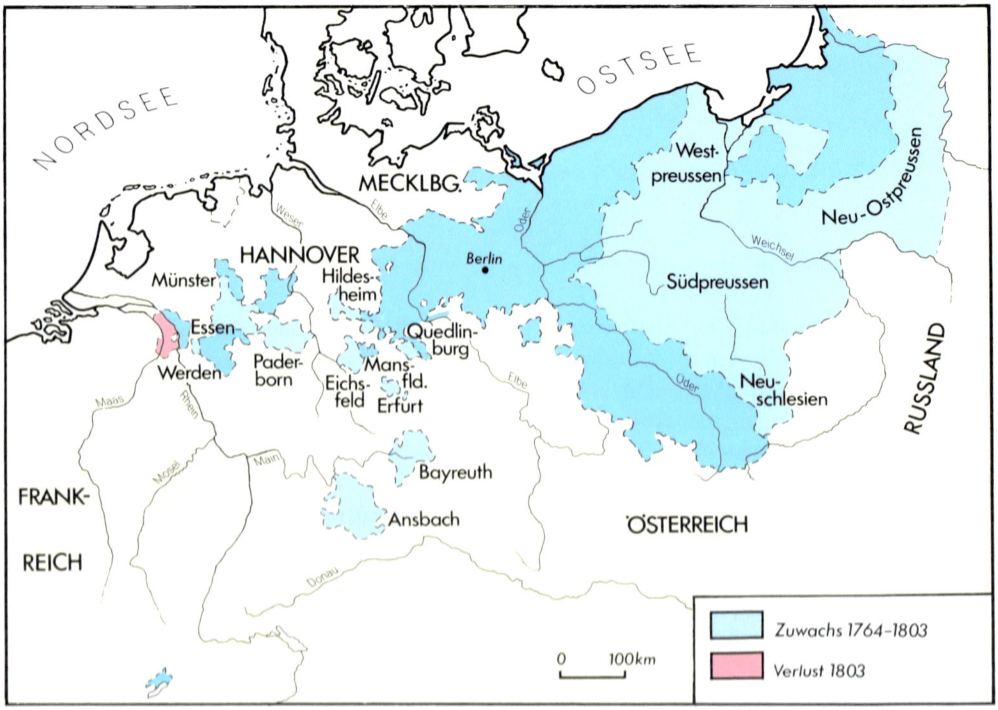

Preußen 1764–1803

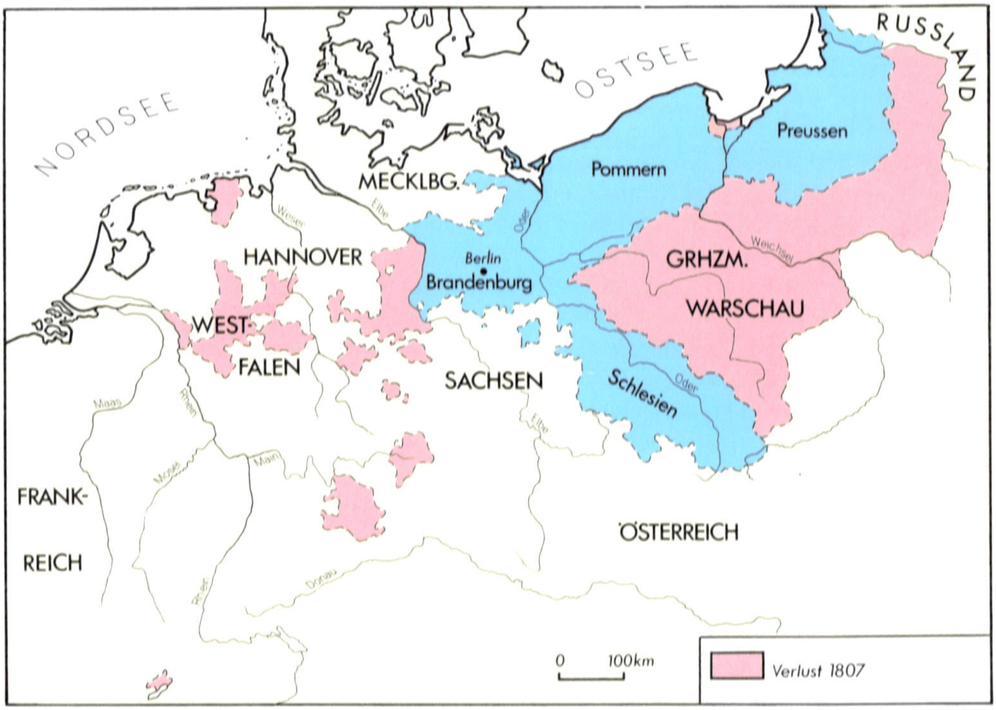

Preußen nach dem Frieden von Tilsit 1807 (Nach: Preußen. Versuch einer Bilanz. Reinbek 1981, S. 35)

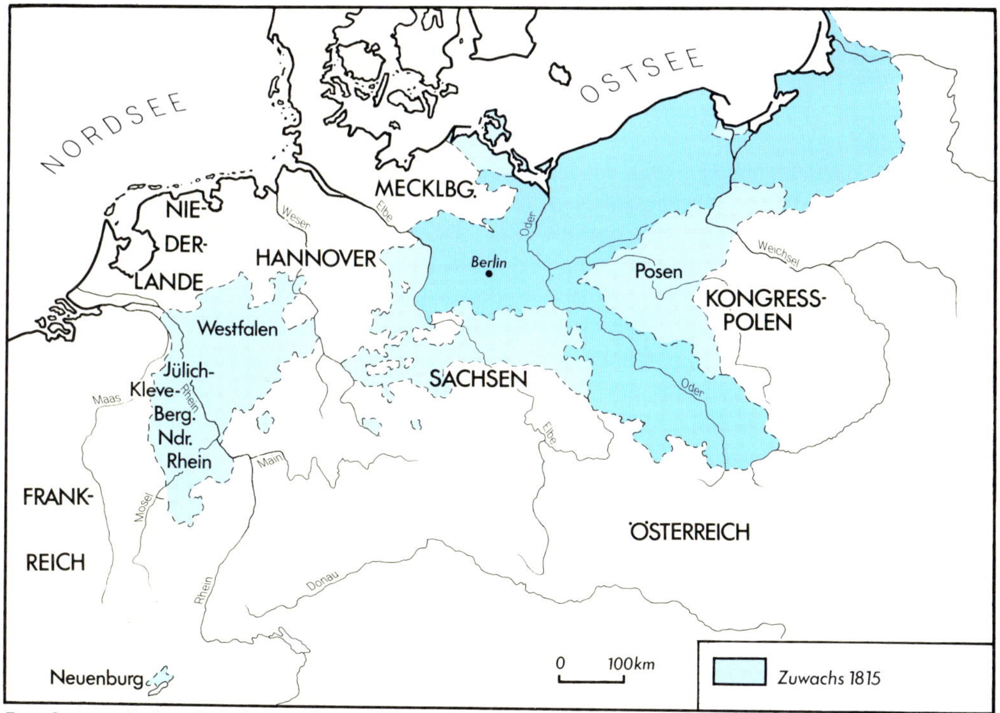

Preußen nach den Befreiungskriegen (Wiener Kongreß 1815)

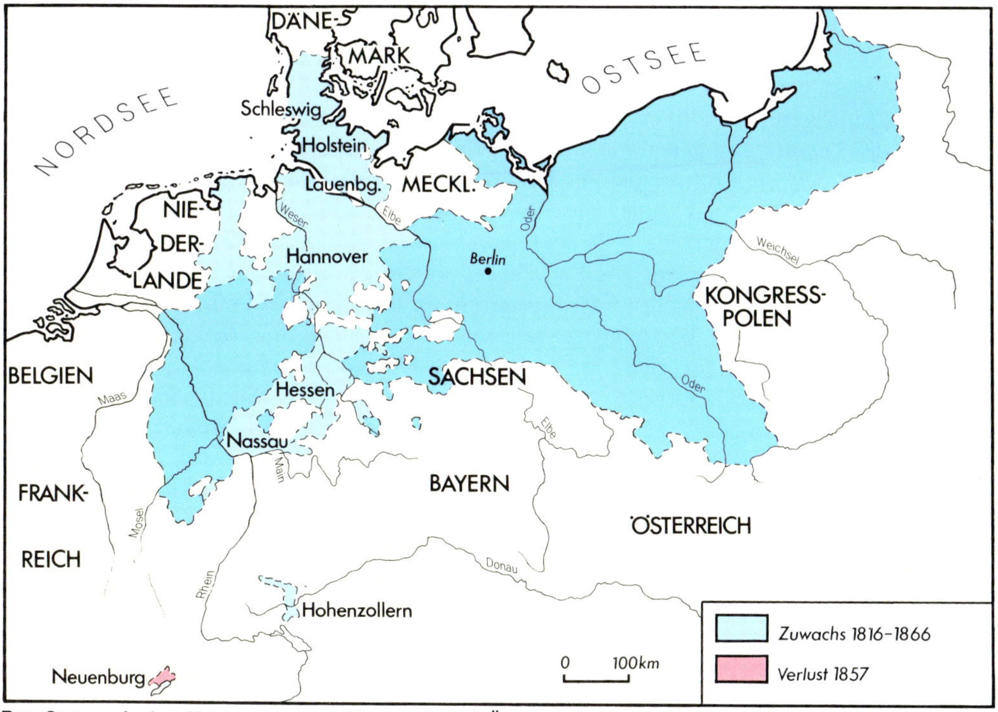

Preußen nach den Kriegen gegen Dänemark und Österreich (Frieden von Nikolsburg und Prag 1866)
(Nach: Preußen. Versuch einer Bilanz. Reinbek 1981, S. 39)

Der **Bauernstand** war auch nach dem Allgemeinen Landrecht erbuntertänig. „Kinder untertäniger Eltern werden derjenigen Herrschaft untertänig, welcher ihre Eltern, zur Zeit der Geburt, unterworfen gewesen." Die Untertanen waren ihrer Herrschaft – außer zu Dienstleistungen und Abgabe – auch zu „Treue, Ehrfurcht und Gehorsam" verpflichtet, d.h. sie durften das Gut nicht ohne Einwilligung der Herrschaft verlassen, sie durften nicht ohne Einwilligung der Herrschaft heiraten, und sie durften ohne Erlaubnis des Staates kein bürgerliches Gewerbe treiben. Die Möglichkeit, aus der Untertänigkeit herauszutreten, war gering. Der Untertan hatte dem Herren einen sicheren künftigen Lebensunterhalt nachzuweisen; außerdem war eine beachtliche Loslassungssumme an die Gutsherrschaft zu entrichten. Frei wurde man durch Einheirat in bürgerliches Handwerk, frei wurden entlassene Unteroffiziere. Entlassene Soldaten konnten sich freikaufen; übernahmen sie amtliche Aufgaben in der Kirche oder Schulmeisterstellen, wurden sie ebenfalls frei. Bereits unter Friedrich II. konnten Bauern, deren Land dem Staat gehörte (Domänen), die Frondienstleistungen in Geldzins und Naturalabgaben verwandeln; die Bauernstellen wurden in Erbpacht gegeben, so daß bis 1806 etwa jeder siebte staatsunmittelbare Bauer (= 50 000) selbständig wirtschaftender Eigentümer wurde.
Zunehmender Druck auf die ständische Ordnung ging von den Menschen unterhalb dieser Ordnung aus: von den Zahllosen, die unselbständig, abhängig arbeiteten, ohne feste Einnahmen oder nennenswerten Besitz, am Rande der Armut lebten und in der Stadt ohne Grundbesitz auch kein Bürgerrecht hatten. Auf dem Land gehörten dazu das Gesinde, die Landarbeiter und die Heimarbeiter, in der Stadt waren es die Dienstboten, Tagelöhner, Transport-, Manufaktur-, Fabrik- oder Gelegenheitsarbeiter (die Nichtbürger), die Invaliden, Asozialen, Armen. Zu den von der Verarmung („Pauperisierung" oder „Proletarisierung") Bedrohten gehörten die Kleinbauern, die kleinen Handwerker und die Handwerksgesellen. In diese Schichten wurde man hineingeboren. Die erste Hälfte des 19. Jahrhunderts ist durch ein enormes Anwachsen der **Unterschichten**, der Unselbständigen und der Armut gekennzeichnet.
Die Macht des **Landadels** („Krautjunker", kein Stadt- oder Hofadel) beruhte östlich der Elbe auf dem Grundbesitz, der Gutsherrschaft mit den dazugehörigen Herrschaftsrechten (z.B. bis 1849 der Patrimonialgerichtsbarkeit, d.h. der gutsherrlichen Privatgerichtsbarkeit in Zivilsachen; der Polizeigewalt; den Dienstpflichten der Untertanen). Friedrich II. förderte die adeligen Majorate und Fideikommisse, d.h. die Erbfolge des ältesten männlichen Verwandten und den dauernden Verbleib eines Besitzes in einer Familie, um den Adel an den Staat zu binden. Dazu kam die ausschließlich dem Adel vorbehaltene Wahl des Landrats. An den Guts- und Kreisgrenzen endete die Macht der staatlichen Verwaltung. Die Verhältnisse wurden in dieser Form vom König „konserviert", festgeschrieben, weil ihm der Adel andererseits für den Dienst als Offiziere oder Beamte in den hohen Staatsämtern zur Verfügung zu stehen hatte. Die Adeligen waren „nur dem höchsten Gerichte in der Provinz unterworfen". Sie durften keinem Gewerbe nachgehen. „Nur der Adel ist zum Besitz adeliger Güter berechtigt", sagt das Allgemeine Landrecht. Dem einheimischen Adel gebührte das Recht, „in den Versammlungen des Adels auf Kreis- und Landtagen zu erscheinen und über die daselbst vorkommenden Angelegenheiten zu stimmen".
Der **Bürgerstand** gliederte sich nach dem Allgemeinen Landrecht in drei Kategorien mit unterschiedlichen Rechten:
1. Die oberste Schicht: Geistliche, Hochschul- und Gymnasiallehrer, Offiziere, Akademiker, Domänenpächter, Gutsbesitzer. Diese Schicht genoß Steuerbefreiungen, eine verkürzte Wehrdienstzeit („Einjährige") und war wie der Adel nur den staatlichen Obergerichten unterworfen. Ein selbstbewußtes städtisches Besitzbürgertum gab es um 1800 noch nicht. 87% der preußischen Bevölkerung lebten auf dem flachen Lande, 6% (= ca. 1/2 Mio.) wohnten in Städten über 20 000 Einwohner und gehörten hauptsächlich zum beamteten Bildungsbürgertum.
2. Die übrigen Stadtbürger, vor allem die Handwerker, die den Untergerichten unterstanden.

3. Die „Schutzverwandten“: Personen, die, ohne Staatsbürger zu sein, Schutz in einem das Fremdenrecht übersteigenden Maße genossen, z.B. Juden. Auch das Bürgertum blieb geteilt in eine privilegierte, staatsnahe Führungsschicht und in die Vielzahl der Gruppierungen, die sich in der sich auflösenden Hierarchie (Rangordnung) emporarbeiteten oder absanken.
Bald wurden **Bildung und Besitz** das gemeinsame Kennzeichen der Oberschicht aus Adel und höherem Bürgertum. Dem männlichen Adel war zwar im allgemeinen die standesungleiche Ehe verboten, Heiraten mit Töchtern des höheren (Besitz-)Bürgertums (zur Sanierung der Finanzen) jedoch erlaubt. Mit der Beseitigung der Standesschranken 1808 (s.u.) erhielt das gehobene Bürgertum Zugang zu weiteren Vorrechten: zum Rittergutsbesitz, einschließlich den daran haftenden Rechten. Der verlorene Krieg 1806/07 hatte eine Gewichtsverlagerung von der Geburt zur Bildung zur Folge, so daß auch die bürgerliche Oberschicht in die Spitzenstellungen von Heer, Justiz und Verwaltung einrücken konnte.
Zusammenfassend sah die soziale Gliederung unter Friedrich II. wie folgt aus: Der Adel stellte die Offiziere und die hohe Beamtenschaft; dafür wurde er in seinem wirtschaftlichen und sozialen Bestand geschützt. Die Bauern lieferten nicht nur die Masse der Soldaten; sie waren auch hinsichtlich der Abgaben am stärksten belastet. Ihre Dienste und Abgaben bildeten im Rahmen des guts- und grundherrschaftlichen Systems die wesentliche Existenzgrundlage des Adels, und ihre Steuerleistungen waren ein wichtiger Bestandteil der Staatseinnahmen. Dafür bewahrte sie der Staat vor dem Aufkauf ihrer Stellen durch den Adel (Verbot des „Bauernlegens“). Die Bürger waren für Gewerbe und Handel zuständig und bildeten die zweite große Gruppe der Steuerzahler. In ihren Funktionen schützte und unterstützte sie der Staat, und die Staatswirtschaft gab ihnen im großen und ganzen die Möglichkeit, ihre wirtschaftliche und soziale Lage zu verbessern.
Fast zur gleichen Zeit führte in Österreich **Kaiser Joseph II.** (1765–1790), der Sohn Maria Theresias, im Geiste des aufgeklärten Absolutismus eine antiständische und antiföderalistische Reformpolitik durch: die Förderung des Volksschul-, Bildungs- und Gesundheitswesens sowie der Rechtspflege, die Fortsetzung der Bauernbefreiung, die Beseitigung ständischer Steuererhebungsrechte, die Aufhebung von Klöstern, die Verstaatlichung der Priesterausbildung usw. Ständischer Widerstand und Aufstände in Böhmen, Ungarn und den österreichischen Niederlanden erzwangen jedoch die Rücknahme der josephinischen Reformen bald nach dem Tode des Kaisers.

1.2 Die Aufklärung als geistige Grundlage von Staat und Herrschaft

Im Preußen Friedrichs II. wurde die Aufklärung zur herrschenden Philosophie und zum gestaltenden Prinzip. Ihre klassische Formulierung (s. A 1.4) erhielt sie durch Immanuel Kant (1724–1804), Professor in Königsberg. Ein überall wirksamer Rationalismus beherrschte die preußische Gesellschaft vom König – als dem „ersten Diener“ des Staates – über die Verwaltung, das Militär bis in die Schule. Der Vorrang der Vernunft setzte sich durch: Glaubensfreiheit, beginnende Emanzipation der Juden, Modernisierung der Verwaltung und des Wirtschaftslebens. Die Aufklärung wirkte nicht nur im Staatsapparat, sondern auch in Teilen der evangelischen Kirche. Religion und Vernunft kamen sich näher.
Seit etwa 1750 vollzog sich ein bedeutender sozialer Wandel, indem sich in den Salons (s. u.) oder in einigen Territorialstaaten – z.B. in Sachsen-Weimar (Goethe) – eine bürgerliche Kultur herauszubilden begann, die auf die nationale Gesellschaft hin orientiert war. Sie beruhte auf dem aufgeklärten Denken – der mündigen Selbstbestimmung, der „Bildung“ und der naturrechtlichen Gleichheit der Individuen – und der praktischen Zweckorientierung im Alltagsleben, der „Nützlichkeit“ des Handelns. Dabei fiel neben den sonstigen „Bürgern“ – den Offizieren, Amts-

inhabern, der akademisch gebildeten „Intelligenz“, den Geistlichen – den Kaufleuten in den Verkehrszentren der Residenz- oder Handelsstädte als Träger dieser Ideen eine besondere Bedeutung zu. Die Bürger hatten, u.a. durch eine relative Selbständigkeit im Arbeitsbereich, die Möglichkeit zu alternativen Entscheidungen. Dazu waren sie auf allseitige Informationen und auf überregionale Zusammenarbeit und Verbindungen (Kommunikation) angewiesen. Sie schrieben Briefe, lasen Zeitungen, Zeitschriften, Bücher und Periodika, trafen sich in Freimaurerlogen, (patriotischen, ökonomischen, gelehrten, Lese-)Gesellschaften, Salons und Vereinen, gingen auf Reisen und besuchten die Messen in Leipzig und Frankfurt. Dadurch wurde die damals übliche, sich auf die Gesellschaft und nicht auf den (absolutistischen) Staat beziehende Form von Öffentlichkeit hergestellt. Sie galt fast ausschließlich für Männer. Durch die Beteiligung von aufgeklärten Adligen wurden bei den öffentlichen Zusammenkünften, wo das bürgerliche Prinzip der Gleichheit – nicht des geburtsständischen Status – galt, die Grenzen der altständischen Gesellschaft aufgelöst.
Die bürgerliche Aufklärung bewirkte eine gewaltige Steigerung der Buch- und Zeitschriftenproduktion. Es entstanden Leihbibliotheken, in denen Almanache, Romane usw. entliehen werden konnten. Konversationslexika wurden beliebt. Kunst und Literatur wurden der Öffentlichkeit zugänglich und blieben nicht länger schmückendes Beiwerk höfisch-ständischer Geselligkeit.
Die neuen Leitwerte dieser bürgerlichen Gesellschaft waren Arbeit, autonome Vernunft, das rationale Denken, die „Nützlichkeit“ zur Mehrung des eigenen und des allgemeinen „Glücks“, das individuelle Verdienst, Moral und Sittlichkeit (diskutiert in den moralischen Wochenschriften), Loyalität gegenüber dem Staat, „aufrichtiges Christentum“, die patriarchalische Verwaltung des „ganzen Hauses“, die Entfaltung des persönlichen Charakters, Mildtätigkeit gegenüber den Armen, eine gezielte, den bürgerlichen Zwecken (z.B. Pflicht, Gehorsam, Obrigkeit, Disziplin, Pünktlichkeit) dienende Erziehung der Jugend. Die sogenannten preußischen Tugenden waren „Sekundärtugenden“, klassische (protestantisch-calvinistische) Bürgertugenden, die in Preußen „von oben“ durchgesetzt wurden, nicht zuletzt deswegen, weil es ein zahlenmäßig starkes Bürgertum noch gar nicht gab. Zu dieser Zeit wurde auch das Wissen organisiert, z.B. in der „Deutschen Encyclopädie“; die deutsche Hochsprache wurde als Medium der Kommunikation entwickelt. Es bildeten sich eine deutsche Nationalliteratur, ein deutsches National- und Musiktheater.
Die deutsche Aufklärung (seit 1770) trug – im Gegensatz zur französischen – ihre Auseinandersetzungen vor allem auf religiös-kulturellem Gebiet aus. Dies hing mit der geistigen Vorrangstellung des Bildungsbürgertums gegenüber dem Besitzbürgertum zusammen. Die bedeutendsten Aufklärer – voran Lessing („Nathan der Weise“, 1779) – waren in erster Linie in Religionsstreitigkeiten verwickelt und kaum an politisch-gesellschaftlichen Kontroversen beteiligt. Es ging um gemäßigte Forderungen wie religiöse Toleranz, Brüderlichkeit, Duldsamkeit, Tugendhaftigkeit, Humanität, Niederlegung der Standesschranken, Respektierung der Menschenrechte, Emanzipation der Juden, Rechte für die Frauen, Kampf gegen Vorurteile und Aberglauben, Betonung von Vernunft und Willen, Autonomie und Verantwortung des Menschen. Dagegen fanden die politischen und gesellschaftlichen Diskussionen über Adelsprivilegien, Leibeigenschaft, Zunftschranken, über die Berechtigung des Absolutismus, über die Reichsreform lediglich im Rahmen akademischer Erörterungen statt. Die allgemeine aufklärerische Hoffnung bestand – besonders nach Kant – darin, daß in Freiheit und Öffentlichkeit das Vernünftige sich kraft eigenen Gewichts durchsetzen werde.
Die ideelle Ausstrahlung der Französischen Revolution zeigte sich in der Begeisterung, mit der sie vom deutschen Bildungsbürgertum, von führenden Vertretern des deutschen „Geisteslebens“ wie den Dichtern Klopstock, Wieland und Schiller, den Philosophen Kant, Fichte und Hegel begrüßt wurde. Skeptisch von Anfang an blieb Goethe. Die anderen glaubten eine Zeitlang den Anbruch eines neuen Zeitalters ohne Unrecht, Unterdrückung, Tyrannei zu erleben, wandten sich jedoch

angesichts der radikalen Auswüchse von der Revolution ab. Es blieb die Idee einer bürgerlichen Gesellschaft, die auf bürgerlicher Freiheit und Rechtsgleichheit beruhen sollte. Aus Untertanen sollten Bürger werden.

1.3 Die preußischen Reformen von 1807 bis 1821

1.3.1 Die Freisetzung politisch-gesellschaftlicher Kräfte

Die Niederlage des preußischen Heeres gegen Napoleon (1806) und der Friede von Tilsit (1807), der Preußen nur noch knapp die Hälfte seiner Territorien beließ, machte die Schwäche des absolutistischen Staates deutlich. Die politische und wirtschaftliche Katastrophe ließ erkennen, daß die Last der an Frankreich zu zahlenden Kriegsentschädigung und der Kriegsfolgen (Besatzungskosten, Verlust der ausländischen Märkte und Niedergang der Getreidepreise durch die Kontinentalsperre) nur bei gründlichen Wirtschaftsreformen zu tragen sein würde. Erst recht machte die Wiederherstellung der Großmachtstellung Preußens eine Modernisierung seiner Wirtschaftsstruktur notwendig.
Die nach 1806 eingeleiteten Reformen antworteten also nicht auf gesellschaftlichen Druck von unten – es gab ihn nicht –, sondern sie wurden als „Revolution von oben" entworfen und durchgeführt. Die Initiative dazu ging nicht vom entschlußlosen preußischen König aus (**Friedrich Wilhelm III.**, 1797–1840) sondern von leitenden Staatsbeamten. Anders als in Frankreich, wo ein selbstbewußtes Bürgertum die Revolution getragen hatte, drängte in Preußen eine gebildete höhere Beamtenschaft zu Reformen. Sie wollte die Ideen der deutschen Aufklärung und des Frühliberalismus verwirklichen und fand vor allem in Stein und Hardenberg die Persönlichkeiten, die die antifriderizianischen Züge tragenden Reformen durchsetzen konnten.
Stein und Hardenberg traten bereits vor Jena und Auerstedt mit ihrer Kritik an der königlichen Kabinettsregierung hervor, und die Reformen hatten bereits in den 90er Jahren begonnen (vgl. Allgemeines Landrecht 1794). Vorbild dafür war nicht das französische, sondern das englische Regierungssystem. Es sollte ein Ausgleich zwischen Modernität und Bindung an die Tradition, zwischen bewährten Elementen des Alten und dem Neuen, zwischen Beharrung und Fortschritt gefunden werden. **Karl Reichsfreiherr vom und zum Stein** (1757–1831), aus nassauischem reichsritterlichem Geschlecht, wurde nicht nur von seinem religiösen und ständischen Erbe bestimmt, sondern auch vom „modernen" Gedankengut der Aufklärung und den Verfassungsideen der englischen Staatsdenker (s. A 1.3). Aufgeklärtes Denken ließ ihn die **Selbstverwaltung** (ein von Stein stelbst nicht verwandter Begriff) als Kern eines zeitgemäßen Gemeinwesens begreifen. In seiner „Nassauer Denkschrift" (1807) hatte er als Ziel der Reformen die „Belebung des Gemeingeistes und Bürgersinns, die Benutzung der schlafenden und falsch geleiteten Kräfte und der zerstreut liegenden Kenntnisse, der Einklang zwischen dem Geist der Nation, ihren Ansichten und Bedürfnissen, und denen der Staatsbehörden, die Wiederbelebung der Gefühle für Vaterland, Selbständigkeit und Nationalehre" genannt. Er wollte, wie er an Hardenberg schrieb, „die Nation (daran) gewöhnen, selbst ihre Geschäfte zu betreiben".
Stein wollte die Kräfte des Gemeinwesens „regenerieren". Hardenberg wollte sie im Sinne einer Staatsverfassung vor allem „reorganisieren". Er wollte sich, mehr als Stein, auf das Mögliche beschränken. **Karl August von Hardenberg** (1750–1822) entstammte hannoverschem Adel und wurde 1814, auf dem Höhepunkt seines Schaffens, in den Fürstenstand erhoben. Wie Stein war er von den Gedanken der Aufklärungsphilosophie geprägt, aber auch von den Ideen der Französischen Revolution, die beide die Belange der Einzelperson stärker in den Vordergrund rückten. Der aufgeklärte Absolutismus Preußens sollte einem Liberalismus weichen. Vor allem sollte eine

„vernünftige Rangordnung“ hergestellt werden, die „nicht einen Stand vor dem anderen begünstigte, sondern den Staatsbürgern aller Stände ihre Stellen nach gewissen Klassen nebeneinander anwiesen“. „Aus dem Hauptgrundsatz, daß die natürliche Freiheit nicht weiter beschränkt werden müsse, als es die Notwendigkeit erfordert, folgte schon die mögliche Herstellung des freien Gebrauchs der Kräfte des Staatsbürgers aller Klassen.“ (Hardenberg)

1.3.2 Die preußische Reformpolitik

Die Reformer mußten mit der **Reorganisation der Verwaltung** und der obersten Staatsbehörde beginnen, um die längst anstehenden Reformen durchführen zu können. Stein setzte 1808 ein Ministerium modernen Stils durch, wo vorher der König allein mit seinen Räten und oft genug an seinen Ministern vorbei regiert hatte (Kabinettsreform). Die Minister aller Ressorts (Inneres, Finanzen, Äußeres, Krieg, Justiz) wurden gleichgeordnet (Kollegialprinzip) und trugen persönlich die Verantwortung für ihr Ressort. Stein war 1807/1808 Erster Minister, Hardenberg war seit 1810 Staatskanzler und Vorsitzender des Kabinetts.

In der Verwaltungsreform nach 1815 organisierte Hardenberg die Ministerien bürokratisch mit strengem Instanzenweg, ebenso die Beziehungen zwischen den Ministerien und den Provinzbehörden. Für die Provinzen wurden fachlich geordnete Regierungen unter einem Oberpräsidenten bestellt.

Der 1817 geschaffene Staatsrat hatte die Gesetze und Grundsatzplanungen der Verwaltung gutachtlich zu beraten. Zusammengesetzt aus den Prinzen, hohen Militärs, den leitenden Beamten, obersten Richtern, stellte er ein Beamtenparlament dar (bis 1848). Die sich hier präsentierende preußische Beamtenschaft verstand sich im Rahmen der Monarchie als verantwortlicher Träger der politischen Willensbildung (preußischer Beamtenstaat).

Die **Armee** war schlecht ausgebildet, wie sich 1806 gezeigt hatte. Die Generale Scharnhorst und Gneisenau, unterstützt von Clausewitz und Boyen, verwandelten nach dem Vorbild der Französischen Revolution in Preußen als erstem europäischen Staat das Söldnerheer in ein Volksheer mit allgemeiner Wehrpflicht von drei bis vier Jahren.

Das Heer galt nun zugleich als die Schule der Nation. Bisher hatte es aus Ausländern und zwangsweise rekrutierten Bauernsöhnen bestanden, die durch barbarische Strafen diszipliniert und zusammengehalten wurden. Jetzt sollte ein Bürgerheer geschaffen werden, in dem der Wehrdienst nicht mehr als verhaßter Zwang, sondern als patriotische Pflicht des selbstverantwortlichen Bürgers empfunden werden sollte. Alle Bürger sollten eine Zeitlang im stehenden Heer, der sog. Linie, dienen. Die älteren Reservisten und die Ungedienten bis zum 40. Lebensjahr fanden ihren Platz in der Landwehr.

Bis zur Einführung der **allgemeinen Wehrpflicht** 1813/14 (vorher war sie durch die Bestimmungen des Pariser Vertrags 1808, die die preußische Heeresstärke auf 42 000 Mann beschränkte, nicht möglich) wurde das sog. Krümpersystem praktiziert: Die Soldaten wurden vor Ablauf ihrer Dienstzeit „beurlaubt“ und durch neu einberufene Rekruten ersetzt, so daß eine zahlenmäßig starke Reservearmee entstand.

Die Abschaffung des Adelsmonopols für die Offiziersstellen und die gesellschaftliche Erweiterung des Offizierskorps folgten der neuen Vorstellung von der Nation, in der die gehobenen bürgerlichen Schichten eine herausragende Rolle spielten. Die Auslese der Offiziere sollte sich – wie in der Verwaltung – nach dem bürgerlichen Bildungs- und Leistungsprinzip richten. Diese teilweise Demokratisierung der Armee hatte Folgen für das Verfassungsdenken. Gneisenau brachte sie auf den dreifachen Primat „der Waffen, der Konstitution, der Wissenschaften“ und meinte damit den inneren Zusammenhang von Heeresreform, Verfassungsreform und Bildungsreform. Mitglieder der preußischen Reformpartei traten für eine solche Verfassungsreform ein. Allerdings führte die

Einbeziehung des besitzenden und gebildeten Bürgertums in das Heer nicht zur Verbürgerlichung der Armee, sondern eher zur Feudalisierung des Bürgertums. Es bildete mit dem Adel eine neue, von der übrigen Bevölkerung abgesonderte Führungsschicht. So wurde der „gesellschaftliche Militarismus" zu einem Kennzeichen der preußischen Entwicklung.
Für die Reform des Erziehungswesens zeichnete **Wilhelm von Humboldt** (1769–1859) verantwortlich. Die auch von dem Theologen und Philosophen Schleiermacher beeinflußte Bildungsreform zielte auf die freie Persönlichkeitsentfaltung des einzelnen ab, sollte aber auch zur Verantwortung für die „Nation" erziehen. Die von Humboldt eingeleitete Gründung der Berliner Universität, 1810, seine Förderung der (humanistischen) Gymnasien, die Einführung des Abiturs und des Staatsexamens für die Gymnasiallehrer wirkten nachhaltig auf das deutsche Bildungswesen. Vorher wurde das höhere Lehramt meist von Theologen – oft nur so lange, bis sie eine der begehrten Pfarrstellen erhielten – wahrgenommen, während der Zugang zur Universität nicht geregelt war. Eine beabsichtigte Reform der Volksschule scheiterte allerdings.

1.3.3 Die Liberalisierung des Bauernstandes

Die Auflösung der starren Ständegliederung wurde durch das „Edict den erleichterten Besitz und den freien Gebrauch des Grundeigentums sowie die persönlichen Verhältnisse der Landbewohner betreffend" vom 9. Oktober 1807 (**Oktoberedikt** T 2), wenige Wochen nach der Berufung von Stein zum Minister, eingeleitet. Der preußische Adel, der größere Gegenleistungen für die Aufhebung der Erbuntertänigkeit erwartet hatte, war empört (T 3). Entsprechende Regelungen erfolgten in Baden bereits 1783, in Bayern 1808, in Hessen 1811, in Württemberg 1819, in Hannover, Sachsen und Kurhessen nach 1830, in Thüringen nach 1848.
Der Bauer sollte frei wirtschaften, der Adlige ein bürgerliches Gewerbe ausüben, der Bürgerliche adligen Grundbesitz erwerben können. Dies bedeutet die Aufhebung der feudalen Grundherrschaft vor allem östlich der Elbe und der Grundherrschaft westlich der Elbe (s. D 1.1). Es entstand eine neue Klasse, die gleichwohl ein Stand blieb: die Klasse der Landbesitzer. Die Gutsherren verloren entschädigungslos die Anrechte auf Zwangsdienste und auf die übrigen Leistungen. Der Adel wurde unterrichtet, „daß die seitherige Erbuntertänigkeit dem Kulturgrade aller Staatsbürger nicht mehr angemessen und schädlich sei".
Mit dem „**Regulierungsedict**" vom 14. September 1811 wurde unter Steins Nachfolger Hardenberg das Oktoberedikt erfüllt: Allen bäuerlichen Untertanen sollte Eigentum verliehen werden. Doch

Verteilung des Ackerlandes und soziale Schichtung des Landvolks

a) Zunahme des Ackerlandes in den Ostprovinzen (Mio. ha)

	1815	1864
Preußischer Nordosten	2,19	2,18
Schlesien	rd. 3,2	8,25

(G. Ipsen, Die preußische Bauernbefreiung als Landesausbau. Agrargeschichte und Agrarsoziologie 2/1954, S. 49 u. 51)

b) Soziale Gliederung des Landvolks in Ostpreußen 1805 und 1867 (in 1000)

	1805 Stellen	1805 Personen	1867 Stellen	1867 Personen
Gutswirte	1,4	7	3,5	17
Dienstleute und Tagelöhner	55	220	140	580
Gesinde	109,5	115	157,2	160
Hofbauern	58,8	294	65,5	360
Eigenkätner	8	40	30	144
Dorfgewerbe	8	32	34,4	101
Sonstige	–	60,2	24,3	70

schob sich vor die Verwirklichung die durch das Allgemeine Landrecht gesicherte Entschädigungspflicht. Der Bauer mußte, je nach landschaftlichem Besitzrecht, die Hälfte oder ein Drittel seines Bodenanteils dem ehemaligen Herrn übergeben oder seinen ganzen Boden samt den darauf haftenden Diensten durch Renten bzw. Kapital im 25fachen Betrag der abzulösenden Werte freikaufen.
Die Bauern wurden von den adligen Grundbesitzern oft auf schlechte Böden abgedrängt und konnten dann ihre Höfe nicht halten. Dem Gut zu Handdiensten verpflichtete Kleinbauern waren meist finanziell nicht in der Lage, Eigentum zu erwerben und gingen allmählich in die Klasse der Tagelöhner über. Den Gewinn der Landreform hatten die Gutsbesitzer, die ihren Besitz um ca. 18% vergrößern konnten. Die rund 12 000 Rittergüter wurden wirtschaftlich gestärkt. Sie erhielten auch den Großteil der „Allmenden", der in den Gemeinden gemeinschaftlich bewirtschafteten Wiesen und Wälder. 1848 hatten 84% der spannfähigen (d.h. der größeren, Pferde besitzenden) Bauern ihre Dienstpflichten abgelöst. Im Endzustand der preußischen Bodenverteilung (1869) hatten die selbständigen Bauerngemeinden 49%, die Gutsbesitzer 45% (einschließlich der westlichen Provinzen: 56% und 38%) der Anbaufläche in Besitz. Dabei wurde der grundherrliche Boden durch Steuerfreiheit begünstigt, während die Bauern etwa 40% ihres Ertrages als Steuern abzuliefern hatten. Die Großgrundbesitzer behielten die mit dem Gut verbundene Patrimonialgerichtsbarkeit bis 1848. Hier zeigte sich, daß die beabsichtigte gesellschaftliche Umschichtung in Preußen nicht den gewünschten Erfolg erzielt hatte. Ähnlich war es im politischen Bereich: Der grundbesitzende Adel behielt die maßgebenden Positionen in den Provinziallandtagen.
Die Reformen hatten noch andere Folgen. Hunderttausende von Landarbeitern, die Masse der verelendeten Heimarbeiter und die zu Lohnarbeitern abgesunkenen, ehemals selbständigen Handwerker strömten in die neu entstehenden Fabriken. Fabrikarbeiter gab es in Preußen 1802: 0,16 Mio., 1867 = 1,14 Mio., im Reichsgebiet 1882 = 4,0 Mio. Zahlreiche ostelbische Kleinbauern zogen in die preußische Hauptstadt und vermehrten dort das Massenproletariat. Berlin wuchs von 200 000 Einwohnern (1815) auf 250 000 (1830), 320 000 (1840), 421 000 (1852).

1.3.4 Die Städteordnung

Die Selbstverwaltung sollte das Herzstück der Reformen sein. Stein konnte sie aber nur als Städteordnung (mit staatlichem Aufsichtsrecht) durchsetzen. In den ländlichen Gemeinden und Kreisen scheiterte er am Widerstand des Adels. Die neue Städteordnung (19. November 1808) griff auf mittelalterliche Städteverfassungen zurück, übernahm aber auch Einzelheiten aus den Stadtgesetzen der Französischen Revolution (T 4). Sie stützte sich auf den Hausbesitz in der Annahme, daß die Hauseigentümer am stärksten mit den Belangen des Gemeinwesens verbunden seien. Mindestens zwei Drittel der von den wahlberechtigten Bürgern in das Stadtparlament zu wählenden Stadtverordneten (= der zur Stadt „verordnete", gesandte Bürger) mußten Hausbesitzer sein. Durch das Zensuswahlrecht gelangten diese schließlich zu einer lokalpolitischen Vorherrschaft. Sie wählten den Magistrat, dem ein Bürgermeister vorstand. Die Beschlüsse des Stadtparlaments (Legislative) waren für den Magistrat (Exekutive) bindend (Gewaltenteilung). Fürsorgeangelegenheiten, Finanz- und Schulwesen waren städtische Aufgaben, Polizei und Gerichtsbarkeit staatliche.
Die Bürger hatten in der Stadtverordnetenversammlung einen rechtmäßigen Ort der politischen Diskussion. Von hier aus wuchs eine bürgerliche Verfassungsbewegung. Die Selbstverwaltung wurde zur Vorschule eines gesamtstaatlichen Verfassungsdenkens. Steins Edikt blieb bis 1819 Grundlage der städtischen Selbstverwaltung. 1831 wurden Teile der städtischen Freiheiten wieder zurückgenommen: beim An- und Verkauf von Grundstücken, bei der Besteuerung der Einwohner, bei Geldanleihen u.a. wurde die Zustimmung der Regierung notwendig.

1.3.5 Die Gewerbefreiheit

Die preußische Gewerbe- und Handelspolitik erstrebte einen **gesamtstaatlichen Markt,** der bisher durch berufsständische Schranken, durch Privilegien und Binnenzölle (bis 1818) zerschnitten war (s. D 4.1). Durch die Gewerbefreiheit (1810), die den Zunftzwang beseitigte (endgültig 1848) und viele Gesellen selbständig werden ließ, wurde die Wirtschaft auf eine breitere Basis gestellt, und höhere Steuereinnahmen wurden erzielt.
Von den Zunftschranken befreit, verdoppelte sich die Zahl der Handwerker zwischen 1816 und 1846. Es entstanden zahllose Einmannbetriebe. Die Auswirkung der Gewerbefreiheit und Faktoren wie wirtschaftlicher Rückgang, technische Modernisierung, Bevölkerungsvermehrung, Landflucht trugen dazu bei, daß viele Gewerbebetriebe immer stärker durch das Überangebot an Arbeitskräften bedrängt wurden. Die Krise des Handwerks gehört ebenso wie die Notlage der bäuerlichen Unterschicht zu den sozialen Voraussetzungen der Revolution von 1848/49 (s. 4.3).

1.3.6 Verfassung und Volksvertretung

Bereits 1810 konnte Hardenberg Friedrich Wilhelm III. bewegen, in das **Finanzedikt** vom 27. Oktober, das eine verhältnismäßig gleiche Besteuerung vorsah, ein Verfassungsversprechen einzusetzen. In ihm sagt der König zu: „... der Nation eine zweckmäßig eingerichtete Repräsentation, sowohl in den Provinzen als auch für das Ganze zu geben, deren Rat wir gern benutzen... werden." Es war der Versuch Hardenbergs, eine Entscheidung für eine Repräsentativverfassung herbeizuführen. Das Reformwerk in eine gesamtstaatliche Verfassung münden zu lassen, wie es die Reformer geplant hatten, scheiterte am Widerstand des konservativen preußischen Adels. Die preußische Verordnung vom 22. Mai 1815 (T 5) stellt eine der Verfassung vorausgehende konstitutionelle Festlegung dar. Die auf dem Wiener Kongreß von allen deutschen Regierungen angenommene Bundesakte hatte jedem Staat den Erlaß einer „landständischen Verfassung" vorgeschrieben. Der Allgemeine Landtag, das gesamtpreußische Parlament, war auf die Provinzialstände – die ständischen Vertreter aus den acht Provinzen – zu gründen. Damit wurde die Neuordnung der Provinzialverfassungen zur Voraussetzung der neu zu gestaltenden Staatsverfassung gemacht. Mit Hilfe einer ständischen Repräsentativverfassung wollten die preußischen Reformer die nationalstaatliche Einheit herbeiführen.
1821 entschied schließlich der König durch Kabinettsordre vom 11. Juni, daß die Reform auf die Einrichtung der Kreis- und Provinzialstände zu begrenzen sei. 1823 wurde für die Provinziallandtage eine Provinzialständische Verfassung geschaffen. Unter den Ständevertretern hatte der Adel mit einem Drittel der Abgeordneten das Übergewicht. Allerdings hatten die Abgeordneten nur beratende Funktionen und Zuständigkeiten für die Selbstverwaltungsangelegenheiten der Provinz. Somit erwies diese Verfassung sich als ein Kompromiß zwischen altständischer Repräsentation und modernen Tendenzen. Zwischen dem **monarchischen Prinzip**, nach dem die alleinige und einheitliche Staatsgewalt in der Hand des Monarchen liegt (s. 3.1), und demokratischen Vorstellungen gab es keinen Kompromiß.
Alle Bestrebungen nach einer übergreifenden Verfassungsordnung, die in Parteien oder in der Presse laut werden konnten, wurden zensiert und unterdrückt. Hardenberg führte die Karlsbader Beschlüsse (s. 3.1) strikt durch. Die sogenannten Demagogen – die Schriftsteller Herwegh, Gutzkow, Börne, Heine, Marx, u. a. – wurden verfolgt.
Preußen – Deutschland führte mit seinem spezifisch „deutschen Weg" eine „bürokratische Revolution von oben" durch (W. M. Simon) und koppelt sich dadurch von der westlich-liberalen Demokratieentwicklung ab. Es entstand eine Herrschaft aus staatlicher Bürokratie und selbständiger Landaristokratie. Der Adel konnte seinen politischen Einfluß auf der Ebene des Gutes und

Kreises festigen, das Stadtbürgertum mit seinen wirtschaftlichen Erfolgen ein politisches Selbstbewußtsein entwickeln.
Der Verwaltungsstaat hatte Schwächen: Die unerfüllten bürgerlichen Verfassungsforderungen und die soziale Krise, die mit Fabrikarbeiterschaft und Landproletariat entstanden, trieben in Richtung Revolution. Andererseits haben die preußischen Reformen durch ihre die alte Ständegesellschaft verändernden Inhalte in vieler Hinsicht nachhaltiger gewirkt als die liberale Bewegung des Vormärz und die Revolution von 1848.

T 1 Aus dem Preußischen Allgemeinen Landrecht (ALR, 1794)

Von der Gerichtsbarkeit
§ 17. Nur adlige Besitzer und Korporationen können sich der mit der Patrimonialgerichtsbarkeit verbundenen Ehrenrechte bedienen.
§ 78. Kein Untertan des Staates darf sich ohne Erlaubnis desselben, seiner obersten Gerichtsbarkeit, durch Auswanderung aus dem Lande entziehen.
§ 88. Wer ohne Erlaubnis auswandert, soll mit Konfiskation seines Vermögens bestraft werden.

Vom Adel
§ 34. Personen des Adelstandes sind der Regel nach nur dem höchsten Gerichte in der Provinz unterworfen.
§ 35. Der Adel ist zu den Ehrenständen im Staate, wozu er sich geschickt gemacht hat, vorzüglich berechtigt.
§ 37. Nur der Adel ist zum Besitz adliger Güter berechtigt.
§ 46. Das Recht, in den Versammlungen des Adels auf Kreis- und Landtagen zu erscheinen und über die daselbst vorkommenden Angelegenheiten zu stimmen, gebührt in der Regel nur dem angesessenen Adel.
§ 51. Personen bürgerlichen Standes können ohne besondere landesherrliche Erlaubnis keine adligen Güter besitzen.
§ 76. Adlige sollen in der Regel keine bürgerliche Nahrung und Gewerbe treiben.
§ 81. Wer bürgerliches Gewerbe treibt, wird seiner adligen Rechte verlustig.

Vom Bauernstand
§ 3. Wer zum Bauernstand gehört, darf ohne Erlaubnis des Staats kein bürgerliches Gewerbe treiben.
§ 68. Kinder untertäniger Eltern werden derjenigen Herrschaft untertänig, welcher ihre Eltern, zur Zeit der Geburt, unterworfen gewesen.
§ 91. Untertanen sind ihrer Herrschaft Treue, Ehrfurcht und Gehorsam schuldig.
§ 92. Sie sind ihr, vermöge ihres Standes, zu gewissen, jeden Orts gewöhnlichen Dienstleistungen und Abgaben verpflichtet.
§ 105. Es findet die ehemalige Leibeigenschaft als eine Art der persönlichen Sklaverei nicht statt.
§ 108. Sie dürfen das Gut, zu welchem sie geschlagen sind, ohne Bewilligung ihrer Grundherrschaft nicht verlassen.
§ 109. Entwichene Untertanen kann die Herrschaft überall und zu allen Zeiten aufsuchen und zur Rückkehr nötigen.
§ 114. Untertanen sind bei ihrer vorhabenden Heirat die herrschaftliche Genehmigung nachzusuchen schuldig.
§ 119. Ehen, die ohne herrschaftliche Erlaubnis geschlossen werden, behalten zwar ihre Verbindlichkeit, die Übertreter mögen aber mit Arrest oder anderer verhältnismäßiger Leibesstrafe belegt werden.
§ 126. Untertanen, welche ohne herrschaftliche Erlaubnis geheiratet haben, sind, um sich auswärts ansässig zu machen, ihre Entlassung aus der Untertänigkeit zu fordern, nicht berechtigt.
§ 130. Untertanen, die sich als Tagelöhner ernähren, müssen, wenn sie auch nicht dienstpflichtig sind, ihrer Grundherrschaft, vor anderen, gegen den gewöhnlichen Tagelohn arbeiten.
§ 131. Ebenso müssen Kinder aller Untertanen, welche in fremde Dienste gehen wollen, sich fordersamst ihrer Herrschaft zum Dienen anbieten.
§ 157. Bei Züchtigungen muß nicht die Gesundheit, viel weniger das Leben des Gesindes in Gefahr gesetzt werden.

Von Beleidigungen der Ehre
§ 495. Leichtere Injurien von Personen höheren Standes gegen geringere müssen mit Geldstrafe von 10 bis 30 Talern gebüßt werden.
§ 496. Personen niederen Standes gegen höhere haben bei zugefügten leichten Injurien 14 Tage Haft bis 4 Wochen Strafarbeit oder Arrest verwirkt.

Vom Waffentragen
§ 629. Gemeinen Leuten ist, in Stöcken oder auf andere Art verborgenes Gewehr zu führen, nicht erlaubt.
(Kurt Kersten [Hrsg.], Friedrich und sein Volk. Dokumente aus dem alten Preußen. Berlin 1925, S. 4)

T 2 Aus dem „Edict den erleichterten Besitz und den freien Gebrauch des Grundeigentums sowie die persönlichen Verhältnisse der Landbewohner betreffend“ (9. 10. 1807)

Das Oktoberedikt von 1807 revolutionierte die preußische Agrargesellschaft (80% der Bevölkerung waren in der Landwirtschaft tätig). – Im ausgehenden Mittelalter hatte sich in Deutschland die Agrarverfassung in zwei Formen entwickelt:
1. die ältere Grundherrschaft in Mittel-, West- und Süddeutschland: „Herreneigentum“ an Grund und Boden, der an bäuerliche Hintersassen gegen Natural-, dann Geldabgaben zur Bewirtschaftung gegeben und meist erblich wurde; der Grundherr war meist auch Gerichtsherr;
2. aus der Grundherrschaft entwickelte sich im ostelbischen Raum seit dem 15. Jh. die Gutsherrschaft: umfangreicher Eigenbetrieb des Gutsherrn, der über Gerichts- und Polizeiherrschaft verfügt; zunehmende Schollengebundenheit der Bauern, Gesindezwangsdienst der Kinder; umfangreiche Frondienste, Erbuntertänigkeit der Bauern.
Die wichtigsten Bestimmungen des Edicts lauten:

§ 1 Jeder Einwohner Unserer Staaten ist, ohne alle Einschränkung in Beziehung auf den Staat, zum eigentümlichen und Pfandbesitz unbeweglicher Grundstücke aller Art berechtigt, der Edelmann also zum Besitz nicht bloß adliger, sondern auch unadliger, bürgerlicher und bäuerlicher Güter aller Art, und der Bürger zum Besitz nicht bloß bürgerlicher, bäuerlicher und anderer unadliger, sondern auch adliger Grundstücke, ohne daß der eine oder andere zu irgendeinem Gütererwerb einer besonderen Erlaubnis bedarf, wenngleich nach wie vor jede Besitzveränderung den Behörden angezeigt werden muß. Alle Vorzüge, welche bei Gütererbschaften der adelige vor dem bürgerlichen Erben hatte, und die bisher durch den persönlichen Stand des Besitzers begründete Einschränkung und Suspension (= Aufhebung) gewisser gutsherrlicher Rechte fallen gänzlich weg [...]

§ 2 Jeder Edelmann ist ohne allen Nachteil seines Standes befugt, bürgerliche Gewerbe zu treiben; und jeder Bürger oder Bauer ist berechtigt, aus dem Bauern- in den Bürger- und aus dem Bürger- in den Bauernstand zu treten.

§ 10 Nach dem Datum dieser Verordnung entsteht fernerhin kein Untertänigkeitsverhältnis, weder durch Geburt, noch durch Heirat, noch durch Übernehmung einer untertänigen Stelle, noch durch den Vertrag.

§ 11 Mit der Publikation der gegenwärtigen Verordnung hört das bisherige Untertänigkeitsverhältnis derjenigen Untertanen und ihrer Weiber und Kinder, welche ihre Bauerngüter erblich oder eigentümlich oder erbzinsweise oder erbpächtlich besitzen, wechselseitig gänzlich auf.

§ 12 Mit dem Martinitage Eintausendachthundertzehn hört alle Gutsuntertänigkeit in Unseren sämtlichen Staaten auf. Nach dem Martinitage 1810 gibt es nur freie Leute, so wie solches auf den Domänen in allen Unseren Provinzen schon der Fall ist, bei denen aber, wie sich von selbst versteht, alle Verbindlichkeiten, die ihnen als freien Leuten vermöge des Besitzes eines Grundstückes oder vermöge eines besonderen Vertrages obliegen, in Kraft bleiben.

Für Schlesien wurde folgende Ergänzung zum Edict erlassen:
Für völlig aufgehoben sind zu achten:
Das den Gutsherren zustehende Recht, Loslassungsgelder zu fordern; das Recht zu verlangen, daß alle Kinder der seitherigen Untertanen gegen Zwangsgesindelohn auf dem herrschaftlichen Hofe dienen; das Recht (statt dessen) eine Geldentschädigung zu fordern, das Recht, die Kinder der seitherigen Untertanen auch nach beendigtem Zwangsgesindedienst zu nötigen, daß sie dem Gutsherrn gegen den sogenannten Fremdenlohn fernerhin zwangsweise dienen müssen; das Recht, von den auswärts dienenden Untertanen ein Schutzgeld zu fordern, jedweden Untertan zur Aufnahme einer dienstpflichtigen Stelle im Dorfe zu nötigen; das Recht zu bestimmen, welches unter mehreren Kindern die bürgerliche Stelle in der Erbschaft übernehmen solle. (Endlich): Kein Dorfbewohner ist fortan zur Verheiratung und ebensowenig zur Erlernung eines bürgerlichen Gewerbes die herrschaftliche Genehmigung nachzusuchen verbunden.
(Wilhelm Altmann, Ausgewählte Urkunden zur Brandenburg-Preußischen Verfassungs- und Verwaltungsgeschichte. 2. Teil, Berlin 1915, S. 26ff.)

T 3 Friedrich August Ludwig von der Marwitz: Kritik des Edicts von 1807.

Ein führender Vertreter des preußischen Adels urteilt über Steins erste Reformmaßnahme

Stein fing die Revolutionierung des Vaterlandes an, den Krieg der Besitzlosen gegen das Eigentum, der Industrie gegen den Ackerbau, des Beweglichen gegen das Stabile, des krassen Materialismus gegen die von Gott eingeführte Ordnung, des (eingebildeten) Nutzens gegen das Recht, des Augenblicks gegen die Vergangenheit und Zukunft, des Individuums gegen die Familie, der Spekulanten und Kontore gegen die Felder und Gewerbe, der Büros gegen aus der Geschichte des Landes hervorgegangene Verhältnisse, des Wissens und eingebildeten Talents gegen Tugend und ehrenwerten Charakter. Hiermit, als ob die bekriegten Kategorien, das Eigentum, der Ackerbau, die stabilen Verhältnisse, die alte Ordnung, das Recht, die Gemeinschaftlichkeit der Standesgenossen und das Prinzip der Tugend und Ehre, die Ursachen unseres Falles gewesen wären! Und deswegen gab er das Land dem Feinde preis! [...]
Aber abgesehen von dem ihnen (den Gesetzen) anklebenden Verderben, konnte kein Augenblick ungünstiger gewählt sein, um sie in Wirklichkeit zu

setzen, als der gegenwärtige, in einem vom Feinde besetzten Lande, der nur auf Zeit und Gelegenheit lauerte, um seine Forderungen zu steigern und Vorwände zu finden, um nicht abzuziehen? – denn alle solche neue konstituierende Gesetze führen ihrer Natur nach zu Anfang Unordnung herbei, weil sie damit anheben, dem zu entsagen, was da ist, ohne eine Gewißheit zu haben, daß das, was eingerichtet werden soll, sich in der Wirklichkeit so einrichten wird, wie es auf dem Papiere scheint. Und wenn der Erfolg fehlschlägt, so ist der Umsturz der alten Einrichtung und Verwirrung die einzige Folge solches unvorsichtigen Versuches. Würde es aber auch nicht so schlimm, so dauert Verwirrung und Unordnung doch immer so lange, bis das Neue alle Hindernisse überwunden hat, die ihm die gewohnte Wirklichkeit und das bis dahin anerkannte Recht bei jedem Schritte entgegensetzt. Und was war den preußischen Ländern in dem Augenblick wohl notwendiger als Ordnung, Einigkeit und Festhalten am Rechte?
Es erschien also am 9. Oktober 1807 das Edikt über die persönlichen Verhältnisse der Landbewohner und den freien Gebrauch des Grundeigentums. Schon diese fremdartige Benennung und Erschaffung einer Menschenklasse, die in der Art gar nicht existierte, ist bemerkenswert. Es gab auf dem Lande königliche Domänen, Edelleute und untertänige Bauern, alle mit ganz verschiedenen Rechten und Pflichten; und in den Provinzen, die uns nach dem Frieden geblieben waren, nur an äußerst wenigen Orten Bauern mit freiem Eigentum. Dies waren also sehr bestimmt unterschiedene Klassen, die noch niemals kollektive Landbewohner genannt worden waren, da es nicht auf den Platz ankam, wo ihr Haus stand, sondern auf ihre Rechtsverhältnisse.
(Hans Busch, Die Reform in Preußen unter Stein und unter Hardenberg. Breslau o. J., S. 21 f.)

T 4 Die preußische Städteordnung vom 19. 11. 1808

Dem Staat und den staatlichen Behörden bleibt das oberste Aufsichtsrecht über die Städte, ihre Verfassung und ihre Vermögen. Den Gutsherren wird nicht gestattet, über mittelbare Städte dieser Ordnung zuwiderlaufende Rechte und Befugnisse auszuüben. In jeder Stadt gibt es künftig nur noch ein Bürgerrecht. Der Unterschied zwischen Groß- und Kleinbürgertum wird aufgehoben. Stand, Geburt, Religion und andere persönliche Verhältnisse machen bei Gewinnung des Bürgerrechts keinen Unterschied.
§ 72. Die Wahl der Stadtverordneten wird in verschiedenen Bezirken der Stadt bewirkt. Die Zahl der im ganzen zu wählenden Subjekte muß daher auf die Wahlbezirke nach Verhältnis der darin vorhandenen stimmfähigen Bürger verteilt werden.
§ 73. Die Wahl der Stadtverordneten nach Ordnungen, Zünften und Korporationen in den Bürgerschaften wird dagegen hierdurch völlig aufgehoben. Es nehmen an der Wahl alle stimmfähigen Bürger [Bürger, die über Grundbesitz oder ein bestimmtes Einkommen verfügen] Anteil, und es wirkt jeder lediglich als Mitglied der Stadtgemeinde ohne alle Beziehung auf Zünfte, Stand, Korporation und Sekte.
§ 108. Die Stadtverordneten erhalten durch ihre Wahl die unbeschränkte Vollmacht, in allen Angelegenheiten des Gemeindewesens der Stadt die Bürgergemeinde zu vertreten, sämtliche Gemeindeangelegenheiten für sie zu besorgen und in betreff des gemeinschaftlichen Vermögens, der Rechte und der Verbindlichkeiten der Stadt und der Bürgerschaft namens derselben verbindende Erklärungen abzugeben.
§ 110. Die Stadtverordneten sind berechtigt, alle diese Angelegenheiten ohne Rücksprache mit der Gemeinde abzumachen. Sie bedürfen dazu weder einer besonderen Instruktion oder Vollmacht der Bürgerschaft, noch sind sie verpflichtet, derselben über ihre Beschlüsse Rechenschaft zu geben. Das Gesetz und ihre Wahl sind ihre Vollmacht, ihre Überzeugung und ihre Ansicht vom gemeinen Besten der Stadt, ihre Instruktion, ihr Gewissen aber die Behörde, der sie deshalb Rechenschaft zu geben haben. Sie sind im vollsten Sinne Vertreter der ganzen Bürgerschaft, mithin so wenig Vertreter des einzelnen Bezirks, der sie gewählt hat, noch einer Korporation, Zunft usw., der sie zufällig angehören.
(W. Altmann, Ausgew. Urkunden, a.a.O., S. 477)

T 5 Königliche Verordnung über die zu bildende Repräsentation des Volkes vom 22. Mai 1815 (Auszug)

Präambel: Die Geschichte des Preußischen Staats zeigt zwar, daß der wohltätige Zustand bürgerlicher Freiheit und die Dauer einer gerechten, auf Ordnung gegründeten Verwaltung in den Eigenschaften der Regenten und in ihrer Eintracht mit dem Volke bisher diejenige Sicherheit fanden, die sich bei der Unvollkommenheit und dem Unbestande menschlicher Einrichtungen erreichen läßt.
Damit sie jedoch fester begründet, der Preußischen Nation ein Pfand Unsers Vertrauens gegeben und der Nachkommenschaft die Grundsätze, nach welchen Unsere Vorfahren und Wir selbst die Regierung Unsers Reichs mit ernstlicher Vorsorge für das Glück Unserer Untertanen geführt haben, treu überliefert und vermittelst einer schriftlichen Urkunde als Verfassung des Preußischen Reichs dauerhaft bewahrt werden, haben Wir Nachstehendes beschlossen:
§ 1. Es soll eine Repräsentation des Volks gebildet werden.
§ 2. Zu diesem Zwecke sind:
a) die Provinzialstände da, wo sie mit mehr oder minder Wirksamkeit noch vorhanden sind, herzustellen und dem Bedürfnisse der Zeit gemäß einzurichten;
b) wo gegenwärtig keine Provinzialstände vorhanden, sind sie anzuordnen.

§ 3. Aus den Provinzialständen wird die Versammlung der Landesrepräsentanten gewählt, die in Berlin ihren Sitz haben soll.
§ 4. Die Wirksamkeit der Landesrepräsentanten erstreckt sich auf die Beratung über alle Gegenstände der Gesetzgebung, welche die persönlichen und Eigentumsrechte der Staatsbürger, mit Einschluß der Besteuerung, betreffen.
§ 5. Es ist ohne Zeitverlust eine Kommission in Berlin niederzusetzen, die aus einsichtsvollen Staatsbeamten und Eingesessenen der Provinzen bestehen soll.
§ 6. Diese Kommission soll sich beschäftigen:
a) mit der Organisation der Provinzialstände;
b) mit der Organisation der Landesrepräsentanten;
c) mit der Ausarbeitung einer Verfassungs-Urkunde nach den aufgestellten Grundsätzen.
(E. R. Huber [Hrsg.], Dokumente zur deutschen Verfassungsgeschichte. Stuttgart 1961, S. 303)

Problem und Diskussion

1 *Welche politische, soziale und wirtschaftliche Gliederung hatte Preußen vor den Reformen? Wie waren Besitz und Einfluß auf die einzelnen Stände verteilt?*
2 *Inwieweit war die ständische Gliederung der preußischen Gesellschaft im Allgemeinen Landrecht (T 1) festgeschrieben? Wie hat sie den Übergang von der Agrar- zur Industriegesellschaft beeinflußt?*
3 *Arbeiten Sie die Rolle des Staates seit Friedrich II. und die Stellung und Funktion der Stände in Preußen heraus. Warum wird ein solcher Staat als „aufgeklärt" bezeichnet?*
4 *Vergleichen Sie Staat und Stände in Preußen unter Friedrich II. und im vorrevolutionären Frankreich.*
5 *Beschreiben Sie anhand der Karten die territoriale Entwicklung des brandenburg-preußischen Staates und setzen Sie diese in Beziehung zu wichtigen historischen Ereignissen.*
6 *Was versteht man unter „Aufklärung" a) kulturell, b) politisch, c) gesellschaftlich, d) wirtschaftlich? Welchen Fortschritt bedeutet sie gegenüber vorangegangenen Zeiten? Inwieweit sind Elemente der Aufklärung für die moderne Gesellschaft bedeutsam geworden?*
7 *Wo finden sich im Preußen Friedrichs II. Ansätze zum späteren Rechtsstaat?*
8 *Worin unterscheidet sich die Aufklärung in Deutschland von derjenigen in Frankreich?*
9 *Beschreiben Sie die politische und gesellschaftliche Ausgangslage für die preußischen Reformen um 1807.*
10 *Untersuchen Sie am Beispiel der preußischen Reformen und des Frühliberalismus, inwieweit sich Deutschland mit den Folgen der Französischen Revolution auseinandergesetzt hat.*
11 *Welche Freiheiten wurden den einzelnen Ständen gewährt? Wie wirkten sie sich auf die Positionen der Stände aus?*
12 *Diskutieren Sie die wichtigsten Reformen im Hinblick auf die innere Neugestaltung des preußischen Staates (des Herrschaftssystems) und der Gesellschaft.*
13 *Warum werden die preußischen Reformen als eine „Revolution von oben" bezeichnet? Inwieweit unterscheiden sie sich von Revolutionen anderer Länder, z. B. Frankreich und England?*
14 *Welche Fortschritte brachten die preußischen Reformen im Hinblick auf die spätere nationale Einigung?*
15 *Vergleichen Sie das Allgemeine Landrecht (T 1) und das Oktoberedikt von 1807 (T 2) miteinander. Worin sehen Sie Unterschiede?*
16 *Wie hat der Adel auf die Bauernbefreiung reagiert (T 3)?*
17 *Worin liegt die Bedeutung der Steinschen Städteordnung (T 4) für das damalige Bürgertum und das Herrschaftssystem?*

2. Nationalismus und Liberalismus: Befreiung und Selbstbestimmung des Bürgertums im 19. Jahrhundert

2.1 Nationalismus und bürgerliche Staatsauffassung

„Nationalismus" bezeichnet ein Denken, in dessen Mittelpunkt die Nation (T 7) steht, oft auch ein übersteigertes Nationalgefühl. Er ist mit dem Entstehen der bürgerlichen Gesellschaft verknüpft. In seinen Anfängen berief sich der Nationalismus auf nationale Gemeinsamkeiten, um gegen die ständische Gliederung der Gesellschaft und gegen die Politik der Fürsten anzukämpfen. Über die soziale Schichtung der Gesellschaft und ihre staatliche Organisation stellte er gemeinsame geschichtliche und kulturelle Traditionen, gemeinsame Abstammung – einschließlich Sprache, Sitten, Anschauungen – oder das gemeinsame Bewußtsein oder den gemeinsamen Willen einer in einem bestimmten Territorium lebenden Bevölkerung. Dadurch wurde der Begriff politisiert: Die Großgruppe setzt sich gegenüber Sippe und Stamm durch, das Volk wird zum Staatsvolk. Das geschah besonders in Deutschland, wo keine Revolution stattgefunden hatte.
Die nationale Bewegung fordert die **Selbstbestimmung** des Volkes („Volkssouveränität"), d. h. auch, sie will bestimmen, wie der Staat beschaffen sein soll. Das Volk wird im Zusammenhang mit der Volkssouveränität zur Nation in einem dazugehörigen Staatsgebiet. Der Staat ist „die weltliche Machtorganisation der Nation" (M. Weber). Sie wurde vom absolutistischen **Territorialstaat** geschaffen, der die räumlichen und institutionellen Voraussetzungen durch politische Zentralisierung und Wirtschaftseinheit herausbildete. Innerhalb dieses Rahmens konnte sich dann die bürgerliche und demokratisch verstandene Nation entfalten. (An den mittelalterlichen Universitäten hatte man die Studenten nach „nationes", Landsmannschaften, eingeteilt.) Dies geschah seit dem 16. Jahrhundert in England und Frankreich. Verantwortlich für diese Entwicklung war nicht zuletzt die entstehende bürgerliche Staatslehre. Im Zusammenhang mit der liberalen (Staats-)Vertragstheorie – die Forderung nach einem Verfassungs- und Rechtsstaat –, der die staatliche und personelle Selbstbestimmung des Menschen (Volkssouveränität) zugrunde liegt (s. Locke u. a. A 1.3), wurde die Entstehung des Staates und das gegenseitige Verhältnis des Herrschers und der Bürger als Staatsbürger begründet. Die bürgerliche Staatsauffassung mit Gewaltenteilung, konstitutioneller Monarchie, Gewährung von Sicherheit und Schutz gegenüber dem wirtschaftenden Bürger usw. setzte sich im 18./19. Jahrhundert durch.
In **England** und **Frankreich** begann die Befreiung (Emanzipation) des Bürgertums mit Beginn des 16. Jahrhunderts. Dies hing mit der sozialen Gliederung der Bevölkerung zusammen. In England war der Adel, der sich nur auf den ältesten Sohn vererbte und durch die Erhebung erfolgreicher Bürger in den Adelsstand ständig aufgefrischt wurde, gesellschaftlich nie so abgeschlossen wie in Deutschland oder Frankreich. Auch beteiligte er sich früh an Handel und produzierendem Gewerbe (s. D 3.1). In der Glorreichen Revolution von 1688 wurde König Jakob II. von den Bürgern zur Abdankung gezwungen, weil er den Vertrag zwischen König und Volk verletzt habe. Im vorrevolutionären Frankreich versuchte der Adel zusammen mit der höheren Geistlichkeit die überlebte Form der privilegierten Ständeherrschaft fortzusetzen. Die daraus entstehenden sozialen Spannungen führten unter den Bürgern zur Forderung nach Beteiligung an den Staatsgeschäften. Die Französische Revolution ging von den Bürgern und Bauern aus, jedoch konnte der Staat erst seit dem 19. Jahrhundert in den Dienst des Bürgertums gestellt werden.
In **Deutschland** fehlten breite, politisch einheitlich orientierte bürgerliche Schichten. Das deutsche Bürgertum entwickelte sich später als in England oder Frankreich und erlangte zu keiner Zeit ein politisches Bewußtsein vergleichbar mit dem des Dritten Standes. Wenn der Begriff „Nation" in Frankreich politisch-emanzipatorisch, also im Sinne einer Beteiligung der Bürger an den Staats-

geschäften verstanden wurde, dann wurde er in Deutschland kulturellen und sittlichen Werten zugeordnet.
Während das aufgeklärte politische Denken in Frankreich und England wirtschaftliche und gesellschaftliche Veränderungen – Wirtschaftsfreiheit und soziale Angleichungen der Bevölkerung – bewirkte, hatte es in Deutschland zunächst nur geringe gesellschaftliche Auswirkungen. Die ständische Gliederung der Gesellschaft blieb noch lange im 19. Jahrhundert erhalten. Begriffe wie Freiheit und Humanität wurden zwar als Ideen akzeptiert (vgl. die deutsche Klassik und Romantik), aber sie konnten nicht zur politischen Praxis werden. Dem deutschen Bürgertum ist es in seinem Kampf gegen den „Partikularismus" der Einzelstaaten nicht gelungen, einen deutschen Nationalstaat zu errichten. Die Schaffung einer deutschen Nation blieb nach der gescheiterten Revolution von 1848 und der um die Jahrhundertmitte verstärkt einsetzenden Industrialisierung der preußischen Monarchie und der Oberschicht aus hohen Beamten, Offizieren, Großbürgern überlassen.

2.2 Idee und Verwendung des Begriffs „Nation"

Als Napoleon 1808 seinem Bruder Joseph mit Waffengewalt den spanischen Königsthron verschaffte, erfuhr er zum ersten Mal den leidenschaftlichen Widerstand einer Volksbewegung. Vom Haß auf die Fremden geweckt, erschien plötzlich ein gefühlsgeladener Nationalismus. Dieser emotionale Nationalismus stützte sich auf Geschichte, Religion und Kultur und hatte die „Volksseele" zum Inbegriff, statt der volonté générale Rousseaus (s. A 1.5; vgl. T 6). In Spanien brach erstmalig ein Nationalismus auf, der bewußt die traditionellen völkisch-kulturellen Werte den auf der Aufklärung beruhenden nationalen Ideen der Französischen Revolution entgegensetzte.
Als Reaktion auf die französische Besetzung brach auch in Deutschland ein emotionaler Nationalismus auf. Im Gegensatz zu den Franzosen, deren Nationalbewußtsein auf einem seit Jahrhunderten bestehenden gemeinsamen Staat gründete, mußten die Deutschen sich angesichts ihrer Vielstaatlichkeit auf die gemeinsamen Kulturwerte der Sprache, Geschichte, der Sitte, des Brauchtums, der Märchen und Sagen, des Rechts, der Religion, der Heimat beziehen. Neben die französische **Staatsnation** trat die (unpolitische) deutsche **Kulturnation.** Sie wurde literarisch besonders von den Dichtern der Romantik – Eichendorff, Schlegel, Novalis, Tieck, Brüder Grimm, Arnim u.a. – vertreten.
Das völkisch-kulturelle Nationalbewußtsein war durch das Werk des Theologen und Kulturphilosophen **Johann Gottfried Herder** (1744–1803) vorbereitet worden, vor allem durch seine „Ideen zur Philosophie der Geschichte der Menschheit" (1784ff.). Herder wollte jedes Volk als Ausprägung eines „Volksgeistes" von einmaliger Individualität verstehen. Die Nation erschien „als Geschöpf Gottes, von ihm durch ein besonderes Klima, eine besondere Umwelt, ein eigenes Schicksal und einen bestimmten Auftrag von den übrigen Völkern hervorgehoben. Sie stellte eine von Gott geschaffene Einheit im Rahmen seines Schöpfungsplanes dar und hatte darin eine bestimmte Funktion. Nur auf dem Wege über diese von Gott geschaffene Einheit konnte der Mensch seine höhere Bestimmung erreichen, war Humanität zu verwirklichen" (E. Lemberg).
Vor allem den ost- und südosteuropäischen Völkern, die in fremden Staatsverbänden (Rußland, Österreich, Türkei) lebten, hat Herder Impulse zur Bildung eines eigenen Nationalgefühls gegeben.
Herders Ideen lebten in der Publizistik wieder auf, die in den Jahren der napoleonischen Fremdherrschaft ein deutsches Nationalbewußtsein zu bilden und alle Kräfte des Widerstands zu sammeln versuchte. Der Philosoph **Johann Gottlieb Fichte** (1762–1814) (T 6), der Dichter Heinrich von Kleist (Drama „Die Hermannsschlacht", 1808, als Modell nationaler Erhebung), der Journalist Joseph Görres (Kampfzeitschrift „Rheinischer Merkur") lieferten die wirkungsvollsten For-

mulierungen. Das Freiheitspathos in Schillers „Wilhelm Tell" (1804) übertrugen die Zeitgenossen auf den Widerstand gegen Napoleon. Der nationalgestimmte Historiker Ernst Moritz Arndt hämmerte den Menschen ein: „Ein Volk zu sein, ist die Religion unserer Zeit".

Das Beispiel der Französischen Revolution hatte die deutsche Nationalidee im Sinne geistiger und politischer Freiheit und Einheit mächtig belebt. Die aufsteigende bürgerliche Gesellschaft entwickelte ein starkes Nationalbewußtsein. Nach dem siegreichen Befreiungskampf gegen Napoleon 1813/15 wollte man die Idee eines deutschen Nationalstaats als demokratischer Rechts- und Verfassungsstaat verwirklichen. Aber was sollte aus Deutschland werden? Die Großmächte England, Frankreich und Rußland konnten jedoch kein Interesse an einem mächtigen, bevölkerungsstarken deutschen Nationalstaat in der Mitte des Kontinents haben.

So kam es, daß alle europäischen Bündnis- und Friedensverträge der Jahre (1813 bis 1815) nach den Kriegen gegen Napoleon sich zwar auf die Wiederherstellung einer unabhängigen deutschen Staatenverbindung, zugleich aber auf die Erhaltung der politischen Selbständigkeit der deutschen Territorialstaaten richteten. Österreich war u.a. dagegen, weil seine nichtdeutschen Gebietsteile Ungarn, Galizien, Kroatien und Norditalien nicht Bestandteile eines deutschen Nationalstaates hätten sein können. Preußens Interessen standen einem Nationalstaat entgegen, denn solange Österreich ihm angehörte, hätte Preußen sich wahrscheinlich österreichischer, zumindest aber einer direktorialen Führung des deutschen Gesamtstaates unterordnen müssen. Preußen fühlte sich nach der Wiederherstellung und Erweiterung seines territorialen Besitzes und der Rückgewinnung seiner europäischen Geltung dem habsburgischen Kaiserstaat gleichrangig und als eine den anderen deutschen Staaten überlegene europäische Großmacht. Die Sehnsucht vieler Menschen galt der Wiedererrichtung des „Reiches", und Reformer wie Stein, Hardenberg und Görres entwarfen bereits eine neue Reichsverfassung.

Die Rheinbundstaaten (s. A 5.2/4) widerstrebten im Gefühl ihrer staatlichen Unabhängigkeit jeder Einordnung in ein gesamtdeutsches System. Darin wurden sie von Österreich unterstützt, das ihnen bei der Auflösung des Rheinbundes (1813) die volle Souveränität wie den Fortbesitz der 1803 errungenen Landerwerbungen garantiert hatte. Ziel der österreichischen Politik unter Metternich war ein lockerer Staatenbund, der die volle Souveränität der Einzelstaaten nicht antastete. Damit war der Verzicht auf nationale Einheit verbunden. Allerdings blieb so das innerdeutsche und europäische Gleichgewicht erhalten.

2.3 Die konservativ-romantische Staatslehre

Der spontanen deutschen Begeisterung für das Nationale mit der politischen Zielsetzung nach einem Einheitsstaat stand eine Staatslehre gegenüber, die den Staat in seiner geschichtlich gewordenen, derzeit bestehenden Form verherrlichte. Die antiaufklärerisch eingestellten europäischen Staatsdenker der Zeit wie Burke, Tocqueville, Justus Möser, Friedrich von Gentz (der Sekretär Metternichs), Karl Ludwig von Haller, Franz von Baader, Adam Müller und Hegel arbeiteten der **Restauration** (s. 3.1) in die Hände. Ihre Lehre entsprach den Interessen des Beamtenstaates (s. 3.3), aber auch dem größeren Teil des Adels sowie Teilen der Bauern und Handwerker, die mit Modernisierung und Marktsystem und dem Bruch von Traditionen in wirtschaftliche und soziale Schwierigkeiten kamen. Vor dem idealisierten Hintergrund der mittelalterlichen Ständeordnung verfochten die konservativen Staatslehrer das Recht des Staates als eine Urgegebenheit menschlichen Daseins. Dieses Recht duldete höchstens eine religiöse Rechtfertigung. Leitbegriffe dieses Staatsdenkens waren Ordnung, Bewahrung, Stabilität, Autorität (des Monarchen) und Legitimität, Bündnis von Thron und Altar, Treue, Gehorsam, Kontinuität, Bindung, Tradition u. dgl. Damit mußte der Konservativismus in Gegnerschaft zum Liberalismus und Nationalismus

geraten, weil diese sich gegen Tradition und Legitimität (des Fürsten), gegen historische Staaten und Monarchien wandten.
Stammvater des europäischen **Konservativismus** war der englische Publizist und Politiker **Edmund Burke** (1729–1797). Seine Auffassungen legte er in seinen kritischen – bereits drei Jahre nach Erscheinen ins Deutsche übersetzten – „Betrachtungen über die Französische Revolution“ (1790) nieder (T 8). Danach ist der Staat Teil einer umfassenden, letztlich mit göttlicher Hilfe eingerichteten Ordnung, die gegenüber jeder menschlichen Subjektivität Vorrang hat. Er beruht auf der Über- und Unterordnung der Teile sowie auf einem alles bestimmenden Gleichgewicht. Die patriarchalische Familie wird Grundmodell. Burke wendet sich gegen die naturrechtlichen und liberalen Staats(vertrags)theorien z.B. von Hobbes, Locke, Rousseau (s. A 1.3/5), deren wesentlicher Punkt der Schutz der Individuen und ihres Eigentums war. Dagegen vertritt er eine Weiterentwicklung des Staates im Sinne von Bewahrung durch verbessernde Veränderungen. Dieser Linie folgten auch die preußischen Reformer.
Maßgebend für die preußischen Konservativen wurde die Staatslehre Herders und der Romantiker sowie von **Friedrich Julius Stahl** (1802–1861) (T 9), deren **organische Staatstheorie** im ständischen Aufbau der Gesellschaft und des Staates von unten nach oben beruht, in der Einheit von Fürst und Volk, ebenso in der Einheit und Unteilbarkeit der Staatsgewalt und damit in der Ablehnung von Volkssouveränität, Vertragslehre und Gewaltenteilung. D. h. der Staat ist so natürlich gewachsen, wie er zu dieser Zeit ist. Er stellt kein künstliches, aus politischen Auseinandersetzungen hervorgegangenes Gebilde dar. Diese Gedanken sind Ausfluß der Romantik (etwa 1790 bis 1830) mit ihrer Hinwendung zur „organischen Ganzheit“, zum „Natürlichen“, zum „Wachsen“ sowie zur Geschichte als dem historisch Gewordenen. Nach Adam Müller („Elemente der Staatskunst“, 1807) ist der Staat „eine organische Totalität“, eine „innige Verbindung des gesamten inneren und äußeren Lebens der Nation“, der Generationen, „zu einem bewegten und lebendigen Ganzen von Abhängigkeiten, Rechten und Pflichten“. Der Schweizer Staatsrechtler Karl Ludwig von Haller, von dem der Epochenbegriff „Restauration“ stammt („Restauration der Staatswissenschaft“, 1816ff.), betrachtete Krone und Regierungsgewalt sogar privatrechtlich als Eigentum der Dynastie (des Herrscherhauses). Ihr Herrschaftsrecht stammt von „Gottes Gnaden“, ist also ursprünglich und durch das Eigentumsrecht, wie jedes bürgerliche Eigentum, geschützt. Die Berufung etwa von Ständen ist in das Belieben des Herrschers gestellt, eine abgenötigte Verfassung bindet ihn nicht.
Ein solcher Staat ist Patrimonialstaat, d.h. der Landesherr ist im Grunde Eigentümer des Staates und niemandem, außer Gott, verantwortlich. Seine Gewalt ist durch Vertrag und Recht, Eigentum und Autonomie der anderen beschränkt. Eine weitere Theorie begreift den Staat als das absolute Wesen, welches das Individuum völlig umgreift und ihm nicht nur das Leben sichert, sondern seinem Dasein überhaupt erst einen Sinn verleiht. Der große deutsche idealistische Philosoph **Georg Wilhelm Friedrich Hegel** (1770–1831) – zuerst Gymnasialdirektor, dann Professor in Berlin, galt als preußischer Staatsphilosoph – betrachtete den Staat als einen Ort, in dem sich der (göttliche) Geist als das Absolute vergegenständlicht (T 10). Wesentliche Seinsformen und Stufen dieses Geistes sind die „Familie“, die „bürgerliche Gesellschaft“ und die „Stände“. Im Staat schließlich – am besten in der ständestaatlichen Monarchie (Preußens) – werden diese Entfaltungsformen und -stufen des Geistes oder der Sittlichkeit zur Einheit zusammengefaßt. Als „Wirklichkeit der sittlichen Idee“ sollte der Staat die Gesellschaft als „System der Bedürfnisse“ überwölben und zusammenhalten. Er ist die über den Bürgern stehende objektive Ordnung.
Der nationalliberale Historiker **Heinrich von Treitschke** (1834–1896) lieferte in Fortführung Hegels die Ideologie von der politischen Vorherrschaft und alleinigen Macht des Staates (T 11). Seine Staatsauffassung blieb für Preußen und das Deutsche Reich bis zum Ersten Weltkrieg richtungweisend.

2.4 Der bürgerliche Liberalismus

Der Begriff „Liberalismus“ (von lat. liberalis = freiheitlich) kam in Europa 1812 im Zuge politischer Auseinandersetzungen und Programme in Gebrauch. Der Liberalismus ist dem Individuum und dessen Recht, eigenverantwortlich zu handeln, verpflichtet und tritt sowohl gegen jede Absicht ins Feld, die vorrevolutionären gesellschaftlichen und Machtverhältnisse wiederherzustellen, als auch gegen Versuche unmittelbarer frühsozialiatischer Volksherrschaft. Er gründet sein Programm im Sinne Kants auf die Vernunft (freie Entfaltung des Individuums und Selbstbestimmung als Aufgabe) und das Naturrecht, das im Wesen des Menschen begründet liegt und von jeder staatlichen Rechtsetzung unabhängig ist. Seine Wurzeln reichen bis in die Zeit der Renaissance (15./16. Jahrhundert) zurück. Breiteres Interesse konnten diese Gedanken erst nach den Erfahrungen gewinnen, die die Französische Revolution Europa gebracht und das Bürgertum seine Aufgabe erkannt hatte. Als Begründer der politischen Theorie des Liberalismus gilt **John Locke** (s. A 1.3). Er tritt für eine vertragliche Sicherung des Privateigentums als Voraussetzung für die Entstehung des Staates, für Gewaltenteilung und für die Unterstellung des Staates unter das Naturrecht ein. In Deutschland hatten Kant, Lessing und Schiller diese Ideen mit ihren literarischen Werken unter den Gebildeten verbreitet. Der einzelne soll vor der Übermacht des Staates geschützt werden. Darum spielt das Eintreten für Menschen- und Bürgerrechte, Presse- und Vereinigungsfreiheit, für den Verfassungs- und Rechtsstaat eine große Rolle.

Der Liberalismus war die Bewegung des aufsteigenden Bürgertums. Das liberale Gesellschaftsideal der Zeit war nicht die Gesellschaft des industriell-kommerziellen England, sondern eine mittelschichtorientierte Gesellschaft der wirtschaftlich Selbständigen. Dabei wandelte sich der Begriff des Bürgers: In der ständisch gegliederten Gesellschaft des Mittelalters und der frühen Neuzeit hatte sich der Bürger als Mitglied einer Stadtgemeinde mit einheitlichem Recht für die verschiedenen Gruppen (Kaufleute, Handwerker, Beamte des Stadtherrn) verstanden. Nun bestimmte er sich durch seinen Besitz an Kapital oder Produktionsmitteln. Aus dem Bürgerstand wurde die Klasse der Besitzbürger (Bourgeoisie). Das Bürgertum, für das Besitz und Bildung, Recht und Freiheit zu herausragenden Werten wurden, entstand mit der Entwicklung von Handel, Gewerbe und Industrie. Es handelt sich demnach um eine geschichtlich gewordene Bezeichnung für eine soziale Klasse oder Schicht, die sich ursprünglich aus selbständigen Gewerbetreibenden zusammensetzte. Kernpunkt der gemeinsamen politischen, sozialen und kulturellen Anschauungen war das Bekenntnis zur kapitalistischen Wirtschaftsweise, zum Konkurrenz- und Leistungsprinzip, zum sozialen Aufstieg durch Bildung, zur Gleichheit vor dem Recht und zur Freiheit, zum vererbbaren Eigentum, zur hierarchisierten Ordnung der Gesellschaft. Eine solche „bürgerliche“ Gesellschaft konnte sich zuerst in den wirtschaftlich führenden Staaten England und Frankreich im 18. Jahrhundert als die neue politische Kraft herausbilden. Anfangs war das Bürgertum trotz seiner wirtschaftlichen Erfolge der politischen Macht der absoluten Monarchien, des Adels und der Geistlichkeit unterworfen. Dies führte zum Gegensatz zu den herrschenden Fürsten, Adligen und Geistlichen und schließlich zu den bürgerlichen Revolutionen im 18. und 19. Jahrhundert, ferner zu der auf der Herrschaft durch Vertrag beruhenden Verfassungsbewegung. Während der Französischen Revolution erklärten sich die Bürger zum Dritten Stand und zur Vertretung des ganzen Volkes. Allerdings schuf der Besitz neue Privilegien; denn durch das Zensuswahlrecht wirkte der Gedanke, verantwortlich entscheiden könne nur, wer das Gemeinwesen auch materiell durch seine Steuern mitträgt und im eigenen privaten Bereich Verantwortung zu übernehmen habe.

Der Liberalismus hat sich in Deutschland zunächst in den süddeutschen Verfassungsstaaten entwickelt (s. 3.2; T 13). Das fünfzehnbändige „Staatslexikon“ (1834ff.) der Freiburger Professoren Rotteck und Welcker wurde zum klassischen Handbuch der gebildeten Liberalen in Süddeutschland. Seine Entstehung verdankte es wesentlich den Anregungen des Reutlingers

Friedrich List (s. D 4.1). Im Rheinland hat sich ebenfalls früh ein Zentrum des Liberalismus herausgebildet. In den 30er Jahren entstand hier ein großbürgerlicher Liberalismus der großen Unternehmer wie Mevissen, Beckerath, Camphausen, Hansemann, in Westfalen Harkort. In den 30er und 40er Jahren wurde der Liberalismus schließlich zur politisch-bürgerlichen Volksbewegung über Vereine und Feste, Wahlen und Presse.

Das **Verhältnis der Bürger zum Staat** war zwiespältig. Der Staat sollte sich nach liberaler Auffassung aus dem Wirtschaftsprozeß heraushalten und das freie Spiel der individuellen Kräfte schützen, aber nicht behindern. Dazu wurde ihm im Gesetz und in der Verfassung der Rahmen gegeben. Staatszweck sollten nicht Macht oder Wohlfahrt sein, wie für den Absolutismus und die Jakobiner, sondern die Herrschaft des Rechts im Sinne des großen deutschen Philosophen **Immanuel Kant**, der den Staat als eine „Vereinigung einer Menge von Menschen unter Rechtsgesetzen" bestimmte und als höchste Aufgabe des Menschen und der Geschichte eine „vollkommen gerechte bürgerliche Verfassung" bezeichnete. Ein solcher Staat (T 12) mit Bindung allen staatlichen Handelns an geschriebenes Recht hieß **„Rechtsstaat"**, im Gegensatz zum „Polizeistaat" (= Verwaltungsstaat). Allerdings sollte nach Kant die Veränderung der traditionellen Staatsform nur durch den Herrscher selbst möglich sein. Die Errichtung einer bürgerlichen Ordnung sollte sich durch Erziehung, als allmählicher Bewußtseinswandel und Verwirklichung des Sittengesetzes, vollziehen.

Die Freiheit des Bürgers war das Fundament des Rechtsstaats. Der Einzelmensch sollte innerhalb der von der Vernunft gesetzten Grenzen handeln. Soziale Rechte wurden als Ansprüche an den Staat abgelehnt. Jedes Individuum, so glaubten die Liberalen, müsse danach streben, seine politischen und wirtschaftlichen Freiheitsrechte zu nützen und sich zu der ihm möglichen Stufe zu entwickeln.

Eine **geschriebene Verfassung** galt als die Grundlage rechtsstaatlichen Lebens; Grundrechte und Gewaltenteilung waren ihre wesentlichen Bestandteile. Die Staatsform war dagegen zweitrangig. Das Ideal des deutschen Liberalismus war im 19. Jahrhundert die „parlamentarische Monarchie" – an eine Republik dachten die meisten noch nicht. In der praktischen Politik in Deutschland war man vorerst sogar zufrieden, wenn man die konstitutionelle Monarchie erreichte. Das Repräsentativsystem besagte, daß die Volksvertretung eine staatsrechtliche Darstellung der politischen Einheit aller sein sollte und nicht wie früher eine Vertretung von Ständen und Gruppen. Der Abgeordnete galt als Vertreter des ganzen Volkes. In der parlamentarischen Praxis und Theorie wurde die Trennung der gesetzgebenden von der verordnenden Gewalt zum tragenden Gedanken. Es gab ein dauerndes Ringen zwischen Monarch und Volksvertretung um die „Balance". Die Volksvertretung strebte eine volle Teilung der Gewalten und die parlamentarische Ministerverantwortlichkeit an; der Monarch versuchte, mit Verordnungen die Gesetzgebung zu umgehen. Da das nationale Motiv von Anfang an im liberalen enthalten ist (freie Selbstbestimmung der Völker wie der Individuen, Teilhabe an der staatlichen Macht), entstanden Spannungen.

Seine Kraft bewies der Liberalismus in der stürmischen Entwicklung der Industrialisierung und des Welthandels im 19. Jahrhundert. Die Industrialisierung ist ohne die liberalen Errungenschaften der Gewerbefreiheit, der freien Konkurrenz der Kräfte, der **Vertragsfreiheit**, der Freiheit im Erwerb und in der Verwendung des Eigentums und schließlich des Freihandels undenkbar.

Großbritannien ging den Staaten auf dem Kontinent in der Entwicklung zu einem liberalen, demokratischen Staatswesen voraus. Das war vor allem historisch bedingt. Ein fest abgeschlossenes ständisches System, wie das z. B. in Deutschland bis zum Ende des 18. Jahrhunderts bestanden hat, gab es im Inselreich nicht. Die Adelsfamilien hatten sich durch eheliche Verbindungen mit der oberen bürgerlichen Schicht verjüngt. Ebenso hatte die parlamentarische Entwicklung früh eingesetzt. 1215 hatten die landbesitzenden Barone König Johann die **Magna Charta**, die Grundlage der englischen Verfassung, abgetrotzt. Durch die Magna Charta wurden für die Adligen rechtsstaatliche Verhältnisse eingeführt: Mitwirkung bei der Erhebung von Steuern, Abschaffung der willkürlichen Gefangensetzung und Bestrafung, Garantie eines ordentlichen Gerichtsverfahrens (vgl. für alle Bürger die Bill of Rights; T 14). 1265 hatte Simon de Montfort, Graf von Leicester, das erste Parlament einberufen. Es bestand aus je zwei Rittern aus jeder Grafschaft und je zwei Bürgern von jeder Stadt. Aus diesem Parlament bildeten sich um 1350 das House of Lords (Oberhaus), die Vertretung des Adels, und das House of Commons (Unterhaus), die Vertretung der Bürger. Den beiden Häusern gegenüber versuchten die Könige ihre Macht zu behaupten. Die unblutige, deshalb „glorreich" genannte Revolution des Parlaments von 1688 – Absetzung der Stuartkönige – bedeuteten den Sieg des Parlamentarismus, die Bestimmung der Politik durch das englische Parlament. Das Unterhaus konnte das Ringen beider Häuser um die maßgebende politische Position zu seinen Gunsten entscheiden. Der König war von nun an „King in Parliament", also vom Parlament abhängig (konstitutionelle Monarchie). Während der vorausgegangenen drei Jahrhunderte war es dem Parlament gelungen, seinen Einfluß gegenüber dem König weiter auszudehnen. Es bestätigte Staatsverträge zwischen hohen Adligen und der Krone, ferner die Änderung der königlichen Vorrechte und der königlichen Verwaltung. Langsam konnte das Parlament eine gewisse Initiative in Gestalt von Petitionen (Bittschriften) an den König erringen.

Großbritannien hat auch maßgebende Theoretiker des Liberalismus hervorgebracht: John Locke (um 1690), den Wirtschaftsliberalisten Adam Smith (um 1776; s. D 3.4) und John Stuart Mill (um 1848; T 15). Bezeichnend für die englische liberale Entwicklung nach 1688 ist ihr evolutionärer Charakter, d.h. gesellschaftliche, politische und wirtschaftliche Veränderungen wurden allmählich eingeführt: die Industrialisierung und der Freihandel, die Verleihung des Wahlrechts, die Einebnung der Standesgrenzen, die Stärkung des Parlaments usw. Der common sense, das Prinzip der kompromißbereiten Verständigung, blieb beherrschend.

2.5 Die „Judenfrage" im Gefolge der Aufklärung

Judenverfolgungen fanden aus religiösen, sozialen und wirtschaftlichen Gründen überall dort statt, wo Juden als religiöse Minderheiten in der Diaspora (= griech. Zerstreuung) lebten. Erste Berichte gibt es bereits aus dem 5. vorchristlichen Jahrhundert. Oft wurden sie aus ganzen Machtbereichen vertrieben, so z. B. aus den Ländern des Islam. Im christlichen Bereich nutzten die Juden ihre vielfältigen sprachlichen und kaufmännischen Erfahrungen im Fernhandel und siedelten sich oft in den Handelszentren Europas an, gingen aber auch handwerklichen Gewerben und der Landwirtschaft nach. Seit dem 1. Kreuzzug (1096/97) wurden sie in Mitteleuropa wiederholt verfolgt, obwohl sie königlichen Schutz genossen. Die Zunftordnungen, die um 1200 eingeführt wurden, ließen ihnen vielerorts keine Chance, in handwerklichen Berufen tätig zu sein. Der aufblühende Fernhandel ging in christliche Hände über. Während die Juden aus manchen Städten und Ländern vertrieben wurden, wurde ihnen in anderen, in begrenzter Zahl und sozial isoliert, der Zugang gestattet; für den Geldverleih, der den Christen untersagt war, wurden sie unentbehrlich. In manchen Ländern wurde ihnen sogar Steuerfreiheit gewährt, so 1352 vom Markgrafen von Brandenburg. Das Generalprivileg Friedrichs II., 1750, schloß sie in Preußen zwar noch vom Grundbesitz aus, genehmigte ihnen aber in begrenzter Zahl den Betrieb von Manufakturen und Fabriken.

Mit der Aufklärung und der Französischen Revolution begann eine neue Epoche der „Judenfrage" (der Begriff stammt aus dem 19. Jahrhundert). Im Sinne des Liberalismus waren die Juden den Bürgern der jeweiligen Gastvölker rechtlich gleichzustellen. Im Zeichen des aufblühenden Nationalismus sollten sie ihre den Gastvölkern als fremd erscheinende Glaubenslehre, besonders aber

ihre religiöse Kultur aufgeben, um in die bürgerliche Gesellschaft eingegliedert werden zu können. Wo die Juden diesen letzten Schritt aus Glaubensgründen nicht tun konnten, blieben sie Fremde. In Preußen hatten die ca. 70 000 Juden durch die Steinsche Städteordnung von 1808 vielfach bereits das Orts- oder Stadtbürgerrecht erhalten. Das von Hardenberg herausgegebene **Emanzipationsedikt** von 1812, das übrigens nicht für die judenreichen Provinzen Posen und Westpreußen galt, ließ das Judentum zu einer „Konfession" (Religionszugehörigkeit) werden; die Juden fühlten sich jetzt nicht nur rechtlich dem deutschen Volke zugehörig. Die Teilnahme der Juden an den Befreiungskriegen besiegelte ihre völlige Gleichheit nur scheinbar. Auf dem Wiener Kongreß erlangten sie keineswegs völlige Gleichberechtigung. Von allen Staatsämtern blieben sie ausgeschlossen; die Jenaer Urburschenschaft nahm keine Juden auf. 1861/64 wurde in Württemberg, 1861 in Bayern, 1862 in Baden, 1867 in Österreich die rechtliche Gleichstellung der Juden abgeschlossen. Schließlich nahm der Norddeutsche Bund 1869 ein Gesetz an, „alle noch bestehenden, aus der Verschiedenheit des religiösen Bekenntnisses hergeleiteten Beschränkungen der bürgerlichen und staatsbürgerlichen Rechte" aufzuheben. Dies bedeutete für Preußen und die norddeutschen Staaten den Abschluß der emanzipatorischen Bewegung. Das Gesetz geht auf die von der Frankfurter Nationalversammlung 1848 aufgestellten „Grundrechte des deutschen Volkes" zurück, die in die Verfassungen bzw. in die Gesetzgebung der meisten deutschen Bundesländer Eingang gefunden haben, und beseitigt die Beschränkungen des Wohnrechts und der Berufswahl für die Juden (mit der gesetzwidrigen Ausnahme des Offiziers und des Universitätsprofessors).
Um diese Zeit waren nur etwa die Hälfte der deutschen Juden (1820: 270 000; 1850: 400 000; 1871: 512 000 = 1,25% der deutschen Bevölkerung) Kleinhändler und Geldverleiher; die anderen waren als Großhändler, Fabrikanten, Bankiers, Anwälte, Ärzte, Künstler und Gelehrte tätig. Die Einbürgerung vollzog sich auch über Besitz und Bildung (Öffnung der Gymnasien und Universitäten). Um 1800 wuchsen die gesellschaftlichen Beziehungen zwischen Deutschen und Juden in der Bildungsschicht, dann im Bürgertum der Groß- und Mittelstädte überhaupt. Bis 1933 gab es keine Ausnahmegesetze mehr für die Juden.
Dennoch entfaltete sich eine gegenläufige Bewegung. Im Gefolge der Wirtschaftskrise von 1873 (s. E 4.4) erschienen im deutschen Sprachgebiet eine Reihe von Schriften, die die Juden als Schädlinge bezeichneten, die zumindest unter Ausnahmerecht gestellt werden müßten. Heinrich von Treitschke (s. T 11) beendete drei Artikel in den angesehenen Preußischen Jahrbüchern (1879) mit dem einprägsamen Satz: „Die Juden sind unser Unglück." Die nationale Minderheit der Juden diente als Sündenböcke. Der Centralverein der Staatsbürger jüdischen Glaubens (1893), der die religiösen Werte des Judentums innerhalb der Kultusgemeinden bewahren wollte, versuchte solche Vorwürfe durch Aufklärungsarbeit zu entkräften.
Insgesamt stellte sich in der zweiten Hälfte des 19. Jahrhunderts die Judenfeindschaft in unterschiedlicher Form dar: als kleinbürgerlicher Widerstand gegen die jüdischen Händler; als rassischer Antisemitismus der Alldeutschen; als christlicher Antisemitismus: die Juden als Mörder Christi. Die Juden gerieten in die Rolle des geduldeten Außenseiters, der die Haßgefühle der von wirtschaftlichem und technischem Fortschritt besonders bedrohten Volksschichten auf sich zog. Demgegenüber hat die Arbeiterbewegung, besonders die SPD, den Antisemitismus von jeher abgelehnt. Sie sah nicht im jüdischen Kapitalisten – wie die kleinbürgerlichen und kleinbäuerlichen Schichten – den Feind, sondern im Kapitalismus überhaupt.

T 6 Johann Gottlieb Fichte: „Reden an die deutsche Nation" (1807/08)

Für den Philosophen Johann Gottlieb Fichte (1762–1814) bestand die Nation vor dem Staat und von ihm unabhängig.

Zum Behuf einer Schilderung der Eigentümlichkeit der Deutschen ist der Grundunterschied zwischen diesen und den anderen Völkern germanischer Abkunft angegeben worden: daß die ersteren in dem ununterbrochenen Fortflusse einer aus wirklichem Leben sich fortentwickelnden Ursprache geblieben, die letzteren aber eine ihnen fremde Sprache angenommen, die unter ihrem Einflusse ertötet worden. [...] Sind wir bisher im Gange unserer Untersuchung richtig verfahren, so muß hierbei zugleich erhellen, daß nur der Deutsche – der ursprüngliche, und nicht in einer willkürlichen Satzung erstorbene Mensch, wahrhaft ein Volk hat und auf eins zu rechnen befugt ist, und daß nur er der eigentlichen und vernunftgemäßen Liebe zu seiner Nation fähig ist. Dies ist nun in höherer, vom Standpunkt der Ansicht einer geistigen Welt überhaupt genommener Bedeutung des Worts, ein Volk: das Ganze der in Gesellschaft miteinander fortlebenden und sich aus sich selbst immerfort natürlich und geistig erzeugenden Menschen, das insgesamt unter einem gewissen besonderen Gesetz der Entwicklung des Göttlichen aus ihm steht. Der Glaube des edlen Menschen an die ewige Fortdauer seiner Wirksamkeit auch auf dieser Erde gründet sich demnach auf die Hoffnung der ewigen Fortdauer des Volks, aus dem er selber sich entwickelt hat, und der Eigentümlichkeit desselben, nach jenem verborgenen Gesetz; ohne Einmischung und Verderbung durch irgendein Fremdes und in das Ganze dieser Gesetzgebung nicht Gehöriges. Diese Eigentümlichkeit ist das Ewige, dem er die Ewigkeit seiner selbst und seines Fortwirkens anvertraut, die ewige Ordnung der Dinge, in die er sein Ewiges legt; ihre Fortdauer muß er wollen, denn sie allein ist ihm das entbindende Mittel, wodurch die kurze Spanne seines Lebens hinieden zu fortdauerndem Leben hinieden ausgedehnt wird. Sein Glaube an sein Streben, Unvergängliches zu pflanzen, sein Begriff, in welchem er sein eigenes Leben als ein ewiges Leben erfaßt, ist das Band, zunächst seine Nation, und vermittels ihrer das ganze Menschengeschlecht innigst mit ihm selber verknüpft, und ihrer aller Bedürfnisse, bis ans Ende der Tage, eingeführt in sein erweitertes Herz. Dies ist seine Liebe zu seinem Volke, zuvörderst achtend, vertrauend, desselben sich freuend, mit der Abstammung daraus sich ehrend. Es ist Göttliches in ihm erschienen, und das Ursprüngliche hat dasselbe gewürdigt, es zu seiner Hülle und zu seinem unmittelbaren Verflößungsmittel in die Welt zu machen; es wird darum auch ferner Göttliches aus ihm hervorbrechen. Sodann tätig, wirksam, sich aufopfernd für dasselbe. Das Leben, bloß als Leben, als Fortsetzen des wechselnden Daseins, hat für ihn ja ohnehin nie Wert gehabt, er hat es nur gewollt als Quelle des Dauernden; aber diese Dauer verspricht ihm allein die selbständige Fortdauer seiner Nation; um diese zu retten, muß er sogar sterben wollen, damit diese lebe, und er in ihr lebe das einzige Leben, das er von je gemocht hat.

Fragt man mich, wie dies zu erreichen ist, so ist darauf die einzige, alles in sich fassende Antwort diese: Wir müssen eben zur Stelle werden, was wir ohnedies sein sollten, Deutsche.

(Johann Gottlieb Fichte, Gesammelte Werke. Hrsg. v. Herbert Fichte, Band 7. Berlin 1971, S. 276ff.)

T 7 Ernest Renan: Was ist eine Nation? (1871)

Renan (1823–1892), französischer Religionswissenschaftler, war der liberalen Tradition verbunden. Nach den Erfahrungen des deutsch-französischen Krieges 1870/71 definierte er die Begriffe Nation und Nationalität.

Eine Nation ist eine Seele, ein geistiges Prinzip. Zwei Dinge, d. h. in Wirklichkeit ein einziges, bestimmen diese Seele, dieses geistige Prinzip. Das eine liegt in der Vergangenheit, das andere in der Gegenwart. Das eine ist der gemeinsame Besitz eines reichen Vermächtnisses von Erinnerungen. Das andere ist die Übereinstimmung im Augenblick, die Sehnsucht, zusammenzuleben, der Wille fortzufahren darin, die Erbschaft, die man empfangen hat, würdig zu verwalten: Der Mensch läßt sich nicht improvisieren. Die Nation wie das Individuum ist das Ziel einer langen Vergangenheit von Anstrengungen, von Opfern, von Hingabe. Der Ahnenkult ist der legitimste von allen. Die Ahnen haben uns zu dem gemacht, was wir sind. Eine heroische Vergangenheit, große Menschen, Ruhm (ich spreche vom wahrhaften): das ist das soziale Kapital, auf dem eine nationale Idee ruht. Gemeinsame Ruhmestaten in der Vergangenheit, einen gemeinsamen Willen in der Gegenwart zu haben, große Dinge gemeinsam getan zu haben und noch tun zu wollen, das sind die wesentlichen Bedingungen, um ein Volk zu sein. [...]

Eine Nation ist daher eine große Gemeinsamkeit, gebildet durch das Gefühl für die Opfer, die man gebracht hat und man noch bereit ist, zu bringen. Sie setzt voraus eine Vergangenheit, sie sammelt sich in der Gegenwart durch eine greifbare Tatsache: die Übereinstimmung, den klar ausgedrückten Wunsch, das gemeinsame Leben fortzusetzen. Die Existenz einer Nation ist ein täglich erneuertes Plebiszit.

(E. Renan, La réforme intellectuelle et morale. 1871, S. 903f.)

T 8 Edmund Burke: Der Staat als Gemeinschaft (1790)

Als Kritiker stellte Burke der aufklärerischen Staatslehre und der Französischen Revolution eine organische Staatsauffassung entgegen. Damit schuf er wesentliche Grundlagen des europäischen Konservativismus.

Es wäre frevelhaft, den Staatsverein wie eine alltägliche Kaufmannssozietät, wie einen unbedeutenden Gemeinhandel mit Pfeffer oder Kaffee zu betrachten, [...] den man treibt, solange man Lust hat, und aufgibt, wenn man seinen Vorteil nicht mehr absieht. Ein Staat ist eine Verbindung von ganz anderer Art und von ganz anderer Wichtigkeit. Er ist nicht bloß eine Gemeinschaft in Dingen, deren die grobe tierische Existenz des vergänglichen Teils unseres Wesens bedarf, er ist ein Gemeinschaft in allem, was wissenswürdig, in allem, was schön, in allem, was schätzbar und gut und göttlich im Menschen ist. [...] Jeder Grundvertrag einer abgesonderten Staatsgesellschaft ist nur eine Klausel in dem großen Urkontrakt, der von Ewigkeit her alle Weltwesen zusammenhält, die niedrigeren Naturen mit den höheren verbindet und die sichtbare Welt an die unsichtbare knüpft, alles unter der Sanktion eines unverletzlichen und unwandelbaren Gesetzes, vor dem nichts im physischen, nichts im moralischen Weltall seine angewiesene Stelle verlassen darf.
(E. Burke, Betrachtungen über die Französische Revolution. 1790. Frankfurt 1967, S. 160)

T 9 Friedrich Julius Stahl: Der Souverän als oberster Herrscher (1837)

Stahl (1802–1861) gilt als der bedeutendste konservative politische Philosoph. Er war Professor in Würzburg und Erlangen.

Die Begründung des Staates durch Vertrag bewährt sich in aller Weise als unhaltbar. Sie ist im Widerspruch mit aller Wirklichkeit und Möglichkeit, da niemand um seine Einwilligung gefragt wird oder gefragt werden kann. Sie führt zu der Folgerung, daß auch fortwährend die Existenz des Staates vom Willen der Untertanen, ihrem beliebigen Austritt, abhängen muß und daß der Staat keine andere Gewalt über die Untertanen haben kann, als welche sie vertragsmäßig über sich festsetzen können, also namentlich keine über ihr Leben und ihre Freiheit (als ihre unveräußerlichen Rechte), wonach denn die ganze Strafgewalt, ohne die kein Staat bestehen kann, wegfallen müßte. – Wohl liegt der Vertragstheorie die Wahrheit zugrunde, daß die Menschen mit Willen und Erkenntnis im Staate sein sollen und daß der Staat zugleich die stete Äußerung des Gemeinwillens ist. [...]

Die Staatsgewalt ist ihrem Wesen nach in sich einig und unteilbar gleichwie der Wille Gottes oder eines Menschen. Sie kann nicht zerteilt werden in mehrere Gewalten, sie kann nicht zerteilt werden an mehrere Subjekte, sondern muß einem Subjekte zustehen, sei dies nun eine wirkliche Persönlichkeit (ein Monarch) oder eine künstliche (eine Volksversammlung). In dieser Einheit ist sie die Souveränität (Staatshoheit, Machtvollkommenheit). Ihrer Ausübung nach hat sie aber verschiedenartige Verrichtungen und dafür verschiedenartige Organe, mehr oder weniger selbständig gegen den Souverän. Hierauf beruht die Einteilung der Staatsgewalt. Doch sind dies immer nur Verrichtungen einer und derselben Staatsgewalt, die im Souverän ihren Sitz hat, und es ist unangemessen, sie als eigene Gewalten zu behandeln [...]

Die Souveränität ist sonach die erste, ursächliche und oberste Gewalt, die alle Organe und Verrichtungen der Staatsgewalt bedingt und sie alle beherrscht, sei es positiv bestimmt, sei es wenigstens negativ begrenzt. Sie ist gleichsam der oberste Herrscherwille, der im ganzen Bereiche des Staates gegenwärtig und wirksam ist, seine innerste Persönlichkeit. Sie ist keine Verrichtung, sondern sie ist die Gewalt über und in jenen Verrichtungen. Der Souverän allein veranlaßt alle Verrichtungen der Staatsgewalt und ernennt deshalb die Organe, wenigstens die obersten, für dieselben, er allein erteilt ihnen die Geltung und Autorität, er führt die oberste Aufsicht über sie, und er repräsentiert den Staat nach innen und nach außen. Der Souverän ist es aber auch, gemäß der Einheit der Staatsgewalt, welcher diese Verrichtungen dem Inhalte nach bestimmt, dessen Wille über sie entscheidet, soweit ihm nicht vermöge der eigentümlichen Natur derselben besondere Schranken gesetzt sind [...]

Der Staat als ein Reich fordert vor allem eine Macht der Herrschaft. Nach einem Gesetze, das der göttlichen Gerechtigkeit, Liebe und Weisheit entstammt, muß aber der Herrschergewalt eine Vertretung an der Seite stehen zugunsten des Beherrschten. Endlich muß eine selbständige Macht innerlicher Einigung den Beherrschten sich mitteilen, damit es ein wahrhaftes und lebendiges Reich sei. Danach bestehen drei Mächte im Staate: die Regierung, die da herrscht und lenkt; die Volksvertretung, die Recht und Interesse der Untertanen bei der Regierung vertritt; die öffentliche Gesinnung, die das Volk mit jenen wie unter sich im gemeinsamen Interesse des Staates verbindet. Die Regierung ist das eigentliche Herrscheramt, sie steht über allen. Die Volksvertretung ist ein Mittleramt, ein Amt des Schutzes und der Fürsprache für das Volk bei der Regierung, sie hat Ansehen und Macht nur von und in der Regierung, aber zu gesichertem Gebrauch auch gegen sie. [...]
(F. J. Stahl, Die Philosophie des Rechts nach geschichtlicher Ansicht. Band 2. Heidelberg 1837, S. 39–42. Zitiert nach: Wolfgang Hardtwig, Vormärz. München 1985, S. 192f.)

T 10 Georg Wilhelm Friedrich Hegel: Der Staat als Idee und Wirklichkeit (1831)

Hegel begreift in seiner „Rechtsphilosophie" den modernen (preußischen) Staat als Verwirklichung der Freiheit in Gestalt eines konstitutionell-monarchisch geprägten Liberalismus.

Der Staat ist die Wirklichkeit der sittlichen Idee, – der sittliche Geist, als der offenbare, sich selbst deutliche, substantielle Wille, der sich denkt und weiß

und das was er weiß und insofern er es weiß, vollführt. An der Sitte hat er seine unmittelbare und an dem Selbstbewußtsein des Einzelnen, dem Wissen und Tätigkeit desselben seine vermittelte Existenz, so wie dieses durch die Gesinnung in ihm, als seinem Wesen, Zweck und Produkte seiner Tätigkeit, seine substantielle Freiheit hat [...] (§ 257).
Der Staat ist als die Wirklichkeit des substantiellen Willens, die er in dem zu seiner Allgemeinheit erhobenen besonderen Selbstbewußtsein hat, das an und für sich Vernünftige. Diese substantielle Einheit ist absoluter unbewegter Selbstzweck, in welchem die Freiheit zu ihrem höchsten Recht kommt, sowie dieser Endzweck das höchste Recht gegen die Einzelnen hat, deren höchste Pflicht es ist, Mitglieder des Staats zu sein [...] (§ 258).
Bei der Freiheit muß man nicht von der Einzelheit, vom einzelnen Selbstbewußtsein ausgehen, sondern nur vom Wesen des Selbstbewußtseins, denn der Mensch mag es wissen oder nicht, dies Wesen realisiert sich als selbständige Gewalt, in der die einzelnen Individuen nur Momente sind: es ist der Gang Gottes in der Welt, daß der Staat ist, sein Grund ist die Gewalt der sich als Wille verwirklichenden Vernunft. Bei der Idee des Staats muß man nicht besondere Staaten vor Augen haben, nicht besondere Institutionen, man muß vielmehr die Idee, diesen wirklichen Gott, für sich betrachten. Jeder Staat, man mag ihn auch nach den Grundsätzen, die man hat, für schlecht erklären, man mag diese oder jene Mangelhaftigkeit daran erkennen, hat immer, wenn er namentlich zu den ausgebildeten unserer Zeit gehört, die wesentlichen Momente seiner Existenz in sich. Weil es aber leichter ist, Mängel aufzufinden, als das Affirmative zu begreifen, verfällt man leicht in den Fehler, über einzelne Seiten den inwendigen Organismus des Staates selbst zu vergessen. Der Staat ist kein Kunstwerk, er steht in der Welt, somit in der Sphäre der Willkür, des Zufalls und des Irrtums; übles Benehmen kann ihn nach vielen Seiten defigurieren. Aber der häßlichste Mensch, der Verbrecher, ein Kranker und Krüppel ist immer noch ein lebender Mensch; das Affirmative, das Leben, besteht trotz des Mangels, und um dieses Affirmative ist es hier zu tun (Zusatz zu § 258). [...]
Das Individuum, nach seinen Pflichten Untertan, findet als Bürger in ihrer Erfüllung den Schutz seiner Person und Eigentums, die Berücksichtigung seines besonderen Wohls und die Befriedigung seines substantiellen Wesens, das Bewußtsein und das Selbstgefühl, Mitglied dieses Ganzen zu sein, und in dieser Vollbringung der Pflichten als Leistungen und Geschäfte für den Staat hat dieser seine Erhaltung und sein Bestehen. Nach der abstrakten Seite wäre das Interesse des Allgemeinen nur, daß seine Geschäfte, die Leistungen, die es erfordert, als Pflicht vollbracht werden (§ 261). [...]
Aber Volkssouveränität als im Gegensatze gegen die im Monarchen existierende Souveränität genommen, ist der gewöhnliche Sinn, in welchem man in neuern Zeiten von Volkssouveränität zu sprechen angefangen hat, – in diesem Gegensatze gehört die Volkssouveränität zu den verworrenen Gedanken, denen die wüste Vorstellung des Volkes zugrunde liegt. Das Volk, ohne seinen Monarchen und die eben damit notwendig und unmittelbar zusammenhängende Gliederung des Ganzen genommen, ist die formlose Masse, die kein Staat mehr ist und der keine der Bestimmungen, die nur in dem in sich geformten Ganzen vorhanden sind – Souveränität, Regierung, Gerichte, Obrigkeit, Stände und was es sei, mehr zukommt (§ 279).
(Georg Wilhelm Friedrich Hegel, Grundlinien der Philosophie des Rechts. Sämtliche Werke, Bd. 7. Stuttgart [4]1964)

T 11 Heinrich von Treitschke: Über den nationalen Machtstaat

Treitschke (1834–1896), Historiker, trat nach 1866 publizistisch für die Politik Bismarcks ein und war 1871–1884 zuerst nationalliberaler, später parteiloser Abgeordneter des Reichstags.

Ist der Staat eine Persönlichkeit, so folgt daraus weiter die notwendige und vernunftgemäße Vielheit der Staaten. Wie im Menschenleben das Ich voraussetzt das Vorhandensein eines Nicht-Ich, so auch im Leben des Staates. Nur darum ist der Staat Macht, um sich zu behaupten neben andern ebenso unabhängigen Mächten. Krieg und Rechtspflege sind die ersten Aufgaben auch des rohesten Barbarenstaates. Diese Aufgaben aber sind nur in einer nebeneinander bestehenden Vielheit von Staaten denkbar. Daher ist die Idee eines Weltreiches hassenswert; das Ideal eines Menschheitsstaates ist gar kein Ideal. In einem einzigen Staate könnte sich gar nicht der ganze Inhalt der Kultur verwirklichen, in keinem einzigen Volke können sich die Tugenden der Aristokratie und der Demokratie vereint vorfinden. Alle Völker sind, ebenso wie die einzelnen Menschen, einseitig, aber in der Fülle dieser Einseitigkeit zeigt sich eben der Reichtum des Menschengeschlechts. Die Strahlen des göttlichen Lichts erscheinen nur unendlich gebrochen in den einzelnen Völkern; jedes zeigt ein anderes Bild und einen anderen Gedanken der Gottheit. Ein jedes Volk hat darum das Recht zu glauben, daß gewisse Kräfte der göttlichen Vernunft gerade in ihm am schönsten sich darstellen. Ohne Überschätzung kommt ein Volk gar nicht zum Bewußtsein seiner selbst. Die Deutschen sind immer in Gefahr ihr Volkstum zu verlieren, weil sie von diesem massiven Stolze zu wenig haben. Politischen Stolz hat der Durchschnittsdeutsche sehr wenig, aber den Kulturstolz auf die Freiheit und Universalität des deutschen Geistes pflegen auch Philister bei uns zu haben; und das ist ein Glück, denn ein solches Gefühl ist notwendig, damit ein Volk sich erhalte und behaupte. [...]

Daraus ergibt sich also, daß man unterscheiden muß zwischen öffentlicher und privater Moral. Die Rangordnung der verschiedenen Pflichten muß für den Staat, da er Macht ist, notwendig eine ganz andere sein als für den einzelnen Menschen. Eine ganze Reihe dieser Pflichten, die dem Einzelnen obliegen, ist für den Staat überhaupt nicht zu denken. Als höchstes Gebot für ihn gilt immer, sich selbst zu behaupten; das ist für ihn absolut sittlich. Und darum muß man aussprechen, daß unter allen politischen Sünden die der Schwäche die verwerflichste und verächtlichste ist; sie ist die Sünde gegen den heiligen Geist der Politik. Es gibt im Privatleben entschuldbare Schwächen des Gemütes. Davon kann im Staate nicht die Rede sein; er ist Macht, und wenn er dies sein Wesen verleugnet, so kann man ihn gar nicht scharf genug verurteilen.
(H. v. Treitschke, Politik. Vorlesungen, gehalten an der Universität zu Berlin. Berlin 1897, Bd. 1, S. 29, 101)

T 12 Immanuel Kant: Der Staat und der Bürger (1797)

Nach Kants „Metaphysik der Sitten" beruht der Staat auf einem Vertrag der Bürger untereinander (vgl. Montesquieu A T 7 und die französischen Revolutionsverfassungen A 2.1). Er erhält einen juristischen Charakter, indem er als eine Vereinigung von Menschen unter den Gesetzen des Rechts aufgefaßt wird.

Ein jeder Staat enthält drei Gewalten in sich, d. i. den allgemein vereinigten Willen in dreifacher Person (trias politica): die Herrschergewalt (Souveränität) in der des Gesetzgebers, die vollziehende Gewalt in der des Regierers (zu Folge dem Gesetz) und die rechtsprechende Gewalt (als Zuerkennung des Seinen eines jeden nach dem Gesetz) in der Person des Richters [...]

Also sind es drei verschiedene Gewalten (potestas legislatoria, executoria, iudiciaria), wodurch der Staat (civitas) seine Autonomie hat, d. i. sich selbst nach Freiheitsgesetzen bildet und erhält. – In ihrer Vereinigung besteht das Heil des Staats (salus rei publicae suprema lex est); worunter man nicht das Wohl der Staatsbürger und ihre Glückseligkeit verstehen muß; denn die kann vielleicht (wie auch Rousseau behauptet) im Naturzustande, oder auch unter einer despotischen Regierung viel behaglicher und erwünschter ausfallen: sondern den Zustand der größten Übereinstimmung der Verfassung mit Rechtsprinzipien versteht, als nach welchem zu streben uns die Vernunft durch einen kategorischen Imperativ verbindlich macht. [...]

Die gesetzgebende Gewalt kann nur dem vereinigten Willen des Volkes zukommen. Denn da von ihr alles Recht ausgehen soll, so muß sie durch ihr Gesetz schlechterdings niemand unrecht tun können. Nun ist es, wenn jemand etwas gegen einen Andern verfügt, immer möglich, daß er ihm dadurch unrecht tue, nie aber in dem, was er über sich selbst beschließt (denn volenti non fit iniuria). Also kann nur der übereinstimmende und vereinigte Wille Aller, sofern ein jeder über Alle und Alle über einen jeden ebendasselbe beschließen, mithin nur der allgemein vereinigte Volkswille gesetzgebend sein.

Die zur Gesetzgebung vereinigten Glieder einer solchen Gesellschaft (societas civilis), d. i. eines Staates, heißen Staatsbürger (cives), und die rechtlichen, von ihrem Wesen (als solchem) unabtrennlichen Attribute derselben sind gesetzliche Freiheit, keinem anderen Gesetz zu gehorchen, als zu welchem er seine Beistimmung gegeben hat; bürgerliche Gleichheit, keinen Oberen im Volk in Ansehung seiner zu erkennen, als nur einen solchen, den er eben so rechtlich zu verbinden das moralische Vermögen hat, als dieser ihn verbinden kann; drittens das Attribut der bürgerlichen Selbständigkeit, seine Existenz und Erhaltung nicht der Willkür eines Anderen im Volke, sondern seinen eigenen Rechten und Kräften als Glied des gemeinen Wesens verdanken zu können, folglich die bürgerliche Persönlichkeit, in Rechtsangelegenheiten durch keinen Anderen vorgestellt werden zu dürfen.
(Immanuel Kant, Werke. Bd. VI. Berlin 1968, 313ff.)

T 13 Paul Achatius Pfizer: Der Liberalismus (1832)

Pfizer (1801–1867) war von 1831 bis 1838 Führer der liberalen Opposition in Württemberg.

Der Liberalismus ist es, der den erwachsenen Geist der Freiheit auf vernünftige Prinzipien zurück- und seinem höheren Ziel entgegenführt oder, wo er noch schlummert, durch bildende Institutionen und durch Aufklärung des Volks über seine Rechte und Interessen hin zu wecken sucht. Er will den trüb gewordenen Strom der Menschensatzungen von seinem Schlamme säubern und das verdorbene Recht aus seinem ewig frischen immer reinen Urquell, der Vernunft, erneuern. Wenn an die Stelle des Gesamtwohles das egoistische Sonderinteresse eines einzelnen Gewalthabers, einer herrschenden Partei oder einer bevorrechteten Kaste sich gesetzt hat, so leitet der Liberalismus den Staatszweck wieder auf das zurück, was die Gesamtheit in ihrem vernünftigen Interesse will oder wollen muß, und diesen Staatszweck sucht er mit möglichst geringer und möglichst gleicher Beschränkung der Freiheit aller zu erreichen. Eben deshalb bleibt auch sein letztes Ziel, auf dem Wege naturgemäßer Entwicklung des Volkslebens die Stufe zu erreichen, auf welcher die höchste und die gleichste Freiheit aller möglich ist. Welcher Grad von Freiheit und Gleichheit aber möglich sei, ohne die vernünftigen Zwecke des Staates und namentlich den, alle anderen Staatszwecke bedingenden, der friedlichen Koexistenz der Staatsgenossen zu gefährden oder zu vereiteln, ist nach der Verschiedenheit des Nationalcharakters, der Kulturperiode und der übrigen Momente des Volkslebens sehr verschieden. Dieselben Institutionen, welche bei einem gebildeten Volke die Schutzwehr aller Freiheit und die Lebensbedingungen des Fortschritts sind, Preßfreiheit, Volksvertretung, Schwurgerichte, Nationalbewaffnung, können bei einem ungebildeten, noch auf der Kindheitsstufe der Entwicklung stehenden Volke einer Quelle der Zerrüttung und Gesetzlosigkeit, ein Werkzeug der Gewalt und Unterdrückung werden, und von der bloß privatrechtlichen Freiheit und der rein passiven Gleichheit eines von jeder Teilnahme an der Staatsgewalt ausgeschlossenen Volks bis zur demokratischen Selbstregierung liegt eine weite Stufenreihe liberaler Institutionen in der Mitte, von denen der vernünftige Liberalismus keine weder unbedingt verwerfen noch für die absolut heilbringende erklären wird. [...]

Untersucht man aber den Gehalt der weiteren Anklagen (gegen den Liberalismus) genauer, so ist fürs erste unwahr, daß der Liberalismus jeden höheren positiven Inhalt des Rechtsgesetzes leugne und alles Recht zu einem mechanischen Rechenexempel mache, indem er kein höheres Gesetz erkenne, als den Willen der Majorität oder die Entscheidung der Stimmenmehrheit. Der Liberalismus behauptet zwar, daß bei der Entscheidung gemeinsamer Angelegenheiten dem Willen der Mehrheit von Rechts wegen der Vorzug vor dem Willen der Minderheit gebühre; aber sein oberstes Rechtsprinzip ist nicht unbedingt willkürliche Herrschaft der Majorität, sondern die möglichst größte Freiheit aller. Für ungerecht erklärt er insbesondere jede Mehrheitsentscheidung, welche die Minderheit gegen ihren Willen nach einem anderen Gesetz behandelt als nach demjenigen, welches die Mehrheit auch für sich als bindend aufstellt, und für unbedingt verwerflich gilt ihm jeder Majoritätsbeschluß, der dem Moralgesetz zuwiderläuft.

(P. A. Pfizer, Politische Aufsätze und Briefe, Frankfurt 1924. Nach: Dokumente zur deutschen Politik 1806–1870, hrsg. von Helge Pross. Fischer-Bücherei 415, S. 215ff.)

T 14 Aus der englischen Bill of Rights (1689)

Sie stellt das zum Gesetz gewordene Ergebnis der Glorreichen Revolution (1688) dar und beruht auf einer Abmachung zwischen dem Parlament und dem neuen König Wilhelm von Oranien.

Beide Häuser des Parlaments erklären,

1. daß die in Anspruch genommene Befugnis, Gesetze vorübergehend außer Kraft zu setzen oder den Vollzug von Gesetzen zu hemmen, auf königliche Autorität allein hin, ohne Zustimmung des Parlaments, ungesetzlich ist;
2. daß die in Anspruch genommene Befugnis, von Gesetzen zu entbinden [...], auf königliche Ermächtigung allein hin, wie sie in jüngster Zeit beansprucht und durchgeführt worden ist, ungesetzlich ist;
3. daß die (königliche) Verordnung über die Errichtung des Sondergerichtshofes für geistliche Angelegenheiten und anderer Gerichte und Sonderbehörden (Kommissariaten) ähnlicher Art ungesetzlich und gefährlich ist;
4. daß die Gelderhebung für Zwecke der Krone unter dem Vorwand der Prärogative [= Vorrecht des Herrschers] ohne Bewilligung des Parlaments, für längere Zeit oder in anderer Weise, als die Bewilligung bestimmt oder bestimmen wird, ungesetzlich ist;
5. daß die Untertanen das Recht der Bittschriften an den König besitzen und daß alle Verhaftungen und Verfolgungen wegen solcher Bittschriften ungesetzlich sind;
6. daß die Aufstellung und Unterhaltung eines stehenden Heeres im Königreich in Friedenszeiten ohne Bewilligung des Parlaments ungesetzlich ist;
7. daß die Untertanen, die Protestanten sind, Waffen tragen dürfen zu ihrer Verteidigung, wie es ihren Verhältnissen entspricht und wie es gesetzlich erlaubt ist;
8. daß die Parlamentswahlen frei sein sollen;
9. daß Redefreiheit, Debatten und Verhandlungen im Parlament nicht zum Gegenstand einer Anklage oder einer Untersuchung vor Gericht oder sonstwo gemacht werden dürfen;
10. daß übertrieben hohe Bürgschaften nicht gefordert und ebenso solche Geldbußen nicht auferlegt werden dürfen; ebenso dürfen grausame und ungewöhnliche Strafen nicht verhängt werden;
11. daß Geschworene ordnungsgemäß vorgeladen und entlassen werden müssen und daß Geschworene in Hochverratsprozessen Freisassen sein müssen;
12. daß alle Bewilligungen und Versprechungen von Geldbußen vor Überführung der beschuldigten Personen ungesetzlich und ungültig sind;
13. daß zum Zwecke der Abhilfe von Beschwerden, zur Verbesserung, Befestigung und Erhaltung der Gesetze Parlamentssitzungen häufig abgehalten werden sollen.

(G. Guggenbühl/H. G. Huber, Quellen zur Allgemeinen Geschichte. Bd. III. Zürich 1976, S. 242–246)

T 15 John Stuart Mill: Über die Repräsentativregierung (1860)

John Stuart Mill (1806–1873) war ein bedeutender englischer Liberaler, ein philosophischer und nationalökonomischer Schriftsteller und von 1856–68 Unterhausabgeordneter der Whigs.

Aus zahlreichen Erwägungen geht unwiderleglich hervor, daß die einzige Regierung, welche alle Forderungen des gesellschaftlichen Zustandes vollständig zu befriedigen vermag, die Beteiligung des ganzen Volkes voraussetzt; daß die Teilnahme an einem öffentlichen Geschäfte, selbst an dem kleinsten, ihren Nutzen hat; daß die Beteiligung überall so groß sein sollte, daß es der Grad der allgemeinen Entwicklung des Staates irgend gestattet, und daß als letztes Ziel nichts Geringeres wünschenswert sein kann, als die Zulassung aller zu einem Anteil an der souveränen Gewalt des Staates. Da aber in einem Gemeinwesen,

dessen Grenzen über die Mark einer einzigen kleinen Stadt hinausgehen, unmöglich alle Bürger sich persönlich an den wichtigeren Geschäften des Staatslebens beteiligen können, so folgt daraus, daß der ideale Typus einer vollkommenen Regierung eine Repräsentativregierung ist. [...]
Die wahre Aufgabe einer Repräsentativversammlung besteht nicht darin, das Geschäft der Regierung selbst zu verrichten, wozu sie ganz ungeeignet ist, sondern darin, die Regierung zu überwachen und zu kontrollieren, ihre Tätigkeit mit dem vollen Licht der Öffentlichkeit zu beleuchten, sie zu nötigen, ihre Handlungen, soweit sie bedenklich erscheinen können, zu erklären und zu rechtfertigen, zu rügen, was sich als verwerflich herausstellt, und wenn die Männer, welche die Regierung bilden, ihr Amt mißbrauchen, oder in einer Weise üben, die der unzweifelhaften, überlegten Meinung der Nation widerstrebt, sie aus diesem Amt zu entfernen und entweder ausdrücklich oder doch tatsächlich ihre Nachfolger zu ernennen. Es ist dies sicherlich eine weitgehende Macht und eine ausreichende Bürgschaft für die Freiheit des Volkes. [...]
Eine der größten Gefahren der Demokratie, wie aller anderen Regierungsformen, liegt also in dem sinistren [= unheilvollen] Interesse der Machtinhaber; es ist die Gefahr einer einseitigen Klassengesetzgebung, einer Regierung, welche zum dauernden Nachteil des Ganzen nur dem unmittelbaren Interesse der herrschenden Klasse zu dienen bestimmt ist, mag sie nun diesen Zweck erreichen oder nicht. Und eine der wichtigsten Fragen, die bei der Untersuchung über die beste Verfassung einer Repräsentativregierung in Betracht kommen, ist die Erwägung, wie man ausreichende Bürgschaften gegen diesen Übelstand beschaffen kann.
(John Stuart Mill, Gesammelte Werke. Deutsch von Th. Gompertz. Bd. 8. Leipzig 1873, S. 50, 75f., 97)

Problem und Diskussion

1 *Inwiefern kann man den Nationalismus als eine bürgerliche Bewegung bezeichnen? Welche Voraussetzungen hat er für die Durchsetzung der bürgerlichen Freiheiten geschaffen?*

2 *Warum wurde der Nationalismus zu einem zentralen politischen Ziel in Deutschland im 19. Jahrhundert?*

3 *Warum wurden die „Nation" und der „Nationalstaat" zu einem herausragenden politischen Ereignis in vielen Ländern im 18./19. Jahrhundert? (T 6, 7)*

4 *Worin unterscheiden sich der französische, der englische und der deutsche Nationalismus?*

5 *Beschreiben Sie die Eigenheiten des deutschen Nationalismus.*

6 *Wie wurde der bestehende Obrigkeitsstaat von der konservativen Staatslehre begründet (= legitimiert)? (T 8, 9)*

7 *Halten Sie ein National-/Staatsbewußtsein für die Existenz und Identität eines Staates und seiner Bevölkerung heute noch für notwendig?*
Welche Erfahrungen/Beobachtungen machen Sie mit dem National-/Staatsbewußtsein in der Bundesrepublik Deutschland oder in anderen Ländern?

8 *Was haben Nationalismus und Liberalismus miteinander zu tun? (T 10–12)*
Wie wirkte sich der Liberalismus auf die Produktionsverhältnisse aus? Welche Folgen hatte dies für den politischen Bereich?

9 *Welches politische und gesellschaftliche Programm vertrat der Liberalismus? (T 13)*

10 *Welche politischen, wirtschaftlichen und sozialen Möglichkeiten eröffnete der Liberalismus dem deutschen Bürgertum?*

11 *Welche Haltung nahm das liberale Bürgertum gegenüber dem Staat ein?*

12 *Welche Bedeutung hat der Liberalismus für die bürgerliche Verfassungsbewegung erhalten?*

13 *Welche Vorbildrolle hatte das britische Beispiel für die Gewährung der individuellen Freiheitsrechte? (T 14)*

14 *Arbeiten Sie die liberalen Auffassungen aus dem Text von Pfizer (T 13) heraus. Vergleichen Sie sie mit dem Allgemeinen Landrecht (T 1) und dem Oktoberedikt (T 2).*

15 *Wie sollte ein Staat nach J. St. Mill (T 15) organisiert sein?*
Welche fortschrittlichen Auffassungen über eine Verfassung sind in dem Text enthalten? Vergleichen Sie mit Pfizer (T 13).

16 *Nehmen Sie Stellung zur Auffassung: Ein freiheitlicher Staat braucht eine freie Wirtschaft.*

17 *Inwieweit wurde die „Judenfrage" durch Aufklärung und Liberalismus im Hinblick auf die Emanzipation der Juden vorangebracht?*

3. Der Kampf des politischen Liberalismus um Verwirklichung

3.1 Die Neuordnung des europäischen Staatensystems: Der Wiener Kongreß

Nachdem Napoleons Bestrebungen, die Vorherrschaft in Europa mit militärischer Gewalt zu erlangen, an der Koalition der russischen, preußischen und österreichischen Monarchen gescheitert waren, mußten die Verhältnisse in Europa neu geordnet werden. Das war nicht nur in den unter Napoleon entstandenen machtpolitischen Verschiebungen begründet; grundlegende Gedanken der Französischen Revolution und die Aufrufe der Herrschenden an die Völker zum Freiheitskampf gegen den Kaiser der Franzosen hatten so viele Kräfte mobilisiert, daß die alten absolutistischen Ordnungen in Frage gestellt wurden und nicht ohne weiteres wiederherzustellen waren.

Der **Restauration**, wie die Wissenschaft diese Wiederherstellung nennt, stand die liberale, z. T. revolutionäre Opposition gegenüber, die – gestützt auf die Gedanken der Aufklärung und der amerikanischen und französischen Verfassungen – die Beteiligung von Vertretern des Volkes an der Regierung verlangte („Volkssouveränität"). Obgleich es zwischen diesen beiden gegensätzlichen Kräften immer wieder Kompromisse gab, zog sich die Auseinandersetzung in Deutschland durch das gesamte 19. Jahrhundert, bis sich mit dem Ende des Ersten Weltkriegs der Anspruch fürstlicher „Legitimität" – von Gott zur Herrschaft berufen zu sein – nicht mehr halten ließ.

Der **Wiener Kongreß** (18. 9.1814 – 9. 6. 1815) hatte – dem Friedensvertrag von Paris entsprechend – die Ordnungsaufgabe übernommen. Am Kongreß nahmen insgesamt etwa 200 Abgesandte europäischer Mächte teil; maßgebend aber waren die Repräsentanten der Großmächte: Zar Alexander I. bzw. Graf Nesselrode für Rußland, Außenminister Castlereagh bzw. Wellington für Großbritannien, Hardenberg und Wilhelm v. Humboldt für Preußen, Fürst Metternich, der auch den Vorsitz im wichtigen europäischen Ausschuß führte, für Österreich. Ein daneben existierender deutscher Ausschuß – Preußen, Österreich, Hannover (jetzt Königreich), Bayern, Württemberg – hatte die Aufgabe, eine deutsche Verfassung auszuarbeiten.

Hauptziel des Kongresses aber war die Wiederherstellung des europäischen Gleichgewichts, das durch Napoleons Hegemonialpolitik aus den Fugen geraten war. In diesem Punkt fand Metternich vor allem die Unterstützung Castlereaghs, der dieses Gleichgewicht auf dem Kontinent schon deshalb für notwendig hielt, damit die Briten in Übersee ihren handels- und kolonialpolitischen Interessen ungestört nachgehen konnten.

Die Großmächte wollten auch – gegen die Parolen der Revolution – die obengenannte „Legitimität" wiederhergestellt sehen, woraufhin sie dem französischen Außenminister Talleyrand zustimmen mußten, als dieser sich anschickte, den Bourbonen den französischen Thron zurückzugewinnen und damit Frankreich wieder in den Kreis der Großmächte einzubringen. Das Beharren auf dem monarchischen Prinzip führte schließlich zur Solidarisierung der maßgebenden Mächte bei der Abwehr aller revolutionären Tendenzen, auch wenn sogar konservative Politiker sahen, daß die absolutistische Trennung von Staat und Gesellschaft nun nicht mehr länger durchzuhalten war: man konnte im Grunde an der öffentlichen Meinung nicht vorübergehen.

Die für die europäische Zukunft wichtige, auf Frieden gerichtete Arbeit des Kongresses wurde durch die Machtinteressen der Einzelstaaten belastet. Trotz allen Gleichgewichtsdenkens gab es hier gefährliche Gegensätze. So beanspruchte Rußland das gesamte Polen, d. h. auch die in den vorausgegangenen Teilungen an Österreich und Preußen gefallenen Teile. Als Preußen mit Sachsen entschädigt werden wollte, was ihm einen bedeutenden zusammenhängenden Gebietszuwachs eingebracht hätte, spitzte sich die Lage zu. Um zu verhindern, daß Preußen oder Rußland zu stark werden würden, schlossen Österreich, Großbritannien und Frankreich eine Allianz. Preußen mußte sich beugen und mit dem nördlichen Teil Sachsens zufrieden geben,

Auf dem Wiener Kongreß 1815 verhandeln Gesandte der europäischen Staaten. Ⓐ Fürst Metternich, Ⓑ der Außenminister Großbritanniens (Castlereagh), Ⓒ der Außenminister Frankreichs (Talleyrand), Ⓓ der Außenminister Preußens (Hardenberg).

während der südliche mit Leipzig und Dresden als „Königreich Sachsen" erhalten blieb. Dafür fielen Preußen Posen und Thorn wieder zu und dazu die Herrschaft über das schwedische Vorpommern, über die Rheinprovinz (Kurtrier, Kurköln, Aachen, Jülich und Berg) und Westfalen – Gebiete, die ohne Zusammenhang mit Preußen weit im Westen lagen. Mit der Industrialisierung allerdings wird das Land an Rhein und Ruhr Preußen zur stärksten deutschen Wirtschaftsmacht aufsteigen lassen, was seinem bisher von Militär und Verwaltung geprägtem Selbstverständnis eine neue Richtung geben wird.

Der größte Teil des Herzogtums Warschau fiel als „Königreich Polen" (Kongreßpolen) an Rußland und wurde in Personalunion regiert. Rußland stieß damit weit nach Mitteleuropa hinein und erhielt ein neues Gewicht im Konzert der europäischen Mächte.

Auch Österreich, das den Schutz für Sachsen und für die kleinen deutschen Staaten garantierte, hatte Interessen anzumelden. Es gab seine weit verstreut liegenden Gebiete in Oberdeutschland (u. a. den Breisgau) und Belgien zur Gründung des Königreiches der Vereinigten Niederlande hin, schuf sich aber im Südosten Europas zusammenhängende Gebiete mit Salzburg, dem Innviertel, Tirol (von Bayern), Kärnten, Krain, Galizien (Polen) und errang schließlich die Herrschaft über die Lombardei und Venetien, die Toscana, Modena, Parma, Piacenza, wo z. T. die alten, Österreich verbundenen Dynastien wiederhergestellt wurden. Österreich hatte jedenfalls den stärksten Einfluß im zersplitterten Italien, das wie Deutschland zu einem Nationalstaat drängte.

Bayern konnte sein Königreich abrunden, indem ihm Ansbach und Bayreuth (von Preußen) zufielen, dazu Augsburg und Nürnberg.

Schweden mußte Vorpommern an Preußen abtreten, konnte dafür aber in Personalunion über das bisher dänische Norwegen regieren: es sollte gegenüber Rußland mächtig genug sein. Und Ruß-

Der Deutsche Bund 1815–1866

land zeigte sich mit dieser Kräfteverlagerung einverstanden, weil ihm Finnland erhalten blieb. Frankreich wurde nun wieder auf seine Grenzen von 1790 verwiesen und war von starken Kräften umgeben – die Vereinigten Niederlande (Belgien/Holland) im Norden, Preußen am Rhein, das um Savoyen verstärkte Königreich Piemont/Sardinien im Südosten, die wieder errichteten Königreiche Spanien und Portugal im Süden – aber es erhielt wieder eine bedeutende Position unter den europäischen Großmächten.

Ein wesentliches Problem der Gleichgewichtspolitik aber war Deutschland (die deutsche Frage). Seine Einzelstaaten hatten sich – z. T. unter Napoleon und hier oft auf Kosten geistlicher Gebiete, z. T. durch die Entscheidungen des Wiener Kongresses – zu gewichtigen Territorien entwickelt. Die im Aufstand gegen Napoleon gewachsenen nationalen Kräfte wollten diese Territorien zu einem Nationalstaat zusammenfassen. Das aber hätte das europäische Gleichgewicht gesprengt und hätte den Vielvölkerstaat Österreich in eine unglückliche Lage gebracht; denn viele seiner Untertanen konnten der Nation nicht gerecht werden. Die Lösung sollte ein Staatenbund unter

Österreichs Führung sein: der **Deutsche Bund** (1815–1866), eine lose Vereinigung von 35 souveränen deutschen Einzelstaaten und vier Freien Städten. Österreich war nur an einem losen Staatenbund interessiert, im Gegensatz zur deutschen Nationalbewegung, die einen einheitlichen Nationalstaat erstrebte. Nach Metternich beruhte der Deutsche Bund auf dem Gleichgewicht der Einzelstaaten zur Sicherung des Friedens in Europa. Deshalb kam auch keine Nachfolgeinstitution des Heiligen Römischen Reiches Deutscher Nation in Frage. Die preußischen Provinzen Ost- und Westpreußen und Posen, ebenso Teile des österreichischen Gesamtstaats, u.a. Ungarn, Galizien, Lombardo-Venezien, blieben außerhalb des Bundes. Über die Verfassung dieses Bundes diskutierte der deutsche Ausschuß so lange, bis er nur noch ein einziges Verfassungsorgan hatte: die Bundesversammlung in Frankfurt, später „Bundestag“ genannt. Alle übrigen hoheitlichen Angelegenheiten – Legislative, Exekutive und Rechtsprechung – blieben Sache der Einzelstaaten. So war diesen durch die am 8. Juni 1815 verabschiedete **Deutsche Bundesakte** auch aufgegeben, eine „landständische Verfassung“ für sich zu schaffen. Hier wurde deutlich, daß Metternich die Restauration gewollt und möglich gemacht hatte. Mit der von den Liberalen erstrebten Volkssouveränität hatten die neuen Länderverfassungen nichts zu tun. Auch die in der Bundesakte vorgesehenen „ständischen“ Vertretungen für die deutschen Einzelstaaten sollten keine „Repräsentation“, d. h. nicht Ausdruck des Prinzips der Volkssouveränität sein. Den mediatisierten Fürsten sollten erbliche Sitze in den Landständen als Entschädigung für die verlorenen politischen Positionen gesichert werden. „Die gesamte Staatsgewalt [bleibt] in dem Oberhaupte des Staates vereinigt...“, besagt Art. 13 der Bundesakte. Die tatsächlich verfügten deutschen Landesverfassungen – 1818/19 in Bayern, Hessen-Darmstadt, Baden und Württemberg (nur in Württemberg wurde sie zwischen dem König und den Ständen ausgehandelt) richteten sich danach (s. unten).
Zar Alexander I. wollte im September 1815 mit einer **„Heiligen Allianz“**, zunächst zwischen Rußland, Preußen und Österreich, die Beziehungen der Völker auf eine ethisch-christliche Basis stellen. Der Kongreß, vor allem Metternich, veränderte den Textvorschlag ganz im Sinne der Restauration. Er betonte die Solidarität der Monarchen, die sich zur Wahrung monarchischer Prinzipien und der Legitimität auf der Grundlage des Christentums verpflichteten.
So ist manche gute Absicht an den Realitäten gescheitert. Aber wenn auch der Deutsche Bund ein nur schwaches Gefüge war und wenn keiner der Mitwirkenden am Wiener Kongreß seine Interessen wirklich hinter die des gemeinsamen europäischen Anliegens zurückstecken wollte, so brachte die Neuordnung doch Europa für ein halbes Jahrhundert, bis 1866, Frieden.
Dem Wiener Kongreß folgten andere Konferenzen, die gegen den Liberalismus und Nationalismus arbeiteten. 1819 faßten Preußen, Österreich und Vertreter von acht weiteren Bundesstaaten die **„Karlsbader Beschlüsse“** (T 18), praktisch als Antwort auf die Ermordung des russischen Generalkonsuls Kotzebue durch den deutschen Burschenschafter Karl Sand. Sie wurden als Bundesrecht beim Bundestag durchgesetzt, obwohl sie tief in die Rechte der Gliedstaaten und ihrer Untertanen eingriffen. Es gab nun eine Vorzensur für Zeitungen und andere Druckwerke, ein Verbot der Burschenschaften, die staatliche Überwachung der Studenten und Universitätslehrer und ähnliche Maßnahmen. Der Begriff „Polizeistaat“, bis dahin im Sinne von „Verwaltungsstaat“ gebraucht, erhielt eine neue Qualität. Das Leben in Deutschland wurde ins Innerliche, Biedermeierliche, in die Wissenschaft und ins Reich der Gedanken, insgesamt ins Apolitische abgedrängt.
Die Wiener Konferenzen vom November 1819 bis zum Mai 1820 dienten der Vereinbarung eines zweiten Bundesgrundgesetzes, das als **Wiener Schlußakte** vom 15. Mai 1820 (T 19) gleichwertig neben die Deutsche Bundesakte trat. Sie enthält vor allem eine Reihe von Ergänzungen zum Prinzip der landständischen Verfassung, die z. T. eine Begrenzung (z. B. durch das „monarchische Prinzip“, wonach die „gesamte Staatsgewalt im Oberhaupt des Staates vereinigt“ bleiben müsse), z. T. eine Festigung des Verfassungsgedankens zur Folge hatten. Österreich und Preußen hielten sich nicht daran, entsprechende Verfassungen zu schaffen.

3.2 Die süddeutsche Verfassungsbewegung

Die Errungenschaften der Französischen Revolution wurden vor allem in den zeitweise im französischen Macht- und Einflußbereich liegenden deutschen Landen – im linksrheinischen Deutschland sowie in Baden, Württemberg und Bayern – durchzusetzen versucht. Besonders in Südwestdeutschland fanden die republikanischen Bestrebungen breitere Unterstützung. Einig waren sich die verschiedenen Oppositionszirkel allerdings nur in der Ablehnung des bisherigen Regimes. Von einem Volksaufstand konnte nicht die Rede sein. Die Mehrheit in den Städten und auf dem Lande unterstützte weder die Reformpolitik noch teilte sie die Revolutionsbegeisterung einer Minderheit wie die des sogenannten süddeutschen Jakobinismus.

Bald nach dem Sturz Napoleons, 1814, hatte König Ludwig XVIII., ein Bruder des hingerichteten Ludwig XVI., Frankreich eine Verfassung gegeben. Diese **Charte constitutionelle** sah zwei Kammern vor. Die Mitglieder der ersten ernannte der König, die der zweiten wurden nach dem Zensuswahlrecht gewählt, das nur einem kleinen Teil der Bevölkerung eine Stimme gewährte. Den Aufbau von Staat und Verwaltung ließ die Charte unverändert bestehen. Wesentlich war, daß die Menschen- und Bürgerrechte in ihr ausdrücklich garantiert waren und die Rechtsprechung bei unabhängigen Gerichten lag. Die Regierung war aber keineswegs dem Parlament verantwortlich.

Die Charte wurde fortschrittlicheren Staaten zum Vorbild. So entstanden in Deutschland – zuerst in Sachsen-Weimar, 1816 – die ersten geschriebenen Verfassungen mit Grundrechten und Gewaltenteilung, Zweikammersystem, bürgerlichem Wahlrecht und freiem Abgeordnetenmandat; all das freilich nicht in unserem heutigen Sinne. Diese sogenannten **frühkonstitutionellen Verfassungen** waren ein Kompromiß: die überkommene monarchische Herrschaftsgewalt wurde mit bürgerlich-liberalen Freiheits- und Mitbestimmungsrechten verbunden. Der eine Typ war die vom Fürsten verordnete (oktroyierte) Verfassung (1818 in Bayern und Baden, 1820 in Hessen-Darmstadt), der andere die zwischen Fürst und Ständevertretung vereinbarte Verfassung (Württemberg, 1819).

Die süddeutschen Verfassungen berücksichtigten mit den Grundrechten den Grundsatz der „natürlichen" Gleichheit aller Menschen. Durch die Bestimmungen über die Staatsangehörigkeit, die Gleichheit vor dem Gesetz, die Freiheit der Person, der Meinung, des Berufs (u.a. die Ausdehnung der Gewerbefreiheit nach den Ideen des Württembergers Friedrich List, s. D 4.1), das Recht auf Eigentum usw. entwickelten sich die Grundformen der modernen bürgerlichen Staats- und Gesellschaftsordnung; sie beeinflußten den staats- und gesellschaftspolitischen Wandel. Nun wurden alle Bürger zu den öffentlichen Ämtern zugelassen; die Wehr- und Steuerpflicht wurden eingeführt.

Neben Krone, Verwaltung und Adel traten als neues Element die gewählten Volksvertreter. Aber waren es demokratische Verfassungen? Gab es wirklich politische Gleichheit? Der grundbesitzende Adel war in der Ersten Kammer zahlenmäßig bevorzugt, das gebildete und besitzende Bürgertum in der Zweiten. Vom Grundsatz der Gleichheit aller Menschen war man weit entfernt. Dennoch wurden die süddeutschen Verfassungen durch ihren fortschrittlicheren Gehalt wichtig für die weitere verfassungspolitische Entwicklung in Deutschland.

Baden (unter Großherzog Karl) folgte den neuen konstitutionellen Vorstellungen am weitesten: gleich, welchem Stand zugehörig, hatte jeder Bürger das aktive Wahlrecht. Lediglich das passive Wahlrecht blieb an eine bestimmte Steuerleistung gebunden (T 21). Die **bayerische Verfassung** von 1808 (König Max Joseph) war noch Ausdruck des aufgeklärten Absolutismus und des bürokratischen Zentralismus und faßte lediglich das gesamte Staatsrecht zusammen. Erst nach dem Sturz Montgelas', des durchaus verdienstvollen Leitenden Ministers (s. A 5.4), war eine neue bayerische Verfassung (1818, unter Maximilian I.) möglich geworden, die den Bürgern Mitwirkungsrechte einräumte.

Württemberg war der einzige der deutschen Staaten, der seine Verfassung (1819, König Wilhelm I.) nicht als das Geschenk des Fürsten an seine Untertanen betrachten mußte: sie war mit dem großenteils bürgerlich-liberalen Landtag ausgehandelt worden – eine moderne Repräsentativverfassung, in deren Rahmen sich ein konstitutionelles, d. h. auf einer Verfassung beruhendes Staatsleben entfalten konnte (T 20).
Auch wenn dem Landtag nur das Recht der Steuerbewilligung und der beratenden Mitwirkung bei der Gesetzgebung sowie der Beschwerde an den Fürsten, jedoch keine Gesetzesinitiative zustanden und er keinen Einfluß auf die Bildung und Fortdauer einer Regierung hatte, so wurden die süddeutschen Landtage doch zur politischen Schule des **„Vormärz"**, wie die Epoche der liberalen Entwicklungen zwischen 1815 und 1848 genannt wird. Vor 1830 entstanden fünfzehn Verfassungen in Deutschland aufgrund des Artikels 13 der Deutschen Bundesakte. Sie hatten das Zusammengehörigkeitsgefühl der oft aus vielen neuen Teilen zusammengesetzten Länder gefördert. Jedoch hatte sich auch in den Verfassungsstaaten im Vormärz unter dem Druck von Zensur und Polizei ein freies öffentliches Leben nicht wirklich entfalten können.

3.3 Der preußische Beamtenstaat und die Ansätze der bürgerlichen Revolution in Deutschland

Am Beispiel Preußens läßt sich die Spannung zwischen einer Regierung beobachten, die wirtschaftlich liberal, im übrigen aber restaurativ eingestellt ist, und einer Gesellschaft, die wirtschaftlich in der Entwicklung begriffen, politisch aber Einschränkungen unterworfen ist. Entwurf und Ausführung der preußischen Reformgesetze waren das Werk der Verwaltung. Diese blieb nach der beträchtlichen Ausdehnung Preußens, besonders nach Westen, die einzige Instanz, die die Einheit des Staates gegenüber dem wirtschaftlichen, sozialen und konfessionellen Eigenleben der Landschaften und Provinzen verbürgte. König **Friedrich Wilhelm III.** hatte zwar in der Notzeit der Befreiungskriege ein Verfassungsversprechen gegeben und später mehrfach wiederholt, aber als Voraussetzung für eine Verfassung erschien es der Verwaltung notwendig zu sein, für alle Bevölkerungsschichten und Landesteile erst einmal eine gemeinsame Wirtschafts- und Sozialordnung zu schaffen.
Die **Beamtenschaft** konnte in gewissem Sinne als Repräsentant der führenden Schichten gelten, da sie, unabhängig vom Monarchen, auf breiter kollegialer Basis arbeitete und ihre Mitglieder aus den politisch mitspracheberechtigten Schichten des Adels und des Bürgertums stammten. Seit 1825 stieg der Anteil des Adels an den Spitzenstellungen der Verwaltung wieder, die juristisch gebildeten Bürgerlichen wurden auf die technische Seite der Verwaltung abgedrängt. Hinzu kam, daß auf der Kreisebene, besonders im Osten Preußens, sich der Adel seine Stellung zu bewahren gewußt hatte. Seit 1816 wählte der Adel den Landrat, der – ausgenommen die Justiz – über alles im Kreis die Aufsicht führte und der verantwortliche Vertreter der Regierung war.
Die Reformen der preußischen Verwaltung stagnierten. Die entsprechend der Entwicklung geforderte Zusammenarbeit der Verwaltung mit den Selbstverwaltungskörperschaften der Städte, Kreise und Provinzen unterblieb. Statt dessen wurde die Verwaltung hinter ihrem bürokratischen Apparat „unsichtbar". Die Magistrate der Städte z. B. konnten zwar Anträge bei den Regierungen einreichen, hatten jedoch jede Entscheidung entgegenzunehmen.
Die regionale gewerbliche Wirtschaft (Handwerker, Manufakturen, erste Fabriken) hatte keine Möglichkeit, ihre Interessen bei der Verwaltungsspitze in Berlin deutlich zu vertreten.
Im Laufe der Jahre wuchs in den preußischen Provinzen der Widerstand gegen das ständisch-grundbesitzende Wahlsystem zu den Landtagen. Besonders das steuerbegünstigte Bürgertum (die eximierte Intelligenz, s. 1.1) drängte in die Landtage. Die Liberalen wurden zudem nicht müde,

auf das Mißverhältnis zwischen Steuerleistung und der Zahl der Abgeordneten im Landtag hinzuweisen. Die wenigen städtischen Vertreter repräsentierten wesentlich mehr an Steuerleistung als die vielen, weithin steuerfreien adligen Standesvertreter. Ein Bürgertum, das durch Besitz und Bildung selbstbewußt geworden war, verlangte Teilhabe am politischen Leben und Kontrolle des Staatsapparats.
Die **deutsche Nationalbewegung,** die in den Freiheitskriegen ihren Kampf nicht nur gegen die französische Fremdherrschaft, sondern auch um nationalstaatliche Einheit und staatsbürgerliche Freiheit geführt hatte, fühlte sich durch die Errichtung eines losen deutschen Staatenbundes – wie durch die Restauration insgesamt – betrogen. Radikal und unbefangener als die vorausgegangene Reformbewegung öffnete sich der junge Nationalismus den liberalen und demokratischen Ideen Westeuropas. Nach ihren Verfassungsidealen würde er sich mit einem deutschen Bundesstaat abgefunden haben, wenn die nationale Einheit dabei in einem machtvollen Kaisertum zusammen mit einer gewählten Volksvertretung ihre Doppelrepräsentation erhalten hätte.
Aus diesen Ideen entstand das **Wartburgfest** (18./19. Oktober 1817) der 1812 gegründeten **Burschenschaften** (T 22). Äußerer Anlaß war das Gedenken an die Reformation Luthers (1517) sowie an die Völkerschlacht von Leipzig (Oktober 1813), tatsächlich aber ging es um die nach den Freiheitskriegen enttäuschten Hoffnungen nach nationaler Einheit, um das Eintreten für vaterländische Tugenden, für Verfassungen, für politische und wirtschaftliche Nationaleinheit in Deutschland, für konstitutionelle Monarchie mit landständischer Verfassung und Ministerverantwortlichkeit, für Gleichheit vor dem Gesetz, für Öffentlichkeit der Rechtspflege, für die Einführung von Schwurgerichten, für die Schaffung eines deutschen Gesetzbuches, für den Schutz von Freiheit und Eigentum, für die Abschaffung der Geburtsvorrechte und der Leibeigenschaft, für die Garantie der Meinungs- und Pressefreiheit. Auf dem Wartburgfest wurden reaktionäre, „undeutsche" Bücher verbrannt, dazu Korporalstock und Haarzopf als Symbole der Restauration.
Der **süddeutsche Liberalismus** schließlich wollte die Grundrechte gegen den Staat und gegen die überkommenen Rechte von ständischen Korporationen durchsetzen sowie das konstitutionelle System ausbauen, die Rolle der Volksvertretung stärker betonen. Ein mehr rechter Flügel unter süddeutschen Professoren und vor allem rheinischen Unternehmern (s. 2.4 u. T 24) opponierte schärfer gegen die bürokratische Gängelung der Wirtschaft und war für ein starkes, auf dem Zensuswahlrecht beruhendes Parlament. Gemeinsam war den Liberalen der Kampf für den Verfassungsstaat und den Nationalstaat. Die volkstümliche Verbreitung des Liberalismus zeigte sich in der Entstehung von geselligen und Bildungsvereinen, in Sänger-, Turner- und Schützenfesten, Denkmälern, politischer Lyrik usw. Nachdem Frankreich eine diplomatische Niederlage in Ägypten erlitten hatte, wollte es im Jahre 1840 die Rheingrenze kompensatorisch wiedergewinnen. Damit erregte es das deutsche Nationalgefühl im besonderen Maße. Es entstanden damals das „Rheinlied" („Sie sollen ihn nicht haben, den freien deutschen Rhein ..."), die „Wacht am Rhein" und das Deutschlandlied von August Heinrich Hoffmann von Fallersleben (1841).
Die **Radikalen** (Demokraten), darunter Karl Hecker und Gustav v. Struve, Bruno Bauer und Karl Marx, waren für freies und gleiches Wahlrecht, für die direkte Demokratie. Im September 1847 trafen sich die badischen Radikalen in Offenburg und proklamierten ein Programm (T 25). Wenige Wochen danach, im Oktober 1847, tagten Liberale in Heppenheim a. d. Bergstraße. Sie setzten sich in ihrer „Erklärung" für eine konstitutionelle Monarchie sowie die Stärkung des Zollvereins (s. D 4.1) ein und lehnte den (unwirksamen) Bundestag ab. Schließlich entstand aus dem demokratisch-gleichheitlichen Radikalismus die sozialistische Bewegung für Freiheit, Gleichheit und Brüderlichkeit – eine Verbindung radikaler Intellektueller mit Handwerksgesellen.
Der Beitrag Südwestdeutschlands zur Ausbildung des liberalen und demokratischen Gedankenguts blieb im 19. Jahrhundert bedeutend. Das Rotteck-Welckersche Staatslexikon wurde zu einem programmatischen Buch des Liberalismus. Gustav v. Struve leistete von Baden aus

wichtige Beiträge zur Verbreitung des demokratischen Konzepts („Grundzüge der Staatswissenschaft") (T 26).
Nach europaweit von den Demokraten begrüßten Aufständen in den 20er Jahren in Griechenland (gegen die türkische Herrschaft) in Oberitalien und im russischen Teil Polens (1830/31, s. 4.1) sowie nach der Trennung der Belgier von den Niederlanden (1830; s. 4.2) und im Blick auf die Unruhen in Frankreich seit der Julirevolution von 1830 veranstalteten die Demokraten mit ca. 30 000 Menschen aus allen bürgerlichen Schichten im Mai 1832 ein eindrucksvolles politisches Fest auf der Schloßruine von Hambach bei Neustadt in der damals bayerischen Rheinpfalz. Unter der schwarz-rot-goldenen Fahne, den Farben der Jenaer Urburschenschaft von 1815, traten sie auf dem sog. **Hambacher Fest** für einen deutschen republikanischen Einheitsstaat ein. Sie erklärten ihre Solidarität mit den durch Abordnungen vertretenen polnischen Emigranten und Franzosen und forderten die „vereinigten Freistaaten Deutschlands" sowie ein „konföderiertes republikanisches Europa" – so einer der Hauptredner der Veranstaltung, der Journalist J. G. A. Wirth aus München (T 23), der bald verhaftet wurde, während andere Teilnehmer ins Ausland fliehen konnten.

T 16 Wilhelm von Humboldt: Preußen und der Deutsche Bund (1816)

W. v. Humboldt, der als preußischer Gesandter Hardenberg auf den Wiener Kongreß begleitete, äußerte sich in einer Denkschrift vom 30. 9. 1816 an Hardenberg.

Man wird Deutschland nie hindern können, auf irgendeine Weise Ein Staat und Eine Nation sein zu wollen; die Neigung, wenn nicht nach Einheit, wenigstens doch nach irgendeinem Verbande, liegt, ohne daß man sie austilgen kann, in allen Köpfen und Gemütern, und hätte man Österreich und Preußen dieser Vereinigung abgeneigt gefunden, so würde man sie ohne beide versucht haben. Dazu kam, daß man durch den Rheinbund schon an eine Verbindung gewöhnt war, welche diese beiden Mächte ausschloß und daß Bayern und Württemberg, wenn Österreich und Preußen sich zurückgezogen hätten, ebenso begierig einen Bund gesucht haben würden, als sie sich jetzt dagegen sträubten. Österreich hätte nun vielleicht auch einem solchen Bunde mit der Gleichgültigkeit zugesehen, welche man manchmal an dem Wiener Kabinette wahrnimmt; allein in Preußen wäre eine solche Gleichgültigkeit nicht möglich gewesen, und die getrennte Lage seiner Besitzungen und die größere Zerstückelung des nördlichen als des südlichen Deutschlands macht alle Verhältnisse mit den kleineren Fürsten für Preußen wichtiger und verwikkelter. Besteht man aber nicht auch darauf, daß wirklich ein Bund ohne die beiden größten Mächte Deutschlands hätte geschlossen werden können, so erforderte dennoch immer das sonderbare Nebeneinanderstehen durchaus ungleicher, und doch, nach der Vernichtung des Deutschen Reichs, dem Namen und nach der des Rheinbundes auch der Tat nach unabhängig gewordener Staaten sowohl für Deutschlands als Europas Ruhe irgendeine Einrichtung, welche der politischen Beweglichkeit dieser kleineren Ländermassen Schranken setzte und den größeren das Recht wenigstens einiger Kontrolle gab. Sowohl das Suchen der kleineren nach Beschirmung als das Buhlen der größeren, ihnen den Schirm gegen Abhängigkeit zu verkaufen, hätte Unruhe und Zwist, auf alle Fälle aber bald gerechtes, bald grundloses Mißtrauen erregt. Es ist zwar allerdings wahr, daß diesen Gefahren durch die gegenwärtige Bundesakte, die den Bündnissen der einzelnen ein viel zu freies Feld läßt, bei weitem nicht ganz vorgebeugt wird. Aber es ist doch die Form gegeben, in welcher der kleinere Staat ohne Demütigung Schutz suchen und der größere ohne Anmaßung von dem politischen Betragen des kleineren Rechenschaft fordern kann. [...]

Ich muß hier eine Idee erwähnen, die gewiß viele für vorzüglicher als die Schließung eines allgemeinen Bundes gehalten hätten, die Stiftung eines besondern nordischen zwischen Preußen und den norddeutschen Fürsten. Die Ausführung eines solchen Planes würde der größten Schwierigkeit unterliegen. Allein Preußen hätte denselben ausführen oder bloß danach ringen oder selbst nur in dem Verdacht stehen mögen, dies zu tun, so wäre sein Verhältnis zu seinen Nachbarn im Norden ohne einen allgemeinen Bund immer ein Gegenstand des Mißtrauens, der Eifersucht und des Zwiespaltes mit Österreich geworden.

Wenn man etwa glaubt, daß Österreich darum jedem Verhältnisse im nördlichen Deutschland ruhig zugesehen haben würde, daß ihm Preußen das südliche überließ, so begeht man denselben Irrtum, welcher allen Plänen von einer Teilung Deutschlands in Süd- und Norddeutschland zum Grunde liegt. Man bedenkt nämlich nicht, daß Österreich im Süden gar keine Herrschaft ausüben kann, ohne nicht Bayern zu gebieten und daß die österreichische Staatsmaschine ganz andere Hebel und Kräfte besitzen müßte, als ihr nun eigen sind, um über Bayern nur in einiger

Art eigentlich gebieten zu können. Bei einer solchen Teilung erhielte daher Preußen viel, und Österreich ginge beinahe leer aus.
Ein allgemeiner Deutscher Bund war demnach die einzige politische Form, durch welche sich die ungleichartige Masse großer und kleiner Fürsten, welche Deutschland umfaßt, in eine Gestalt bringen ließ, welche die Ruhe sichert, Mißtrauen entfernt und unnütz macht und die gesetzmäßige Möglichkeit begründet, denjenigen, welcher irgend gerechten Verdacht erregt, zur Rechenschaft zu ziehen. Dieser Vorteil ist vorzüglich für Preußen, sowohl an sich als in Rücksicht auf Österreich, sehr bedeutend, und er fließt großenteils schon aus dem bloßen Dasein des Bundes her, welches auch seine Beschaffenheit sei, indem das bloße Dasein, auch im ungünstigsten Fall, doch diejenigen fremden Verbindungen ausschließt, welche Deutschland oder Preußen oder beiden gefährlich werden könnten. Die Notwendigkeit, Deutschland und dadurch Europa durch verstärkte Macht zu sichern, ist ein Hauptgrund der Stiftung des Deutschen Bundes, auch bei den fremden Mächten gewesen.
(Wilhelm von Humboldt, Schriften zur Politik und zum Bildungswesen. Werke in fünf Bänden. Bd. 4. Darmstadt [2]1969, S. 350–354)

T 17 Friedrich L. von Blittersdorf: Bundespolitik aus europäischem Standpunkt (1822)

Der badische Bevollmächtigte beim Deutschen Bundestag legt in einem Bericht an den badischen Außenminister v. Berstett die Idee einer deutschen Trias dar. Ähnliche Ideen im Gegensatz zu Preußen (s. Denkschrift Humboldts T 16) vertrat der württembergische Gesandte beim Deutschen Bund.

[...]
3. Eigentlich neutral seinem Wesen nach kann der Deutsche Bund mithin nur alsdann sein, wenn ein verhältnismäßiges Gegengewicht unter seinen Teilen besteht. – Dieses Gegengewicht kann einzig und allein darin gefunden werden, wenn Österreich seine eigene Bundespolitik verfolgt und ebenso Preußen und wenn die übrigen kleineren Bundesstaaten vereint sich den beiden großen Bundesmächten an die Seite stellen. – Hierin besteht die Trias des Bundes, welche sich sogar in der materiellen Macht der einzelnen Teile wiederfindet, indem auf jeden der drei Teile ca. 10 Millionen Seelen fallen.
4. Aus dem gemeinschaftlichen Produkt dieser ihrer Tendenz nach notwendigen Politik der Trias entsteht die eigentliche europäische Politik des Deutschen Bundes, bei welcher die vereinten kleineren Bundesstaaten die Rolle der Konkubine zu spielen haben. Abwechselnd müssen sie bald Österreich, bald Preußen sich in die Arme zu werfen scheinen, sich aber niemals so blindlings hingeben, daß sie sich nicht auch an Dritte mit ihrem Vertrauen und besonders alsdann wenden könnten, wenn ihre beiden gesetzlichen Bewerber gemeinschaftliche Sache machen wollten, um sich der Braut mit Gewalt zu bemeistern.
[...]
Greift Frankreich Preußen an, so würde sich bei gemeinschaftlicher Gefahr unter vorzüglicher Mitwirkung der kleineren deutschen Bundesstaaten unfehlbar zum Schutze des angegriffenen Staates eine mächtige Koalition bilden, welcher auch Frankreich zu widerstehen unfähig sein dürfte. Will aber Preußen angreifend gegen Frankreich zu Werke gehen, so würde es von den übrigen Bundesgliedern verlassen und dadurch zum schleunigen Frieden genötigt werden. In allen diesen, so wie in den sonst gedenkbaren Fällen ist die Rolle der kleineren Bundesstaaten keine freiwillige. Gezwungen werden sie sich auf die Seite des angegriffenen Staates schlagen, indem sie sonst ihrer Existenz nicht mehr versichert sein können. Wird irgend an dem europäischen Staatensysteme, so wie es jetzt besteht, gerüttelt, so stürzt zuerst der Deutsche Bund zusammen und begräbt zunächst die kleineren Bundesstaaten unter seinen Trümmern. Dieses Gefühl in allen Regierungen wach zu erhalten, dünkt mir Pflicht eines jeden hellsehenden Politikers, eines jeden wahrhaften Freundes seines Vaterlandes zu sein.
(Unveröff. Original im Generallandesarchiv in Karlsruhe 48/1455. Auszug in: Peter Burg, Der Wiener Kongreß. München 1984. S. 150 u. 152.

T 18 Die Karlsbader Beschlüsse
a) Pressezensur im Deutschen Bund (1819)

Aus den „Provisorische(n) Bestimmungen hinsichtlich der Freiheit der Presse" vom 20. 9. 1819 (sogenanntes „Preßgesetz").
Die Karlsbader Beschlüsse bedurften, wie alle Bundesgesetze im Deutschen Bund, der landesrechtlichen Verkündung und Vollziehung.

§ 1. Solange als der gegenwärtige Beschluß in Kraft bleiben wird, dürfen Schriften, die in der Form täglicher Blätter oder heftweise erscheinen, deßgleichen solche, die nicht über 20 Bogen im Druck stark sind, in keinem deutschen Bundesstaate ohne Vorwissen und vorgängige Genehmhaltung der Landesbehörden zum Druck befördert werden. Schriften, die nicht in eine der hier namhaft gemachten Classen gehören, werden fernerhin nach den in den einzelnen Bundesstaaten erlassenen oder noch zu erlassenden Gesetzen behandelt. Wenn dergleichen Schriften aber irgend einem Bundesstaate Anlaß zur Klage geben, so soll diese Klage im Namen der Regierung, an welche sie gerichtet ist, nach den in den einzelnen Bundesstaaten bestehenden Formen, gegen die Verfasser oder Verleger der dadurch betroffenen Schrift erledigt werden.
§ 2. Die zur Aufrechterhaltung dieses Beschlusses erforderlichen Mittel und Vorkehrungen bleiben der näheren Bestimmung der Regierungen anheimgestellt; sie müssen jedoch von der Art sein, daß

dadurch dem Sinn und Zweck der Hauptbestimmung des § 1 vollständig Genüge geleistet wird. [...]
(Ernst Rudolf Huber (Hrsg.), Dokumente zur deutschen Verfassungsgeschichte. Bd. 1. Stuttgart 1961, S. 90ff.)

b) Aus der preußischen Universitätsordnung (1819)

Zur Durchführung der Karlsbader Beschlüsse, in denen u. a. die Überwachung der Universitäten vereinbart wurde, erließ Preußen eine Universitätsordnung (18. 11. 1819).

Art. 1 [...] 11) Bei allen Gelegenheiten, wo erhebliche Unordnungen der Studierenden zu besorgen sind, und wovon sie (d. h. die von der Regierung eingesetzten außerordentlichen Bevollmächtigten) im voraus Nachricht erhalten, sind sie berechtigt, den Universitätsbehörden und der Polizei die Anweisungen, welche sie für erforderlich halten, zu geben, und diese sind ihnen in allem, was die Universität angeht, zu folgen verbunden. Mit den Militärbehörden treffen sie nötigenfalls die erforderlichen Verabredungen zur Aufrechterhaltung der Ordnung. [...]

Art. 2. Die Regierungsbevollmächtigten sind ferner, dem Beschlusse des Bundestages zufolge, bestimmt, den Geist in welchem die akademischen Lehrer bei ihren öffentlichen und Privatvorträgen verfahren, sorgfältig zu beobachten und demselben, jedoch ohne unmittelbare Einmischung in das Wissenschaftliche und die Lehrmethode, eine heilsame, auf die künftige Bestimmung der Jugend berechnete Richtung zu geben. [...]

Art. 3. Weiter sollen sie allem, was zur Beförderung der Sittlichkeit, der guten Ordnung und des äußern Anstandes unter den Studierenden dienen kann, ihre unausgesetzte Aufmerksamkeit widmen und müssen deswegen

1) den herrschenden Geist und den Ton der Studierenden fortwährend beobachten und selbst Einfluß darauf zu gewinnen suchen.

2) Solche Studierende, die sich durch unanständige Tracht und durch ein unanständiges oder anstößiges Betragen nachteilig auszeichnen, müssen sie durch die Rektoren erinnern lassen und nötigenfalls sorgen, daß sie durch angemessene Disziplinarmittel zur Änderung ihres Betragens veranlaßt werden.

3) Auf die Entfernung derer, welche auf die Sitten und den Geist der übrigen einen nachteiligen Einfluß haben, müssen sie bei dem vorgeordneten Ministerio antragen, sind aber berechtigt, in dringenden Fällen die Entfernung solcher Individuen, unter Vorbehalt der Verantwortung, selbst anzuordnen. [...]

(E. R. Huber [Hrsg.], Dokumente zur deutschen Verfassungsgeschichte. Band 1. Stuttgart 1961, S. 99f.)

T 19 Wiener Schlußakte, 15. Mai 1820

Art. 1. Der Deutsche Bund ist ein völkerrechtlicher Verein der deutschen souveränen Fürsten und freien Städte, zur Bewahrung der Unabhängigkeit und Unverletzbarkeit ihrer im Bunde begriffenen Staaten und zur Erhaltung der inneren und äußeren Sicherheit Deutschlands.

Art. 2. Dieser Verein besteht in seinem Inneren als eine Gemeinschaft selbständiger, unter sich unabhängiger Staaten, mit wechselseitigen gleichen Vertragsrechten und Vertragsobliegenheiten, in seinen äußeren Verhältnissen aber als eine in politischer Einheit verbundene Gesamtmacht.

Art. 5. Der Bund ist als ein unauflöslicher Verein gegründet, und es kann daher der Austritt aus diesem Verein keinem Mitgliede desselben freistehen.

Art. 35. Der Bund hat als Gesamtmacht das Recht, Krieg, Frieden, Bündnisse und andere Verträge zu beschließen. [...]

Art. 36. Da in dem elften Artikel der Bundesakte alle Mitglieder des Bundes sich verbindlich gemacht haben, sowohl ganz Deutschland als jeden einzelnen Bundesstaat gegen jeden Angriff in Schutz zu nehmen und sich gegenseitig ihre sämtlichen unter dem Bunde begriffenen Besitzungen zu garantieren, so kann kein einzelner Bundesstaat von Auswärtigen verletzt werden, ohne daß die Verletzung zugleich [...] die Gesamtheit des Bundes treffe.

Art. 46. Beginnt ein Bundesstaat, der zugleich außerhalb des Bundesgebietes Besitzungen hat, in seiner Eigenschaft als europäische Macht einen Krieg, so bleibt ein solcher, die Verhältnisse und Verpflichtungen des Bundes nicht berührender Krieg dem Bunde ganz fremd.

Art. 53. Die durch die Bundesakte den einzelnen Bundesstaaten garantierte Unabhängigkeit schließt zwar im allgemeinen jede Einwirkung des Bundes in die innere Staatseinrichtung und Staatsverwaltung aus. Da aber die Bundesglieder sich in dem zweiten Abschnitt der Bundesakte über einige besondere Bestimmungen vereinigt haben, welche sich teils auf Gewährleistung zugesicherter Rechte, teils auf bestimmte Verhältnisse der Untertanen beziehen, so liegt der Bundesversammlung ob, die Erfüllung der durch diese Bestimmungen übernommenen Verbindlichkeiten [...] zu bewirken. – Die Anwendung der in Gemäßheit dieser Verbindlichkeit getroffenen allgemeinen Anordnungen auf die einzelnen Fälle bleibt jedoch den Regierungen allein überlassen.

(Quellen zum Staatsrecht der Neuzeit. Bd. 1. Tübingen 1949, S. 29ff.)

T 20 Aus der Verfassung für Württemberg (1819)

Kapitel III. Von den allgemeinen Rechts-Verhältnissen der Staats-Bürger

§ 21. Alle Württemberger haben gleiche staatsbürgerliche Rechte, und eben so sind sie zu gleichen staatsbürgerlichen Pflichten und gleicher Theilnahme an den Staats-Lasten verbunden, so weit nicht die Verfassung eine ausdrückliche Ausnahme enthält; auch haben sie gleichen verfassungsmäßigen Gehorsam zu leisten.

§ 22. Kein Staatsbürger kann wegen seiner Geburt von irgend einem Staats-Amte ausgeschlossen werden.
§ 23. Die Verpflichtung zur Vertheidigung des Vaterlandes und die Verbindlichkeit zum Waffendienste ist allgemein; [...]
§ 24. Der Staat sichert jedem Bürger Freiheit der Person, Gewissens- und Denkfreiheit, Freiheit des Eigenthums und Auswanderungs-Freiheit.
§ 25. Die Leibeigenschaft bleibt für immer aufgehoben.
§ 26. Niemand darf seinem ordentlichen Richter entzogen und anders als in den durch das Gesetz bestimmten Fällen und in den gesetzlichen Formen verhaftet und bestraft, noch länger als Einmal 24 Stunden über die Ursache seiner Verhaftung in Ungewißheit gelassen werden.
§ 27. Jeder, ohne Unterschied der Religion, genießt im Königreiche ungestörte Gewissensfreiheit.
Den vollen Genuß der staatsbürgerlichen Rechte gewähren die drei christlichen Glaubens-Bekenntnisse. Andere christliche und nicht christliche Glaubens-Genossen können zur Theilnahme an den bürgerlichen Rechten nur in dem Verhältnisse zugelassen werden, als sie durch die Grundsätze ihrer Religion an der Erfüllung der bürgerlichen Pflichten nicht gehindert werden.
§ 28. Die Freiheit der Presse und des Buchhandels findet in ihrem vollen Umfange statt, jedoch unter Beobachtung der gegen den Mißbrauch bestehenden oder künftig zu erlassenden Gesetze.
§ 29. Jeder hat das Recht, seinen Stand und sein Gewerbe nach eigener Neigung zu wählen, und sich dazu im In- und Auslande auszubilden, mithin auch auswärtige Bildungs-Anstalten in Gemäßheit der gesetzlichen Vorschriften zu besuchen.
§ 36. Jeder hat das Recht, über gesetz- und ordnungswidriges Verfahren einer Staatsbehörde oder Verzögerung der Entscheidung bei der unmittelbar vorgesetzten Stelle schriftliche Beschwerde zu erheben, und nöthigenfalls stufenweise bis zur höchsten Behörde zu verfolgen.
§ 39. Der ritterschaftliche Adel des Königsreichs bildet zum Behuf der Wahl seiner Abgeordneten in die Stände-Versammlung und der Erhaltung seiner Familien in jedem der vier Kreise eine Körperschaft.
Kapitel IX. Von den Landständen
§ 124. Die Stände sind berufen, die Rechte des Landes in dem durch die Verfassung bestimmten Verhältnisse zum Regenten geltend zu machen. Vermöge dieses Berufes haben sie bei Ausübung der Gesetzgebungs-Gewalt durch ihre Einwilligung mitzuwirken, in Beziehung auf Mängel oder Mißbräuche, die sich bei der Staats-Verwaltung ergeben, ihre Wünsche, Vorstellungen und Beschwerden dem Könige vorzutragen, auch wegen verfassungswidriger Handlungen Klage anzustellen, die nach gewissenhafter Prüfung für nothwendig erkannten Steuern zu verwilligen, und überhaupt das unzertrennliche Wohl des Königes und des Vaterlandes mit treuer Anhänglichkeit an die Grundsätze der Verfassung zu befördern.
(E. R. Huber [Hrsg.], Dokumente zur deutschen Verfassungsgeschichte. Stuttgart 1961, S. 190ff.)

T 21 Die badische Verfassung von 1818

a) Präambel der badischen Verfassung

Carl, von Gottes Gnaden Großherzog von Baden, Herzog zu Zähringen etc.
Als Wir bereits im Jahr 1816 Unsern Unterthanen wiederholt bekannt machten, dem Großherzogtum eine landständische Verfassung geben zu wollen, so hegten Wir den Wunsch und die Hoffnung, daß sämmtliche Bundesglieder über eine unabänderliche, wesentliche Grundlage dieser allen deutschen Völkern zugesicherten Einrichtung übereinkommen und nur in Entwicklung der aufgestellten Grundsätze ein jeder einzelner Staat seinen besondern Bedürfnissen, mit Rücksicht auf bestehende Verhältnisse, folgen möchte.
Da sich jedoch, nach den letzten, über diesen Gegenstand bei dem Bundestage abgelegten Abstimmungen der Zeitpunkt noch nicht bestimmt voraussehen läßt, in welchem die Gestaltung der ständischen Verfassung einen Gegenstand gemeinschaftlicher Berathungen bilden dürfte, so sehen Wir Uns nunmehr veranlaßt, die Unseren Unterthanen gegebene Zusicherung auf die Art und Weise in Erfüllung zu setzen, wie sie Unserer innern freien und festen Überzeugung entspricht.
Von dem aufrichtigsten Wunsche durchdrungen, die Bande des Vertrauens zwischen Uns und Unserem Volke immer fester zu knüpfen, und auf dem Wege, den Wir hierdurch bahnen, alle Unsere Staatseinrichtungen zu einer höhern Vollkommenheit zu bringen, haben Wir nachstehende Verfassungsurkunde gegeben, und versprechen feierlich für Uns und Unsere Nachfolger, sie treulich und gewissenhaft zu halten und halten zu lassen.
(E. R. Huber [Hrsg.], Dokumente zur deutschen Verfassungsgeschichte. Bd. 1. Stuttgart 1961, S. 157).

b) Schema

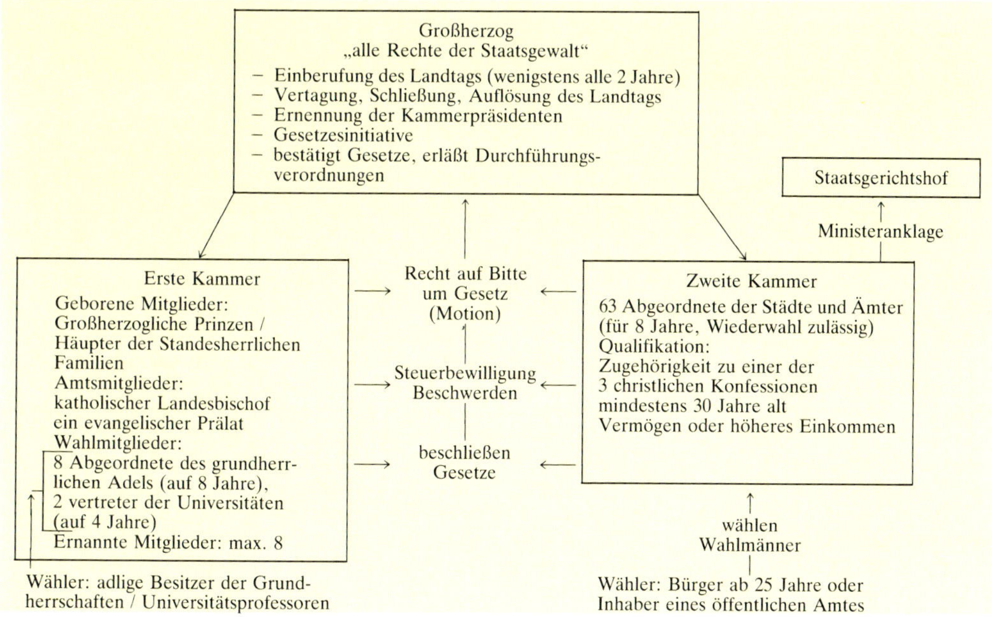

(Nach: Hans Fenske. Der liberale Südwesten. Stuttgart 1981, S. 232)

T 22 Aus den Grundsätzen und Beschlüssen der Burschenschaften von 1817

Die „Grundsätze der Wartburgfeier“ wurden als das erste deutsche Parteiprogramm bezeichnet. „Es ist die erste programmatische Zusammenstellung der Leitgedanken des liberalen Nationalismus in Deutschland. Im Grund änderte sich bis 1848 und auch darüber hinaus an diesem schon 1817 formulierten liberal-nationalen Programm nichts mehr.“ (E. R. Huber)

1) Ein Deutschland ist und Ein Deutschland soll sein und bleiben. Je mehr Deutschland in Staaten zerrissen ist, desto heiligere Pflicht ist es für jeden Deutschen, dahin zu streben, daß die Freiheit nicht verloren gehe und das Vaterland nicht verschwinde. Für diese Einheit Deutschlands, für dieses Vaterland haben diejenigen von uns, welche die Waffen tragen konnten, gekämpft, sind diejenigen gefallen, welche in dem Rettungskriege 1813 den Tod fanden.

2) Die Lehre von der Spaltung Deutschlands in Norddeutschland und Süddeutschland ist irrig, falsch, verrucht.

Es gibt ein Norddeutschland und ein Süddeutschland, wie es eine rechte und eine linke Seite des Menschen gibt, aber der Mensch ist eins und hat nur Einen Sinn und Ein Herz.

So ist Deutschland eins und soll nur Einen Sinn und Ein Herz haben. [...]

6) Die Lehre von der Spaltung Deutschlands in das katholische und protestantische ist irrig, falsch, unglückselig.

Wenn viele Deutsche sich zur katholischen Kirche bekennen und viele den protestantischen Grundsätzen anhängen, so sind sie darum nicht minder Deutsche und Eins durch das gemeinsame Vaterland.

Wir Deutsche haben alle Einen Gott, an den wir glauben, und einen Erlöser, den wir verehren, Ein Vaterland, dem wir angehören. Wenn wir in diesem Sinne leben und handeln, können wir alles Übrige dem Allerbarmer anheimstellen.

7) Alle Deutsche sind Brüder und sollen Freunde sein.

8) Ein Krieg zwischen deutschen Staaten würde der größte Frevel sein. [...]

11) Wenn die Deutschen im Kriege zusammenstehen sollen, so müssen sie auch im Frieden in Einem Sinn handeln. Es muß der freieste Verkehr zwischen ihnen sein. [...]

17) Der Wille des Fürsten ist nicht Gesetz des Volkes, sondern das Gesetz des Volkes soll Wille des Fürsten sein. [...]

21) Gesetze sind keine Verordnungen und Vorschriften; sie müssen von denen ausgehen oder angenommen werden, welche nach ihnen leben sollen. [...]

28) Vorrechte sind mit der Gerechtigkeit unvereinbar. Wo es Bevorrechtete gibt, gibt es auch Beeinträchtigte. [...]

32) Das Recht, in freier Rede seine Meinung über öffentliche Angelegenheiten zu äußern, ist für jeden Deutschen unveräußerlich. Über etwaigen Mißbrauch können nur Geschworene urteilen.

(Das Parlament vom 4. 10. 1967, S. 7)

T 23 Johann Georg August Wirth: Deutschlands Pflichten (1832)

Wirth war national orientierter Journalist. In der Zeitschrift „Deutsche Tribüne" veröffentliche er am 3.2. 1832 den Artikel „Deutschlands Pflichten".

Die Könige haben unter sich einen Bund geschlossen. Der Bund gilt der Unterdrückung der Völker. Die Mittel sind, daß der Wille des Königs mit Hilfe der Gewalt als oberstes Gesetz geltend gemacht, alle Wünsche und Aufträge des Volkes zur Beförderung der gesellschaftlichen Zwecke schnöde zurückgewiesen hat und die Verteidigung der Volksrechte durch Vernichtung der freien Presse und durch Terrorismus gegen deren unabhängige Organe unmöglich gemacht werde. Die Früchte des Bundes sind: Verarmung der Völker und Entweihung der menschlichen Würde durch Kriecherei und Sklavensinn. Dieser Bund, welcher wie eine drückende, eherne Kette ganz Europa umschlingt und den Segen der Natur in Kalamität verwandelt, hat seine Hauptstütze in Deutschland. Die zwei mächtigsten deutschen Könige beobachten sorgfältig die Stimmung der Völker. Sobald sie eine Regung der besseren Natur bemerken und das geringste Streben nach Freiheit wahrnehmen, verbünden sie sich mit dem Selbstherrscher aller Reußen, um dem Geiste der Zivilisation entgegenzuwirken. Ihre Politik besteht darin, die Kraft des deutschen Volkes durch Auseinanderreißen des Landes, Zerstörung des deutschen Nationalcharakters, Unterdrückung des Triebes nach Wiedervereinigung und endlich durch die grausame Beschränkung der Gedankenmitteilung auf immer zu brechen, hiernächst aber die Freiheit des französischen Volkes zu untergraben, indem man die Umtriebe dessen Könige unterstützt und zugleich die deutsche Nation gegen Frankreich aufzuhetzen sucht. In der Erkenntnis der Politik des Bundes liegen zugleich die Mittel zur Vernichtung desselben. Sollen die Völker endlich die Freiheit erlangen, soll der Verarmung und dem Elende Europas ein Ziel gesetzt werden, so muß Rußland von Preußen und Österreich durch ein demokratisch gesinntes Polen getrennt, das Übergewicht des preußischen und österreichischen Königs durch die Organisation eines deutschen Reiches mit demokratischer Verfassung aufgehoben und eine europäische Staatengesellschaft durch ein treues Bündnis des französischen, deutschen und polnischen Volkes vorbereitet werden. Die Wiederherstellung Polens kann nur durch Deutschland geschehen. Unsere Nation ist hierzu moralisch und rechtlich verbunden, um die schwere Sünde der Vernichtung Polens zu sühnen; unser Volk muß die Herstellung Polens aber auch wegen der eigenen Interessen zu seiner wichtigsten und dringendsten Aufgabe machen. Da es aber zur Zeit noch keine deutsche Nation gibt, so würde vor allem ihre Wiedererweckung notwendig sein. Wie aber dies möglich wäre, wird niemand einsehen wollen, denn man wird ja selbst wissen, daß die deutschen Könige ihre Interessen von jenen des gemeinsamen Vaterlandes geschieden haben [...].

(Karl Obermann [Hrsg.], Einheit und Freiheit. Die deutsche Geschichte von 1815 bis 1849 in zeitgenössischen Dokumenten. Berlin 1950, S. 109–111)

T 24 David Hansemann: Denkschrift über Preußens Lage und Politik (1840)

David Hansemann (1799–1864), Aachener Textilgroßkaufmann und einer der tonangebenden preußischen Liberalen, kritisierte die politische Bevormundung des wirtschaftlich aktiven Bürgertums. 1848 war er für kurze Zeit preußischer Minister.

§ 1 Das viele Regieren oder das Einmischen der Staatsverwaltung in zu viele Gegenstände ist Regel geworden. Den Beamten unbewußt, haben sie sich der Neigung hingegeben, die mannigfachsten Gegenstände, welche füglich dem Ermessen der Privatpersonen und Korporationen überlassen werden könnten, nach eigener Ansicht zu entscheiden oder vielmehr nach Billigkeit zu ermessen. [...]

§ 2 In den Tagesblättern wird nicht nur die unabhängige Besprechung höherer politischer Angelegenheiten, sondern auch jede freimütige Diskussion über örtliche Gegenstände der Kommunal- und Bezirksverwaltung gehemmt. Selbst über Wahlen für die Kreis- und Provinzialstände darf in Tageschriften nicht diskutiert werden. *Ruhe* und keine *Parteien* wollen die Regierungsbehörden. Dieser Wille erfüllt sich denn auch so vollständig, daß in den größeren Städten die Urwähler sich meistens um die Wahl der städtischen Abgeordneten wenig bekümmern, und mitunter 60 Wahlherren von 30 oder noch weniger Urwählern gewählt worden sind. [...]

§ 5 Obgleich in einem Staate, wo die gesetzgebende und vollziehende Gewalt unbeschränkt vom Monarchen ausgeübt wird, *grundsätzlich* kein gesicherter Rechtszustand und insbesondere keine vollständige formelle Garantie der persönlichen Freiheit besteht, so hat man sich dabei doch in Preußen beruhigt in dem Bewußtsein, daß die Gesetze im allgemeinen eine solche Garantie faktisch gewähren, und daß der Monarch nur in den dringendsten Fällen und aus den erheblichsten Ursachen Ausnahmen dieser Gesetze anordne. [...]

§ 6 So ist denn jedermann grundsätzlich unfrei und politisch unmündig, und die große Mehrzahl trägt keineswegs ein reges Verlangen nach einem formell gesicherten Rechtszustande und nach Mündigkeit, einen einzigen, im vierten Kapitel berührten Punkt ausgenommen (§ 21).

Diese Art von Zufriedenheit des Volkes gefällt manchem Beamten vortrefflich und wird als Beweis angeführt, wie doch die preußischen Zustände die sichersten und zufriedenstellendsten in Europa wären. Ja, ich erkenne gern und freudig an, daß sie ein vollgültiger Beweis der Humanität einer das materielle Wohl berücksichtigenden Sorgfalt und mancher andern

guten Eigenschaft unserer Staatsregierung sind; aber die schlimmen Seiten des beschriebenen Zustandes fehlen auch nicht. Diese sind überhaupt: Mangel an scharfer Urteilsfähigkeit; Unkenntnis und Gleichgültigkeit des Volkes über Angelegenheiten nicht nur des Staats, sondern sogar des Bezirks und der Gemeinde, so daß ein größeres Interesse an den Zuständen des Auslandes als an denen des Inlandes genommen wird; Mangel an einer wahren Vaterlandsliebe und einem lebendigen Nationalgefühl; kurz Indifferentismus und ein Materialismus, der alle höheren auf das Vaterland gerichteten Regungen des Geistes tötet [...]
(H. Pross [Hrsg.], Dokumente zur deutschen Politik 1806–1870. Frankfurt o. J., S. 226ff.)

T 25 Das Offenburger Programm (1847)

Art. 1. Wir verlangen, daß sich unsere Staatsregierung lossage von den Karlsbader Beschlüssen vom Jahre 1819, von den Frankfurter Beschlüssen von 1831 und 1832 und von den Wiener Beschlüssen von 1834. Diese Beschlüsse verletzen gleichmäßig unsere unveräußerlichen Menschenrechte, wie die deutsche Bundesakte und unsere Landesverfassung.
Art. 2. Wir verlangen Preßfreiheit: das unveräußerliche Recht des menschlichen Geistes, seine Gedanken unverstümmelt mitzuteilen, darf uns nicht länger vorenthalten werden.
Art. 3. Wir verlangen Gewissens- und Lehrfreiheit. Die Beziehungen des Menschen zu seinem Gott gehören seinem innersten Wesen an, und keine äußere Gewalt darf sich anmaßen, sie nach ihrem Gutdünken zu bestimmen. Jedes Glaubensbekenntnis hat daher Anspruch auf gleiche Berechtigung im Staat. Keine Gewalt dränge sich mehr zwischen Lehrer und Lernende. Den Unterricht scheide keine Konfession.
Art. 4. Wir verlangen Beeidigung des Militärs auf die Verfassung. Der Bürger, welchem der Staat die Waffen in die Hand gibt, bekräftigt gleich den übrigen Bürgern durch einen Eid seine Verfassungstreue.
Art. 5. Wir verlangen persönliche Freiheit. Die Polizei höre auf, den Bürger zu bevormunden und zu quälen. Das Vereinsrecht, ein frisches Gemeindeleben, das Recht des Volks, sich zu versammeln und zu reden, das Recht des Einzelnen, sich zu ernähren, sich zu bewegen und auf dem Boden des deutschen Vaterlandes frei zu verkehren, seien hinfür ungestört.
Art. 6. Wir verlangen Vertretung des Volks beim Deutschen Bund. Dem Deutschen werde ein Vaterland und eine Stimme in dessen Angelegenheiten. Gerechtigkeit und Freiheit im Innern, eine feste Stellung dem Ausland gegenüber gebühren uns als Nation.
Art. 7. Wir verlangen eine volkstümliche Wehrverfassung. Der waffengeübte und bewaffnete Bürger kann allein den Staat schützen. Man gebe dem Volk Waffen und nehme von ihm die unerschwingliche Last, welche die stehenden Heere ihm auferlegen.
Art. 8. Wir verlangen eine gerechte Besteuerung. Jeder trage zu den Lasten des Staats nach Kräften bei. An die Stelle der bisherigen Besteuerung trete eine progressive Einkommensteuer.
Art. 9. Wir verlangen, daß die Bildung durch Unterricht allen gleich zugänglich werde. Die Mittel dazu hat die Gesamtheit in gerechter Verteilung aufzubringen.
Art. 10. Wir verlangen Ausgleichung des Mißverhältnisses zwischen Arbeit und Kapital. Die Gesellschaft ist schuldig, die Arbeit zu heben und zu schützen.
Art. 11. Wir verlangen Gesetze, welche freier Bürger würdig sind und deren Anwendung durch Geschworenengerichte. Der Bürger werde von dem Bürger gerichtet. Die Gerechtigkeitspflege sei die Sache des Volks.
Art. 12. Wir verlangen eine volkstümliche Staatsverwaltung. Das frische Leben eines Volks bedarf freier Organe. Nicht aus der Schreibstube lassen sich seine Kräfte regeln und bestimmen. An die Stelle der Vielregierung der Beamten trete die Selbstregierung des Volks.
Art. 13. Wir verlangen Abschaffung aller Vorrechte. Jedem sei die Achtung freier Mitbürger einziger Vorzug und Lohn.
(Augsburger Allgemeine Zeitung vom 19. 9. 1847, Sp. 2495. Nach: Wolfgang Hardtwig, Vormärz. Frankfurt/M. 1985, S. 196f. dtv)

T 26 Gustav von Struve: Ein Menschenrechtssystem der deutschen Vormärzzeit (1847)

Struve (1805–1870) war einer der Führer der badischen Demokraten in der Revolution 1848/49.

Das erste und unabweisbare Recht des Menschen, welches die Grundlage aller seiner übrigen Rechte bildet, ist nach der obigen Ausführung das Recht auf Leben, das Recht der Selbsterhaltung, das Recht, seine tierischen Bedürfnisse zu befriedigen. Jedes andere Recht muß daher beim Zusammenstoße mit diesem weichen. Das Recht auf Eigentum, das Recht der persönlichen Freiheit können nur in so fern auf Anerkennung Anspruch machen, als sie nicht im Widerspruche stehen mit dem ewigen und unveräußerlichen Rechte der Selbsterhaltung. Alle Eigentumsrechte, alle Forderungsrechte, sie mögen Namen haben, welche sie wollen: Zehnten, Steuern, Fronden usw., dürfen unter keiner Bedingung das Recht auf die Selbsterhaltung, das Recht des Menschen, ein gesundes, kräftiges irdisches Dasein zu führen, lähmen oder gar vernichten. Zu einem gesunden und kräftigen irdischen Dasein wird aber erfordert: gesunde Nahrung, eine schützende Wohnung und hinreichende Kleidung. Der Mensch hat also das ewige und unveräußerliche Recht, von dem Staate, dessen Mitglied er ist, zu verlangen, sich so zu organisieren, daß jeder Mensch ohne Unterschied des Standes, des Alters und des Geschlechtes diese Voraussetzungen des Lebens habe. [...]

Alle ohne Unterschied des Standes haben gleichmäßig das Recht, zu verlangen, daß diejenigen Kräfte, in deren Besitz sie sich befinden, sie seien groß oder klein, sich naturgemäß und frei entfalten können, daß also der Staat ihre äußeren Verhältnisse so ordne, um deren naturgemäße und freie Entwicklung möglichst zu fördern. Nicht die äußeren Verhältnisse, unter deren Einfluß ein Mensch geboren ist, sondern die inneren Anlagen, welche er auf die Welt mitgebracht hat, sollen darüber entscheiden, ob er Bildhauer oder Steinhauer, Maler oder Tüncher, Staatsmann oder Handwerker, Feldherr oder Landbebauer, Gelehrter oder Tagelöhner werden soll. Die Aufgabe des Staates ist es daher, jedem einzelnen seiner Bürger, er sei hoch oder niedrig, reich oder arm geboren, die äußere Gelegenheit zu einer seinen Anlagen entsprechenden Lebensweise zu geben.

Das zweite ewige und unveräußerliche Recht des Menschen besteht demnach darin, zu verlangen, daß ihm durch den Staat eine seinen Anlagen entsprechende Bildung und Erziehung gesichert werde. [...]

Durch die Anerkennung der beiden bisher besprochenen ewigen und unveräußerlichen Rechte der Menschheit wird Wohlstand und Bildung allgemein verbreitet und folgeweise die Ausübung des dritten ewigen und unveräußerlichen Menschenrechtes vorbereitet, nämlich des Rechtes, frei und unbeschränkt alle Kräfte entwickeln zu dürfen, insofern dadurch nicht die Entwicklung der Kräfte von Mitmenschen verhindert wird. Als ein notwendiger Ausfluß dieses dritten Menschenrechtes erscheint die Pressefreiheit, die Redefreiheit, die Gewissensfreiheit, die Freiheit der Association (Freiheit der Eingehung von Vereinen jedweder Art), Lehrfreiheit und Lernfreiheit, das Recht, nur von seines Gleichen gerichtet zu werden, Volksbewaffnung, Freiheit des Handels und der Schiffahrt im Innern des Vaterlandes und Alles, was mit diesen Rechten und Freiheiten in untrennbarem Zusammenhang steht.

Das Recht auf Leben, das Recht auf Bildung und das Recht auf freie Entwicklung der uns von der Natur gegebenen und durch die äußeren Verhältnisse herangebildeten Kräfte, – diese drei ewigen und unveräußerlichen Menschenrechte haben in ihrem Gefolge Lebensgenuß, Freudigkeit und Zufriedenheit. Derjenige Staat, in dessen Mitte jene drei Rechte eine umfassende tatsächliche Anerkennung gefunden haben, muß naturgemäß alle übrigen Staaten an innerer Kraft und folgeweise an äußerem Einflusse übertreffen. [...]

Die ewigen und unveräußerlichen Menschenrechte müssen übrigens nicht bloß die Grundlage der Gesetzgebungen jedes einzelnen Staates, sondern sie müssen auch die Grundlagen bilden, auf welchen das Wechselverhältnis der Staaten beruht. [...]

(Gustav von Struve, Menschenrechte. In: Carl von Rotteck/Carl Welcker, Das Staats-Lexikon – Enzyclopädie der sämtlichen Staatswissenschaften für alle Stände. Bd. 10. Altona 1847)

Problem und Diskussion

1 *Was versteht man unter „Restauration" a) machtpolitisch, b) sozial?*

2 *Welche Grenzänderungen hat der Wiener Kongreß und zu welchem Zwecke vorgenommen?*

3 *Zeigen Sie am Beispiel Preußens die Auswirkungen der Restauration auf.*

4 *Inwieweit wirkte die durch den Wiener Kongreß erfolgte Grenzziehung in Europa stabilisierend? Welche geographischen Positionen haben die Großmächte eingenommen (s. Karte)?*

5 *Wie gestaltete sich die Rivalität Preußen – Österreich in Deutschland nach dem Wiener Kongreß?*

6 *Erläutern Sie die Politik der einzelnen Großmächte (T 16) sowie der kleineren Staaten (T 17) auf dem Wiener Kongreß. Welche machtpolitischen Interessen verfolgten sie (s. Karte)? Welche politischen Mächtekonstellationen haben sich ergeben?*

7 *Beschreiben Sie Aufgaben und Funktion des Deutschen Bundes.*

8 *Welche Bedeutung erlangte die Bundesakte für die Verfassungsentwicklung in Deutschland?*

9 *Wie wurden die Ergebnisse des Wiener Kongresses von der liberalen Bewegung in Deutschland aufgenommen (vgl. T 22–26)? Welche Folgen hatten sie für die Entwicklung des deutschen Nationalstaats?*

10 *Was ist eine Repräsentativverfassung (vgl. J. St. Mill T 15)? Worin besteht ihre Bedeutung z. B. gegenüber einem absoluten Herrschaftssystem?*

11 *Welche Typen von süddeutschen Verfassungen hat es gegeben? Listen Sie die Rechte und Pflichten der Staatsbürger auf (T 20, 21). Worin sehen Sie einen Fortschritt gegenüber früheren Zeiten?*

12 *Welche Auswirkungen hatten die süddeutschen Verfassungen auf die Verfassungsentwicklung in Deutschland?*

13 *Entwerfen Sie ein Schema der württembergischen Verfassung. (T 20)*

14 *Welche Probleme bestanden zwischen der restaurativen preußischen Regierung und einer sich liberal entwickelnden bürgerlichen Gesellschaft (T 24)? Welche Folgen hatte dies für die Verfassungs- und Nationalbewegung?*

15 *Welche Rolle spielten die nationale Bewegung (T 22 u. 23) und der süddeutsche Liberalismus für die nationale Einheit im deutschen Vormärz?*

4. Die revolutionären Wellen in der ersten Jahrhunderthälfte

Während England alle krisenhaften Situationen schrittweise durch Reformen löste, wurde die Entwicklung auf dem Kontinent durch revolutionäre Explosionen in Gang gehalten. Da in England die industrielle Revolution dem Kontinent um ein halbes Jahrhundert voraus war und dank der günstigen Rohstoff- und Wirtschaftsbedingungen in wenigen Jahrzehnten zum Aufbau einer mächtigen Industrie geführt hatte, verfügte das Bürgertum auf den Inseln, das diese Entwicklungen trug, über ein wesentlich bedeutenderes Gewicht als das auf dem Festland. In England konkurrierten zwei besitzende Klassen um die Staatsführung, die zudem oft ineinander übergingen: der Agraradel und das kapitalistische Bürgertum. Die Monarchie war um 1800 bedeutungslos. Auf dem Kontinent dagegen war das Bürgertum in der ersten Hälfte des 19. Jahrhunderts politisch noch ziemlich rechtlos.
In Europa gibt es drei revolutionäre Wellen von zunehmender Reichweite und Heftigkeit: 1820, 1830 und 1848.

4.1 Aufstände in Spanien, Polen, Griechenland und Italien

In **Spanien** hatte am 1. Januar 1820 eine liberale bürgerlich-adlige Erhebung das absolute Königtum gestürzt. Französische Truppen intervenierten und setzten die alte Verfassung wieder in Kraft. Die französische Besetzung dauerte bis 1828. Als die spanischen Kolonien in Südamerika, die in langen Kämpfen unabhängige Staaten geworden waren, wieder unter die angestammte Krone gezwungen werden sollten, erhob England im Interesse eines offenen südamerikanischen Marktes Einspruch.
Im Herbst 1830 errichteten die **Polen** (s. 3.1) im Aufstand gegen den Zaren, als dieser eine polnische Armee zum Eingreifen in Belgien und Frankreich aufstellte, ihren Nationalstaat. Die russische Armee zerschlug ihn nach einem Jahr mit preußischer Unterstützung.
Erfolgreich waren nur die **Griechen** in ihrem Kampf gegen den türkischen Sultan (1821–1829). Angeregt von Freiheitsideen der Französischen Revolution rief ein Nationalkongreß am 1. Januar 1822 die Unabhängigkeit des Landes aus. England erkannte sie als erste europäische Macht völkerrechtlich an, da es vermeiden wollte, daß die Russen sich der Griechen annehmen würden, um ihren Einfluß auf die Balkanhalbinsel auszudehnen. Auch der österreichische Staatskanzler Metternich sah bei einem vergrößerten Einfluß der Russen auf dem Balkan das Gleichgewicht der Mächte in Gefahr. Dadurch würde die Politik der Heiligen Allianz durchkreuzt. Eine Erschütterung der europäischen Ordnung würde den Besitzstand des Habsburger Vielvölkerstaates in Frage stellen. Die Russen hielten sich bis zum Regierungswechsel von Alexander I. auf Nikolaus I. (Dezember 1825) zurück. Danach gingen Rußland und England in der Balkanpolitik zeitweise zusammen. Die militärische Intervention von England, Rußland und Frankreich rettete die griechische Unabhängigkeit (Seeschlacht gegen eine türkisch-ägyptische Flotte bei Navarino, 1827; Vordringen der russischen und französischen Landtruppen in Griechenland). Im Frieden von Adrianopel (1829) verzichtete die Türkei auf die Kontrolle der Donaumündungen; die Meerenge der Dardanellen und das Schwarze Meer sollten den Handelsschiffen aller Nationen geöffnet sein; die Freiheiten der halbautonomen Donaufürstentümer Rumänien und Serbien wurden bestätigt. Erst im Londoner Protokoll (1830) garantierten die drei Mächte die Unabhängigkeit des neuen griechischen Königreichs.
Damit war zum erstenmal seit dem Wiener Kongreß die europäische Landkarte verändert, das Prinzip der Legitimität (wonach Griechenland zum Osmanischen Reich gehören sollte) durch-

brochen, das System der Restauration – mehr als durch die revolutionären Erhebungen in Spanien und Neapel (1820) – erschüttert worden. Rußland, das den Zugang zum Kaukasus erhielt, hatte an Macht und Einfluß gewonnen.
Das europäische Bildungsbürgertum – im klassisch-neuhumanistischen Sinne erzogen, Liberale wie Konservative – mit seinen philhellenischen Vereinigungen nahm einen lebhaften Anteil am Schicksal der Griechen. Schließlich hat der Tod des sich für den griechischen Freiheitskampf einsetzenden englischen Dichters der Romantik, Lord Byron (1824), die öffentliche Meinung in Mittel- und Westeuropa stark erregt und die Entscheidungen der Kabinette zugunsten der Griechen erheblich beeinflußt.
Österreich unterdrückte 1831 in mehreren kleinen Staaten Italiens den Versuch des liberalen Bürgertums, sich der Monarchen zu entledigen und sich mit einem großen Teil des Kirchenstaates zu den „Vereinigten Provinzen Italiens" zusammenzuschließen. Giuseppe Mazzini (1805–1872) wurde zum Gründer der Geheimbünde „Junges Italien" (1831) und „Junges Europa" (1834) und zum Führer des radikalen Flügels der italienischen Nationalbewegung. Er glaubte, die Italiener könnten durch einen revolutionären Akt einen demokratisch-republikanischen Einheitsstaat schaffen und durch ihre eigene nationale Wiedergeburt (Risorgimento) den anderen nationalen Bewegungen in Europa das Signal zum Aufbruch geben. Seinem Manifest eines revolutionären „Jungen Italien" folgte nördlich der Alpen die (literarische) Gruppe des „Jungen Deutschland" (Heine, Gutzkow, Börne, Herwegh).

4.2 Juli 1830: Die Revolution der Bourgeoisie

Die Revolutionswelle in Europa von 1830 wurde von der **Pariser Juli-Revolution** ausgelöst. Als der Bourbonenkönig Karl X. (1824–1830) die Pressefreiheit aufheben und das Wahlrecht ändern wollte, inszenierten Journalisten und Advokaten mit Unterstützung weiter bürgerlicher Kreise den Aufstand. Karl mußte abdanken. Die Republikaner konnten sich jedoch nicht durchsetzen. Der liberale Herzog **Louis-Philippe von Orléans** wurde zum König gewählt (**„Bürgerkönig"**, 1830–1848). Die in Richtung auf weitere Parlamentarisierung revidierte französische Verfassung gab den Kammern das Recht der Gesetzesinitiative. Das Großbürgertum, vor allem die Großfinanz und die Fabrikanten, übernahm die führende Rolle des neuen Regimes. Im Gehäuse der konstitutionellen Monarchie richtete sich die bürgerliche Klasse ein, gestützt auf ein erweitertes Zensuswahlrecht (jetzt 190 000 Aktivbürger bei 32 Mio. Einwohnern). Wer reich wurde, erhielt politische Mitsprachemöglichkeiten.
In **Brüssel** erhoben sich im Gefolge der Ereignisse von Paris die französisch sprechenden (katholischen) Wallonen gegen die Oberhoheit des niederländischen Königs. Sie wollten sich von den protestantisch-flämischen Holländern trennen. England verhinderte den Anschluß der Wallonen an Frankreich. Eine internationale Konferenz in London richtete ein selbständiges **Königreich Belgien** ein (1830). In der Zuweisung wesentlicher Befugnisse an das Parlament und durch die Beschränkung des „Königs der Belgier" auf eine reine Organstellung (d.h. als Staatsorgan unter anderen) hat die belgische Verfassung von 1831 einen neuen Staatstypus geschaffen, der überall in Europa zum Muster der liberalen Verfassungsfreunde werden sollte: die **parlamentarische Monarchie.**

4.3 Revolutionäre Verhältnisse im deutschen Vormärz

Im **deutschen Vormärz** – 1815 bis 1848 – erwuchs aus der Agrargesellschaft eine bürgerliche Wirtschaftsgesellschaft. Neben Adel, Beamtentum und Heer trat immer stärker eine bürgerliche Bildungsschicht, die das industrielle und kaufmännische Unternehmertum hervorbrachte. Unterhalb der sozialen Gruppe der Handwerker siedelten sich Industriearbeiter und andere „Unterschichten" an. Wirtschaftliche Veränderungen und mit ihnen wachsende soziale Mobilität lösten jenseits staatlicher Politik die ständische Gesellschaft langsam auf, wenn auch der – vorwiegend grundbesitzende – Adel seine privilegierte Stellung noch halten konnte und die adlige Lebensform für aufsteigende Bürger attraktiv blieb. Anstelle der alten Gesellschaft trat eine Berufs- und Leistungsgesellschaft. Besitz, wirtschaftliche Lage, Stellung im Produktionsprozeß, Besitz von Produktionsmitteln, Haus- und Wohneigentum wurden für den sozialen Stand des einzelnen und die Schichtung der Gesellschaft wichtig.

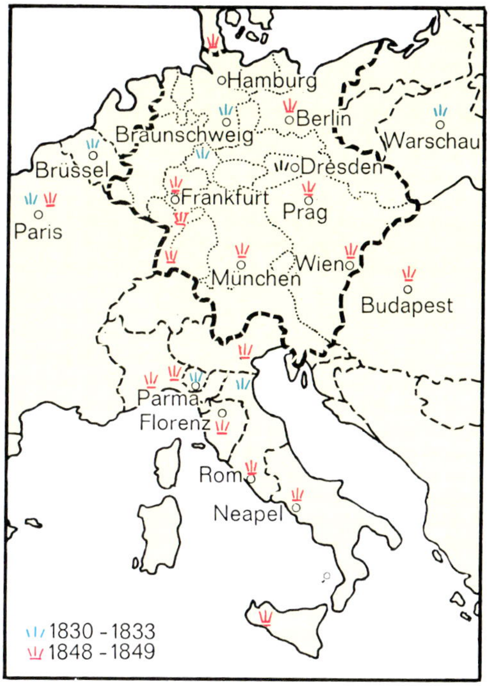

Revolutionäre Bewegungen

Viele Menschen aber litten unter Arbeitslosigkeit, Unterbeschäftigung, steigenden Preisen und zu geringen Löhnen. Verantwortlich für ihre schlechten Lebensverhältnisse waren u. a. das Bevölkerungswachstum, der dadurch ausgelöste Landhunger der Landbesitzenden, die starke Verschuldung der Bauern durch die hohen Ablösesummen bei der „Regulierung" bzw. „Ablösung" aus der grundherrlichen Abhängigkeit, die Überbesetzung der Handwerksberufe. Durch die Einführung der industriellen Produktionsweise verschlimmerte sich die Lage der Ärmsten noch dadurch, daß diese durch die Abwanderung in die Städte ihre soziale Bindung zur Heimat und Familie meist verloren hatten.

Eine der Reaktionen auf diese Lage war die Auswanderung. Zwischen 1830 und 1840 gingen ca. 178000 Personen, vornehmlich aus Süddeutschland, nach Amerika. Den Zurückgebliebenen blieb das verzweifelte Aufbegehren. Aber seit den Karlsbader Beschlüssen (1819) wurden alle sozial-liberalen wie auch nationalen Regungen mit Polizeigewalt beantwortet: Verhaftungen, Zensur, Auflösung der Burschenschaften usw. Die neuen konstitutionellen Verfassungen gaben die Macht dazu.

Die französische Julirevolution löste auch in Deutschland Unruhen aus. Ende August 1830 revoltierten z.B. Aachener Industriearbeiter gegen die Fabrikbesitzer und die Obrigkeit mit ihrer Willkür von Polizei und Verwaltung. Ihr Kampf galt den Maschinen, denen sie entsprechend rücksichtslosen Fabrikordnungen ihr Leben und Denken unterzuordnen hatten, und den Hungerlöhnen, die zu katastrophalen sozialen Verhältnissen in den Industriegebieten geführt hatten. Die Industriearbeiter anderer Städte folgten. Am stärksten war der Aufruhr in Sachsen, Hessen, Hannover und Braunschweig. Aber die Revolten blieben voneinander isoliert und deshalb wirkungslos.

Die junge deutsche Intelligenz lieh den Massen ihre Stimme. Nach dem Beispiel der französischen liberalen Presse wurden Ende 1830 in der bayerischen Rheinpfalz politische Zeitungen – Siebenpfeiffers „Westbote", die Monatsschrift „Rheinbayern" – und der „Deutsche Vaterlands- und Preßverein" gegründet, mit der Forderung nach Presse-, Vereins- und Versammlungsfreiheit, nach allgemeinem Wahlrecht und lokaler Selbstverwaltung. Siebenpfeiffer trat, neben Wirth, auf dem Hambacher Fest (1832) mit radikalen Forderungen an die Öffentlichkeit (s. 3.3). Durch

„Der Denkerclub". Karikatur auf die Unterdrückung der Meinungsfreiheit (um 1825)

die Nähe zu Frankreich war der liberale Geist in der Pfalz tiefer ins Volk gedrungen. Aber diese wichtigen Reden vermochten nicht, Aktionen hervorzubringen. Als die untergründig gärende Unzufriedenheit nicht mehr zu übersehen war, verwies Metternich die Bundesglieder auf die Bundesakte, nach der die Staatsgewalt allein vom Staatsoberhaupt und von niemand anderem auszugehen habe. Gegen solche Auffassung richtete sich 1833 der Angriff radikal gesonnener Heidelberger Studenten auf die Hauptwache in Frankfurt, der Stadt des Bundestages. Das „städtische Linienbataillon" überwältigte die meist den Burschenschaften nahestehenden Angreifer, die nun schwerste Strafen auf sich zu nehmen hatten. Ideen der radikalen Studenten dokumentierte bald danach (1834) der gerade 21jährige Mediziner Georg Büchner in seiner Flugschrift „Der hessische Landbote" (T 27) gegen die reaktionären Verhältnisse in Hessen-Darmstadt. Nur die Flucht konnte den Bedrohten retten. Als bekannte Göttinger Professoren, die **„Göttinger Sieben"**, darunter Jacob und Wilhelm Grimm, 1837 gegen die staatsstreichartige Aufhebung der neuen hannoverschen Verfassung von 1833 durch König Ernst August protestierten, wurden drei von ihnen des Landes verwiesen, die übrigen erhielten Lehrverbot.
Um die Mitte der 40er Jahre trugen Mißernten und Teuerungen zur Verstärkung des revolutionären Bewußtseins der Massen bei. 1844 kam es in Schlesien zum **Weberaufstand**, einer Hungerrevolte von ca. 3000 unorganisierten schlesischen Lohnwebern im Eulengebirge, als Folge der dramatischen Verschlechterung der Erwerbs- und Lebensbedingungen. Der Absatz von Leinenprodukten war seit Jahren zugunsten der billigeren Baumwollprodukte zurückgegangen. Die Modernisierung der Produktion war durch die Verleger versäumt worden. Nun zerstörten die verzweifelten Aufständischen die Maschinen, in denen sie zuvor ihren Lebensunterhalt garantiert gesehen hatten. Preußische Truppen schlugen diese erste proletarische Erhebung in Deutschland von überregionaler Bedeutung – eine Auseinandersetzung zwischen Besitzbürgertum und Arbeiterschaft (vgl. Gerhart Hauptmanns Drama „Die Weber") – nieder. Der Aufstand fand weithin Sympathie im Gewerbebürgertum und bei den Bauern. Das Kleinbürgertum befand sich in

den 40er Jahren in einer wirtschaftlichen Strukturkrise und wandte sich gegen Gewerbefreiheit, Freizügigkeit und industrielle Konkurrenz; es trat für Zunftschranken ein. Massenarbeitslosigkeit und Bevölkerungsdruck, Mißernten 1845/46 führten zu Protestaktionen der Bevölkerung vor allem in den Städten sowie in den östlichen preußischen Provinzen; Hungerrevolten entstanden im Frühjahr 1847 in Berlin, Stuttgart, Ulm und Wien. Die soziale (Armuts-)Lage in diesen Jahren bezeichnet man als **Pauperismus,** frühindustrielle Verelendung. Sie war in Ostelbien, im Gegensatz zu den (süd-)westdeutschen Agrargebieten, völlig neu und ließ die Menschen in die Städte abwandern. Bürgerliche Sozialreformer begannen ihre öffentliche Diskussion über das Elend der „handarbeitenden Klassen" (vgl. Friedrich Engels, Die Lage der arbeitenden Klasse in England, 1845). Die Politisierung der Allgemeinheit wurde gefördert; deutlich bildeten sich nun politische Parteien heraus: Konservative, Liberale, Demokraten, Sozialisten, auch ein politischer Katholizismus. Sie bestimmten die parteipolitische Landschaft bis in die Weimarer Republik hinein. Die bürgerlichen Liberalen aber waren zunächst die Hauptträger der Kritik am monarchischen Obrigkeitsstaat, der der Parlamentarisierung in Deutschland nur sehr unwillig Raum gab.

T 27 Georg Büchner: „Friede den Hütten! Krieg den Palästen!" (1834)

Büchner (1813–1837) aus Darmstadt war Arzt und ein revolutionärer Dramatiker, der die reaktionären Verhältnisse im Großherzogtum Hessen bekämpfte und ins Ausland fliehen mußte.

Dieses Blatt soll dem hessischen Lande die Wahrheit melden, aber wer die Wahrheit sagt, wird gehängt; ja sogar der, welcher die Wahrheit liest, wird durch meineidige Richter vielleicht gestraft. Darum haben die, welchen dies Blatt zukommt, folgendes zu beachten:

1. Sie müssen das Blatt sorgfältig außerhalb ihres Hauses vor der Polizei verwahren;
2. sie dürfen es nur an treue Freunde mitteilen;
3. denen, welchen sie nicht trauen wie sich selbst, dürfen sie es nur heimlich hinlegen;
4. würde das Blatt dennoch bei einem gefunden, der es gelesen hat, so muß er gestehen, daß er es eben dem Kreisrat habe bringen wollen;
5. wer das Blatt nicht gelesen hat, wenn man es bei ihm findet, der ist natürlich ohne Schuld.

FRIEDE DEN HÜTTEN!
KRIEG DEN PALÄSTEN!

Im Jahre 1834 siehet es aus, als würde die Bibel Lügen gestraft. Es sieht aus, als hätte Gott die Bauern und Handwerker am fünften Tage und die Fürsten und Vornehmen am sechsten gemacht, und als hätte der Herr zu diesen gesagt: „Herrschet über alles Getier, das auf Erden kriecht", und hätte die Bauern und Bürger zum Gewürm gezählt.

Das Leben der Vornehmen ist ein langer Sonntag: Sie wohnen in schönen Häusern, sie tragen zierliche Kleider, sie haben feiste Gesichter und reden eine eigne Sprache; das Volk aber liegt vor ihnen wie Dünger auf dem Acker. Der Bauer geht hinter dem Pflug, der Vornehme aber geht hinter ihm und dem Pflug und treibt ihn mit den Ochsen am Pflug, er nimmt das Korn und läßt ihm die Stoppeln. Das Leben des Bauern ist ein langer Werktag; Fremde verzehren seine Äcker vor seinen Augen, sein Leib ist eine Schwiele, sein Schweiß ist das Salz auf dem Tische des Vornehmen. [...]

(Georg Büchner, Der hessische Landbote. Werke und Briefe. Gesamtausgabe. Insel-Verlag, Frankfurt o. J., S. 171)

Problem und Diskussion

1 *Erläutern Sie die revolutionären Wellen in der ersten Hälfte des 19. Jahrhunderts auf ihrem staatengeschichtlichen Hintergrund.*
Welche innenpolitischen Entwicklungen wurden in einzelnen Ländern ausgelöst?

2 *Beschreiben Sie die politische, soziale und wirtschaftliche Situation im deutschen Vormärz. Welche Einflüsse haben die liberalen Ideen ausgeübt?*

3 *Was ist der revolutionären Bewegung in einzelnen Ländern gemeinsam, worin unterscheiden sie sich?*

Zeittafel

1797–1840 Friedrich Wilhelm III. von Preußen
1814–1815 Wiener Kongreß
1814–1819 Verfassungen in Nassau, Sachsen-Weimar, Bayern, Baden und Württemberg
1815–1866 Deutscher Bund unter Österreichs Leitung
Heilige Allianz
1814–1824 Ludwig XVIII. von Frankreich
1817 Wartburgfest der deutschen Studenten
1819 Karlsbader Beschlüsse
1824–1830 Karl X. von Frankreich
1830 26. Juli Julirevolution in Frankreich
1830–1831 Unruhen in mehreren deutschen Bundesländern
1830–1848 Louis Philippe („Bürgerkönig")
1832 Hambacher Fest
1834 Deutscher Zollverein

Literaturhinweise

Zu Kapitel 1

Botzenhart, Manfred: Reform, Restauration, Krise. Suhrkamp Verlag, Frankfurt 1984

Conze, Werner (Hrsg.): Die preußische Reform unter Stein und Hardenberg. Bauernbefreiung und Städteordnung. Klett Verlag, Stuttgart ³1978

Garber, Jörn (Hrsg.): Kritik der Revolution. Theorien des deutschen Frühkonservatismus 1790–1810. Scriptor Verlag, Kronberg/Ts. 1976

Herre, Franz: Freiherr vom Stein. Sein Leben – seine Zeit. Verlag Kiepenheuer & Witsch, Köln 1973

Hoffmann, Dirk/Jander, Eckhart: Modernes Preußen im 18. Jahrhundert. Staat – Gesellschaft – Wirtschaft. Schroedel Verlag, Hannover 1981

Koselleck, Reinhard: Preußen zwischen Reform und Revolution. Klett Verlag, Stuttgart ³1981

Moser, Josef: Ländliche Klassengesellschaft. Vandenhoeck & Ruprecht, Göttingen 1984

Ostwald, Paul (Hrsg.): Die Reformen in Preußen (1806–1813). Quellen zur Geschichte des 19. Jahrhunderts. Schöningh Verlag, Paderborn ²1963

Pross, Helge (Hrsg.): Dokumente zur deutschen Politik 1806–1870. Fischer-Tb 415, Frankfurt

Vogel, Barbara (Hrsg.): Preußische Reformen 1807–1820. Athenäum Verlag, Königstein 1985

Zu Kapitel 2

Alter, Peter: Nationalismus. Suhrkamp Verlag, Frankfurt 1985

Baumgarten, Hermann: Der deutsche Liberalismus. Ullstein Tb, Frankfurt 1974

Büsch, Otto/Sheehan, James (Hrsg.): Die Rolle der Nation in der deutschen Geschichte und Gegenwart. Colloquium Verlag, Berlin 1985

Fetscher, Iring/Münkler, Herfried (Hrsg.): Pipers Handbuch der politischen Ideen. Band 4. Neuzeit: Von der Französischen Revolution bis zum europäischen Nationalismus. R. Piper Verlag, München 1986

Gall, Lothar/Koch, Rainer (Hrsg.): Der europäische Liberalismus im 19. Jahrhundert. 2 Bde. Ullstein Verlag, Berlin 1981

Juden in Deutschland zwischen Assimilation und Verfolgung. In: Geschichte und Gesellschaft 3/1983. Verlag Vandenhoeck & Ruprecht, Göttingen

Kampmann, Wanda: Deutsche und Juden. Die Geschichte der Juden in Deutschland vom Mittelalter bis zum Beginn des Ersten Weltkriegs. Fischer Tb, Frankfurt 1979

Schieder, Wolfgang (Hrsg.): Liberalismus in der Gesellschaft des deutschen Vormärz. Göttingen 1983

Waldrich, Peter (Hrsg.): Der Staat. Das deutsche Staatsdenken seit dem 18. Jahrhundert. Olzog Tb. München 1973

Zu Kapitel 3 und 4

Brandt, Hartwig (Hrsg.): Restauration und Frühliberalismus. (Quellen zum politischen Denken der Deutschen im 19. und 20. Jh.) Wissenschaftliche Buchgesellschaft, Darmstadt 1979

Burg, Peter: Der Wiener Kongreß. dtv, München 1985

Bussmann, Walter (Hrsg.): Europa von der Französischen Revolution zu den nationalstaatlichen Bewegungen des 19. Jhs. Klett Verlag, Stuttgart 1981

Conze, Werner (Hrsg.): Staat und Gesellschaft im deutschen Vormärz 1815–1848. Klett Verlag, Stuttgart ²1970

Düring, A./Rudolf, W. (Hrsg.): Texte zur deutschen Verfassungsgeschichte. Verlag C. H. Beck, München 1967

Dyroff, H.-D. (Hrsg.): Der Wiener Kongreß 1814/15 – Die Neuordnung Deutschlands. dtv-dokumente 381, München.

Fenske, Hans: Der liberale Südwesten. Freiheitliche und demokratische Traditionen in Baden und Württemberg 1790–1933. Kohlhammer Verlag, Stuttgart 1981

Hardtwig, Wolfgang: Vormärz. Der monarchische Staat und das Bürgertum. dtv, München 1985

Herre, Franz: Metternich. Staatsmann des Friedens. Verlag Kiepenheuer & Witsch, Köln 1981

Hürten, Heinz: Restauration und Revolution im 19. Jh. Verlag Klett-Cotta, Stuttgart 1981

Lutz, Heinrich: Zwischen Habsburg und Preußen. Deutschland 1815–1866: Siedler Verlag, Berlin 1985

Nipperdey, Thomas: Deutsche Geschichte 1800–1866. Verlag C. H. Beck, München 1983

Quarthal, Franz (Hrsg.): Von der Ständeversammlung zum demokratischen Parlament. Die Geschichte der Volksvertretungen in Baden-Württemberg. Mohr Verlag (P. Siebeck), Tübingen 1982

Schulze, Hagen: Der Weg zum Nationalstaat. Die deutsche Nationalbewegung vom 18. Jh. bis zur Reichsgründung. dtv, München 1985

Valentin, Veit: Das Hambacher Nationalfest. Büchergilde Gutenberg, Frankfurt 1982

Wende, Peter: Radikalismus im Vormärz. Untersuchungen zur politischen Theorie der frühen deutschen Demokratie. Franz Steiner Verlag, Wiesbaden 1976

C. Die Entstehung und Entwicklung des Deutschen Reiches im Spannungsfeld liberaler, nationaler und konservativer Kräfte des 19. Jahrhunderts

1. Das Ringen um den liberalen Volksstaat: Die 1848er Revolutionen

1.1 Februar 1848: Frankreich wird Republik

Die revolutionären Bewegungen der 30er und 40er Jahre (s. B 4) erreichten ihren Höhepunkt mit der Pariser Februarrevolution von 1848. Wahlrechtsdemonstrationen führten zum Barrikadenkampf und zur Flucht des Bürgerkönigs Louis Philippe. Das mit Hilfe des Pariser Proletariats siegreiche Großbürgertum wechselte den konstitutionellen Monarchen gegen einen republikanischen Präsidenten aus, der nun eindeutig der Repräsentant der Volkssouveränität war. Die Wahl fiel im Dezember auf Louis Napoleon, den Neffen Napoleons. Dieser führte im Dezember 1851 einen Staatsstreich durch, erklärte die Nationalversammlung für aufgelöst und ließ das Kaisertum beschließen. Er nannte sich Napoleon III.
In der Februarrevolution meldeten erstmalig eine klassenbewußte Arbeiterschaft und das Kleinbürgertum ihren politischen Willen an und verlangten – wie die britische Arbeiterbewegung 1839 (Chartisten, s. E 1.3) – das allgemeine und gleiche Wahlrecht. Das aufständische Proletariat setzte die Ausrufung der Republik und die Verkündigung des „Rechtes auf Arbeit" durch, und nur mit Mühe wurde ein Antrag, die Trikolore durch die rote Fahne der Sozialisten zu ersetzen, abgewehrt. Unter dem Druck der Pariser Arbeiter wurden im März 1848 „Nationalwerkstätten" in Betrieb genommen. Das waren Arbeiterproduktionsgenossenschaften, deren Erträge unter die Arbeiter aufzuteilen waren (vgl. E 3.1). Sie mußten jedoch im Juni wieder geschlossen werden, weil sie durch unrentable Arbeiten die Staatsfinanzen belasteten. Die inzwischen gewählte bürgerliche Mehrheit der Nationalversammlung ließ die protestierenden Arbeiter vom Militär zusammenschießen. Aus Angst vor einer Diktatur von unten wich sie der dringlichen sozialen Frage aus.

1.2 März 1848: Die Revolution in Österreich erschüttert den Staat

Der Ursprung der Unruhen und Revolten in Österreich war vielfältig. Zu den sozialen Gegensätzen unter der Bevölkerung und der Unterdrückung der liberalen Bewegungen durch den Staat der Restauration kamen die Probleme des Vielvölkerstaates, in dem mehrere Nationen – u. a. 5,6 Mio. Deutsche, 5,2 Mio. Slawen – meist zwangsweise miteinander leben mußten. Die einen kämpften für bürgerliche Freiheit und Gleichheit, die anderen für nationale Ziele. Der Ausbruch der Märzrevolution wurde dazu durch das Verlangen des Bürgertums sowie des niederen Adels nach Systemveränderung gefördert. Der Gegensatz zwischen dem höheren Adel, der die höheren Positionen in Staat, Verwaltung, Gerichtswesen und Militär innehatte, und dem aufklärerischen Bürgertum war schroff. Die Wirtschaft war rückständig, protektionistisch, nicht liberal. Die Staatsfinanzen waren seit den napoleonischen Kriegen und wegen der Aufrechterhaltung hoher Truppenstärken in einem schlechten Zustand. Die Lage der Bauern und vor allem der Arbeiter und kleinbürgerlichen Handwerker war schlecht infolge der Auswirkungen der Wirtschaftskrise seit den 1840er Jahren. Am 7. März 1848 brachten die Wiener Liberalen eine Petition in Umlauf mit den Forderungen nach einer Agrarreform, nach allgemeinem Wahlrecht und einer Verfassung.

Zerstörung der Mariahilfer Linie in Wien am 13. März 1848

Am 13. März berieten die Stände darüber, und es kam vor dem Landhaus (= Parlament) zu einer Massendemonstration, zu Tumulten und schließlich zum Sturm auf das Landhaus. Das Militär griff nur zögernd ein. In den Wiener Vorstädten kam es zu schweren Unruhen, zu einer Art „proletarischer" Revolution. Leihhäuser, Steuerämter und Fabriken wurden gestürmt, Läden geplündert. Das Volk forderte den Abzug des Militärs und den **Rücktritt Metternichs**. Dieser floh nach England. Eine bürgerliche Nationalgarde und eine Akademische Legion wurden aufgestellt, der Zensus aufgehoben, die Regierung umgebildet, ein Verfassungsversprechen abgegeben.

In der **Wiener Revolution** spielte das radikale Element eine größere Rolle als anderenorts. Die rasch wachsende Arbeiterschaft der Hauptstadt Wien gab, neben den Studenten, der Revolution ihr Gesicht. Die Arbeiter erhofften die Beseitigung ihrer materiellen Notlage und die Verbesserung ihrer Lebensbedingungen. Am 25. April wurde eine Verfassung vom Kaiser oktroyiert. Die Regierung mußte infolge der Aufstände am 15. Mai die Einberufung einer Nationalversammlung zur Ausarbeitung einer Verfassung und das allgemeine Wahlrecht zusagen.

Der Kaiserstaat war nicht allein von der Wiener Revolution erschüttert, sondern vor allem von nationalen Revolutionen in seinen Teilgebieten: in den italienischen Provinzen, in Ungarn, im böhmisch-mährischen Raum. Die Nationalitäten weigerten sich, zu einem gemeinsamen Ganzen zusammengefaßt zu werden. Deshalb standen sie in Distanz zum (Gesamt-)Staat. Unter anderem entwickelte sich ein slawischer Nationalismus, besonders unter den Tschechen. In den einzelnen Ländern gab es provinziale Vertretungen, von Adel und Geistlichkeit beherrscht, von der Regierung in Wien abhängig. Ungarn forderte eine eigenständige Regierung. Ziel war ganz allgemein ein „Bund gleichberechtigter Völker". Am 6. Oktober 1848 verhinderten große Teile des Volkes

den Abmarsch kaiserlicher Truppen aus Wien gegen das aufständische Ungarn und hielten die Hauptstadt bis Ende Oktober besetzt, nachdem sie das Zeughaus gestürmt und sich mit Waffen versorgt hatten. Die Truppen des Feldmarschalls Windischgrätz konnten dann die Stadt zurückerobern. Sie nahmen demonstrativ Rache an den revolutionären Bewegungen, indem sie u. a. den demokratischen Abgeordneten der Paulskirche, Robert Blum (1807–1848), der nach Wien gekommen war und sich am Widerstand beteiligt hatte, standrechtlich erschossen. Damit hatte Wien zugleich eine klare Trennungslinie zur deutschen Nationalversammlung gezogen. 1848 schien das Ende des alten Vielvölkerstaates eingeleitet. Allein Ungarn hatte als Ergebnis der Revolution seine eigene parlamentarische Regierung.
Im Sommer 1848 wurde im Gesamtstaat, außer in Ungarn und Norditalien, ein Reichstag gewählt. Er trat am 22. Juli in Wien zusammen und beschloß am 31. August die Aufhebung der Untertänigkeitsverhältnisse, die Ablösung von Frondiensten gegen Entschädigung. Von 389 Abgeordneten waren nur 42 Adlige, die übrigen Angehörige bürgerlicher Berufe. Die Gegenrevolution, geführt von Windischgrätz, siegte, weil der militärisch-dynastische Staat stärker war als die liberale Bewegung in Wien oder Prag. Die neue Regierung unter dem Fürsten Felix Schwarzenberg versuchte eine „Revolution von oben", eine „Politik der konservativen Modernisierung" (Nipperdey), den Ausbau des Reiches zu einer konstitutionellen Föderation gleichberechtigter Teile. Sie hielt zunächst an dem Anschein fest, mit dem Reichstag den Übergang zum konstitutionellen Staat vollziehen zu wollen. Der Reichstag tagte seit November 1848 im mährischen Kremsier und brachte die Verfassungsberatungen zu Ende. Der Gesamtstaat erhielt nun eine oktroyierte Verfassung, die der Reichstag noch am 4. März 1849 annehmen mußte (gültig bis 31. 12. 1851). Österreich trat als deutsche und europäische Großmacht wieder in Erscheinung. Ungarn erklärte sich im Frühjahr 1849 für ganz unabhängig, wurde jedoch bis zum August mit russischer Hilfe unterworfen.
Österreich wurde mit Unterstützung seiner Armee, seiner Bürokratie und durch das militärische Zusammenspiel mit Rußland zur Vormacht der Gegenrevolution. An der Spitze des Staates war dem unfähigen Kaiser Ferdinand bereits im Dezember 1848 sein Neffe, der Erzherzog Franz Joseph, gefolgt (bis 1916). Österreich als starke konservative Großmacht erneuerte seinen deutschen Führungsanspruch. Für seine Bürger trat es wieder als Polizei- und Verwaltungsstaat in Erscheinung.
Der radikale Hergang der österreichischen Märzrevolution hat auf den Verlauf der Beratungen in der späteren Paulskirchenversammlung insofern entscheidend eingewirkt, als man eine ähnliche nationale Aufsplitterung vermeiden wollte.

1.3 Das Revolutionsjahr 1848/49 in Deutschland

Die Pariser Februarrevolution 1848 hat manche revolutionären Hemmungen im deutschen **Bürgertum** beseitigt. Vor allem in Baden (Volkserhebung und große Versammlungen in Mannheim, Heidelberg und Karlsruhe unter den Rechtsanwälten Hecker und Struve), der Pfalz und im Rheinland wurden die öffentlichen („März"-)Forderungen nach Pressefreiheit, allgemeinem Wahlrecht, Schwurgerichten, gesamtdeutschem Parlament, konstitutionellen Verfassungen, Volksheer und auch nach nationaler staatlicher Einheit immer lauter. Fast in allen Mittel- und Kleinstaaten wurden Vertreter der liberalen Opposition zu Ministern berufen (sog. „Märzminister"). Die Fürsten wichen damit taktisch einen Schritt zurück.
Die Revolution von 1848 war nicht allein eine Revolution des Bürgertums. Im Süden – von Österreich bis Baden und Nassau – hatten die **Bauern** einen Nachholbedarf an Reformen. Dies führte im Frühjahr 1848 zu bäuerlichen Revolten in Baden, Württemberg, der bayerischen Rheinpfalz, Hessen-Darmstadt, auch im preußischen Schlesien. Sie wurden teilweise von preußischen Truppen

niedergeschlagen. Die neuen liberalen Regierungen holten die Befreiung, Grundentlastung, Ablösung und Aufhebung der öffentlichen Rechte des Adels schnell zu den für die Bauern günstigen Bedingungen nach. Ein Teil der Ablösungssummen wurde in Bayern, Württemberg und Österreich vom Staat übernommen. Auch die politische Macht des Adels ging nach dieser Entfeudalisierung zu Ende. Dies genügte den konservativen Bauern im allgemeinen. Sie vertraten keine über ihre wirtschaftlichen Interessen hinausgehenden politischen Forderungen und bildeten keine Parteien.
Ebenfalls im Frühjahr 1848 kam es zu Unruhen der Arbeiter und Handwerker in Mitteldeutschland und im Rheinland. Sie forderten Einschränkungen der Fabrikproduktion und Preisstabilisierung. Ihre Einstellung zur Revolution war durch die wirtschaftliche Situation bestimmt.
Mit der Märzrevolution war eine **politische Öffentlichkeit** entstanden, die sich in Versammlungen, Demonstrationen, Diskussionen, Vereinen, Klubs, Lesehallen, durch Petitionen, in Zeitungen, Flugblättern und Karikaturen Luft machte. Für ein Jahr regte sich ein bewegtes politisches Leben in Deutschland.

Revolution und Verfassungsstreit in Preußen

Auch in Preußen hatten liberale Intellektuelle, Arbeiter, Bürger und Bauern in sozialrevolutionären Protesten und Volksversammlungen ihrem Unmut gegenüber der Einschränkung politischer Grundrechte – wie Presse-, Vereinigungs-, Versammlungsfreiheit, Wahlrecht für alle Männer, Volksbewaffnung – Ausdruck verliehen. Daraufhin wurden Reformbeamte, die für einen bürgerlichen Staat, für Freiheit und Gleichheit eintraten, diszipliniert. Die Karlsbader Beschlüsse (s. B, T 18) wurden durchgesetzt. Beamte und Gebildete, die keinen Grundbesitz hatten, blieben von der Wahl zu den Provinziallandtagen ausgeschlossen.
Preußen wurde wegen der unterschiedlichen Struktur seiner östlichen und westlichen Landesteile in Provinzen, mit einem Oberpräsidenten an der Spitze, eingeteilt. Dieser führte die Aufsicht über die Bezirksregierungen. Eine gut ausgebildete Beamtenschaft sorgte für die Organisation des Staates und für die „Herrschaft des Gesetzes" und fühlte sich als Erfüller des Gesetzesstaates, aber zugleich als Garanten der bürgerlichen Freiheiten.
Erst im April 1847 erreichte die bürgerliche liberale Opposition die Einberufung der **acht Provinziallandtage**, die 1823 von der Regierung nach dem Verfassungsversprechen Friedrich Wilhelms III. (1815) eingerichtet worden waren. Die Landtage, zusammengesetzt aus den – getrennt gewählten – Ständen von Adel, Städtern und Bauern, hatten nur über einige kommunale und Provinzangelegenheiten zu bestimmen. Mit der Einberufung des **Vereinigten Landtags** 1847, der den Versuch darstellte, in Preußen einen Ausgleich (307 Adlige, 306 Bürgerliche) zwischen der bürgerlich-liberalen Gesellschaft und dem bürokratisch organisierten monarchischen Staat – unter Vermeidung einer revolutionären Veränderung – zu bewirken, büßte die Beamtenschaft ihren Anspruch ein, die gesamte bürgerliche Gesellschaft zu repräsentieren. Dabei ragte aus den gemäßigten Forderungen des Ersten Vereinigten Landtags (z. B. Mitsprache bei Ausgaben, Petitionsrecht, Diskussion von Gesetzesvorhaben, Ministerverantwortlichkeit) lediglich die eine – vom König abgelehnte Forderung – nach periodischen Zusammenkünften heraus. Daraufhin lehnten zwei Drittel der Abgeordneten aller Stände die von König Friedrich Wilhelm IV. (1840–1861) benötigte Finanzbürgschaft für den projektierten Eisenbahnbau Berlin–Königsberg (sog. Ostbahn-Anleihe) ab. Dennoch war dieser Landtag insofern bedeutsam, als hier die preußischen und deutschen Probleme öffentlich diskutiert werden konnten und der Gegensatz zwischen Regierung und Abgeordneten klar hervortrat.
Seit Anfang März 1848 kam es in **Berlin** zu einer Reihe von Volksversammlungen, bei denen Handwerker, Arbeiter, Studenten und junge Kaufleute mit sozialrevolutionären Protesten gegen

die Obrigkeit opponierten. Die Herrschaftsordnung sollte freiheitlicher und volkstümlicher werden. Am Abend des 13. März ereigneten sich die ersten Zusammenstöße zwischen Demonstranten und dem die Stadt sichernden Militär. Es kam zu Barrikaden- und Straßenkämpfen, zu vielen Todesopfern. Bürgerdeputationen forderten die Zurückziehung der Truppen. Am 18. März verfügte der zunächst zögernde König – unter dem Eindruck des Sturzes des österreichischen Staatskanzlers Metternich – die Aufhebung der Zensur und die Einberufung des Vereinigten Landtags. In seiner **„Märzproklamation“** (18. März) versprach er eine konstitutionelle Verfassung mit Volksrepräsentation und Aufhebung der Pressezensur sowie die Reorganisation des Deutschen Bundes mit Bundesrepräsentation und Pressefreiheit. Dafür dankte ihm eine große Volksmenge beifällig vor dem Berliner Schloß. Rufe nach dem Abzug der Soldaten wurden mit dem Befehl des kommandierenden Generals an die Truppen beantwortet, den Platz von der Menge zu räumen. Dabei lösten sich Schüsse; es kam zu erbitterten Straßenkämpfen in ganz Berlin. Der König zeigte sich erschüttert und erklärte das Ganze für einen unseligen Irrtum; er zog die Truppen zurück. Dies wurde von der konservativen Militärpartei am Hofe als eine Kapitulation vor der Revolution betrachtet. Am 19. März wurde der König gezwungen, die bei den Kämpfen gefallenen und im Schloßhof aufgebahrten über 230 Bürger zu ehren. Zwei Tage später ritt er mit Prinzen und Ministern, mit schwarz-rot-goldenen Armbinden (den Farben der Freiheitskämpfer), feierlich durch Berlin. Den als Führer der Militärpartei geltenden Prinzen Wilhelm (nach den Märzereignissen als „Kartätschenprinz“ tituliert) allerdings schickte er außer Landes. In einer Rede an die deutsche Nation (T 1) bekannte er sich zur deutschen Einheit, zur Freiheit und zur konstitutionellen Verfassung (T 2): „Preußen geht fortan in Deutschland auf.“ Das Prinzip der von den Liberalen verlangten Volkssouveränität erkannte er jedoch auch weiterhin nicht an. Am 29. März berief er unter dem Zwang der Verhältnisse ein **„Märzministerium“** unter Führung zweier rheinischen Liberalen, des Bankiers Camphausen und des Großkaufmanns Hansemann. Sie sollten Preußen eine liberale Ordnung geben. Dies gelang jedoch nicht, da die adlige und großbürgerliche Einstellung auf die Erhaltung des traditionellen Machtapparates und die Schonung der Besitzenden gerichtet war. Allerdings wurden auch reformerische Gesetzentwürfe vorgelegt: für eine neue Gemeindeordnung, die Einführung von Geschworenengerichten, die Aufhebung der Feudallasten. Weder König und Adel noch das Volk waren damit zufrieden.

Die im Mai 1848 gewählte **preußische Nationalversammlung** war keine verfassunggebende Versammlung im strengen Sinne, sondern sollte eine Verfassung mit dem König – nicht kraft der Volkssouveränität – beraten und beschließen. In ihren Forderungen war sie radikaler als die Nationalversammlung in Frankfurt (T 8), was sich u. a. an ihrem Verlangen zeigte, den Zusatz des königlichen Namens „von Gottes Gnaden“ – was bisher als oberste Rechtfertigung (Legitimität) der absoluten, nicht vom Volke verliehenen Herrschergewalt galt – zu streichen, allgemeines Stimmrecht für Männer und das Einkammersystem einzuführen sowie die Adelsprivilegien aufzuheben.

In der preußischen Nationalversammlung, die von weiten Kreisen des Volkes begrüßt wurde, gab es mehr Bauern und Handwerker, Vertreter des Gewerbes und mehr mittlere Beamte als in der Frankfurter Nationalversammlung. Aber auch hier spielten Richter, Kommunalbeamte, Lehrer und Geistliche (die beamtete Intelligenz machte 60% der Abgeordneten aus, während die Anzahl der Adligen stark zurückgegangen war) die Hauptrolle. Die Demokraten und Linksliberalen stellten die stärkste Fraktion. Bis zum 26. Juli 1848 verabschiedete der Verfassungsausschuß einen Entwurf für ein parlamentarisches System mit aufschiebendem Veto für den König und Aufhebung der feudalen Rechte. Die Frage nach dem militärischen Oberbefehl verschärfte den Konflikt mit dem König. In der Geschichte des deutschen Parlamentarismus nimmt diese Auseinandersetzung einen wichtigen Platz ein. Sie beschleunigte vor allem im Lager der Liberalen die bereits begonnene Parteibildung (s. 2.3).

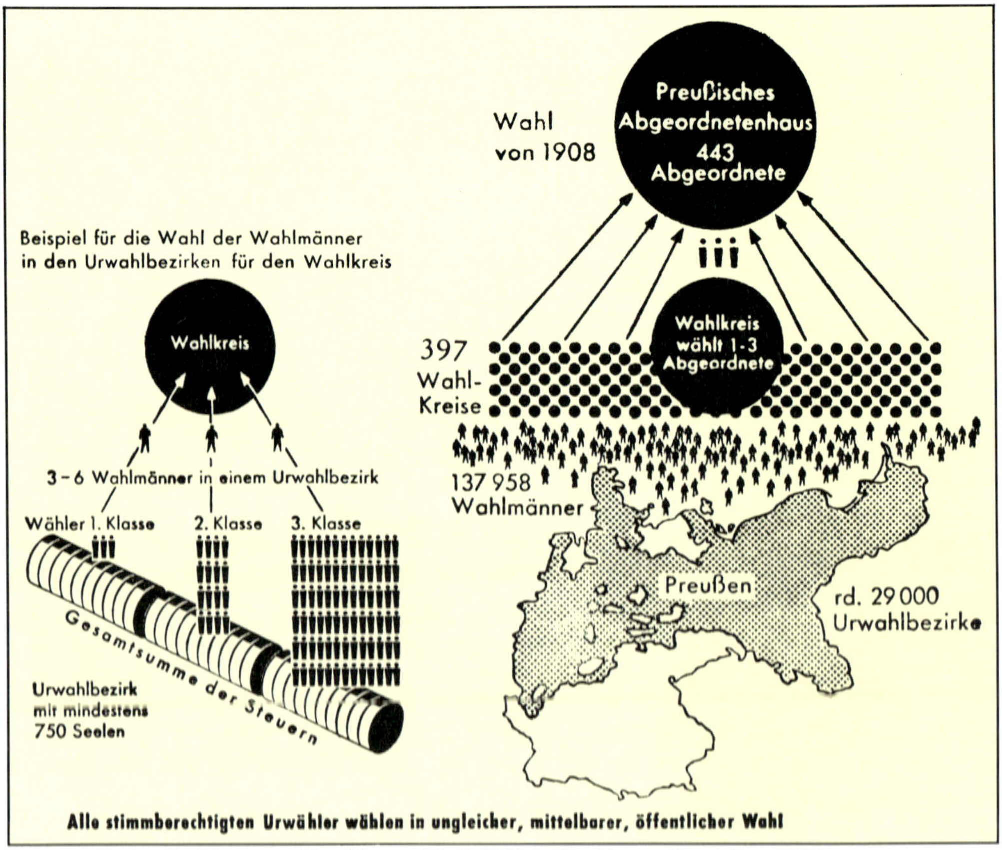

Das preußische Dreiklassenwahlrecht vom 30. 5. 1849 (gültig bis zur Revolution 1918)

Die liberale Regierung trat am 8. September – weil beschlußunfähig – zurück und wurde von einem Beamtenkabinett abgelöst. Der Streit zwischen dem König und der Nationalversammlung ging weiter, bis diese am 5. Dezember aufgelöst wurde und der König eine **Verfassung** „oktroyierte" (verordnete), die bald nach restaurativen Grundsätzen verändert wurde. Erst am 31. Januar 1850 beschwor der König eine „revidierte" Verfassung. Sie schränkte die Macht des Herrschers nicht ein; aber sie erlaubte periodisch stattfindende Wahlen zum Landtag, dessen Verhandlungen zur Politisierung des Landes (Fraktionen, Parteien, Wähler) beitrugen. Sie sah ein Zweikammersystem vor. Das Herrenhaus bestand aus vom König bestimmten Standesherren (Mitglieder der fürstlichen und gräflichen Familien), den höchsten Beamten und Vertrauensmännern des Königs. Das Abgeordnetenhaus kam durch öffentliche und mittelbare Wahlen (Wahlmänner) zustande, bei denen das Volk in drei Steuerklassen eingeteilt war und die Besitzenden begünstigte (**Dreiklassenwahlrecht** bis 1918). Nur 50–80% der männlichen Bevölkerung in Stadtgemeinden waren stimmberechtigt. Auf jede der drei Abteilungen von „Urwählern" fiel ein Drittel der Gesamtsumme der Steuerbeträge eines Urwahlbezirks. Die wenigen Höchstbesteuerten wählten also ebensoviele Wahlmänner wie die wesentlich größere Zahl der mittleren Schichten und die Masse der gering besteuerten Bürger. Die Steuerleistung, die entrichtet werden mußte, um in der I. oder II. Klasse zu wählen, war von Provinz zu Provinz unterschiedlich und selbst innerhalb der Urwahlbezirke einer größeren Gemeinde außerordentlich verschieden. Wähler mit einem Steueraufkommen von mehr als 3000 Mark jährlich mußten in 29 Berliner Urwahlbezirken in der III. Klasse wählen, während in sechs ländlichen Bezirken bereits eine Steuerleistung von unter 30 Mark jährlich ausreichte, um in die I. Klasse zu kommen. Nur durch diese Ungereimtheiten und die allmähliche Steigerung der Einkommen breiterer Schichten war es möglich geworden, daß seit 1908 einige Sozialdemokraten in das preußische Abgeordnetenhaus gewählt werden konnten.

Steueraufkommen im Urwahlbezirk
(mindestens 750 Seelen)

I. Klasse	II. Klasse	III. Klasse
bringen je 1/3 der Steuern auf		
2 Wähler	5 Wähler	182 Wähler
wählen Wahlmänner (3–6) für den Wahlkreis		

Bei der Einführung des preußischen Dreiklassenwahlrechts (1849) gab es 3 255 703 Urwähler.
1/3 der Abgeordneten wurde von 153 808 (= 4,7%) Wählern der I. Klasse gewählt.
1/3 der Abgeordneten wurde von 409 945 (= 12,6%) Wählern der II. Klasse gewählt.
1/3 der Abgeordneten wurde von 2 691 950 (= 82,6%) Wählern der III. Klasse gewählt.
In der sozialen Zusammensetzung des Reichstages dominierten schließlich Großgrundbesitzer und Beamte, die breite Masse des Volkes war in diesem Spektrum extrem unterrepräsentiert.

Wahlberechtigte in Essen nach dem Dreiklassenwahlrecht (in absoluten Zahlen; in Klammern in %)

	Wählerklasse I	II	III	
1850	49 (3,8)	161 (12,6)	1070 (83,6)	Die Durchschnittsleistungen betrugen 1900
1857	34 (4,3)	146 (18,3)	614 (77,4)	in der I. Klasse 783830 Mark,
1890	3 (0,07)	393 (9,7)	3650 (90,23)	II. Klasse 3738 Mark,
1900	3 (0,01)	401 (2,07)	18991 (97,92)	III. Klasse 79 Mark.

(H. Croon, Die Einwirkungen der Industrialisierung auf die gesellschaftliche Schichtung der Bevölkerung im rheinisch-westfälischen Industriegebiet. In: Rheinische Vierteljahresblätter 1955, S. 315.)

Auswirkung des Dreiklassenwahlrechts auf die soziale Zusammensetzung der Abgeordneten 1908

Verwaltungsbeamte	44	130
Höhere Justizbeamte	48	
Sonstige Beamte	31	
Offiziere a. D. ohne anderen Beruf	7	
Lehrer, Professoren	19	85
Geistliche	20	
Rechtsanwälte	26	
Ärzte	4	
Privatbeamte	10	
Schriftsteller	6	
Großgrundbesitzer	113	156
Bäuerliche Landwirtschaft	46	
Kaufleute	10	33
Industrielle	17	
Handwerker	6	
Rentner	29	34
Sonstige Berufe	5	
Arbeiter	2	
Summa	443	

Stimmenverteilung bei den Wahlen 1908

	% der Urwähler	Abg.
die Konservativen	14,15	152
die Freikonservativen	2,24	60
das Zentrum	19,91	104
die Nationalliberalen	12,71	65
die freisinnige Volkspartei	3,93	28
die freisinnige Vereinigung	0,88	8
die Polen und Dänen	9,02	17
dagegen die Sozialdemokraten	23,87	1

(Paul Hirsch, Der preußische Landtag, Handbuch für sozialdemokratische Landtagswähler. [3]1913, S. 18f.)

1.4 Die Paulskirche und das Scheitern der bürgerlichen Revolution

Der Erfolg der liberalen Bewegung hing davon ab, in welchem Maße sie sich in den Besitz realer Macht setzen konnte, um ihre Ideen zu verwirklichen. Daß es ihr nicht gelungen ist, die Exekutive in den Einzelstaaten in die Hand zu bekommen, ließ sie schließlich scheitern. Der erste Schritt war revolutionär: Eine Versammlung von 51 Politikern und Journalisten, meist Abgeordnete der süddeutschen Landtage, einigte sich am 5. März 1848 in Heidelberg 574 (meist liberale) Vertrauensmänner, die ohne direkten Auftrag des Volkes waren, zu einem Vorparlament nach Frankfurt einzuberufen. Es kamen u. a. 141 aus Preußen, 72 aus Baden, 84 aus Hessen-Darmstadt, 2 aus Österreich. Am 31. März trat dieses **Vorparlament** im Kaisersaal des Römers zusammen und beschloß die Wahl einer verfassunggebenden Nationalversammlung durch das deutsche Volk. Die Fürsten und der Bundestag in Frankfurt fügten sich diesen Beschlüssen. Der Bundestag hatte beschlossen, einen 17er-Ausschuß aus „Männern des öffentlichen Vertrauens" zu berufen, der über eine Bundesreform beraten sollte. Der Versuch scheiterte an Bayern und Preußen.
In den Beratungen des Vorparlaments in der Frankfurter Paulskirche zwischen dem 31. März und dem 3. April stießen liberale und demokratische Auffassungen aufeinander. Die **Liberalen** unter Heinrich von Gagern, dem Sprecher der Liberalen im Darmstädter Landtag und ersten Präsidenten der Frankfurter Nationalversammlung, plädierten für „Freiheit, Volkssouveränität und Monarchie" (Gagern), die badischen **Demokraten** Struve und Hecker traten für die Abschaffung der Monarchie, die Errichtung einer deutschen Republik, die Aufhebung der stehenden Heere, des Berufsbeamtentums und der Klöster ein; eine Nationalversammlung sollte „allein" die

Frankfurter Nationalversammlung

Verfassung geben und oberstes Staatsorgan sein. Schließlich sollte das Vorparlament sich zur ständigen Einrichtung machen, einem Vollzugsausschuß die Exekutive übertragen und dadurch den Bundestag entmachten. Dies wäre einer fortdauernden Revolution gleichgekommen, was jedoch verhindert wurde. Es blieb lediglich ein 50er-Ausschuß, der die Wahlen zur Nationalversammlung überwachen sollte: Mehrheitswahl und gleiches, allgemeines, indirektes Wahlrecht. Vermutlich waren etwa 80% der volljährigen Männer wahlberechtigt. Die Wahlbeteiligung lag zwischen 40% (in Holstein, Sachsen) und 75% (in Württemberg). Die „Urwähler" wählten „Wahlmänner". Dieses Verfahren begünstigte die Honoratioren. Schon am 24. Mai wurde ein dreißigköpfiger, meist aus späteren Zentrumsabgeordneten bestehender Verfassungsausschuß eingesetzt, der mit den Beratungen über die Grundrechte begann. Die Verhandlungen im Plenum dauerten bis zum 20. Dezember 1848.

Am 18. Mai trat die neugewählte **Nationalversammlung** in der Frankfurter Paulskirche zusammen. Sie bestand aus 585 Abgeordneten – in der Mehrheit gemäßigte Liberale –, die keineswegs die soziale Gliederung der Nation widerspiegelten, sondern die führenden Schichten. Unter den insgesamt 830 gewählten Abgeordneten und Stellvertretern waren 550 Akademiker („Professorenparlament"), aber nur wenige Handwerker, mehrere Vertreter aus der Landwirtschaft, aber nur ein einziger Kleinbauer, kein Arbeiter. Ein Abgeordneter bekannte sich als Sozialist. Die Nationalversammlung war zur Durchführung ihrer Beschlüsse auf die exekutive Gewalt der Einzelstaaten angewiesen, obwohl sie deren Souveränität im Grunde nicht mehr anerkannte. Folgerichtig forderten daher radikale Republikaner, in einer zweiten revolutionären Welle die Regierungen zu beseitigen und die Macht zu übernehmen. Dazu aber war die bürgerliche Mehrheit nicht bereit. Sie wollte im Einvernehmen mit den Fürsten die nationale staatliche Neuordnung schaffen. Das Nachgeben der Fürsten im März gab Grund zu diesem Versuch.

Die Hauptaufgabe der Paulskirchenversammlung bestand darin, einen deutschen Nationalstaat zu schaffen und ihm eine Verfassung zu geben, in der vor allem die Grundrechte der Deutschen verankert sein sollten (T 7). Der Verfassungsentwurf verbriefte u.a. die Gewerbefreiheit, die Gleichheit vor dem Gesetz, die allgemeine Wehrpflicht, den Schutz vor willkürlicher Verhaftung, Presse-, Glaubens- und Gewissensfreiheit, Staatsschule, d. h. Schule für alle, und Zivilehe. Damit wollte die Verfassung die Reformen Steins und Hardenbergs im demokratisch-liberalen Sinne vollenden. Die Reste des Feudalstaates sollten abgeschafft und die Gleichheit aller gewährleistet werden.

Zu Beginn der Nationalversammlung gab es noch keine politischen Parteien im modernen Sinne, aber es waren drei Lager deutlich erkennbar: die zahlenmäßig schwache republikanische Linke, die konservative Rechte und eine klare Mehrheit der liberalen Mitte. Diese Gruppen (Fraktionen) trafen sich in bestimmten Gasthäusern, nach denen sie anfangs benannt wurden. Die **Rechte** traf sich im Café Milani (zuerst im Steinernen Haus). Sie bestand aus gemäßigten Konservativen, die stark föderalistisch und kirchlich gesinnt waren. Das „rechte Zentrum" (Casino) bildete die stärkste Fraktion. Es handelte sich um den konstitutionellen Flügel des Liberalismus unter Heinrich von Gagern und der Mehrheit der prominenten Professoren (Dahlmann, Droysen, Waitz, Duncker, Haym, Welcker, Beseler u.a.) sowie der rheinischen Großbürger. Sie traten für Parlamentarismus und das Vetorecht der Krone ein (T 3). Das „linke Zentrum" (Württemberger Hof) engagierte sich für Volkssouveränität und Parlamentsrechte und gestand dem Monarchen nur ein aufschiebendes Veto zu. Die **Demokraten** (= die Linke) bestand vor allem aus den Freunden Heckers, aus den badischen, pfälzischen, hessischen, sächsischen Radikalen, die die Revolution notfalls weitertreiben wollten. Ihr Ziel war die Republik, Volkssouveränität, Herrschaft des Parlaments, Gleichheit (T 4). Der gemäßigte Flügel wurde von dem später in Wien hingerichteten Robert Blum (s. 1.2) angeführt. Er vertrat das Mehrheitsprinzip, die Gesetzlichkeit und war gegenüber anderen Gruppierungen kompromißbereit.

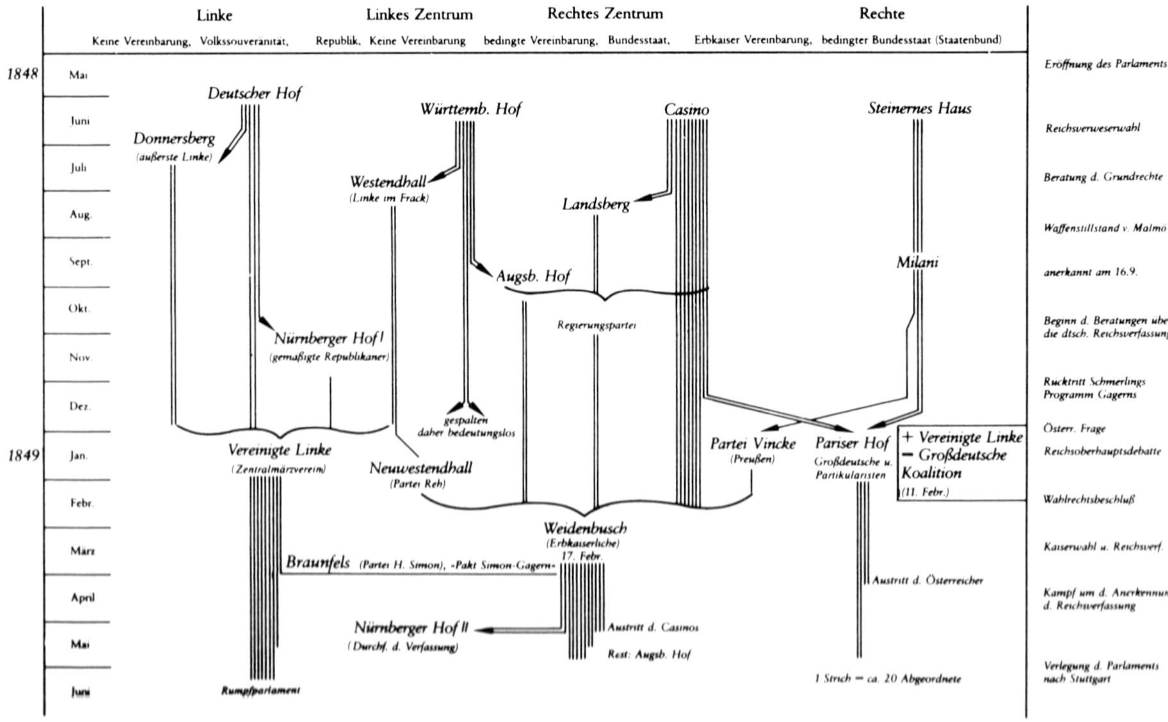

Die Parteien der Frankfurter Nationalversammlung 1848/49

Berufsgliederung der deutschen Parlamentsabgeordneten von 1848 und 1871 (in %)

Parlament bzw. Legislaturperiode (Wenn nur eine Zahl dasteht, bedeutet sie die betreffende Legislaturperiode des Reichstags)	Deutsche Nat.-Vers. 1848	Reichstag 1871	Deutsche Nat.-Vers. 1919
I. Landwirte	5,5	27,7	7,8
II. Kaufleute, Industrielle, Gewerbetreibende	6,5	8	10
III. Staatsbeamte (außer Justiz u. Lehrfach)	18	13,9	16,2
IV. Justizbeamte	16,6	12	2,1
V. Beamte und Offiziere a.D. u. z.D.	0,4	5,3	–
VI. Offiziere	2,2	0,8	–
VII. Gemeinde- und Korporationsbeamte	2,2	3	2,4
VIII. Lehrer und Gelehrte	19,6	7,8	7,1
IX. Evangel. Geistliche	1,4	0,3	1,5
X. Kathol. Geistliche	2,4	3,2	0,9
XI. Advokaten	16,6	12	6,2
XII. Privatbeamte	0,7	0,3	26,2
XIII. Ärzte	2,4	1,1	0,5
XIV. Schriftsteller und Journalisten	2,2	1,6	13,6
XV. Rentner u. Privatiers	0,6	2,4	3,3
XVI. Handwerker, Arbeiter, Angestellte	–	0,3	7,6
XVII. Andere Berufe	0,2	0,3	–
XVIII. Keine oder ungenaue Berufsangabe	2,6	0,3	–

(Dokumente zur deutschen Politik 1806–1870, hg. von H. Pross. Fischer-Bücherei 415, S. 133)

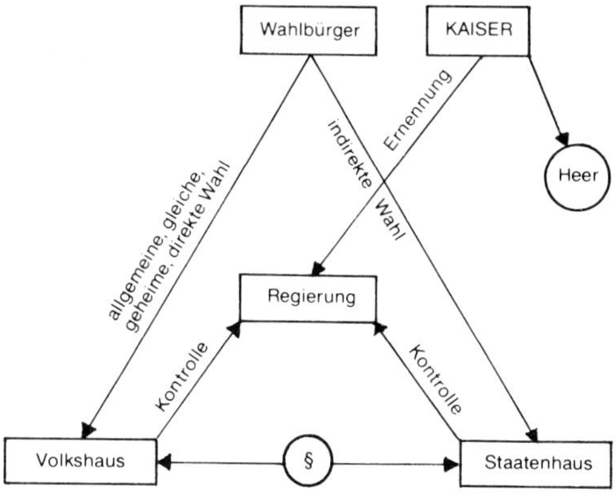

Die geplante Verfassung der Paulskirche

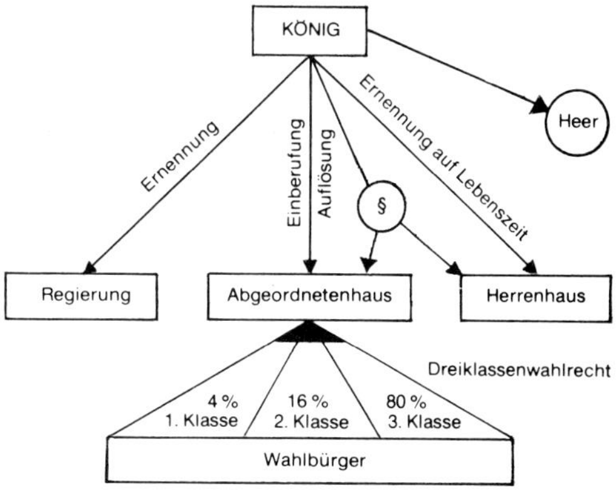

Die „oktroyierte" (vom König erlassene) preußische Verfassung von 1850–1918

Die **Verfassung** (T 8) für ganz Deutschland warf folgende Probleme auf:

1. Wie sollten die Rechte zwischen den bisher souveränen Einzelstaaten und einem neuen Gesamtstaat abgegrenzt werden? Die wenigen linken Unitarier waren für eine Lösung mit starker Zentralgewalt, die Föderalisten für die Beibehaltung kräftiger Einzelstaaten nach dem Muster der USA.
2. Wie sollten die Hoheitsrechte zwischen der Krongewalt des Gesamtstaates und den Volksvertretern verteilt werden? Die liberalen Monarchisten und die Republikaner wünschten umfassende Befugnisse für die Volksvertretung, die Konservativen eine starke monarchische Spitze.
3. Wer sollte den Gesamtstaat führen, da es zwei Großmächte – Preußen und Österreich – in Deutschland gab? Die **Kleindeutschen** wollten unter Ausschaltung Österreichs ein Deutschland unter preußischer Führung. Die **Großdeutschen** wollten auf Österreich nicht verzichten. Sie diskutierten, ob man nur die deutschsprachigen Gebiete Österreichs oder die gesamte Donaumonarchie in den Bund aufnehmen sollte. Die kleindeutsche Partei siegte. Es sollte ein **Bundesstaat** mit einer kräftigen **Zentralgewalt** geschaffen werden. Diese sollte die völkerrechtliche Vertretung Deutschlands übernehmen und über Krieg und Frieden entscheiden. Die Seemacht, Eisenbahnen und Post sollten Sache des Reiches sein. Ein einheitliches Zoll- und Handelsgebiet und ein einheitliches Recht sollten geschaffen werden. An der Spitze dieser **konstitutionellen Monarchie** sollte ein regierender, erblicher Fürst (Kaiser) die Exekutivgewalt innehaben. Der Reichstag, bestehend aus dem Staaten- und dem Volkshaus, sollte legislative Gewalt besitzen. Die Einzelstaaten behielten ihre Souveränität, soweit sie nicht durch die Reichsgewalt beschränkt wurde. Bis zur vorgesehenen Kaiserwahl wurde Erzherzog Johann von Österreich zum „Reichsverweser" und Inhaber der „provisorischen Zentralgewalt" bestellt. Das von ihm gebildete „Kabinett" besaß weder eine eigene Verwaltung noch Militär.

Die Reichsverfassung wurde in der Schlußabstimmung am 27. März 1849 mit 267 gegen 263 Stimmen angenommen. Am 28. März 1849 wurde der preußische König Friedrich Wilhelm IV. mit 290 Stimmen bei 248 Enthaltungen zum Kaiser gewählt. Preußen und Österreich waren aber bereits auf dem Wege der Restauration, die Paulskirche verlor für sie an Gewicht.

Friedrich Wilhelm IV. lehnte ein von Volksvertretern geschaffenes Kaisertum ab (T 9). Er fürchtete außerdem kriegerische Auseinandersetzungen mit Österreich und wollte die Kaiserkrone nur mit Zustimmung aller deutschen Fürsten und freien Reichsstädte annehmen. Nur 28 Fürsten stimmten zu, Österreich, Bayern, Hannover, Sachsen u.a. versagten ihr Einverständnis. Damit war das Verfassungswerk von Frankfurt gescheitert. Das – nie rechtlich wirksam gewordene – Verfassungsdokument spiegelt in seinen Artikeln die Freiheitsideen der deutschen Liberalen um die Mitte des Jahrhunderts und war auf **nationale Einheit** angelegt. Es erwies sich als wegweisend für künftige freiheitliche Verfassungen in Deutschland und wurde in wesentlichen Punkten – in den Freiheits- und Menschenrechten (Grundrechten) – im Grundgesetz der Bundesrepublik Deutschland verwirklicht.
Als die meisten Abgeordneten ihr Mandat niederlegten, wurde das Parlament zum **Rumpfparlament** mit linker Mehrheit und verlegte am 30. Mai seinen Sitz nach Stuttgart. Wenige Wochen später löste württembergisches Militär die Reste des Parlaments auf. Daraufhin begann Friedrich Wilhelm IV. seinen kleindeutschen Versuch einer **„Union"** der deutschen Einzelstaaten, die Österreich ausschließen, jedoch mit ihm einen erweiterten Bund eingehen sollte. 24 deutsche Fürsten und 100 ehemalige Abgeordnete aus der Paulskirche stimmten dem Plan zu. Ein gewähltes Unionsparlament wurde im März 1850 eröffnet (s. 2.1).
Die Konservativen in den militärischen und bürokratischen Machtpositionen bemühten sich um eine **Restauration.** In Preußen scharten sie sich um die „Neue Preußische Zeitung" (auch „Kreuzzeitung" genannt). Die Junker organisierten die Verteidigung ihrer wirtschaftlichen Interessen und ihrer Privilegien. „Preußenvereine" entstanden. Die „Gartenlaube" wurde als das Familienblatt des Bürgertums seit 1853 herausgegeben. Sie fand eine weite Verbreitung und trat für politische und geistige Freiheit ein. Die radikalen Demokraten, die sich in Frankfurt um die Fraktion Donnersberg gruppierten, arbeiteten weiter für Republik und Volkssouveränität und egalitäre Demokratie. Die **demokratischen Klubs** und Vereine trennten sich von den Liberalen und breiteten sich in der Rheinprovinz, Rheinhessen, in Baden und Württemberg, in der Pfalz, in Sachsen und Schlesien aus. Die Volksaufstände in Sachsen, Baden und in der (bayerischen) Pfalz wurden von herbeigerufenen preußischen Truppen unter dem Kommando des Thronfolgers Prinz Wilhem niedergeschlagen.
Baden war zum Sammelbecken und Zufluchtsort der deutschen Revolutionäre geworden. Es entstand eine Volksarmee von ca. 25 000 Mann, die sich aus dem stehenden badischen Heer, aus Volkswehren und Freikorps rekrutierte. Die badischen Anhänger von Hecker und Struve hatten sich schon Mitte März 1849 als radikale Partei organisiert und die Bildung von vaterländischen Vereinen der „Gutgesinnten" propagiert, die das öffentliche Leben kontrollieren sollten (Parteidiktatur). Am 12. April proklamierte Hecker in Konstanz die provisorische Regierung und den Kampf für die deutsche Republik und zog mit 6000 Mann nach Freiburg. Am 20. April wurde er von den südwestdeutschen Truppen des Deutschen Bundes besiegt. Der Aufstand brach endgültig zusammen, als am 23. Juli die Bundesfestung **Rastatt** kapitulierte. Viele Anführer wurden standrechtlich erschossen, die für die Plünderung der öffentlichen Kassen verantwortlichen Politiker gegenüber der badischen Staatskasse finanziell haftbar gemacht. Hecker floh nach Amerika.
In **Württemberg** spielte die demokratische Linke schon in den 60er Jahren wieder eine beachtliche Rolle bis zur Reichsgründung; danach wurde sie bis zum Ende des Jahrhunderts die treibende politische Kraft des Landes. Nur hier behauptete eine bürgerlich-demokratische Partei langfristig Bestand und Einfluß, überall sonst bildeten die Demokraten nur schwache Gruppen oder gingen entweder zum Liberalismus oder zur Sozialdemokratie über. In Baden wurde der gemäßigte Liberalismus schon 1860 zur regierenden Partei. Auch die Sozialdemokratie fügte sich sehr früh in das politische System des Südwestens ein.

Fazit: Als wesentliche Forderungen waren in der Revolution von 1848 vorgetragen worden: Aufhebung der Zensur, liberal-demokratische Verfassung, Aufhebung der Privilegien, häufig auch Volksbewaffnung, neue (liberale) Ministerien. Nach dem Modell des nordamerikanischen Bundesstaates sollte ein deutscher Nationalstaat geschaffen und die innere Zersplitterung des Landes überwunden werden. Jedoch ist die doppelte Aufgabe der Revolution, die Schöpfung eines Staates und einer Verfassung, nicht gelungen. Dies wäre nur möglich gewesen, wenn man sich an einen bestehenden Staat (z. B. Preußen) hätte anlehnen können; aber unter Friedrich Wilhelm IV. ließ sich die nationale Staatsidee der Liberalen nicht verwirklichen (T 5 und T 6). Im Grunde hatte das Bürgertum die wichtige Frage nach der Macht im Staate für sich selbst nicht direkt gestellt, sondern wollte sich lediglich mittels verfassungsmäßiger Reformen an ihr beteiligen. Die unterschiedlichen revolutionären Bewegungen mit ihren verschiedenartigen wirschaftlichen, gesellschaftlichen und politischen Interessen waren vereinzelt aufgetreten, ohne ein gemeinsames Konzept aufweisen zu können. Den führenden bürgerlichen Kräften war es nicht gelungen, die ländlichen und städtischen Massen sowie das dem Status quo verhaftete Kleinbürgertum zusammenzufassen und zu einer politischen Aktion zu mobilisieren. Dagegen erholten sich die von der Revolution überraschten konservativen Führungsgruppen sehr schnell. Monarchie, Militär und Bürokratie hatten die Revolution überstanden, und die alte Ordnung festigte sich wieder. Allerdings wurde der Übergang von der Agrar- zur Industriewirtschaft, von der Stände- zur Klassengesellschaft beschleunigt; die Bildung von Parteien und Interessenverbänden sowie die Parlamentarisierung wurden befördert. Landwirtschaftliches und industrielles Wachstum ermöglichte den Bürgern die Durchsetzung liberaler Reformen in den folgenden Jahrzehnten.
Das kulturelle Interesse wuchs, Bücher und Zeitungen konnten erscheinen, Konversationslexika und Nachschlagewerke wurden auch in Handwerker- und Arbeiterkreisen gekauft. Die Alphabetisierung (allgemeine Schulpflicht) schritt voran, monumentale Theater, Opernhäuser, Denkmäler, Museen, Börsen usw. wurden gebaut. Gustav Freytags Erfolgsroman „Soll und Haben" (1855) drückte das Selbst- und Weltverständnis des Bürgertums aus.

T 1 Friedrich Wilhelm IV.: „An mein Volk und die deutsche Nation" (Erlaß vom 21. März 1848)

König Friedrich Wilhelm III. hatte sich 1813 zu Beginn des Befreiungskrieges in ähnlicher Form mit einem Aufruf direkt an sein Volk gewandt.

An mein Volk und die deutsche Nation!
Mit Vertrauen sprach der König vor 35 Jahren in den Tagen hoher Gefahr zu seinem Volke, und sein Vertrauen ward nicht zuschanden; der König, mit seinem Volke vereint, rettete Preußen und Deutschland vor Schmach und Erniedrigung. Mit Vertrauen spreche ich heute, im Augenblicke, wo das Vaterland in höchster Gefahr schwebt, zu der deutschen Nation, unter deren edelste Stämme mein Volk sich mit Stolz rechnen darf. Deutschland ist von innerer Gärung ergriffen und kann durch äußere Gefahr von mehr als einer Seite bedroht werden. Rettung aus dieser doppelten dringenden Gefahr kann nur aus der innigsten Vereinigung der deutschen Fürsten und Völker unter einer Leitung hervorgehen. Ich übernehme heute diese Leitung für die Tage der Gefahr. Mein Volk, das die Gefahr nicht scheut, wird mich nicht verlassen, und Deutschland wird sich mir mit Vertrauen anschließen. Ich habe heute die alten deutschen Farben (schwarz-rot-gold, Farben des Lützowschen Freicorps 1813) angenommen und mich und mein Volk unter das ehrwürdige Banner des deutschen Reiches gestellt. Preußen geht fortan in Deutschland auf.
(Tim Klein, Der Vorkampf, Ebenhausen-München 1927, S. 209ff.)

T 2 Aus der preußischen Verfassung (1850)

Der Auszug entstammt dem 1850 revidierten Text der von Friedrich Wilhelm IV. am 5. 12. 1848 erlassenen („oktroyierten") Verfassung. Sie galt bis 1918.

Art. 4. Alle Preußen sind vor dem Gesetz gleich. Standesvorrechte finden nicht statt. Die öffentlichen Ämter sind, unter Einhaltung der von den Gesetzen festgestellten Bedingungen, für alle dazu Befähigten gleich zugänglich.
Art. 5. Die persönliche Freiheit ist gewährleistet. Die Bedingungen und Formen, unter welchen eine Beschränkung derselben, insbesondere eine Verhaftung zulässig ist, werden durch das Gesetz bestimmt.
Art. 27. Jeder Preuße hat das Recht, durch Wort, Schrift, Druck und bildliche Darstellung seine Meinung frei zu äußern. Die Zensur darf nicht eingeführt

werden; jede andere Beschränkung der Pressefreiheit nur im Wege der Gesetzgebung.

Art. 29. Alle Preußen sind berechtigt, sich ohne vorgängige obrigkeitliche Erlaubnis friedlich und ohne Waffen in geschlossenen Räumen zu versammeln. Diese Bestimmung bezieht sich nicht auf Versammlungen unter freiem Himmel, welche auch in bezug auf vorgängige obrigkeitliche Erlaubnis der Verfügung des Gesetzes unterworfen sind. [...]

Art. 30. [...] Politische Vereine können Beschränkungen und vorübergehenden Verboten im Wege der Gesetzgebung unterworfen werden.

Art. 42. Aufgehoben ohne Entschädigung sind:

1. Die Gerichtsherrlichkeit, die gutsherrliche Polizei und obrigkeitliche Gewalt, sowie die gewissen Grundstücken zustehenden Hoheitsrechte und Privilegien;
2. Die aus diesen Befugnissen, aus der Schutzherrlichkeit, der früheren Erbuntertänigkeit, der früheren Steuer- und Gewerbeverfassung herstammenden Verpflichtungen.

Mit den aufgehobenen Rechten fallen auch die Gegenleistungen und Lasten weg, welche den bisherigen Berechtigten dafür oblagen. Bei erblicher Überlassung eines Grundstückes ist nur die Übertragung des vollen Eigentums zulässig; jedoch kann auch hier ein fester ablösbarer Zins vorbehalten werden. [...]

Art. 60. Die gesetzgebende Gewalt wird gemeinschaftlich durch den König und durch zwei Kammern ausgeübt. Die Übereinstimmung des Königs und beider Kammern ist zu jedem Gesetz erforderlich.

Art. 61. Dem Könige und jeder Kammer steht das Recht zu, Gesetze vorzuschlagen. Vorschläge, welche durch eine der Kammern oder durch den König verworfen sind, können in derselben Session nicht wieder vorgebracht werden.

(E. R. Huber [Hrsg.], Dokumente zur deutschen Verfassungsgeschichte. Bd. 1. Stuttgart 1961, S. 385ff.)

T 3 Aus dem Programm des „Casino" (rechtes Zentrum), 25. September 1848

A. Person und Eigentum

1. Die persönliche Freiheit, die Gleichheit vor dem Richter und die Gleichstellung aller religiösen Bekenntnisse darf nicht bezweifelt [...] werden. [...]
2. Auswanderung ist nirgends und in keiner Art zu behindern.
3. Der Grundbesitz wird von allen Lasten befreit, außer denen an den Staat und die Gemeinden. Die Befreiung geschieht durch Entschädigung seitens der Verpflichteten, welche in den einzelnen Staaten nach den Landesverhältnissen gesetzlich normiert wird. Die Staaten befördern sie z.B. durch Kreditanstalten und Banken. [...]
5. Für das Proletariat wird gesorgt:

a) durch Abnahme aller unverhältnismäßigen auferlegten Lasten, namentlich der Konsumtionssteuern von den notwendigsten Lebensbedürfnissen,
b) durch Entfesselung des innern Verkehrs; Handels- und Grundbesitzerwerbs,
c) durch Anerkennung seiner politischen Rechte in der Gemeinde, im Staate und im Reiche,
d) durch Anstalten, welche die Erwerbung des Eigentums erleichtern (Sparkassen usw.),
e) durch zweckmäßige und wohlfeile Jugenderziehung und dadurch herbeigeführte Vermehrung des Arbeiterkapitals, dagegen ist der Kommunismus ausgeschlossen.

(W. Boldt, Die Anfänge des deutschen Parteiwesens. Paderborn 1971, S. 166f.)

T 4 Das Programm der Linken im engeren Sinne („Deutscher Hof"), Oktober 1848

Die Partei der Linken, welche ihre Vereinsversammlungen im „Deutschen Hof" hält, erkennt als oberste Grundlage für ihre Handlungsweise an: Volkssouveränität, demokratische Freiheit und Einheit des deutschen Vaterlandes, Humanität und Nationalität. Sie will die Volkssouveränität in ihrem vollen Umfang. Sie will daher durch die Deutsche Nationalversammlung, sie will für alle Zukunft die Gesetzgebung ausschließlich und allein der Volksvertretung mit Ausschluß des Bestimmungsrechtes der vollziehenden Reichsgewalt überlassen wissen, unbeschadet einer nochmaligen Beratung auf Grund erhobener Bedenken der Vollzugsgewalt. Sie will eine Volksvertretung, aus der freien Wahl aller volljährigen Deutschen hervorgegangen, und will deren Wirksamkeit nur auf das dauernde Vertrauen des Volkes gegründet wissen. Sie will eine verantwortliche, nur auf Zeit gewählte vollziehende Reichsgewalt. Sie will das Recht der einzelnen deutschen Staaten, ihre Verfassung festzustellen, sei es in Form der demokratischen Monarchie, sei es in Form des demokratischen Freistaates. Sie will die vollkommene Freiheit. Sie will daher die Freiheit nicht mehr beschränkt wissen, als das Zusammenleben der Staatsgenossen unumgänglich notwendig macht. Sie will die Grundrechte aller Deutschen in diesem Sinne festgestellt, gegen alle Verkümmerung und alle vorbeugenden Maßregeln sowohl der Reichsgewalt als der Regierungen der einzelnen Staaten für alle Zukunft geschützt, sie will gegen Verletzung eines jeden verfassungsmäßigen Rechts das Klagerecht vor dem Reichsgericht gesichert haben.

Sie will die Einheit Deutschlands. Sie will daher einen konsequent durchgeführten Bundesstaat, eine gesetzgebende und vollziehende Reichsgewalt, die Reichsgesetzgebung für bürgerliches Recht, Handels- und Wechselrecht, Strafrecht, gerichtliches Verfahren. Sie will die Reichsgesetzgebung im Schiffahrts-, Eisenbahn-, Zoll-, Post-, Münz-, Gewichts- und Bankwesen. Sie will das Gesandtschafts- und Heerwesen ausschließlich für die Reichsgewalt. Sie will die

Souveränität der einzelnen Staaten und deren Selbständigkeit nur so weit, als sie sich mit der Errichtung des Bundesstaates verträgt.
Sie will die Humanität. Sie will namentlich ein hiernach gänzlich verändertes Unterrichtswesen, eine auf Humanität begründete Strafgesetzgebung, ein Heerwesen, gegründet auf Volkswehr. Sie will Wegfall aller unsittlichen Staatseinnahmen, eine mit der Steuerkraft übereinstimmende Besteuerung. Sie will im allgemeinen durchgreifende Verbesserung der sozialen Zustände des Volkes.
Sie will endlich Gleichberechtigung aller Nationalitäten. Sie will demnach den auf deutschem Boden wohnenden fremden Nationalitäten Sprache, Sitte usw., sie will den auswärtigen Völkern das Recht ihrer Selbstbestimmung vollständig und uneingeschränkt gewährt wissen.
Nur in der Anerkennung und Ausführung dieser Grundsätze sieht sie die Bedingungen der Größe und Macht Deutschlands.
(Walter Grab [Hrsg.], Die Revolution von 1848. München 1980, S. 134)

T 5 Heinrich von Gagern: Über die deutsche Einheit (26. Oktober 1848)

Man hat gesagt [...], Deutschland müsse eine Nationalpolitik befolgen, darum sich von der österreichischen, von Österreich selbst lossagen, wenn dieses mit seinen deutschen Provinzen sich nicht von seinen nichtdeutschen trennen wolle. Ich frage dagegen: welche Nationalpolitik kann Deutschland haben, wenn es nicht in die Mission Österreichs eintritt, die Verbreitung deutscher Kultur, Sprache und Sitten längs der Donau bis an das Schwarze Meer in die durch so verschiedene Völkerschaften dünn bewohnten und doch so hoffnungsreichen Länder hinein, deren ganze Zivilisation sich an die deutsche anzulehnen schon gewohnt ist, die sich nach deutsch-österreichischem Schutz und vermehrtem Einfluß sehnen und deutscher Betriebsamkeit einen reichen Markt öffnen würden? Und welche Aussicht bietet sich dazu nicht dar, wenn hinter der österreichischen Gesamtmacht, welche zunächst berufen ist, den mächtigen Impuls zu geben, das übrige geeinigte Deutschland steht? [...]
Nehmen wir diese Mission nicht im Bund mit Österreich für Deutschland an, so nehmen sie andere an: wenn wir nicht unsern Einfluß längs der Donau verstärken, der der Russen ist bekanntlich organisiert: und sie werden uns den Rang abgelaufen haben, bis wir zur Besinnung gekommen sind. [...]
Ich bin allerdings der Meinung, daß an die Spitze des Bundesstaats ein einheitliches Oberhaupt gehört, was schon den Begriff einer Hegemonie Preußens ausschließt. Für die Gesamtleitung Deutschlands aber, Österreich einbegriffen, wird eine weitere Einrichtung getroffen werden müssen, und es würde dies allerdings eine sehr wichtige und schwierige Frage sein, die ihre Lösung von der Zukunft erwartet. Wir werden einen Organismus schaffen müssen, wonach eine zentrale Leitung der gemeinsamen Interessen des ganzen Deutschlands unter Mitwirkung seiner vereinigten Vertreter statt hätte. [...] Je enger Österreich mit dem übrigen Deutschland verbunden werden kann, ohne daß die staatliche Einheit seiner Provinzen dadurch aufgehoben, vielmehr Raum gelassen wird dafür, daß auch die nichtdeutschen Provinzen Österreichs zu Deutschland in ein näheres Bundesverhältnis treten können, um so vollkommener wird unsere Aufgabe gelöst sein. [...]
(Stenographische Berichte der Frankfurter Nationalversammlung. Bd. IV, S. 2896 ff.)

T 6 Metternich an Nesselrode: Über die Utopie einer deutschen Einheit (30. Dezember 1848)

Graf Nesselrode (1780–1860) war als Diplomat Alexanders I. Teilnehmer am Wiener Kongreß, von 1816–1856 russischer Außenminister, ab 1845 auch Staatskanzler.
Ich stelle als unbezweifelbare Wahrheit heraus, daß es zwischen den Jahresanfängen der Jahre 1848 und 1849 einen bemerkenswerten Unterschied gibt. [...] Frankfurt ist auf dem Wege zum Bankrott, und es hat so kommen müssen infolge der Macht, die den gesunden Menschenverstand schließlich immer über seine Gegner obsiegen läßt, mögen diese selbst eine Legion deutscher oder anderer Professoren sein. Wird der Bankrott der Utopie von der deutschen Einheit aber die Fürsten retten? Wir werden es zur gegebenen Zeit sehen. Die Frage aller Fragen ist die der Souveränität des Volkes, der die Souveränität der Obrigkeit gegenübersteht; es ist dies ein Streit zwischen einem Prinzip und einer Lehre, welche sich auflöst in den zwischen Monarchie und Republik. [...] Die Welt verzeiht mir nicht, daß ich diese Wahrheit hinausgeschleudert habe, Italien sei nur ein geographischer Begriff; ich würde es mir nicht verzeihen, es nicht getan zu haben. Es gilt dies Wort wie für Italien auch für Deutschland, Amerika und wohl auch andere. [...]
(Lettres et papiers du chancelier Charles Comte de Nesselrode 1760–1856, Tome IX: 1847–1850, Paris o.J., S. 206 ff.)

T 7 Georg Beseler: Die Notwendigkeit der Grundrechte (1848)

Die Feststellung der Grundrechte war die erste Aufgabe der Nationalversammlung. Professor Georg Beseler war Führer des rechten Zentrums und sprach in der Debatte als Referent des Verfassungsausschusses.
Einmal erschien es uns notwendig, daß die politische Einheit, die wir jetzt anstreben, ja, die wir hier in der Paulskirche schon begründet haben, auch ihre Wirkung äußern müsse auf die staatsbürgerlichen Rechte der Deutschen. Darum haben wir einen Artikel formuliert, welcher von den Rechten der Reichsbürger handelt, und woran sich die Stellung anschließt,

die das Staatsbürgertum der einzelnen Staaten im Verhältnis zu anderen einnimmt, sowie die wichtige Frage über das Niederlassungs- und Heimatrecht, und was diesem nahesteht.
Ein weiterer Gesichtspunkt, den wir auffaßten, war folgender: wir wollen jetzt aus dem herauskommen, was uns der Polizeistaat der letzten Jahrhunderte gebracht hat. Wir wollen den Rechtsstaat auch für Deutschland begründen, und zwar in seiner Konsequenz oder so, wie die Natur unseres Volkes – denn unser Volk ist ein Rechtsvolk – und die Bildung der Zeit es fordert. Es soll die Bevormundung entfernt werden, die von oben her auf Deutschland lastet. Dann nehmen wir in Betracht, daß aus früheren Zeiten noch vieles erhalten ist an Feudallasten und ähnlichen Beschränkungen, welches der Neuzeit weichen muß. Wir haben die Befreiung des Grundbesitzes zum Gegenstand unserer Beratung gemacht, und Sie finden hierüber wichtige Vorschriften. Dann die Verhältnisse zwischen Kirche und Staat – Verhältnisse, die so tief eingreifend sind, daß, wie Sie selbst und vielleicht manche von Ihnen mit Kummer gefunden haben, sie nur leise und vorsichtig von uns berührt worden sind. [...]
(E. Graf [Hrsg.], Aus der Paulskirche. 1948. S. 37)

T 8 Aus der Verfassung des Deutschen Reiches vom 28. 3.1849

Abschnitt VI. Die Grundrechte des deutschen Volkes
§ 130 Dem deutschen Volke sollen die nachstehenden Grundrechte gewährleistet sein. Sie sollen den Verfassungen der deutschen Einzelstaaten zur Norm dienen, und keine Verfassung oder Gesetzgebung eines deutschen Einzelstaates soll dieselben je aufheben oder beschränken können. [...]
§ 133 Jeder Deutsche hat das Recht, an jedem Orte des Reichsgebietes seinen Aufenthalt und Wohnsitz zu nehmen, Liegenschaften jeder Art zu erwerben und darüber zu verfügen, jeden Nahrungszweig zu betreiben, das Gemeindebürgerrecht zu gewinnen. [...]
§ 137 Vor dem Gesetz gilt kein Unterschied der Stände. Der Adel als Stand ist aufgehoben.
Alle Standesvorrechte sind abgeschafft.
Die Deutschen sind vor dem Gesetze gleich.
Alle Titel, insoweit sie nicht mit einem Amte verbunden sind, sind aufgehoben. [...]
Die öffentlichen Ämter sind für alle Befähigten gleich zugänglich. [...]
§ 138 Die Freiheit der Person ist unverletzlich. [...]
§ 139 Die Todesstrafe, ausgenommen wo das Kriegsrecht sie vorschreibt, oder das Seerecht im Falle von Meutereien sie zuläßt, sowie die Strafe des Prangers, der Brandmarkung und der körperlichen Züchtigung sind abgeschafft.
§ 140 Die Wohnung ist unverletzlich. [...]
§ 142 Das Briefgeheimnis ist gewährleistet. [...]
§ 143 Jeder Deutsche hat das Recht, durch Wort, Schrift, Druck und bildliche Darstellung seine Meinung frei zu äußern. [...]
§ 144 Jeder Deutsche hat volle Glaubens- und Gewissensfreiheit. Niemand ist verpflichtet, seine religiöse Überzeugung zu offenbaren. [...]
§ 152 Die Wissenschaft und Lehre ist frei. [...]
§ 157 Für den Unterricht in Volksschulen und niederen Gewerbeschulen wird kein Schulgeld bezahlt. Unbemittelten soll auf allen öffentlichen Unterrichtsanstalten freier Unterricht gewährt werden.
§ 161 Die Deutschen haben das Recht, sich friedlich und ohne Waffen zu versammeln. [...]
Volksversammlungen unter freiem Himmel können bei dringender Gefahr für die öffentliche Ordnung und Sicherheit verboten werden. [...]
§ 164 Das Eigentum ist unverletzlich. [...]
§ 166 Jeder Untertänigkeits- und Hörigkeitsverband hört für immer auf. [...]
§ 167 Ohne Entschädigung sind aufgehoben:
1. Die Patrimonialgerichtsbarkeit und die grundherrliche Polizei samt den aus diesen Rechten fließenden Befugnissen, Exemptionen und Abgaben.
2. Die aus dem guts- und schutzherrlichen Verbande fließenden persönlichen Abgaben und Leistungen. [...]
§ 168 Alle auf Grund und Boden haftenden Abgaben und Leistungen, insbesondere die Zehnten sind ablösbar. [...]
§ 171 Aller Lehensverband ist aufzuheben.
§ 173 Die Besteuerung soll so geordnet werden, daß die Bevorzugung einzelner Stände und Güter in Staat und Gemeinde aufhört. [...]
(E. R. Huber [Hrsg.], Dokumente zur deutschen Verfassungsgeschichte. Bd. 1. Stuttgart 1961, S. 304ff.)

T 9 Friedrich Wilhelm IV.: Über die Kaiserkrone

Aus einem Brief an den Gesandten Bunsen, 13. 12. 1848 (sogenannter Bunsen-Brief)

[...] Ich will weder der Fürsten Zustimmung zu d e r Wahl, noch d i e Krone. Verstehen Sie die markierten Worte? Ich will Ihnen das Licht darüber so kurz und hell als möglich schaffen. Die Krone ist erstlich keine Krone. Die Krone, die ein Hohenzoller nehmen dürfte, wenn die Umstände es möglich machen könnten, ist keine, die eine, wenn auch mit fürstlicher Zustimmung eingesetzte, aber in die revolutionäre Saat geschossene Versammlung macht (in der Art der Straßenpflasterkrone Louis Philippes), sondern eine, die den Stempel Gottes trägt, die den, dem sie aufgesetzt wird, nach der heiligen Ölung „von Gottes Gnaden" macht, weil und wie sie mehr denn 34 Fürsten zu Königen der Deutschen von Gottes Gnaden gemacht und den Letzten immer der alten Reihe gestellt. Die Krone, die die Ottonen, die Hohenstaufen, die Habsburger getragen, kann natürlich ein Hohenzoller tragen; sie ehrt ihn überschwenglich mit tausendjährigem Glanze.

Die aber, die Sie – leider meinen, verunehrt überschwenglich mit ihrem Ludergeruch der Revolution von 1848, der albernsten, dümmsten, schlechtesten –, wenn auch, gottlob, nicht bösesten dieses Jahrhunderts. Einen solchen imaginären Reif, aus Dreck und Letten gebacken, soll ein legitimer König von Gottes Gnaden und nun gar der König von Preußen sich geben lassen, der den Segen hat, wenn auch nicht die älteste, doch die edelste Krone, die niemand gestohlen worden ist, zu tragen? [...]
Ich sage es Ihnen rund heraus: Soll die tausendjährige Krone deutscher Nation, die 42 Jahre geruht hat, wieder einmal vergeben werden, so bin ich es und meinesgleichen, die sie vergeben werden. Und wehe dem, der sich anmaßt, was ihm nicht zukommt!
(Leopold v. Ranke, Aus dem Briefwechsel Friedrich Wilhelms IV. mit Bunsen. Leipzig 1873, S. 235)

Problem und Diskussion

1 *Inwieweit können die 48er Revolutionen als Auseinandersetzung zwischen dem Liberalismus (Volksstaat) und dem monarchischen Obrigkeitsstaat bezeichnet werden?*

2 *Welche Bedeutung hatte die österreichische März-Revolution für die liberale Entwicklung und künftige Machtstellung des Landes?*

3 *Arbeiten Sie die Gründe der verschiedenen revolutionären Strömungen des Jahres 1848 in Deutschland heraus.*

4 *Inwieweit beeinflußten die Berliner Märzereignisse die liberale und nationale Bewegung in Preußen? Welche Rolle spielten dabei die einzelnen sozialen Gruppen?*

5 *Fertigen Sie ein Ablaufschema der 48er Revolution in Preußen, Österreich usw. an.*

6 *Zu welcher Art von Verfassung (T 1), von Freiheit und deutscher Einheit bekannte sich der preußische König 1848?*

7 *Vergleichen Sie die preußische Verfassung (T 2) mit den süddeutschen Verfassungen (B. T 20, 21) und der Paulskirchenverfassung (T 8), insbesondere im Hinblick auf die Freiheitsrechte.*

8 *Welchen Beitrag haben die 48er Revolutionen zur Verfassungsentwicklung in den betreffenden Ländern geleistet?*

9 *Inwieweit hat das preußische Dreiklassenwahlrecht eine demokratische Entwicklung bis zum Ersten Weltkrieg beeinträchtigt?*

10 *Machen Sie eine Gegenüberstellung der Präambeln der Verfassungen von 1849, 1871, 1919 und 1949.*

11 *Welche Forderungen haben die verschiedenen Gruppen des Paulskirchenparlaments aufgestellt?*

12 *Was berechtigt dazu, die Paulskirchenverfassung (T 7 u. T 8) eine freiheitliche Verfassung zu nennen?*

13 *Welche politischen Richtungen (Parteien) bildeten sich in der Nationalversammlung? Wie sind die Parteibildungen während der 48er Revolution zustande gekommen? Wie beurteilen Sie im Vergleich zur Französischen Revolution (Kap. A 2.3) den Beitrag der Parteien für die Entwicklung der bürgerlichen Gesellschaft?*

14 *Welches waren die Hauptaufgaben der Paulskirchenversammlung? Welche politischen Hoffnungen (der Klein-/Großdeutschen, Liberalen, Demokraten, Konservativen) knüpften sich daran?*

15 *Kennzeichnen Sie die Auseinandersetzung zwischen Klein- (T 5) und Großdeutschen (T 6).*

16 *Woran scheiterte die Paulskirchenbewegung (T 9)? Welche Gründe führten zu einer kleindeutschen Lösung?*

17 *Inwiefern fühlte das liberale Bürgertum sich vom Ergebnis der Frankfurter Nationalversammlung enttäuscht?*

18 *Wie haben die konservativen Kreise auf die Paulskirchenbewegung und -ereignisse reagiert?*

19 *Arbeiten Sie die vier Ebenen der revolutionären Ereignisse von 1848/49 heraus:*
a) die europäische Ebene,
b) die gesamtdeutsche Ebene,
c) die einzelstaatliche Ebene,
d) die lokale Ebene.

20 *Welche Bevölkerungsschichten unterstützen die Forderungen*
a) der Konservativen (Konstitutionalisten)
b) der Demokraten (Radikalen, Republikaner)?

Zeittafel

1797–1840 Friedrich Wilhelm III. von Preußen
1814–1815 Wiener Kongreß
1814–1819 Verfassungen in Nassau, Sachsen-Weimar, Bayern, Baden und Württemberg
1815–1866 Deutscher Bund unter Österreichs Leitung
Heilige Allianz
1814–1824 Ludwig XVIII. von Frankreich
1817 Wartburgfest der deutschen Studenten
1819 Karlsbader Beschlüsse: Vorzensur für Zeitungen und Broschüren, Verbot der Burschenschaften, Überwachung der Universitäten
1824–1830 Karl X. von Frankreich
1830 26. Juli Julirevolution in Frankreich
1830–1831 Unruhen in mehreren deutschen Bundesländern
1830–1848 Louis Philippe („Bürgerkönig")
1832 Hambacher Fest
1834 Deutscher Zollverein
1840–1861 Friedrich Wilhelm IV. von Preußen
1848 Kommunistisches Manifest

1848

22. 2. Ausbruch der Revolution in Paris
25. 2. Sturz König Louis Philippes und Ausrufung der Republik Frankreich
Ende Februar/Anfang März: Volksversammlungen in süddeutschen und rheinischen Städten
3. 3. Beschluß des Frankfurter Bundestages über die Aufhebung der Zensur
5. 3. Aufruf von 51 Persönlichkeiten in Heidelberg zur Vorbereitung einer Nationalvertretung; Einsetzung eines Siebener-Ausschusses
6. 3. Demonstrationen in Bayern: Ludwig I. verspricht Reformen
9. 3. Beschluß des Frankfurter Bundestages über die Einführung der Farben Schwarz-Rot-Gold
März: Einsetzung von „Märzministern" in Sachsen, Hannover, Hessen, Württemberg, Baden und verschiedenen Kleinstaaten
13. 3. Revolution in Wien; Sturz und Flucht Metternichs
14., 16., 17. 3. Verkündung der Pressefreiheit in Österreich, Aufhebung der Zensur in Sachsen und Preußen
18. 3. Massendemonstration und Straßenkämpfe in Berlin
19. 3. Abzug der Truppen aus Berlin; Volksbewaffnung in Baden
20. 3. Abdankung Ludwigs I. von Bayern
21. 3. Aufruf Friedrich Wilhelms IV. „An mein Volk und die deutsche Nation"
22. 3. Proklamation Friedrich Wilhelms IV. über politische Reformen; Bestattung der Märzgefallenen; Aufstand in Venedig gegen die österreichische Herrschaft
30. 3.–3. 4. Tagung des Vorparlaments in Frankfurt
12. 4. Beginn des ersten badischen Aufstands unter Hecker und Struve (Ende am 27. April)
1. 5. Wahl der deutschen Nationalversammlung in Frankfurt und der preußischen Nationalversammlung in Berlin
15. 5. Erhebungen in Paris und Wien
18. 5. Zusammentritt der deutschen Nationalversammlung in der Frankfurter Paulskirche
22. 5. Eröffnung der preußischen Nationalversammlung in Berlin
14. 6. Sturm auf das Berliner Zeughaus
22. 6. Beginn des Arbeiteraufstandes in Paris
29. 6. Wahl Erzherzog Johanns zum Reichsverweser durch die Frankfurter Nationalversammlung
5. 7. Eröffnung der ungarischen Nationalversammlung in Budapest; Beginn der Grundrechtsdebatte in der Frankfurter Nationalversammlung
22. 7. Eröffnung des Österreichischen Reichstags in Wien
17./18. 9. „Wachensturm" in Frankfurt wegen des Malmöer Waffenstillstands
21. 9. Ausrufung der deutschen Republik in Baden durch Gustav von Struve
6. 10. Volksaufstand in Wien wegen militärischer Aktion gegen die ungarischen Revolutionäre
9. 11. Standrechtliche Erschießung Robert Blums in Wien (Mißachtung der parlamentarischen Immunität)

1849

4. 3. Auflösung des österreichischen Reichstags in Kremsier; Oktroi einer Verfassung für den Gesamtstaat
28. 3. Amtliche Verkündung der Frankfurter Reichsverfassung; Wahl Friedrich Wilhelms IV. zum Erbkaiser
3. 4. Angebot der Kaiserkrone an Friedrich Wilhelm IV. und Ablehnung
14. 4. Anerkennung der Reichsverfassung durch 14 kleinere Teilstaaten
7. 5. Endgültige Ablehnung der Reichsverfassung durch Preußen
30. 5. Einführung des Dreiklassenwahlrechts in Preußen
17. 6. Auflösung des Stuttgarter Rumpfparlaments
18. 6. Sprengung des Rumpfparlaments durch württembergische Truppen
Ende Juni: Gefechte zwischen preußischen Truppen und der badischen Revolutionsarmee
23. 7. Kapitulation Rastatts
Anfang August: Standgerichtsurteile gegen Revolutionäre in Rastatt (bis Oktober 28 Todesurteile)

(Nach: Walter Grab [Hrsg.], Die Revolution von 1848. Eine Dokumentation. München 1980. S. 310ff.)

2. Die Gründung des deutschen Nationalstaats

2.1 Preußen vor der Aufgabe der nationalen Einigung

Die Liberalen waren 1848/49 mit dem Versuch der Reichsgründung gescheitert. Die deutschen Regierungen wandten sich in den 50er Jahren erneut einer restaurativen Politik zu, die den konservativen Obrigkeitsstaat wieder festigen sollte und gegen alle liberalen und revolutionären Tendenzen gerichtet war – z. B. Einschränkung von Presse-, Versammlungs- und Vereinigungsfreiheit. Führend dabei war der von Österreich reaktivierte Deutsche Bund, mit dem Ziel der Erhaltung der bestehenden rechtlichen, sozialen und machtpolitischen Verhältnisse in Deutschland. Die meisten Einzelstaaten widerriefen die Verfassungsänderungen von 1848, blieben jedoch Verfassungsstaaten. Auch blieben soziale Errungenschaften wie die Bauernbefreiung erhalten.
Nach 1849 setzte sich Preußen als die führende deutsche Macht neben Österreich an die Spitze der nationalen Bestrebungen. Und als Friedrich Wilhelm IV. die beiden Führer der liberalen Opposition, Camphausen und Hansemann, in die Führung der preußischen Regierung berief und umfassende Reformen sowie eine neue Verfassung ankündigte, schien die Krone sich mit der bürgerlich-liberalen Bewegung verbündet zu haben (s. 1.3).
Das absolutistisch-bürokratische System zeigte sich den herandrängenden wirtschaftlichen und sozialen Problemen der Zeit – stürmisch fortschreitende Industrialisierung in Schlesien und im Ruhrgebiet (s. D 4.3) – nicht gewachsen und wurde reformbedürftig. Besonders die Liberalen drängten auf einen Ausgleich mit den bürgerlichen Schichten, in erster Linie in den westlichen Provinzen Preußens. Sie wollten die nationale und demokratische Komponente der 48er Revolution weiterführen.
Otto von Bismarck (1815–1898), geboren auf Gut Schönhausen in der Altmark, vertrat zu Anfang seiner politischen Laufbahn als Abgeordneter im preußischen Vereinigten Landtag (1847/50) und preußischer Gesandter beim Bundestag in Frankfurt (1851–59) die Richtung des rechten Flügels der Konservativen: keinen Kompromiß mit den bürgerlich-liberalen Kräften, Stärkung des monarchischen Prinzips, Beibehaltung der alten ständisch-patriarchalischen Ordnung, die Abwehr aller liberalen und demokratischen Machtansprüche, die zum bürgerlichen Parlamentarismus führen könnten. Dafür waren sie bereit, Zugeständnisse an das Bürgertum in wirtschaftlichen und nationalpolitischen Fragen zu machen.
Aus der Beurteilung der innenpolitischen Lage vollzog Bismarck gegen Ende der 60er Jahre den Übergang vom hochkonservativen Parteipolitiker zum Vertreter eines mehr parteipolitisch-parlamentarischen Systems. Für ihn bestand der entscheidende Antrieb des nationalen Gedankens im Wunsch nach Ordnung, Macht und militärischer Sicherheit. Nach Königgrätz (s. 2.4.2) wurde er zu einem Wortführer der nationalen Sache und als solcher auch von den Liberalen angesehen. Dahinter verbarg sich die Einsicht, daß der dynastische Staatsgedanke, d. h. die alleinige Vertretung und Regierung der Bürger durch den Monarchen, nicht mehr ausreichte, um das Volk zusammenzuhalten. Der Staat mußte Nationalstaat werden, um alle Schichten des Volkes, besonders die neue Industriegesellschaft, zur Einheit der Nation zusammenfassen zu können. Allerdings verstand Bismarck darunter den Obrigkeitsstaat, nicht den parlamentarisch organisierten Parteienstaat.
Aus machtpolitischen Gründen kam für ihn nur ein **Deutschland ohne Österreich** in Frage. Die Mehrung der Macht Preußens war der Kern seiner Politik. Zu diesem Zwecke war die Lösung der deutschen Frage im Sinne der preußischen Vormachtstellung notwendig. Dazu wollte er das Einverständnis der europäischen Staaten; denn er betrachtete die **deutsche Frage** als Teil der europäischen Machtverhältnisse. Wer keinen Krieg wolle, so der Abgeordnete Bismarck, müsse an einem Auseinanderrücken der Mächte in Deutschland interessiert sein.

Um die Jahrhundertmitte zielte Preußens Interesse auf den Raum nördlich der Mainlinie. Österreich sollte sich nach dem Osten orientieren, Süddeutschland sollte eine Art Pufferzone zwischen beiden kooperierenden Großmächten bilden. Preußen versuchte eine **Deutsche Union** zu schaffen, gestützt auf den im Mai 1849 mit Sachsen und Hannover auf ein Jahr geschlossenen Dreikönigsbund. Es war eine Union deutscher Staaten ohne Österreich, Bayern, Württemberg, Lichtenstein, Luxemburg und Holstein. Dieser Zusammenschluß führte zum Erfurter Parlament vom 20. März 1850, das aus einem Staaten- und einem Volkshaus bestand und die Beratung über die Verfassung der Deutschen Union bis Ende April nach den Wünschen des preußischen Königs führte. Der darauffolgende Fürstenkongreß erzielte keine Einigung, Sachsen und Hannover hatten sich schon vorher vom Dreikönigsbund losgesagt. Die Mittel- und Kleinstaaten wollten – mit Unterstützung und Einladung Österreichs nach der Niederwerfung des ungarischen Aufstands (s. 1.2) – lieber den Deutschen Bund wieder aufleben lassen. So standen sich im Spätsommer zwei Blöcke gegenüber. Im **Vertrag von Olmütz** in Mähren (29. November 1850) zwischen Österreich und Preußen, mußte Preußen auf das Eingreifen in Kurhessen – Brücke zu seinen rheinischen Gebieten – verzichten, sich an der Exekution gegen Holstein (s. 2.4.2) beteiligen und seine Unionspolitik aufgeben. Olmütz galt den Liberalen als nationale Schlappe, weil der preußische König den Waffengang gegen Österreich – an dessen Ende vielleicht ein bürgerlich-parlamentarischer Nationalstaat hätte stehen können – vermieden hatte.
Bismarck gelang die Einbeziehung des Bürgertums und der kleindeutschen Nationalbewegung in seine Politik. Das Bürgertum erstarkte wirtschaftlich, sozial und politisch im Zusammenhang mit der raschen Industrialisierung in den 50er Jahren. Die früheren Gegensätze zwischen dem besitzenden und gebildeten Bürgertum und den sog. kleinbürgerlichen Schichten des Handwerks, des Kleingewerbes und des Kleinhandels traten sehr zurück. Gemeinsam wandte man sich dem Liberalismus zu und erstrebte eine Beteiligung an der politischen Macht. Bismarck erkannte bald, daß die Macht der traditionellen Führungsschichten nur durch ein Zusammengehen mit einem Teil der Gegner zu erhalten sei. Das führte ihn zur Zusammenarbeit mit den Nationalliberalen und zum Versuch eines Ausgleichs zwischen den alten und den neuen Kräften in der Gesellschaft, d. h. zwischen föderalistischen und zentralistischen Elementen, zwischen Volksvertretung und Herrenhaus, zwischen Monarchie und Volkssouveränität. Allerdings hat Bismarck nie an der **Vorrangstellung des Adels** in Diplomatie, Offizierkorps und hoher Verwaltung gerüttelt, jedoch hat er dessen Stellung als Stand durch die nivellierende Förderung der Erwerbs- und Wirtschaftsgesellschaft unterminiert. Schließlich kam die Auseinandersetzung mit der Arbeiterschaft hinzu (s. 3.2). Anfangs verstanden die **Arbeiter** sich – zusammen mit den Sängern und Turnern – als Teil der deutschen Einheitsbewegung. Die nationale Einheit erschien ihnen als unabdingbare Voraussetzung für die Lösung der Sozialen Frage (vgl. Lassalle, E 1.4). Die Handwerker-Arbeiter wollten in den Staat integriert werden.

2.2 Der Heeres- und Verfassungskonflikt in Preußen und die Berufung Bismarcks

Zwischen Revolution und Reichsgründung liegt das innerdeutsch bedeutendste Ereignis, der Verfassungskonflikt in Preußen. Kronprinz Wilhelm hatte bei Übernahme der Regentschaft 1858 eine **Heeresreform** angekündigt; denn die Stärke der Armee war seit einem halben Jahrhundert konstant und der Bevölkerungsentwicklung nicht angepaßt worden. Über die innenpolitische Machtbehauptung hinaus sollten – außenpolitisch – durch diese Reform die Voraussetzungen für die militärische Vorherrschaft und für mehr Handlungsfreiheit Preußens geschaffen werden. Der neue Kriegsminister, der konservative General Albrecht von Roon, arbeitete eine Reformkonzeption aus: Erhöhung der Friedensstärke des Heeres von 150 000 auf ca. 210 000 Mann und der aktiven Dienstzeit auf drei Jahre; Neuorganisation von Landwehr und Landsturm. Die dreijährige Dienstzeit wurde zum Hauptstreitpunkt im preußischen Landtag, weil die seit 1858 mehrheitlichen Liberalen darin den Aufbau eines außerhalb der Verfassung stehenden quasi-Berufsheeres sahen. Demgegenüber traten sie für die Stärkung der Landwehr (bestehend aus den Reservisten bis zum 40. Lebensjahr und einem bürgerlichen Offizierkorps), dem wahren Bürgerheer, dem „Volk in Waffen", ein. Jedoch bewilligten die auf Verständigung ausgerichteten oppositionellen Liberalen im Mai 1860 in einem sog. „Provisorium" die geforderten Finanzmittel und hofften weiter auf eine Reform in ihrem Sinne. Roon stellte dagegen neue Truppen auf. Die Militärpartei in der Umgebung des Königs, aus den tonangebenden Gruppen des preußischen Adels, der Gutsbesitzer und hohen Beamten und Offiziere bestehend, verweigerte einen Kompromiß mit dem liberalen Bürgertum und legte die Kommandogewalt des Königs – eine Folge der Revolutionserfahrung 1848/49 – extensiv aus: er könne über Truppenstärke, Organisation usw. des Heeres ohne Mitsprache des Parlaments verfügen.

Der **Heereskonflikt**, der zum Verfassungskonflikt wurde, spitzte sich von Anfang 1861 bis September 1862 dramatisch zu. Am 2. Januar 1861 war der geistig verwirrte König Friedrich Wilhelm IV. gestorben, und der Prinzregent bestieg als **Wilhelm I.** den preußischen Thron (bis 1888).

Die Militärpartei fühlte ihre Position von den Liberalen bedroht. Die baldige Auflösung des Abgeordnetenhauses durch den König und die Ersetzung der altliberalen Minister durch konservative sowie Neuwahlen änderten nichts an der Situation. Der König machte die dreijährige Dienstzeit und die Mitwirkung des Parlaments zur Prinzipienfrage. Ein Nachgeben in diesen Fragen hätte für ihn eine „Revolution auf kaltem Wege", ein Königtum von Volkes Gnaden, Parlamentarisierung bedeutet. Er erwog sogar die Abdankung, weil offensichtlich seine bürokratisch und militärisch abgesicherte Herrschaft nicht mehr auf einem tragfähigen gesellschaftlichen Fundament ruhte. Den Rücktritt hat der König um den Preis der Aufgabe seines politischen Führungsanspruchs und der Übertragung der politischen Richtlinienkompetenz auf den neuen Ministerpräsidenten Bismarck vermieden. Das war im Grunde das Ende der absoluten und der Anfang der parlamentarisch regierten Monarchie in Preußen.

Die liberale Kammermehrheit lehnte den Militärhaushalt und damit den Haushalt insgesamt ab. König und Konservative waren der Ansicht, der König müsse auch ohne parlamentarische Verabschiedung des Budgets weiter regieren; die Verfassung sage nichts über einen Konflikt zwischen Krone und Parlament aus. Otto von Bismarck, preußischer Gesandter in Paris, reiste in dieser Situation nach Berlin. Der mit ihm befreundete Kriegsminister Roon hatte ihn schon lange als Ministerkandidaten betrachtet und ihm ein Telegramm als Signal zur Rückkehr geschickt. Nach einer langen Unterredung mit dem König auf Schloß Babelsberg zwischen Berlin und Potsdam, in der Bismarck sich ganz hinter die konservativ-monarchische Tradition und gegen Liberalismus und Parlamentarismus stellte, – „nicht durch Reden und Majoritätsbeschlüsse werden die großen Fragen der Zeit entschieden [. . .], sondern durch Eisen und Blut" – ernannte ihn dieser am 22. September 1862 zum Ministerpräsidenten und Außenminister (bis 1890). Diese Berufung stieß überall auf Skepsis und Ablehnung, mit Ausnahme bei den Hochkonservativen in Armee und Verwaltung sowie in deren publizistischem Sprachrohr, der vormals einflußreichen „Kreuzzeitung". Die anderen befürchteten ein „Säbelregiment im Innern" und einen „Krieg nach außen". Die liberale „Nationalzeitung" sah in Bismarcks Ernennung den Sieg der politischen und sozialen Reaktion.

Bismarck argumentierte mit der sog. „Lückentheorie". Danach müsse die Regierung durch eigenes Handeln die „Lücke" in der Verfassung füllen, da sie für den Fortbestand des Gemeinwesens und seiner Institutionen verantwortlich sei. Dies bewirkte einen Proteststurm in der Öffentlichkeit und widersprach jedem modernen Verfassungsdenken. Die Regierung Bismarck regierte also ohne Haushalt gegen den Protest und gegen Beschlüsse der liberalen Landtagsmehrheit. Die Regierung

sah in jedem Nachgeben eine Preisgabe der königlichen Vorrechte und der Kommandogewalt. Die Liberalen sahen im Verhalten der Regierung nackte absolutistische Gewalt, die Abschaffung von Rechtsstaat und Recht, einen Verfassungsbruch. Eine erneute Auflösung des Landtags 1863 veränderte die Situation nicht. Daraufhin berief die Regierung den Landtag lange Zeit – bis zum Krieg gegen Österreich 1866 – nicht mehr ein.
Gesellschaftlich betrachtet war der **Verfassungskonflikt** ein Konflikt zwischen dem aufstrebenden, verfassungsorientierten liberalen Bürgertum und dem Adel, der Säule der preußischen Militärmonarchie. Bismarcks Deutschlandpolitik war jedoch, wie er bald einsah, nur mit liberal-nationalen Kräften zu machen. Die preußischen Liberalen vertraten die demokratische Idee der nationalen Selbstbestimmung, den Rechts- und Verfassungsstaat sowie die Reform des Deutschen Bundes im kleindeutsch-liberalen Sinne. Sie fanden sie in der Fortschrittspartei (s. u.). Ihnen, der innerpreußischen Opposition, nahm Bismarck den deutschlandpolitischen Programmpunkt weg. Er suchte nicht die radikale Gegnerschaft der Liberalen, sondern betonte als neuer Regierungschef, die Regierung sei nach wie vor um einen Ausgleich bemüht und werde nachträglich um Billigung („Indemnität") für die Ausgaben ersuchen (was erst nach dem Sieg über Österreich 1866 geschah), die ohne parlamentarische Zustimmung im Interesse eines geordneten Fortgangs des Staatslebens geleistet werden mußten. Am Übergewicht der Exekutive gegenüber der Legislative änderte dies in Preußen nichts.

2.3 Politische Parteien in Preußen

Die preußische Zensur ließ während der Restaurationszeit keine politischen Parteibildungen zu. Die intellektuelle Oppositionsbewegung bestand aus gemäßigten Liberalen und Radikaldemokraten. Gemeinsam war ihnen die Forderung nach Aufhebung der Zensur, Freiheit der Rede, des Glaubens und der wirtschaftlichen Betätigung, Abschaffung der Geburtsprivilegien, Gewaltenteilung, Unabhängigkeit und Öffentlichkeit der Rechtsprechung. Anfang der 40er Jahre schuf die bürgerliche Fortschrittsbewegung sich ein publizistisches Kampforgan in der „Rheinischen Zeitung", die unter der zeitweiligen Redaktion von Karl Marx – 1848 – eine revolutionär-demokratische Richtung verfolgte.
Während der Märzrevolution 1848, als die Gefahr der Abschaffung der ständischen Privilegien in Preußen bestand, schloß der Landadel sich zur **Konservativen Partei** zusammen. Als ihr Publikationsorgan gründete sie die sog. „Kreuzzeitung". Die Konservativen haben die preußische Politik für lange Zeit bestimmt und sich gegen die Reformbürokratie (s. B 3.3) gewandt. Unter ihren Führern waren die Brüder von Gerlach, einflußreiche Freunde von König Friedrich Wilhelm IV.
Die **Liberalen** traten für den Rechts- und Verfassungsstaat, den Nationalstaat und die bürgerliche Gesellschaft ein. Sie dominierten in den Stadtverwaltungen und Handelskammern, in der Wirtschaft, in Universitäten und Gymnasien, in Turn-, Gesang- und Schützenvereinen, in Zeitungen; sie gründeten den Nationalverein und wissenschaftliche Zeitschriften (u. a. 1858 „Preußische Jahrbücher" unter Heinrich von Treitschke, 1859 „Historische Zeitschrift" unter Heinrich v. Sybel). Die Massen – einen Teil der Bauern und des Landvolks, den größten Teil der Unterschichten und des katholischen Volksteils – erreichten die Liberalen nicht.
Im Februar 1861 spaltete sich der linke Flügel von den Altliberalen ab und gründete die **Deutsche Fortschrittspartei,** die erste deutsche Programmpartei. Sie vereinigte entschiedene Liberale und alte 48er Demokraten. Zu ihr gehörten der Mediziner Rudolf Virchow, der Historiker Theodor Mommsen, der Genossenschaftler Schulze-Delitzsch. Sie opponierten gegen die Heeresreform und forderten die nationalstaatliche Einigung und den liberalen Ausbau der Verfassung: die Reform des Herrenhauses, die Ministerverantwortlichkeit, eine liberale Regierung. Bei den Neuwahlen

zum preußischen Abgeordnetenhaus im Dezember 1861 gewannen die Fortschrittler auf Anhieb 119 Sitze, während die bis dahin mehrheitlichen Konservativen auf 14 Sitze zurückgingen. Dazwischen standen 54 Mitglieder der verfassungspolitisch eher konservativen katholischen Fraktion, 91 Altliberale und rd. 50 Mitglieder eines liberalen linken **Zentrums**. Die katholische Parteibildung vollzog sich seit 1838. Damals entstand der sogenannte Kölner Mischehenstreit zwischen der Kirche und dem preußischen Staat über die Erziehung der Kinder aus konfessionell verschiedenen Ehen. Der kirchenpolitisch liberale (protestantische) Staat fühlte seine Autorität durch den Machtanspruch der katholischen Kirche in der katholischen Rheinprovinz in Frage gestellt. Mit der Verhaftung des Erzbischofs erhielten die Kirchenprobleme zum erstenmal breite politische Publizität. Die Neuwahlen zum Abgeordnetenhaus am Tag der Schlacht von Königgrätz (3. Juli 1866) – ohne Kenntnis des Ausgangs – hatten einen Sieg der Konservativen bewirkt. Die Fortschrittspartei hatte ihre parlamentarische Mehrheit eingebüßt. Dennoch suchte Bismarck eine Verständigung mit der liberalen Opposition. Diese splitterte sich auf wegen Bismarcks Forderung nach Indemnität (s. o.). Es entstand neben der Fortschrittspartei die **Nationalliberale Partei** (Bennigsen, Miquel). Die neue Partei stand in national- und außenpolitischer Hinsicht voll hinter Bismarck. In der liberalen Wirtschaftspolitik kam er ihr entgegen. Er stützte sich parlamentarisch zwölf Jahre auf sie. Dagegen hatte sich der hochkonservative Flügel der Konservativen unter Ludwig von Gerlach von Bismarck wegen der angeblich zu erwartenden revolutionären Folgen seiner Politik schon vor dem Krieg von ihm losgesagt. Die **Freikonservative Partei** (1867; seit 1871 Deutsche Reichspartei) aus Adligen in Diplomatie und Verwaltung, schlesischen Großgrundbesitzern und einigen rheinischen Industriellen spaltete sich ab und unterstützte Bismarck.

Parlamentswahlen in Preußen

	1849	1849	1852	1855	1859	1862	1862	1863	1866	1867	1870	1873	1877	1879
Konservative[1]	53	114	138	181	47	14	11	34	119	125	114	30	41	110
Freikonservative	–	–	–	–	–	–	–	–	17	48	41	35	35	51
Liberale Gruppen[2]	121	84	–	20	195	139	115	105	77	50	11	3	–	–
Linksliberale Gruppen	158	70	91	28		–	–	–	–	–	–	–	–	–
Deutsche Fortschrittspartei	–	–	–	–		104	133	141	61	48	49	63	63	38
Nationalliberale	–	–	–	–	–	–	–	–	34	99	123	174	169	85
Liberale Vereinigung	–	–	–	–	–	–	–	–	–	–	–	–	–	19
Kath. Frakt., s. 1859 Zentrum	–	–	53	51	57	54	28	28	15	–	58	88	89	97
SPD (Sozialdemokraten)	–	–	–	–	–	–	–	–	–	–	–	–	–	–
Polen	15	15	11	6	18	23	22	26	21	17	19	18	15	19
Splittergruppen	3	69	69	66	35	18	43	18	8	45	17	16	21	14

	1882	1886	1889	1894	1899	1904	1908	1913	1919	
Konservative	122	133	129	144	144	144	155	148 }	49	Deutschnationale Volkspartei
Freikonservative	57	62	64	65	58	64	60	54 }		
Nationalliberale	66	72	86	84	75	76	65		21	Deutsche Volkspartei
Freisinnige Partei	53	–	–	–	–	–	–	–	–	
Freisinnige Volkspartei	53	40	29	14	26	24 }	37	40	60	Deutsche Demokratische Partei
Freisinnige Vereinigung	–	–	–	6	10	9 }				
Zentrum	99	98	98	95	100	96	103	103	94	
SPD (Sozialdemokraten)	–	–	–	–	–	–	6	10	145	
USPD (Unabh. Sozialdem.)	–	–	–	–	–	–	–	–	14	
KPD (Kommunisten)	–	–	–	–	–	–	–	–	10	
Polen	18	15	15	17	13	13	14	12		
Splittergruppen	18	13	12	8	7	7	3	3	3	Splittergruppen

1 Konservative Fraktionen; seit 1861 zu einer Fraktion vereinigt; 1870–1879 mit Einschluß der Neuen Konservativen.
2 Mittelgruppierungen der Rechten, Altliberalen und Konstitutionellen.

(Aus: Propyläen Geschichte Europas Bd. 5)

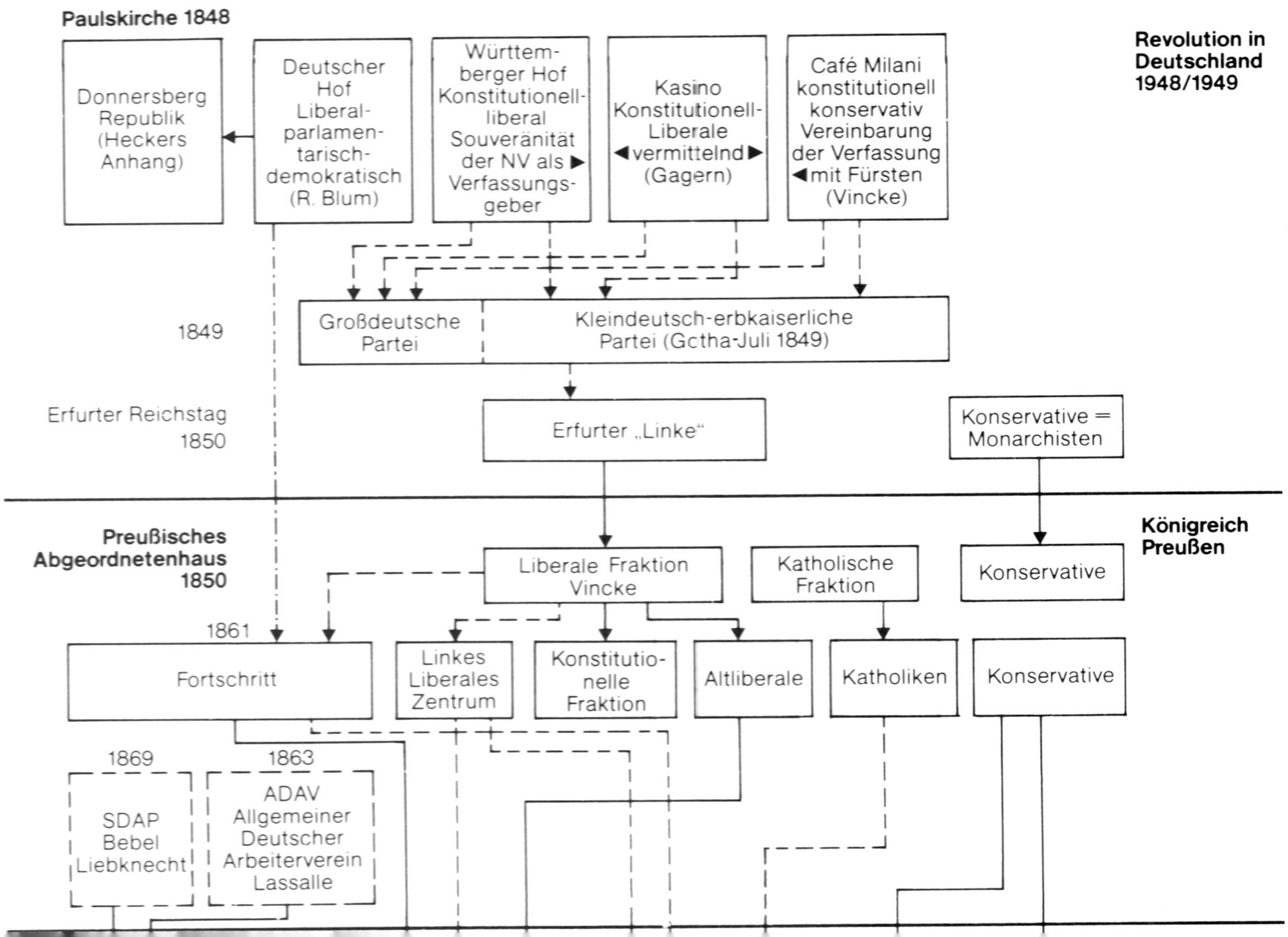
Paulskirche 1848
Revolution in Deutschland 1948/1949
Donnersberg Republik (Heckers Anhang)
Deutscher Hof Liberal-parlamentarisch-demokratisch (R. Blum)
Württemberger Hof Konstitutionell-liberal Souveränität der NV als Verfassungsgeber
Kasino Konstitutionell-Liberale vermittelnd (Gagern)
Café Milani konstitutionell konservativ Vereinbarung der Verfassung mit Fürsten (Vincke)
1849
Großdeutsche Partei
Kleindeutsch-erbkaiserliche Partei (Gctha-Juli 1849)
Erfurter Reichstag 1850
Erfurter „Linke“
Konservative = Monarchisten
Preußisches Abgeordnetenhaus 1850
Königreich Preußen
Liberale Fraktion Vincke
Katholische Fraktion
Konservative
1861
Fortschritt
Linkes Liberales Zentrum
Konstitutionelle Fraktion
Altliberale
Katholiken
Konservative
1869
SDAP Bebel Liebknecht
1863
ADAV Allgemeiner Deutscher Arbeiterverein Lassalle

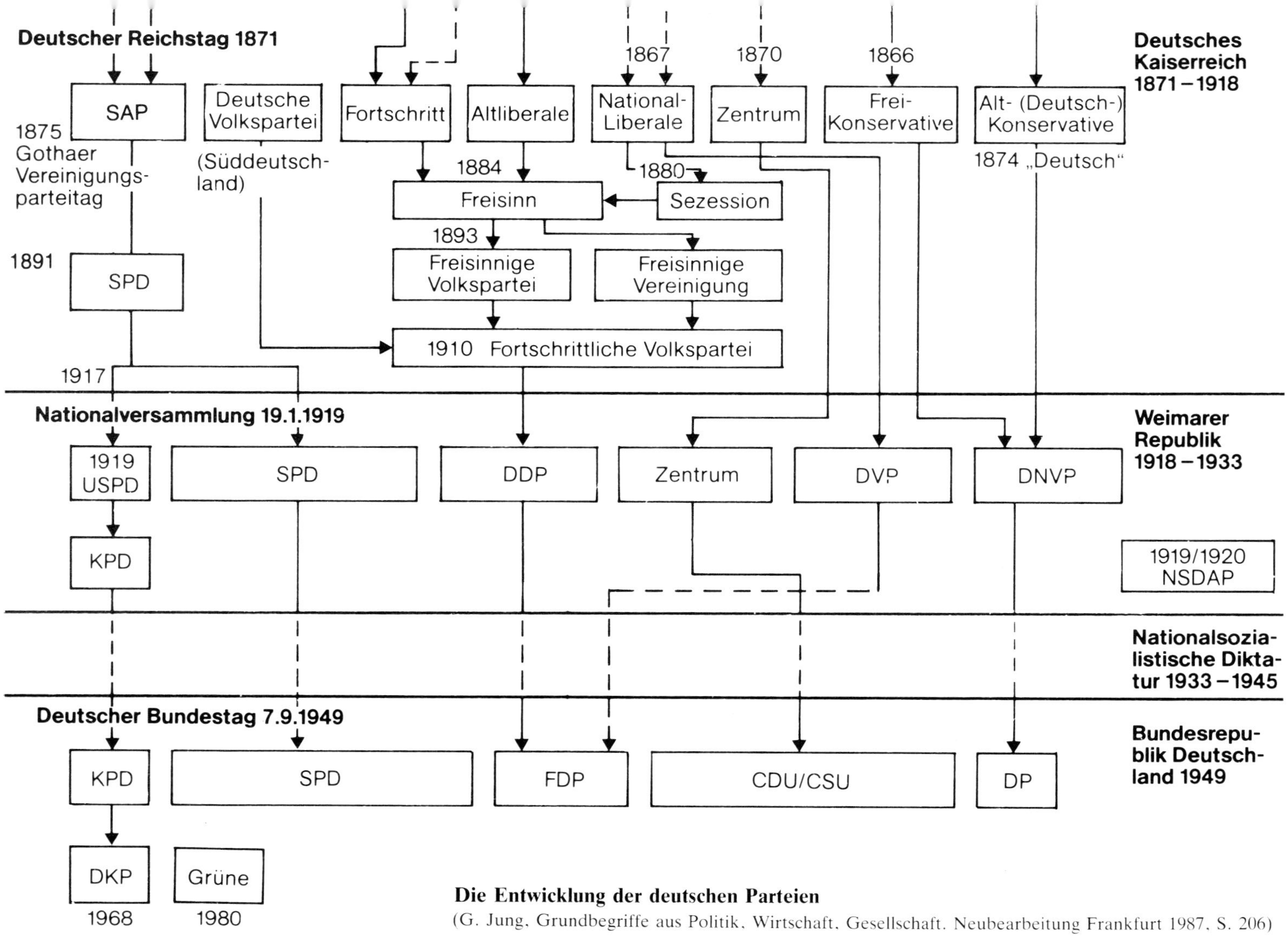

Die Entwicklung der deutschen Parteien
(G. Jung, Grundbegriffe aus Politik, Wirtschaft, Gesellschaft. Neubearbeitung Frankfurt 1987, S. 206)

2.4 Die Außenpolitik Preußens

2.4.1 Grundlagen der preußischen Außenpolitik gegenüber den Großmächten

Das preußisch-russische Verhältnis war für die meisten Konservativen ein Eckpfeiler aller Außenpolitik, der traditionellen Ordnung in Ost- und Mitteleuropa. Die Fortgeschritteneren suchten eine Anlehnung an England. Bismarck wandte sich jedoch gegen einseitige Bindungen, sei es an Rußland oder an Österreich. Als preußischer Gesandter beim Deutschen Bund in Frankfurt (1851–59) war es sein Auftrag und im Sinne der Hochkonservativen unter den Brüdern Ludwig und Leopold von Gerlach, die Beziehungen zu Österreich in Gestalt einer gemeinsamen Frontstellung gegen die Revolution zu normalisieren und eine Konfrontation zu verhindern. Zwischen den beiden europäischen Großmächten Preußen und Österreich konnte es nur Beziehungen auf europäischer Ebene geben; denn eine Einbindung in ein regionales Bündnis hätte den beiderseitigen Großmachtinteressen widersprochen. Eine Unterordnung des einen unter den anderen hätte
sein Ausscheiden aus dem Kreis der Großmächte bedeutet. Daher entbrannte der Kampf um die Einflußsphären in Deutschland. Frühzeitig trat Bismarck dafür ein, die Flügelmacht Frankreich unter Napoleon III., der als ein Vertreter revolutionärer Ideen galt, nicht aus den politischen Überlegungen auszulassen.

Österreich verstärkte unter Fürst Schwarzenberg (seit 1848) seine Wirtschafts- und Handelspolitik, auch im Hinblick auf die internationalen Beziehungen, besonders zu den deutschen Staaten. Es wollte seine Vormachtstellung in Mitteleuropa erhalten. Am 31. Dezember 1851, nach Olmütz (s. 2.1), wurde die Verfassung zurückgenommen und der monarchische Absolutismus neu begründet. Nach Schwarzenbergs plötzlichem Tod 1851 wurde der Kaiser zum Alleinherrscher. Die Macht der Wiener Zentrale wurde gestärkt, die Sonderstellung Ungarns (s. 1.2) nicht wiederhergestellt.

Seit dem 18. Jahrhundert wollte **Rußland** seinen Einfluß im Osmanischen Reich verstärken. Dabei ging es um die Meerengen und damit um die strategische Sicherung des Schwarzen Meeres, handelspolitisch um Getreideexporte. **England** strebte nach der Sicherung des Seewegs nach Indien, der Freiheit des Mittelmeeres und der Erhaltung des europäischen Gleichgewichts (Meerengenvertrag von 1841). Beide Weltmächte versuchten den Machtgewinn des Gegners zu verhindern. Rußland marschierte gegen den Willen des Sultans im Juli 1853 in die türkischen Donaufürstentümer Moldau und Walachei (das spätere Rumänien) ein und vernichtete die türkische Flotte. Daraufhin griffen England, Frankreich und Piemont ein, entsandten eine Flotte in das Schwarze Meer und landeten schließlich auf der Halbinsel Krim (**Krimkrieg**). Obwohl Österreich mit Rußland eng verbündet war – Rußland hatte sich Österreich bei der Niederschlagung des ungarischen Aufstands 1849 (s. 1.2) sowie bei der Abwehr der preußischen Unionspolitik verpflichtet (s. 2.1) –, gefährdete der Zar durch den Vorstoß auf den Balkan den österreichischen Vormachtsanspruch im Südosten und die wirtschaftlich wichtige Freiheit der Donau. Deshalb stellte es im Sommer 1854 zusammen mit Preußen ein Ultimatum an Rußland, das daraufhin die Donaufürstentümer räumte. Im September 1855 fiel Sewastopol nach äußerst verlustreichen Kämpfen für beide Seiten. Im Frieden von Paris 1856 – unter dem Einfluß Napoleons III. – wurden die Donaufürstentümer unter europäischer Garantie unabhängig, die Meerengen und das Schwarze Meer neutralisiert, die Türkei blieb unabhängig. Zu dem sich künftig ausweitenden weltweiten russisch-englischen Gegensatz war nun der österreichisch-russische, besonders auf dem Balkan, getreten.

Der **polnische Aufstand** von 1863 fand Sympathien bei allen nationalen Befreiungsbewegungen. Napoleon III. fühlte sich als deren Beschützer und hoffte bei dieser Gelegenheit mit jenen Russen ins Gespräch zu kommen, die für eine reformfreudige Politik waren und in diesem Sinne für eine polenfreundliche Haltung eintraten. Bismarck sah sich daraufhin der doppelten Gefahr gegenüber, daß Rußland sich auf eine Verständigung mit der polnischen Nationalbewegung einlassen und diese ermutigen könnte, auch auf außerrussische ehemalige polnische Gebiete überzugreifen, und daß über der polnischen Frage eine russisch-französische Allianz entstehen könnte. In einem Bündnis der beiden kontinentaleuropäischen Flügelmächte sah Bismarck das mutmaßliche Ende der preußischen Hoffnungen auf Machterweiterung und auf eine Lösung der deutschen Frage in seinem Sinne. Deshalb kam es zur Konvention zwischen Rußland und Preußen in Petersburg (8. Februar 1863), die das Zusammenwirken der Truppen beider Länder bei der Verfolgung von Aufständischen, einschließlich des wechselseitigen Grenzübertritts, festlegte. In Wirklichkeit war die Konvention weitreichender, indem sie eine russisch-französische Annäherung verhinderte. Dagegen sprach sich eine Koalition zwischen Frankreich, England und Österreich gegen eine antipolnische Interventionspolitik der beiden Ostmächte aus. Das Verhältnis Preußens zu Frankreich wurde dadurch schwer belastet.

2.4.2 Preußens Ringen mit Österreich um die Vorherrschaft in Deutschland

Die Frage der nationalen Zugehörigkeit der Herzogtümer **Schleswig** und **Holstein** hat die Politik in Deutschland seit dem Ende der 40er Jahre entscheidend beeinflußt. Im Zusammenhang mit dem wachsenden dänischen Nationalismus wurde auch Schleswig 1846 dem dänischen Erbfolgegesetz unterworfen und im März 1848 Dänemark einverleibt. Die Schleswig-Holsteiner hielten dagegen am Erbrecht des Herzogs von Sonderburg-Augustenburg fest und bildeten eine provisorische Landesregierung. Schleswig wurde im April in den Deutschen Bund aufgenommen, Preußen marschierte auf Bitten der Regierung und im Auftrag des Bundes ein, wurde jedoch Ende August auf Intervention Rußlands und Frankreichs, die nicht wollten, daß der „Bosporus der Ostsee“ in die Hände einer anderen Großmacht fiel, zum Waffenstillstand von **Malmö** mit Dänemark gezwungen. Die provisorische Regierung mußte es fallenlassen. Die Schleswig-Holsteiner kämpften allein weiter. Schleswig wurde von den Dänen besetzt, Holstein vom Bund durch österreichische Truppen. In Frankfurt, Baden, Rheinpreußen, Sachsen und Württemberg gab es bewaffnete Aufstände der Bevölkerung, weil Malmö im Widerspruch zu den militärischen Erfolgen Preußens stand.

Preußen nahm 1849 im Zeichen seiner Unionspolitik (s. 2.1) noch einmal den Krieg gegen Dänemark auf, mußte jedoch im Berliner Frieden 1850 auf russischen Druck – wie später in Olmütz (s. 2.1) – zurückweichen. Im sog. Londoner Protokoll 1850 haben Rußland, England und Frankreich das Herrschaftsrecht des dänischen Königs über die beiden Herzogtümer (Personalunion seit 1460) anerkannt. Die Erbfolge sollte er selbst regeln. Danach sollte der Prinz von Sonderburg-Glücksburg Gesamterbe sein. Dies wurde in einem zweiten Londoner Protokoll 1852 von Rußland, England, Frankreich, Österreich, Schweden, Preußen und Dänemark bestätigt.

Außenpolitisch stand Bismarck – seit 1862 Ministerpräsident – der kleindeutschen Nationalbewegung, die sich seit 1859 im Deutschen Nationalverein organisierte, näher als irgendein anderer konservativer Politiker in Preußen. Er wollte eine selbständige deutsche Politik Preußens. Sie sollte die „Schmach von Olmütz“ auslöschen und eine Lösung der deutschen Frage im preußischen Sinne herbeiführen. Zu diesem Zwecke suchte Bismarck die Unterstützung der Westmächte, besonders Englands, und des kleindeutsch-nationalen Flügels der deutschen Liberalen. Bismarck wollte zunächst die Deutschen Bundesverträge zugunsten Preußens verändern und das Gewicht Preußens durch Ausbau und Reform des Deutschen Zollvereins (s. D 4.1) – Einführung des Mehrheitsprinzips und eines direkt gewählten Zollvereinsparlaments, das die Staaten zur Einheit zusammenschließen sollte – stärken.

Im Herbst 1863 spitzte sich die schleswig-holsteinische Frage erneut zu, als die Eiderdänen die

allmähliche Einverleibung Schleswigs in das Königreich Dänemark und seine Trennung von Holstein betrieben. Dies löste eine seit den 48er Jahren nicht gekannte nationale Massenbewegung in Deutschland aus. 1864 marschierten preußische und österreichische Truppen in Schleswig ein (Sieg der Preußen bei den Düppeler Schanzen nordöstlich von Flensburg). Im Frieden von Wien verzichtete der dänische König auf alle Rechte in den Herzogtümern Schleswig, Holstein und Lauenburg zugunsten des österreichischen Kaisers und des preußischen Königs.
Im August 1865 gab es eine Verständigung mit Österreich in der **Konvention von Gastein**. Es erklärte sich mit einer faktischen Herrschaftsteilung in den Herzogtümern einverstanden. Wien erhielt die Verwaltung Holsteins, Preußen die von Schleswig, seine Rechte an Lauenburg verkaufte der Kaiser an den preußischen König. Gleichzeitig stimmte Österreich der Einbeziehung beider Territorien in den Deutschen Zollverein und der Einrichtung von festen Verkehrs- und Nachrichtenverbindungen nach Preußen zu. Für Österreich hieß Preisgabe der großdeutschen und gemäßigt-liberalen Reformpolitik des Deutschen Bundes, Hinwendung zu einer Reorganisation des österreichischen Gesamtstaates unter besonderer Berücksichtigung Ungarns.
Seit Gastein war klargeworden, daß Österreich sich auch unter einer hochkonservativen Regierung nicht zu dem von Bismarck vorgeschlagenen Ausgleich bereitfinden werde. Daraufhin steuerte Bismarck auf den Konflikt zu. Dabei war es sein außenpolitisches Ziel, den Deutschen Bund weitgehend herauszuhalten, ebenso die Großmächte Rußland, England und Frankreich. Ferner mobilisierte er im Innern die kleindeutsche Nationalbewegung.
Preußen riskierte schließlich für die Annexion Schleswigs und Holsteins einen Krieg gegen Österreich. Außerdem provozierte Bismarck Wien mit dem Vorschlag zur Reform des Deutschen Bundes (Juni 1866), der Österreich in den Bund nicht mehr einbezog. Österreich beantragte daraufhin beim Bundestag die Mobilisierung der Bundestruppen gegen Preußen. Dies geschah; Preußen erklärte die Bundesverfassung für erledigt und nahm – noch im Juni – die Kriegshandlungen unter Führung von Generalstabschef Helmuth von Moltke zunächst gegen Sachsen, Hannover und Kurhessen auf. Moltke benutzte zum erstenmal die moderne Technik: die Eisenbahn- und Nachrichtenverbindungen (den Telegraphen) sowie die überlegene Feuerkraft des preußischen Zündnadelgewehrs (Verdreifachung der Schußgeschwindigkeit).

Wirtschaftliche Kräfte Preußens und Österreichs 1865/66

	Preußen	Österreich
Bevölkerung (Mio.)	19,3	37,5
davon landwirtschaftlich (%)	45	70
Getreideernte (Mio. t)	0,8	0,7
Zahl der ortsfesten Dampfmaschinen/Mio. PS	15 000/0,8	3400/0,1
Steinkohlenförderung (Mio. t)	12	5,7
Roheisenerzeugung (t)	850 000	460 000
Ordentliche Staatseinnahmen brutto (Mio. Taler)	240	292
Staatsschuld (Mio. Taler)	290	1670
Ordentlicher Militäretat (Mio. Taler)	45	51

(H. Lutz, Zwischen Habsburg und Preußen 1815–1866. Berlin 1985, S. 330)

Außer einigen thüringischen und norddeutschen Kleinstaaten traten die übrigen Staaten, z.B. Bayern, Württemberg, Sachsen, Hannover, Kurhessen, Hessen-Darmstadt, Baden und Nassau sowie Frankfurt auf Österreichs Seite. Allerdings war die Hälfte der österreichischen Armee (ca. 200 000 Mann) durch ein Bündnis Preußens mit Italien gefesselt. Entgegen den allgemeinen Erwartungen wurde der Krieg in knapp sechs Wochen durch Moltkes geniale Planung und Führung mit der Entscheidungsschlacht bei **Königgrätz** in Böhmen am 3. Juli 1866 zu Gunsten Preußens

entschieden. Moltke gelang es mit neuen taktischen Plänen – ‚getrennt marschieren, vereint schlagen' – die Hauptmacht des Gegners entscheidend zu schlagen. Mit der Annexion Schleswigs und Holsteins durch Preußen endete zugleich der österreichisch-preußische Dualismus in Deutschland. Der Deutsche Bund wurde aufgelöst.
Durch die größtmögliche Schonung Österreichs und seiner süddeutschen Partner im Frieden von Prag (23. August 1866) verhinderte Bismarck, daß Österreich Frankreich in die Arme getrieben und die süddeutschen Staaten gegen Preußen verbittert wurden. Frankreich erhielt Zugeständnisse für die wohlwollende Neutralität während des Krieges: U.a. sollten die süddeutschen Staaten „eine international unabhängige Existenz haben", allein oder im Verbund; eine mögliche Verbindung zwischen einem etwaigen Südbund und dem geplanten Norddeutschen Bund dürfe diese internationale Unabhängigkeit des Südens nicht in Frage stellen. Dennoch fühlte Kaiser Napoleon III. sich betrogen. Er hatte mit einem österreichischen Sieg gerechnet und wollte dann den Vermittler spielen.
Die Annexionen von 1866 – Hannover, Kurhessen, Nassau, Schleswig-Holstein und die Freie Reichsstadt Frankfurt – verstärkten Preußens Vormachtstellung in Deutschland und rundeten sein Staatsgebiet, das durch Hannover und Kurhessen getrennt war, ab. Die süddeutschen Staaten schlossen unter Bismarcks Hinweis auf die französischen Bestrebungen in Süddeutschland geheime Waffenbündnisse mit Preußen („Schutz- und Trutzbündnisse") unter preußischen Oberbefehl für den Fall eines auswärtigen Krieges (z. B. mit Frankreich) ab und wurden Mitglieder des Deutschen Zollparlaments (1868; s. D 4.1). Bismarck wurde jetzt prinzipiell, auch von den Liberalen, als ein Wortführer der nationalen Sache angesehen.

2.4.3 Der Norddeutsche Bund und die Gründung des Deutschen Reiches

1866 stellt für Mitteleuropa einen stärkeren Einschnitt als 1871 dar. Die äußere und vor allem die innere Ordnung des alten Deutschland wurde total verändert: seine Parteienstruktur, sein Verfassungssystem, seine vorherrschenden Rechtsprinzipien in Wirtschaft, Gesellschaft und Staat, viele seiner politischen und gesellschaftlichen Normen. Bismarck betrieb nun den Aufbau des **Norddeutschen Bundes** (1866–1870), der die Gestalt des kleindeutschen Reiches ab 1871 entscheidend bestimmte. Er wurde, vor dem Friedensvertrag mit Österreich, am 18. August 1866 von Preußen und 15 norddeutschen Kleinstaaten begründet. Ihm traten in den folgenden Wochen alle ehemaligen Staaten des Deutschen Bundes nördlich der Mainlinie bei, Hessen-Darmstadt wegen der preußischen Zusage an Frankreich nur mit seiner Provinz Oberhessen.
Der Norddeutsche Bund war ein Staatenbund der Monarchen und Regierungen, unter Wahrung der einzelstaatlichen Souveränität. Das gemeinsame Parlament, die Zusammenfassung der Armeen, das Bundespräsidium und die Befugnisse gemeinschaftlicher Organe (vor allem die Wirtschaftsgesetzgebung – s. u.) sollten Gegengewichte zu den zentrifugalen Kräften eines Staatenbundes, die man aus den Erfahrungen mit dem Deutschen Bund kannte, bilden. Das allgemeine und direkte Mehrheitswahlrecht des einzurichtenden Reichstags wurde als Bestandteil der neuen, von Bismarck formulierten Verfassung (1867) – die im Kern die Verfassung des Deutschen Reiches bis 1918 blieb – festgelegt. Sie errichtete die dauerhafte Vorherrschaft des preußischen Staates und der preußischen Regierung. In der ersten Reichstagswahl im Februar 1867 errangen bei einer hohen Wahlbeteiligung von 65% die Nationalliberalen die Mehrheit, gefolgt von den Konservativen. Bismarck wurde 1867 Bundeskanzler, Rudolf von Delbrück Präsident des neu gegründeten Bundeskanzleramts bis 1876 (**„Ära Delbrück"**). Dieser, aus dem preußischen Handelsministerium kommend, trat für eine liberale Wirtschaftspolitik ein, für Rechtsvereinheitlichung durch ein gemeinsames Handels- und Strafgesetzbuch, für Freizügigkeit im gesamten Bundesgebiet, für Vereinheitlichung der Maße und Gewichte, für Währungsangleichung, für allgemei-

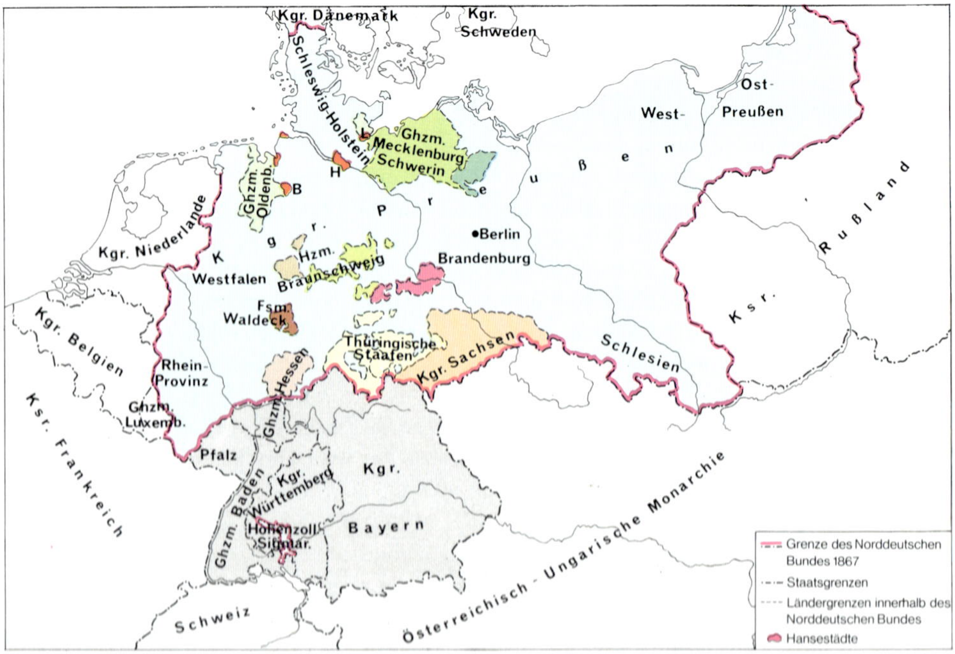

Der Norddeutsche Bund, 1866/67–70. Zwischen Preußen und Baden, Württemberg, Hessen bestanden seit 1866 Militärbündnisse, die den Oberbefehl im Kriegsfalle dem König von Preußen übertrugen.

ne Gewerbefreiheit (1869). Diese Entwicklung beruhte auf der Voraussetzung, daß der grundbesitzende ostelbische Adel durch die wirtschaftliche Liberalisierung in seiner seitherigen wirtschaftlichen und gesellschaftlichen Stellung nicht bedroht, sondern eher gefördert wurde. Der **Süden** Deutschlands – das eigentliche Zentrum des deutschen Liberalismus – folgte der Aufforderung zum Beitritt nur zögernd. Man befürchtete die Auflösung der traditionellen Wirtschafts- und Sozialverfassungen. Kurz nach der Schlacht von Sedan (2. September 1870) traten Hessen-Darmstadt und Baden bei. Bayern und Württemberg, Mitglieder des Deutschen Zollvereins (s. D 4.1), folgten und erhielten einige Sonderrechte: Bayern behielt seine eigene Eisenbahn-, Post- und Telegraphenverwaltung sowie die Kommandogewalt über das Heer, Württemberg seine Post- und Heeresverwaltung – als Zeichen der Eigenstaatlichkeit. An der „Reichstreue" der beiden Länder bestand kein Zweifel. Das neue Staatswesen wuchs rasch zusammen.
Ihren Anfang nahm die Krise zwischen **Frankreich** und Preußen 1870, die zum Krieg – dem Mittel der damaligen Politik – führte, an der sogenannten Hohenzollernschen Thronkandidatur in Spanien. Frankreich beargwöhnte diese Entwicklung aus Angst vor seiner Umklammerung. Sie würde einen internationalen Prestigegewinn für die preußische Monarchie bedeutet haben. Doch der König blieb skeptisch und tolerierte lediglich – als Chef des Hauses Hohenzollern – die Entscheidung der Sigmaringer Hohenzollern, den durch die spanische Revolution 1868 verwaisten Thron der Bourbonen zu übernehmen. Napoleon III. sah in der Kandidatur eines Prinzen aus dem Hause Hohenzollern-Sigmaringen einen Beweis für die expansive Machtpolitik Preußens. Deshalb sei es nicht nur im Interesse Frankreichs, sondern auch der deutschen Staaten, „Rache für Sadowa" (wie man die Schlacht von Königgrätz in Frankreich und England nennt) zu nehmen und die Entscheidung von 1866 zu revidieren. Für Bismarck war nach der Niederwerfung Österreichs Napoleon, dessen Politik eine antipreußische Allianz mit Österreich anstrebte und deutsches Land

Kaiserproklamation in Versailles 1871. Zeitgenössisches Gemälde von A. von Werner. Auf dem Podium König Wilhelm I. von Preußen, hinter ihm der Kronprinz Friedrich und die deutschen Fürsten, neben ihm, mit erhobener Hand, der Großherzog von Baden. In der Mitte des Bildes Bismarck und der Generalstabschef Graf Moltke.

am Rhein gewinnen wollte, zum Hauptgegner geworden. So war ihm die spanische Thronfolge ein willkommener Anlaß, Frankreich vor aller Welt als Friedensstörer erscheinen zu lassen und den Vorgang in Ems als Ausgangspunkt für einen Konflikt zu machen. Die außenpolitische Konstellation war dafür günstig: Rußland stand auf der Seite Preußens und hielt Österreich in Schach, England verhielt sich neutral, Italien hielt sich zurück.

Die maßlose französische Forderung, dem König durch Botschafter Benedetti während seines Kuraufenthalts in Bad Ems mitgeteilt, verlangte, Preußen möge die – inzwischen von dem Prinzen selbst zurückgezogene – Kandidatur für alle Zukunft ausschließen. Ferner verlangten die Franzosen eine formelle Erklärung des Königs, er habe mit seiner Einwilligung den Interessen und der Ehre der französischen Nation nicht zu nahe treten wollen.

Ein solches Anliegen war mit dem Ansehen einer Großmacht und ihres Herrscherhauses nicht vereinbar. Der preußische König ermächtigte daraufhin Bismarck zur Veröffentlichung des Vorgangs in der verschärfend redigierten **„Emser Depesche“.** Eine solche Bloßstellung konnte Napoleon nur mit einer Kriegserklärung beantworten (19. Juli 1870). Für die süddeutschen Staaten trat der Bündnisfall ein. Sie kämpften auf der Seite Preußens. Rußland und Österreich-Ungarn blieben neutral. Das preußische Kriegsziel war die Einigung des außerösterreichischen Deutschland. Die deutschen Armeen entschieden unter Moltkes Führung in schnellem Vormarsch den Feldzug für sich. Napoleon III. wurde in der Schlacht von Sedan am 2. September gefangen genommen; das Zweite Kaiserreich brach zusammen. Am 4. September erhob sich die Bevölkerung von Paris und rief die **Republik** aus. Ende März 1871 entstand die **Pariser Kommune** (s. E 3.2) aus nationaler Enttäuschung über den deutsch-französischen Waffenstillstand. Die Entscheidung des Präsidenten

Adolphe Thiers (1871–1873), die Nationalgarde zu entwaffnen, führte am 18. März zum Aufstand der Pariser Bevölkerung und nach der Flucht der Regierung zur Machtübernahme durch das Zentralkomitee der Nationalgarde. Die Ende März gewählte Kommune (= Verwaltung) setzte sich vorwiegend aus republikanisch-revolutionären Kräften (Arbeitern) zusammen. In den Kämpfen mit den Regierungstruppen (unter den Augen der deutschen Armee) unterlag die politisch zerstrittene Kommune in der letzten Maiwoche; etwa 25 000 Kommunarden wurden getötet.
Das nationale Hochgefühl, das dieser Erfolg erzeugte, nutzte Bismarck, um die süddeutschen Fürsten zuerst in den Norddeutschen Bund aufzunehmen, diesen sodann im Dezember 1870 in **„Deutsches Reich"** umzubenennen und schließlich am 18. Januar 1871 die Proklamation Wilhelms I. zum deutschen Kaiser im Spiegelsaal des Schlosses zu Versailles durchzusetzen. Bismarck gelang es, den widerwilligen Bayernkönig Ludwig II. – der wegen seiner aufwendigen Bauten und seines Lebensstils hoch verschuldet war – zu bewegen, ein Schreiben an den zögernden Preußenkönig zu senden, die Krone anzunehmen. Dafür erhielt Ludwig bis zu seinem Tode jährlich 300 000 Goldmark (aus dem sog. Reptilienfonds des preußischen Ministerpräsidenten) zugesichert (= 4,2 Mio. in 14 Jahren). Die kleindeutsch-preußische Lösung war damit gegen den Willen der beteiligten Fürsten – allerdings im Sinne des Volkes – durchgeführt worden. Frankreich kapitulierte am 28. Januar 1871 und mußte im Frieden von Frankfurt (10. Mai 1871) Elsaß-Lothringen abtreten und 5 Mrd. Francs Kriegsentschädigung leisten.
Nach Auffassung der nationalen Kräfte war mit der Reichsgründung das Ziel erreicht: Der Nationalstaat war geschaffen worden. Preußen dominierte zwar das Reich, doch begann mit der Reichsgründung ein Prozeß, in dem das preußische Staatsgefühl seiner Bewohner gegenüber dem sich neu entwickelnden Nationalbewußtsein zurücktrat.

Problem und Diskussion

1 *Stellen Sie zusammen, was nach der Paulskirchenversammlung an liberalen Errungenschaften in Deutschland wirksam geblieben ist.*

2 *Inwieweit stießen konservative „Reaktion" und (bürgerlicher) wirtschaftspolitischer Fortschritt in Preußen nach 1849 zusammen? Welche Auswirkungen hatte dies für die politische Entwicklung?*

3 *Wie war das Verhältnis zwischen bürgerlich-liberalen und adlig-konservativen Kräften in Preußen?*

4 *Welche Probleme stellten sich in den Beziehungen zwischen Preußen und Österreich nach 1849 in Deutschland?*

5 *Wie sah der soziale Wandel nach 1850 in Preußen aus?*

6 *Ordnen Sie die politischen Parteien in Preußen bestimmten politischen Richtungen zu. Wie machte Bismarck mit ihnen Politik?*

7 *Wie war die Stellung Preußens gegenüber den übrigen Großmächten? Welche Konsequenzen ergaben sich daraus für die preußische Außenpolitik?*

8 *Woraus resultiert die Rivalität Österreich-Preußen, und wie wirkte sie sich aus beim Ringen um die Vorherrschaft in Deutschland?*

9 *Würdigen Sie das Ergebnis von Königgrätz im Hinblick auf die Herstellung der deutsche Einheit.*

10 *Was bedeutet der Norddeutsche Bund für die deutsche Einigung? Welche Vorbehalte hatten die süddeutschen Staaten und warum?*

11 *Inwieweit wurde das neu gegründete Deutsche Reich als ein von der liberalen Bewegung erstrebter Nationalstaat der Deutschen angesehen?*

3. Die innere Entwicklung des Deutschen Reiches

3.1 Die Verfassung des Deutschen Reiches

Das neue Deutsche Reich war eine konstitutionelle Erbmonarchie und ein föderalistischer Bundesstaat (Verfassung T 10) mit 42,5 Mio. Einwohnern (Frankreich 36 Mio., England 32 Mio.). Dazu gehörten u. a. 3 Mio. polnisch Sprechende mit deutscher Staatsangehörigkeit, besonders in Oberschlesien, 1,5 Mio. Elsaß-Lothringer, 0,2 Mio. Dänen. 22 deutsche Fürsten und drei Freie Reichsstädte hatten – unter Wahrung weitgehender Eigenständigkeit – einen Vertrag geschlossen und waren gemeinsam die eigentlichen Inhaber der Reichsgewalt. Weder hier noch bei der Proklamation des Kaisers war das Volk vertreten. Durch den Beitritt der süddeutschen Staaten war das bisherige Übergewicht Preußens im Norddeutschen Bund etwas zurückgegangen. Von den auf 58 angewachsenen Bundesratsstimmen hatte Preußen 17, mit denen es z. B. Verfassungsänderungen blockieren konnte (s. u.). Die von Bismarck entworfene Verfassungskonstruktion war ähnlich der des Norddeutschen Bundes: Der Kaiser übte die Exekutive aus, ernannte den Reichskanzler, der nur ihm verantwortlich war, vertrat das Reich nach außen, war oberster Kriegsherr; Zoll, Post und Telegraphie waren Angelegenheiten des Reiches. Das Recht wurde weiter vereinheitlicht (1872 Strafgesetzbuch, 1900 Bürgerliches Gesetzbuch). Durch die Personalunion der Ämter Deutscher Kaiser – König von Preußen, Reichskanzler – preußischer Ministerpräsident gab Preußen, das 70% des Reichsgebietes und seiner Bewohner ausmachte, den Ausschlag für die Leitung der Politik. Die eigentlich politisch leitende Persönlichkeit war der **Reichskanzler**. Alle Regierungshandlungen des Kaisers bedurften seiner Gegenzeichnung. Ihm waren auch die Staatssekretäre (Minister) für die einzelnen Ressorts verantwortlich. Die preußischen Beamten dominierten in den Reichsverwaltungen.

Der **Bundesrat,** die Vertretung der Einzelstaaten (Stimmrecht je nach Größe und Bedeutung), hatte die Reichsgewalt inne. Er hatte nach Art. 7 (1) RV sogar über die Vorlagen des Reichstags und seine Beschlüsse zu beschließen. Der Reichskanzler führte die Politik mit dem Bundesrat, in dem er den Vorsitz innehatte. Er mußte für die Gesetze eine Mehrheit im **Reichstag** finden. Das gelang Bismarck, indem er sich nicht fest an eine Partei band – selbst nicht an die konservative, aus der er hervorgegangen war –, sondern die Parteien gegeneinander ausspielte, wenn es um die Mehrheit ging. Soweit sich die vom Reichstag verabschiedeten Gesetze auf das ganze Reich bezogen, mußten sie vom Bundesrat genehmigt werden. Neuerungen in Heer, Flotte und Zoll unterblieben, wenn der Kaiser sein Veto einlegte. Verfassungsänderungen konnten mit 14 Stimmen blockiert werden. Die bürgerlichen Grundrechte, die seit der amerikanischen Verfassung von 1787 wichtiger Bestandteil von Verfassungen waren, wurden nicht erwähnt. Sie traten im April 1871 durch ein einfaches Gesetz in Kraft.

Der Reichstag wurde nach allgemeinem, gleichem, direktem und geheimem Wahlrecht gewählt und stellte die Repräsentanz des Volkes dar. Von der staatlichen Souveränität durch das Volk konnte jedoch keine Rede sein. Der Reichstag hatte den Haushalt zu bewilligen und bei der Gesetzgebung mitzuwirken. Auf die Politik hatte er wenig Einfluß, da der Kanzler ihm nicht verantwortlich war. Er war ohne eigenes Versammlungsrecht, konnte vom Kaiser einberufen oder vertagt und mit Zustimmung des Bundesrates aufgelöst werden. Gewählt wurde nach dem Mehrheitswahlrecht. Erreichte in einem Wahlkreis kein Kandidat im ersten Wahlgang die absolute Mehrheit, so fand eine Stichwahl zwischen den beiden Kandidaten mit den meisten Stimmen statt. In der ersten Reichstagswahl (3. März 1871) wurden die Nationalliberalen zur stärksten Fraktion, und mit der Deutschen Fortschrittspartei zusammen behielten die Liberalen die absolute Mehrheit. Damit hatte die Wählergemeinschaft sich zu den Grundideen des liberalen Verfassungsstaates

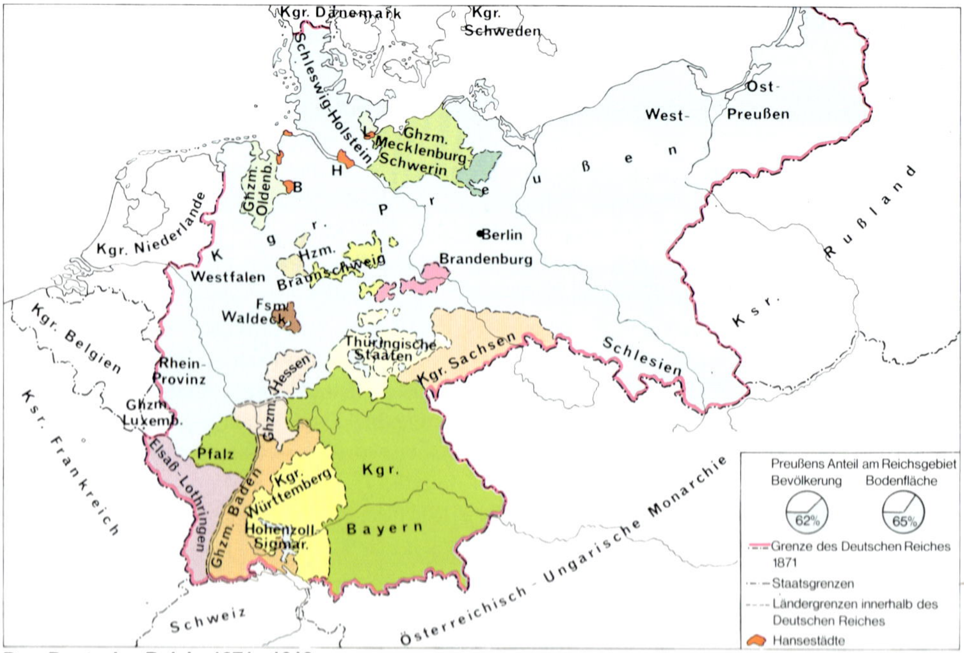

Das Deutsche Reich, 1871–1918

bekannt: das Parlament sollte das eigentliche politische Gestaltungszentrum der Nation sein. Von 1880 an machten die Linksliberalen Bismarck zu schaffen, indem sie die Frage nach den Grenzen der Staatsmacht und des Interventionsstaates stellten.

Die Liberalen empfanden den nationalen Staat als unvollendet, solange viele Deutschstämmige in Ostmitteleuropa und Österreich aus dem deutschen Nationalstaat ausgeschlossen blieben.

An der Reichstagswahl 1871 beteiligten sich etwa 10% der Gesamtbevölkerung; rund 20% waren wahlberechtigt, nämlich alle Männer, die das 25. Lebensjahr vollendet und einen festen Wohnsitz hatten. Von den 357 Abgeordneten waren 147 (= 40%) Adelige. Die Wahlbeteiligung betrug 1907 15%, 1912 19%, was im internationalen Vergleich vor dem Ersten Weltkrieg eine Spitzenstellung darstellte. (In der Weimarer Zeit wuchs sie auf 50–60%, mit Einschluß des Frauenstimmrechts.) Die Wahlkreiseinteilung war ungleich. Sie schwankte zwischen 95 000 Wählern (Schaumburg-Lippe) und 247 000 (Teltow). Für einen Sitz der Deutsch-Konservativen waren 1907 18 000 Stimmen, für einen des Zentrums 21 000 und für einen der Sozialdemokraten 76 000 Stimmen erforderlich.

Den Einzelstaaten verblieben an Rechten: eigene Landesverfassungen, die auf das jeweilige Land bezogene Gesetzgebung, die Rechtspflege, die Verwaltung, die Kultur, die direkten Steuern. Bayern und Württemberg behielten die aus der Zeit des Norddeutschen Bundes übernommenen Sonderrechte im Heer- und Postwesen. Die für das Reich erforderlichen Einnahmen wurden aus dem Zoll, einigen indirekten Steuern sowie aus den Reinerträgen der Reichspost gewonnen. Das Reich besaß keine eigene Finanzhoheit. Die Länder zahlten Beiträge (sog. Matrikularbeiträge). Bismarck hatte in der Reichsverfassung von 1871 einen Kompromiß zwischen dem überlieferten monarchischen Staat und den ihn tragenden konservativen Schichten sowie den Forderungen der Liberalen geschaffen, die der Volksvertretung im Reichstag sowohl das Recht der Gesetzgebung als auch den bestimmenden Einfluß auf die Regierung zuerkennen wollten. In Wirklichkeit war aber der Staat eine durch Bismarcks Person fast autoritär geführte Monarchie mit einem demokra-

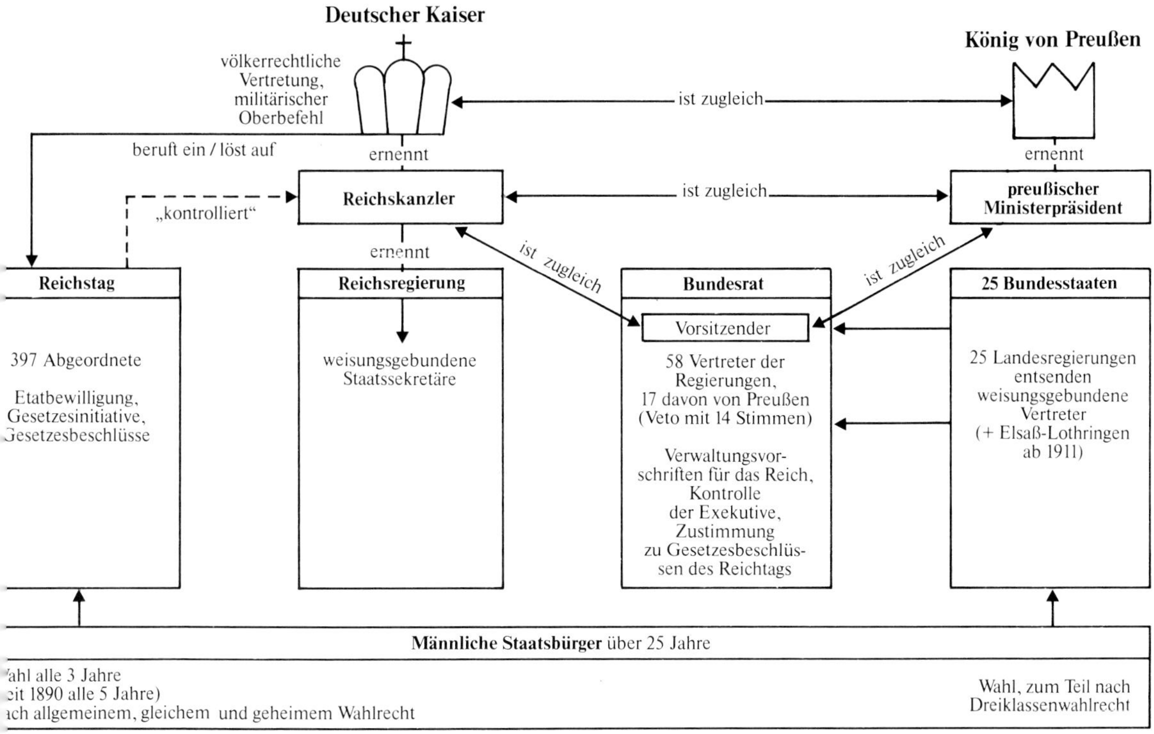

Die Verfassung des Deutschen Reiches von 1871

tischen Zusatz. Ein vom liberalen Bürgertum und von der Arbeiterbewegung gewünschtes parlamentarisches Regierungssystem wie in England oder Belgien lehnte Bismarck ab.
Die Innenpolitik Bismarcks und sein Verhältnis zu den politischen Parteien ist bei allem taktischen Geschick im Umgang mit den Interessengruppen durch eine von seinem Staatsgedanken ausgehende Grundeinstellung bestimmt. Danach stand im Vordergrund die Aufrechterhaltung des monarchischen Prinzips (s. 3.2) und ein im Laufe seiner Amtszeit sich verhärtender Widerstand gegen die Entwicklung einer parlamentarischen Demokratie. In den ersten Jahren nach der Reichsgründung stützte Bismarck sich auf die linken Konservativen und auf die Nationalliberalen. Obwohl die Nationalliberalen ihre soziale Basis im Bürgertum hatten, unterstützten sie Bismarcks Politik der Einigung Deutschlands „von oben" und galten daher als „Reichsgründungspartei". Sie wurden zur unentbehrlichen Regierungspartei. Mit ihnen verband sich die Wirtschaft, die die Einheit Deutschlands aus wirtschaftspolitischen Gründen wünschte. Am Ende des Kulturkampfes (s. 3.2) beendete Bismarck die Zusammenarbeit mit den Nationalliberalen und näherte sich den Konservativen und der 1870 gegründeten katholischen **Zentrumspartei.**
Insgesamt hat sich gezeigt, daß trotz des in den bürgerlichen Schichten vorhandenen Nationalgedankens mit den Hohenzollern und den deutschen Fürsten ein Nationalstaat nicht zu erreichen war. Auch die Reichsgründung von 1871 brachte nur einen „unvollständigen Nationalstaat" zustande. Der monarchische Absolutismus des 19. Jahrhunderts hat das Zustandekommen eines Zentralstaats auf der Grundlage der Einheit der Nation verhindert. Auch das Deutsche Reich hat unter Führung Preußens nicht zu einer staatlichen und nationalen Geschlossenheit gelangen können.

Die Reichstagswahlen 1871 bis 1912 (Wahlberechtigt sind Männer nach Vollendung des 25. Lebensjahres)

	1871	1874	1877	1878
Bevölkerung, Wahlberechtigte und Stimmen (in 1000)				
Bevölkerung nach der letzten Volkszählung	39 460,4	41 010,2	42 727,4	42 727,4
Wahlberechtigte	7 656,3	8 523,4	8 943,0	9 124,3
Wähler	3 907,1	5 219,9	5 422,6	5 780,9
Wahlbeteiligung	51,0%	61,2%	60,6%	63,4%
Von den gültigen Stimmen entfielen auf:				
(Deutsch-) Konservativ	548,9	360,0	526,0	749,5
Deutsche Reichspartei (freikonservativ)	345,7	375,5	426,6	785,8
Nationalliberal	1 171,1	1 542,5	1 469,5	1 330,6
Liberale o. näh. Bez.	281,5	53,9	134,8	156,1
Liberale Vereinigung	–	–	–	–
Fortschrittspartei	342,4	447,5	417,8	385,1
(Deutsch Freisinnig; Freisinnige Vereinigung, Freisinnige Volkspartei; Fortschrittliche Volkspartei)				
Deutsche Volkspartei	18,7	21,7	44,9	66,1
Zentrum	724,2	1 446,0	1 341,3	1 328,1
Polen	176,3	198,4	216,2	210,1
Sozialdemokraten	124,0	352,0	493,3	437,2
Antisemiten (Deutsche Reformpartei, christlich-sozial)	–	–	–	–
Welfen	60,9	92,1	85,6	100,3
Elsaß-Lothringer	–	234,5	200,0	178,9
Dänen	18,2	19,9	17,3	16,1
Andere Parteien	–	–	11,6	2,3
Unbestimmt und zersplittert	76,2	46,3	16,1	14,7
Zusammensetzung des Reichstags bei Beginn der Legislaturperioden				
Gesamtzahl der Abgeordneten	382	397	397	397
(Deutsch-) Konservativ	57	22	40	59
Deutsche Reichspartei (freikonservativ)	37	33	38	57
Nationalliberal	125	155	128	99
Liberale o. näh. Bez.	30	3	13	10
Liberale Vereinigung	–	–	–	–
Fortschrittspartei	46	49	35	26
(Deutsch Freisinnig; Freisinnige Vereinigung, Freisinnige Volkspartei; Fortschrittliche Volkspartei)				
Deutsche Volkspartei	1	1	4	3
Zentrum	63	91	93	94
Polen	13	14	14	14
Sozialdemokraten	2	9	12	9
Antisemiten (Deutsche Reformpartei, christlich-sozial)	–	–	–	–
Welfen	7	4	4	10
Dänen	1	1	1	1
Elsaß-Lothringer	–	15	15	15
Andere und unbest. Parteistellung	–	–	–	–

(Statistisches Jahrbuch für das Deutsche Reich 1923, S. 346 u. 347.)

1881	1884	1887	1890	1893	1898	1903	1907	1912
45 234,1	45 234,1	46 855,7	46 855,7	49 428,5	52 279,9	56 367,2	60 641,3	64 926,0
9 090,4	9 383,1	9 769,8	10 145,0	10 628,3	11 441,1	12 531,2	13 352,9	14 442,4
5 118,4	5 681,7	7 570,7	7 261,6	7 702,3	7 786,7	9 533,8	11 293,5	12 260,7
56,3%	60,6%	77,5%	71,6%	72,5%	68,1%	76,1%	84,6%	84,9%
830,8	861,1	1 147,2	895,1	1 038,4	859,2	948,5	1 060,2	1 126,3
379,3	387,7	736,4	182,3	438,4	343,7	333,4	471,9	367,2
746,6	997,0	1 678,0	1 177,8	997,0	971,3	1 317,4	1 630,6	1 662,7
–				258,5	195,7	243,2	359,3	
429,2	997,0	973,1	1 159,0					1 497,0
649,3				666,4	558,3	538,3	736,0	
103,4	95,9	88,8	147,6	166,8	108,5	91,2	138,6	
1 182,9	1 282,0	1 516,2	1 342,1	1 468,5	1 455,1	1 875,3	2 179,8	1 996,8
194,9	203,2	220,0	246,8	229,5	244,1	347,8	453,9	441,7
312,0	550,0	763,1	1 427,3	1 786,7	2 107,1	3 010,8	3 259,0	4 250,4
–	–	11,6	47,5	263,9	284,3	244,5	248,5	51,9
86,7	96,4	112,8	112,7	101,8	105,2	94,3	78,2	84,6
153,0	165,6	233,7	101,1	114,7	107,4	101,9	103,6	162,0
14,4	14,4	12,4	13,7	14,4	15,4	14,8	15,4	17,3
–	–	–	–	70,3	290,9	267,1	319,1	428,0
15,3	12,7	47,6	74,6	58,7	106,5	67,2	208,7	121,7
397	397	397	397	397	397	397	397	397
50	78	80	73	72	56	54	60	43
28	28	41	20	28	23	21	24	14
47	51	99	42	53	46	51	54	45
–				13	12	9	14	
46	67	32	66					42
60				24	29	21	28	
9	7	–	10	11	8	6	7	
100	99	98	106	96	102	100	105	91
18	16	13	16	19	14	16	20	18
12	24	11	35	44	56	81	43	110
–	–	1	5	16	13	11	16	3
10	11	4	11	7	9	6	1	5
2	1	1	1	1	1	1	1	1
15	15	15	10	8	10	9	7	9
–	–	2	2	5	18	11	17	16

Wahlergebnisse der Reichstagswahlen von 1871–1912 (in %)

	Wahl-beteiligung	SPD	Links-liberale Parteien	Zentrum	Rechts-liberale	Konser-vative Parteien	Minderheiten, regionale Gruppen
1871	52,0	3,1	9,3	18,7	37,2	23,1	6,6
1874	61,2	6,8	9,0	27,9	30,8	14,2	10,5
1877	61,6	9,1	8,6	25,0	29,7	17,6	9,8
1878	63,4	7,6	7,9	23,1	25,8	26,7	8,9
1881	56,3	6,1	22,9	23,2	15,0	23,7	8,8
1884	60,5	9,7	19,3	22,6	17,6	22,1	8,5
1887	77,5	10,1	14,1	20,1	22,6	25,1	7,7
1890	71,5	19,7	18,2	18,6	16,8	19,8	6,6
1893	72,4	23,3	14,3	19,1	13,2	22,8	7,1
1898	68,1	27,2	11,8	18,8	13,1	20,8	8,1
1903	76,1	31,7	9,5	19,5	14,2	17,4	7,1
1907	84,7	28,9	11,4	19,4	14,7	18,1	6,6
1912	84,2	34,8	12,8	16,4	14,1	15,3	6,3

(Quelle: Alfred Milatz, Reichstagswahlen und Mandatsverteilung 1871 bis 1918. In: Gerhard A. Ritter [Hrsg.], Gesellschaft, Parlament und Regierung. Zur Geschichte des Parlamentarismus in Deutschland. Düsseldorf 1974, S. 220f.)

3.2 Gesellschaftliche Auseinandersetzungen in Preußen und im Reich: Kulturkampf und Arbeiterfrage

Die **Liberalen** wandten sich nach der Reichsgründung auch in Preußen gegen kirchliche Bevormundung, wie sie das in den 60er Jahren bereits in den süddeutschen Staaten, besonders in Baden, getan hatten. Ihnen schloß sich jetzt Bismarck an, der mit der katholischen Partei in Preußen keine Schwierigkeiten hatte. Süd- und südwestdeutsche Teile dieser Partei hatten allerdings bei seinen Bemühungen um diese Länder eine antipreußische Haltung eingenommen, während die Liberalen für das Nahziel der Durchsetzung der vollen Souveränität des bürgerlichen National-, Verfassungs- und Rechtsstaates eintraten, d. h. gegen kirchliche Sonderrechte. Papst Pius IX. praktizierte eine offene Frontstellung gegen Liberalismus, Laizismus – die Mitsprache der Laien in geistlichen und weltlichen Angelegenheiten – und Pluralismus. Das neu gegründete **„Zentrum“** unter Ludwig Windthorst stritt gegen den Führungsanspruch Preußens in Deutschland und für die Freiheit der Kirche.

Bismarck – unterstützt von den Liberalen und gemäßigten Konservativen (der Freikonservativen Partei) – führte den **Kulturkampf** als einen innerpolitischen „Präventivkrieg“ gegen das Zentrum als möglichen Träger von Parlamentarisierungstendenzen, ferner um den Einfluß des Staates auf weitere rechtliche und kulturelle Bereiche (Schule, Zivilehe) auszudehnen. Eine Reihe von gesetzgeberischen Maßnahmen wurden ergriffen: die Aufhebung der „katholischen Abteilung“ im preußischen Kultusministerium 1871 u. a. wegen der propolnischen Einstellung der meisten katholischen Beamten, der sog. **Kanzelparagraph** als Reichsgesetz 1871 (Mißbrauch des geistlichen Amts zur Gefährdung des öffentlichen Lebens mit Gefängnis bedroht), das preußische **Schulaufsichtsgesetz** verstaatlicht die Schulinspektion und schließt katholische Ordensangehörige von Lehrberuf an öffentlichen Schulen aus, 1872, die „Maigesetze“ für beide Konfessionen 1873 (betr. Vorbildung und Anstellung der Geistlichen, betr. kirchliche Disziplinar-

gewalt usw.), das preußische Gesetz und das Reichsgesetz über die obligatorische (verpflichtende) **Zivilehe** 1874 bzw. 1875 (die standesamtliche Trauung muß vor der kirchlichen erfolgen und ist allgemein rechtskräftig). Als der Kirchenkampf 1878 abgebrochen wurde, nachdem Bismarck die durch ihn angerichteten erheblichen sittlichen und politischen Schäden erkannt hatte, hatte sich die Zentrumspartei als kräftige katholische Interessenvertretung erwiesen. Ihre Wählerzahlen verdoppelten sich in Preußen 1873 und im Reich 1874. Von 1881 bis 1912 war das Zentrum die stärkste Reichstagsfraktion. Vom Kulturkampf blieben die staatliche Schulaufsicht, der Kanzelparagraph, die Zivilehe und – bis 1917 – das Verbot des Jesuitenordens im Reichsgebiet erhalten.
In der aufkommenden sozialistischen Bewegung (s. E) sah Bismarck eine Bedrohung für das innere Gefüge des Staates. Deshalb wollte er sie mit Hilfe staatlicher Gewaltmittel unterdrücken. Gelegenheit dazu boten ihm zwei Attentate auf den Kaiser im Mai und Juni 1878, mit denen die Sozialisten nichts zu tun hatten. Bismarck benutzte die allgemeine Erregung und löste den Reichstag auf. Im neuen Reichstag stimmten die konservativen und nationalliberalen Parteien dem **Sozialistengesetz** (bis 1890; s. E, T 7) mehrheitlich zu. Die **Sozialgesetzgebung** (s. E 2.1) der 80er Jahre wurde von Bismarck als eine Maßnahme geplant, durch die die Arbeiterklasse der Sozialdemokratie entfremdet und als Masse kleiner Staatsrentner an den Staat gebunden werden sollte. Als weiteres Motiv ist sein soziales Verantwortungsgefühl zu nennen. Damit wurde der Spielraum des staatlichen Dirigismus auf den sozialen Bereich ausgedehnt. Daraus erklärt sich der Widerstand, der sich nicht nur von der sozialistischen, sondern auch von der liberalen und konservativen Seite gegen die Sozialgesetzgebung erhob.
Die **Arbeiterfrage** (s. E) bildete schon bald eine schwere Belastung der Reichspolitik. Zur Zeit der Reichsgründung bestand die Arbeiterklasse aus etwa einem Fünftel der Bevölkerung, 1884 war es bereits ein Viertel und 1907 ein Drittel. 1912 wurden die Sozialdemokraten zur stärksten Fraktion im Reichstag. Jedoch konnten die Arbeiter ihre Interessen nicht in dem Maße wahrnehmen wie andere Gruppen. In den am stärksten industrialisierten Staaten Preußen und Sachsen unterlagen sie bei der Wahl zu den Landtagen dem Dreiklassenwahlrecht, so daß sie z. B. erst 1907 zum ersten Mal ins preußische Abgeordnetenhaus einziehen konnten. Die Reichsgewerbeordnung benachteiligte sie in den Bestimmungen über Koalitionen und Streiks. Die Gewerkschaften wurden durch dieses Gesetz nur toleriert, nicht anerkannt. So konnte die Arbeiterschaft sich kaum als gleichberechtigter Partner am sozialen und politischen Leben fühlen. Ihre Eingliederung wurde zu einem Hauptproblem für das Reich.
In den parlamentarisch-demokratischen wie in den sozialdemokratischen Tendenzen der Zeit sah Bismarck „das Vaterland der Anarchie verfallen und den Staat zugrunde gehen“. Er ließ keinen Zweifel, daß er es für seine Pflicht hielt, diesen Prozeß, notfalls durch Aufhebung der Verfassung, zu steuern. Seine ohnmächtigen Drohungen mit Parlamentsauflösung, Verfassungsrevision und Staatsstreich, die vor allem seit 1878 zunahmen, sind Ausdruck eines noch immer am Ideal des Obrigkeitsstaates orientierten politischen Weltbildes. Seine parteipolitische Basis war schmal. In den 80er Jahren versuchte Bismarck mit den Nationalliberalen und den Freikonservativen eine tragfähige parlamentarische Blockbildung einzuleiten. In den Wahlen vom Februar 1887 bildete sich eine politisch immobile Mitte-Rechts-Koalition, das sog. Kartell aus Deutschkonservativen, Freikonservativen und Nationalliberalen, die Bismarck unterstützten. Darauf folgte 1890 eine linksliberale Mehrheit. Die Sozialdemokraten wurden zur wählerstärksten Partei des Reiches mit fast 20% der Stimmen, gefolgt vom katholischen Zentrum.
Für die **Entlassung Bismarcks**, 1890, im Alter von 75 Jahren und nach fast 27jähriger Amtszeit als preußischer Ministerpräsident, gab es eine Reihe von innenpolitischen Gründen. Der junge Kaiser Wilhelm II., von Geltungsbedürfnis, hochkonservativen Werten, preußischem Offizierskasino und monarchischem Sendungsbewußtsein geprägt, wollte seinen **„Neuen Kurs“** durchsetzen. Dabei

geriet er z. B. bei der Verwirklichung des Arbeiterschutzprogramms in Konflikt mit dem Kanzler, der eine schroffe Ablehnungspolitik gegenüber den Sozialdemokraten verfolgte. Bismarck berief sich auf eine Kabinettsordre Friedrich Wilhelms IV., wonach der Ministerpräsident in alle Kontakte zwischen dem Monarchen und seinen Ministern, mit Ausnahme zwischen Krone und Kriegsminister, einzuschalten sei. Dies wurde von Wilhelm II. interpretiert, als wolle Bismarck den König und Kaiser an die Kandare nehmen. Auch war die Unterstützung Bismarcks durch die Parteien in den letzten Jahren gering. Am Schluß stand nur noch die Fraktionsführung des Zentrums unter Windthorst für sein Verbleiben im Amt ein. Die „Entlassungskrise" war da.

3.3 Die Gesellschaft im Kaiserreich seit 1890

Seit 1890 – nach dem Zerfall des politischen Kartells zwischen Konservativen und Nationalliberalen – war die Regierung auf wachsende parlamentarische Mehrheiten angewiesen, deren Kern das katholische Zentrum darstellte. Außerdem fand eine rasche Zunahme der organisierten Interessenpolitik angesichts der krisenhaften Konjunkturlage statt. In der Öffentlichkeit wurden heftige Wahlkämpfe geführt, bei denen die **Presse** eine starke politische Bedeutung gewann. Der Reichstag entfaltete eine erhebliche Gesetzgebungstätigkeit auf den Gebieten der Wirtschafts-, Finanz- und Sozialpolitik.
Für eine **Parlamentarisierung** der Politik traten Linksliberale, der Volksverein für das katholische Deutschland, die Gewerkschaften, Zentrum und Sozialdemokraten – die eigentlichen „Demokraten" – ein. Gegen solche, gegen die bestehenden Verhältnisse gerichteten Bestrebungen wandten sich die Konservativen, die sich aus den Militärs, der Verwaltungsbürokratie, den Großindustriellen und den (preußischen) Landadligen (Junkern) zusammensetzten. Der Reichstag konnte einige Erfolge gegenüber der Regierung kurz vor dem Ersten Weltkrieg verzeichnen, als sie Zugeständnisse im Hinblick auf eine besondere Verfassung für Elsaß-Lothringen, die Änderung der Geschäftsordnung des Reichstags, die Diskussion des Wehrbeitrags machen und ein parlamentarisches Mißtrauensvotum anläßlich der Zabern-Affäre 1913 über sich ergehen lassen mußte. (Wegen diskriminierenden Äußerungen eines Offiziers über die Elsässer war es in Zabern, einer Stadt im Unterelsaß, zu Unruhen gekommen.) Sowohl der Kriegsminister wie der Reichskanzler hatten das Verhalten des Militärs öffentlich gutgeheißen. Daraufhin nahm der Reichstag am 4. Dezember 1913 mit allen Stimmen, außer denen der Konservativen, einen – verfassungsrechtlich folgenlosen – Mißbilligungsantrag gegen den Reichskanzler von Bethmann Hollweg an. Vor allem die SPD, seit 1912 stärkste Fraktion, wollte Bethmann Hollweg zum Rücktritt zwingen und damit den Übergang zum parlamentarischen System der Verantwortlichkeit des Kanzler vor dem Reichstag einleiten. Der Linksruck von 1912 brachte verstärkte Ansätze zur Parlamentarisierung, die in einer gewissen Fortsetzung bis zum Interfraktionellen Ausschuß und zur Weimarer Koalition führten. Insgesamt fehlte dem Reichstag eine gesamtpolitische Richtung, da die deutsche Politik vor 1914 weniger von Parteien und Interessenverbänden gemacht wurde, sondern in den von Preußen beherrschten Gremien der Reichsleitung um den Kaiser und den Reichskanzler, z. T. in enger Zusammenarbeit mit den außerpreußischen Regierungen.
Angelpunkt der preußisch-deutschen Innenpolitik war die Bewahrung der im Grunde vorindustriellen Staats- und Gesellschaftsform im Zeitalter der Hochindustrialisierung.
Die **Führungspositionen** in den Ländern und im Reich, besonders beim Militär und in der Diplomatie, blieben bis zum Ersten Weltkrieg in den Händen einer privilegierten Minderheit, unter der der Adel eine herausragende Rolle spielte. Seit 1890 war eine Zuspitzung der gesellschaftlichen Gegensätze aus aktuellem wirtschaftlichem, interessen- und verbandspolitischem Anlaß feststellbar. Unter dem **„persönlichen Regiment" Wilhelms II.** erfolgte eine starke

Behinderung der sozialen und politischen Gegenkräfte. Die Basis für sein Handeln im Reich fand er vor allem in der Funktion als Oberster Kriegsherr, wodurch das Heer an ihn gebunden und die Kommandogewalt ihm übertragen wurde. In der Einrichtung eines ständigen Kaiserlichen Hauptquartiers zentralisierte er die Militärpolitik. Als eine „verspätete Nation" (H. Plessner) beteiligte sich das Reich am imperialistischen Wettlauf um Märkte und Einflußsphären, nicht zuletzt um von den industriellen Depressionen der Jahre 1873–1879, 1882–1886 und 1890–1895 sowie der Agrarkrise seit 1876 abzulenken. Dadurch und durch die **Flottenpolitik** sollte der gesellschaftliche Status quo erhalten werden. Die besonders vom Bürgertum geförderte große Handelsflotte sollte Exportmärkte öffnen helfen. Durch den Bau der Kriegsflotte – als maritimes Machtinstrument für eine offensive „Weltpolitik" und zur Stabilisierung des Herrschaftssystems – wurden seit Mitte der 90er Jahre Rüstungsaufträge für die Schwerindustrie geschaffen und damit der wirtschaftliche Aufschwung beschleunigt. Die Arbeiterschaft sollte wenigstens materiell zufriedengestellt werden. Der Notwendigkeit zu inneren Reformen und dem Einfluß der Sozialdemokratie glaubte Wilhelm II. durch Sozialpolitik und vaterländische Ausrichtung des Schulunterrichts (T 11) sowie durch äußere Erfolge (**Kolonialpolitik** s. Bd. 2) entgehen zu können. Der Drang nach imperialer Selbstbestätigung mit Stoßrichtung gegen England führte Deutschland nur tiefer in die außenpolitische Isolierung. Im Innern wurden die außenpolitischen Bemühungen von **patriotischen Vereinen** wie dem Flottenverein, der Kolonialgesellschaft, dem Ostmarkenverein sowie den Verbänden von Industrie und Handwerk abgesichert, die den massiven Druck auf die Gesetzgebung mit dem Ziel gesellschaftlicher Konservierung vereinten. Herausragender Interessenverband war der 1893 gegründete Bund der Landwirte (BdL). Er wurde von ostdeutschen Agrariern beherrscht, verteidigte die Position der Landwirtschaft gegenüber der Industrie, war antiliberal, antipluralistisch und stark antisemitisch orientiert und übte einen beachtlichen Einfluß auf die konservativen Parteien im Kaiserreich aus. (Ihm standen in Nordwest- und Süddeutschland die konfessionellen Bauernvereine aus den 1860er Jahren sowie der liberale Hansabund für Industrie, Handel und Gewerbe, 1909, gegenüber.)

Die deutschen Reichskanzler nach Bismarck bis zum Ende des Kaiserreiches

1890–1894	v. Caprivi
1894–1900	Fürst Hohenlohe
1900–1909	Fürst Bülow
1909–1917	v. Bethmann Hollweg
1917–1918	v. Michaelis
1918	Graf Hertling, Prinz Max v. Baden

Die **Besitz- und Bildungsbürger** hatten Angst vor dem anwachsenden Proletariat, das sozial und politisch immer stärker aktiv wurde. Die politische Einstellung der Intellektuellen gegenüber dem Kaiserreich war von zurückhaltender Loyalität geprägt; die gesellschaftlichen Gegensätze sollten durch soziale Reformen überwunden werden. In ihrem Denk- und Lebensstil glichen sich die Bürger der herrschenden Schicht an. Ausdruck für diese Haltung war das Streben nach dem Reserveoffizierspatent, nach Einheirat in den Adel oder Erlangung eines Adelstitels. So entstand ein Kartell der Mittelschichten mit der traditionellen Führungsschicht. Eine konservative, dem Monarchen ergebene Beamtenschaft trug zur Aufrechterhaltung des Herrschaftssystems entscheidend bei. Nach 1900 wurden sogar Reichs- und Provinzbeamte aus den Parlamenten ausgeschlossen. Sozialdemokraten, Juden, Katholiken und Freisinnige galten als ungeeignet für den Staatsdienst.

Die bürgerliche Oberschicht – Großindustrielle, Großkaufleute, Akademiker, leitende Beamte, hohe Richter, Professoren, freiberufliche Juristen und Ärzte – konnte erst an der neuen Staats- und Gesellschaftsordnung teilhaben, nachdem sie ihre eigenen liberalen Vorstellungen den staat-

lichen Gegebenheiten angepaßt hatte. Der Staat war seinerseits auf den vom Bürgertum getragenen Ausbau der Wirtschaft angewiesen. Das konservative und national-liberale Bürgertum verband sich mit der obrigkeitlichen Gewalt, um die ihren Machtanteil fordernde Arbeiterschaft in Schranken zu halten. Die staatliche Bürokratie gewann – nach der liberalen Phase der deutschen Wirtschafts- und Gesellschaftspolitik bis 1873 – wieder eine Schlüsselstellung durch die staatlichen Eingriffe in wirtschaftliche und soziale Prozesse. In der wachstumsintensiven Industrialisierungsphase seit Mitte der 90er Jahre verstärkten sich nicht nur die Konzentrationstendenzen in der deutschen **Wirtschaft** und die Macht der wirtschaftlichen Verbände bei der Organisation des Marktes, sondern auch die Tendenzen des Staates nach Eingriffen. Diese Eingriffe richteten sich auch gegen die wachsende Macht der den Arbeitskampf organisierenden sozialen Verbände. Der Staat aber versäumte es, seine politischen Strukturen der wirtschaftlichen Entwicklung anzugleichen. Er wurde weiterhin von vorindustriellen Herrschaftsschichten, von Bürokratie, Militär und Adel, bestimmt. In den Betrieben herrschten die aus dem staatlichen Bereich übernommenen hierarchisch-formalen Abhängigkeitsverhältnisse. Dadurch sollten die Statusunterschiede aufrechterhalten werden. Andererseits garantierte der nationale Machtstaat der Industrie, dem Handel und der (ostdeutschen) Landwirtschaft einen aufnahmefähigen Markt, setzte die kapitalistische Wirtschaftsdynamik frei und sicherte die Einheitlichkeit des deutschen Wirtschafts- und Rechtssystems.
Die **Arbeiterbewegung** sah sich einer konservativ-bürgerlichen „Sammlungspolitik" von Agrariern und Industriellen gegenüber. In diese Abwehrfront reihten sich die Nationalliberalen sowie die nationalen Vereine mit ein. Die Industriearbeiterschaft wurde zur zahlenmäßig stärksten gesellschaftlichen Gruppe im Kaiserreich. Ihre Löhne verdoppelten sich zwischen 1871 und 1913 nominell. Die Wohnverhältnisse in den Mietskasernen blieben bedrückend. In den Arbeitersport-, -gesang- und -bildungsvereinen entfaltete sich eine lebhafte Arbeiterkultur.
Mit wachsender Industrialisierung entstand der sog. neue Mittelstand, die Gruppe der **Angestellten** („Privatbeamte", Handlungsgehilfen, Buchhalter, Zeichner, Werkmeister, Ingenieure). Sie machten 1914 10% der industriell Beschäftigten aus. Ihr Lebensstil orientierte sich am Bürgertum. Der sogenannte **alte Mittelstand,** das kleingewerbliche und handwerkliche Kleinbürgertum, konnte seine Selbständigkeit im wesentlichen behaupten.
Eine gesellschaftliche Besonderheit stellte die **Frauenfrage** dar. Nach 1890 war ein deutlicher Anstieg im öffentlichen Einfluß der Frauen zu beobachten, nachdem 1865 der Allgemeine Deutsche Frauenverein von Louise Otto-Peters gegründet worden war (T 12). Die bürgerliche Richtung der Frauenbewegung fand sich in dem von Helene Lange geprägten Bund Deutscher Frauen (1894) zusammen. Er hatte 1913 eine halbe Million Mitglieder und trat für die (nur) rechtliche Gleichstellung der Frau, für das Ideal der Mutterschaft, für die Berufstätigkeit unverheirateter, kinderloser Frauen, für die Lehrerinnenausbildung sowie für Abitur und Universitätsstudium ein. Die proletarische Richtung orientierte sich an August Bebels Buch „Die Frau im Sozialismus" (1879) und vertrat die volle rechtliche und politische Gleichstellung der Frau mit dem Mann (T 13).
Bis zum Ersten Weltkrieg gelang es den traditionellen Herrschaftsschichten, ihre Macht im Staate zu bewahren. Durch eine äußerst dynamische Entwicklung der Industrie war die Kluft zwischen gesellschaftlicher und politischer Verfassung fast unüberbrückbar geworden. Der nationale Gesamtstaat mußte ohne eine Integration der sozialen Schichten unvollendet bleiben.

T 10 Aus der Verfassung des Deutschen Reiches von 1871

(in Kraft getreten am 4. Mai 1871)

Seine Majestät der König von Preußen im Namen des Norddeutschen Bundes, Seine Majestät der König von Bayern, Seine Majestät der König von Württemberg, Seine Königliche Hoheit der Großherzog von Baden und Seine Königliche Hoheit der Großherzog von Hessen und bei Rhein für die südlich vom Main gelegenen Teile des Großherzogtums Hessen, schließen einen ewigen Bund zum Schutze des Bundesgebietes und des innerhalb desselben gültigen Rechtes, sowie zur Pflege der Wohlfahrt des deutschen Volkes. Dieser Bund wird den Namen Deutsches Reich führen und wird nachstehende Verfassung haben. [...]

II. Reichsgesetzgebung

Art. 5. Die Reichsgesetzgebung wird ausgeübt durch den Bundesrat und den Reichstag. Die Übereinstimmung der Mehrheitsbeschlüsse beider Versammlungen ist zu einem Reichsgesetze erforderlich und ausreichend. [...] [Mehrere Stimmen eines einzelnen Bundesstaates können nur einheitlich abgegeben werden.]

III. Bundesrat

Art. 6. Der Bundesrat besteht aus den Vertretern der Mitglieder des Bundes [...]

Jedes Mitglied des Bundes kann so viel Bevollmächtigte zum Bundesrat ernennen, wie es Stimmen hat, doch kann die Gesamtheit der zuständigen Stimmen nur einheitlich abgegeben werden.

Art. 7. Der Bundesrat beschließt:

1. über die dem Reichstage zu machenden Vorlagen und die von demselben gefaßten Beschlüsse;
2. über die zur Ausführung der Reichsgesetze erforderlichen allgemeinen Verwaltungsvorschriften und Einrichtungen, sofern nicht durch Reichsgesetz etwas anderes bestimmt ist;
3. über Mängel, welche bei der Ausführung der Reichsgesetze oder der vorstehend erwähnten Vorschriften oder Einrichtungen hervortreten.

Jedes Bundesglied ist befugt, Vorschläge zu machen und in Vortrag zu bringen, und das Präsidium ist verpflichtet, dieselben der Beratung zu übergeben.

Die Beschlußfassung erfolgt [...] mit einfacher Mehrheit. [...]

Art. 9. Jedes Mitglied des Bundesrates hat das Recht, im Reichstage zu erscheinen und muß daselbst auf Velangen jederzeit gehört werden, um die Ansichten seiner Regierung zu vertreten, auch dann, wenn dieselben von der Majorität des Bundesrates nicht adoptiert worden sind. Niemand kann gleichzeitig Mitglied des Bundesrates und des Reichstages sein. [...]

IV. Präsidium

Art. 11. Das Präsidium des Bundes steht dem König von Preußen zu, welcher den Namen Deutscher Kaiser führt. Der Kaiser hat das Reich völkerrechtlich zu vertreten, im Namen des Reichs Krieg zu erklären und Frieden zu schließen, Bündnisse und andere Verträge mit fremden Staaten einzugehen, Gesandte zu beglaubigen und zu empfangen. Zur Erklärung des Krieges im Namen des Reichs ist die Zustimmung des Bundesrates erforderlich, es sei denn, daß ein Angriff auf das Bundesgebiet oder dessen Küsten erfolgt. [...]

Art. 12. Dem Kaiser steht es zu, den Bundesrat und den Reichstag zu berufen, zu eröffnen, zu vertagen und zu schließen.

Art. 13. Die Berufung des Bundesrates und des Reichstages findet alljährlich statt und kann der Bundesrat zur Vorbereitung der Arbeiten ohne den Reichstag, letzterer aber nicht ohne den Bundesrat berufen werden.

Art. 14. Die Berufung des Bundesrates muß erfolgen, sobald sie von einem Drittel der Stimmenzahl verlangt wird.

Art. 15. Der Vorsitz im Bundesrate und die Leitung der Geschäfte steht dem Reichskanzler zu, welcher vom Kaiser zu ernennen ist [...]

Art. 16. Die erforderlichen Vorlagen werden nach Maßgabe der Beschlüsse des Bundesrates im Namen des Kaisers an den Reichstag gebracht, wo sie durch Mitglieder des Bundesrates [...] vertreten werden.

Art. 17. Dem Kaiser steht die Ausfertigung und Verkündung der Reichsgesetze und die Überwachung und Ausführung derselben zu. Die Anordnungen und Verfügungen des Kaisers werden im Namen des Reichs erlassen und bedürfen zu ihrer Gültigkeit der Gegenzeichnung des Reichskanzlers, welcher dadurch die Verantwortlichkeit übernimmt. [...]

Art. 19. Wenn Bundesglieder ihre verfassungsmäßigen Bundespflichten nicht erfüllen, können sie dazu im Wege der Exekution angehalten werden. Diese Exekution ist vom Bundesrate zu beschließen und vom Kaiser zu vollstrecken.

V. Reichstag

Art. 20. Der Reichstag geht aus allgemeinen und direkten Wahlen mit geheimer Abstimmung hervor. [...]

Art. 22. Die Verhandlungen des Reichstages sind öffentlich. [...]

Art. 23. Der Reichstag hat das Recht, innerhalb der Kompetenz des Reichs Gesetze vorzuschlagen und an ihn gerichtete Petitionen dem Bundesrate resp. Reichskanzler zu überweisen.

Art. 24. Die Legislaturperiode des Reichstages dauert drei Jahre. Zur Auflösung des Reichstages während derselben ist ein Beschluß des Bundesrates unter Zustimmung des Kaisers erforderlich.

Art. 25. Im Falle der Auflösung des Reichstages müssen innerhalb eines Zeitraumes von 60 Tagen nach derselben die Wähler und innerhalb eines Zeitraumes von 90 Tagen nach der Auflösung der Reichstag versammelt werden.

Art. 26. Ohne Zustimmung des Reichstages darf

die Vertagung desselben die Frist von 30 Tagen nicht übersteigen und während derselben Session [Sitzungsperiode] nicht wiederholt werden. [...]
Art. 28. Der Reichstag beschließt nach absoluter Stimmenmehrheit. Zur Gültigkeit der Beschlußfassung ist die Anwesenheit der Mehrheit der gesetzlichen Anzahl der Mitglieder erforderlich.
Art. 29. Die Mitglieder des Reichstages sind Vertreter des gesamten Volkes und an Aufträge und Instruktionen nicht gebunden.
Art. 30. Kein Mitglied des Reichstages darf zu irgendeiner Zeit wegen seiner Abstimmung oder wegen der in Ausübung seines Berufes getanen Äußerungen gerichtlich oder disziplinarisch verfolgt oder sonst außerhalb der Versammlung zur Verantwortung gezogen werden.
Art. 31. Ohne Genehmigung des Reichstages kann kein Mitglied desselben während der Sitzungsperiode wegen einer mit Strafe bedrohten Handlung zur Untersuchung gezogen oder verhaftet werden, außer wenn es bei Ausübung der Tat oder im Laufe des nächstfolgenden Tages ergriffen wird. [...]
Art. 32. Die Mitglieder des Reichstages dürfen als solche keine Besoldung oder Entschädigung beziehen.
(F. Siebert [Hrsg.], Von Frankfurt nach Bonn. Hundert Jahre deutsche Verfassungen. Frankfurt/M. [13]1982 Hirschgraben-Verlag)

T 11 Wilhelm II.: Vaterländischer Unterricht

Aus dem Protokoll des Kronrats vom 30. 4. 1889.

Seine Majestät der König und Kaiser geruhten dem Staatsministerium zu eröffnen, daß sie dasselbe hauptsächlich berufen hätten, um eine wirksamere Bekämpfung der sozialdemokratischen Tendenzen zum Gegenstand der Berathung zu machen. Gesetze, Verordnungen und andere Vorschriften, welche man gegen die Sozialdemokratie erlasse, seien Palliative [Linderungsmittel], durch welche man vielleicht Schutz gegen deren äußere Ausschreitungen erlange: um sie aber an der Wurzel anzufassen und soweit als thunlich im Keime zu ersticken, müsse man auf die Jugend einwirken. Der Hauptkampfplatz liege daher in der Schule. Die demokratische Propaganda, welche den arbeitenden Klassen den Glauben beizubringen suche, daß sie von den oberen Klassen lediglich zu deren Nutzen ausgebeutet würden, gewinne ihre Stärke aus der Unwissenheit der Massen. Dieselben müßten von Kindheit auf durch zweckmäßigen Unterricht darauf hingewiesen werden, daß die sozialdemokratischen Lehren unausführbar und jedem gleich gefährlich seien.
Es sei der Religionsunterricht fruchtbarer zu gestalten, die ethische Seite, unter Einschränkung des Memorirstoffes, mehr zu betonen. Die vaterländische und zwar auch die neuere Geschichte, welche jetzt hinter die Geschichte fremder Länder, des Alterthums und des Mittelalters zurückgestellt werde, sei vorzugsweise zu lehren; das Verhältniß des Herrscherhauses zum Volke, nach welchem ersteres stets das Wohl des letzteren sich zum Ziele gesetzt habe, mit seinen segensreichen Folgen für die soziale Entwicklung und die Verbesserung der Lage aller Klassen, klar zu legen. In der Volksschule müsse dies in einfachen Sätzen den Schülern eingeprägt, auch in den höheren Schulen aber die bisher mehr kursorisch behandelte neuere preußische Geschichte, die friedericianische Zeit, vor allem aber die bei richtiger Würdigung so lehrreiche Epoche der französischen Revolution eingehend vorgetragen werden.
(Bismarck und die preußisch-deutsche Politik 1871–1890. Hrsg. von M. Stürmer, dtv. dokumente 692, S. 270f.)

T 12 Das Programm des Allgemeinen Deutschen Frauenvereins (1905)

Die Frauenbewegung setzt sich somit das Ziel: den Kultureinfluß der Frau zu voller innerer Entfaltung und freier sozialer Wirksamkeit zu bringen.
I. Bildung [...] Im einzelnen stellt sie folgende Forderungen:
a) obligatorische Fortbildungsschulen für alle aus der Volksschule entlassenen Mädchen;
b) eine Reorganisation der höheren Mädchenschule, durch welche diese, unbeschadet ihrer dem Wirkungskreise der Frau entsprechenden Besonderheit, den höheren Knabenschulen gleichwertig wird. Den Mädchen muß sowohl innerhalb des Rahmens der höheren Mädchenschule als auch durch Zulassung zu den höheren Knabenschulen die Möglichkeit gegeben werden, an den Berechtigungen der höheren Lehranstalten teilzunehmen;
c) unbeschränkte Zulassung ordnungsmäßig vorgebildeter Frauen zu allen wissenschaftlichen, technischen und künstlerischen Hochschulen.
II. Berufstätigkeit. Die Frauenbewegung betrachtet für die verheiratete Frau den in der Ehe und Mutterschaft beschlossenen Pflichtenkreis als ersten und nächstliegenden Beruf. Die befriedigende Erfüllung dieses Berufs muß im Interesse der Gesamtheit mit allen Mitteln der Bildung, der wirtschaftlichen Reform, des staatlichen Schutzes gesichert werden. Die Arbeit der Frau in der Erfüllung dieses Berufs ist wirtschaftlich und rechtlich als vollgültige Kulturleistung zu bewerten.
In Anbetracht der großen Zahl von Frauen, die unverheiratet bleiben, und der weiteren Zahl derer, die in der Ehe keine ausreichende wirtschaftliche Versorgung finden können, ist die Berufsarbeit der Frau eine wirtschaftliche und sittliche Notwendigkeit. Die Frauenbewegung betrachtet die berufliche Frauenarbeit aber auch in weiterem Sinne und unabhängig von jeder äußeren Notwendigkeit als Kulturwert, da auch die Frau Träger hervorragender spezifischer Begabung sein kann und bei vollkommen freier Entfaltung ihrer Fähigkeiten auf vielen Gebieten geisti-

ger und materieller Tätigkeit Aufgaben finden wird, die sie ihrer Natur nach besser lösen kann als der Mann. – In bezug auf die wirtschaftliche Bewertung der beruflichen Frauenarbeit vertritt die Frauenbewegung den Grundsatz: Gleicher Lohn für gleiche Leistung. [...]

III. Ehe und Familie. Die Frauenbewegung sieht in der Heilighaltung der Ehe die wesentlichste Bürgschaft für das körperliche und geistige Wohl der Nachkommenschaft und die Grundbedingung sozialer Gesundheit. Sie legt in bezug auf die sexuelle Sittlichkeit Männern und Frauen die gleichen Pflichten auf und bekämpft die doppelte Moral, die einerseits dem Manne eine in jeder Hinsicht verhängnisvolle sexuelle Freiheit gewährt, andererseits die Frau mit ungerechter Härte trifft. Sie fordert für die Frau als Leiterin des Hauses und Erzieherin der Kinder, daß sie im Einklang mit der Höhe ihrer Verpflichtung und dem Wert ihrer Leistungen auch rechtlich die gleiche Verantwortung in allen Angelegenheiten der Ehe und der Familie trage wie der Mann. [...]

IV. Öffentliches Leben, Gemeinde und Staat [...] Im einzelnen erstrebt die Frauenbewegung nach Maßgabe der durch den Stand der sozialen Entwicklung gegebenen Möglichkeiten folgende Ziele:

a) Zulassung der Frauen zu verantwortlichen Ämtern in Gemeinde und Staat, vor allem solchen, die zu den Interessen der Frauen in besonders naher Beziehung stehen (Mädchenschulwesen, staatliche und kommunale Sozialpolitik, Arbeiterinnenfrage, Rechtspflege usw.).
b) Zuziehung der Frauen zur Vertretung der Laien bei der Rechtspflege (weibliche Schöffen und Geschworene).
c) Beseitigung der vereinsrechtlichen Beschränkungen der Frau.
d) Teilnahme der Frauen am kirchlichen Wahlrecht.
e) Teilnahme der Frauen am kommunalen Wahlrecht.
f) Teilnahme der Frauen am politischen Wahlrecht.

(Helene Lange, Die Frauenbewegung in ihren gegenwärtigen Problemen. Leipzig [2]1914, S. 134–138.)

T 13 Frauen in der Arbeiterbewegung

a) **Anteil weiblicher Mitglieder in der SPD 1906–1914** (in %)

1906	5,1	1912	13,4
1908	5,5	1914	16,1
1910	11,5		

(Nach: Werner Thönessen, Frauenemanzipation, Politik und Literatur der deutschen Sozialdemokratie zur Frauenbewegung 1863–1933. Frankfurt 1969; und Richard J. Evans, Sozialdemokratie und Frauenemanzipation im deutschen Kaiserreich. Bonn 1979)

b) **Anteil der Frauen in den Freien Gewerkschaften** (in %)

1892	1,8	1907	7,3
1895	2,5	1911	8,2
1899	3,3	1914	9,9
1903	4,5		

(Protokoll des Gewerkschaftskongresses 1914, S. 80)

c) **Zahl der Abonnenten der „Gleichheit", der sozialistischen Frauenzeitschrift**

1905	28 700	1910	85 000
1906	44 000	1911	94 500
1907	75 000	1912	107 000
1908	77 000	1913	112 000
1909	82 000	1914	125 000

(Dieter Fricke, Die deutsche Arbeiterbewegung 1869–1914. Berlin 1976, S. 433.)

Problem und Diskussion

1 *Skizzieren Sie die politische Ordnung (Struktur) des deutschen Kaiserreiches. Unterscheiden Sie nach der Machtstellung des Reichstags, des Bundesrats, der Länder, des Kaisers, des Kanzlers, der Parteien usw. Welches sind monarchische, föderative oder parlamentarische Elemente?*

2 *Vergleichen Sie die Verfassung von 1871 mit der von 1849 (T 8) und der von 1919 (F 1.3).*

3 *Arbeiten Sie Bismarcks innenpolitische Schwierigkeiten während der letzten Jahre seiner Amtszeit heraus. Welche Haltung nahm er gegenüber den Parteien, insbesondere gegenüber Sozialdemokraten und Zentrum, ein?*

4 *Welche Rolle spielte der Kulturkampf in der preußischen Innenpolitik?*

5 *Welche Gefahren sahen Bismarck und seine Nachfolger in der Arbeiterbewegung?*

6 *Worin sehen Sie Ansätze zu einer Parlamentarisierung während des Kaiserreiches?*

7 *Beschreiben Sie den gesellschaftlichen Aufbau des Kaiserreiches. Wie sind die Machtverhältnisse verteilt?*

8 *Vergleichen Sie die politischen Grundströmungen des 19. Jahrhunderts in Deutschland miteinander nach folgenden Gesichtspunkten:*
Staatsverständnis – Vorstellungen von Demokratie – Stellung zu gesellschaftlichen Fragen.

9 *Inwiefern ist das Frauenprogramm (T 12) kennzeichnend für eine bestimmte Gruppe?*

10 *Was sagen die Zahlen über die Bedeutung der Frauen in der sozialistischen Bewegung aus? (T 13) Ziehen Sie das Programm des „Vereins der Arbeiterinnen Berlins im Norden", 1885/86 (E, T 8) heran.*

4. Europäische Außenpolitik zwischen 1871 und 1914

Die Ablösung des außenpolitisch passiven Deutschen Bundes durch das Deutsche Reich, dessen Kernland Preußen war und das sich in wenigen Jahrzehnten in die Spitzengruppe der Industrienationen geschoben hatte (s. D 5.4), veränderte das außenpolitische Kräftefeld Europas grundlegend. Bismarck erklärte das Reich nach dem Erwerb von Elsaß-Lothringen als „saturiert", d.h. es durfte angesichts der europäischen Gleichgewichtsproblematik – ein stabiles Gleichgewicht der Großmächte untereinander war die Voraussetzung für die Machtverteilung in Europa im 19. Jahrhundert – über den 1871 erreichten Stand nicht hinauswachsen. Andernfalls würde es die Gegnerschaft der übrigen Mächte heraufbeschwören. Andererseits mußte es als zentraleuropäischer Staat eine Sicherheitspolitik nach allen Seiten betreiben. Bismarcks Außenpolitik tastete die verschiedenen Möglichkeiten ab, das Reich in ein **Gleichgewicht** mit den vier Großmächten England, Frankreich, Österreich-Ungarn und Rußland zu bringen. Sie entschied sich – unter dem Alpdruck der Einkreisung durch gegnerische Koalitionen – zu einer **Politik defensiver Bündnisse** und der Ablenkung der Interessen der Großmächte auf die Randgebiete Europas. Der in Berlin umlaufende Gedanke an einen Präventivkrieg (Abschreckungskrieg), durch den die preußisch-deutsche militärische Überlegenheit rechtzeitig bewahrt werden könnte, schied für Bismarck infolge seiner Risikoeinschätzung aus. Die Aussöhnung mit Frankreich, wo der Gedanke einer Revanche sich aufgrund der hohen Kontributionsforderungen und der Annexion von Elsaß-Lothringen verbreitete, war schwierig. Bismarck unterstützte deshalb Frankreichs koloniale Bestrebungen, doch seine Hoffnung, Frankreich werde dort einen Ausgleich für die an das Deutsche Reich verlorenen Gebiete finden, erfüllte sich nicht.

Die traditionelle Freundschaft mit Rußland, das zuletzt während des deutsch-französischen Krieges 1870/71 Deutschland den Rücken freigehalten hatte, wurde durch das **Drei-Kaiser-Abkommen** von 1873 unter Einschluß Österreichs bekräftigt. Dadurch sollten Frankreich isoliert, eine Abhängigkeit des Reiches von Rußland vermieden und Koalitionsmöglichkeiten gegen Deutschland ausgeschaltet werden. Die Schwäche der deutschen Position ergab sich aus dem sich ständig verschärfenden Interessengegensatz Österreichs und Rußlands auf dem Balkan (s. B 5.2). Der Zar hatte sich die panslawistischen Ideen zu eigen gemacht, wonach alle slawischen Völker eine Konföderation (Staatenbund) unter russischer Führung bilden sollten.

Die Selbständigkeitsforderungen der Balkanvölker wurden von den Russen zumindest indirekt begünstigt. Ausgangspunkt war der Machtverfall des Osmanischen Reiches (s. Bd. 2, D 1.2.1). Die Bemühungen Frankreichs, Englands und Österreich-Ungarns zielten zunächst darauf, die Türkei zu freiwilligen Zugeständnissen zu veranlassen, um den Russen keinen Grund zum direkten Eingreifen zu geben. Unter dem Druck einer antitürkischen Welle im eigenen Land erklärte Rußland der Pforte Anfang April 1877 den Krieg. Im Bündnis mit Rumänien wurde die Türkei unter Berufung auf die Rechte und Forderungen der slawischen Glaubensbrüder auf dem Balkan besiegt. In San Stefano bei Konstantinopel diktierte Petersburg 1878 der Türkei einen Frieden, der auf die Interessen der übrigen europäischen Großmächte keine Rücksicht nahm.

Auf dem daraufhin einberufenen **Berliner Kongreß** 1878 versuchte Bismarck als „ehrlicher Makler" – wie er selbst ironischerweise sagte – zwischen den Großmächten zu vermitteln und die sogenannte vierte orientalische Krise beizulegen. Er enttäuschte jedoch die russischen Hoffnungen. Schon vor dem Kongreß wurde ein Teil des in San Stefano aus der Taufe gehobenen Großbulgarien, die Provinz Ostrumelien, auf Drängen Englands wieder an die Türkei zurückgegeben. Österreich-Ungarn erhielt das Recht zur Besetzung von Bosnien und der Herzegowina. Rußland erhielt schließlich u.a. nur Batum von der Türkei und Bessarabien von Rumänien. Diese Tatsache führte zu schweren Spannungen mit Deutschland, das dafür verantwortlich gemacht wurde. Im

übrigen brachte der Berliner Kongreß Rumänien, Serbien und Montenegro die volle Souveränität, beschränkte Bulgarien auf das Gebiet zwischen Donau und Balkangebirge und beließ es als autonomes Fürstentum in der Oberhoheit der Türkei, gab Mazedonien (im Vorfrieden von San Stefano Bulgarien zugeteilt) der Türkei zurück. Diese Gebietsverschiebungen beruhten auf Kompromissen, die den Keim künftiger Verwicklungen in sich bargen. Durch die Übernahme der Verwaltung Bosniens und der Herzegowina geriet Österreich in einen unüberbrückbaren Gegensatz zu Serbien, da das serbisch-orthodoxe Volkstum in diesen Gebieten sehr stark war (ca. 725 000 Serben und ca. 384 000 Kroaten). So wurde Österreich-Ungarn anstelle der Türkei Zielscheibe panslawistischer Propaganda auf dem Balkan, den Nationalitätenkämpfe zum dauernden Unruheherd machten (s. B 5.2).
Die durch den Berliner Kongreß entstandene Situation veranlaßte Bismarck, nach neuen diplomatischen Sicherheiten zu suchen. Es blieb ihm nur übrig, sich enger an Österreich-Ungarn anzuschließen. Wien und Berlin seien nach Abgrenzung ihrer Interessen- und Einflußsphären natürliche Verbündete.
Der geheime Abschluß des **Zweibundes** 1879, eines Defensivbündnisses mit Beistandsverpflichtung bei einem Angriff Rußlands oder einer von Rußland unterstützten Macht und „wohlwollender Neutralität" bei einem Konflikt mit einer dritten Macht, leitete die deutsche Bündnispolitik der 80er Jahre ein. Um jedoch Rußland durch den Zweibund nicht in die Arme Frankreichs zu treiben, schloß Bismarck das **Drei-Kaiser-Bündnis** 1881 mit Rußland und Österreich-Ungarn (1884 erneuert), worin die drei Mächte sich wohlwollende Neutralität im Falle eines Angriffs durch Dritte zusicherten. Ende Mai 1882 wurde ein ebenfalls geheimer **Dreibundvertrag** zwischen dem Deutschen Reich, Österreich-Ungarn und Italien abgeschlossen (1887 auf fünf Jahre verlängert). Man versprach sich gegenseitige Hilfe für den Fall eines Angriffs Frankreichs oder mit mehr als einer dritten Großmacht bzw. wohlwollende Neutralität in allen anderen Fällen. Italien beteiligte sich, weil es sich durch das im Mai 1881 über Tunesien errichtete französische Protektorat bedroht sah. Tunesien war Hauptzielgebiet italienischer Auswanderer und galt als natürliches Vorfeld Siziliens.
Diese Verträge und Bündnisse erwiesen sich als schwach. Deshalb versuchte Bismarck eine **Neuorientierung** in den 80er Jahren. Das war in erster Linie eine Wendung gegen England; denn in Englands Interessensphäre lagen die Gebiete, auf die das Deutsche Reich plötzlich – nach ursprünglicher kolonialer Zurückhaltung Bismarcks – Anspruch erhob: Togo und Kamerun in Westafrika, ein Territorium in Ostafrika sowie die Bucht von Anga Pequena in Südwestafrika. Ferner sollte durch Begünstigung der französischen kolonialen Position der Gegensatz zwischen Frankreich und England geschürt werden. Auf der **Kongo-Konferenz** in Berlin vom November 1884 bis Ende Februar 1885 isolierten beide Mächte die englische Politik weitgehend. Jedoch scheiterte dieser Versuch eines Ausgleichs mit Frankreich am baldigen Sturz des Ministerpräsidenten Ferry (März 1885). Der Revanchegedanke bekam wieder innenpolitisches Gewicht. 1887 erhielt in einem **deutsch-italienischen Vertrag** Italien die Zusicherung, es bei Wahrung seiner Interessen in Nordafrika aktiv zu unterstützen und bei einem Konflikt mit Frankreich den Bündnisfall für gegeben anzusehen. Das Deutsche Reich wurde damit stiller Partner in dem ebenfalls gegen Frankreich gerichteten italienisch-englischen Mittelmeerabkommen, dem Österreich und Spanien offiziell beitraten. Österreich erlangte so formell die Unterstützung Englands im östlichen Mittelmeer und auf dem Balkan.
Am 18. Juni 1887 gelang es Bismarck, mit Rußland den sog. **Rückversicherungsvertrag** abzuschließen, nachdem eine nochmalige Verlängerung des Dreikaiserbündnisses (s. o.) nicht durchzusetzen war. In ihm versprachen sich die Partner Neutralität für den Fall, daß Rußland von Österreich bzw. das Deutsche Reich von Frankreich angegriffen würde. Was waren die Hintergründe?
Rußland hatte mit der in den 80er Jahren einsetzenden Industrialisierung und wirtschaftlichen Modernisierung gewaltige Finanzierungsprobleme. Gleichzeitig wurde der Agrarexport nach

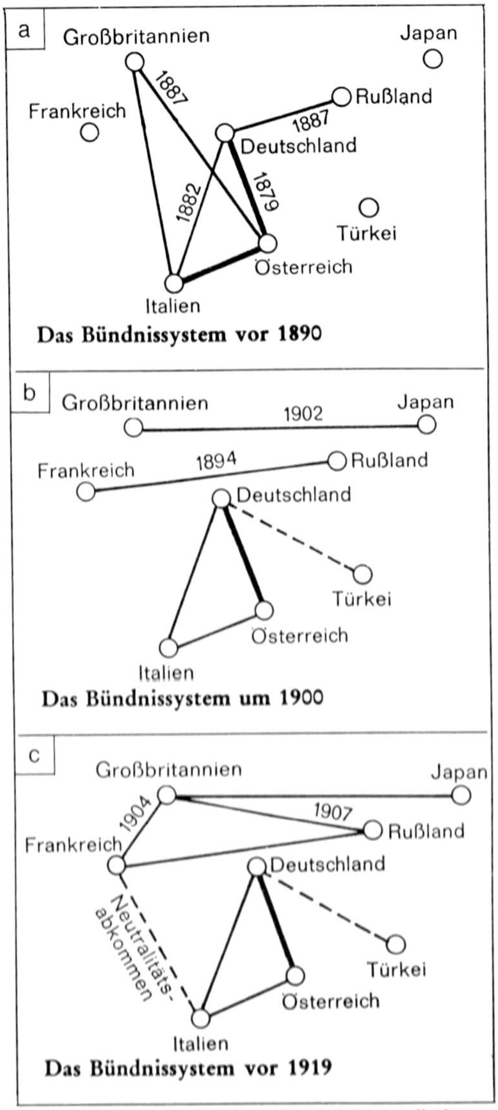

Wechsel der europäischen Bündniskonstellationen

Mitteleuropa durch die Interessen der ostelbischen Landwirtschaft blockiert. Die Kreditvergabe stieß auf Widerstand der deutschen Industrie, die sich vom russischen Markt ausgeschlossen sah, und den Militärs, die in der wirtschaftlichen Förderung eine wachsende Bedrohung sahen. Der Rückversicherungsvertrag sollte das Durchschlagen des sich steigernden wirtschaftlichen Gegensatzes auf die politischen Entscheidungen verhindern und den Weg für neue, Österreich-Ungarn möglichst wieder einbeziehende Regelungen offenhalten. Durch den Vertrag wurde eine bedenkliche Hinwendung Rußlands zu Frankreich, das kreditpolitisch entgegenkommend war und russische Staatsanleihen gezielt begünstigte, hinausgeschoben. Mitte Dezember 1887 fand das komplizierte Vertragsgeflecht in dem von Bismarck mitgestalteten **Orient-Dreibund** (Mittelmeerabkommen) zwischen England, Österreich-Ungarn und Italien seinen Höhepunkt. Das Deutsche Reich erschien als stiller Partner, und England wurde für kurze Zeit in das Bismarcksche kontinentaleuropäische Sicherheitskonzept mit einbezogen (T 14). Die drei Mächte verpflichteten sich auf die Bewahrung der bestehenden Verhältnisse auf dem Balkan und auf die Politik der Eindämmung gegenüber Rußland. (Das Abkommen stellte somit eine Sicherung Österreichs gegen Rußland dar und stärkte die deutsche Stellung gegenüber Frankreich.) Allerdings hatte die deutsche Regierung in einem Geheimprotokoll dem Zarenreich grundsätzlich den Zugang zum Balkan und den Meerengen freigegeben, d.h. wohlwollende Neutralität versprochen: deutsche Zusagen, die zweifellos gegen das Bündnissystem gerichtet waren.

Mit der **Entlassung Bismarcks** 1890 wechselte unter Friedrich von Holstein und General Graf Waldersee auch die deutsche Außenpolitik ihre Richtung. Bismarck hatte sich stets bemüht, das Gleichgewicht der Großmächte auf dem Kontinent zu erhalten, Deutschland vor einer Abhängigkeit von den europäischen Flügelmächten zu bewahren. Der Frieden sollte mit Hilfe der Bündnispolitik stabilisiert werden. Demgegenüber höhlten Wilhelm II. und seine Berater das von Bismarck geknüpfte Bündnissystem aus, indem sie eine **militärische Aufrüstung** für kommende Auseinandersetzungen betrieben.

Bismarcks Bündnissystem war kompliziert und auf seine Person zugeschnitten. Der Verzicht auf die Erneuerung des Rückversicherungsvertrages mit Rußland, die 1890 fällig wurde, vereinfachte zwar das deutsche Bündnissystem, verstärkte gleichzeitig jedoch die Abhängigkeit vom Dreibund mit Östereich und Italien. Schon 1892 fand Rußland in einer Militärkonvention mit Frankreich

einen Ersatz für den Vertrag mit dem Deutschen Reich. Die Militärkonvention war für die Dauer des Dreibundes abgeschlossen: Wenn einer der beiden Vertragspartner von einer der Dreibundmächte angegriffen würde und Deutschland daran teilnähme, wäre der andere mit allen Kräften zum Kampf gegen Deutschland verpflichtet (1912 durch eine französisch-russische Marinekonvention ergänzt).
Drei Tatsachen der deutschen Politik trugen entscheidend dazu bei, bei Zar Alexander III. die bisherigen Bedenken gegen eine Verbindung mit dem republikanischen Frankreich zu beseitigen: Reichskanzler Caprivis polenfreundliche Politik, der deutsch-englische Sansibarvertrag (im Tausch erhält Deutschland die Insel Helgoland, England das Sultanat Sansibar und andere afrikanische Gebiete; ferner Festlegung der Grenzen der beiderseitigen Einflußsphären in Afrika, 1890) und die Erneuerung des Dreibunds. Es schien dem Zaren, als wende die Außenpolitik Wilhelms II. sich endgültig von Rußland ab und England zu.
Einem möglichen Zweifrontenkrieg im Westen und im Osten glaubte die deutsche Regierung durch Verstärkung des Heeres begegnen zu können, solange England mindestens neutral blieb. Die englische Neutralität schien angesichts der harten kolonialen Interessengegensätze mit Rußland in Asien (s. Bd. 2, D 1.3) und mit Frankreich in Afrika (Ägypten, Marokko, Sudan; s. Bd. 2, D 1.3) so gewiß, daß die Reichsregierung mehrere englische Bündnisangebote abwies, um nicht zum englischen „Festlanddegen" zu werden und um freie Hand in der eigenen **Kolonialpolitik** (s. F 1.4) und im **Flottenbau** zu behalten. Man glaubte sogar, Englands Neutralität erzwingen zu können („Risikogedanken"), indem man die deutsche Schlachtflotte – nach den Plänen des Admirals von Tirpitz – vergrößerte. Deutschland beschleunigte daher seine Rüstung nicht nur zu Land, sondern auch zur See (Flottengesetze 1898–1912).
So sah England in den 90er Jahren im Deutschen Reich eine die Vorherrschaft anstrebende Großmacht auf dem Kontinent, die die klassische balance of power bedrohte und den Sicherheitsnerv des Inselreiches berührte. Seit 1902 suchte es daher nach einem Ausgleich mit Rußland und Frankreich. Rußlands Aktivität in Ostasien wurde abrupt von der russischen Niederlage im russisch-japanischen Krieg unterbrochen (1904/05). Die Russen wendeten sich danach wieder einer aktiven Balkanpolitik zu (s. F 4.4). 1904 gelang England die Verständigung mit Frankreich über die kolonialen Streitpunkte in Afrika, aus der sich allmählich ein Einvernehmen, die sogenannte **Entente cordiale** („herzliches Einverständnis"), entwickelte. Mit Frankreichs Unterstützung kam 1907 ein englisch-russisches Abkommen zustande, das die Interessengegensätze in Asien (Persien und Afghanistan, s. Bd. 2, D 1.3) durch einen Kompromiß löste. Durch den sogenannten Petersburger Vertrag zwischen Rußland und England wurde die englisch-französische Entente zur **Triple Entente** erweitert. Die englischen Bündnisse waren nicht ausdrücklich gegen das Deutsche Reich gerichtet. England glaubte, die Entscheidung über Krieg und Frieden noch in der Hand zu haben. Doch die Fronten verfestigten sich endgültig, als Englands Wunsch, die Flottenfrage durch ein Abkommen zu regeln und dadurch das Verhältnis zu entspannen, von der Reichsregierung abgewiesen wurde (1912).
Der „neue Weg" Wilhelms II. sollte u. a. in die **„Weltpolitik"** führen – ohne ein klares Ziel vor Augen – und Deutschland einen „Platz an der Sonne" (Bülow) garantieren. Das Kaiserreich stellte sich doppelseitig dar. Einerseits bestand eine mangelnde Übereinstimmung zwischen der politischen, der sozialen und der wirtschaftlichen Entwicklung, ausgedrückt im Widerstreit zwischen den staatlich-militärischen und bürgerlich-verfassungsmäßigen Führungsansprüchen. Zwar hatte Deutschland den Übergang vom Agrar- zum Industriestaat vollzogen, nicht jedoch den Übergang zur bürgerlichen Demokratie. Unteres und mittleres Bürgertum und Arbeiter, die die industrielle und wirtschaftliche Entwicklung zu tragen hatten, blieben von der Politik weitgehend ausgeschlossen. Dies hätte der herrschenden Schicht spätestens 1912 bewußt werden müssen, als die Sozialdemokratie einen hohen Wahlsieg errang, bzw. 1913, als eine Krisenstimmung infolge

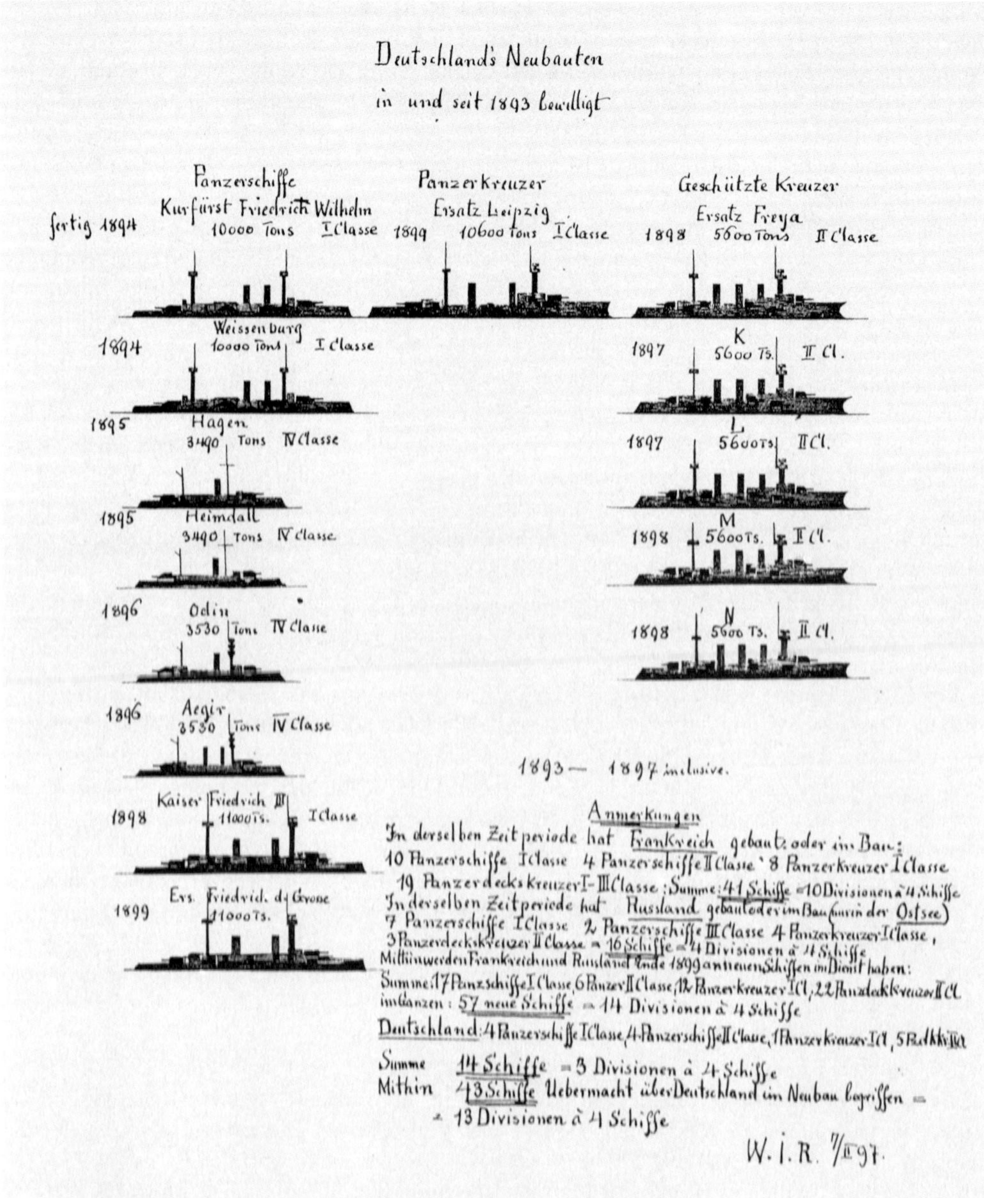

Eigenhändige Marinetabelle Kaiser Wilhelms II. von 1897. Berlin, Staatliche Museen Preußischer Kulturbesitz, Kunstbibliothek
(Propyläen Geschichte Europas, Bd. 5 Frankfurt a. M./Berlin 1977, S. 267)

wirtschaftlicher Depressionen entstand und zahlreiche Streiks ausbrachen. Andererseits war das breite Elend verschwunden und die sozialen Verhältnisse hatten sich wesentlich gebessert. Die innere Zusammengehörigkeit und das Nationalgefühl des Volkes, einschließlich der Arbeiterschaft, hatten einen beachtlichen Grad erreicht, ohne den die allgemeine Begeisterung bei Kriegsausbruch 1914 nicht zu verstehen wäre.

Der Kaiser zeigte ein forsches militärisches Auftreten in der Öffentlichkeit, und das Deutsche Reich erschien seinen Nachbarvölkern selbstbewußt-militärisch. Daß es durch seine wachsende Wirtschaftskraft zu einem mächtigen handelspolitischen Konkurrenten wurde (Handelstonnage 1871: 81 994 Bruttoregistertonnen, 1913: 4,38 Mio BRT) und in den Kolonialräumen (s. F 1.4) mitsprechen wollte, ließ die Sympathien der Nachbarn sinken. Die emotionale Spannung war bei allen Völkern so groß, daß der Kriegsausbruch 1914 weithin als erlösendes Gewitter begrüßt wurde.

T 14 Bismarck an den englischen Premierminister Lord Salisbury (22. November 1887)

Das Deutsche Reich hat drei Großmächte zu Nachbarn und offene Grenzen. Es darf daher die Frage der Koalitionen nicht aus dem Auge lassen, die sich gegen dasselbe bilden könnten. Nehmen wir an, daß Österreich besiegt, geschwächt oder uns feindlich gesinnt wäre, so würden wir auf dem europäischen Kontinent isoliert dastehen in Gegenwart von Rußland und Frankreich und angesichts der Möglichkeit einer Koalition dieser beiden Mächte. Unser Interesse gebietet uns, und sei es mit der Waffe, zu verhindern, daß eine derartige Lage der Dinge eintritt. – Die Existenz Österreichs als einer starken und unabhängigen Großmacht ist für Deutschland eine Notwendigkeit, an der die persönlichen Sympathien des Herrschers nichts zu ändern vermögen. – Österreich gehört, ebenso wie Deutschland und das heutige England, zu der Zahl der zufriedenen, „saturierten", um mit dem verstorbenen Fürsten Metternich zu sprechen, und folglich friedliebenden und erhaltenden Nationen. Österreich und England haben in aufrichtiger Weise den status quo des Deutschen Reiches anerkannt und haben kein Interesse, dasselbe geschwächt zu sehen. Frankreich und Rußland dagegen scheinen uns zu bedrohen: Frankreich, indem es den Traditionen der letzten Jahrhunderte treu bleibt, wo es sich als den beständigen Feind seiner Nachbarn erwiesen hat, und infolge des französischen Nationalcharakters; Rußland, indem es heute Europa gegenüber die für den europäischen Frieden beunruhigende Haltung einnimmt, welche Frankreich unter den Regierungen Ludwigs XIV. und Napoleons I. kennzeichnete. Es ist auf der einen Seite der slawische Ehrgeiz, der die Verantwortung für diesen Zustand der Dinge trägt; andererseits muß man die Gründe für die herausfordernde Haltung Rußlands und seiner Armeen in den innerpolitischen Fragen suchen: die russische Umsturzpartei erhofft von einem auswärtigen Kriege die Befreiung von der Monarchie; die Monarchisten erwarten im Gegensatze dazu von demselben Kriege das Ende der Revolution. Man muß auch das Bedürfnis in Betracht ziehen, eine müßige und zahlreiche Armee zu beschäftigen, den Ehrgeiz ihrer Generale zu befriedigen und die Aufmerksamkeit der Liberalen, welche Verfassungsänderungen verlangen, auf die auswärtige Politik abzulenken.

Angesichts dieser Sachlage müssen wir die Gefahr, unseren Frieden von seiten Frankreichs und Rußlands getrübt zu sehen, als eine beständige erachten. Unsere Politik wird daher notgedrungenerweise dahin zielen, uns Bündnisse zu sichern, welche sich uns, angesichts der Möglichkeit, gleichzeitig unsere beiden mächtigen Nachbarn bekämpfen zu müssen, darbieten. Falls das Bündnis mit den befreundeten, von denselben kriegerischen Nationen bedrohten Mächten uns im Stiche ließe, so würde unsere Lage in einem Kriege nach beiden Grenzen nicht eine verzweifelte sein; aber der Krieg gegen das vereinte Frankreich und Rußland würde, selbst angenommen, daß er als militärischer Erfolg ebenso ruhmvoll für uns endigen würde wie der Siebenjährige Krieg, immerhin ein so großes Unglück für das Land sein, daß wir versuchen würden, ihn uns durch eine freundschaftliche Verständigung mit Rußland zu ersparen, für den Fall, daß wir denselben ohne Bundesgenossen führen müßten. Solange wir aber nicht die Gewißheit haben, von denjenigen Mächten, deren Interessen mit den unserigen identisch sind, im Stiche gelassen zu werden, wird kein deutscher Kaiser eine andere Politik verfolgen können, welche, wie wir, mit der gegenwärtigen politischen Lage in Europa zufrieden und bereit sind, ohne Zaudern und ohne Schwäche zu handeln, wenn ihre Unabhängigkeit bedroht wäre. Wir werden also einen russischen Krieg vermeiden, solange es mit unserer Ehre und unserer Sicherheit vereinbar ist und solange die Unabhängigkeit Österreich-Ungarns, dessen Bestand als Großmacht für uns eine Notwendigkeit allerersten Ranges ist, nicht in Frage gestellt wird. Wir wünschen, daß die befreundeten Mächte, welche im Orient Interessen zu beschützen haben, die nicht die unserigen sind, durch ihren Zusammenschluß und durch ihre Streitkräfte sich stark genug machen, um das russische Schwert in der Scheide zu halten oder um demselben Widerstand leisten zu können, falls die Umstände zu einem Bruch führen sollten. Solange kein deutsches Interesse dabei auf dem Spiele stände, würden wir neutral bleiben; aber unmöglich ist die Annahme, daß jemals ein deutscher Kaiser Rußland die Unterstützung seiner Waffen leihen könnte, um ihm zu

helfen, eine derjenigen Mächte niederzuwerfen oder zu schwächen, auf deren Beistand wir rechnen, sei es, um einen russischen Krieg zu verhindern, sei es, um uns zu helfen, ihm die Stirn zu bieten. Von diesem Gesichtspunkte aus wird die deutsche Politik immer gezwungen sein, in die Reihe der Kämpfenden einzutreten, wenn die Unabhängigkeit Österreich-Ungarns durch einen russischen Angriff bedroht wäre oder England oder Italien Gefahr liefen, durch französische Heere überflutet zu werden. Die deutsche Politik steuerte daher gezwungenerweise einen Kurs, der ihr durch die politische Lage Europas vorgeschrieben ist und von dem sie weder die Stimmungen noch Verstimmungen eines Monarchen oder eines leitenden Ministers abweichen lassen können [...].
(W. Bußmann [Hrsg.], Die auswärtige Politik des Deutschen Reiches unter Bismarck 1871–1890. Stuttgart 1979, S. 56f.)

Problem und Diskussion

1 *Fertigen Sie eine Graphik der außenpolitischen Mächtekonstellationen (Koalitionen) nach 1871 an.*
2 *Beschreiben und begründen Sie die Bündnispolitik Bismarcks (T 14).*
3 *In welcher außenpolitischen Situation befand sich Deutschland infolge seiner europäischen Mittellage?*
4 *Welche Möglichkeiten hat nach Ihrer Ansicht die Außenpolitik der Bundesrepublik Deutschland?*
5 *Inwieweit ist der Berliner Kongreß ein Beispiel zur Konfliktregelung im Rahmen des „europäischen Konzerts"?*
6 *Wie kam eine antideutsche Koalition zustande? Wie sah die deutsche Außenpolitik der Jahrzehnte vor dem Ersten Weltkrieg aus der Perspektive der Engländer, Franzosen und Russen aus?*
7 *Welche Außenpolitik verfolgten die Nachfolger Bismarcks?*

Zeittafel

1871
18. 1. Kaiserproklamation in Versailles
13. 2. Frankreich wird Republik
März–Mai Commune-Aufstand in Paris
10. 5. Abschluß des deutsch-französischen Friedensvertrages in Frankfurt/M.

1872
September Dreikaiserzusammenkunft in Berlin

1873
24. 5. Sturz Thiers; der Monarchist McMahon wird Präsident der Französischen Republik
25. 5./22. 10. Abschluß des Dreikaiserabkommens

1874
20. 2. B. Disraeli (konservativ) wird britischer Premierminister

1875
Disraeli erwirbt die Kanalaktien des Suezkanals (eröffnet 1869 vom Vizekönig von Ägypten, Ismail Pascha)
8. 4. „Krieg-in-Sicht"-Artikel der „Post"
10.–13. 5. Besuch Zar Alexanders II. und Außenminister Gortschakows in Berlin

1878
19. 2. Bismarcks Reichstagsrede („ehrlicher Makler")
3. 3. Russisch-türkischer Friede von San Stefano
13. 6.–13. 7. Berliner Kongreß

1879
24. 9. Bismarck schließt mit Andrássy in Wien den Zweibund

1880
20. 4. Gladstone (liberal) wird britischer Premierminister

1881
Tunis von Frankreich in Besitz genommen
13. 3. Ermordung Zar Alexanders II. Thronbesteigung Alexanders III.
18. 6. Abschluß des Dreikaiserbündnisses

1882
Landerwerbungen am Golf von Guinea durch den Hamburger Kaufmann Woermann
20. 5. Dreibund zwischen dem Deutschen Reich, Österreich-Ungarn und Italien

1883
30. 10. Beitritt Rumäniens zum Dreibund

1884
27. 3. Verlängerung des Dreikaiserbündnisses
15.12.–26. 2. 1885 Berliner Kongo-Konferenz

1885
30. 3. Sturz des französischen Ministerpräsidenten J. Ferry (republikanisch)

1886
3. 8. Salisbury (konservativ) wird britischer Premierminister

1887
12. 2./24. 3. Abschluß des Mittelmeerabkommens
20. 2. Erneuerung des Dreibundes
18. 6. Abschluß des Rückversicherungsvertrages
12./16. 12. Abschluß des Orientdreibundes

1888
9. 2. Tod Wilhelms I. Thronbesteigung Friedrichs III.
15. 6. Tod Friedrichs III. Thronbesteigung Wilhelms II.

1889
11. 1. Bismarcks Bündnissondierung in London

1890
20. 3. Entlassung Bismarcks (gest. 30. Juli 1898)
Juni Nichterneuerung des Rückversicherungsvertrages mit Rußland

Kriegsfreiwillige in Berlin 1914

5. Zum Verlauf des Ersten Weltkriegs*

Die in der politischen Krise vor dem Weltkrieg überall erzeugte Spannung löste sich mit Kriegsausbruch in einer breiten Kriegs- und Opferbereitschaft in allen Schichten des Volkes. Zum Kriegseintritt waren die Parteien nicht gehört worden, doch nach Kriegsbeginn herrschte „Burgfrieden". Kaiser Wilhelm verkündete im Deutschen Reichstag: „Ich kenne keine Partei mehr, ich kenne nur Deutsche." Alle Fraktionen, auch die Sozialdemokraten („Wir lassen in der Stunde der Gefahr das Vaterland nicht im Stich"), bewilligten die Kriegskredite, die Bevölkerung zeichnete Kriegsanleihen, Hunderttausende meldeten sich von der Fabrik, Schule und Hochschule weg als Kriegsfreiwillige, sie fürchteten, sonst zu spät zu kommen.

5.1 Im Westen

Die deutschen Armeen drangen unter Generalstabschef von Moltke während des ersten Monats bis an und über die **Marne** vor. Paris war bedroht. Die französischen Truppen wurden hinter die Marne zurückgenommen, ohne von den Deutschen verfolgt werden zu können. (Schwächung der deutschen Armeen durch Abgabe von Truppen an die Ostfront, wo die Russen früher als erwartet angriffen.) In der Marneschlacht vom 5. bis 12. September stoppten die Franzosen unter General Joffre an der gesamten Front zwischen Verdun und Paris den deutschen Vormarsch. Trotz günstiger Entwicklung der Gesamtlage für die Deutschen gab Moltke, krank und ohne genügenden Kontakt mit der Front, den Rückzugsbefehl hinter die Aisne. Moltke wurde durch Generalleutnant von Falkenhayn abgelöst. Es folgten verlustreiche Kämpfe bei Verdun. Der „Wettlauf zum Meer" wurde von den Deutschen verloren. In der Schlacht von Ypern erlitten beide Armeen

* Eine ausführliche Darstellung der Vorgeschichte des 1. Weltkriegs und der Kriegsschulddiskussion findet sich in Band 2 im Kapitel „Die Veränderungen des internationalen Mächtesystems und der Weltpolitik im 19. und 20. Jahrhundert"; zur Politik der USA s. Bd. 2, A 3.2.1.

hohe Verluste. Bei Langemarck wurden deutsche Reserven, die hauptsächlich aus kurzfristig ausgebildeten, kriegsfreiwilligen Studenten, Abiturienten und Schülern bestanden, bei Sturmangriffen gegen englische Stellungen aufgerieben.
Bald erstarrte die Front zum **Stellungskrieg**, der trotz hohen Einsatzes von Kriegsmaterial bis 1918 von keiner der beiden Seiten mehr zum schlachtentscheidenden Bewegungskrieg umgewandelt werden konnte. 1915 folgten Materialschlachten in der Champagne, bei Ypern; vom 21. Februar bis Anfang Juli 1916 dauerte der deutsche Angriff auf Verdun, mit dem Falkenhayn die französische Armee vergeblich „ausbluten" und zusammen mit dem in Aussicht genommenen unbeschränkten U-Boot-Krieg (s. u.) den Feind niederzwingen wollte. Vom 24. Juni bis zum 26. November folgte die – vorwiegend von den Engländern getragene – (erfolglose) Schlacht an der Somme. Eine neue (3.) Oberste Heeresleitung (OHL) unter Generalfeldmarschall von Hindenburg und Generalleutnant Ludendorff, den Siegern an der Ostfront (s. u.), wurde ernannt. 1917 konnte an der Westfront – trotz verlustreicher Schlachten – keine Entscheidung herbeigeführt werden.
Das Jahr 1918 brachte den Deutschen eine Entlastung durch den Frieden im Osten (Brest-Litowsk; s. u.). Das deutsche Westheer war dem alliierten Heer damals zahlenmäßig fast gleich (200 Divisionen, 3,5 Mio. Mann). Man mußte rasch handeln, weil die Amerikaner nun auf alliierter Seite unmittelbar in den Kampf einzugreifen drohten.
Von Ende März bis 17. Juli suchten die Deutschen die Entscheidung vergeblich in fünf Offensiven. Das alliierte Übergewicht an Menschen (Amerikaner) und Material (u. a. Masseneinsatz von englischen Tanks) zeigte sich in der Gegenoffensive zwischen Reims und Soissons vom 18. Juli bis 3. August sowie in der Schlacht bei Amiens vom 8. bis 11. August. Seitdem gab es pausenlose Angriffe der Alliierten gegen die deutsche Front zwischen Aisne und Flandern, so daß Anfang September 1918 die deutschen Truppen in die als Auffang hinter der Front gebaute Siegfried-Stellung zurückverlegt werden mußten. Aber den Alliierten gelang nirgends der Durchbruch durch die deutsche Abwehrfront.
Von großem Gewicht war der Blockade- und Vernichtungskrieg zur See. Eine zeitweilige Bedrohung der überseeischen Nachschublinien für England stellte der U-Boot-Krieg dar. Da die deutsche Hochseeflotte der alliierten weit unterlegen war, forcierten die OHL und die Admiralität – entgegen dem Wunsch des Reichskanzlers Bethmann Hollweg – die billigeren und rasch zu bauenden U-Boote. Die Engländer hatten am 2. November 1914 die Nordsee zum Sperrgebiet erklärt und die Kontrolle über den gesamten Handelsverkehr beansprucht. Die Deutschen antworteten mit dem Handelskrieg durch U-Boote („Blockadebrecher"), die zunächst die Frachter nur „aufzubringen", d. h. zu durchsuchen und bei Verdacht der Konterbande (Kriegsware) in einen Hafen zu leiten hatten. Als die Engländer in Gestalt harmlos aussehender, aber schwer bewaffneter Handelsschiffe wirksame U-Boot-Fallen stellten, wurden die Handelsschiffe ohne Warnung torpediert. Am 5. Mai 1915 versenkte ein deutsches U-Boot das britische Atlantik-Passagierschiff Lusitania, das nach Ausweis amerikanischer Hafenpapiere auch Munition geladen hatte. 1198 Opfer, darunter 139 Amerikaner, waren zu beklagen. Infolge starker amerikanischer Proteste schränkte die Reichsregierung gegen den Druck der OHL den U-Boot-Krieg nach und nach ein, im September 1915 an den englischen Zufahrtswegen ganz. Die Alliierten befolgten jedoch die deutsche (und amerikanische) Forderung der Nichtbewaffnung von Handelsschiffen nicht. Daraufhin wurde im Oktober 1916 der verschärfte U-Boot-Krieg wieder aufgenommen, und am 9. Februar 1917 setzte die OHL den uneingeschränkten U-Boot-Krieg durch.
Die Admiralität hielt den Zusammenbruch der Versorgung Englands durch hohe Versenkungsziffern für möglich. Damit war sie auch bereit, einen bewaffneten Konflikt mit den USA in Kauf zu nehmen (s. u.). Nach deutschen Anfangserfolgen konnte das neu eingeführte Geleitzugsystem die Zufuhren für Großbritannien sicherstellen.

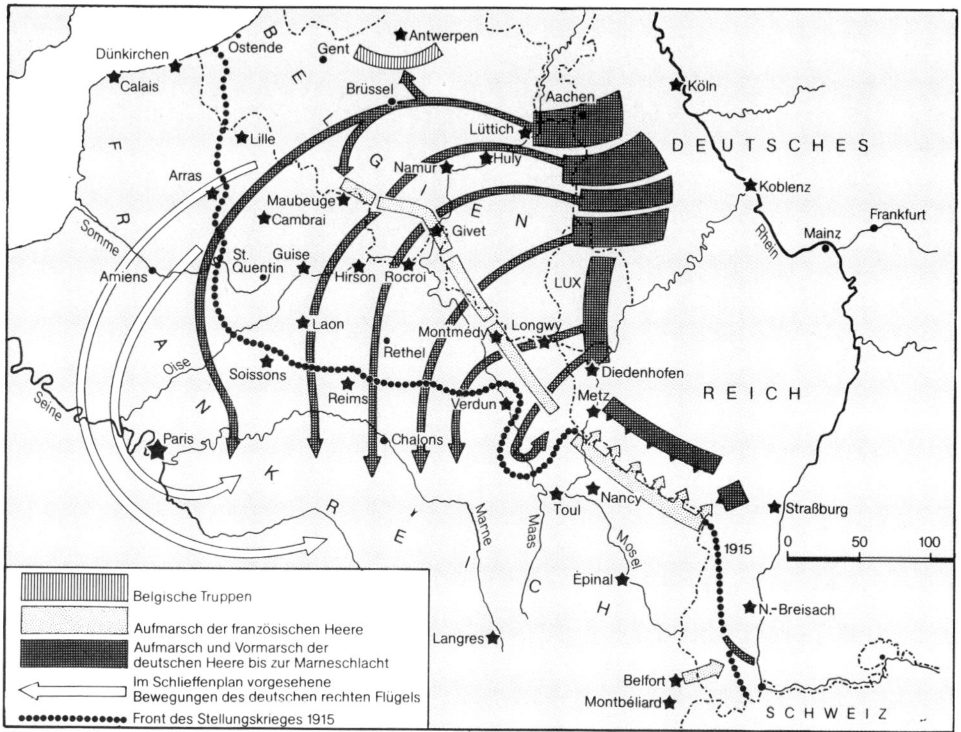

Die Westfront 1914/15

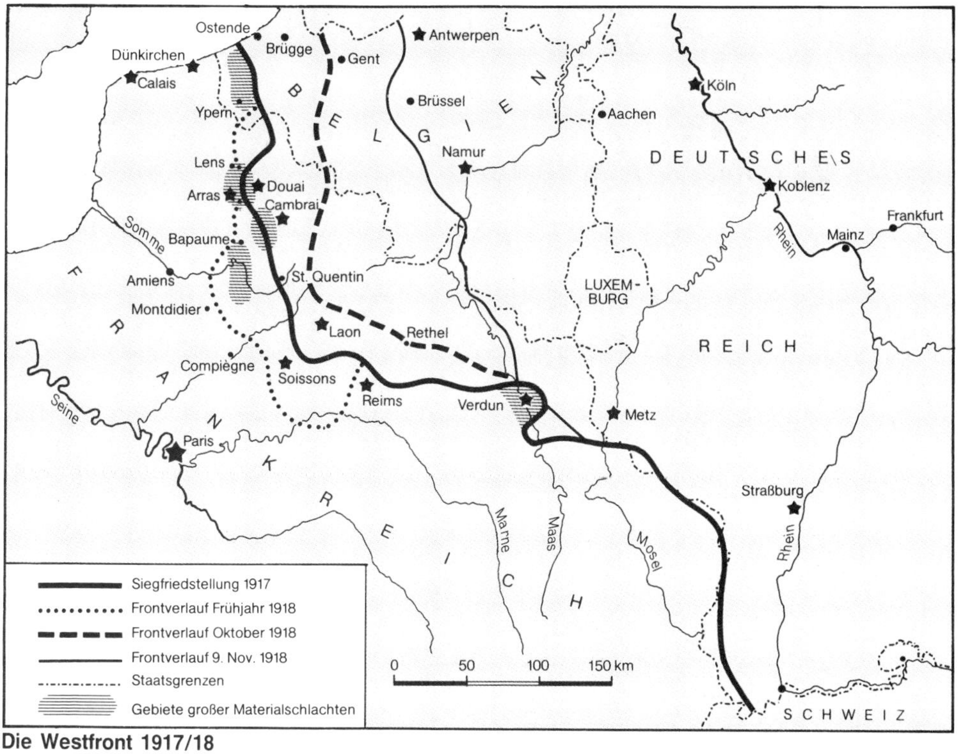

Die Westfront 1917/18

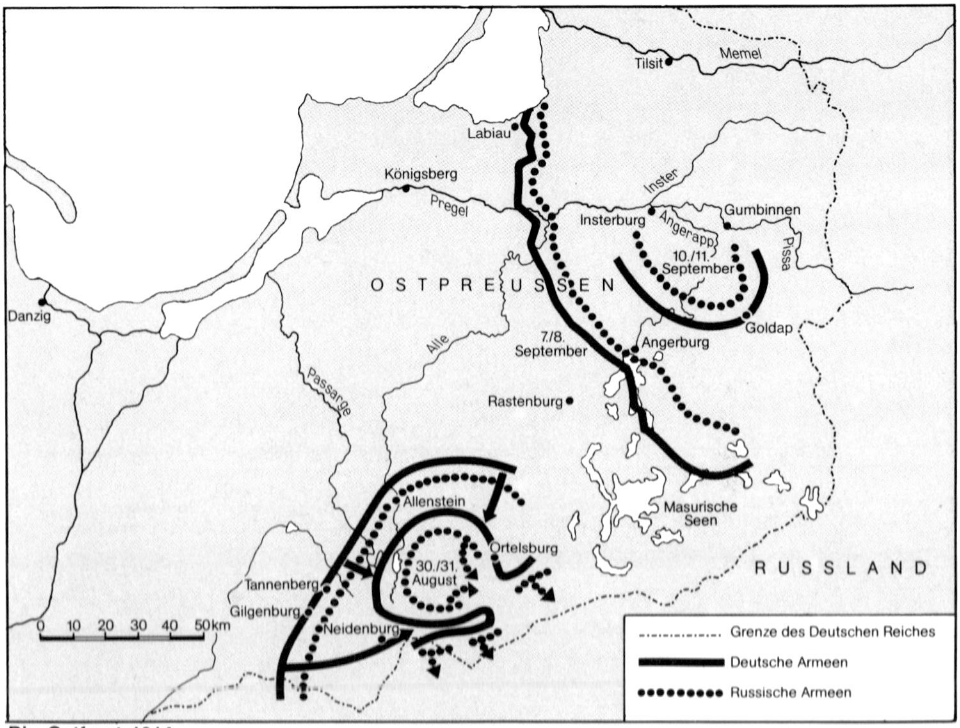

Die Ostfront 1914

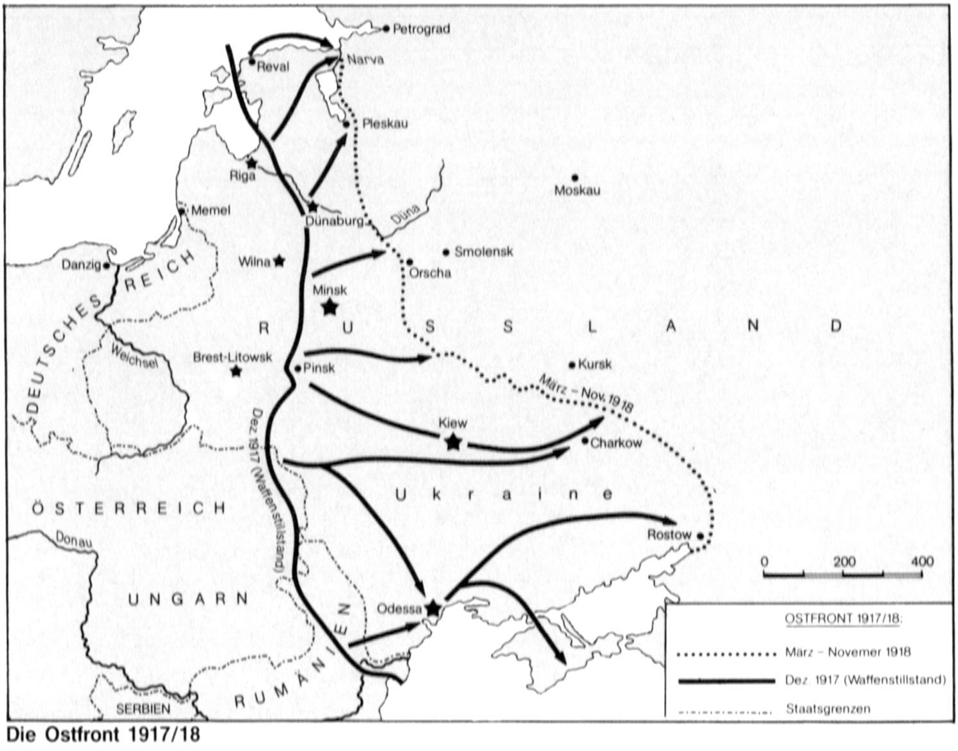

Die Ostfront 1917/18

5.2 Im Osten

Im Osten erlangten die deutschen Truppen unter Hindenburg und die österreichisch-ungarischen unter Hötzendorf rasch die Oberhand über die Russen in Ostpreußen (26.–30. August 1914 Schlacht bei Tannenberg, 6.–15. September an den Masurischen Seen); Niederlagen erlitten die Österreicher in Polen und Galizien (zwei Schlachten bei Lemberg). In der Winterschlacht in Masuren (4.–22. Februar 1915) sowie in den Karpaten (Dezember 1914 bis April 1915) wurden die Russen von den Deutschen und Österreichern geschlagen; im Mai 1915 erfolgte die Durchbruchschlacht bei Gorlice-Tarnow. Ende Juni fiel Lemberg; Galizien und die Bukowina wurden genommen. Am 1. Juli begann die große Offensive von der Ostsee bis zum San und Bug sowie an anderen Stellen. Nach der Einnahme von Polen, Litauen und Kurland kam die Offensive zum Stehen; der Stellungskrieg begann. Mitte Dezember 1915 bis Mitte Januar 1916 versuchten die Russen eine Durchbruchsoffensive. Auch weitere Versuche wurden abgewehrt. Bis zum Ausbruch der russischen Revolution im März 1917 blieb die Front im wesentlichen unverändert.
Der Ministerpräsident der russischen provisorischen Regierung, Kerenski, hielt an den Kriegszielen der Entente fest und setzte im Juni die letzte große (Kerenski-)Offensive in Galizien in Gang. Sie brach bald zusammen. Die deutsche Heeresleitung – mit deren Hilfe Lenin im Frühjahr nach Rußland gelangt war – verhielt sich daraufhin abwartend. Am 7. November führte ein Putsch der Bolschewiken Lenins zum Sturz der Regierung. (vgl. Bd. 2) Die neue Regierung erreichte einen Waffenstillstand mit den Mittelmächten. Im **Frieden von Brest-Litowsk** vom 3. März 1918 verzichtete die Sowjetregierung auf Finnland, die baltischen Staaten, den russischen Teil Polens mit Warschau und die Ukraine (1919 zurückerobert).
Nebenkriegsschauplätze befanden sich auf dem Balkan (Rumänien), in Italien (Dolomiten), den deutschen Kolonien in Afrika und Ozeanien, um Tsingtau.

Problem und Diskussion

1 *Skizzieren Sie die Etappen des Kriegsverlaufs anhand der Karten.*
2 *Welche territorialen Veränderungen zeichneten sich bereits während des Krieges ab?*

Literaturhinweise

Zu Kapitel 1

Boldt, Werner: Die Anfänge des deutschen Parteiwesens. Darstellung und Dokumentation. Schöningh Verlag, Paderborn 1971

Conze, Werner (Hrsg.): Staat und Gesellschaft im deutschen Vormärz 1815–1849. Bürgerkrieg in Baden. Chronik einer verlorenen Revolution. Wagenbach Verlag, Berlin 1975

Engelhardt, Ulrich: Bildungsbürgertum. Verlag Klett-Cotta, Stuttgart 1986

Grab, Walter (Hrsg.): Die Revolution von 1848/49. Eine Dokumentation. Nymphenburger Verlagshandlung, München 1980

Häusler, Wolfgang: Von der Massenarmut zur Arbeiterbewegung. Demokratie und soziale Frage in der Wiener Revolution von 1848. Verlag Jugend & Volk, München 1985

Jessen, Hans (Hrsg.): Die deutsche Revolution 1848/49 in Augenzeugenberichten. Rauch Verlag, Düsseldorf 1968

Landeszentrale für politische Bildung Baden-Württemberg (Hrsg.): Badische Geschichte vom Großherzogtum bis zur Gegenwart. Stuttgart 1979

Langewiesche, Dieter (Hrsg.): Die deutsche Revolution von 1848/49. Wissenschaftliche Buchgesellschaft, Darmstadt 1983

Lautenschlager, Friedrich (Hrsg.): Volksstaat und Einherrschaft. Dokumente aus der badischen Revolution von 1848. München 1970

Lutz, Heinrich: Zwischen Habsburg und Preußen. Deutschland 1815–1866. Siedler Verlag, Berlin 1985

Mann, Bernhard: Die Wurttemberger und die Deutsche Nationalversammlung. Beiträge zur Geschichte des Parlamentarismus und der politischen Parteien. Droste Verlag, Düsseldorf 1975

Möller, Horst: Deutsche Aufklärung 1740–1815. Suhrkamp Verlag, Frankfurt/M. 1987

Nipperdey, Thomas: Deutsche Geschichte 1800–1866: Verlag C. H. Beck, München 1983

Obenaus, Herbert: Anfänge des Parlamentarismus in Preußen bis 1848. Droste Verlag, Düsseldorf 1984

Real, Willy: Die Revolution in Baden. Kohlhammer Verlag, Stuttgart 1983
Schotter, Heinrich (Hrsg.): Die Grundrechtsdiskussion in der Paulskirche. Eine Dokumentation. Darmstadt [2]1982
Schulze, Hagen: Der Weg zum Nationalstaat. DTV 4503, München 1984
Seifert, Hans (Hrsg.): Die Deutsche Frage 1848/49. Klett Verlag, Stuttgart [4]1979
Siebert, Ferdinand (Hrsg.): Von Frankfurt nach Bonn. Die deutschen Verfassungen 1848–1949. Hirschgraben-Verlag, Frankfurt [13]1982
Siemann, Wolfram: Die Revolution 1848/49 in Deutschland. Suhrkamp Verlag, Frankfurt 1985
Stadelmann, Rudolf: Soziale und politische Geschichte der Revolution von 1848. Bruckmann Verlag, München 1970
Valentin, Veit: Geschichte der deutschen Revolution 1848–1849. 2 Bde. Verlag Kiepenheuer & Witsch, Köln 1977
Wehler, Hans-Ulrich: Deutsche Gesellschaftsgeschichte. Bd. 1: 1700–1815, Bd. 2: 1815–1845/49. Verlag C. H. Beck, München 1987

Zu Kapitel 2–4

Alter, Peter: Nationalismus. Suhrkamp Verlag, Frankfurt/M. 1985
Böhme, Helmut (Hrsg.): Probleme der Reichsgründungszeit 1848–1879. Verlag Kiepenheuer & Witsch, Köln/Berlin 1968
Bußmann, Walter (Hrsg.): Die auswärtige Politik des deutschen Reiches unter Bismarck 1871–1890. Klett Verlag, Stuttgart 1979
Engelbert, Ernst: Bismarck. Urpreuße und Reichsgründer. Siedler Verlag, Berlin 1985
Enzensberger, Hans Magnus (Hrsg.): Klassenbuch 2. Ein Lesebuch zu den Klassenkämpfen in Deutschland 1850–1919. Sammlung Luchterhand, Neuwied 1977
Fenske, Hans (Hrsg.): Im Bismarckschen Reich 1871–1890. Wissenschaftliche Buchgesellschaft, Darmstadt 1978
Gall, Lothar: Bismarck. Der weiße Revolutionär. Ullstein Verlag, Berlin 1980
Görtemaker, Manfred: Deutschland im 19. Jahrhundert. Entwicklungslinien. Bonn [2]1986
Hohorst, Gerd u. a.: Materialien zur Statistik des Kaiserreichs 1870–1914. Verlag C. H. Beck, München 1975
Loth, Wilfried: Katholiken im Kaiserreich. Droste Verlag, Düsseldorf 1984
Pollmann, Klaus Erich: Parlamentarisierung im Norddeutschen Bund 1867–1870. Düsseldorf 1980
Pross, Harry (Hrsg.): Die Zerstörung der deutschen Politik. Dokumente 1871–1933. Fischer-TB 264, Frankfurt
Ritter, Gerhard A./Niehuss, Merith: Wahlgeschichtliches Arbeitsbuch. Materialien zur Statistik des Kaiserreiches 1871–1918. Verlag C. H. Beck, München 1980
Ritter, Gerhard A. (Hrsg.): Gesellschaft, Parlament und Regierung. Zur Geschichte des Parlamentarismus in Deutschland. Droste Verlag, Düsseldorf 1974
ders.: Die deutschen Parteien 1830–1914, Verlag Vandenhoeck & Ruprecht, Göttingen 1985
Rürup, Richard: Deutschland im 19. Jahrhundert. 1815–1871. Verlag Vandenhoeck & Ruprecht, Göttingen 1984
Schieder, Theodor: Staatensysteme als Vormacht der Welt 1848–1918. Bd. 5 der Propyläen Geschichte Europas. Propyläen Verlag, Berlin
Stürmer, Michael: Bismarck und die preußisch-deutsche Politik 1871–1890. dtv-dokumente 692, München
Stürmer, Michael (Hrsg.): Das kaiserliche Deutschland. Politik und Gesellschaft 1870–1918. Droste Verlag, Düsseldorf 1984
Stürmer, Michael: Die Deutschen und ihre Nation. Das ruhelose Reich. Deutschland 1866–1918. Siedler Verlag, Berlin 1983
Stürmer, Michael: Die Reichsgründung. Deutscher Nationalstaat und europäisches Gleichgewicht im Zeitalter Bismarcks. dtv 4504, München 1984
Ziebura, Gisbert (Hrsg.): Grundlagen der deutschen Außenpolitik seit 1871. Wissenschaftliche Buchgesellschaft, Darmstadt 1975

Zu Kapitel 5

Geiss, Imanuel: Das Deutsche Reiche und der Erste Weltkrieg. Hanser TB 248 u. 249, München
Herzfeld, Hans: Der Erste Weltkrieg dtv 4001, München
Hölzle, Erwin: Die Selbstentmachtung Europas. Das Experiment des Friedens vor und nach dem Ersten Weltkrieg. Musterschmidt Verlag, Göttingen 1975
Ritter, Gerhard A. (Hrsg.): Die deutschen Parteien vor 1918. Verlag Kiepenheuer & Witsch, Köln 1973
Wiegand, Berthold (Hrsg.): Der Erste Weltkrieg und der ihm folgende Friede. Hirschgraben-Verlag, Frankfurt 1982
Weitere Literatur zum II. Weltkrieg in Band 2, Kap. „Veränderungen im internationalen Mächtesystem".

D. Wirtschaft und Gesellschaft im Zeitalter der Industrialisierung: Von der Agrar- zur Industriegesellschaft

1. Die Kapitalisierung von Produktion und Handel

1.1 Von der Naturalwirtschaft zum Handelskapitalismus

Jede vorindustrielle Produktion war abhängig von **Energie**. Über Jahrtausende hinweg lieferte menschliche Muskelkraft die beste und billigste Energie. Durch gut abgestimmte Organisation und Arbeitsteilung ließen sich größte Arbeitsleistungen wie z. B. der Pyramidenbau der Ägypter erreichen.

Die große Zahl **technischer Erfindungen**, die aus der Antike, vor allem als Kleinapparaturen, überliefert sind (Wasserräder, Windräder, archimedische Schrauben für die Wasserhaltung in Bergwerken) stand in offenkundigem Widerspruch zu ihrer geringen Verwendung bei der Nutzung natürlicher Energiequellen. Notwendige Erfindungen zum Bau größerer Maschinen waren schon bekannt. Da jedoch Sklaven als „lebendige Werkzeuge" billiger und besser zu dirigieren waren, erschien der Einsatz von Technik auf breiter Basis überflüssig.

Energiequellen und Energieumwandlung

Energiequelle	Technische Form der Anwendung	Gesellschaftliche Form der Anwendung (vorwiegende Arbeitsorganisation)	Zeitübersicht
1. Muskelkraft	Hebel, Keil, Flaschenzug schiefe Ebene	In der Antike: Sklaverei	Vorgeschichte (1. Anwendung von Hebel und Keil) und Antike
2. Wasser-, Windkraft	Unterschlächtiges Wasserrad Oberschlächtiges Wasserrad	Leibeigenschaft (Abhängigkeit von geistlichen oder weltlichen Grundherren)	8.–10. Jh. (in der Antike bekannt)
	Windmühlen (Wellen und Übersetzungen)	Zunftorganisation	14. Jh.
	Bockwindmühle Holländische Windmühle	(Handwerkertum in den Städten)	17. Jh.
3. Chemische Energien		Fabrikwesen und Unternehmertum	18./19. Jh.
3.1 Kohle (Gas)	Dampfmaschine (Newcomen, Watt) (große standortgebundene Maschinen)		
3.2 Erdöl	Dieselmotor (transportable Antriebsmaschinen)	Weitere Ausbildung des Fabrikwesens	20. Jh.
4. Atomare Energien	Kraftwerke (nahezu ausschließliche Anwendung)	Konzerne	Seit ca. 1960

(Joachim Varchim/Joachim Radkau, Kraft, Energie und Arbeit. Hrsg. vom Deutschen Museum. Reinbek 1981)

Im 8. und 9. Jahrhundert traten, im Zusammenhang mit der Herausbildung eines starken Königtums und dem entstehenden Lehenswesen, tiefgreifende technische und gesellschaftliche Neuerungen auf. Das Pferd gewann seine bis ins späte 19. Jahrhundert anhaltende Bedeutung als Reit- und Zugtier. Zu den technischen Neuerungen zählten die Verwendung von eisernen Hufeisen und Steigbügeln und der Räderpflug, der eine intensivere Bodenbearbeitung möglich machte. Die Dreifelderwirtschaft ermöglichte die Bildung einer Vorrats- und Marktwirtschaft. Erst auf dieser Grundlage war das Vordringen der **Geldwirtschaft** in Europa möglich.
Die **Landwirtschaft** war vor allem abhängig von der Bodenqualität und dem Wetter. Weniger technische Neuerungen als Gewinnung zusätzlicher Anbauflächen durch Rodungen führten zu einem Ansteigen der Produktion.
Ein wichtiger Teilbereich mittelalterlicher Herrschaft war die **Grundherrschaft**: „Herrschaft über Land und Leute". Der König, der Adel, Kirche und Klöster bewirtschafteten ihr Land meist nicht selbst, sondern gaben als Grundherren das Land zum großen Teil an abhängige, meist unfreie Bauern aus. Diese „Grundholden" oder „Hintersassen" leisteten Dienste und Abgaben. Dafür gewährten ihnen die Herren „Schutz und Schirm". Diese Abhängigkeit der Bauern hielt sich bis ins 18. und 19. Jahrhundert.
In Ostmitteleuropa entwickelte sich seit dem 13. Jahrhundert die **Gutsherrschaft**, die dort bis ins 19. Jahrhundert bestimmend blieb. Während der Bauer einer Grundherrschaft mehrere Grundherren haben konnte, war die Gutsherrschaft ein geschlossenes Territorium, in dem der Gutsherr als Obrigkeit alle Gewalt innehatte. Sein Patrimonialgericht (patrimonium = Erbherrschaft) ließ eine Anrufung (Appellation) höherer Gerichte nicht zu. Seit der Mitte des 16. Jahrhunderts hatten die Gutsherren begonnen, ihren Besitz durch Bauernlegen (= Verdrängung der Bauern von ihrem Land) zu erweitern; nach der Mitte des 17. Jahrhunderts drückten sie die Bauern ihrer Güter in die Leibeigenschaft. Als landwirtschaftlicher Großbetrieb brachte die Gutsherrschaft die intensivierte und rationalisierte **Gutswirtschaft** mit hohem Gewinn. Vor allem wurde eine Überproduktion an Getreide betrieben. So sahen die Gutsherren ihren Boden als Produktionsfaktor mit einem bestimmten Kapitalwert; sie waren Kapital investierende, getreideproduzierende Unternehmer. Die Einbindung eines großen Teils der Bevölkerung in ein solches Abhängigkeitsverhältnis ließ sie als Konsumenten und Produzenten im marktwirtschaftlichen Sinn ausscheiden.
Die **handwerkliche Produktion** war weniger quantitativ als qualitativ ausgerichtet. Weite Transportwege lohnten sich im allgemeinen für Luxusgüter. Güter des täglichen Bedarfs wurden in der Agrargesellschaft in Eigenwirtschaft produziert oder auf lokalen Märkten erworben. Aus der **Naturalwirtschaft**, in der der Produzent einen Teil seines Arbeitsproduktes (z. B. Nahrungsmittel oder sonstige Gebrauchsgüter, Waffen usw.) auf dem Markt gegen die Produkte anderer Produzenten eintauschte, entwickelte sich mit zunehmender Arbeitsproduktivität der einzelnen Hersteller ein immer intensiverer **Tauschverkehr**. Die Absatzmärkte wurden über den heimischen Markt hinaus ausgedehnt, die Bedarfsdeckungswirtschaft wurde zur marktorientierten Wirtschaft. Der **Fernhandel** des hohen und späten Mittelalters war vor allem Handel mit Luxusgütern für eine wohlhabende Käuferschicht von Patriziern und Adeligen. Mit dem Erstarken der absoluten Fürstengewalt erlebte er seinen Niedergang. Eine besondere Stellung kam der norddeutschen Hanse zu, die im 13. und 14. Jahrhundert mit dem Handel von Massengütern, u. a. Fischen und Getreide, ein Handelsimperium aufbaute, das von Rußland über Polen, Norddeutschland, Skandinavien, Flandern bis England reichte.
Handwerk und Handel in den Städten waren in **Zünften** organisiert (s. E 1.1). Die Zünfte regelten Rohstoffzuteilung, Arbeitszeit, Ausbildung, Warenqualität, Absatz, Löhne und Preise. Vor allem im späten Mittelalter kam es zu strengen Aufnahmebedingungen, zur „Schließung" der Zünfte. Hinsichtlich der einzelnen, streng gegeneinander abgegrenzten Produktionsbereiche nahmen die Zünfte eine Monopolstellung ein. Seit dem Dreißigjährigen Krieg (1618–1648) trat

die innere Auflösung des Zunftwesens immer mehr zutage. In England fielen die der Industrialisierung hinderlichen Zunftschranken im 18. Jahrhundert, in Preußen 1807 und im übrigen Deutschland 1810. Während das Wirtschaftsleben in den Städten durch die Zünfte zunehmend eingeengt wurde, expandierten die großen **Handelshäuser** und Handelsgesellschaften (Große Ravensburger Handelsgesellschaft 1380–1530), die vor allem im süddeutschen Raum angesiedelt waren. Die modernen Formen des Handels (Banken, Buchführung, Messen) wurden in den oberitalienischen Städten entwickelt. Der Handel zwischen Orient und Okzident lief über Venedig, das im Gefolge der Kreuzzüge Byzanz als mächtigste Handelsmetropole ablöste. Den bedeutendsten Wirtschaftszweig des Heiligen Römischen Reiches Deutscher Nation bildeten Bergbau und Hüttenindustrie.
Eine wichtige Voraussetzung waren die **Einführung des Geldes** als des „allgemeinen Warenäquivalents“ und schließlich der bargeldlose Zahlungsverkehr mittels schriftlich auf eine bestimmte Bank ausgestellter Zahlungsanweisungen. Aus dieser Zeit stammen die noch heute gebräuchlichen banktechnischen Ausdrücke italienischer Herkunft, z. B. Konto, Giro, Bank. Das Geld stellte nun den Maßstab dar, nach dem der Tauschwert der auf dem Markt feilgebotenen Waren bemessen wurde. Es war Sache des Händlers, die verschiedenen Märkte in Verbindung zu bringen und die Tauschwerte auszuhandeln. Unter geschickter Ausnutzung der Preisunterschiede in den von ihm aufgesuchten Gebieten machte er Gewinne, immer bestrebt, aus Geld über den Ankauf und Verkauf von Waren mehr Geld zu erwirtschaften.
War der Zweck des Tausches im einfachen, unmittelbaren Warentausch der Verbrauch (die Konsumtion), so wurde nun – nach Einschaltung des Geldes – der Gewinn Zweck des Handels. Diese Frühform der Kapitalverwertung bezeichnet man als **Handelskapitalismus**.
Hohe Gewinne konnten bis ins späte Mittelalter nur im Handel erzielt werden. Im ausgehenden Mittelalter warfen Bergbau und Hüttenindustrie die größten Profite ab. Hier fanden neue Produktionstechniken am ehesten Anwendung, weil kapitalkräftige Unternehmer (z. B. die Welser und Fugger in Augsburg, die auch Bankiers Kaiser Karls V. waren) zu gewinnbringenden Investitionen in der Lage waren. Durch das Wasserrad als Antriebsmaschine wurden wasserreiche Gegenden, in denen gleichzeitig Erze gefunden wurden, wie z. B. die Oberpfalz, der Harz oder Tirol, die industriellen Zentren des Mittelalters.
In den erzreichen Gebieten erfolgte eine Zusammenballung von Arbeitern, wie z. B. am Falkenstein, dem bedeutendsten Tiroler Bergwerk, das im Jahr 1536 4600 Knappen beschäftigte und 1554 bereits 7500 Knappen.
In solchen **Industriezentren** gab es schon eine zahlenmäßig starke, konjunkturabhängige, von Arbeitslosigkeit und Geldentwertung bedrohte **Lohnarbeiterschaft**. Kinderarbeit in den Bergwerken war an der Tagesordnung.
Handel und Bankwesen waren eng miteinander verknüpft. Der Kaiser wie die erstarkenden Landesherren zogen daraus ihren Gewinn. Sie bestritten ihre Kriege, Hofhaltungen und kolonialen Unternehmungen mit den riesigen Anleihen, die sie bei den führenden Kaufleuten aufnahmen. Sie verpachteten an den Meistbietenden das monopolistische Großhandelsrecht auf eine Ware, zumeist Erze (Habsburger), aber auch Gewürze (portugiesische Könige). Es bildete sich eine Gruppe von Bankiers und „Großindustriellen“ heraus, die daneben den Warenhandel noch lange beibehielt. Herrscher und Kirchen übergingen stillschweigend das Wirtschaftsrecht ihrer Zeit, indem sie, um immer neue Anleihen machen zu können, Monopolbildungen förderten. Mit dem Erstarken absolutistischer Fürstengewalt erlebte der Fernhandel seinen Abstieg. Der Niedergang der Städte, die Schaffung von Grenzen und Zöllen wirkten sich insbesondere im Gebiet des Deutschen Reiches negativ auf den Handel aus. So erreichte z. B. der europäische Handel erst im 19. Jahrhundert wieder die Ausdehnung, die er in der zweiten Hälfte des 14. Jahrhunderts durch die Hanse besessen hatte.

1.2 Die Unterordnung der Produktion unter das Kapital

Die großen Handelsgesellschaften gingen schließlich dazu über, Aufträge an die zu Hause produzierenden Handwerker zu geben, ihnen Rohstoffe zur Verarbeitung, teilweise auch Werkzeuge zu stellen und Lohn zu zahlen, also die Produktion vorab zu finanzieren. Es entstand das **Verlagssystem**, der erste frühkapitalistische, dezentralisierte hauswirtschaftliche Großbetrieb, getragen von den „Kaufleute-Unternehmern“ als Verlegern (verlegen: vorlegen, vorschießen). Arbeit und Kapital traten auseinander. Dem Verleger stand der Handwerker als abhängiger Lohnarbeiter gegenüber.
Diese früheste Form vom Kapital geprägter Produktion entstand in Flandern etwa seit dem 13. Jahrhundert, in Italien seit dem 14. Jahrhundert. Sie bestimmte besonders das italienische Seidengewerbe, da die Seidenweber den teuren Rohstoff nicht selbst kaufen konnten.
Mit der Eroberung von Kolonien in Ostindien und Amerika wurden neue Basen für billige Rohstoffe und neue Absatzmärkte für europäische Waren erschlossen. Zusammen mit dem Bedarf der absolutistischen Regierungen an Waffen, Bekleidung und sonstigen Ausrüstungen für ihre stehenden Heere forderten sie eine schnelle und massenhafte Produktion, die die herkömmlichen, zunftmäßig beschränkten Handwerksbetriebe nicht mehr leisten konnten. Unter diesen Voraussetzungen entstanden die Großbetriebe der **Manufakturen**. Diese Produktionsform bestimmte die Zeit von der Mitte des 16. bis zum letzten Drittel des 18. Jahrhunderts.
Der **Kaufmann-Unternehmer** übernahm nun außer der Organisation des Absatzes auch die Leitung der Produktion. Die manufakturelle Großbetriebsform ermöglichte eine beträchtliche Steigerung der Arbeitsproduktivität durch Zerlegung des Arbeitsprozesses in eine Reihe von Einzelarbeiten (in der Tuchmacherei z. B. Weben, Walken, Einfärben usw.), durch die Spezialisierung des Handwerkers auf einen einzelnen Arbeitsgang (Arbeitsteilung). So wurde nicht nur ein schnelleres Produzieren in großen Serien möglich, sondern die Herstellungskosten sanken, da gelernte Arbeitskräfte z. T. durch ungelernte, durch Frauen, Kinder, Invaliden und Greise, ersetzt werden konnten.
Die Manufakturen bildeten die Eckpfeiler der merkantilistischen Wirtschaftspolitik, mit dem die absolutistischen Fürstenhäuser ihren immensen Geldbedarf für ihre Machtpolitik und höfische Prachtentfaltung zu decken suchten. Die Förderung von Manufakturen stand dabei im Einklang mit dem Ausbau von Transportwegen, dem Aufbau von Handelsflotten, der fortgesetzten kolonialen Expansion und der Vergabe von Großaufträgen für die einheimische Produktion.
Das Deutsche Reich, in dem bis zum Dreißigjährigen Krieg das Zentrum der industriellen Entwicklung in Europa gelegen hatte, fiel durch den Krieg und die Aufteilung in Kleinstaaten in dieser Entwicklung zurück. Nur wenige Fürsten verfügten hier über das Kapital zu industriellen Unternehmungen, die allerdings auf breiter Basis keinen Erfolg hatten. Die führende Rolle unter den deutschen Staaten übernahm schließlich im 18. Jahrhundert Preußen unter Friedrich Wilhelm I. und Friedrich dem Großen (s. B. 1). Doch war der Vorsprung anderer Länder, vor allem Englands, bei der Industrialisierung zunächst nicht wettzumachen.
Die Manufaktur stellte, nach dem Verlag, den nächsten Schritt der Unterordnung der Produktion unter das Kapital und gleichzeitig die **Brücke zur modernen Fabrik** dar. Handwerker und Arbeiter arbeiteten nun außerhalb ihrer Wohnung mit Werkzeugen und an Maschinen, die ihnen nicht gehörten. Das hatte weitreichende Konsequenzen für das soziale Leben: Wohnen und Arbeiten wurden getrennt, „Arbeit“ wurde ein zeitlich und lokal genau abgegrenzter Bereich menschlichen Lebens; die (bürgerliche) **Familie** entwickelte sich zum idealisierten Hort und Ort der Wiederherstellung von Arbeitskraft. Aus dem Handelskapitalismus ist die neue Form des Kapitals, der Industriekapitalismus (s. 3.1) nun gänzlich herausgewachsen. Dieser ermöglichte dem **Bürgertum** den Aufstieg zur wirtschaftlich führenden Klasse.

2. Bevölkerungsentwicklung und Änderung der landwirtschaftlichen Produktionsmethoden

In der **Agrargesellschaft** stand die Bevölkerungsentwicklung jahrhundertelang unter demselben Gesetz. Einer **hohen Sterblichkeitsquote** – vor allem von Säuglingen und Müttern – entsprach eine **hohe Geburtenquote**. Auf tausend Einwohner kamen etwa 30–50 Geburten und 25–40 Sterbefälle, so daß sich in friedlichen Zeiten ein Bevölkerungszuwachs von 5–10 Promille, gelegentlich bis zu 15 Promille ergab. Da der Nahrungsspielraum kaum ausgeweitet werden konnte, wurde die Geburtenrate durch Staat und Gesellschaft rigoros beschränkt: Die Eheschließung wurde abhängig gemacht vom Nachweis eines ausreichenden Lebensunterhalts, einer entsprechenden „Stelle", später von der Mitgliedschaft in einer Zunft; erbrechtliche Ordnungen (s. 1.1) setzten das Heiratsalter hinauf, die Herrschaft mußte der Heirat ihrer Untertanen zustimmen usw. Im 19. Jahrhundert wuchs die Bevölkerung aller europäischen Länder in bis dahin unbekanntem Ausmaß. In England begann das **Wachstum der Bevölkerung** bereits in der zweiten Hälfte des 18. Jahrhunderts. Seine Bevölkerung verdoppelte sich im Laufe des 18. Jahrhunderts nahezu (1700: ca. 5,5 Mio., 1801: 9,16 Mio., 1811: 10,5 Mio.). In Deutschland begann das Bevölkerungswachstum in der ersten Hälfte des 19. Jahrhunderts. Die deutsche Bevölkerung stieg von 1815 bis 1850 von 24,8 auf 34,4 Millionen, also um knapp 40%.

Bevölkerungsentwicklung in Deutschland und Europa

	Preußen	Sachsen	Bayern	Württemberg	Baden
Bevölkerung					
a) *in Mio.:*					
1815/16	10,3	1,2	3,7	1,4	1,0
1849/50	16,3	1,9	4,5	1,7	1,4
b) *je qkm:*					
1815/16	35	79	49	72	60
1849/50	56	126	59	89	90

(Peter-Heinz Seraphim, Deutsche Wirtschafts- und Sozialgeschichte. Wiesbaden [2]1966, S. 191)

(in Mio.)	Großbritannien	Frankreich	Deutschland	Rußland
1800	10,9	26,9	24,5	–
1850	20,9	36,5	31,7	–
1900	36,9	40,7	50,6	112 (1897)
1910	40,8	41,5	58,5	

(Nach: André Armenquad. Die Bevölkerung Europas von 1700–1914. In: Cipolla/Borchardt [Hrsg.], Europäische Wirtschaftsgeschichte. Bd. 3: Die industrielle Revolution. Stuttgart 1985, S. 16)

Geschätzte Weltbevölkerung nach Kontinenten (in Mio.)

	Europa	Nordamerika	Mittel- und Südamerika	Afrika	Asien	Ozeanien Australien	Gesamt
1650	103	1	7	100	257	–	468
1750	140	1	11	95	479	2	728
1800	187	6	19	90	602	2	906
1850	266	26	33	95	749	2	1171
1900	401	81	63	120	937	6	1608
1950	574	168	162	199	1360	13	2476
1970	704	228	283	344	2056	19	3632
1985	801	280	434	530	2873	26	4944
2000	897	333	652	817	3777	35	6511

(Nach: Propyläen Weltgeschichte, hrsg. von G. Mann, Berlin 1968. Band 8, S. 283; United Nations, Dept. of Economic and Social Affairs [Hrsg.], World Population Prospects. Population Studies No. 53. New York 1973)

Die Ursachen dieser „demographischen Revolution“ (A. Landry) lagen vor allem im Rückgang der Sterblichkeit. Die höhere Lebenserwartung der Menschen resultierte zunächst aus der besseren Ernährung. Fortschritte in der Medizin fielen erst gegen Ende des 19. Jahrhunderts ins Gewicht. Mit der **Auflösung der ständischen Gesellschaft** fielen auch die durch Geburt bestimmten gesellschaftlichen Schranken. Durch die Industrialisierung entstanden neue Arbeitsplätze. Das traditionelle generative Verhalten, nämlich unbeschränkt Kinder zu zeugen, wie es früher als Gegengewicht gegen die hohe Sterblichkeit praktiziert wurde, führte jedoch in den ersten industriellen Generationen zu einer Bevölkerungswelle. Ein Massenelend (**„Pauperismus“**) war die Folge, dem sich die Menschen durch die großen Auswandererströme nach Amerika zu entziehen suchten und das die Entwicklung neuer Erwerbsmöglichkeiten durch industrielle Produktion herausforderte.

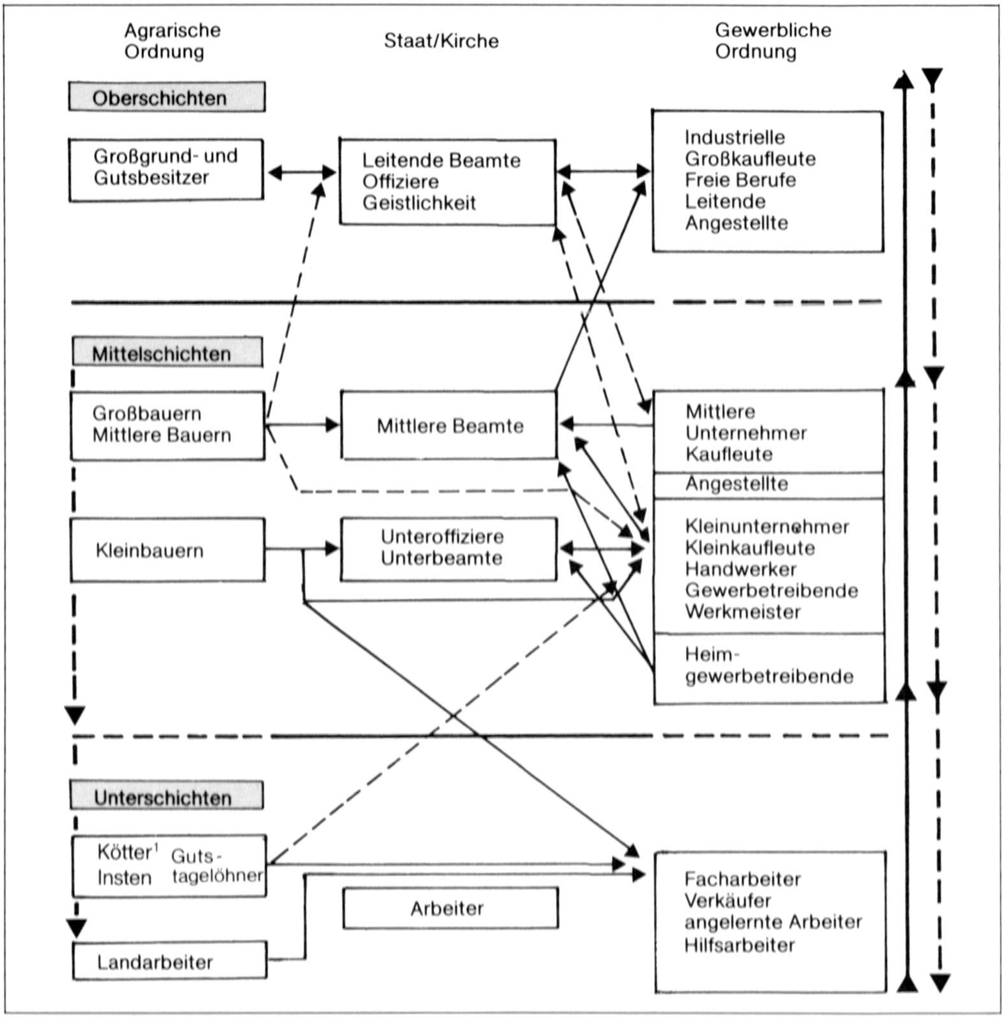

Schema der Gesellschaftsordnung und Mobilität in der Hochindustrialisierungsperiode

1 Kötter (oder Kätner) und Juste = Dauerpächter auf einer kleinen Landstelle mit Eigenbewirtschaftung und gleichzeitiger Verpflichtung zur Arbeit auf dem Gutshof

(W. Köllmann, Bevölkerungsgeschichte 1800–1970. In: Aubin u. W. Zorn [Hrsg.], Handbuch der deutschen Wirtschafts- und Sozialgeschichte. Bd. 2. Stuttgart 1976, S. 19)

Die Bevölkerungswissenschaft unterscheidet vier Entwicklungsabschnitte, die bei allen Industrienationen zu beobachten sind:
Abschnitt I (Phase I) ist charakteristisch für den ursprünglichen Zustand aller Völker: hohe Geburtenrate, hohe Sterberate und infolgedessen ein außerordentlich geringer Bevölkerungszuwachs.
Abschnitt II (Phase II) ist dadurch gekennzeichnet, daß die Sterberate rapide zurückgeht, daß aber die Geburtenrate stabil bleibt. Die Bevölkerung nimmt daher 130 Jahre lang rasch zu.
In Abschnitt III (Phase III) sinkt die Sterberate wieder, aber auch die Geburtenrate geht scharf zurück. Die Zuwachsrate verringert sich sehr stark.
In Abschnitt IV (Phase IV) schließlich verharrt die Sterberate auf ihrem Tiefstand, die Geburtenrate ebenfalls. Der Unterschied zwischen Sterbe- und Geburtenrate bleibt klein; die Bevölkerung wächst nur noch sehr langsam.
(Fritz Baade, Der Wettlauf zum Jahre 2000, Oldenburg und Hamburg 1961, S. 21 ff.).

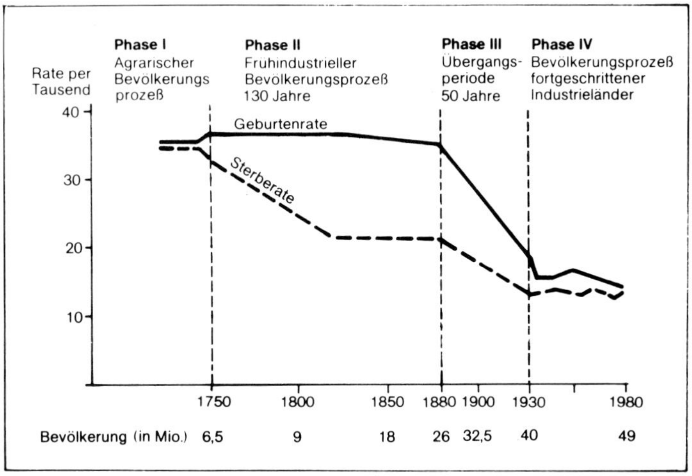

Bevölkerungsentwicklung in England und in Wales

Die Bevölkerungsentwicklung im 18. und frühen 19. Jahrhundert mußte einem Beobachter, der mit dem traditionellen Produktionsverhältnis rechnete, bedrohliche Perspektiven eröffnen. Der englische Pfarrer und Volkswirt **Robert Malthus** (1766–1834) stellte ein **Bevölkerungsgesetz** auf, nach dem die Bevölkerung in geometrischer, die Nahrungsmenge nur in arithmetischer Progression zunehme, so daß eine wachsende Bevölkerung trotz aller Anstrengungen immer weniger zu essen haben würde. Malthus forderte darum die Einschränkung der Kinderzahl.
„Das Bevölkerungsgesetz“ (1798) war damals eine heftig diskutierte Schrift. (T 1) Sie traf in England auf eine pessimistische Grundstimmung infolge der wachsenden Bevölkerungszahl und der Steigerung des Weizenpreises, verursacht durch die kriegerischen Verwicklungen mit Frankreich. Auf längere Sicht haben sich Malthus' Annahmen jedoch als falsch erwiesen.
Entscheidend für das Anwachsen der Bevölkerung in Deutschland war die Änderung der **Agrarverfassung** sowie damit zusammenhängend eine Weiterentwicklung der landwirtschaftlichen Produktionsverhältnisse und die Verbesserung der landwirtschaftlichen Produktion. Die wichtigste Voraussetzung dafür war die sogenannte **„Bauernbefreiung“**. (s. B 1.3.3)
Zu ihren Ergebnissen zählte eine Zunahme der **Mobilität,** wie sie in der Binnenwanderung um die Mitte des 19. Jahrhunderts deutlich wurde (T 7). In Verbindung mit wirtschaftlichen und politischen Krisen stieg die Auswanderungsbewegung in (Südwest-)Deutschland, besonders in den Jahren 1846–50, sprunghaft an. (s. B 4.3)
Die Bauern, die ihr Land verloren oder denen das ihnen verbliebene Land keine Existenzgrundlage bot, mußten sich als Landarbeiter verdingen. Ihre Freisetzung als Arbeitskräfte gehörte zu den Voraussetzungen der Industrialisierung. Sie stellten die „industrielle Reservearmee“ (Karl Marx) für die Fabriken. Die Geschichte einiger Entwicklungsländer zeigt, daß ein Überangebot billiger Arbeitskräfte sich hemmend auf den Aufbau einer Industrie auswirken kann, da ein Zuviel an Arbeitskräften die Einführung von modernen Technologien überflüssig erscheinen läßt.

Durch die individuelle Nutzung bisheriger Gemeinheitsländereien (= Allmenden) wurde der Boden intensiver bebaut; die Produktionsmethoden konnten durch den Übergang von der Dreifelderwirtschaft zum Fruchtfolgesystem verbessert werden. Die „befreiten" Bauern wirtschafteten nun auf eigene Verantwortung. Während des 19. Jahrhunderts stieg in Deutschland der Anteil an der Ackerfläche um fast 50%. Mit der Ausdehnung des Großgrundbesitzes begann eine Großproduktion von Getreide, Kartoffeln, Zuckerrüben, Wolle, Holz usw.
Die Ergiebigkeit des Bodens wurde durch die Übernahme der englischen **Fruchtwechselmethode**, künstliche Düngung (**Liebigs** revolutionäres Buch „Die Chemie in ihrer Anwendung auf Agrikulturchemie und Physiologie" erschien 1840), Pflanzenzüchtung, Einsatz von Maschinen und Bodenverbesserung gewaltig gesteigert. Im Jahr 1800 war noch die Arbeit von vier Bauern nötig, um zusätzlich einen Städter zu ernähren, 1900 versorgte ein Bauer vier Verbraucher, 1987 65 Verbraucher.
Der bahnbrechende Landwirtschaftswissenschaftler **Albrecht Thaer** (1752–1828; „Grundsätze der rationalen Landwirtschaft", 1810) vertrat den Standpunkt, auch die Landwirtschaft habe das Recht, „nach möglichst hohem Gewinn" zu streben. Die Rationalisierung und Intensivierung des Ackerbaus wurde von großen Agrarkrisen (Mißernten, Getreide- und Bodenpreissteigerungen im Gefolge der starken Bevölkerungsvermehrung) in den zwanziger und vierziger Jahren, aber auch von dem ständig wachsenden Nahrungsbedarf der Großstädte vorangetrieben. Nur durch die Großproduktion von billigen Kartoffeln konnten die neuen Arbeitermassen der Städte ernährt werden. (Der Kartoffelverbrauch stieg von 1835–1880 um 100%).
Johann Heinrich von Thünen auf Gut Tellow bei Rostock, ein Schüler Thaers, setzte sich für eine am Markt orientierte Produktion mit Hilfe moderner Methoden des Landbaus ein. Bei Thünen entscheiden die Preise und damit die Standorte und Transportkosten, welche Frucht angebaut und wie intensiv der Boden bearbeitet wird. Die Höfe mit den geringsten Transportkosten am Rande einer Stadt werfen danach die höchste Rente (Gewinn) ab, die weit entfernten die niedrigste.

Hektar-Erträge der deutschen Landwirtschaft

	Weizen		Roggen		Kartoffeln	
	dz	%	dz	%	dz	%
um 1800	10,3	100	9,0	100	80	100
1860	13,0	126	11,2	124	–	–
1895	16,9	164	13,9	154	117	146
1910	20,7	201	17,8	198	133,4	167
1936	23,3	226	17,4	193	173,1	216
1951–1961	29,4	285	24,3	270	220,4	275

(Nach J. Seiters/J. B. Walz, Das Werden der modernen Welt durch die wirtschaftliche und gesellschaftliche Revolution. Hannover 1966, S. 43)

Das Aufkommen von Zeitschriften, die sich mit landwirtschaftlichen Fragen befaßten, die Gründung landwirtschaftlicher Vereine sowie die Entwicklung des Agrarkreditwesens trugen zur Förderung der rationellen Landwirtschaft bei. Auf das Eindringen naturwissenschaftlichen Denkens in die Landwirtschaft antwortete eine romantische Gegenbewegung, die den Bauern als Hüter innersten deutschen Wesens proklamierte.

T 1 Thomas Malthus: Das Bevölkerungsgesetz (1798)

(Erstens: Die Nahrung ist für die Existenz des Menschen notwendig. Zweitens: Die Leidenschaft zwischen den Geschlechtern ist notwendig und wird in etwa ihrem gegenwärtigen Zustand bleiben.)

Indem ich meine Postulate (= Annahmen) als gesichert voraussetze, behaupte ich, daß die Vermehrungskraft der Bevölkerung unbegrenzt größer ist als die Kraft der Erde, Unterhaltsmittel für den Menschen hervorzubringen.

Die Bevölkerung wächst, wenn keine Hemmnisse auftreten, in geometrischer Reihe an. Die Unterhaltsmittel nehmen nur in arithmetischer Reihe zu. Schon einige wenige Zahlen werden ausreichen, um die Übermächtigkeit der ersten Kraft im Vergleich zu der zweiten vor Augen zu führen.

Aufgrund jenes Gesetzes unserer Natur, wonach die Nahrung für den Menschen lebensnotwendig ist, müssen die Auswirkungen dieser beiden ungleichen Kräfte im Gleichgewicht gehalten werden.

Dies bedeutet ein ständiges, energisch wirkendes Hemmnis für die Bevölkerungszunahme aufgrund von Unterhaltsschwierigkeiten, die unweigerlich irgendwo auftreten und notwendigerweise von einem beachtlichen Teil der Menschheit empfindlich verspürt werden. [...]

Die natürliche Ungleichheit, die zwischen den beiden Kräften – der Bevölkerungsvermehrung und der Nahrungserzeugung der Erde – besteht, und das große Gesetz unserer Natur, das die Auswirkungen dieser beiden Kräfte im Gleichgewicht halten muß, bilden die gewaltige, mir unüberwindlich erscheinende Schwierigkeit auf dem Weg zur Vervollkommnungsfähigkeit der Gesellschaft. Alle anderen Gesichtspunkte sind im Vergleich dazu von geringer und untergeordneter Bedeutung. Ich sehe keine Möglichkeit, dem Gewicht dieses Gesetzes, das die gesamte belebte Natur durchdringt, auszuweichen. Weder eine erträumte Gleichheit noch landwirtschaftliche Maßnahmen von äußerster Reichweite könnten seinen Druck auch nur für ein einziges Jahrhundert zurückdrängen. Deshalb scheint dieses Gesetz auch entschieden gegen die mögliche Existenz einer Gesellschaft zu sprechen, deren sämtliche Mitglieder in Wohlstand, Glück und verhältnismäßiger Muße leben und sich nicht um die Beschaffung von Unterhaltsmitteln für sich und ihre Familien zu sorgen brauchen. [...]

Nehmen wir für die Bevölkerung der Welt eine bestimmte Zahl an, zum Beispiel 1000 Millionen, so würde die Vermehrung der Menschheit in der Reihe 1, 2, 4, 8, 16, 32, 64, 128, 256, 512 etc. vor sich gehen, die der Unterhaltsmittel in der Reihe 1, 2, 3, 4, 5, 6, 7, 8, 9, 10 etc. Nach 225 Jahren würde die Bevölkerung zu den Nahrungsmitteln in einem Verhältnis von 512 zu 10 stehen, nach 300 Jahren wie 4096 zu 13, und nach 2000 Jahren wäre es beinahe unmöglich, den Unterschied zu berechnen, obschon der Ernteertrag zu jenem Zeitpunkt zu einer ungeheuren Größe angewachsen wäre.

[...] Die Armen müssen zwangsläufig noch schlechter leben, und viele von ihnen werden in äußerste Not geraten. Da auch die Zahl der Arbeiter die Nachfrage auf dem Arbeitsmarkt übersteigt, wird der Arbeitslohn eine fallende Tendenz zeigen, während gleichzeitig der Preis der Lebensmittel eine steigende Tendenz aufweisen wird. Der Arbeiter muß daher mehr Arbeit leisten, um dasselbe zu verdienen wie zuvor. Während dieser Zeit der Not sind die Bedenken gegenüber einer Heirat und die Schwierigkeit, eine Familie zu erhalten, so groß, daß die Bevölkerungszahl auf demselben Stand bleibt. Unterdessen ermutigt der niedrige Wert der Arbeit, der Überfluß an Arbeitskräften und die Notwendigkeit verstärkten Fleißes die Landbesitzer, mehr Arbeit auf ihren Boden zu verwenden, neues Land urbar zu machen und das bereits bebaute zu düngen und gründlicher zu bestellen, bis schließlich die Unterhaltsmittel wieder im gleichen Verhältnis zur Bevölkerung stehen, wie zu der Zeit, von der wir ausgegangen sind. Ist dann die Lage der Arbeiter wieder einigermaßen erträglich geworden, werden die Hemmnisse der Bevölkerungsvermehrung mehr und mehr unwirksam; es wiederholen sich – im Hinblick auf den Wohlstand – dieselben rückläufigen und fortschrittlichen Bewegungen.

(Thomas Malthus, Das Bevölkerungsgesetz. München 1977. S. 22–24)

Problem und Diskussion

1 *Skizzieren Sie den geschichtlichen Verlauf der wirtschaftlichen Entwicklung.*

2 *Welche Folgen hatten die jeweiligen wirtschaftlichen Verhältnisse für die Bevölkerungsentwicklung (sog. generatives Verhalten) und umgekehrt?*

3 *Analysieren Sie die Bevölkerungsentwicklung in der Zeit des Übergangs von der Agrar- zur Industriegesellschaft am Beispiel Englands und Deutschlands.*

4 *Erläutern Sie die Hauptmerkmale von Malthus' Bevölkerungsgesetz.*

5 *Ist nach Ihrer Auffassung das Malthussche Bevölkerungsgesetz für die Erklärung der Bevölkerungsentwicklung in der Dritten Welt brauchbar?*

6 *Welche Methoden der Bodenkultivierung waren folgenreich für die Ertragssteigerung in der Landwirtschaft?*

3. Die Industrielle Revolution in England

3.1 Wirtschaftliche, technische und gesellschaftliche Voraussetzungen des Industriekapitalismus

„Industrielle Revolution“ bezeichnet die Phase tiefgreifenden Umbruchs in Produktion, Arbeits- und Lebensverhältnissen, die um 1760 in Großbritannien einsetzte und das 19. Jahrhundert über Europa hinaus prägte.

Industrialisierung bedeutet „die Entwicklung von Arbeitsmaschinen und mechanischen Anlagen; die Ersetzung von tierischer oder menschlicher Kraft durch die unbeseelte Kraft der von Dampf, Elektrizität, Gas etc. angetriebenen Maschinen; die Verbesserung von Verfahren zur Erzeugung und Verarbeitung von Rohstoffen, beispielsweise das Bessemerverfahren zur Herstellung von Stahl; die Konzentration der Produktion in der Fabrik mit ihrer charakteristischen Kombination von Arbeits- und Kraftmaschinen; die Produktion für den Markt; die zunehmende Arbeitsteilung; die Trennung der Arbeitenden in Unternehmer als Besitzer der Produktionsmittel, charakterisiert durch Eigentum an investiertem Kapital und darauf gegründetem unternehmerischen Handeln; und Arbeiter, die lediglich die freie Verfügung ihrer eigenen Arbeitskraft in den Produktionsprozeß einbringen können und dafür einen Lohn erhalten; eine neue exakte Zeitstruktur und damit verbunden ein synchrones System von Disziplin, Selbstdisziplin und Kontrolle.“ (Ruppert)

Die industrielle Gesellschaft erhielt ihr Gesicht durch die Produktionsform: die **Fabrik**. In den Manufakturbetrieben arbeiteten Lohnarbeiter arbeitsteilig an der Herstellung eines Produkts. Sie leisteten dabei noch weitgehend Handarbeit. In der Fabrik werden Arbeit, Arbeitsdauer und Arbeitstempo durch die Maschinen und anderen technischen Einrichtungen bestimmt.

Die Maßstäbe für die Länder, die in den Industrialisierungsprozeß eintraten, setzte Großbritannien. Weshalb begann die industrielle Revolution in Großbritannien, auf welche Voraussetzungen stützte sie sich, welche Folgen hatte sie für Wirtschaft und Gesellschaft und worin bestand das „Revolutionäre“ der Industrialisierung?

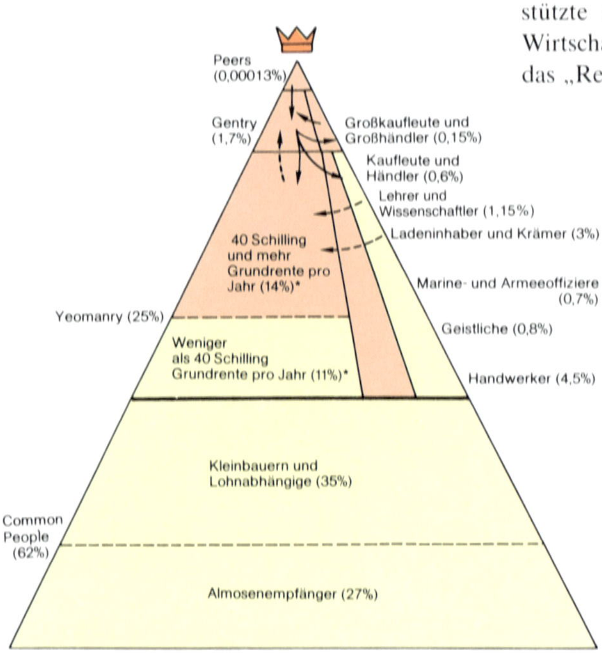

Soziale Schichtung in England und Wales

Um die Mitte des 18. Jahrhunderts war Großbritannien ein Land, in dem politische Stabilität, gute Ernten und ein ausgedehnter Handel, gestützt auf eine mächtige Kriegs- und Handelsflotte, zu relativem Wohlstand geführt hatten. England war in Europa das größte einheitliche Handelsgebiet ohne Zölle und andere Handelsbeschränkungen. Seine Gesellschaftsschichtung war durchlässiger als die des kontinentalen Europa. Im Laufe des 17. Jahrhunderts verband sich der kleine **Landadel**, die gentry, vielfach durch Heirat mit den kapitalbesitzenden städtischen Händlern oder Bürgerliche erwarben Landgüter und wurden in den Adelsstand erhoben.

Unterhalb der gentry entfaltete sich ein wohlhabendes **Bürgertum** von Fabrikanten und Händlern, das sich sozial bewußt von den in den Adelsstand erhobenen absetzte. Arbeitend tätig zu sein bedeutete auf dem Boden puritanischer Ethik keine Minderung des sozialen Status, sondern gottgewollten Lebensinhalt (s. T 4). Englische Grundbesitzer förderten die Industrielle Revolution durch Ausbeutung der Bodenschätze, besonders von Kohle und Eisen. Dadurch kam es nicht zu einem Gegensatz zwischen Agrar- und Industriegesellschaft, wie in den meisten kontinentaleuropäischen Ländern. Initiativen für die Verbesserung des Verkehrswesens, die Gründung von Städten usw. gingen oft von Grundbesitzern aus. Das Kapital war ziemlich breit gestreut und die Verbrauchernachfrage groß. Beides waren günstige gesellschaftliche Voraussetzungen für die Industrielle Revolution. Alle Beschränkungen der freien wirtschaftlichen Betätigung des einzelnen fielen im Laufe des 18. Jahrhunderts. Spätestens seit dem Ende des 17. Jahrhunderts galt es auch für Angehörige des Adels, im Gegensatz zu Preußen, nicht mehr als unstandesgemäß, sich am wirtschaftlichen Leben aktiv zu beteiligen. Die Regierung, eng mit dem Handel und der Mittelklasse verflochten, war bereit, ihre Politik nach wirtschaftlichen Interessen auszurichten. Wenn in England früher als in den anderen europäischen Ländern eine **liberale Wirtschaftsordnung** – mit freiem Unternehmertum, privatem Kapital und freien Lohnvereinbarungen – Fuß fassen konnte, dann war dies der in der Glorreichen Revolution von 1688 erkämpften Zurückhaltung des Staates zu verdanken. Dazu kamen ein System von gut ausgebauten Handelsstraßen und Kanälen, die Beweglichkeit (Mobilität) der Bevölkerung hinsichtlich des Wohnstandortes, eine fortschrittliche Geldwirtschaft (1694 Gründung der Bank von England), ein beträchtliches Investitionskapital und ein Sinn für die Verwendung technischer Neuerungen (Innovationen).
Auf dem Land gab es so gut wie keine landbesitzende Bauernschaft mehr. Seit 1660 konzentrierte sich das Land in den Händen von Großgrundbesitzern. Durch die **Einhegungen** („enclosures") wurde Gemeindeland in Privateigentum überführt, verstreut liegende Felder wurden aus der Gemengelage gelöst und zu einem geschlossenen, mit Hecken oder Steinmauern umgrenzten eingehegten Besitz geformt. Die Zunahme des bebauten Landes und die Möglichkeit extensiver Weidewirtschaft führten zu einem Ansteigen der landwirtschaftlichen Produktivität. Die Kleinbauern und Landarbeiter, deren Rechte am Gemeineigentum für ihr Überleben notwendig waren, sanken zu besitzlosen Landarbeitern herab, die nur noch ihre Arbeitskraft besaßen. Sie waren

Erfindungen in der englischen Landwirtschaft im 18. Jahrhundert

außerdem gezwungen, sich über den Markt zu versorgen, was den Boden für eine marktwirtschaftliche Durchdringung des Landes mit vorbereitete.
Der Zusammenbruch des traditionellen, halbpatriarchalischen Bauernhofs trug zum Verfall der alten Gesellschaftsordnung bei. Das um die Mitte des 18. Jahrhunderts einsetzende Bevölkerungswachstum (s. 3.2) beschleunigte die Verelendung der Landarbeiter, die sich, bei einem Überangebot an Arbeitskräften, zu niedrigsten Löhnen auf den Gütern verdingen mußten. Die gleichzeitig einsetzende Industrialisierung bot erst in geringem Ausmaß Arbeitsplätze.

3.2 Die Textilindustrie als Leitsektor der Industrialisierung

Die **Textilindustrie** wurde zum „Leitsektor" der Industrialisierung in England. Sie entwickelte sich in einem Land, das über ein weltweites Handelsnetz verfügte und dem es im Laufe des 18. Jahrhunderts gelungen war, unter Einsatz einer überlegenen Flotte alle wichtigen überseeischen Märkte zu monopolisieren: den Chinahandel, den afrikanischen Sklavenhandel, den Handel mit Indien (s. Bd. 2, D 1.). Zucker, Tee, Kaffee, Tabak, Sklaven und Baumwolle waren an die Stelle von Gold und Gewürzen im Handel mit Ostindien und Afrika getreten. Der Sklavenhandel gewann besondere Bedeutung dadurch, daß auf den von Sklaven bewirtschafteten Plantagen der amerikanischen Südstaaten die Baumwolle produziert wurde, deren fast ausschließlicher Abnehmer Großbritanniens expandierende Textilindustrie war.

Bis zu Beginn des 18. Jahrhunderts kam die einzige reine Baumwolle aus Indien. Als im Jahr 1700 England den Wollimport sperrte, hatte es damit der künftigen einheimischen Baumwollindustrie den Weg freigemacht. Die ersten Fabrikanten ließen sich im Hinterland der großen Kolonial- und Sklavenhandelshäfen nieder: in Bristol, Glasgow und Liverpool. Lancashire wurde zum Kerngebiet der beginnenden Industrialisierung.
Die Baumwollindustrie war vor allem **Exportindustrie.** Ihre Absatzbasis fand sie in den Kolonien. Das Ausschalten der inländischen Konkurrenz und eine aggressive, an wirtschaftlichen Maximen ausgerichtete Politik waren die Mittel zur Eroberung und Verteidigung neuer Märkte. Wie am Beispiel Indiens, dem wichtigsten Absatzmarkt Großbritanniens in den ersten Jahrzehnten der Industrialisierung, zu sehen ist, schufen und sicherten die Briten sich ihre Absatzmärkte notfalls mit Waffengewalt und ruinierten die einheimische Produktion. Mechanisierung, Massenproduktion und steigende Absatzmöglichkeiten durch Gewinnen neuer Märkte bildeten ein Geflecht wechselseitiger Bedingungen und Abhängigkeiten. Es war jedoch nicht so, daß die Mechanisierung als Antwort auf eine Massennachfrage erfolgte.

Anwachsen der englischen Bevölkerung (in Mio.)

um 1700	5,5	1850	18,0
1740	6,0	1860	20,15
1750	6,5	1870	22,85
1777	7,5	1880	26,05
1780	8,0	1890	29,08
1800	9,25	1900	32,53
1810	10,5	1910	36,07
1820	12,2	.	.
1840	16,0	1984	56,0

Anwachsen der Bevölkerung der englischen Industriestädte (in 1000)

	Manchester[1]	Leeds[2]	Birmingham[3]	Sheffield[4]
1760	30–40	15–17	28–30	20–30
1800	95	53	70	45
1850	400	172	233	135
1880	462	389	437	285
.				
1951	703	505	1113	512
1961	662	510	1107	494
1971	542	501	1013	516

[1] Zentrum der Baumwollindustrie. [2] Zentrum der Wollindustrie. [3] Zentrum des Black Country: Schwerindustrie. [4] Zentrum der Metallwarenindustrie, besonders Schneidwaren.

Die Stadt **Manchester** wurde zum Sinnbild der Industriellen Revolution in zweifachem Sinn: als eine Stadt, die nicht nur zahlreiche Fabriken besaß, sondern von ihnen beherrscht und zum Inbegriff einer neuen Wirtschaftsauffassung, dem **„Manchester-Liberalismus"** wurde, der für das rücksichtslose, ungehinderte Gewinnstreben des einzelnen sowie für einen totalen (ruinösen) Wettbewerb stand (T 2; vgl. auch Friedrich Engels, Die Lage der arbeitenden Klasse in England, 1845).

Die mechanische Spinnmaschine, von James Hargreaves, „Spinning-Jenny" genannt (1767)

Und so begann es. Die Erfindung des „Fliegenden Weberschiffchens" durch John Kay (1733, nach 1760 allgemein verwendet) verlangte eine Produktionssteigerung bei der Herstellung der Fäden. Durch die **„Spinning Jenny"**, die in den 60er Jahren von Hargreaves entwickelt wurde, konnten mehrere Fäden gleichzeitig gesponnen werden. Sowohl das „Fliegende Schiffchen" als auch die „Jenny" waren Verbesserungen von Handmaschinen, die das Tempo der Produktion steigerten, aber die Produktion in Heimarbeit beließen. Spinner und Weber arbeiteten vielfach schon im Verlagssystem, und da der Absatz florierte, konnten die Händler Kapital für neue technische Verbesserungen akkumulieren (= ansammeln). Den entscheidenden Einschnitt bedeutete die von Richard Arkwright ab 1769 eingesetzte wassergetriebene Spinnmaschine („Water Frame"). Sie mußte in besonderen Gebäuden aufgestellt werden. Mit ihr hatte die Fabrikproduktion begonnen. 1778 entwickelte Samuel Crompton die **„Mule-Spinnmaschine"**, eine Synthese der Maschinen von Hargreaves und Arkwright, die mit 50 Spindeln zugleich spinnen konnte und bald mit Dampfkraft angetrieben wurde. Die „Mule-Spinnmaschine" wurde zur Grundlage der englischen Textilindustrie. Der von Edmund Cartwright entwickelte **mechanische Webstuhl** beherrschte ab 1804 die englische Webindustrie.

Aufgrund der technischen Erfindungen hatte sich von 1764 bis 1794 die Produktivität der Garnherstellung verdreißigfacht. Bis 1844 hatte sie sich verachtzigfacht. Die Produktivität des Webverfahrens war 1850 dreizehnmal höher als 1760. Die Qualität der Stoffe übertraf erstmals die bis dahin einzigartigen indischen Gewebe. Die technische Revolution im Textilgewerbe stand im Zusammenhang mit einer Revolution der Produktionsorganisation. Beide bedingten und förderten sich gegenseitig. Erst die Anwendung der neuen Arbeitsmittel „im großen", erst das **Zusammenwirken von Maschinenarbeit und Fabrikproduktion** machte aus der Erfindung einzelner Arbeitsmittel die Revolution der gesamten Produktion: Entwicklung von Spinnmanufakturen, Spinnmaschinen und -fabriken, Verbesserung der Spinnmaschinen, Entwicklung des Vorwerks, Anwendung von Wasserrädern, Entwicklung und Einsatz von Dampfmaschinen, Entwicklung des mechanischen Webstuhls, der Werkzeugmaschinen und der Maschinenindustrie, Bau riesiger Fabriken in den Städten, Durchsetzung neuer Berufe (z. B. Ingenieure) und neuer Arbeitsverhältnisse (z. B. Lohnarbeit) usw.; Technik und Produktion des textilen Gewerbes und aller anderen Produktionsbereiche wurden nach und nach grundlegend umgestaltet.

3.3 Die Herkunft des Kapitals und die Entwicklung der Industrie

Die **Investitionskosten** waren in den ersten Jahrzehnten der Industrialisierung relativ gering. Diejenigen, die über ausreichendes Kapital verfügten, Bankiers und Großgrundbesitzer, investierten es (noch) nicht in die Gründung von Fabriken. Händler, Handwerker, kleine Gastwirte waren es, die mit geringem, oft geliehenem Kapital die ersten Fabriken gründeten. Da die Gewinne hoch waren, konnten sie in kurzer Zeit große Kapitalien akkumulieren und reinvestieren. Auf diese Weise schufen die Unternehmer selbst das Kapital für das Fortschreiten der Industrialisierung. Im Interesse hoher Gewinne wurden die Löhne so gering wie möglich gehalten.
Die Technologie war vergleichsweise einfach. Worauf es ankam, war der richtige Zeitpunkt ihrer praktischen Nutzung für einen ausgedehnten **Markt** bei sinkenden Kosten und Preisen. Gefragt waren Leute mit „mittlerem Fachwissen" aus der Praxis, insbesondere Handwerksmeister. Erst später wurden sie, besonders in Deutschland, durch Techniker und Ingenieure ersetzt.
Die Not und die Armengesetze der Regierung („poor laws") trieben die besitzlose Bevölkerung in die Fabriken. Die Fabrikarbeit der frühen Industrialisierung war, entgegen verbreiteter Vorstellungen, nicht monotoner oder anspruchsloser als die Heimarbeit. Sie erforderte nicht selten höhere Konzentration und Geschicklichkeit. Entscheidend waren die Anbindung an die Maschine, die das Arbeitstempo vorgab, die Arbeit zu genau festgelegten Zeiten und rigide Fabrikordnungen (s. E, T 1).
1838 waren nur 23% der englischen Textilarbeiter erwachsene Männer, weil Frauen und Kinder billiger arbeiteten und die verarmten Landarbeiter zögerten, in die Fabriken zu gehen.
Der Aufschwung der Textilindustrie zog den anderer Industrien nach sich, allerdings mit einiger Verzögerung. Durch die Industrie und Verstädterung stieg der **Kohleverbrauch.** Der Einsatz der **Dampfmaschine** in den Kohlerevieren (vor allem in Tyneside) verbesserte die Methode der Kohleförderung und wirkte sich auf die **Eisenindustrie** aus, die sich in den Kohlegebieten ansiedelte. Die Einschmelzung von Eisen mit Koks, die Erfindung des Puddelns (durch Rühren wird dem Eisen Sauerstoff zugeführt und damit Kohlenstoff entzogen, was zu härterem Stahl führt) sowie Walzens und James Neilsons Heißluftgebläse (1829) intensivierten die Kapazität der Eisenindustrie. Die Eisenverwertung erwies sich wiederum als Stimulans für Kohle, Dampfmaschinen

Ein englisches Kohlenbergwerk um 1790 – Hier werden durch die Dampfmaschine zwei Förderanlagen betrieben (Dampfkessel und Zylinder sind getrennt aufgestellt).

und Transportwesen (Eisenbahn). Die „wirkliche Industrielle Revolution" der Eisenindustrie fand, wie bei der Kohle, erst in den mittleren Jahrzehnten des 19. Jahrhunderts, fünfzig Jahre später als die der Baumwolle, statt; denn während Konsumgüterindustrien selbst in vorindustriellen Wirtschaftsverhältnissen massenhaft Absatz fanden, war für die Produktionsgüterindustrien ein solcher Markt erst während oder nach der Industrialisierung vorhanden.
Die Entwicklung der **Lokomotive** (Stephenson, 1814) aus der Dampfmaschine entsprach den wirtschaftlichen Bedürfnissen des Bergbaus und der Eisenindustrie. Der Bergbau benötigte sowohl Dampfmaschinen zur Förderung der Kohle und der Erze aus immer größeren Tiefen als auch leistungsstarke Transportmittel. Andererseits stellte der Eisenbahnbau für ein gutes halbes Jahrhundert den wichtigsten Absatzmarkt für die Erzeugnisse der Schwerindustrie dar. Zwischen 1830 und 1850 verdreifachte sich die Produktion an Kohle und Eisen. Um 1830 noch zählte das Eisenbahnnetz auf der ganzen Erde ein paar Dutzend Meilen, 1840 waren es 300 Meilen, 1850 bereits 235 000. Kapital, Fachleute, Maschinen kamen zum großen Teil aus England. Auch auf dem Wasser zeitigte die technische Revolution Veränderungen: 1807 befuhr das erste Dampfschiff den Hudson in Nordamerika. In England wurden Straßen gebaut, Kanäle angelegt, Flüsse schiffbar gemacht. Die für Schwerindustrie, für Eisenbahn und Dampfschiffe, für den Ausbau von Kanälen und Chausseen notwendigen Investitionen waren beträchtlich. Doch Kapital war vorhanden: Die Baumwollindustrie hatte entsprechende Profite abgeworfen.
Zwischen 1860 und 1890 entstand die Industrie der Erdölförderung, und der Verbrennungsmotor wurde vervollkommnet. Ende des 19. Jahrhunderts begann die technische Nutzung der Elektrizität.

3.4 Die Begründung des wirtschaftlichen Liberalismus

Die Forderungen des wirtschaftlichen Alltags fanden ihren Niederschlag in der „klassischen" liberalen Wirtschaftstheorie des Schotten **Adam Smith** (1723–1790). Er gilt als der Begründer der modernen Wirtschaftswissenschaften.
Smith konnte sich auf eine Reihe englischer Denker (vor allem John Locke) stützen, die dem Selbstbewußtsein des erstarkenden Bürgertums entsprechend die Auffassung vertraten, daß der Mensch frei und unabhängig sei. Der Staat leitet sich aus einer Übereinkunft freier Individuen ab und hat die Aufgabe, natürliche und unveräußerliche Grundrechte zu sichern. Dazu gehört an erster Stelle das Privateigentum. Mit seinem Versuch, aus der Freiheit des Individuums die wirtschaftliche Freiheit abzuleiten, stand Smith in der Tradition des Philosophen, Ökonomen und Historikers David Hume.
In seinem 1776 in London erschienenen Hauptwerk „An Inquiry into the Nature and the Causes of the Wealth of Nations" greift er alle wesentlichen aktuellen Fragen der handels-, kolonial- und finanzpolitischen Praxis auf und beantwortet sie im Sinne eines privatwirtschaftlich orientierten Bürgertums. Ein Eingreifen des Staates in die Warenproduktion und -zirkulation ist überflüssig, da die wirtschaftliche Entwicklung von selbst nach objektiven Gesetzen verläuft (T 3).
Das Selbstinteresse gehört ebenso wie Gewissen und Pflichtgefühl zum menschlichen Wesen. Indem jeder Mensch sein Selbstinteresse verfolgt, gelangen alle Menschen notwendigerweise zu bestimmten Erfahrungen, die das Zusammenleben regeln. Im Widerspruch zum Merkantilismus stellt Smith den **Grundsatz wirtschaftlicher Freiheit** auf. Die Philosophie von der Freiheit der Persönlichkeit einerseits und die über die Manufakturen hinausweisende wirtschaftliche Entwicklung andererseits hatten den Boden für seine Theorie vorbereitet. Smith konnte die Ausmaße der industriellen Revolution nisht mehr abschätzen. Doch hatte er in seinem Werk die merkantilistische Auffassung einer staatlich (-absolutistisch) reglementierten Wirtschaft endgültig überwunden und wurde zum bedeutendsten Theoretiker der beginnenden Industrialisierung.

T 2 Alexis de Tocqueville: Die „schöpferische Kraft" der menschlichen Freiheit: Manchester

Aus einer Reisebeschreibung des französischen Diplomaten und Historikers Alexis de Tocqueville 1835

„[...] über dieses wasserreiche Gebiet, zu dessen Bewässerung Natur und Kunst gemeinsam beigetragen haben, sind wie durch Zufall Paläste und Hütten verstreut. In der äußeren Erscheinung der Stadt zeugt alles von der persönlichen Macht des einzelnen Menschen, nichts von der geregelten Gewalt der Gesellschaft. Die menschliche Freiheit enthüllt auf Schritt und Tritt ihre eigenwillige und schöpferische Kraft. Nirgends erweist sich die langsame und beständige Tätigkeit der Regierung [...]. Auf dem Gipfel der Hügel, die ich eben beschrieben habe, erheben sich 30 oder 40 Fabriken. Mit ihren 6 Stockwerken ragen sie hoch in die Luft. Ihr unabsehbarer Bereich kündigt weithin von der Zentralisation der Industrie. Um sie herum sind gleichsam willkürlich die ärmlichen Behausungen der Arbeiter verteilt; auf unzähligen gewundenen Pfaden gelangt man dorthin. Zwischen ihnen liegt unbebautes Land, das nicht mehr den Reiz ländlicher Natur hat, ohne schon die Annehmlichkeiten der Stadt zu bieten. Der Boden dort ist schon aufgewühlt, an tausend Stellen aufgerissen; aber er ist noch nicht von menschlichen Siedlungen bedeckt. Dies sind die Steppen der Industrie [...]. Über den Landstreifen, der tiefer liegt als der Flußspiegel und überall von gewaltigen Werkstätten beherrscht wird, erstreckt sich ein Sumpfgebiet, das durch die in großen Abständen angelegten Gräben weder trockengelegt noch saniert werden konnte. Dort enden gewundene und enge Gäßchen, gesäumt von einstöckigen Häusern, deren schlecht zusammengefügte Bretter und zerbrochene Scheiben schon von weitem eine Art letzten Asyls ankünden, das der Mensch zwischen Elend und Tod bewohnen kann.

Unter diesen elenden Behausungen befindet sich eine Reihe von Kellern, zu der ein halbunterirdischer Gang hinführt. In jedem dieser feuchten, abstoßenden Räume sind 12–15 menschliche Wesen wahllos zusammengestopft [...]. Wer jedoch den Kopf hebt, wird sehen, wie sich rings um diesen Ort die ungeheuren Paläste der Industrie erheben. Er wird den Lärm der Öfen, das Pfeifen des Dampfes hören [...]. Hier ist der Sklave, dort der Herr; dort findet sich der Reichtum einiger weniger, hier das Elend der großen Zahl; dort bringen die organisierten Kräfte der Menge zum Nutzen eines einzelnen hervor, was die Gesellschaft zu leisten noch nicht vermocht hat. Hier zeigt sich die Schwäche des Individuums gebrechlicher und hilfloser als mitten in der Wüste.

Ein dichter schwarzer Qualm liegt über der Stadt. Durch ihn hindurch erscheint die Sonne als Scheibe ohne Strahlen. In diesem verschleierten Licht bewegen sich unablässig 300000 menschliche Wesen. Tausend Geräusche übertönen unablässig in diesem feuchten und finsteren Labyrinth. Aber es sind nicht die gewohnten Geräusche, die sonst aus den Mauern großer Städte aufsteigen [...]. Inmitten dieser stinkenden Kloake hat der große Strom der menschlichen Industrie seine Quelle, von hier aus wird er die Welt befruchten. Aus diesem schmutzigen Pfuhl fließt das reine Gold. Hier erreicht der menschliche Geist seine Vollendung und hier seine Erniedrigung; hier vollbringt die Zivilisation ihre Wunder, hier wird der zivilisierte Mensch fast wieder zum Wilden [...]."

(Alexis de Tocqueville, Das Zeitalter der Gleichheit. Erstauflage Paris 1864; hier Stuttgart 1954, S. 365)

T 3 Adam Smith: „Untersuchungen über Natur und Ursprung des Volkswohlstandes" (1776)

Bei fast allen anderen Lebewesen ist jedes Einzelwesen, wenn es herangewachsen ist, vollkommen selbständig und hat im Naturzustand den Beistand keines anderen lebenden Wesens mehr nötig, der Mensch dagegen braucht fortwährend die Hilfe seiner Mitmenschen, und vergeblich erwartete er diese von ihrem Wohlwollen allein. Er wird viel eher seine Ziele erreichen, wenn er ihr Selbstinteresse zu seinen Gunsten lenken und ihnen zeigen kann, daß sie auch ihren eigenen Vorteil verfolgen, wenn sie für ihn tun, was er von ihnen haben will. Wer einem anderen ein Geschäft irgendwelcher Art anträgt, verfährt in diesem Sinne. Gib mir, was ich brauche, und du sollst haben, was du brauchst, das ist der Sinn eines jeden solchen Anerbietens, und auf diese Weise erhalten wir voneinander den bei weitem größten Teil all der Dienste, auf die wir gegenseitig angewiesen sind. Nicht von dem Wohlwollen des Fleischers, Brauers oder Bäckers erwarten wir das, was wir zum Essen brauchen, sondern von der Rücksichtnahme auf ihr eigenes Interesse. Wir wenden uns nicht an ihre Menschenliebe, sondern an ihr Selbstinteresse und sprechen zu ihnen nie von unserem Bedarf, sondern von ihren Vorteilen.

Stets sind alle Menschen darauf bedacht, die für sie vorteilhafteste Anlage ihrer Kapitalien ausfindig zu machen. In der Tat hat jeder dabei nur seinen eigenen Vorteil, nicht aber das Wohl der gesamten Volkswirtschaft im Auge. Aber dieses Erpichtsein auf seinen eigenen Vorteil führt ihn ganz von selbst – oder besser gesagt – notwendigerweise dazu, derjenigen Kapitalanlage den Vorzug zu geben, die zu gleicher Zeit für die Volkswirtschaft als Ganzes am vorteilhaftesten ist.

Verfolgt er nämlich sein eigenes Interesse, so fördert er damit indirekt das Gesamtwohl viel nachhaltiger, als wenn die Verfolgung des Gesamtinteresses unmittelbar sein Ziel gewesen wäre. Ich habe nie viel Gutes von denen gehalten, die angeblich für das allgemeine Beste tätig waren.

Der Jahresertrag einer Volkswirtschaft ist höher, wenn sie sich auf die Erzeugung derjenigen Waren beschränkt, in denen sie vor anderen Ländern

Kostenvorteile voraus hat, und die ihrerseits von anderen Ländern diejenigen Waren kauft, die dort billiger sind. Die Regelung dieser Austauschverhältnisse aber muß dem freien Spiel der wirtschaftlichen Kräfte überlassen bleiben.
Kapitalbildung und Industrieentfaltung müssen in einem Lande dem natürlichen Gang der Entwicklung überlassen bleiben. Jede künstliche wirtschaftspolitische Maßnahme lenkt die produktiven Kräfte der Arbeit und auch die Kapitalien in falsche Richtung.
(Adam Smith, Untersuchungen über Natur und Ursprung des Volkswohlstandes. Braunschweig 1949, S. 24ff.)

T 4 Max Weber: Asketischer Protestantismus und kapitalistischer Geist (1904/05)

Der Soziologe Max Weber hat in einer Studie die Zusammenhänge zwischen der puritanisch-calvinischen Ethik und den Anfängen des Kapitalismus in Westeuropa aufgedeckt.

[...] Das sittlich wirklich Verwerfliche ist nämlich das *Ausruhen* auf dem Besitz, der *Genuß* des Reichtums mit seiner Konsequenz von Müßigkeiten und Fleischeslust, vor allem von Ablenkung von dem Streben nach „heiligem" Leben. Und *nur* weil der Besitz die Gefahr dieses Ausruhens mit sich bringt, ist er bedenklich. Dennf die „ewige Ruhe der Heiligen" liegt im Jenseits, auf Erden aber muß auch der Mensch, um seines Gnadenstandes sicher zu werden, „wirken die Werke dessen, der ihn gesandt hat, solange es Tag ist". Nicht Muße und Genuß, sondern *nur Handeln* dient nach dem unzweideutig geoffenbarten Willen Gottes zur Mehrung seines Ruhms. *Zeitvergeudung* ist also die erste und prinzipiell schwerste aller Sünden. Die Zeitspanne des Lebens ist unentlich kurz und kostbar, um die eigene Berufung „festzumachen". Zeitverlust durch Geselligkeit, „faules Gerede", Luxus, selbst durch mehr als der Gesundheit nötigen Schlaf – 6 bis höchstens 8 Stunden – ist sittlich absolut verwerflich. Es heißt noch nicht wie bei Benjamin Franklin: „Zeit ist Geld", aber der Satz gilt gewissermaßen im spirituellen Sinn: sie ist unendlich wertvoll, weil jede verlorene Stunde der Arbeit im Dienst des Ruhmes Gottes entzogen ist. [...]
Die Arbeit ist zunächst das alterprobte *asketische Mittel*, als welches sie in der Kirche des Abendlandes, in scharfem Gegensatz nicht nur gegen den Orient, sondern gegen fast alle Mönchsregeln der ganzen Welt, von jeher geschätzt war. [...]
Aber die Arbeit ist darüber hinaus, und vor allem, von Gott vorgeschriebener *Selbstzweck* des Lebens überhaupt. Der paulinische Satz: „Wer nicht arbeitet, soll nicht essen", gilt bedingungslos und für jedermann. Die Arbeitsunlust ist Symptom fehlenden Gnadenstandes.
[...] Auch nach der Quäkerethik soll das Berufsleben des Menschen eine konsequente asketische Tugendübung, eine Bewährung seines Gnadenstandes an seiner *Gewissenhaftigkeit* sein, die in der Sorgfalt und Methode, mit welcher er seinem Beruf nachgeht, sich auswirkt. Nicht Arbeit an sich, sondern rationale Berufsarbeit ist eben das von Gott Verlangte. Auf diesem methodischen Charakter der Berufsaskese liegt bei der puritanischen Berufsidee stets der Nachdruck, nicht, wie bei Luther, auf dem Sichbescheiden mit dem einmal von Gott zugemessenen Los. Daher wird nicht nur die Frage, ob jemand mehrere callings kombinieren dürfe, unbedingt bejaht – wenn es für das allgemeinde Wohl oder das eigene zuträglich und niemand sonst abträglich ist und wenn es nicht dazu führt, daß man in einem der kombinierten Berufe ungewissenhaft („unfaithful") wird. Sondern es wird auch der *Wechsel* des Berufs als keineswegs an sich verwerflich angesehen, wenn er nicht leichtfertig, sondern um einen Gott wohlgefälligeren, und das heißt dem allgemeinen Prinzip entsprechend: nützlicheren Beruf zu ergreifen, erfolgt. Und vor allem: die Nützlichkeit eines Berufs und seine entsprechende Gottwohlgefälligkeit richtet sich zwar in erster Linie nach sittlichen und demnächst nach Maßstäben der Wichtigkeit der darin zu produzierenden Güter für die „Gesamtheit„, aber alsdann folgt als dritter und natürlich praktisch wichtigster Gesichtspunkt: die privatwirtschaftliche *„Profitlichkeit"*. Denn wenn jener Gott, den der Puritaner in allen Fügungen des Lebens wirksam sieht, einem der Seinigen eine Gewinnchance zeigt, so hat er seine Absichten dabei. Und mithin hat der gläubige Christ diesem Ruf zu folgen, indem er sie sicht zunutze macht. „Wenn Gott Euch einen Weg zeigt, auf dem Ihr ohne Schaden für Eure Seele oder für andere in gesetzmäßiger Weise *mehr gewinnen könnt* als auf einem anderen Wege und Ihr dies zurückweist und den minder gewinnbringenden Weg verfolgt, dann *kreuzt Ihr einen der Zwecke Eurer Berufung* (calling). *Ihr weigert Euch, Gottes Verwalter* (steward) zu sein und seine Gaben anzumehmen, um sie für ihn gebrauchen zu können, wenn er es verlangen sollte. Nicht freilich für Zwecke der Fleischeslust und Sünde, *wohl aber für Gott dürft Ihr arbeiten, um reich zu sein*"[1]. Der Reichtum ist eben nur als Versuchung zu faulem Ausruhen und sündlichem Lebensgenuß bedenklich und das Streben danach nur dann, wenn es geschieht, um später sorglos und lustig leben zu können. Als Ausübung der Berufspflicht aber ist es sittlich nicht nur gestattet, sondern geradezu geboten. Das Gleichnis von jenem Knecht, der verworfen wurde, weil er mit dem ihm anvertrauten Pfunde nicht gewuchert hatte, schien das ja auch direkt auszusprechen.
(M. Weber, Asketischer Protestantismus und kapitalistischer Geist: In: M. Weber, Soziologie, Weltgeschichtliche Analysen, Politik. Hg. von J. Winckelmann. Stuttgart [4]1968, S. 359ff.)

[1] Zitat aus der moraltheologischen Schrift des puritanischen Theologen Richard Baxter aus dem 17. Jh.

Wichtige Erfindungen im Zeitalter der industriellen Revolution

Kraftmaschinen	Arbeitsmaschinen	Kombinationen	Eisenverarbeitung	Nachrichtenwesen, Elektronik	Chemie
			1735 Koks aus Steinkohle (Darby) 1742 Gußstahl		
1769 Dampfmaschine (James Watt) 1776 Dampfmaschine zur Grubenentwässerung	1767 Spinnmaschine (Hargreaves) 1785 Mechanischer Webstuhl (Cartwright)		1766 Hochofen 1784 Puddelverfahren, Verwendung der Steinkohle zum Eisenschmelzen (Henry Cort)		1791 Sodafabrikation (Anfang der chemischen Industrie) aus Kochsalz u. a.
	1805 selbsttätiger Musterwebstuhl Jacquards	1807 Dampfschiff 1814 Dampflokomotive (Stephenson)			1827 Aluminium aus Tonerde 1828 Harnstoffsynthese
	1830 Nähmaschine 1834 Mähmaschine	1830 1. Eisenbahn		1837 Telegraf (Morse)	1838 Fotografie 1840 Agrikulturchemie (Liebig)
			1856 Stahlgewinnung (Bessemer-Verfahren, England)		1856 Anilinfarben aus Steinkohlenteer
1866 Dynamomaschine Siemens u. a. 1876 Ottomotor (Benzin)			1864 Siemens-Martin-Ofen (Schrottverwertung)	1861 Telefon (Reis)	1876 Ammoniak-Kältemaschine (Linde)
1878 Elektromotor 1882 Elektr. Werk 1883 Benzinmotor von Daimler und Maybach		1879 Elektrische Lokomotive (Siemens) 1885 Auto (Benz)	1879 Thomas-Verfahren (Stahl auch aus schlechterem phosphorhaltigem Roheisen)	1879 Elektrobirne (Edison)	1880 Indigo-Farbstoff (Bayer)
1889 elektrischer Drehstrommotor 1897 Dieselmotor				1895 Filmgerät (Kino) 1897 Funk	1898 Radium (Curie)

Problem und Diskussion

1 *Welche gesellschaftlichen, wirtschaftlichen und technischen Bedingungen haben die Industrielle Revolution in England begünstigt?*

2 *Welche Rohstoffe waren im Land vorhanden?*

3 *Wie beurteilt Tocqueville (T 2) die wirtschaftlichen und sozialen Verhältnisse in Manchester?*

4 *Welche Rolle spielte A. Smith (T 3) beim Aufschwung der englischen Wirtschaft? Welche Aspekte vermissen Sie in seiner individualistischen Wirtschaftstheorie?*

5 *Was läßt sich über die Lage der Arbeiter aussagen? (T 2)*

6 *Inwieweit sind die Aussagen von Max Weber über die puritanische Wirtschaftsethik (T 4) auf die Industrialisierung in England anwendbar?*

4. Die Industrialisierung in Deutschland

4.1 Die Gründung eines einheitlichen Wirtschaftsraumes: Der Deutsche Zollverein

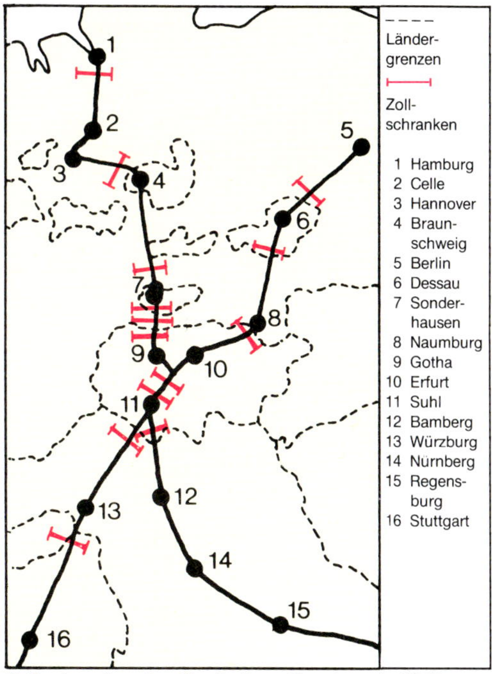

Zollschranken im Deutschen Bund nach 1815

Das vorindustrielle Deutschland bildete weder geographisch, noch politisch, noch wirtschaftlich eine Einheit. Der Deutsche Bund selbst war bis 1866 in 39 „souveräne" Wirtschaftsgebiete zergliedert, die keine gemeinsame Wirtschaftspolitik kannten. Die größeren Staaten wie Preußen und Österreich waren sogar teilweise selbst noch, ihrer historischen Zusammensetzung entsprechend, von Zoll- und Akziselinien (= Verbrauchs- und Verkehrssteuern) durchzogen. Es gab 67 lokale Zolltarife in Preußen.

Die handels- und zollpolitische Zersplitterung des Deutschen Bundes verhinderte die Entwicklung eines überregionalen Wirtschaftslebens und von Märkten, die für die Fabrikproduktion groß genug waren. Der Württemberger **Friedrich List** (1789–1846) sah die politischen wie wirtschaftlichen Raumzusammenhänge bereits in der ersten Hälfte des 19. Jahrhunderts unter dem Gesichtspunkt der Arbeitsteilung in Form eines friedlichen weltweiten Austausches zwischen gleichberechtigten Partnern (T 5). Statt dessen überschwemmten nach der Aufhebung der Kontinentalsperre (1813) englische Industrieprodukte zu Niedrigstpreisen den deutschen Markt mit ruinösen Folgen für die einheimischen Erzeuger.

Preußen – mit den Industriegebieten im Rheinland und in Westfalen (Hüttenwerke an Ruhr und Sieg, Baumwollspinnereien in Elberfeld und Barmen), im schlesischen Kohlebecken, mit den metallverarbeitenden Fabriken und den Banken im Berliner Raum und im Saargebiet – ging mit der planmäßigen Förderung der **„Nationalindustrie"** voran. 1818 wurden alle Binnenzölle aufgehoben und der eigene Markt vereinheitlicht. Zugleich schützte es seine bestehende Industrie durch einen Einfuhrzoll (auf Industriewaren 10%, auf Luxusgüter 20–30%, Rohstoffe blieben zollfrei). Der merkantilistisch eingestellte Staat kümmerte sich vor allem um die technische Entwicklung, den Verkehr und die Energiequellen (Berg- und Hüttenwesen) als den Grundlagen der Industrialisierung. Dabei konnte er die fortschrittliche Technik aus England, Frankreich und Belgien übernehmen. Als ein Modell sozialpolitischer Wirksamkeit galt der bis 1865 unter dem direkten Einfluß des Staates stehende Bergbau. Über Planung, Abbau, Rechnungswesen, Verkauf und Preisbildung, Materialbeschaffung, Arbeitsverhältnisse, Mindestlöhne, Arbeiterschutz, Arbeitszeiten in öffentlichen und privaten Gruben wachte der Staat. Mit Hilfe der 1846 gegründeten Preußischen Staatsbank, die auch staatseigene Betriebe finanzierte, konnten der aufstrebenden Industrie günstige Kredite gewährt werden. Der Staat selbst richtete Textilbetriebe (die Textilproduktion machte in den 40er Jahren noch 50% des gesamten preußischen Exports aus), Gießereien, eine Maschinenbauanstalt, ein Zinkwalzwerk, ein chemisches Werk, mehrere Mühlen

u. a. ein. Als Musterbetrieb sollten sie die allgemeine Konkurrenz anregen und den **Übergang vom Merkantilismus zum wirtschaftlichen Liberalismus** beschleunigen. 1837 gab es in Preußen 300 Dampfmaschinen. In England waren zu dieser Zeit schon 5000 in Betrieb.

Entwicklung der Branchen nach Beschäftigungszahlen

Gewerbezweig	1800		1835		1850		1875		1893		1913	
	1	2	1	2	1	2	1	2	1	2	1	2
Metall	170	7,6	250	7,7	333	9,4	751	13,9	1122	14,3	2330	20,1
Bau	240	10,4	325	10,0	368	10,3	530	9,8	1055	13,7	1630	14,0
Steine, Erden	70	3,1	150	4,6	166	4,7	398	7,3	714	9,4	1042	8,9
Feinmechanik	20	0,9	30	0,9	37	1,0	83	1,5	129	1,7	217	1,9
Textil, Leder	1170	52,5	1585	48,7	1638	46,1	2048	37,7	2387	30,9	2705	23,3
Holz, Druck, Papier	230	10,3	360	11,1	297	11,2	652	12,0	926	12,0	1430	12,2
Nahrung	300	13,4	470	14,5	520	14,6	676	12,5	962	12,5	1427	12,2
Bergbau	40	1,8	80	2,5	95	2,7	286	5,3	423	5,5	863	7,4
Insgesamt	2240	100,0	3250	100,0	3554	100,0	5424	100,0	7718	100,0	11644	100,0

1 = Zahl der Beschäftigten in 1000; 2 = Beschäftigte in v. H. aller im Gewerbe Tätigen.
(Bohnsack, Spinnen und Weben, S. 250)

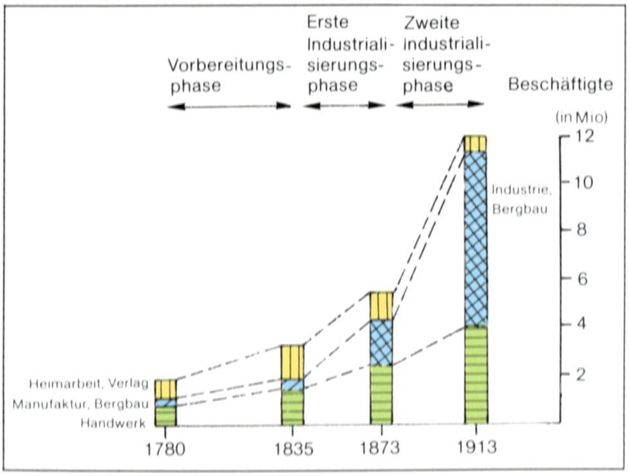

Entwicklung des gewerblichen Sektors
(F.-W. Henning, Die Industrialisierung in Deutschland 1800–1914. Schöningh Verlag, Paderborn [6]1983, S. 23)

Preußens Politik erstrebte den Anschluß der Klein- und Mittelstaaten nördlich des Mains, deren Gebiete teilweise vom preußischen durchschnitten oder eingeschlossen waren, an seine Zollordnung. Die Abwehr gegen eine preußische Vorherrschaft (Hegemonie) war jedoch zunächst stärker als die Einsicht in die wirtschaftliche Notwendigkeit. So bildeten sich 1828 drei verschiedene Zollvereine: 1. der preußisch-hessische, 2. der bayerisch-württembergische, 3. der wesentlich gegen Preußen gerichtete mitteldeutsche.

Durch die Einigung Preußens mit Bayern wurde über den mitteldeutschen Zollverein hinweg der Weg frei für die Gründung des **Deutschen Zollvereins** 1834. Österreich blieb ausgeschlossen und erhielt 1853 einen Handelstarif. Dem Zollverein schlossen sich in den nächsten Jahren weitere Länder an, zuletzt die Hansestädte Hamburg und Bremen (1888). Nach und nach wurde die volle Zollunion erreicht, d. h. der Wirtschaftsverkehr zwischen den Mitgliedern wurde durch keine Zollschranken behindert. Voraussetzung für das Funktionieren war der Ausbau des innerdeutschen Verkehrsnetzes (befestigte Straßen, Wasserstraßen, Eisenbahnen). Jedoch gab es keine gemeinsame Währung und keine Niederlassungsfreiheit. Angesichts des rivalisierenden Verhältnisses im Deutschen Bund zwischen Preußen und den Kleinstaaten betrachtete Preußen den Zollverein als Station auf dem Weg zur politischen Einigung Deutschlands und führte seine Politik so geschickt, daß die Befürchtungen der kleineren Staaten allmählich schwanden. Jedes Mitglied hatte, unabhängig von seiner Größe, eine Stimme, wenn auch das wirtschaftliche Übergewicht Preußens meist den Ausschlag gab.

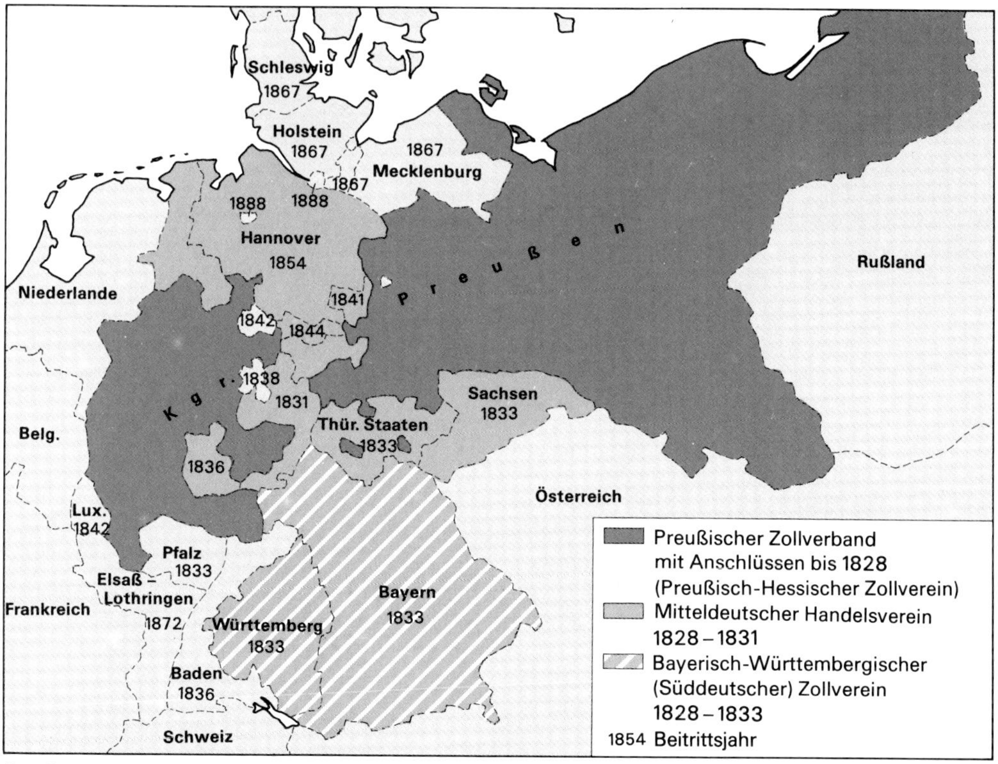

Der Deutsche Zollverein – Entstehung und Entwicklung

Das Wachstum der Großstädte

	Hamburg	München	Nürnberg	Dortmund
1500	ca. 15 000	ca. 13 000	ca. 22 800	ca. 10 000
1800	130 000	40 500	30 000	4 000
1850	171 000	110 000	54 000	22 100
1900	705 000	500 000	261 000	142 700
1970	1 817 100	1 326 300	477 100	648 900

(Zusammengestellt nach: Raum und Bevölkerung in der Weltgeschichte. Bd. II. Bearb. von W. Buchholz und W. Köllmann, Würzburg 1955, S. 225)

Verteilung der Bevölkerung auf Stadt und Land in Deutschland

1800 wohnten 90,0% in Orten unter 5 000 E.
4,7% in Orten unter 20 000 E.
3,8% in Orten unter 100 000 E.
1,5% in Orten über 100 000 E.

(München und Breslau ca. 55 000–60 000 E., Nürnberg und Augsburg ca. 25 000–30 000 E., Hamburg 100 000 E., Berlin 200 000 E.).

Die Verstädterung stieg erst nach 1850 und vor allem nach 1870 spürbar an. 1870 sind noch etwa 50%, 1913 etwa 33% in der Landwirtschaft beschäftigt.
(Nach F. Lütge, Deutsche Sozial- und Wirtschaftsgeschichte. Göttingen 1952, S. 307)

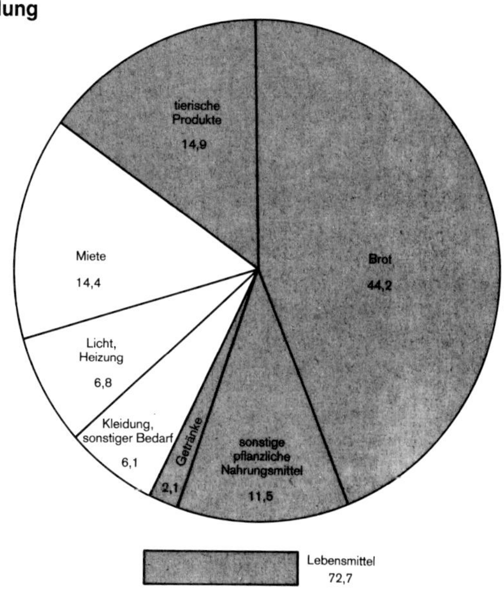

Lebenshaltungskosten einer fünfköpfigen Maurerfamilie in Berlin um 1800
(in Prozent des Einkommens)
(Michael Stürmer [Hrsg.], Herbst des alten Handwerks. Zur Sozialgeschichte des 18. Jahrhunderts. R. Piper Verlag, München 1986)

T 5 Friedrich List: Für weltweite Handelsfreiheit (1840)

Wie die verschiedenen Einwohner der gleichen Stadt oder mehrerer Städte oder mehrerer Provinzen einen größeren Wohlstand durch die Freiheit des Austausches erwerben als durch wechselseitige Trennung und Ausschließung, ebenso müssen die verschiedenen Nationen den höchsten Grad des Reichtums erreichen durch *eine möglichst weitgespannte Handelsfreiheit über die ganze Ausdehnung des Erdballs.*
Wenn die Freiheit, sich nach Belieben jedem Zweig der Produktion zu widmen, dieser Produktion den ganzen Umfang zu geben, dessen sie fähig ist, und allen Tausch auf die Weise zu vollziehen, die man bevorzugt und für die vorteilhafteste hält, – wenn diese jedem Individuum zugestandene Freiheit bisweilen das Gleichgewicht zwischen den verschiedenen Produzenten und Produkten, zwischen Produktion und Konsumtion zerstört, da nicht jedes Individuum ausrechnen kann, ob zu viel oder zu wenig Personen sich demselben Produktionszweig widmen, oder ob mehr oder weniger konsumiert als produziert wird, – dann kann das so gestörte Gleichgewicht nicht besser wiederhergestellt werden als durch die größte Freiheit des Handels zwischen allen Nationen.
Die Freiheit des Tauschs wird die Manufakturen an den Orten entstehen lassen, wo die Natur, die Agrikulturindustrie, die Wissenschaften, die sozialen und politischen Verhältnisse ihre Entwicklung am meisten begünstigen. Aber ganz besonders trägt es zur Vervollkommnung der Fabriken bei, wenn ihre verschiedenen Zweige derart verbunden sind, daß sie möglichst unmittelbar aufeinander aufbauen können. Dieses *Zusammenwirken* (Cooperation), diese Vereinigung der produktiven Kräfte ist ein Prinzip, das mit dem Prinzip der Arbeitsteilung Hand in Hand geht.
Die Erfahrung lehrt uns, daß ein hoher Grad von Zivilisation und eine Folge von Geschlechtern nötig ist, um die Manufakturkraft eines Landes zu einem hohen Grad von Vollendung zu bringen, und daß zur Erreichung dieses Ziels nichts unentbehrlicher ist als ein regelmäßiges, wenn auch langsames Wachstum von *Produktion* und *Absatz*, nichts wichtiger als die Vermeidung eines jeden Schritts nach rückwärts.
Wenn daher einzelne Länder, sei es durch besondere Qualitäten, sei es durch industrielle Verbesserungen oder durch natürliche Vorzüge, kurz gesagt: durch ein natürliches oder historisches Privileg in den Besitz einer überragenden Manufakturmacht gelangt sind und ihn behaupten, so wird ihre unaufhörliche Entwicklung nicht unterbrochen noch gestört werden, im Gegenteil, sie werden sich imstande sehen, die Welt mit den besten Manufakturwaren zu den billigsten Preisen zu beliefern. Die Industriemacht der ganzen Welt wird dadurch schnell und zum Besten der ganzen Menschheit eine bislang unerhörte Höhe erreichen.
Die Agrikulturländer werden so auf die nützlichste und natürlichste Weise auf dem Weg ihrer Prosperität und ihrer Zivilisation fortschreiten. Ihr Wohlstand wird sich vermehren durch den vorteilhaften Absatz ihrer Rohstoffe und ihrer Produkte in den Manufakturländern ebenso wie durch die vorteilhafte Erwerbung von Manufakturprodukten, von Werkzeugen und von denkbar vollkommenen Maschinen. Dieses Wachstum ihres Reichtums und ihres Verkehrs mit den Industrienationen wird ihre politischen und sozialen Institutionen verbessern, und die Stunde wird für sie kommen, wo sie ihrerseits Manufakturländer werden, um so mehr als der Überfluß an Kapitalien und Arbeitern der Fabrikation in jenen ackerbautreibenden Gegenden begünstigen wird, die hierfür am besten geeignet sind.
Auf diese Weise wird jedes Land Schritt für Schritt seinerseits dazu gelangen, sich in ein Manufakturland zu verwandeln, in dem Maße wie es die Eignung dazu durch die Fortschritte seines Reichtums und seiner Zivilisation erwirbt.
Und um diese Prosperität jeder Nation im besonderen und des ganzen Menschengeschlechts im allgemeinen zu verwirklichen, ist nichts nötig als der *ewige Friede*, als das *Aufhören aller Feindseligkeiten* von Nation zu Nation, wie sie durch Gesetze oder mit den Waffen in der Hand ausgetragen werden, als eine *Allianz der Völker* unter einer allgemeinen Gesetzgebung für die ganze Menschheit, – ist nichts nötig als *eine Republik des Erdballs*, wie J. B. Say sie fordert.
(F. List, Das natürliche System der politischen Ökonomie. [1840)] Bd. IV, Aalen 1971, S. 178f.)

Problem und Diskussion

1 *Welche geographischen, politischen, wirtschaftlichen und sozialen Faktoren waren für das späte Einsetzen der Industriellen Revolution in Deutschland maßgebend?*

2 *Welche Rolle spielte der Deutsche Zollverein für die wirtschaftliche und politische Entwicklung Deutschlands?*

3 *Wie erklären Sie das Bevölkerungswachstum im 19. Jahrhundert in Deutschland?*

4 *Worin bestand die wegweisende Rolle des Textilgewerbes im Rheinland für das Fabriksystem? Welchen Faktoren verdankt es seine bevorzugte industrielle Entwicklung?*

5 *Welche Rolle spielte Preußen bei der industriellen Entwicklung in Deutschland?*

6 *Arbeiten Sie die Gründe heraus, die List für einen einheitlichen Wirtschaftsraum vorträgt.*

4.2 Die erste Industrialisierungsphase 1835–1870

Zentren der Industrialisierung waren die Rheinprovinz, Brandenburg mit Berlin, Westfalen, Sachsen, Oberschlesien und der Raum um die alten süddeutschen Gewerbezentren Augsburg und Nürnberg. Die Industrialisierung vollzog sich regional. Die preußische Rheinprovinz und das westliche Westfalen gehörten zum großen nordwesteuropäischen Industriegebiet, das sich in Nordfrankreich und Belgien fortsetzte. Das eigentliche Einsetzen der industriellen Revolution in Deutschland wurde markiert durch die Gründung des Deutschen Zollvereins (s. 4.1), den Ausbau des Verkehrswesens, besonders durch den Beginn des Eisenbahnbaus (s. u.) und die Anlage der ersten Mergelzechen im nördlichen Ruhrgebiet (Haniel bei Borken, „Franz“ 1832/34 und „Kronprinz“ 1835/37), in denen es erstmals gelang, mit Hilfe der Dampfmaschine die wasserführenden Mergeldecken – eine Schicht aus Ton und Kalk – zu durchstoßen und mächtige Steinkohlenflöze zu erschließen.
1835 wurden Ein- und Ausfuhr in Deutschland durch die **Textilindustrie** bestimmt. Rohstoffe waren der wichtigste Einfuhrposten, Fertigwaren der wichtigste Ausfuhrposten. (Auch hieran ist erkennbar, daß das Deutsche Reich kein Entwicklungsland im heutigen Sinne war.) Das Textilgewerbe war der wichtigste nichtlandwirtschaftliche Produktionszweig der letzten vorindustriellen Jahrzehnte.
Der Industrialisierungsprozeß im Textilgewerbe setzte zuerst in der Baumwollspinnerei ein. Die erste Maschinenspinnerei in Deutschland wurde 1781/84 bei Ratingen errichtet. 1835 hatte Deutschland im Baumwollgewerbe das Produktionsniveau Englands im Jahr 1788 erreicht; um 1900 lag die Verarbeitung von Rohbaumwolle in Deutschland auf der in England 1850 erreichten Höhe. Seit der Mitte des Jahrhunderts nahmen die mechanischen Webereien einen steten Aufschwung (1875 waren 45% der Webstühle maschinengetrieben). Noch langwieriger ging die Mechanisierung in der Wollverarbeitung vonstatten. Die Leinenweberei blieb bis ins letzte Drittel des Jahrhunderts fast ausschließlich Handarbeit. An diesen Beispielen wird deutlich, daß der Industrialisierungsvorgang im Textilgewerbe ein sehr langwieriger Prozeß war. Insofern kam diesem Gewerbezweig auch nicht die Rolle eines „leading sector“ wie in Großbritannien zu.

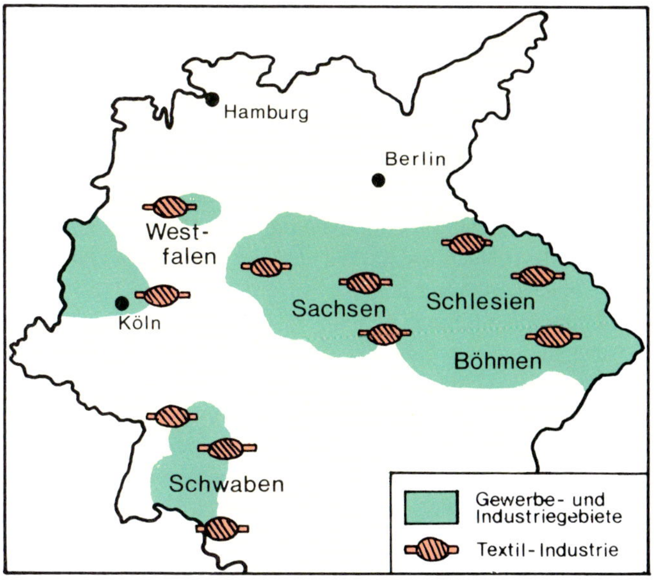

Deutsches Gewerbe 1820–1840

Mit dem Übergang zu neuen Produktionstechniken erfuhr die Textilproduktion eine Ausdehnung; die Gewinne der Textilunternehmer stiegen stark an. Das Verlagssystem besaß in der ersten Hälfte des Jahrhunderts noch weite Verbreitung. Während des ganzen Jahrhunderts behauptete die Bekleidungsindustrie die größte Beschäftigtenzahl.

Der **Eisenbahnbau** wurde zu der entscheidenden Antriebskraft für die Industrialisierung Deutschlands. Bis 1853 wurde der Aufschwung der Eisenindustrie vom Eisenbahnbau getragen, ab 1854 setzte ihn der Maschinenbau fort. In Großbritannien verlief die Entwicklung umgekehrt. Der Bau eines Eisenbahnnetzes wurde in zweierlei Hinsicht wichtig: als Transportsystem und als Markt für den entstehenden Maschinenbau. So erlebte z. B. die 1812 von Friedrich Krupp gegründete Gußstahlfabrik ihren großen Durchbruch erst mit der Zulieferung der Radreifen für Lokomotiven und anderer Stahlteile für den Eisenbahnbau. Der Bau des Eisenbahnnetzes erfolgte in Teilstrecken:

1835	Nürnberg–Fürth	1840	München–Augsburg
1837	Leipzig–Dresden	1841	Düsseldorf–Elberfeld
1838	Potsdam–Zehlendorf	1844	Nürnberg–Bamberg
	Braunschweig–Wolfenbüttel	1846	Berlin–Hamburg
	Düsseldorf–Erkrath		

1850 war bereits ein Streckennetz von 6000 km Länge entstanden. Die Transportkosten sanken drastisch gegenüber dem Transport auf der Chaussee, die Transportgeschwindigkeit erhöhte sich erheblich, Regelmäßigkeit und Pünktlichkeit garantierten bessere Kalkulierbarkeit. Das Verhältnis zu Zeit und Raum änderte sich grundlegend. Erstmals konnte der Standortnachteil von Produktionsstätten, die nicht an Wasserstraßen lagen, ausgeglichen werden. Der Massengütertransport zwischen den Landesteilen wurde ermöglicht und die Bildung industrieller Ballungsräume erleichtert.

Während zahlreiche deutsche Staaten den Eisenbahnbau von Anfang an als staatliches Unternehmen betrieben, wurden in Preußen die Eisenbahnen auf der Basis privaten Unternehmertums gebaut. Der Staat nahm jedoch Einfluß auf Streckenführung und Tarifgestaltung und förderte den Bau durch die Zulassung von Aktiengesellschaften, eine staatliche Zinsgarantie für das Eisenbahnkapital und die Unterstützung des Bodenerwerbs durch Enteignungsgesetze. Nach 1878 begann ein systematischer Aufkauf der Privatbahnen durch den Staat, so daß 1913 nur noch wenige Strecken in der Hand privater Gesellschaften waren.

Die enorme volkswirtschaftliche Bedeutung des Eisenbahnbaus wird u. a. daran deutlich, daß 20% des seit 1835 neu gebildeten Kapitals in der Eisenbahn investiert waren.

Kohlebergbau, Eisenindustrie und Maschinenindustrie wurden die führenden Sektoren der Industrie in Deutschland. Dem **Maschinenbau** kam von Anfang an eine besondere Bedeutung zu. Er nahm in den 40er Jahren einen raschen Aufschwung, und bereits in den 60er Jahren kam dem deutschen Maschinenbau eine Spitzenleistung in der industrialisierten Welt zu.

1842 waren von 245 Lokomotiven nur 38 in Deutschland produziert worden, 1851 dagegen bereits 679 von 1084. Noch bis zur Wende vom 18. zum 19. Jahrhundert mußte jede Dampfmaschine in mühsamer Handarbeit hergestellt werden.

Im industriellen Bereich wurden entscheidende Fortschritte erzielt, als die wichtigsten Vorarbeiten maschinell geleistet werden konnten. Englandreisen, auch zum Zweck der Industriespionage, die Verbesserung übernommener Techniken und die technische Schulung des eigenen Personals trugen dazu bei. Deutschland wurde führend in der **Ausbildung** qualifizierter Ingenieure und Techniker. 1820 wurde das Berliner Gewerbeinstitut, in kurzen Abständen wurden Polytechnika in Karlsruhe, Darmstadt, München, Dresden und anderen Städten gegründet. Bis zum Ende des 19. Jahrhunderts erwuchsen aus ihnen Technische Hochschulen. Daneben wurden Fachschulen und Spezialschulen für verschiedene Gewerbe errichtet. Polytechnische Vereine wurden gegründet.

Der Erfolg der staatlichen Bildungs- und Wissenschaftspolitik zeichnete sich jedoch erst in der zweiten Jahrhunderthälfte ab. Bevorzugte Standorte der Maschinenindustrie waren das Rheinland, Sachsen, Großherzogtum Hessen, Württemberg, Schlesien, ferner Brandenburg, Hannover, Braunschweig, Anhalt, Berlin. In der zweiten Hälfte der 60er Jahre war die deutsche Maschinenindustrie so weit entwickelt, daß sie einen Nettoexport (der Maschinenexport übertraf den Maschinenimport) an Maschinen verzeichnen konnte.

Als weitere führende Maschinenfabriken neben Krupp entstanden:

- 1837 die Maschinenbauanstalt von August Borsig in Berlin (etwa 50 Beschäftigte)
- 1837/38 die Fabrik von Johann August Maffei bei München (160 Arbeiter)
- 1837 die Werkstätte für Eisenbahnarbeiten von Johann Friedrich Klett in Nürnberg (dem späteren Nürnberger Werk von MAN) (12 Arbeiter).

Alle diese Neugründungen standen in direktem Zusammenhang mit dem Eisenbahnbau.

Das Wachstum des industriellen Leitsektors Maschinenbau spiegelt sich in den Beschäftigtenzahlen wider:

1861	51 000	Arbeiter
1882	356 000	Arbeiter
1907	1 120 000	Arbeiter

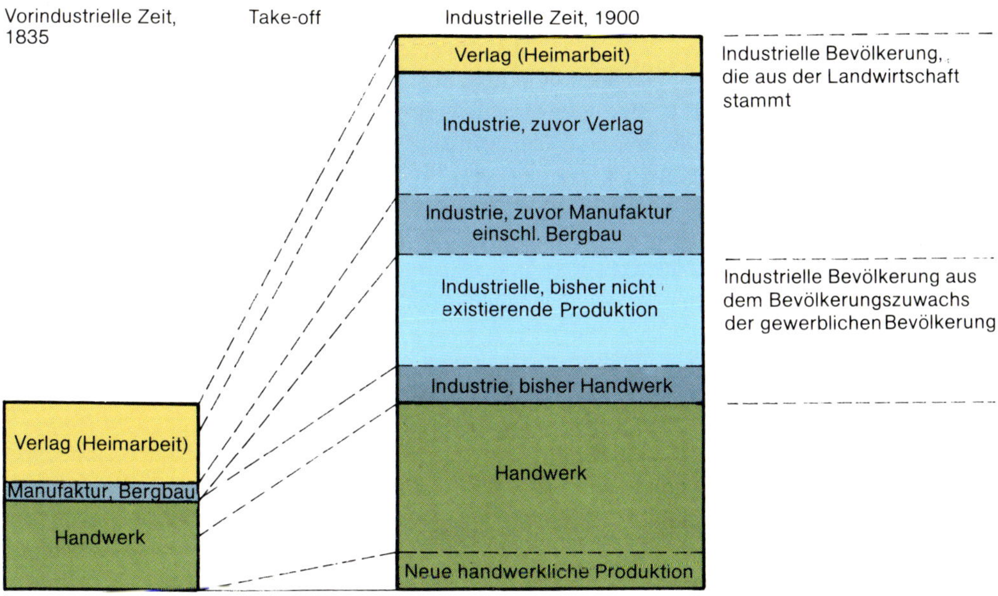

Änderungen in der Struktur der Produktionsweise im gewerblichen Sektor und Herkunft der industriellen Arbeiterschaft 1835–1900

(F.-W. Henning, Die Industrialisierung in Deutschland 1800–1914. Paderborn [6]1983, S. 127)

Problem und Diskussion

1 *Welche Merkmale und Industriezweige sind für die erste Industrialisierungsphase bedeutsam? Wie kam es dazu?*

2 *Welche technischen Entwicklungen waren für diese Phase maßgebend? Wie haben sie das Leben der Menschen beeinflußt (geändert)?*

4.3 Die Industrialisierung am Beispiel des Ruhrgebiets

Aufgeteilt auf die Provinzen Rheinland und Westfalen kam das Ruhrgebiet auf Beschluß des Wiener Kongresses 1815 zu Preußen. Hier konzentrierten sich zuerst die industriellen Kräfte (Steinkohleförderung und Stahlherstellung) bis weit ins 20. Jahrhundert hinein.
Das **Rheinland** liegt seit dem frühen Mittelalter am Schnittpunkt der europäischen Handelswege und war Zwischenhandelsstation, was das örtliche Gewerbe und den Handel anregte. Es besaß ein Straßennetz, eine Verbindung mit den Niederlanden (Häfen), die Arbeitskräfte waren bereits im 16./17. Jahrhundert mobil; Kapital und Unternehmertum reichten über politische Grenzen hinweg, die Übernahme von holländischen und belgischen Techniken verliehen dem rheinischen Gewerbe Dynamik, das Feudalsystem verschwand (im 17. Jahrhundert) früher als anderswo, zuletzt während der französischen Verwaltung in den Revolutionskriegen. Die Entwicklung des Fabriksystems insgesamt folgte eher dem englischen Muster.
Zu **Zentren der Textilindustrie** wurden Krefeld, Barmen, Elberfeld, Gladbach, Rheydt und Aachen. Während der napoleonischen Kriege bis 1814 war die Region an den französischen Markt angebunden. Sie hatte sich auf Baumwolle umgestellt. Jedoch fiel die Baumwollspinnerei am Ende der Kontinentalsperre (1813) zusammen, wogegen die für den Export arbeitende Baumwollweberei sich halten konnte. Die Kontinentalsperre hatte die der englischen Konkurrenz ledige Baumwollindustrie und die Verarbeitung der einheimischen Zuckerrüben angeregt, aber die auf Export angewiesene Leinen-, Woll- und Seidenindustrie bedroht. Ein neuer Boom setzte erst wieder in den 50er Jahren ein. Trotz offener Gesellschaftsstruktur und guter wirtschaftlicher Expansion blieben die sozialen Bedingungen für die Arbeiter in der ersten Hälfte des 19. Jahrhunderts ungünstig infolge der niedrigen Löhne.
Das **Ruhrgebiet** war noch um 1820 reines Bauernland. Wo heute ein großzügig ausgebautes Verkehrsnetz besteht, beschränkte sich vor 170 Jahren der Verkehr noch auf wenig befestigte Straßen und die Ruhrschiffahrt. Eine Fernverbindung gab es lediglich von Westen nach Osten. Der Nordsüdverkehr hielt sich an das Niederrheintal. Das staatliche Interesse am Bergbau – seit dem Mittelalter wurden an den Hängen des Ruhrtals die bis dicht an die Oberfläche reichenden Magerkohlenflöze abgebaut – dokumentierte sich in den Bergordnungen, durch die der der Staat in die privatwirtschaftliche Förderung eingriff. Über die Bergämter (das erste Bergamt wurde 1738 in Bochum errichtet) steuerte der preußische Staat bis 1851 den Handel mit Kohle, besonders den Export in die Niederlande, setzte Löhne und Preise fest, überwachte Arbeitsbedingungen und Förderkapazitäten.
Im Ruhrgebiet wurde von der preußischen Regierung die altdeutsche Unternehmensform der bergrechtlichen Gewerkschaft bevorzugt (Gutehoffnungshütte). Sie verfügte nicht über ein festes Grundkapital, mit dem sich arbeiten ließ. Die Anteilsinhaber (Gewerken) waren zu Nachzahlungen (Zubußen) entsprechend dem benötigten Kapital und ihren Anteilen (Kuxen) am Ganzen verpflichtet. In der preußischen Rheinprovinz (linksrheinisch) hingegen, setzte sich die Unternehmensform der **Aktiengesellschaft** (AG) durch. Diese gestattete es, größere Kapitalien in die Hand eines tüchtigen, der AG vorsitzenden Unternehmers zu bringen, der so die notwendigen Investitionen vornehmen konnte.
Der Aufbau des **Ruhrkohlereviers** entwickelte sich in nördlicher Richtung zu den tieferliegenden ertragreichen Fettkohleflözen: vom Ruhrtalberg über Dortmund und Essen zum Emschertal. 1914 war das Lippetal erreicht. Obwohl der Bergbau während des ganzen 19. Jahrhunderts weniger als 10% aller im „sekundären" Bereich Tätigen beschäftigte, besaß er einen erheblichen Einfluß auf die Industrialisierung durch
- Versorgung der Wirtschaft mit Kohle (steigender Energiebedarf)
- Erzförderung für die wachsende Metallherstellung

- Nachfrage von Industrieprodukten
- Transporte der Bergbauprodukte, was wiederum den Ausbau von Transportsystemen erforderte.

Wichtige **technische Neuerungen im Bergbau** waren der Einsatz von Dampfmaschinen für Wasserhaltung und Fördertechnik seit den 30er Jahren, die Ablösung der Holzkohlehochöfen durch Kokshochöfen seit der Jahrhundertmitte und die Inbetriebnahme von Bessemer-Birnen zur Stahlerzeugung. 1840 begannen die **„Gründerjahre" des Ruhrbergbaus.** Die technischen Neuerungen setzten sich auf breiter Basis durch. Das erste Stahlwerk mit Bessemer-Birnen wurde 1862 auf dem Kontinent errichtet, sieben Jahre nach der englischen Erfindung. 1866 wurde das Siemens-Martin-Verfahren eingeführt und seit 1878 das Thomas-Verfahren zur Ausbeutung von phosphorreichen Erzlagern (Lothringen). Infolge der Koksverhüttung verlagerte sich der Standort der Eisenhütten ins Steinkohlerevier. Die traditionelle Gebundenheit an den Energieträger Holz und die Antriebskraft Wasser fiel weg. Es entstanden industrielle Ballungszentren aus gemischten Betrieben mit Erzgruben, Kohlezechen, Hochöfen, Hammerwerken, Walzanlagen und Fertigungsanlagen. Ein Beispiel ist die Gutehoffnungshütte in Sterkrade (heute Oberhausen).

Das Ruhrgebiet wurde zur Industrielandschaft. Die Zahl der Bergarbeiter im Ruhrgebiet vermehrte sich zwischen 1850 und 1870 von 13000 auf 50000. Bis 1913 stieg sie auf 400000, vor allem durch die große Zuwanderung deutscher und polnischer Arbeiter aus den östlichen Provinzen Preußens (s. 4.4.3).

Bevölkerungsentwicklung des Ruhrgebiets (in 1000)

1816/18	219,2
1837/39	288,8
1852	374,5
1871	703,3
1885	1086,2
1895	1557,2
1905	2570,7
1925	3768,8
1939	3893,2
1950	4033,8
1960	4991,7
1964	5047,3
1966	5012,7

Jährliche Zuwachsrate zwischen 1871 und 1910 (in %)

Ostpreußen	3,2
Pommern	4,7
Westfalen	21,9
Deutsches Reich	11,8

Wachstum der Ruhrgebietsstädte (in 1000)

	Dortmund	Essen	Bochum
1816/18	4,28	4,49	2,1
1871	44,4	51,5	21,2
1905	175,5	231,3	118,4
1939	542,3	666,7	305,5
1961	641,4	726,5	361,3
1977	616,9	672,4	432,6

(Zahlen nach: P. Wiel, Wirtschaftsgeschichte des Ruhrgebietes. Tatsachen und Zahlen. Essen 1970, S. 12ff., u. Handbuch der deutschen Wirtschafts- und Sozialgeschichte, hrsg. von H. Aubin und W. Zorn. Stuttgart 1976, S. 18)

Die Entwicklung im Ruhrgebiet ist das herausragende Beispiel für die **Konzentration der Arbeitnehmer** in den Kerngebieten der Grundstoffindustrie – die Beschäftigtenzahlen bei Krupp stiegen von 122 Mitarbeitern im Jahr 1846 auf über 1200 im Jahr 1857, auf 21000 im Jahr 1887 und 1912 schließlich auf über 68000 Mitarbeiter –, die Entstehung von Industriestädten und ihren Problemen wie Grundstücksspekulation und Wohnungsnot sowie für die Herausbildung eines **neuen Unternehmertypus** (Krupp, Stinnes, Hoesch). Die **schlesische Schwerindustrie**, ursprünglich verkehrsgünstiger gelegen und technisch höher entwickelt, blieb hinter der des Ruhrgebiets zurück. Der grundbesitzende Adel und der Staat, die sich in Oberschlesien unternehmerisch betätigten, konnten sich auf die Dauer nicht mit den bürgerlich-kapitalistischen Unternehmern des Ruhrgebiets messen.

Essen: Die Veränderung einer Stadt: 1822 – 1867 – 1977 (Presse und Informationsdienst der Stadt Essen)

Die Erfolge des Ruhrgebiets waren beachtlich. **Die deutsche Kohleförderung** wuchs von 3 Mio. Tonnen in der Mitte der 40er Jahre auf 34 Mio. Tonnen im Jahr 1870 und 290 Mio. Tonnen im Jahr 1913. Davon waren etwa ein Drittel Braunkohle, zwei Drittel Steinkohle. Die Förderung war damit fünfmal so groß wie die französische und blieb nur hinter der englischen und amerikanischen zurück. Die deutsche **Ausfuhr von Eisen** überholte zu Beginn des Jahrhunderts die englische, blieb aber noch beträchtlich hinter der nordamerikanischen zurück. Mit dem Aufkommen der Stahlproduktion auf Koksbasis wurden die Produktionszahlen der Kokserzeugung Deutschlands von 1800 bis 1955 zum Spiegelbild der ökonomischen Auf- und Abwärtsbewegungen.

Steinkohleförderung im Ruhrgebiet
(in 1000 t)

1792	177
1800	231
1810	369
1820	425
1830	571
1840	990
1850	1 665
1860	4 276
1870	11 571
1880	22 364
1890	35 517
1900	60 119
1910	89 089
1960	115 441
1970	111 000
1980	85 000

(Zahlen nach: P. Wiel, Wirtschaftsgeschichte des Ruhrgebietes, a.a.O., S. 138ff.)

Roheisenproduktion in Deutschland und Großbritannien
(Jahresdurchschnitte in 1000 t)

	Deutschland	Großbritannien
1781–1790	–	69
1791–1800	–	127
1800–1814	–	248
1815–1819	–	330
1820–1824	75	418
1825–1829	90	669
1830–1834	111	700
1835–1839	146	1 142
1840–1844	160	1 465
1845–1849	–	176
1850–1854	245	2 716
1855–1859	422	3 583
1860–1864	613	4 219
1865–1869	1 012	4 984
1870–1874	1 579	6 480
1875–1879	1 770	6 484
1880–1884	2 893	8 295
1885–1889	3 541	7 784
1890–1894	4 335	7 402
1895–1899	5 974	8 777
1900–1904	7 925	8 778
1905–1909	10 666	9 855
1910–1913	14 836	9 792

(B. R. Mitchell, Statistischer Anhang 1700–1914. In: C. M. Cipolla/K. Borchardt [Hrsg.], Europäische Wirtschaftsgeschichte. Bd. 4. G. Fischer Verlag, Stuttgart, 1977, S. 504f.).

Während sich die Schwerindustrie in den Gebieten mit Kohle- und Erzvorkommen massierte und im Interesse der Verkürzung des Transportweges den Kraftantrieb und die Verarbeitung im Fabriksystem zentralisierte, blieb für **qualifizierte Industriezweige** (z. B. chemische Industrie und Elektroindustrie) die Verbindung mit dem Großhandel, dem Bankwesen, Lehr- und Forschungsstätten bedeutsam. Sie siedelten sich in Gegenden mit alter Gewerbetradition an, in denen sie auf eine spezialisierte Arbeiterschaft zurückgreifen konnten. Die Grundstoffindustrie dagegen konnte in großem Umfang ungelernte Arbeiter einstellen. Dieser Unterschied bildete sich vor allem in der zweiten Industrialisierungsphase mit dem Aufkommen neuer Industriezweige heraus.

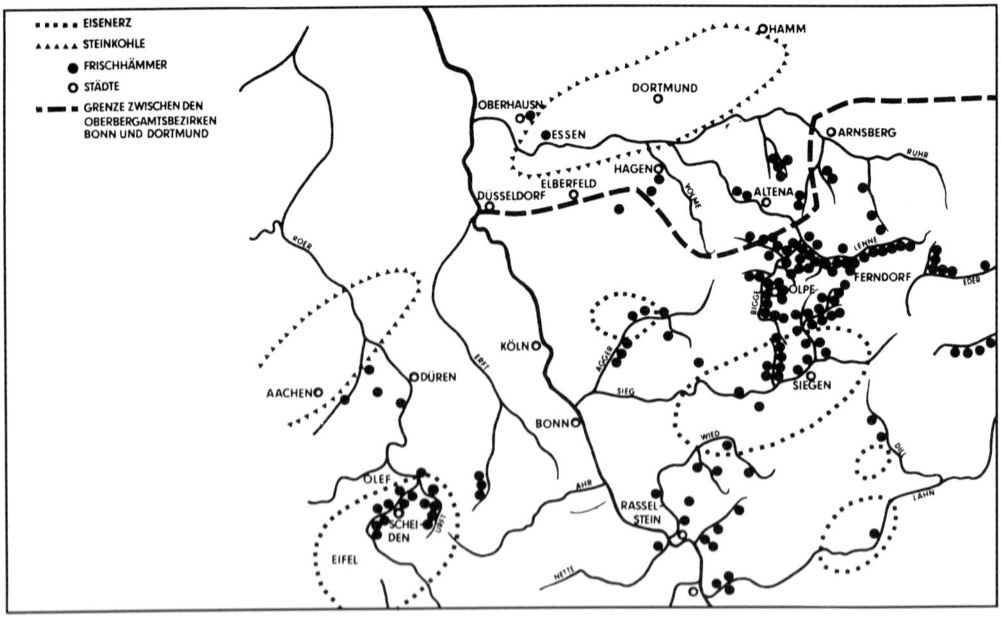

Eisenhämmer sowie Kohlen- und Eisenerzgebiete 1820
(P. Wiel, Wirtschaftsgeschichte des Ruhrgebietes. Tatsachen und Zahlen. Essen 1970, S 192)

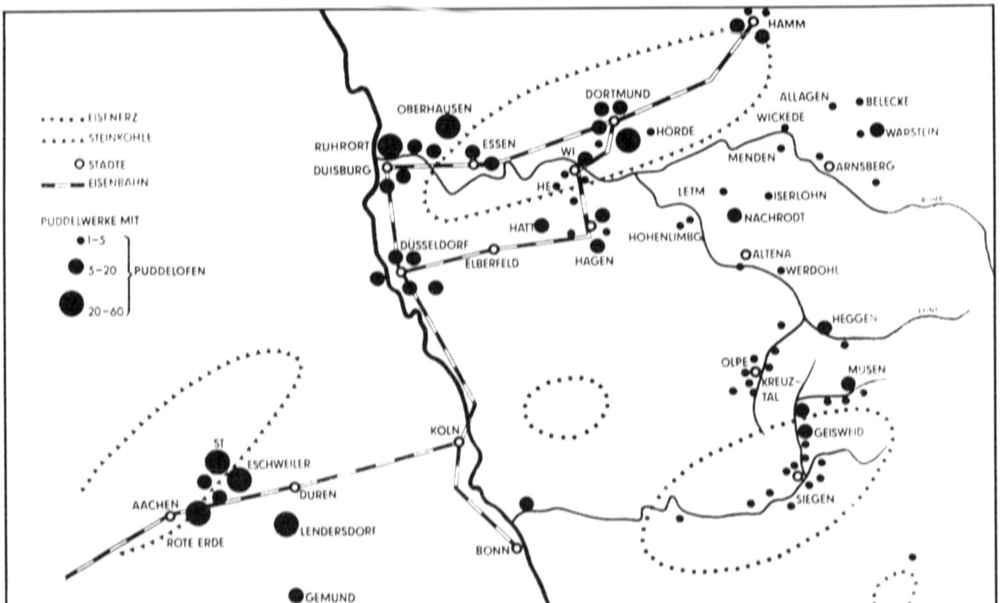

Puddelwerke, sowie Kohlen- und Eisenerzgebiete 1860
(P. Wiel, Wirtschaftsgeschichte des Ruhrgebietes. A.a.O., S. 195)

Problem und Diskussion

1 *Erläutern Sie die industrielle Entwicklung im Ruhrgebiet.*

2 *Welche Auswirkungen hatte die Industrialisierung des Ruhrgebietes auf den wirtschaftlichen Fortschritt und auf das Leben der Menschen?*

4.4 Die zweite Industrialisierungsphase 1871–1914

In der Zeit von der Reichsgründung bis zum Ausbruch des Ersten Weltkrieges entwickelte sich Deutschland zum **Industriestaat**. Die wirtschaftlichen und gesellschaftlichen Verhältnisse wurden von der Industrie beeinflußt. Die wichtigsten Probleme dieser Zeit waren:

- die Gründerkrise von 1873,
- der Übergang zur Schutzzollpolitik,
- das Aufkommen neuer Wachstumsindustrien,
- die Zuspitzung der sozialen Probleme, (vgl. E)
- der Zusammenschluß zu Interessengruppierungen von industriellen Arbeitgebern und Arbeitnehmern (vgl. E)
- die Ausstattung der Wirtschaft mit Kapital.

Der unter preußischer Führung vereinigte Wirtschaftsraum des Deutschen Reiches stieg seit 1871 zur bedeutendsten kontinentalen Wirtschaftsmacht auf. Die Vereinheitlichung des Wirtschaftsrechts im Reichsgebiet wirkte sich ebenso günstig aus wie die Gewerbefreiheit, die die volle Freizügigkeit für Menschen und Waren innerhalb Deutschlands herstellte. Die Rheinprovinz, Westfalen und Sachsen waren die am stärksten industrialisierten Gebiete.

Die Hauptfrüchte aus dem gewonnenen Krieg gegen Frankreich 1870/71 lagen im Reichtum der annektierten Provinzen Elsaß und Lothringen. Auf der Grundlage ihrer Eisenerzvorkommen und der deutschen Kohlevorkommen wurde die deutsche Stahlindustrie ausgebaut und die Voraussetzung für die rasche Entwicklung Deutschlands zur Industriemacht geschaffen.

Werften, Maschinenbau, Rüstungsbetriebe, elektrotechnische und chemische Industrie waren weitere Produktionszweige, die die deutsche Wirtschaftsmacht förderten.

Die sogenannte **Gründerzeit** des wirtschaftlichen Aufschwungs von 1871–1873/74 wurde von den 5 Mrd. Goldfranken französischer Kriegsentschädigung angeheizt und endete mit einem Krach (sogenannter Gründerkrach). Von 857 Unternehmen, die die Spekulationswut aus dem Boden gestampft hatte, befanden sich 1874 123 in Liquidation (Auflösung), 77 hatten bankrott gemacht. Für alle Industrieländer begann eine langwierige („große") Depression.

Die Periode verlangsamten wirtschaftlichen Wachstums von 1873–1896 war in Deutschland nicht so sichtbar wie anderswo. Es schloß sich vielmehr an die erste Phase der industriellen Revolution eine zweite an durch technologische Errungenschaften im Bereich der Chemie (Gründung von Bayer-Leverkusen 1861, der Höchster Farbwerke 1863 und der Badischen Anilin- und Sodafabriken in Mannheim 1864) und der Elektrotechnik (1856 Bessemer-Verfahren, 1861 Siemens-Martin-Verfahren zur Stahlherstellung. Sie ermöglichten die Verwendung der stark schwefelhaltigen Minette-Erze Lothringens und des Erzgebietes von Longwy-Briey und beschleunigten so den Aufbau großer Stahlindustrien an Ruhr, Saar und Lothringen). Die erneute wirtschaftliche Expansion dauerte von 1896 bis 1913. Die danach einsetzende Rezession (= Nachlassen des wirtschaftlichen Wachstums) wurde gestoppt, als nach Kriegsausbruch im August 1914 vom Staat die Rüstungsproduktion in gewaltigem Umfang gesteigert wurde.

Die Aufhebung des Koalitionsverbots in Preußen 1869 und der durch die Reichsgründungsjahre ausgelöste Industrialisierungsschub ließen in allen gewerblichen und industriellen Bereichen eine **Streikbewegung** unter den Arbeitern, besonders im Ruhrgebiet und in Schlesien, entstehen, die teilweise dramatische Ausmaße annahm. Sie richtete sich auf Lohnerhöhungen, Verbesserung der Arbeitsbedingungen (u. a. 10-Stunden-Tag), Abschaffung der Fabrikordnungen, einheitlichen Minimal- bzw. Tariflohn. Aus dieser Streikbewegung entstanden die ersten Gewerkschaften (s. E 1.4.2) und eine straff organisierte, solidarische Arbeiterschaft.

4.4.1 Die Bedeutung der Banken für die Industrialisierung

Ein starker Impuls zur Industrialisierung ging von dem eigenartigen deutschen **Bankwesen** aus. Die deutsche Bank war nämlich gleichzeitig Handelsbank, Anlagebank und Investment-Trust (Wertpapiertreuhänder), eine Kombination, die es in den angelsächsischen Ländern nicht gab und für deren Funktionieren die Rückendeckung einer Zentralbank unerläßlich war. Damals wurden mehrere Großbanken gegründet: 1870 die Deutsche Bank in Berlin und die Commerz- und Discontobank in Hamburg, 1872 die Dresdner Bank; seit 1772 gab es die staatliche (preußische) Seehandlungs-Gesellschaft, seit 1834 die Bayerische Hypotheken- und Wechselbank, seit 1846 die Preußische Staatsbank, seit 1853 die Darmstädter Bank für Handel und Industrie, seit 1856 die Disconto-Gesellschaft und die Berliner Handelsgesellschaft. 1876 wurde die Reichsbank etabliert, während man bereits 1871, nach der Gründung des Deutschen Reiches, die Goldmark (= 1/3 Silbertaler) zur Währungseinheit bestimmt hatte.

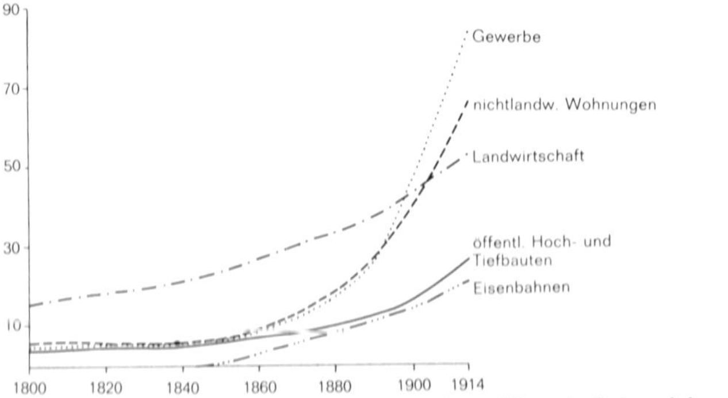

Entwicklung des Kapitalstockes in einzelnen Wirtschaftsbereichen von 1800 bis 1914 (in Mrd. Mark in Preisen von 1913)
(F.-W. Henning, a.a.O., S. 132)

Deutscher Außenhandel 1872–1913
(in Milliarden DM)

	Ausfuhr	Einfuhr
1872	2,5	3,5
1880	3,0	2,8
1890	3,4	4,3
1900	4,8	6,4
1910	7,5	8,9
1913	10,1	10,8

(Gustav Stolper, Deutsche Wirtschaft seit 1870, Tübingen 1964, S. 34)

Die Mittel der Bank wurden meist zu direkten, langfristigen, teils gesicherten, teils ungesicherten Darlehen an Industrie- und Handelsunternehmungen und zu Gesellschaftsgründungen verwendet. So waren die deutschen Banken seit ihrer Gründung vorwiegend als Finanzierungsinstitute für die Industrie gedacht (die angelsächsischen Banken als Anstalten für die Gewährung von Betriebskrediten) und wurden selbst aktiv etwa bei der Gründung von Aktiengesellschaften (= Handelsgesellschaft, deren Gesellschafter [Aktionäre] mit Einlagen [Aktien] auf das Grundkapital beteiligt sind). Die Folge war die gegenseitige Abhängigkeit von Bankkapital und Industriekapital. Die Bankenvertreter saßen in den Aufsichtsräten (= Aufsichtsorgan bei Aktiengesellschaften) der Industrien, die Industrievertreter in den Aufsichtsräten ihrer Geschäftsbanken. Auf diesem Weg wurde die wirtschaftliche Macht in den Händen von weniger als einem halben Dutzend Banken konzentriert. Umgekehrt beschleunigte die Verschmelzung im Bankwesen die **Konzentration** in der Industrie.

Die Ausweitung des deutschen **Außenhandels** erfolgte nach der Reichsgründung 1871 mit Hilfe der internationalen Beziehungen der Banken. 1880 stand Deutschland an vierter Stelle im Export nach Großbritannien, Frankreich und den USA. Bald rückte es an die zweite Stelle hinter den USA. Ein Netz von Auslandsfilialen der Banken sorgte für Kapitalanlagen, besonders im Nahen Osten, in Lateinamerika und im Fernen Osten.

Das Gewicht der deutschen **Kolonien** für die deutsche Wirtschaft war gering. 1914 waren knapp 2% der deutschen Auslandskapitalien in den Kolonien angelegt. Für die Versorgung der Industrie mit Rohstoffen leisteten die Kolonien nichts (Hauptausfuhrprodukte: Diamanten, Kautschuk und Pflanzenfette) und stellten auch keinen nennenswerten Absatzmarkt dar.

4.4.2 Der Übergang zur Schutzzollpolitik und die Staatshilfe

Die sogenannte Gründerkrise, die durch den Wiener Bankkrach von 1873, den Zusammenbruch der Wiener Kreditanstalt, eingeleitet wurde und bis 1879 dauerte, führte zu einer wirtschaftspolitischen Umorientierung. War die preußische und später die deutsche Handelspolitik der 60er und beginnenden 70er Jahre ganz auf den Freihandel ausgerichtet gewesen, verstärkten sich jetzt die Tendenzen zum Protektionismus und zur **Schutzzollpolitik** (T 6). Dabei wirkten die Interessen der von der Einfuhr billigen englischen Eisens bedrohten Schwerindustrie und der Landwirtschaft zusammen. In den Zollgesetzen von 1879, die im Reichstag von den Konservativen, vom Zentrum und einem Teil der Nationalliberalen verabschiedet wurden, wurden Zölle auf Eisen und Industriewaren sowie auf Getreide eingeführt, die Textilzölle wurden erhöht. Die Zölle für Getreide beliefen sich zunächst auf 5% des Wertes, wurden aber später erhöht. Trotzdem stieg der Preis des Getreides infolge des großen Angebotes kaum. Bei Roheisen betrug der Zoll etwa 17–18%. Auch hier konnte der Zoll die englische Konkurrenz nicht ausschalten; er vermochte aber die Wettbewerbslage der eigenen Industrie zu verbessern und den weiteren Ausbau der Industrialisierung zu fördern. Das Bündnis zwischen ostelbischen Agrariern und rheinischen Großindustriellen, zwischen „Rittergut" und „Hochofen" in der Schutzzollfrage stärkte beide Gruppen; ihre Verbände gewannen durch ihre Interessenvertreter Einfluß im Reichstag.

Angesichts des steigenden Exports und des ausbaufähigen Inlandsmarktes konnte bei der Großindustrie dagegen nicht von Schutzzoll die Rede sein. Die Industrie forderte vielmehr die Zollmauern, um die durch die gewaltige Produktivitätssteigerung sinkenden Preise (Bessemer Stahl fiel von 366 RM je t auf 128 RM, Gießereieisen von 156 RM je t auf 60 RM) durch Ausschluß der ausländischen Konkurrenz aufzufangen und die überhöhten Gewinne zu verteidigen, die vor allem durch die Zusammenschlüsse zu **Kartellen** (= Zusammenschluß juristisch und wirtschaftlich weitgehend selbständig bleibender Unternehmen der gleichen Wirtschaftsstufe zur Marktbeherrschung durch Wettbewerbsbeschränkung) ermöglicht wurden. Während der wirtschaftlichen Depression der 70er und 80er Jahre bildeten sich gewerbliche und industrielle **Interessenverbände** (Arbeitgeberverbände): 1876 Centralverband Deutscher Industrieller (Eisen- und Baumwollindustrie), als erster Gesamtverband eines Wirtschaftszweiges, 1876 Vereinigung der Steuer- und Wirtschaftsreformer (Schwerindustrielle und Agrarier), 1893 Bund der Landwirte (konservative Großgrundbesitzer), 1895 Bund der Industriellen (konservativ, nationalliberal), als Gegengewicht gegen die Arbeitervereinigungen (Gewerkschaften), sowie Kartelle vor allem für Koks, Roheisen, Stahl, Kali, Ruhrkohle (Rheinisch-Westfälisches Kohlensyndikat 1893; Syndikat = höchste Form der Kooperation von Kartellen: gemeinsame Vertretung nach außen) als Zusammenschlüsse gegen weiteren Preisverfall.

Umfang der Kartellierung in Deutschland 1907 nach Industriegruppen
(in % des Bruttoproduktionswertes)

Industriegruppe	Produktionsanteil der Kartelle
Bergbau	74
Steinkohlen	82
Braunkohlen	27
Eisenerz	38
Kalisalz	100
Großeisenindustrie	49
Roheisen	26
Rohstahl	50
Walzgut	59
Metallhütten und -halbzeug	10
Eisen- und Stahlwaren	20
Metallwaren	0
Maschinen- und Apparatebau	2
Fahrzeugindustrie	7
Waggonbau	23
Elektronindustrie	9
Feinmechanik und Optik	5
Chemie	–
Glasindustrie	36
Zementindustrie	48
Papiererzeugung und -verarbeitung	89
Leder- und Linoleumindustrie	5
Textilindustrie	–
Musikinstrumente und Spielwaren	9

(Peter Hampe, Die „ökonomische Imperialismustheorie". Kritische Untersuchungen. München 1976, S. 72f.)

Neben der Privatinitiative beim Ausbau der Industrie wirkte nach der Gründerkrise, wie in allen europäischen Ländern, die **Staatshilfe und -initiative**. Die staatseigenen Manufakturen stammten aus der Zeit des Merkantilismus und brachten einen verhältnismäßig großen Sektor staatlich beherrschter Wirtschaft in die liberale Ära ein. Der preußische Staat baute seine Position aus, indem er nach 1875 die damals ertragreichen Eisenbahnen verstaatlichte. Länder und Gemeinden beteiligten sich am Ausbau der staatlichen Bergwerke und Eisenwerke. Die Städte übernahmen immer mehr Elektrizitätswerke, Gas- und Wasserwerke, Straßenbahnen und Schlachthäuser oder errichteten neue eigene Betriebe. Am Vorabend des Ersten Weltkrieges hatte das Deutsche Reich ein **gemischtwirtschaftliches System**, in dem das öffentliche Eigentum kaum hinter dem privatwirtschaftlichen zurückblieb. Ganz in Staatseigentum waren übergegangen: Post, Telefon, Telegraph (mit Ausnahme der Überseekabel) und Eisenbahnen; fast ganz in Gemeinde- oder gemischtwirtschaftlichem Eigentum standen Gas- und Wasserwerke, Straßenbahnen, Kraftwerke. Ferner gab es mehrere starke Staatsbanken (z. B. die preußische Seehandlung); das Sparkassenwesen war kommunal.
Industrie und Handwerk erhöhten ihren Anteil an der Wertschöpfung (= Summe aller innerhalb einer Rechnungsperiode durch Tätigkeit geschaffenen wirtschaftlichen Werte) von 1870 etwa 26% auf etwa 41% 1913; der Anteil der Landwirtschaft dagegen ging von etwa 40% 1870 auf etwa 23% 1913 zurück. Der Verkehrssektor verdreifachte seine Wertschöpfung von 1870 2% auf 1913 6%. Der Anteil der Selbständigen an den Erwerbstätigen der gesamten Wirtschaft nahm von 1882 bis 1907 von 32% auf 22% ab, in Industrie und Handwerk besonders deutlich von 1875 bis 1907 von 42% auf 18%. Entsprechend wuchsen die Betriebsgrößen. Die deutsche Industrieproduktion wuchs in dieser Zeit um das Fünffache und holte die englische Wirtschaft ein. Der Lebensstandard und das Realeinkommen der Arbeiterschaft stiegen um etwa das Doppelte an.

Durchschnittliche Jahresverdienste von Arbeitnehmern in Industrie, Handel und Verkehr

	1. Durchschnittlicher Jahresverdienst (nominal) Mark	1895 = 100	2. Index der Lebenshaltungskosten 1895 = 100	3. Durchschnittlicher Jahresverdienst (real) in Preisen von 1895	1895 = 100
1871	493	74	105,8	466	70
1875	651	98	112,7	578	87
1880	545	82	104,0	524	79
1885	581	87	98,6	589	89
1890	650	98	102,2	636	96
1895	665	100	100,0	665	100
1900	784	118	106,4	737	111
1905	849	128	112,4	755	114
1910	979	147	124,2	789	119
1913	1083	163	129,8	834	125

(Sozialgeschichtliches Arbeitsbuch. Materialien zur Statistik des Kaiserreichs 1870–1914. Von G. Hohorst, J. Kocka, G. A. Ritter. München 1975, S. 107)

Von 1873–1895 vermehrte sich die Reichsbevölkerung von 41,6 auf 52 Mio., 1913 erreichte sie 67 Mio. Einwohner. Dabei mußten die städtischen Wohn- und Arbeitsgebiete mit mehr als 3/4 des Zuwachses der Reichsbevölkerung fertig werden.

Lohnunterschiede zwischen Arbeitern und Angestellten in deutschen Unternehmen, 1848–1912

	Maschinenfabrik Eßlingen		Felten & Guillaume		Siemens[c]	
	(1)[a]	(2)[b]	(3)[a]	(4)[b]	(5)[a]	(6)[b]
1848	2267	21				
1850	1451	20				
1855	1864	37				
1860	1845	38				
1865	2204	33				
1870	1871	43				
1875	2053	46				
1880	2416	25				
1885	2215	33				
1890	2515	39			2840	51
1895	2540	36	2377	44		
1900	4151	23	2962	38		
1901						
1902						
1903					2499	44
1904			3108	37		
1905	3824	29	3108	37	2268	54
1906						
1907						
1908						
1909						
1910	3213	33	3181	40	2590	58
1911						
1912	3753	30			2620	57

a (1) (3) (5) Durchschnittliches nominales Jahresgehalt der Angestellten in Mark
b (2) (4) (6) Durchschnittlicher nominaler Jahreslohn von Arbeitern (in % des Angestelltengehaltes)
c Keine glatten Kalenderjahre

Wohnungen in Eßlingen in den 1870er Jahren

	Ungelernter Arbeiter	Gelernter Arbeiter	Selbständiger Handwerker	Unternehmer
Miete	31,–	80,–	Hausbesitzer	Hausbesitzer
Ausgabenanteil für Miete	20%	10%		
Wohnungsfläche	10–12 qm	57 qm	ca. 130 qm	ca. 300 qm plus Dienstbotenkammern und Wirtschaftsräume
Wohndichte: (Personen pro Zimmer)	3	1,3 plus Huhn in der Küche	1,3	
Zimmerzahl	1	2	3	13 plus Dienstbotenkammern

(H. Schomerus, Die Wohnung als unmittelbare Umwelt, in: L. Niethammer, Hg., Wohnen im Wandel, Wuppertal 1979, S. 211ff.)

4.4.3 Erneute Depression und Expansion der Wirtschaft

Nach einer kurzen Erholung der Wirtschaft von 1879 bis Januar 1882 begann eine zweite, schwächere Depression, die bis 1886 andauerte. Bis 1890 setzte sich dann der Aufschwung fort. Von 1890–1895 dominierte noch einmal eine abgeflachte Störung, bis sich 1895 eine weltweite Hochkonjunktur durchsetzte, die bis 1913 anhielt. Die klassischen Leitsektoren der deutschen industriellen Revolution: Eisenerzeugung, Werkbau, Eisenbahnbau verloren allmählich ihre Dynamik. Der Eisenbahnbau war an den jährlichen Nettoinvestitionen der deutschen Volkswirtschaft von 1870–1879 mit ca. 25% beteiligt; bis 1885 sank die Zahl auf 13,5%, bis 1889 auf 5,7%. Die Schrumpfung von 4/5 besaß eine tiefgreifende Auswirkung auf die metallurgischen Industrien und die zahlreichen Zubringerbetriebe. Erst die **neuen Leitsektoren** seit den 90er Jahren: Elektrotechnik, Motorenbau und Großchemie trieben den expandierenden Aufschwung wieder nachhaltig voran.

Nach wie vor jedoch verzeichneten Metallgewerbe, Baugewerbe und Bergbau ein überdurchschnittliches Wachstum (über 200%), gefolgt von Chemie, Steine, Erden (162%) und Feinmechanik, Optik und Elektrotechnik (161%). Metallgewerbe und Schwerindustrie blieben bis zum Ersten Weltkrieg die stärksten Industrien. Deutschland besaß die nach der Gesamtproduktion an Eisen und Eisenwaren bedeutendsten Industrien. England lag, gemessen an der gesamten industriellen Produktion, nach wie vor an der Spitze.

Von nachhaltigem Einfluß auf den Dienstleistungssektor war die Entwicklung des **Nahverkehrs.** Die innerstädtischen Straßennetze wurden ausgebaut und öffentliche Verkehrsmittel eingeführt: in den 70er und 80er Jahren schienengebundene Pferdebahnen und schienenunabhängige Omnibusse. Die erste elektrisch betriebene Straßenbahn wurde 1881 von Siemens in Berlin-Lichterfelde in Betrieb genommen. Die Straßenbahn wurde bald ergänzt durch straßenunabhängige Schnellbahnsysteme (S-Bahnen) und Untergrundbahnen (U-Bahnen).

Die erste elektrische Straßenbahn der Welt in Berlin Groß-Lichterfelde

Telefon und **Telegraphie** verbesserten die **Nachrichtentechnik**. Der öffentliche Telegraphenverkehr wurde 1849 in Preußen eröffnet. 1881 waren die ersten Orte mit Fernsprechstellen versehen. Die Zahl der Beschäftigten in Industrie, Verkehr, Handel, Banken und Versicherungen übertraf die Beschäftigtenzahl in der Landwirtschaft, die 1882 noch über 40%, 1907 etwa 31% der Erwerbstätigen ausmachte (1987 in der Bundesrepublik Deutschland 2,5%). Gleichzeitig wuchs die Belegschaft in den einzelnen Betrieben.
Von 1907–1913 wuchs der Steinkohlenbergbau um 1/3 (von 143 auf 191 Mio. Tonnen), die Eisenproduktion stieg um die Hälfte (von 13 auf 19,3 Mio. Tonnen) und der Güterverkehr der Eisenbahn nahm um 1/3 zu. Die höchsten Wachstumsraten erzielten die Elektrotechnik (AEG und Siemenswerke), die Großchemie und der Motorenbau. In der chemischen Industrie florierten die Produktion mineralischer Farbstoffe, die Herstellung von Schwefelsäure und Düngemitteln (Sraßfurter Kali-Industrie). Ihre Weltgeltung aber verdankte die deutsche Industrie in erster Linie der Kohlenstoffchemie und der daraus hervorgegangenen Produktion von synthetischen Farbstoffen und von Medikamentengrundstoffen.
Bis 1895 hatte sich das **System der modernen industriellen Großunternehmen** herausgebildet. Von nun an beherrschte es die wirtschaftliche und in zunehmendem Maß auch die politische Landschaft. Durch Konzern- und Kartellbildungen sollten Stabilität und Gewinnchancen gewährleistet werden. Für diese neue Form der Organisation von Wirtschaft durch marktbeherrschende Großunternehmen wurde der Begriff „organisierter Kapitalismus" geprägt. Der Anstieg der Produktion schlug sich auch in den wachsenden Exportraten nieder. Die Mehrheit der Bevölkerung profitierte nicht von den hohen Wachstumsraten der Industrie, denn der Unterschied in der Einkommens- und Vermögensverteilung vertiefte sich.
Die **Interventionen des Staates** im wirtschaftlichen Bereich verstärkten sich. Die Eingriffsmöglichkeiten waren vielfältig: Schutzzölle, Einfuhrscheine, vorteilhafte Eisenbahn- oder Kanaltarife für Exportgüter, Einfuhrbegünstigungen für Waren, die für die Ausfuhr weiterverarbeitet wurden, usw. Diese staatlichen Interventionen begünstigten die ostelbische Landwirtschaft und die großen Konzerne. Gesamtwirtschaftlich bedeuteten die staatlichen Maßnahmen nur zusätzliche Lasten. So kamen z. B. höchstens 25% der landwirtschaftlichen Unternehmen und etwa 18% der Landbevölkerung in den Genuß der durch die Agrarzölle erreichten erhöhten Getreidepreise. Der Bedarf an Arbeitskräften stieg ebenfalls stark an. An die Stelle der Auswanderung nach Übersee trat die „Landflucht" in städtisch-industrielle Ballungsräume. Jedoch war schon bald der Bedarf mit einheimischen Kräften nicht mehr zu decken. Die großen Güter im preußischen Osten – die schon früher mit polnischen Saisonarbeitern, den sog. Sachsengängern, auskommen mußten – suchten Landarbeiter; Industrie-, Berg-, Straßen- und Kanalbau meldeten einen wachsenden Zusatzbedarf an Arbeitskräften. Die stärksten Kontingente der **„ausländischen Wanderarbeiter"** stellten die Polen aus dem russischen Kongreßpolen sowie Polen und Ruthenen aus dem österreichischen Galizien. Der Weg der aus Oberschlesien und Westpreußen zwischen 1890 und 1914 ins Ruhr- und Emscherrevier zugewanderten 1/2 Mio. Polen war staatsrechtlich betrachtet nur eine Binnenwanderung, da sie die preußisch-deutsche Staatsangehörigkeit besaßen. Arbeitslose ostelbische und masurische Landarbeiter kamen ins Ruhrrevier. 1893 stammten 45,7%, 1899 57,4% der Gelsenkirchener Bevölkerung aus „Ostelbien" (T 7, 8). Im Jahre 1900 waren 33,9% der Gesamtbelegschaft im Revier polnischer, masurischer, litauischer, kaschubischer, tschechischer, slowenischer und kroatischer Nationalität.

T 6 Bismarck: Über Schutzzollpolitik (1878)

Aus dem „Dezemberbrief" Bismarcks an den Bundesrat (15. 12. 1878)

Ich lasse dahingestellt, ob ein Zustand vollkommener gegenseitiger Freiheit des internationalen Verkehrs, wie die Theorie des Freihandels als Ziel vor Augen hat, dem Interesse Deutschlands entsprechen würde. Solange aber die meisten der Länder, auf welche wir mit unserm Verkehr angewiesen sind, sich mit Zollschranken umgeben und die Tendenz zu Erhöhung derselben noch im Steigen begriffen ist, erscheint es mir gerechtfertigt und im wirtschaftlichen Interesse der Nation geboten, uns in der Befriedigung unserer finanziellen Bedürfnisse nicht durch die Besorgnisse einschränken zu lassen, daß durch dieselben deutsche Produkte eine geringe Bevorzugung vor ausländischen erfahren.

Schutzzölle für einzelne Industriezweige wirken wie ein Privilegium und begegnen auf seiten der Vertreter der nicht geschützten Zweige der Erwerbstätigkeit der Abneigung, welcher jedes Privilegium ausgesetzt ist.

Dieser Abneigung wird ein Zollsystem nicht begegnen können, welches innerhalb der durch das finanzielle Interesse gezogenen Schranken der gesamten inländischen Produktion einen Vorzug vor der ausländischen Produktion auf dem einheimischen Markt gewährt. Ein solches System wird nach keiner Seite hin drückend erscheinen können, weil seine Wirkungen sich über alle produzierenden Kreise der Nation gleichmäßiger verteilen, als es bei einem System von Schutzzöllen für einzelne Industriezweige der Fall ist. [...]

Die Rückkehr zu dem Prinzip der allgemeinen Zollpflicht entspricht der jetzigen Lage unserer handelspolitischen Verhältnisse. [...]

(In: Weltgeschichte im Aufriß III, S. 136)

T 7 Anwerbung von Masuren für das Ruhrgebiet

Werbeschrift vom Sommer 1908

„Masuren! In rheinländischer Gegend, umgeben von Feldern, Wiesen und Wäldern, den Vorbedingungen guter Luft, liegt, ganz wie ein masurisches Dorf, abseits vom großen Getriebe des westfälischen Industriebezirkes, eine reizende, ganz neu erbaute Kolonie der Zeche „Viktor" bei Rauxel. Diese Kolonie besteht vorläufig aus über 40 Häusern und wird später auf etwa 65 Häuser erweitert werden. In jedem Hause sind nur vier Wohnungen, zwei oben, zwei unten. In jede Wohnung gehören etwa drei bis vier Zimmer. Die Decken sind 3 m hoch, die Länge bzw. die Breite des Fußbodens beträgt über 3 m. Jedes Zimmer, sowohl oben als auch unten, ist also schön groß, hoch und luftig, wie man sie in den Städten des Industriebezirkes kaum findet. Zu jeder Wohnung gehört ein sehr guter und trockener Keller, so daß sich die eingelagerten Früchte, Kartoffeln usw. dort sehr gut erhalten werden. Ferner gehört dazu ein geräumiger Stall, wo sich jeder sein Schwein, seine Ziege oder seine Hühner halten kann. So braucht der Arbeiter nicht das Pfund Fleisch oder seinen Liter Milch zu kaufen. Endlich gehört zu jeder Wohnung auch ein Garten von etwa 23–24 Quadratruten [Quadratrute = 14,8 qm]. So kann sich jeder sein Gemüse, sein Kumpst [Kohl] und seine Kartoffeln, die er für den Sommer braucht, selbst ziehen. Wer noch mehr Land braucht, kann es in der Nähe von Bauern billig pachten. Außerdem liefert die Zeche für den Winter Kartoffeln zu billigen Preisen. Dabei beträgt die Miete für ein Zimmer (mit Stall und Garten) nur 4 Mk. monatlich, für die westfälischen Verhältnisse jedenfalls ein sehr billiger Preis [...]

In der Kolonie wird sich in nächster Zeit auch ein Konsum befinden, wo allerlei Kaufmannsware wie Salz, Kaffee, Heringe usw. zu einem sehr billigen Preis von der Zeche geliefert werden, auch wird dort ein Fleischkonsum eingerichtet werden. Für größere Einkäufe liegen Kastrop, Herne und Dortmund ganz in der Nähe. Ledige Leute, die nicht in Privatkost gehen wollen, können in einer Menage [Haushalt] zu sehr billigen Preisen wohnen und essen. Den Ankommenden wird in der ersten Zeit ein Barvorschuß, je nach Bedarf bis zu 50 Mk., gegeben. Für die Kinder sind dort Schulen erbaut worden, so daß sie nicht zu weit zu laufen brauchen, auch die Arbeiter haben bis zur Arbeitsstelle höchstens 10 Minuten zu gehen.

Masuren, es kommt der Zeche vor allem darauf an, ordentliche Familien in diese ganz neue Kolonie hineinzubekommen. Ja, wenn es möglich ist, soll diese Kolonie nur mit masurischen Familien besetzt werden. So bleiben die Masuren ganz unter sich und haben mit Polen, Westpreußen usw. nichts zu tun. Jeder kann denken, daß er in seiner östlichen Heimat wäre. Es gibt Masuren, die bei der Zeche schon lange tätig sind und sich bei der anständigen Behandlung wohl fühlen. Als Beweis wird in Masuren bald ein solcher Arbeiter als Zeuge erscheinen.

Jede Familie erhält vollständig freien Umzug, ebenso jeder Ledige freie Fahrt. [...]"

(Stanislaus Wachowiak, Die Polen in Rheinland-Westfalen. München 1916, S. 11–13)

T 8 Binnenwanderung

a) **Wanderungsbilanz 1907** (in 1000)

Gebiet[1]	Ansässige insgesamt	Geborene Ansässige	Abgewanderte	Zugewanderte	Wanderungsbilanz
Ostdeutschland	12 066,2	11 708,1	2326,7	358,1	− 1968,6
Berlin, Brandenburg	5 585,2	3 936,1	445,5	1649,2	+ 1203,7
Nordwestdeutschland	6 881,9	6 106,8	495,7	775,1	+ 279,4
Mitteldeutschland	9 719,7	9 001,9	891,4	717,8	− 173,6
Hessen	3 371,1	2 954,9	348,1	416,2	+ 68,1
Westdeutschland	10 171,1	9 080,6	449,4	1090,5	+ 641,1
Süddeutschland	12 580,5	12 200,0	431,4	380,5	− 50,9

1 Ostdeutschland: Ostpreußen, Westpreußen, Posen, Schlesien, Pommern; Nordwestdeutschland: Mecklenburg, Schleswig-Holstein, Lübeck, Hamburg, Bremen, Oldenburg, Lippe, Hannover; Mitteldeutschland: Prov. Sachsen, Braunschweig, Anhalt, Königreich Sachsen, Thüringen; Hessen: Hessen-Nassau, Waldeck, Großhessen; Westdeutschland: Westfalen, Rheinprovinz; Süddeutschland: Südbayern, Nordbayern, Pfalz, Baden, Württemberg, Hohenzollern, Elsaß-Lothringen.

b) **Beispiel: Die Einwohnerschaft Berlins nach der Gebürtigkeit 1907**

	in 1000	je 100 Einwohner
Einwohner insgesamt	2005,1	100
Davon geboren in:		
Berlin	812,1	40,5
Ostdeutschland	551,6	27,5
Brandenburg	361,4	18,0
Nordwestdeutschland	45,5	2,3
Mitteldeutschland	131,7	6,6
Hessen	10,7	0,5
Westdeutschland	26,4	1,3
Süddeutschland	18,2	0,9
Ausland	47,3	2,4

(Wolfgang Köllmann, Bevölkerung und Raum in Neuerer und Neuester Zeit. Würzburg ^{3}1965, S. 88)

Problem und Diskussion

1 *Erläutern Sie die Bedeutung Preußens für die Herstellung eines einheitlichen Wirtschaftsraums in Deutschland.*

2 *Welche wirtschaftlichen Probleme entstanden in der sog. Gründerzeit?*

3 *Welche Rolle spielte das Bauwesen in der zweiten Industrialisierungsphase?*

4 *Wie hat Bismarck die Schutzzollpolitik gerechtfertigt (T 6)?*

5 *Welche materiellen Verbesserungen brachte die zweite Phase für die Industriearbeiterschaft?*

6 *Welche industriellen Bereiche waren maßgebend für die zweite Phase?*

7 *Charakterisieren Sie den Zusammenhang zwischen der Konzentration, den Investitionen und dem Wachstum in der Wirtschaft.*

8 *Kennzeichnen Sie die von der zweiten Industrialisierungsphase ausgelöste Binnenwanderung (T 8). Welche Zusagen hat man den Masuren für die Übersiedlung ins Ruhrgebiet gemacht (T 7)?*

9 *Welches Lebensgefühl drückt sich in den Bildern aus?*

5. Weltwirtschaftliche Perspektiven von der Mitte des 19. Jahrhunderts bis zum Ersten Weltkrieg

Die Entwicklung der Weltwirtschaft läßt sich von der Mitte des 19. Jahrhunderts bis zum Ersten Weltkrieg in drei Phasen einteilen: 1. eine **Aufschwungphase von 1850 bis 1873**, gekennzeichnet durch gewerbliche und Verkehrsinvestitionen, hohe Zinsen, Preissteigerungen u. a. infolge kalifornischer und australischer Goldfunde seit 1848; 2. eine **Stockungsphase von 1874 bis 1895**, veranlaßt durch eine große Depression vor allem in England, in Deutschland anfangs durch die Gründerkise, durch Massenarbeitslosigkeit und Zusammenbrüche von Unternehmen, durch das Sinken der Preise infolge der Konkurrenz am Weltmarkt; 3. eine **Aufschwungphase von 1896 bis 1913,** charakterisiert durch Preissteigerungen und Goldfunde in Südafrika seit 1890, ferner durch die Steigerung der Exportquote der deutschen Wirtschaft.

Als Folge der industriellen Revolution begannen sich seit etwa 1870 eine **weltweite Verflechtung des Wirtschaftslebens** und **eine globale Ausweitung des politischen Aktionsfeldes** abzuzeichnen. Die technisch-ökonomische Entwicklung strebte über die kleinen Fabriken hinaus zur **Großproduktion**, die nicht mehr ein einzelner Unternehmer aus eigener Initiative und eigenen Mitteln bestreiten konnte, sondern die sich der neuen Form der Aktiengesellschaft und der Bankkredite zur Finanzierung bedienen mußte. In den großen Kapitalgesellschaften und Banken entstanden wirtschaftliche Machtelemente, die sich auch politisch auswirkten, wie umgekehrt die politische Macht der europäischen Staaten auf ihrer Industriekapazität beruhte. Das starke Wachstum wies die neuen Industrien notwendig auf den internationalen Güteraustausch, der sich vor allem zwischen den industrialisierten Nationen abwickelte, weil nur sie genügend Tauschgüter anzubieten hatten. Das Schwergewicht der Weltwirtschaft lag bis zum Ersten Weltkrieg in Europa. In den letzten Friedensjahren bestanden 51% der Weltwirtschaft im Güteraustausch zwischen den Industrieländern, und die damals führenden Wirtschaftsländer, England und Deutschland, waren einander die besten Kunden.

Die Zölle hinderten die Entwicklung nicht wesentlich. Die Weltwirtschaft war **multilateral** (vielseitig), d. h. jeder konnte den Handelspartner wählen, den er wollte, und war nicht auf einen auf zwei Länder begrenzten Ausgleich von Importen und Exporten (bilateraler [zweiseitiger] Ausgleich der Handelsbilanzen) beschränkt. Die Bedingungen der volkswirtschaftlichen Verflechtung: jeweils auf dem billigsten Markt kaufen und auf dem teuersten verkaufen zu können, fanden sich auch innerhalb der Weltwirtschaft in hohem Grade verwirklicht. Dadurch wurden die nationalen Preisunterschiede ausgeglichen und die Märkte untereinander verknüpft. Es herrschte das Prinzip der Nichtdiskriminierung, gefördert durch die in langfristigen Handelsverträgen verbreitete Klausel der „Meistbegünstigung". Die Multilateralität des Welthandels setzte voraus, daß freie Konvertibilität (= Umwandlung der Währungen) und ein auf stabilen Wechselkursen beruhendes internationales Währungssystem zu einer echten Zahlungsgemeinschaft verbunden wurden. Dadurch wurde erreicht, daß das Nebeneinander von nationalen Währungssystemen keinen Einfluß auf die Warenströme ausüben konnte.

Eine wichtige Rolle im internationalen System der Preise und Märkte spielten die **Weltbörsen**, die sich für die wichtigsten Stapelgüter (= Massengüter des Welthandels, z. B. Weizen, Baumwolle, Wolle, Buntmetalle, Kaffee u. a.) an den Hauptumschlagplätzen niedergelassen hatten. Als **internationales Währungssystem** hatte sich, von England ausgehend, die überall gültige **Goldwährung** durchgesetzt. Voraussetzung war die Ordnung des Notenbankwesens (Gründung der Banque de France 1800, Reorganisation der Bank of England 1844, Gründung der Deutschen Reichsbank 1875, Regelung der Banknotenausgabe in den USA durch den Federal Reserve Act 1913 und das so geschaffene System der Bundesreservebanken). Die Goldwährung konnte frei und ohne Verluste oder Schwankungen konvertiert (= umgewechselt) werden. Damit wurde praktisch ein Weltwährungssystem geschaffen. Die ungestörte Wirksamkeit der Goldwährung war von dem Willen aller Regierungen und Notenbanken, sich ihren Regeln gemäß zu verhalten, und von einem bestimmten Maß an bewußter Lenkung abhängig, die von England, dem Finanz- und Handelszentrum der Welt, ausging.

Nur eine kurze Wirksamkeit war dem von England propagierten Ideal des **Freihandels** (vgl. A. Smith, s. 3.4) gegönnt. Die von Richard Cobden geführte Freihandelsbewegung mit ihrem Mittelpunkt in Manchester wurde vom gewerblichen und industriellen Bürgertum getragen. Sie setzte sich für völlige Zollfreiheit ein und ist unter dem Namen Anti-Corn-Law-League (1840) bekannt. Die Beseitigung der protektionistischen Korngesetze bedeutete den Sieg der Industrie über die Landwirtschaft. Etwa 30 Jahre lang zog England Vorteile aus dem Freihandel, indem die Lebensverhältnisse sich für alle Schichten besserten. 1860 hatten England und Frankreich im Cobden-Vertrag ihren Außenhandel liberalisiert, 1862 bewirkte ein Vertrag, den Preußen im Namen des Deutschen Zollvereins mit Frankreich abschloß, Zollsenkungen für zahlreiche Industriegüter. Doch seit Ende der 70er Jahre umgaben sich die Industrienationen (Deutschland, Frankreich, Österreich-Ungarn, Italien, USA, Kanada, Australien) aufs neue mit Schutzzöllen (s. 4.4.2), um England wirtschaftlich einzuholen. Hinter deren Mauern entwickelten sich ungestört die **Wirtschaftsmonopole**. Sie passen in das Bild des Imperialismus, der die nationale Wirtschaftsautarkie zum Ziel hatte. Die Schutzzollwelle ist ein Element jenes politischen Prozesses, der zur Zersetzung der Weltwirtschaft und zum Ersten Weltkrieg führte.

Bis 1914 entwickelte sich die Weltwirtschaft dennoch sprunghaft aufwärts. Der Erste Weltkrieg zerstörte die sich herausbildende internationale Wirtschaftsordnung eines im wesentlichen freien Warenaustauschs. Die führenden Kreise der Wirtschaft, die bisher eher für die Erhaltung des europäischen Friedens eingetreten waren, befürworteten nun den nationalistisch bestimmten Annexionismus ihrer Länder. Die Bedürfnisse der Kriegswirtschaft führte zu tiefen, das wirtschaftliche Gleichgewicht erheblich beeinträchtigenden Eingriffen in die Volkswirtschaften. Dank der Goldwährung blieb die Freiheit des internationalen Kapitalverkehrs erhalten. In den riesigen internationalen Kapitalwanderungen von Europa nach Übersee schlug sich das Vertrauen in Vertragstreue und Rechtssicherheit nieder, das mit der Katastrophe des Ersten Weltkrieges einen schweren Schock erlitt. Für die zusammengebrochene Goldwährung ist niemals ein Ersatz gefunden worden. Nach dem Ersten Weltkrieg ist die Weltwirtschaft in eine Reihe von Zahlungs- und Handelsräume zerfallen, und die USA haben England als politisch-finanzielle Führungsmacht in der Weltwirtschaft abgelöst.

Eisen- und Stahlproduktion der wichtigsten Industriestaaten (in 1000 Tonnen)

		Großbritannien und Irland	Frankreich	Deutsches Reich	Rußland	USA
a) Eisen	1870	6 059	1 178	1 261	359	1 665
	1880	7 873	1 725	2 468	449	3 835
	1890	8 031	1 962	4 100	928	9 203
	1900	9 104	2 714	7 550	2 937	13 789
	1910	10 173	4 038	13 111	3 047	26 674
b) Stahl	1870	334	84	126	9	77
	1880	1 316	389	690	307	1 397
	1890	3 636	683	2 135	378	4 779
	1900	4 980	1 565	6 461	2 216	11 227
	1910	6 476	3 413	13 100	3 314	28 330

(Nach: Brian R. Mitchell, European Historical Statistics, S. 393ff., und Historical Statistics of the United States: Colonial Times to 1970, Washington (D. C.) 1975, S. 599f. und S. 693f.)

Steinkohlenförderung (Mio. t)

	England	Deutschland	Welt
1700	2		3
1770	6,2		
1780	6,4		
1800	10,0		13
1826	21,0		
1836	30,0		
1846	44,0		
1850	50,0		80
1860	81,3	12,3	
1870	112,2	23,2	213
1880	149,3	42,2	
1890	184,5	64,4	
1900	228,8	109,3	708
1910	168,7	151,1	
1960	196,8	142,3[1]	1564,6[2]
1966	177,4	126,0[1]	1733,8[2]

1 nur Bundesrepublik Deutschland 2 ohne VR China

(Nach: W. Köllmann, Die Industrielle Revolution. O. J., S. 8f.)

Ausbau der Eisenbahnnetze (in km)

	England	Deutschland	USA	Erde
1840	1 348	549	4 500	7 400
1850	10 653	6 044	14 500	38 600
1860	11 633	16 787	49 200	108 000
1880	28 854	33 838	147 000	380 000
1910	37 579	61 209	400 000	1 038 000

Weltindustrieproduktion, Weltaußenhandel und Kapitalexport

	England	Deutschland	Frankreich	USA	Rußland
a) Weltindustrieproduktionsanteile (in %)					
1870	32	13	10	23	4
1900	18	16	7	31	6
1910	14	16	7	35	5
1913	14	16	6	36	6
b) Anteile am Weltaußenhandel 1870–1913 (in %)					
1870	22	13	10	8	
1900	19	13	9	12	
1910	16	13	8	11	
1913	15	13	8	11	
c) Kapitalanlagen im Ausland (in Mrd. Mark)					
1900	36	14	22		
1910–13	46	23	32		

(Nach: J. Kuczynski, Darstellung der Lage der Arbeiter in Deutschland. Berlin/DDR 1962, S. 58, 59, 60)

Problem und Diskussion

1 *Inwieweit wurde die wirtschaftliche Aufwärtsentwicklung in Deutschland von positiven Phasen in der Weltwirtschaft unterstützt? Welche entscheidenden wirtschaftlichen Vorgänge haben in anderen Ländern stattgefunden?*

2 *Arbeiten Sie die Anteile von Freihandels-, Kolonial- und Schutzzollpolitik für den freien Warenaustausch bis zum Ersten Weltkrieg heraus. Welche weltwirtschaftlichen Perspektiven ergaben sich zur jeweiligen Zeit?*

3 *Welche Rolle spielte das internationale Währungssystem für die Entwicklung der Weltwirtschaft?*

4 *Vergleichen Sie die Statistiken. Wie hat sich der internationale Wirtschaftsaufschwung vor dem Ersten Weltkrieg auf einzelnen Sektoren und in einzelnen Ländern ausgewirkt? Versuchen Sie Unterschiede zu erklären.*

Literaturhinweise

Boesler, Klaus-Achim: Industriegeographische Probleme Europas seit der Industriellen Revolution. Hirschgraben-Verlag, Frankfurt 1982.

Cipolla, Carlo/Borchardt, Knut (Hrsg.): Europäische Wirtschaftsgeschichte, Bd. 3: Die industrielle Revolution. Uni-Taschenbücher 1315. Gustav Fischer Verlag, Stuttgart 1985.

Hahn, Hans-Werner: Geschichte des deutschen Zollvereins. Verlag Vandenhoeck & Ruprecht, Göttingen 1984.

Henderson, Wilhelm: Friedrich List. Econ Verlag, Düsseldorf 1984.

Henning, Friedrich-Wilhelm: Die Industrialisierung in Deutschland 1800–1914. Schöningh Verlag, Paderborn (Uni-TB 145) 1984.

Hentschel, Volker: Wirtschaft und Wirtschaftspolitik im wilhelminischen Deutschland. Verlag Klett-Cotta, Stuttgart 1978.

Herbert, Ulrich: Geschichte der Ausländerbeschäftigung in Deutschland 1880 bis 1980. J. H. W. Dietz Verlag, Bonn 1986.

Hobsbawm, Eric J.: Industrie und Empire. Britische Wirtschaftsgeschichte seit 1750. 2. Bde. (edition suhrkamp 316/317), Frankfurt 1978.

Köllmann, Wolfgang: Bevölkerungsgeschichte 1800–1979. In: Aubin/Zorn (Hrsg.), Handbuch der deutschen Wirtschafts- und Sozialgeschichte, Bd. 2, Klett Verlag, Stuttgart 1976.

Kuhn, Annette: Industrielle Revolution und gesellschaftlicher Wandel. Kösel Verlag, München [2]1979.

Marschalck, Peter: Bevölkerungsgeschichte Deutschlands im 19. und 20. Jhd. Suhrkamp Verlag, Frankfurt/M. 1984.

Pohl, Hans (Hrsg.): Sozialgeschichtliche Probleme in der Zeit der Hochindustrialisierung (1870–1914). Schöningh Verlag, Paderborn 1979.

Popp, Adelheid: Jugend einer Arbeiterin. Dietz Verlag, Berlin-Ost/Bonn 1977.

Reulecke, Jürgen/Weber, Wolfhard (Hrsg.): Fabrik – Familie – Feierabend. Beiträge zur Sozialgeschichte des Alltags im Industriezeitalter. Hammer-Verlag, Wuppertal 1978.

Ruppert, Wolfgang: Die Fabrik. Geschichte von Arbeit und Industrialisierung in Deutschland. Verlag C. H. Beck, München 1983.

Steitz, Walter (Hrsg).: Quellen zur deutschen Wirtschafts- und Sozialgeschichte im 19. Jahrhundert bis zur Reichsgründung. Wissenschaftliche Buchgesellschaft, Darmstadt 1980.

Strzelewicz, Willi: Das 19. Jahrhundert. Industrialisierung – Soziale Frage. In: Informationen zur politischen Bildung Nr. 164/1981.

Stürmer, Michael: Herbst des alten Handwerks. Deutscher Taschenbuch Verlag, München 1979.

Tenfelde, Klaus: Sozialgeschichte der Bergarbeiterschaft an der Ruhr im 19. Jahrhundert. Bonn [2]1981.

Thompson, Edward P.: Die Entstehung der englischen Arbeiterklasse. 2 Bde. Suhrkamp Verlag, Frankfurt/M. 1987.

Treue, Wilhelm: Wirtschaft und Technik Deutschlands im 19. Jahrhundert. In: Gebhardt, Handbuch der deutschen Geschichte, Bd. 3. Klett Verlag, Stuttgart 1970.

Treue, Wilhelm/Manegold, K.-H. (Hrsg.): Quellen zur Geschichte der industriellen Revolution. Musterschmidt Verlag, Göttingen 1979.

Wehler, Hans-Ulrich (Hrsg.): Moderne deutsche Sozialgeschichte. Verlag Kiepenheuer & Witsch, Köln 1973.

Wingen, Max: Bevölkerungsentwicklung als politisches Problem. Schöningh Verlag, Paderborn 1980.

E. Die Soziale Frage und die Kritik an der bürgerlichen Gesellschaft

1. Der Kampf des „Vierten Standes" um einen Platz in der Gesellschaft

1.1 Merkmale der vorindustriellen Gesellschaft

Die europäische Gesellschaft war in vorindustrieller Zeit eine **Ständegesellschaft** (s. B 1.1). Die Stellung des einzelnen innerhalb der Rangordnung (Hierarchie) wurde durch seinen Stand bestimmt. Ein Stand war eine Großgruppe innerhalb eines hierarchisch gegliederten Gesellschaftssystems. Die Zugehörigkeit zu einem Stand war durch Abstammung (Geburt), durch Rechte (Privilegien) und Pflichten und durch die Aufgabe des einzelnen in der Gesellschaft (Beruf) gekennzeichnet. Die Mitglieder eines Standes verband aber auch eine gemeinsame sittlich-moralische Anschauung (Standesethik). Jede dieser Gruppen hatte – mit jeweils mehr oder weniger Gewicht – teil an der Herrschaft. Dies alles verschaffte der Gesellschaftsordnung eine hohe Stabilität.
Das frühe und das hohe Mittelalter kannte die Stände der Geistlichkeit und des Adels. Den dritten Stand bildeten die Bauern. Das Spätmittelalter unterscheidet dann auch zwischen Bauern und den Bürgern der seit dem 11. und 12. Jahrhundert aufblühenden Städte, die aber alle dem dritten Stand der „laboratores" zugerechnet werden. (Erster Stand: Klerus = Geistlichkeit = oratores; zweiter Stand: Adel = bellatores.) Die ständische Ordnung wurde im Mittelalter, aber auch bis weit in die Neuzeit hinein, in Anlehnung an die kirchliche Lehre vom herrschaftlichen (hierarchischen) Aufbau des Weltalls (Menschen-Engel-Gott; Erde-Himmel-Hölle) als gottgegeben und der menschlichen Natur entsprechend betrachtet.
Gesellschaft und Herrschaft waren, bei aller Stabilität, nichts Starres. Zwischen den Ständen und in den Ständen brach immer wieder ein Ringen um Freiheit, Gerechtigkeit und sozialen Status auf.
Das Handwerk war zur Zeit der Selbstversorgung fest in die Grundherrschaften eingebunden. Nachdem die Handwerker in die Städte gezogen waren, wo sie zunächst vor allem den „Herrschaften" dienten, wurden sie selbständige Gewerbetreibende. Seit 1200 begannen sie, sich in **Zünften** (s. D 1.1) zusammenzuschließen. (Zunft, mhd. = Regel, nach der eine Genossenschaft lebt), Anfangs standen sie in geringem Ansehen gegenüber dem städtischen Patriziat, das aus Fernkaufleuten, niederem Adel (oft Ministeriale, die für Verwaltungs- oder Kriegsdienste ein Dienstlehen erhalten hatten) und Grundherren bestand. Infolge ihrer straffen Organisation gelangten die Zünfte zu Wohlstand und Selbstbewußtsein. Im 14. und 15. Jahrhundert erkämpften sie sich eine Beteiligung am Stadtregiment (Zunftkämpfe).
Die Zünfte beherrschten mit detaillierten Vorschriften den Markt monopolistisch. Sie überwachten z.B. die von den einzelnen Betrieben benutzten Rohmaterialien, die Qualität der Produkte, die Art und Menge der Arbeitsinstrumente, schließlich die Zahl der Arbeitskräfte, die jeder Meister der Zunft beschäftigen durfte (meist zwei bis drei Gesellen und einen Lehrling). So wurde eine wirtschaftliche Gleichstellung der Handwerksmeister erreicht. Allerdings wurde auch jede neuerungsorientierte unternehmerische Initiative unterbunden.
Neben der Standesorganisation der Meister, den Zünften, gab es früh die der Gesellen, die bis ins 18. Jahrhundert meist „Knechte" genannt wurden. Auch diese „Bruderschaften" schufen sich Brauchtum und Rechte und versuchten ihre Arbeits- und Unterhaltsbedingungen z. B. durch kurze Streiks zu verbessern. Die Stände hatten auch an der Landesherrschaft teil. Im 16. Jahrhundert standen sich „Landesherr" und „Landschaft", die Vertretung der Stände, in den Territorien um die Rechte ringend gegenüber.

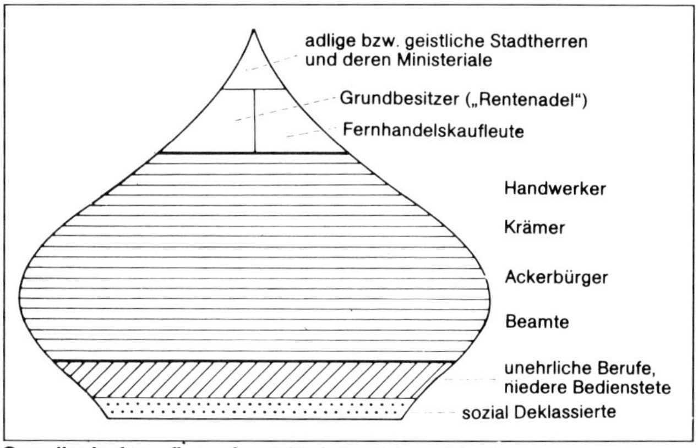

Gesellschaftsaufbau der mittelalterlichen Stadt

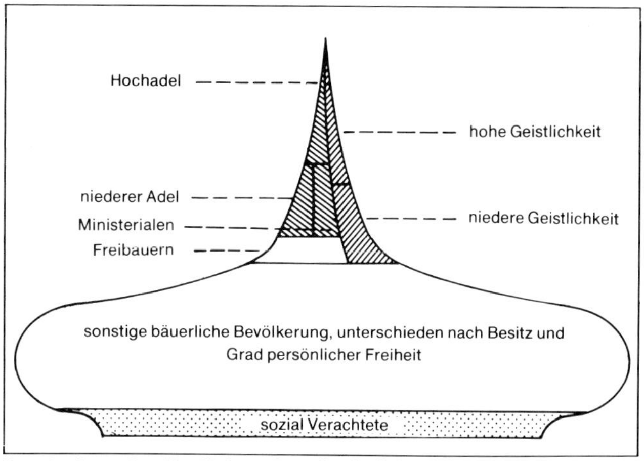

Der Aufbau der ländlichen Gesellschaft im Mittelalter

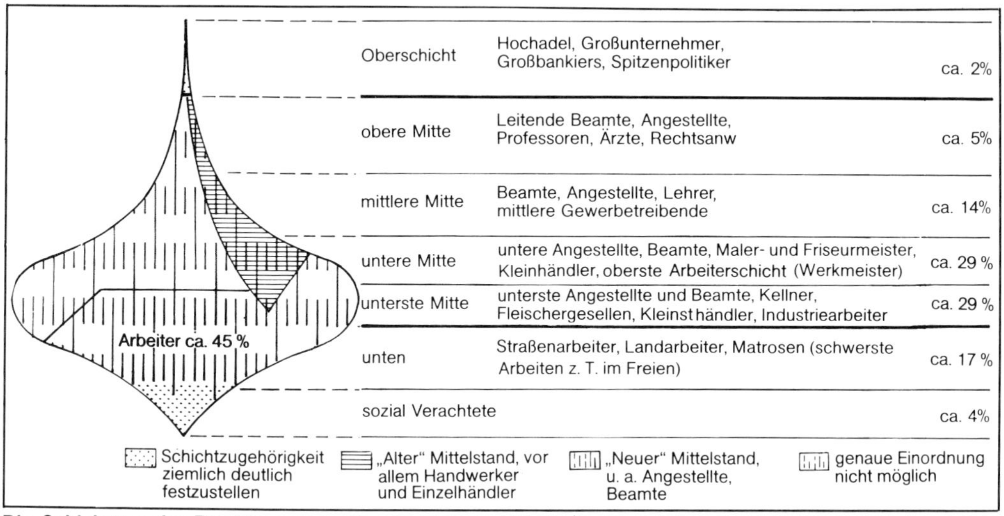

Die Schichtung der Bevölkerung in der Bundesrepublik Deutschland

Berühmt wurde die Magna Charta Libertatum, in der der englische König 1215 seinen Baronen und privilegierten Ständen zusichern mußte, daß der Freie nur aufgrund von Gesetzen verhaftet und nur von Standesgenossen verurteilt werden konnte. Steuern durften nur mit Zustimmung des Adels (später auch der Grafschaften und Städte) erhoben werden.
In Frankreich wurden bereits 1484 die Generalstände (Etats généraux) einberufen. Zum erstenmal verhandelte der König mit gewählten Vertretern (Abgesandten der Provinzialstände) über die Bewilligung von Steuern. Der „moderne" Staat des 17. und 18. Jahrhunderts beanspruchte als absoluter Souverän die „Rechts- und Friedenswahrung" als Monopol für sich.
Die Französische Revolution, 1789 beginnend, setzte anstelle der ständisch organisierten Ordnung die parlamentarische Herrschaft durch und leitete die Entwicklung zu einer Gesellschaft gleichberechtigter Bürger ein. In England zeichnete sich der Parlamentarismus bereits im 17. Jahrhundert ab (Glorreiche Revolution 1688); in Deutschland hingegen werden Ansätze erst in den Reformen des beginnenden 19. Jahrhunderts sichtbar (Stein-Hardenbergsche Reformen in Preußen).
Der Wandel von der handwerklich zur industriell organisierten Produktion bewirkte den Übergang von der Ständegesellschaft in die **Klassengesellschaft**. Andere, stärker differenzierende Einteilungen sprechen von Schichten (s. Grafiken). Durch die zunehmende Mechanisierung, vor allem aber durch die immer differenziertere Arbeitsteilung im Zuge der Industrialisierung bildete sich aus dem dritten Stand die Klasse des Industrieproletariats heraus. Diese Klasse verfügte nicht wie zur Zeit der handwerklichen Produktion über privates Eigentum an den Produktionsmitteln. Die Lebensbedingungen zwischen Handwerk und Industrie klafften immer weiter auseinander. Für die Arbeiter kam im 19. Jahrhundert der Begriff **„vierter Stand"** auf. Das sollte nicht übersehen lassen, daß der Kampf der Arbeiterschaft um Änderung ihrer sozialen Verhältnisse und Überwindung ständischer Schranken von anderer Art ist, als die Auseinandersetzungen der Stände es einst waren. Die neue Arbeiterklasse ist durch ihre Abhängigkeit vom Unternehmer und durch wirtschaftliche Unsicherheit gekennzeichnet. Sie läßt sich daher nicht in das überkommene Ständesystem einordnen.

1.2 Die wirtschaftliche und gesellschaftliche Lage des Industrieproletariats

Bereits vor dem Beginn der Industrialisierung hatte das Anwachsen der Bevölkerung zu Arbeitslosigkeit und Rückgang der Reallöhne geführt und die Menschen der Massenarmut, dem **„Pauperismus"**, ausgeliefert. Angesichts des Überangebots an Arbeitskräften auf der einen Seite und dem Zwang der neuen Industrien auf der anderen, ihr Kapital aus den Gewinnen selbst bilden zu müssen, statt sie den Arbeitskräften zuführen zu können, behielten die Arbeitsbedingungen harte Züge und konnten nur als schrankenlose Ausbeutung verstanden werden: lange Arbeitszeiten, strenge Disziplin (T 1), Entlohnung teilweise unter dem Existenzminimum, Frauen- und Kinderarbeit, keine Sicherung für das Alter, kein Schutz bei Krankheit und Invalidität, menschenunwürdige Wohnverhältnisse in Slums und Mietskasernen. In Liverpool betrug die Durchschnittsdauer der Arbeitsfähigkeit nur 15 Jahre. Da ein Arbeiter um 1830 durchschnittlich etwa 10 Schilling in der Woche verdiente, die Wochenausgaben einer Arbeiterfamilie mit drei Kindern sich auf etwa 34 Schilling beliefen, waren Frauen- und Kinderarbeit die Regel. Die Arbeitszeit der Kinder zwischen 9 und 13 Jahren betrug wöchentlich 48 Stunden, zwischen 14 und 18 Jahren 69 Stunden. Das Familienleben der arbeitenden Klasse löste sich auf. Die Arbeiterfamilie wurde zu einer Notgemeinschaft reduziert, während die bürgerliche Familie „private Autonomie" und „Besitz und Bildung" zu ihren Maximen machen konnte.
1839 sprach das preußische Gesetz über **Kinderarbeit** und Jugendarbeitsschutz – das erste in Deutschland – ein Verbot der Arbeit für Kinder unter neun Jahren aus und legte den Zehn-

Jungen arbeiten in einer Buntpapierfabrik in Aschaffenburg: Kinderarbeit im Vormärz

stundentag für Jugendliche unter sechzehn fest. Es waren vom Militär erhebliche Klagen über die wegen allzu früher Gewerbsarbeit kranken, daher untauglichen Rekruten vorgetragen worden. 1853 wurden Fabrikinspektoren ernannt, die allerdings nur mit Genehmigung der Fabrikanten tätig werden durften; schließlich wurde 1878 die verbindliche Gewerbeaufsicht eingeführt.

Allgemein ist die Kinderarbeit seit der Mitte des 19. Jahrhunderts zurückgegangen, mit veranlaßt durch den Einsatz von Maschinen.

Zu den elementaren Erfahrungen der **Arbeiterschaft** gehörte, daß das bürgerlich-liberale Leitbild vom freien, sich selbst bestimmenden Individuum für sie nicht zutraf. Weil die bürgerliche Gesellschaft den sozialen Rang an Bildung und Besitz maß und weil die politischen Rechte durch das Zensuswahlrecht an ein bestimmtes Vermögen gebunden waren, konnten die Arbeiter, die ja kein Eigentum an Produktionsmitteln besaßen, ihren Platz in dieser Gesellschaft nicht einnehmen und auf rechtlichem Weg nicht fordern. Unruhe regte sich besonders unter den zu Fabrikarbeitern herabgesunkenen Handwerksgesellen, die nicht mehr Meister werden konnten. Sie und die intellektuelle Mittelschicht agitierten politisch oft gemeinsam. Viele Flugschriften zur sozialen Frage wurden verbreitet und sind kennzeichnend für die Unsicherheit der gesellschaftlichen Verhältnisse vor 1848. So rückte die Forderung nach **Solidarität** aller Unterdrückten, nach gegenseitiger Hilfe – bezeichnenderweise nannten sich frühe englische Gewerkschaften „Friendly Society" oder „Mutual Benefit Association" – in die Mitte. Auf den Weg der Selbsthilfe verwiesen, knüpften sich die Hoffnungen vieler Arbeiter an Kooperation (= Vereinigungen), in der der einzelne in Verantwortung für das Ganze und nicht mehr in egoistischer Gewinnabsicht handeln sollte. Für diese Bestrebungen kam im frühen 19. Jahrhundert der Begriff Sozialismus auf, der oft gleichbedeutend mit Kommunismus gebraucht wurde.

Das staatliche **Koalitionsverbot** – das Verbot z.B. gewerkschaftlicher Zusammenschlüsse – sollte die liberale Marktordnung sichern und verhinderte bis zur Mitte des 19. Jahrhunderts eine Solidarisierung der Arbeiter.

Bürgerliche Küche in Berlin 1839

Deutsche Arbeiterküche um 1900

Der Lohnzettel vom 22. April 1892 verzeichnet		
bei 6 Arbeitstagen mit 60 Arbeitsstunden		
einen Wochenlohn von		13 Mark 20 Pf
Dies entspricht einem Tageslohn von 2 M 20 Pf.		
Für „17–18 Überstunden, mit Sonntag, 6 Std. à 20 Pf."		3 Mark 40 Pf
und „noch 25 Prozent dazugerechnet"		80 Pf
		17 Mark 40 Pf
„Wenn die II. Bank gelaufen",		
in dieser Woche „41 Std. für Stunde 6 Pf macht"		1 Mark 70 Pf
Wochenlohn mit Zuschlägen aus Überstunden und Mehrarbeit		19 Mark 10 Pf
Davon gingen weg für „Altersrente"		12 Pf
für „Gemeinde Kassa"		18 Pf
„Bleibt für die Woche"		18 Mark 80 Pf
Davon bestritt er folgende Ausgaben:		
Für wöchentlich „weiß Brod"	91 Pf	
Für wöchentlich „schwarz Brod"	84 Pf	
Für „Doktors und Apotheken Kassa"	25 Pf	
Für „Wöhrder Krankenkassa"	26 Pf	
Für $^1/_2$ Pfund Kaffee	50 Pf	
Für 1 $^1/_2$ Pfund Zucker	36 Pf	
Für „Wochen Kaffe Milch"	80 Pf	
Für 2 „Litter Erdöhl"	56 Pf	
Für 10 Stück Eier „für Mich"	60 Pf	
Für „Cichorie = Kafferüben"	25 Pf	
Für Allerlei, Salz, Pfeffer	25 Pf	
„Das sind die wöchentlichen Ausgaben – für Alle Wochen"		6 Mark
Für „Hauszins"		3 Mark 50 Pf
„noch Krankenkassageld"		1 Mark 50 Pf
„zu Kost, oder Fleisch, Volksküche"		3 Mark
für Holz, Kohlen		1 Mark
„zu Rathenzahlung"		2 Mark
„Ersparniß"		1 Mark 50 Pf
„zu Tabak, Weil Ich Rauchte"		30 Pf
„So sind die 18 Mark 80 Pf Ausgegeben worden".	–	–

Ein Lohnzettel vom 22. April 1892
(Wolfgang Ruppert [Hrsg.], Lebensgeschichten zur deutschen Sozialgeschichte 1850–1950. Opladen 1980, S. 68)

T 1 Auszug aus der Fabrikordnung der Baumwollspinnerei Staub & Söhne in Altenstadt (1853)

§ 6. Jeder Arbeiter ist für die ihm anvertrauten Gegenstände persönlich verantwortlich. Wenn er dieselben bei Nachfragen nicht gleich vorweisen kann, werden sie auf seine Kosten durch neue ersetzt.

§ 7. Wenn in einem Arbeitssaal während der Arbeitszeit, wo alle Arbeiter zugegen sind, ein Gegenstand beschädigt wird, und der Täter Verhehlung wegen nicht auszumitteln ist, so sind die Arbeiter des ganzen Saales bis zur Nachweisung des Täters für den Schaden haftbar.

§ 9. Ferner werden bestraft (außer den in § 22 bekannten Fällen, in welchen die Fabrikvorsteher ohne Aufkündigung zur augenblicklichen Entlassung des Arbeiters berechtigt sind):

1. Unehrerbietiges Betragen gegen die Aufseher.
2. Verhehlung von Untreue.
3. Eigenmächtige Abänderung an den Maschinen, der Beleuchtung, Heizung und Werkzeugen.
4. Störung anderer Arbeiter.
5. Verspätung und Versäumnisse, besonders der Unfug des blauen Montags und das Herbeiholen von Speise und Trank.
6. Unvorsichtigkeit mit Feuer und Licht.
7. Das Tabakrauchen.
8. Lärm machen auf dem Weg zu und von der Fabrik.
9. Beschädigung an Häusern, Gärten, Bäumen, Zäunen, Brunnen und dgl.

§ 13. Die erhobenen Geldstrafen (worunter aber die Entschädigungen nicht verstanden sind) werden zur Unterstützung kranker und beschädigter Arbeiter verwendet.

§ 14. Der Arbeitslohn wird von den Fabrikinhabern am ersten Zahltag nach dem Eintritt des Arbeiters festgesetzt und später nach Umständen erhöht oder erniedrigt. Jede Erhöhung oder Erniedrigung desselben, sowie die Arbeitsstunden, sollen den Arbeitern vorher an einem Zahltage angezeigt werden. Bei Lohnerniedrigung hat der Arbeiter jedoch das Recht einer vierzehntägigen Aufkündigung, von welcher aber am nächsten Arbeitstag Gebrauch gemacht werden muß, indem sonst die sechswöchentliche Aufkündigung in Kraft bleibt.

§ 15. Jedem Arbeiter wird gleich von Anfang sechs Tage oder ein vollständiger Wochenlohn als Decompte (Abzug) zurückbehalten und bei Lohnerhöhung vervollständigt. Den Hasplerinnen und anderen Arbeitern, welche à facon [im Stücklohn] bezahlt werden, bleibt bei jedem Zahltag, welche von zwei zu zwei Wochen stattfinden, der Ertrag der letzten Woche (ob solche mehr oder weniger Arbeitstage umfasse) rückständig. Nur bei ordnungsmäßigem Austritt wird Lohn und Decompte bezahlt.

§ 17. Der Arbeiter, welcher seinen Dienst in der Fabrik aufgeben will, ist verpflichtet, seinen Austritt sechs Wochen vorher, und zwar an einem je nach zwei Wochen eintretenden Zahltage, den Fabrikinhabern oder einem Aufseher anzuzeigen; bei Kindern wird die Aufkündigung nur von den Eltern oder Versorgern angenommen.

§ 19. Sogleiche Aufkündigung sowohl von den Fabrikvorstehern als von den Arbeitern findet statt beim Eintreten außerordentlicher Ereignisse, durch elementarische oder politische Verhältnisse, falls die Arbeit nicht binnen 14 Tagen aufs neue beginnen kann; oder die Arbeiter nach einem verhältnismäßigen Tagelohn auf andere Weise beschäftigt werden können.

§ 22. Die Fabrikbesitzer sind jedoch zur augenblicklichen Entlassung des Arbeiters ohne Vergütung von Lohn und Decompte berechtigt, wenn dieser das eine oder das andere der nachstehenden Vergehen sich zu schulden kommen läßt.

1. Diebstahl oder Untreue.
2. Prügelei, Unzucht oder Betrunkenheit im Fabrikgebäude.
3. Komplotte oder Auflehnung gegen die Fabrikordnung.
4. Beschimpfung der Aufseher.
5. Tätliche Widersetzlichkeit.
6. Weigerung der Übernahme einer ordentlichen Arbeit in der Fabrik.
7. Eigenmächtiges Verlassen der Arbeit.
8. Wiederholte Nachlässigkeit in Erfüllung seines Geschäftes.
9. Beharrlicher Ungehorsam.
10. Absichtliche oder bedeutende Verletzung des anvertrauten Arbeitsgerätes oder Arbeitsstoffes.

(J. Kuczynski, Darstellung der Lage der Arbeiter in Deutschland von 1849 bis 1870. Berlin/DDR 1962, S. 197–199)

1.3 Die nichtrevolutionäre Arbeiterbewegung Englands

Die englische Arbeiterbewegung ist von besonderem Interesse, weil sie der kontinentalen Arbeiterbewegung infolge des früheren Beginns der industriellen Revolution zeitlich vorausging und für diese wegweisend wurde. Sie bemühte sich um die Verbesserung der sozialen, wirtschaftlichen, politischen und rechtlichen Lage der Arbeiterschaft. Sie kannte in ihrem frühen Stadium ein gewaltsames Aufbäumen, griff aber bald zu legalen politischen Mitteln, um ihre Ziele durchzu-

setzen. Darin leistete sie zugleich einen Beitrag zur **Demokratisierung** und **Parlamentarisierung** des Landes.
Bundesgenossen fand die Arbeiterbewegung streckenweise im liberalen Bürgertum, das gegen die Konservativen um die Erweiterung des **Wahlrechts** kämpfte. Die seit der Revolution von 1688 unveränderte Wahlkreiseinteilung schloß den größten Teil der Bevölkerung vom politischen Leben zugunsten der landbesitzenden Adelsschicht aus. Unter dem Eindruck der Pariser Julirevolution von 1830 gelang es reformerischen Kräften des Parlaments 1832, eine erste Revision des Wahlrechts durchzusetzen. Die Zahl der Wahlberechtigten stieg von 435000 auf 680000 (bei 10,2 Mio. erwachsenen Einwohnern). 34 Städte erhielten zum ersten Mal einen Sitz im Unterhaus, doch schloß die Bindung des Wahlrechts an einen Vermögenszensus die städtische und ländliche Arbeiterschaft weiterhin von den politischen Rechten aus. Dagegen erhob sich die Bewegung des **Chartismus** mit dem Ziel, das Wahlrecht so umzugestalten, daß auch die Arbeiterschaft politisch wirksam werden konnte. Die People's Charta (1839), als Antwort auf die mangelhafte Wahlrechtsreform von 1832 formuliert, gab der Bewegung den Namen. Der Chartismus schwoll zu einer Volksbewegung an, insbesondere während der Massenarbeitslosigkeit von 1838–1843, erlosch jedoch als die Parlamentsmehrheit sich schrittweise der Forderungen der Arbeiter annahm: Das Korngesetz, das 1815 zum Schutz der englischen Großagrarier gegen das billige amerikanische Getreide erlassen worden war und die Lebenshaltung des kleinen Mannes spürbar verteuerte, wurde 1846 aus Furcht vor einer erneuten chartistischen Massenbewegung aufgehoben. Arbeiterschutzgesetze und Fabrikinspektionen wurden eingeführt. 1867 erhielten die Industriearbeiter, 1884 die Landarbeiter das Wahlrecht, so daß nun ca. 5 Mio. Menschen = 70% der erwachsenen männlichen Bevölkerung wahlberechtigt waren. Das vierte Reformgesetz von 1918 gab allen Männern über 21 Jahren und allen Frauen über 30 Jahren (1928 allen Frauen über 21 Jahren) das Wahlrecht. Seit 1969 dürfen alle Bürger über 18 Jahre wählen. Durch die Verleihung des Wahlrechts 1867 trat eine Verbindung zwischen der Masse der Wählerschaft und den Parteien ein. Damit war das Ende der bisherigen Honoratiorenparteien, die mehr im Parlament als nach außen auftraten, gekommen.
1824 hatte das Parlament das Vereinigungsverbot, Combination Act, aufgehoben (selbst die Französische Revolution hatte zunächst keine Arbeiter- und Gesellenvereinigungen zugelassen). So konnten sich nun **Arbeitervereinigungen** zur gemeinsamen Interessenvertretung bilden. 1834 entstanden die ersten allgemeinen englischen Trade Unions; 1844 gründeten die Bergarbeiter, 1851 die Arbeiter der Maschinenindustrie, 1872/73 die Landarbeiter Gewerkschaften. 1868 vereinigten sich die Gewerkschaften zu einem Gesamtverband. Als Abgeordnete der liberalen Partei brachten sie verschiedentlich ihre Führer ins Unterhaus. Mit Hilfe der Gewerkschaften gelang es, die wirtschaftliche Entwicklung auch für die Arbeiterschaft nutzbar zu machen: Von 1850 bis 1890 konnte der Nominallohn um 61% gesteigert werden, während der durchschnittliche Konsumentenpreis um 6,5% fiel, so daß eine beträchtliche Verbesserung der Lebenshaltung erreicht wurde.
Die gewerkschaftlichen Forderungen zielten in erster Linie auf das Koalitions- und Streikrecht, auf verkürzte Arbeitszeit, Mindestlohn, Einschränkung der Frauen- und Kinderarbeit, Sicherung bei Krankheit, Invalidität, Arbeitslosigkeit und auf eine Altersversorgung. Um diese Ziele wirkungsvoller durchsetzen zu können, gründeten die Gewerkschaften 1900 die **Labour Party** (1903: 14 Sitze, 1906: 30 Sitze im Unterhaus). Ihr evolutionärer Sozialismus ohne doktrinären (ideologisch-theoretischen) Hintergrund ist (bis heute) ganz auf praktische Ziele eingestellt. Das revolutionäre Gedankengut von Karl Marx (s. 3.2) hat im englischen Sozialismus wegen des frühzeitig einsetzenden parlamentarischen Reformprozesses und der Taktik der Unternehmer kaum eine Rolle gespielt.
Herausgefordert von der Arbeiterpartei entschlossen sich die alten Parteien zu einer Reihe von **sozialen Reformen**: Bau von Arbeiterwohnungen, öffentlichen Bädern, Wäschereien, Biblio-

„Rivalen" – Karikatur der Londoner Zeitschrift „Punch", 1846

theken, Altersrenten (1908), staatliche Stellenvermittlung (1909), Arbeitslosenversicherung (1911), Achtstundentag für Bergwerke und Fabriken (1908) u.a.

Die **Genossenschaftsbewegung** (Cooperative Movement) (s. 2.3) wurde als Selbsthilfeunternehmen auch von der Arbeiterschaft getragen. Sie diente dazu, die Ausbeutung der Verbraucher zu unterbinden, vor allem den alten Mißstand des Trucksystems (engl. truck = Tausch), bei dem der Unternehmer einen Teil des Lohnes in Waren oder in – überteuerten – Lebensmitteln aus fabrikeigenen Läden abgab. 1844 eröffneten zwei Dutzend Arbeiter aus Rochdale ein eigenes Ladengeschäft.

Charakteristisch für den englischen Sozialismus ist der **Fabianismus**. Er erhielt seinen Namen nach dem römischen Konsul und späteren Diktator Quintus Fabius, genannt „der Zauderer", weil er im 2. Punischen Krieg durch seine Hinhaltetaktik nach der für Rom verlustreichen Schlacht am Trasimenischen See (217 v. Chr.) weitere Niederlagen gegen den karthagischen Feldherrn Hannibal verhinderte und damit die Voraussetzung für Erfolge auf anderen Kriegsschauplätzen schuf. Die 1884 vom Soziologenehepaar Sidney und Beatrice Webb gegründete Fabian Society strebte eine allmähliche Gesellschaftsreform und Wirtschaftsdemokratie an. Am Ende sollte eine Art von Staatssozialismus stehen (T 2).

T 2 Die Grundsätze der Fabier von 1887

Die Gesellschaft der Fabier besteht aus Sozialisten. Sie erstrebt daher die Neuorganisation der Gesellschaft durch die Befreiung des Bodens und des Industriekapitals vom individuellen Klasseneigentum und seine Übergabe an die Gemeinschaft zum allgemeinen Nutzen. Nur auf diesem Wege können die natürlichen und erworbenen Vorzüge des Landes vom ganzen Volke gleich geteilt werden.

Die Gesellschaft wirkt daher für die Austilgung des Privateigentums am Boden und der daraus folgenden individuellen Aneignung in Rentenform des Preises, der für die Erlaubnis gezahlt wird, den Boden zu benutzen, sowie die Vorteile günstigerer Böden und Lagen. Die Gesellschaft wirkt ferner dafür, die Verwaltung des Industriekapitals an die Gemeinschaft zu überführen, damit es zweckmäßig sozial verwaltet werden kann. Denn wegen des Monopols an den Produktionsmitteln in der Vergangenheit haben industrielle Erfindungen und die Umwandlung des Mehreinkommens in Kapital hauptsächlich die besitzende Klasse bereichert, so daß der Arbeiter nun von dieser Klasse abhängig ist, um seinen Lebensunterhalt zu verdienen. Wenn diese Maßnahmen durchgeführt werden, ohne Entschädigung – wenn auch nicht ohne Unterstützung für enteignete Personen, wie sie der Gemeinschaft angemessen erscheint –, so wird Rente und Zins im Arbeitsertrag angeführt, die müßige Klasse, die nun von der Arbeit anderer lebt, wird notwendigerweise verschwinden, und praktische Gleichheit der Gelegenheit wird durch die selbsttätige Wirkung der wirtschaftlichen Kräfte erhalten bleiben mit viel weniger Beeinträchtigung der persönlichen Freiheit, als sie das jetzige System mit sich bringt. Um diese Ziele zu erreichen, erstrebt die Gesellschaft der Fabier die Verbreitung sozialistischer Ideen und die sozialen und politischen Wandlungen, die daraus folgen, einschließlich der Herstellung gleicher Bürgerrechte für Männer und Frauen. Sie versucht, diese Ziele zu erreichen durch die allgemeine Verbreitung von Wissen über die Beziehung zwischen Individuum und Gesellschaft unter wirtschaftlichen, ethischen und politischen Gesichtspunkten.

(W. Wulf [Hrsg.], Nationalismus und Demokratie im Werden 1849–1890. Diesterweg. Geschichtl. Quellenhefte. Frankfurt/M. [3]1959, S. 78f.)

Soziale Schichtung der Bevölkerung in England 1688 und 1800

1688

Schicht	Gruppe	Anzahl
Ober-Schicht	König, Hochadel	7000
	Barone, Ritter	20000
	Gutsbesitzer, Großkaufleute, hohe Geistlichkeit	58000
	hohe Staatsbeamte, Armee- und Marineoffiziere	76000
	Richter	70000
	Personen in Wissenschaften und freien Künsten	75000
	große Grundeigentümer	280000
Mittel-schicht	kleinere Kaufleute, niedere Staatsbeamte und niedere Geistlichkeit	128000
	kleinere Grundeigentümer	650000
	Bauern bzw. Pächter	750000
	Ladeninhaber, Gastwirte	225000
	Handwerker	240000
Unter-schicht	gemeine Soldaten und Seeleute	220000
	Arbeiter und Bedienstete außer Haus	1275000
	Häusler und Arme	1300000
	Landstreicher	300000

1800

Schicht	Gruppe	Anzahl
Ober-Schicht	König, Hochadel	3000
	Barone, Ritter, Gutsbesitzer	50000
	hohe Geistlichkeit, Großkaufleute, Bankiers, hohe Staatsbeamte, Richter	40000
	unabhängiger, niederer Adel	150000
	obere Freiberufler (Ärzte, Wissenschaftler, Künstler)	20000
	Armee- und Marineoffiziere	70000
Mittel-schicht	niedere Geistlichkeit	75000
	große Grundeigentümer	300000
	Schiffseigner, niedere Kaufleute, Schiffsbauer, Ingenieure, Baumeister	200000
	niedere Freiberufe, niedere Staatsbeamte	250000
	Gastwirte	375000
	Ladenbesitzer, Straßenhändler	600000
	Handwerksmeister, Fabrikanten	450000
	kleinere Grundeigentümer	900000
	Bauern bzw. Pächter	1300000
	Lehrer, Schauspieler, Prokuristen, Ladengehilfen	320000
Unter-Schicht	Handwerker, Facharbeiter	4500000
	Landarbeiter, Bergleute, Straßen- und Kanalarbeiter	3500000
	Hauspersonal, Dienerschaft	1300000
	gemeine Soldaten, Seeleute	800000
	Arme, Landstreicher, Gefangene, Geistesgestörte	1900000

(Chris Cook, John Stevenson, Atlas of Modern British History. Longman, London, 1978, S. 145)

T 3 John St. Mill: Über die Zulassung von Frauen zum Wahlrecht (20. Mai 1867)

Der britische Philosoph und Nationalökonom J. St. Mill (1806–1873) war Mitglied des Unterhauses, wo er diese Rede hielt.

[...] Um eine Begründung für die Verweigerung des Wahlrechts für irgend jemanden zu geben, ist es nötig, persönliche Unfähigkeit oder öffentliche Gefahr nachzuweisen. Nun, kann man das eine oder das andere in diesem Falle behaupten? Kann man behaupten, daß Frauen, die ein Gut bewirtschaften oder ein Geschäft führen, die Gemeinde- und sonstige Steuern zahlen – oft eine große Summe und häufig von ihrem eigenen Verdienst –, die oft verantwortliche Familienvorstände und manchmal in der Position einer Schulleiterin sind (wo sie mehr lehren als eine große Zahl der männlichen Wähler je gelernt hat), nicht fähig sind zu einer Aufgabe, zu welcher jeder männliche Haushaltungsvorstand fähig ist? Oder wird befürchtet, daß sie den Staat revolutionieren, wenn sie zur Wahl zugelassen wären? Daß sie uns unserer hochgeschätzten Institutionen berauben? Oder daß wir schlechtere Gesetze haben und in jeder denkbaren Weise schlechter regiert werden – als Folge und Wirkung ihres Wahlrechts? Niemand, Sir, glaubt etwas derartiges.

Und es sind nicht nur die allgemeinen Prinzipien der Gerechtigkeit, die verletzt oder durch den Ausschluß der Frauen von jeglichem Anteil an der Volksvertretung – lediglich, weil sie Frauen sind – außer acht gelassen werden. Dieser Ausschluß steht in unerträglichem Gegensatz zu den eindeutigen Prinzipien der britischen Verfassung. Er verletzt eine der ältesten verfassungsmäßigen Maximen, eine Doktrin, die den

Reformern teuer ist und theoretisch sogar von den meisten Konservativen anerkannt wird, daß Besteuerung und Repräsentation zusammen ausgeübt werden sollen. Zahlen Frauen keine Steuern? Trägt nicht jede Frau, die sui juris ist, ganz genau so viel zum allgemeinen Wohl bei wie ein Mann, der damit die gleiche Qualifikation für das Wahlrecht hat? Wenn ein Grenzpfahl auf dem Lande irgend etwas bedeutet, so hat der Besitzer als Eigentümer oder Pächter den gleichen, gleichgültig, ob das Land Eigentum eines Mannes oder einer Frau ist. Es gibt Beweise in der Geschichte unserer Verfassung, daß Frauen in Bezirken und einigen Städten in früheren, entfernten Zeiten gewählt haben. [...]
Zumindest, wird man sagen, erleiden die Frauen keinerlei praktische Benachteiligung als Frauen, wenn sie das Wahlrecht nicht haben. Denn die Interessen aller Frauen sind sicher in den Händen ihrer Väter, Ehemänner und Brüder, die das gleiche Interesse haben wie sie. Und die Männer wissen nicht nur weit besser als die Frauen, was gut für sie ist, sondern sorgen sogar besser für sie, als sie selber. Sir, das ist genau das Gleiche, was man über alle nicht vertretenen Klassen sagt: die Arbeiter z. B., sind sie nicht tatsächlich vertreten durch die Vertretung ihrer Arbeitgeber? Ist nicht das Interesse der Arbeitgeber und Arbeitnehmer – richtig verstanden – das gleiche? Das Gegenteil für richtig halten, ist das nicht das schreckliche Verbrechen, Klasse gegen Klasse zu stellen? [...]
Ich werde manchmal gefragt, welche tatsächlichen Mißstände ich durch das Frauenwahlrecht zu kurieren gedenke. Ich schlage zum einen vor, gewisse falsche Vorstellungen aufzugeben: Ich gebe diese Beispiele, um zu beweisen, daß Frauen nicht die verwöhnten Kinder der Gesellschaft sind, als welche viele Leute sie betrachten. Daß sie keineswegs das Übermaß an Macht haben, das ihnen zugeschrieben wird, und daß sie keineswegs ausreichend vertreten sind durch die Vertretung der Männer, die nicht das Herz hatten, für sie diesen einfachen und offensichtlichen Akt der Gerechtigkeit zu verlangen.
Sir, Mißstände von geringerem Ausmaß als das Gesetz über das Eigentum verheirateter Frauen haben Revolutionen hervorgerufen, wenn sie Klassen auferlegt waren, die weniger als die Frauen durch passive Unterwerfung verletzt waren.
Wenn wir uns im Falle der Frauen sicher wähnen vor solchen Konsequenzen, so sollten wir daraus kein politisches Kapital schlagen und einer begrenzten Zahl von Frauen nicht den bescheidenen Anteil an der Mitwirkung bei der Verbesserung unserer Gesetze zu verweigern, welche diese Initiative für sie verlangt und welche den Frauen generell das Gefühl geben würde, daß sie in diesem Hause durch einige männliche Repräsentanten gehört werden. Wir sollten ihnen nicht verweigern, was wir jedermann zubilligen – das Recht, gefragt zu werden, das Recht auf eine kleine Chance, im großen Rat der Nation ein paar Stimmen zu haben, die ihre Meinung vertreten, das Recht, das jeder kleine Berufszweig hat, nämlich ein paar Abgeordnete, die sich verpflichtet fühlen, ihre Interessen wahrzunehmen und darauf hinzuweisen, welche Auswirkungen ein Gesetz auf dieses Interesse hat. Mehr wird durch diese Initiative nicht verlangt. Und wenn die Zeit kommt, die mit Sicherheit kommt, da dies gewährt wird, werden Sie dieses Zugeständnis nicht bereuen. Das ist meine feste Überzeugung.
(Hannelore Schröder [Hrsg.], Die Frau ist frei geboren. Texte zur Frauenemanzipation, Bd. 1. München 1979, S. 126f., 135, 139f.)

1.4 Demokratie und Sozialismus als Ziele der deutschen Arbeiterbewegung

1.4.1 Die Arbeiterpartei

Die ersten Zusammenschlüsse der deutschen Arbeiterschaft waren bereits in den 40er Jahren zu verzeichnen. Sie zielten auf **Solidarisierung** der Arbeiter untereinander, um ihre politischen Forderungen gewichtiger äußern zu können. Die Gelegenheit zu Vereinsgründungen (die bedeutendste war die „Allgemeine Deutsche Arbeiterverbrüderung" durch den kommunistischen Buchdrucker Stephan Born nach dem Berliner Arbeiterkongreß im September 1848. T 4) wurde insbesondere genutzt, als nach dem Sturz der alten Regierungen durch die Märzrevolution 1848 vorübergehend Presse, Vereins- und Versammlungsfreiheit gewährt wurden.
Von Anfang an wurden das allgemeine Wahlrecht und die republikanische Staatsform angestrebt. Die konstitutionellen (durch Verfassungen gebundenen) deutschen Monarchien schienen zu fest mit den traditionellen Ständen verbunden zu sein. Die Grundrechte der Paulskirchenverfassung von 1849 wurden begeistert begrüßt, weil sie die Änderung der politischen und sozialen Verhältnisse zu ermöglichen schienen. Aber bald, bis 1854, hatten Polizeimaßnahmen die Gesamtorgani-

sation der Arbeiterverbrüderung zerschlagen, weil sie als Fortsetzung der demokratischen Opposition von 1848 galt. 1863 begann mit dem „Allgemeinen Deutschen Arbeiterverein" (ADAV) des Privatgelehrten **Ferdinand Lassalle** (1825–1864) eine neue Phase der Entwicklung (T 5).
Lassalle hoffte, seine gemäßigten Forderungen mit Hilfe des Staates durchsetzen zu können. Er trat für das allgemeine und gleiche Wahlrecht ein, mit dessen Hilfe er den Staat demokratisieren wollte; denn nur ein demokratischer Staat kann nach seiner Ansicht ein sozialer Staat sein.
Da er in theoretischen Auseinandersetzungen zur Auffassung gelangt war, die Löhne könnten nie über das Existenzminimum steigen, forderte er die Beteiligung der Arbeiter an der Produktion und dazu den Aufbau von „Produktionsassoziationen" der Arbeiter mit staatlichen Krediten (vgl. die Genossenschaftsidee 2.3); die Arbeiter sollten – in einer sozialistischen Gesellschaft ohne Privateigentum an den Produktionsmitteln – zu ihren eigenen Unternehmern gemacht werden. Anders als Marx anerkannte er den bestehenden Staat. Neben Proudhon (s. 3.1) war Lassalle in den 60er Jahren der mit Marx rivalisierende Theoretiker der Arbeiterbewegung. Der Einfluß seiner Ideen in Deutschland war lange Zeit stärker.
Die Kritik an Lassalles Konzeption begünstigte die Bildung einer zweiten nationalen Arbeiterorganisation. Damit machten sich die Arbeiter von der (bürgerlich-liberalen) Fortschrittspartei, die sie bis dahin unterstützt hatten, unabhängig. Radikaler war die 1869 in Eisenach von **Wilhelm Liebknecht** (1826–1900) und **August Bebel** (1840–1913) gegründete „Sozialdemokratische Arbeiterpartei" (SDAP), die konsequent die Linie des Klassenkampfes verfolgte und jedes Zusammenwirken mit den Mächten der bestehenden Ordnung und den Staaten als Instrument der bourgeoisen (Bourgeoisie, frz. = besitzendes Bürgertum als Stand) Klassenherrschaft ablehnte. In den Forderungen nach dem allgemeinen Wahlrecht, republikanischer Staatsform, direkter Gesetzgebung durch Volksbegehren und Volksentscheid, Trennung von Staat und Kirche wirkte die Hoffnung der zentralistisch führenden Parteispitze, daß eine demokratische Massenbewegung ohne gewaltsamen Umsturz die klassenlose Gesellschaft erreichen werde, die nach Marx mit gesetzhafter Notwendigkeit nahen mußte. 1875 erfolgte in Gotha die Vereinigung beider Richtungen zur Sozialistischen Arbeiterpartei Deutschlands (SAD), die nach der Aufhebung des Sozialistengesetzes 1890 in Sozialdemokratische Partei Deutschlands (SPD) umbenannt wurde. Kautsky (s. u.) konnte 1893 in seinem „Sozialdemokratischen Katechismus" das Paradox formulieren, die SPD sei eine *„revolutionäre,* nicht aber eine Revolutionen machende Partei." „Die *soziale Umwälzung,* die wir anstreben, kann nur erreicht werden mittelst der Eroberung der politischen Macht durch das kämpfende Proletariat".
Diese Haltung Kautskys wurde bestärkt durch die Taktik, mit der die Parteiführung auf den Versuch Bismarcks reagierte, durch das **Sozialistengesetz** „Gegen die gemeingefährlichen Bestrebungen der Sozialdemokratie" (1878) die Massenbasis der Partei zu zerstören, indem „alle Vereine, welche durch sozialdemokratische, sozialistische oder kommunistische Bestrebungen den Umsturz der bestehenden Staats- und Gesellschaftsordnung bezwecken" (z. B. der Sozialdemokratie verbundene Gewerkschaften) sowie Versammlungen, Umzüge und Druckschriften verboten wurden (T 7). Die Nationalliberalen unterstützten das Gesetz gegen die Stimmen der Sozialdemokraten, der Fortschrittler und des Zentrums. 1890 war keine Mehrheit mehr für seine Verlängerung im Reichstag zu bekommen. Das Gesetz erlaubte während der zwölf Verbotsjahre lediglich die Beteiligung an Wahlen und die parlamentarische Arbeit. Die Arbeiterschaft wurde so dem Staat weiter entfremdet und fand sich in zur Tarnung gegründeten Gesang-, Sport- und Geselligkeitsvereinen zusammen.
Der **Erfurter Parteitag** (1891) bestätigte die Politik im Blick auf die Gewinnung der Macht (T 9). Die Erfolge der Arbeiterpartei waren eindrucksvoll. Gefördert von der Wirtschaftskrise, die 1873 einsetzte, und trotz des Sozialistengesetzes stieg die Zahl ihrer Reichstagsmandate. In Städten über 10000 Einwohner stimmten 1912 49,3% der Wähler für die SPD, in Berlin sogar 75%.

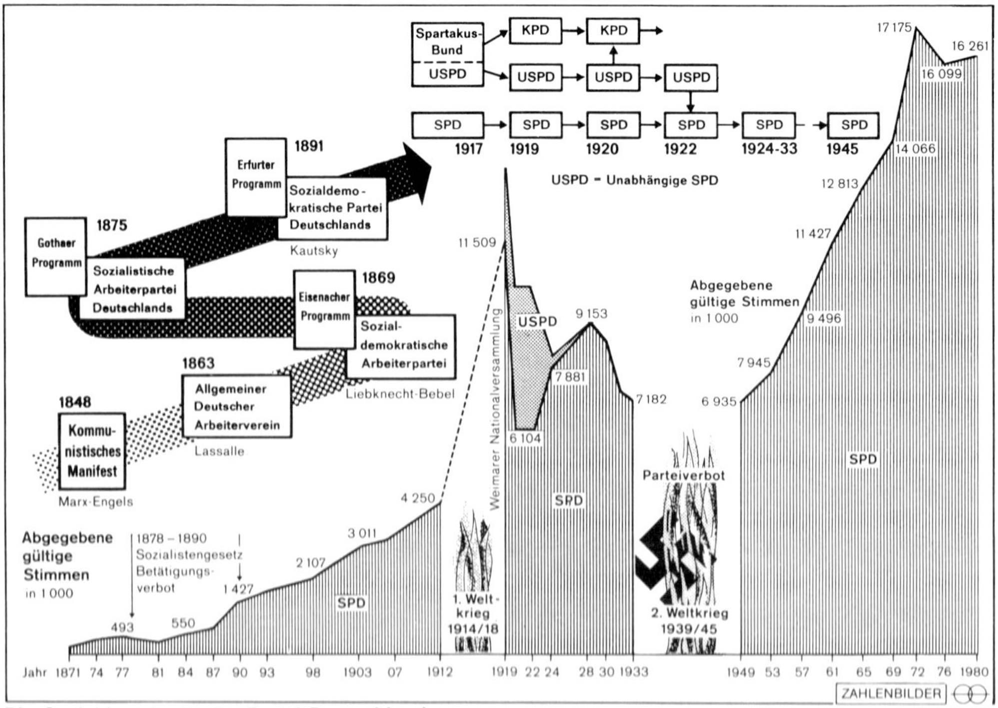

Die Sozialdemokratische Partei Deutschlands

© Erich Schmidt Verlag 95 010

Stimmen und Abgeordnetensitze der SPD bei den Reichstagswahlen von 1871 bis 1912

	Stimmen absolut	Stimmen in v. H. aller Stimmen	Abgeordnete absolut	Abgeordnete in v. H. aller Sitze
1871	124000	3	2	0,5
1881	312000	6	12	3,0
1893	1786000	23	44	11,0
1903	3011000	32	81	20,0
1912	4250000	35	110	28,0

(F.-W. Henning, Quellen zur sozialgeschichtlichen Entwicklung in Deutschland 1815–1860. Paderborn [5]1980, S. 271)

Von 1906 bis 1910 konnte die Partei ihre Mitgliederzahl fast verdoppeln (von 380000 auf 720000, 1914 1,2 Mio.), während die Gewerkschaften 1914 sogar bereits 2,48 Mio. Mitglieder organisiert hatten. Seit 1890 erhielt die SPD die meisten Wählerstimmen und wurde 1912 zur stärksten Reichstagsfraktion.

Verdeckt von dem verbalen Radikalismus der Führung hatten sich auch in der sozialdemokratischen Bewegung Strukturen und Denkgewohnheiten des kaiserlichen Staates niedergeschlagen. Die Massenpartei übernahm die Führungstechniken der Bürokratie und der Armee: Die Masse der Arbeiterschaft war trotz allen sozialistischen Gedankengutes durch Schule und Dienstzeit im Heer auch von Patriotismus und Nationalismus geprägt. Die SPD schuf ein Bündel von Vereinen und Organisationen – vom Freidenkerverband bis zum Arbeiterbildungs- und Arbeitersportverein. Hier wurden dem Arbeiter Möglichkeiten zur Bildung und Weiterbildung, zur Existenzsicherung geboten. So konnte die Arbeiterpartei wie keine andere Partei vielen Mitgliedern zur „Heimat" werden. Die SPD, die sich inzwischen – mit Ausnahme ihres internationalistischen Flügels – in die Gesellschaft schlecht und recht integriert hatte, kämpfte für die parlamentarische Durchsetzung der Forderungen des Erfurter Programms. Der Beginn des Ersten Weltkriegs 1914 brachte für sie keine unüberwindlichen ideologischen Konflikte. Der Krieg war nach allgemeiner Ansicht des Volkes unvermeidlich.

Die Spannung zwischen **Reform** und **Revolution**, unter der die Sozialdemokratie litt, wirkte sich in der Bildung eines revisionistischen (von der reinen, marxistischen Lehre abweichenden) und eines orthodoxen (mit ihr übereinstimmenden) Flügels aus. Die Reform verfocht, beeindruckt von der englischen Arbeiterbewegung, **Eduard Bernstein** (1850–1932), der mit Friedrich Engels lange Jahre im Exil in England verbracht hatte. Er zweifelte an dem prophezeiten Zusammenbruch der bürgerlich-kapitalistischen Gesellschaft und hielt die schrittweise Verbesserung der Lage der Arbeiter für möglich. Die Aufgabe der Partei sah er darin, innerhalb der bestehenden Gesellschaft und des Staates für den sozialen Fortschritt zu wirken (T 10). Doch drang er mit dieser auch von den Gewerkschaften vertretenen Haltung nicht durch, was in der Sozialdemokratie zu heftigen Debatten über den richtigen Weg zum Sozialismus führte (sog. **Revisionismusstreit**). Die Parteitage beharrten auf der grundsätzlichen Ablehnung des Klassenstaates.
Der führende Theoretiker der SPD der Kaiserzeit war **Karl Kautsky** (1854–1938). Er vertrat ursprünglich eine marxistische Auffassung, wonach die Gesellschaft sich aus dem Grundwiderspruch von Kapital und Arbeit weiterentwickelt (s. 3.2). Dennoch trug er später den Anpassungsprozeß der Partei an das kaiserliche Deutschland mit und war für den Grundsatzteil des von den Zeitgenossen als revolutionär-marxistisch empfundenen Erfurter Programms – zusammen mit Bernstein, Bebel und Engels – verantwortlich. Er versuchte für die Partei das praktisch Mögliche zu verwirklichen, indem er einen Kurs zwischen Reform und Revolution steuerte (T 11). Im Grunde trat er für eine evolutionäre Entwicklung der gesellschaftlichen Verhältnisse ein und setzte sich damit in Gegensatz zur Marxschen Dialektik. Er wandte sich auch gegen den Revisionismus seines Freundes Bernstein.
Die reformistische Richtung von Kautsky, der Versuch, mit Hilfe einer Veränderung der ökonomischen Theorien des Marxismus und der Ablehnung revolutionärer Radikalität eine Basis für eine tragfähige Politik zu schaffen, bestimmte bis zum Ersten Weltkrieg das politische, sich in den Staat vorsichtig integrierende Verhalten der Gesamtpartei unter Bebels Führung und hat diese in Theorie und Praxis von Marx entfernt. Darauf beruht die spätere Spaltung der Partei in SPD und KPD und die Kritik von **Rosa Luxemburg** (1870–1919) (T 12), die auf die spontane Initiative der revolutionären Massen vertraute (im Gegensatz zu Lenins Auffassung von der Notwendigkeit einer festgefügten Organisation der Revolutionäre).
Mit der Annahme des von der Reichsregierung verkündeten „Burgfriedens" 1914, mit der Zustimmung zu den Kriegskrediten und der Mitarbeit in der Kriegswirtschaft erfolgte eine Annäherung zwischen SPD und wilhelminischem Staat. Auch die deutsche Arbeiterschaft zeigte nationale Begeisterung und fühlte sich, wie nahezu alle Deutschen, in der Rolle des Angegriffenen. Das „Gesetz über den vaterländischen Hilfsdienst" vom Dezember 1916 brachte den Gewerkschaften zwar die endgültige staatliche Anerkennung, jedoch blieben der Abbau obrigkeitlicher Strukturen in Staat und Gesellschaft und die Parlamentarisierung aus. Streitpunkte wurden jetzt auch die Kriegsziele (s. Bd. 2, D 1.10) und die fast diktatorische Stellung der Obersten Heeresleitung. Angesichts der verschlechterten Lebensbedingungen kam es im April 1917 und im Januar 1918 zu ausgedehnten Streiks.

1.4.2 Die Gewerkschaften

Durch die industrielle Entwicklung war in der zweiten Hälfte des 19. Jahrhunderts aus der Ständegesellschaft allmählich eine Klassengesellschaft geworden. Die aus dem Handwerk kommenden Industriearbeiter waren als Handwerksgesellen noch in Gesellenbruderschaften zusammengeschlossen gewesen, was ihnen bisher den Lohn ihrer Arbeit und ihr Auskommen gesichert hatte. Die mit der Zeit anonymer werdende Bestimmung über die Arbeitsverhältnisse – Arbeitsplatz, Einsatz der Arbeitskraft, Arbeitsdauer, Arbeitsmittel, Arbeitskontrolle u.a. –, auch die Situation

auf dem Arbeitsmarkt mit einem reichen Angebot an, wenn auch ungelernten Arbeitskräften, führten unter den Arbeitern zu solidarischem Denken und, Ende der sechziger Jahre, zum Zusammenschluß in Vereinen, um die Entwicklung mitsteuern zu können. Diese Arbeitervereine (Gewerkschaften) entstanden in kleineren Betrieben unter den noch der handwerklichen Tradition verpflichteten Tabakarbeitern, Buchdruckern, Maurern, Zimmerleuten, Tischlern, nicht in den industriellen Großbetrieben, und dehnten sich in Deutschland rasch zu landesweiten Verbänden aus. Selbstverständlich wurden ihre Tätigkeiten von den Behörden beargwöhnt, besonders während der Zeit des Sozialistengesetzes (1878–1890), und erst nach 1918 erhielten sie das uneingeschränkte Koalitionsrecht (T 13) und das Recht zum Abschluß kollektiver Tarifverträge.
Die Arbeitervereine wollten die gemeinsamen Anliegen einer gerechteren Wirtschafts- und Sozialordnung auf unterschiedlichen Wegen erreichen:
1. Die **Staatssozialisten** – Johann Karl Rodbertus, Ferdinand Lassalle, die Professoren Adolph Wagner, Gustav Schmoller (T 6), Lujo Brentano (als „Kathedersozialisten" bezeichnet) – betrachteten den Staat als den entscheidenden Ordnungsfaktor und forderten ihn auf, regulierend in das Wirtschafts- und Sozialleben einzugreifen. Sie befürworteten den Wohlfahrtsstaat und die Sozialgesetzgebung und beeinflußten die Bismarckschen Sozialgesetze.
2. Die **marxistisch orientierten Sozialisten** suchten die Lösung der sozialen Frage in einem zwangsläufig bevorstehenden revolutionären Veränderungsprozeß (Gemeineigentum).
3. Die **Sozialreformer** verbanden ältere liberale Vorstellungen mit den Prinzipien der christlichen Soziallehre (Ketteler, Wichern). Sie erstrebten eine berufsständisch ausgerichtete Ordnung, die die sozialen Interessengegensätze überwinden sollte.
Auf diesen drei Richtungen beruhte die liberale, sozialistische und christliche Gewerkschaftsbewegung. Die von Bebel gegründeten „freien" (sozialistischen) Gewerkschaften waren die eigentlichen Kampforganisationen der Arbeiterschaft. Daneben spielten die aus der christlich-sozialen Bewegung des Bischofs Ketteler hervorgegangenen Christlichen Gewerkschaften zusammen mit der (katholischen) Zentrumspartei (seit 1870) eine politische Rolle. Dagegen blieben die zahlenmäßig kleinen, freiheitlich-nationalen, mittelständisch orientierten, eine „Interessenharmonie" von Kapital und Arbeit zugrundelegenden Gewerkvereine (nach ihren Gründern, den liberalen Politikern Max Hirsch und Franz Duncker Hirsch-Dunckersche Gewerkvereine genannt) weitgehend ohne Einfluß.
Nicht zuletzt haben Gewerkschaftsbewegung und Sozialdemokratie erheblich zur gesellschaftlichen Emanzipation der Frau beigetragen (T 8).
Nach der Aufhebung des Sozialistengesetzes entfalteten sich die Gewerkschaften zur Massenbewegung (s. Tabelle) und gerieten nun in Konflikt mit dem politischen Programm der Sozialdemokratie. Während diese auf einen Umsturz hinarbeitete und jede Zusammenarbeit mit der bestehenden Ordnung ablehnte, mußten die Gewerkschaften um ihrer praktischen Aufgabe willen nach **Kompromissen** mit den etablierten politisch-gesellschaftlichen Mächten suchen, um schrittweise Verbesserungen durchzusetzen. Die Gewerkschaften erlangten schließlich die Anerkennung ihrer sozialpolitischen Funktion im Sinne einer Verbesserung der Lage der Arbeiter von seiten der Partei, zumal sich innerhalb der Sozialdemokratie ein revisionistischer Flügel gebildet hatte, der den Zielen und der Methode der Gewerkschaften nahe stand.
Daneben gab es seit der Jahrhundertwende Arbeitervereine – die sogenannten Gelben –, die sich zum Wirtschaftsfrieden bekannten und gewerkschaftliche Kampfmittel ablehnten. Einen Erfolg hatten diese antisozialdemokratischen, unternehmerfreundlichen Werkvereine vor allem innerbetrieblich dort, wo es den Unternehmern gelang, durch materielle Vergünstigungen wie Krankengeldzuschüsse, Sparprämien und betrieblich geförderten Eigenheimbau ihre Arbeiter zum Eintritt in diese Antistreikvereine zu bewegen.
Die Arbeiterbewegung war bis zum Ersten Weltkrieg überwiegend eine Sache der Handwerks-

Mitglieder in den Arbeitergewerkschaften in Deutschland 1895 bis 1931 (jeweiliges Territorium)

	Freie Gewerkschaften			Christl. Gewerkschaften			H.-D. Gewerkvereine		
	Insgesamt (in 1000)	davon weibl. (in 1000)	Frauenanteil (in %)	Insgesamt (in 1000)	davon weibl. (in 1000)	Frauenanteil (in %)	Insgesamt (in 1000)	davon weibl. (in 1000)	Frauenanteil (in %)
1895	259	7	2,7	–	–	–	–	–	–
1900	680	23	3,4	–	–	–	–	–	–
1907	1866	137	7,3	274	24	8,8	–	–	–
1908	1832	138	7,5	265	22	8,3	–	–	–
1909	1833	134	7,3	271	20	7,4	–	–	–
1910	2017	162	8,0	295	22	7,5	–	–	–
1911	2340	191	8,2	341	27	7,9	–	–	–
1912	2553	223	8,7	345	28	8,1	–	–	–
1913	2574	230	8,9	343	28	8,2	107	6	5,6
1914	2076	210	10,1	283	26	9,2	–	–	–
1915	1159	178	15,4	176	24	13,6	–	–	–
1916	967	186	19,2	174	29	16,7	–	–	–
1917	1107	269	24,3	244	44	18,0	–	–	–
1918	1665	423	25,4	405	72	17,8	113	12	10,6
1919	5479	1193	21,8	858	160	18,6	190	18	9,5
1920	7890	1711	21,7	1077	215	20,0	226	22	9,7
1921	7568	1518	20,1	986	232	23,5	225	23	10,2
1922	7895	1688	21,4	1049	263	25,1	231	–	–
1923	7138	1526	21,4	938	230	24,5	217	–	–
1924	4618	921	19,9	605	161	26,6	147	13	8,8
1925	4156	752	18,1	606	149	24,6	158	12	7,6
1926	3977	660	16,6	532	113	21,2	164	12	7,3
1927	4150	651	15,7	606	122	20,1	168	13	7,7
1928	4654	712	15,3	647	124	19,2	169	13	7,7
1929	4906	723	14,7	673	126	18,7	169	13	7,7
1930	4822	685	14,2	659	113	17,1	163	11	6,7
1931	4418	618	14,0	578	94	16,3	–	–	–

(Stefan Bajohr, Die Hälfte der Fabrik. Geschichte der Frauenarbeit in Deutschland 1914–1945, Marburg 1979, S. 89.)

Mitgliederstand 1985 (bei ca. 25 Mio. Beschäftigten in der Bundesrepublik Deutschland)

DGB 7,7 Mio.	DAG 0,5 Mio.	DBB 0,8 Mio.	CGB 0,3 Mio.

(Nach: Statistisches Jahrbuch 1986, Stuttgart, S. 583)

gesellen und qualifizierten Facharbeiter besonders aus kleinen und mittleren Betrieben. In den „Riesenbetrieben" blieb die Verankerung der Gewerkschaften (und der SPD) meist verhältnismäßig schwach. Eine Ausnahme bildete die auf hochqualifizierte Arbeiter angwiesene Maschinenbauindustrie, wo die Gewerkschaften bereits vor 1914 relativ hohe Löhne und teilweise den Achtstundentag erreichten. Dagegen schloß sich das Zechenproletariat an der Ruhr nur zögernd den freien Gewerkschaften (und der SPD) an. Als ernsthafte Konkurrenz trat neben eigenen polnischen Verbänden die Zentrumspartei mit der ihr verbundenen katholischen Arbeiterbewegung – die christlichen Gewerkschaften und die katholischen Arbeitervereine – auf.

Nach Beendigung des Ersten Weltkrieges begann die zweite Phase der Gewerkschaften: Waren sie vorher weithin nur geduldet, so gewannen sie durch die neue Tarifvertragsordnung (1918), die Schlichtungsordnung (staatliche Schlichtung im Arbeitskampf), das Betriebsrätegesetz (1920) Einfluß und Macht. Die „freien" Gewerkschaften schlossen sich 1919 zum „Allgemeinen

Deutschen Gewerkschaftsbund" (ADGB) zusammen. Insbesondere wurde die institutionelle Verankerung der Funktionserweiterung der Gewerkschaften in den Artikeln 159 und 165 der Weimarer Verfassung bedeutungsvoll (T 13). Da Artikel 165 nicht in den aufhebbaren Grundrechtskatalog des Artikels 48 (II) aufgenommen wurde, blieb dem Reichspräsidenten das Eingriffsrecht verwehrt.
Mit der verfassungsmäßigen Regelung waren die Gewerkschaften zu staatlich anerkannten und gesetzlich geschützten Organen der Sozial- und Wirtschaftsordnung geworden. Die freien Gewerkschaften bejahten die Weimarer Demokratie und traten wiederholt für ihren Schutz ein: durch den Generalstreik während des Kapp-Putsches im März 1920, durch ihre Aktivität im Ruhrkampf 1923 und in Oberschlesien. Die Mitglieder der Gewerkschaften stellten ein beachtliches Wählerpotential dar. Infolgedessen waren die Gewerkschaftler besonders in den Führungsspitzen der SPD und des Zentrums vertreten. Die Nationalsozialisten lösten die Gewerkschaften bereits am 2. Mai 1933 auf bzw. überführten sie in die Einheitsgewerkschaft der „Deutschen Arbeitsfront". Einen ernsthaften Widerstand dagegen gab es nicht.
Nach dem Zweiten Weltkrieg wurde 1949 der „Deutsche Gewerkschaftsbund" (DGB) gegründet, in dem heute 17 Einzelgewerkschaften zusammengeschlossen sind. Daneben entstanden als Berufsverbände die „Deutsche Angestellten-Gewerkschaft" (DAG), der „Christliche Gewerkschaftsbund" (CGB) u. a. Die Gewerkschaften haben sich als ein stabilisierender Faktor im Wirtschaftsleben Nachkriegsdeutschlands erwiesen. Sie bejahen die freiheitliche Wirtschaftsordnung und die parlamentarische Demokratie. In der Lohn- und Tarifpolitik sind sie autonom und schließen mit den jeweiligen Arbeitgeberverbänden Verträge von öffentlich-rechtlicher Gültigkeit ab. Die Mitbestimmung in den Betrieben wurde durch das Betriebsverfassungsgesetz von 1952 und von 1972 sichergestellt.

1.4.3 Die Handwerker

Bereits im 18. Jahrhundert war das Handwerk durch das Aufkommen der Manufakturen in eine Krise geraten. Die Umstrukturierung der Gesellschaft durch vielerlei liberale Reformen verschärfte die Situation in der ersten Hälfte des 19. Jahrhunderts. Die Handwerker fühlten sich durch die nach dem Erlaß der Gewerbefreiheit erlaubte Tätigkeit nichtzünftiger Handwerker auf dem Lande und durch die Aufhebung der Schutzzölle bedroht. Sie veranstalteten Massenkundgebungen im Zusammenhang mit der 48er Revolution in allen 222 deutschen Ländern. Diese Handwerkerbewegung gipfelte im sogenannten **Frankfurter Handwerkerkongreß** vom Juli/August 1848. In ihrem „Entwurf einer allgemeinen Handwerker- und Gewerbe-Ordnung für Deutschland" forderten sie die Aufhebung der Gewerbefreiheit, eine allgemeine Handwerksordnung für ganz Deutschland mit folgenden Grundsätzen: nur Meister sind zur Betriebsführung berechtigt, sie müssen zu sich selbst verwaltenden Innungen zusammentreten, Staatswerkstätten sind unzulässig, Schutzzölle sind erforderlich, ebenso Hilfskassen und Kreditbanken sowie Handwerks- und Gewerbeschulen und Fortbildungsveranstaltungen für den Nachwuchs.
Da die Meister ohne die Gesellen tagen wollten, organisierten diese daraufhin einen Gegenkongreß vom 20. 8. bis 20. 9. 1848 in Frankfurt (später „Allgemeiner Arbeiterkongreß" genannt), der wichtige Hinweise von dem in Berlin fast parallel tagenden Arbeiterkongreß erhielt (T 4).
Ihre an das Paulskirchenparlament gerichteten Forderungen nach staatlichem Schutz und Unterstützung liefen im Grunde auf Wiederherstellung vorliberaler Zustände hinaus und ließen sich nicht durchsetzen. Die bald einsetzende Massenproduktion von Gebrauchsgegenständen brachte dann den Umbruch. Mancher Handwerksbetrieb mußte nach dem Tode des Meisters geschlossen werden; andere Handwerksmeister nahmen die Chance wahr und stiegen mit ihrem verfügbaren Kapital in die fabrikmäßige Produktion ein. Die Entwicklung war nicht aufzuhalten.

1869 wurde die Gewerbeordnung für den Norddeutschen Bund – 1881 für das Reich – erlassen. Darin wurde z.B. der Arbeitskampf für rechtlich zulässig erklärt. 1897 bestimmte das sog. Handwerksschutzgesetz die Errichtung von Fachinnungen mit Pflichtcharakter und die Bildung von Handwerkskammern, beide auf öffentlich-rechtlicher Grundlage. In der Novelle zur Gewerbeordnung von 1929 wurde die Anlegung einer Handwerksrolle bei den Handwerkskammern verfügt. 1935 erfolgte die gesetzliche Einführung der allgemeinen Pflichtinnung für das Handwerk und die Verkündung des sog. Großen Befähigungsnachweises, der die selbständige Ausübung des Handwerks an eine Meisterprüfung bindet. 1953 wurde die Handwerksordnung durch Bundesgesetz bestätigt.

T 4 Manifest des deutschen Arbeiter-Kongresses in Berlin an die konstituierende Versammlung zu Frankfurt am Main (1848)

Sie haben nunmehr leider die Überzeugung erlangt, daß auch in der Verfassungsurkunde für Deutschland die soziale Frage ebensowenig wie in andern Verfassungsarbeiten eine Stelle finden könne.

Wir Arbeiter und unsre Angelegenheiten stehen den Augen der Staatsmänner, wie diese bisher durch das Staatsleben gebildet wurden, zu fern, ja für die meisten waren die Arbeiter eigentlich *gar nicht als Staatsbürger sichtbar*, sondern nur als Ziffern in den Bevölkerungslisten und in den Berechnungen der Volksmacht.

Der Staat kennt nur den Besitz, als etwas Bleibendes, und die *Besitzenden*, als bereits verschiedentlich organisierte und leiblich vorhandene Staatsbürgerkaste; diese Massen liegen dem Staatsmanne, der über eine neue Konstitution [Verfassung] verhandelt, lebendig vor Augen, sind durch spezielle Gesetze organisiert, und seine neue Arbeit hat es nun bloß damit zu tun, den Umständen gemäß da und dort einige Umgestaltungen anzubringen.

Die Gesamtheit der Arbeiter steht dagegen nicht als eine bestimmte Staatsbürgermasse, welche einen Besitz habe, und in diesem geschützt oder besser geordnet werden müsse, vor den Augen der Gesetzgeber. [...]

Es ist also vor allem erforderlich, daß die Arbeiter, um ihre Arbeiten als einen bestimmten Besitz *in das Grundgesetz* des Staats einzuführen, sich selbst als lebendige Gemeinschaften, gleichsam als *politisch-beseelte Körperschaften*, unter die übrigen Bürger hinstellen und den Staatsmännern bemerklich machen. [...]

So organisiert, in dem festen Vorsatze, an der weiteren Ausbildung unseres Organismus mit aller Macht fortzuarbeiten, und in dem uns hiemit wiedergeborenen Bewußtsein unserer Persönlichkeit und unserer Berechtigungen im Staatsleben treten wir jetzt unter unsere Mitbürger und vor den gesetzgebenden Körper unserer Wahl, mit der Bitte: in der künftigen Gesetzgebung auch uns, als Besitzer der Arbeit, anzuerkennen und solche gesetzlichen Bestimmungen eintreten zu lassen, durch welche die Existenz und Fortdauer unserer Organisation und Assoziation für alle Zeiten geschützt und ihre weitere gedeihliche Ausbildung von seiten des Staates begünstigt werden möge. [...]

Wir, die Arbeiter, sind von Natur die Stützen der Ruhe und der Ordnung, denn wir wissen sehr wohl, daß wir zum Leben vor allem der Ruhe und Ordnung bedürfen. Wir reichen unseren Mitbürgern und unseren Gesetzgebern die Hand und die Verheißung unseres Worts: Ja! wir wollen die Ruhe und Ordnung der Staaten aufrechterhalten, – wir können es verheißen, denn wir haben die Kraft dazu und sind uns unserer politischen Bedeutung bewußt.

Nur notgedrungen würden wir, wenn wir abgewiesen würden, wenn der alte Wahn aufrechterhalten und unserer Rechte auch fernerhin, wie früher, von keinem der Machthaber auf humane Weise gedacht würde, der Geißel des Schicksals gehorchen, und unter der Macht der finstern Not aus den wärmsten Freunden der bestehenden Ordnung zu den bittersten Feinden derselben werden müssen.

(W. Mickel [Hrsg.], Quellen zur Sozial- und Wirtschaftspolitik im 19. und 20. Jh. Frankfurt/M. ^{2}1968, S. 12ff.)

T 5 Ferdinand Lassalle: Über die Funktion des Staates (1862)

Die Geschichte ist ein Kampf mit der Natur, mit dem Elende, der Unwissenheit, der Armut, der Machtlosigkeit und somit der Unfreiheit aller Art, in der wir uns befanden, als das Menschengeschlecht im Anfange der Geschichte auftrat. Die fortschreitende Besiegung dieser Machtlosigkeit – das ist die Entwicklung der Freiheit, welche die Geschichte darstellt. In diesem Kampfe würden wir niemals einen Schritt vorwärts gemacht haben oder jemals weiter machen, wenn wir ihn als einzelne, jeder für sich, jeder allein geführt hätten oder führen wollten.

Der Staat ist es, welcher die Funktion hat, diese Entwicklung der Freiheit, diese Entwicklung des Menschengeschlechtes zur Freiheit zu vollbringen. Der Staat ist diese Einheit der Individuen in einem sittlichen Ganzen, eine Einheit, welche die Kräfte aller einzelnen, welche in diese Vereinigung eingeschlossen sind, millionenfach vermehrt, die Kräfte, welche ihnen allen als einzelnen zu Gebote stehen würden, millionenfach vervielfältigt. [...]

Der Arbeiterstand aber, die unteren Klassen der Gesellschaft überhaupt, haben schon durch die hilflose Lage, in welcher sich ihre Mitglieder als einzelne befinden, den tiefen Instinkt, daß eben dies die Bestimmung des Staates sei und sein müsse, dem einzelnen durch die Vereinigung aller zu einer solchen Entwicklung zu verhelfen, zu der er als einzelner nicht befähigt wäre.
Ein Staat also, welcher unter die Herrschaft der Idee des Arbeiterstandes gesetzt wird, würde nicht mehr, wie freilich auch alle Staaten bisher schon getan, durch die Natur der Dinge und den Zwang der Umstände unbewußt und oft sogar widerwillig betrieben, sondern er würde mit höchster Klarheit und völligem Bewußtsein diese sittliche Natur des Staates zu seiner Aufgabe machen.
(F. Lassalle, Arbeiterprogramm. Offenbach/M. 1946, S. 40f.)

T 6 Gustav Schmoller: Die Soziale Frage und der preußische Staat (1874)

Das Ziel der sogenannten Kathedersozialisten bestand in der Einfügung der Arbeiter in den bestehenden Staat durch Sozialreform und staatliche Eingriffe. Dabei war die Richtung der wirtschaftswissenschaftlichen Schule des Nationalökonomen Prof. Gustav Schmoller (1838–1917) am einflußreichsten.

Die öffentliche Meinung ist der Arbeiterfrage bei uns noch sehr wenig gerecht geworden. Hauptsächlich beeinflußt von der Seite her, welcher die soziale Bewegung zunächst Unannehmlichkeiten für den ruhigen behaglichen Gang des Geschäftslebens macht, ist sie überwiegend voreingenommen gegen den Arbeiterstand; die Leute, von welchen diese psychologisch ganz erklärliche Stimmung ausgeht, verhalten sich zur Arbeiterbewegung gerade so, wie die Bürokratie vor 1848 zu allen liberal konstitutionellen Forderungen. Wer einem unbequem wird, den hält man gar zu leicht für einen schlechten Kerl. Unsaubere Elemente gibt es überall. Um Beispiele ist man nicht verlegen und so kommt man dahin, Unglaubliches von der Roheit und Schlechtigkeit des Arbeiterstandes, von der Vortrefflichkeit ihrer Gegner zu reden.
Gewiß leidet heute der ganze Arbeiterstand daran, daß er in neue wirtschaftliche Verhältnisse eingetreten ist, für welche die sittlichen Vorstellungen und Bande, die Sitten der alten Zeit nicht mehr passen, für welche sich entsprechende neue noch nicht gebildet haben. Er weiß nicht recht, was er fordern kann und soll, was er mit seinem höheren Lohn anfangen soll, was er sich in seiner neuen Lage erlauben darf. Er befindet sich auf einem etwas unsicheren Boden – aber er gleicht hierin ganz den höheren Klassen. Das sittliche Schauspiel, das uns so viele über Nacht reich gewordene Gründer geben, scheint mir ganz dasselbe, wie das so vieler Arbeiter, die den gestiegenen Lohn nur in die Kneipe tragen. [...]
Der Arbeiterstand ist heute, wie jederzeit das, zu was ihn seine Schule und seine Wohnung, seine Werkstätte und seine Arbeit, sein Familienleben und seine Umgebung, zu was ihn das Vorbild der höheren Klassen, zu was ihn die Zeitideen, die Ideale und die Laster der Zeit überhaupt machen.
Ist vielleicht der Arbeiterstand allein, ist der einzelne Arbeiter daran schuld, daß er vielfach in Höhlen wohnt, die ihn zum Tier oder zum Verbrecher degradieren? Ist er daran schuld, daß die Kinder- und Frauenarbeit das Familienleben in diesen Kreisen mehr und mehr auflöst; ist er daran schuld, daß seine arbeitsgeteilte mechanische Beschäftigung ihn weniger lernen läßt, als früher der Lehrling und Geselle in der Werkstatt lernte, daß die moralischen Einflüsse der großen Fabrik so viel ungünstiger sind, als die der Werkstatt; ist er daran schuld, daß er nie selbständig wird, daß er in der Regel ohne Hoffnung für die Zukunft bleibt? [...]
(Gustav Schmoller, Die soziale Frage und der Preuß. Staat. In: Preußisches Jahrbuch 1874, abgedruckt in E. Schraepler, Quellen zur Geschichte der sozialen Frage in Deutschland. Bd. 2. Göttingen 1957, S. 128f.)

T 7 Gesetz gegen die gemeingefährlichen Bestrebungen der Sozialdemokratie (21. Oktober 1878)

Wir Wilhelm, von Gottes Gnaden Deutscher Kaiser, König von Preußen etc. verordnen im Namen des Reichs, nach erfolgter Zustimmung des Bundesrats und des Reichstags, was folgt:
Vereine, welche durch sozialdemokratische, sozialistische oder kommunistische Bestrebungen den Umsturz der bestehenden Staats- oder Gesellschaftsordnung bezwecken, sind zu verbieten.
Dasselbe gilt von Vereinen, in welchen sozialdemokratische, sozialistische oder kommunistische auf den Umsturz der bestehenden Staats- oder Gesellschaftsordnung gerichtete Bestrebungen in einer den öffentlichen Frieden, insbesondere die Eintracht der Bevölkerungsklassen gefährdenden Weise zu Tage treten. Den Vereinen stehen gleich Verbindungen jeder Art. [...]
Zuständig für das Verbot und die Anordnung der Kontrolle ist die Landespolizeibehörde. [...]
Auf Grund des Verbots sind die Vereinskasse, sowie alle für Zwecke des Vereins bestimmte Gegenstände durch die Behörde in Beschlag zu nehmen. [...]
Druckschriften, in welchen sozialdemokratische, sozialistische oder kommunistische [...] Bestrebungen [...] zu Tage treten, sind zu verbieten. [...]
Wer an einem verbotenen Verein [...] sich beteiligt [...], wird mit Geldstrafe bis zu fünfhundert Mark oder mit Gefängnis bis zu drei Monaten bestraft. [...]
(Deutscher Bundestag [Hrsg.], Fragen an die deutsche Geschichte. Bonn [5]1980, S. IV/146)

T 8 Programm des „Vereins der Arbeiterinnen Berlins im Norden" (1885/86)

1. Die Frau steht dem Mann sittlich gleich.
Ihre geistigen Fähigkeiten, seither wechselwirkend – unterschätzt und ungenügend entwickelt, sind voll auszubilden und sie demgemäß zu denjenigen Berufen zuzulassen, für welche sie sich befähigt erweist. Dies, sowie ihre wirtschaftliche Selbständigkeit und politische Gleichberechtigung mit dem Manne, beide letzteren untrennbar bilden das letzte Ziel.
2. Die Besserung der wirtschaftlichen und rechtlichen Lage der Frau ist zunächst als wesentliche Aufgabe zu betrachten.
3. Die Frauen müssen sich, um ihre Rechte und Interessen wirksam zu vertreten, in Vereinen organisieren. Dieselben vertreten ihre Rechte und Interessen sowohl gegenüber dem anderen Geschlecht als auch dort, wo sie mit denen des Mannes zusammenfallen.
4. Die arbeitenden Frauen sind bei der Schaffung des Wertes und der Kultur hervorragend beteiligt.
Es handelt sich in der sozialen Frage wesentlich um ihr Los.
Diese Bedeutung der Frau anerkennend, organisieren sich die Frauen in Arbeiterinnen-Vereine, welche die Lage der Arbeiterinnen zu bessern bestrebt sind. Zur Mitwirkung ist jede Frau, ohne Unterschied des Standes, Berufes, des religiösen Bekenntnisses und der politischen Meinung, aufgefordert.
5. In wirtschaftlicher Hinsicht erstreben wir insbesondere:
   1. Verbot der Fabrikarbeit für Frauen, soweit diese für das Geschlecht mit besonderen Gefahren verbunden ist.
   2. Verbot der Kinderarbeit.
   3. Verbot der Sonntagsarbeit.
   4. Schutzgesetze für Leben und Gesundheit der Arbeiterinnen.
   5. Einrichtung eines staatlichen Arbeitsnachweises.
   6. Einführung gewerblicher Schiedsgerichte aus Arbeitnehmern zusammengesetzt.
   7. Hebung der Arbeiterinnenlöhne.
   8. Einen der Gesellschaftsbedürfnisse entsprechenden Normalarbeitstag.
6. In rechtlicher Beziehung erstreben wir insbesondere:
   1. Rechtliche Unabhängigkeit vom Manne.
   2. Gesetzlichen Schutz der Frauenehre.
   3. Beseitigung der Prostitution.
7. Die obigen Sätze und Forderungen sind bestimmt, die Grundlage der Einigung für die in Vereinen organisierten Frauen zu bilden.
Es wird den Arbeiterinnen-Vereinen empfohlen, sie als ihr Programm anzuerkennen.
(Adeline Berger, Die zwanzigjährige Arbeiterinnenbewegung Berlins – beleuchtet von einer Arbeiterin. Berlin 1889, S. 34)

T 9 SPD: Aus dem Erfurter Programm (1891)

Das Privateigentum an Produktionsmitteln, welches ehedem das Mittel war, dem Produzenten das Eigentum an seinem Produkt zu sichern, ist heute zum Mittel geworden, Bauern, Handwerker und Kleinhändler zu expropriieren [auszubeuten] und die Nichtarbeiter – Kapitalisten, Großgrundbesitzer – in den Besitz des Produkts der Arbeiter zu setzen. Nur die Verwandlung des kapitalistischen Privateigentums an Produktionsmitteln – Grund und Boden, Gruben und Bergwerke, Rohstoffe, Werkzeuge, Maschinen, Verkehrsmittel – in gesellschaftliches Eigentum und die Umwandlung der Warenproduktion in sozialistische, für und durch die Gesellschaft betriebene Produktion kann es bewirken, daß der Großbetrieb und die stets wachsende Ertragsfähigkeit der gesellschaftlichen Arbeit für die bisher ausgebeuteten Klassen aus einer Quelle des Elends und der Unterdrückung zu einer Quelle der höchsten Wohlfahrt und allseitiger harmonischer Vervollkommnung werden. [...]
Der Kampf der Arbeiterklasse gegen die kapitalistische Ausbeutung ist notwendigerweise ein politischer Kampf. Die Arbeiterklasse kann ihre ökonomischen Kämpfe nicht führen und ihre ökonomische Organisation nicht entwickeln ohne politische Rechte. Sie kann den Übergang der Produktionsmittel in den Besitz der Gesamtheit nicht bewirken, ohne in den Besitz der politischen Macht gekommen zu sein.
Diesen Kampf der Arbeiterklasse zu einem bewußten und einheitlichen zu gestalten und ihm sein naturnotwendiges Ziel zu weisen – das ist die Aufgabe der Sozialdemokratischen Partei. [...]
Die Sozialdemokratische Partei Deutschlands kämpft also nicht für neue Klassenprivilegien und Vorrechte, sondern für die Abschaffung der Klassenherrschaft und der Klassen selbst für gleiche Rechte und gleiche Pflichten aller ohne Unterschied des Geschlechts und der Abstammung. Von diesen Anschauungen ausgehend, bekämpft sie in der heutigen Gesellschaft nicht bloß die Ausbeutung und Unterdrückung der Lohnarbeiter, sondern jede Art der Ausbeutung und Unterdrückung, richte sie sich gegen eine Klasse, eine Partei, ein Geschlecht oder eine Rasse.
Ausgehend von diesen Grundsätzen fordert die Sozialdemokratische Partei Deutschlands zunächst:
1. Allgemeines gleiches direktes Wahl- und Stimmrecht mit geheimer Stimmabgabe aller über 20 Jahre alten Reichsangehörigen ohne Unterschied des Geschlechts für alle Wahlen und Abstimmungen. Proportional-Wahlsystem. [...]
2. Direkte Gesetzgebung durch das Volk vermittelst des Vorschlags- und Verwerfungsrechts. Selbstbestimmung und Selbstverwaltung des Volks in Reich, Staat, Provinz und Gemeinde. Wahl der Behörden durch das Volk, Verantwortlichkeit und Haftbarkeit derselben. Jährliche Steuerbewilligung.
3. Erziehung zur allgemeinen Wehrhaftigkeit. Volksheer an Stelle der stehenden Heere. Entscheidung

über Krieg und Frieden durch die Volksvertretung. Schlichtung aller internationalen Streitigkeiten auf schiedsgerichtlichem Wege.

4. Abschaffung aller Gesetze, welche die freie Meinungsäußerung und das Recht der Vereinigung und Versammlung einschränken oder unterdrücken.

5. Abschaffung aller Gesetze, welche die Frau in öffentlich- und privatrechtlicher Beziehung gegenüber dem Manne benachteiligen.

6. Erklärung der Religion zur Privatsache. [...]

7. Weltlichkeit der Schule. Obligatorischer Besuch der öffentlichen Volksschulen. Unentgeltlichkeit des Unterrichts, der Lehrmittel und der Verpflegung in den öffentlichen Volksschulen, sowie in den höheren Bildungsanstalten für diejenigen Schüler und Schülerinnen, die kraft ihrer Fähigkeiten zur weiteren Ausbildung geeignet erachtet werden.

8. Unentgeltlichkeit der Rechtspflege und des Rechtsbeistands. Rechtsprechung durch vom Volk gewählte Richter. Berufung in Strafsachen. Entschädigung unschuldig Angeklagter, Verhafteter und Verurteilter. Abschaffung der Todesstrafe.

9. Unentgeltlichkeit der ärztlichen Hilfeleistung einschließlich der Geburtshilfe und der Heilmittel. Unentgeltlichkeit der Totenbestattung.

10. Stufenweis steigende Einkommen- und Vermögenssteuer zur Bestreitung aller öffentlichen Ausgaben, soweit diese durch Steuern zu decken sind. [...]

(K. Farner/Th. Pinkus [Hrsg.], Der Weg des Sozialismus. Quellen und Dokumente. Reinbek 1964, S. 21f.)

T 10 Eduard Bernstein: Demokratie als Aufhebung der Klassenherrschaft (1899)

Die Demokratie ist prinzipiell die Aufhebung der Klassenherrschaft, wenn sie auch noch nicht die faktische Aufhebung der Klassen ist. [...]

Das Wahlrecht der Demokratie macht seinen Inhaber virtuell [der Möglichkeit nach] zu einem *Teilhaber am Gemeinwesen*, und die virtuelle Teilhaberschaft muß auf die Dauer zur tatsächlichen Teilhaberschaft führen. Bei einer der Zahl und Ausbildung nach unentwickelten Arbeiterklasse kann das allgemeine Wahlrecht lange als das Recht erscheinen, den „Metzger" selbst zu wählen, mit der Zahl und Erkenntnis der Arbeiter wird es jedoch zum Werkzeug, die Volksvertreter aus Herren in wirkliche Diener des Volkes zu verwandeln. [...]

Aber das allgemeine Wahlrecht ist erst ein Stück Demokratie, wenn auch ein Stück, das auf die Dauer die anderen nach sich ziehen muß, wie der Magnet die zerstreuten Eisenteile an sich zieht. Das geht wohl langsamer vor sich, als es mancher wünscht, aber trotzdem ist es im Werk. Und die Sozialdemokratie kann dies Werk nicht besser fördern, als wenn sie sich rückhaltlos, auch in der Doktrin, auf den Boden des allgemeinen Wahlrechts, der Demokratie stellt, mit allen sich daraus für ihre Taktik ergebenden Konsequenzen. [...] Oder hat es zum Beispiel einen Sinn, die Phrase von der Diktatur des Proletariats zu einer Zeit festzuhalten, wo an allen möglichen Orten Vertreter der Sozialdemokratie sich praktisch auf den Boden der parlamentarischen Arbeit, der zahlengerechten Volksvertretung und der Volksgesetzgebung stellen, die alle der Diktatur widersprechen? Sie ist heute so überlebt, daß sie mit der Wirklichkeit nur dadurch zu vereinen ist, daß man das Wort Diktatur seiner faktischen Bedeutung entkleidet und ihm irgendwelchen abgeschwächten Sinn beilegt. Die ganze praktische Tätigkeit der Sozialdemokratie geht darauf hinaus, Zustände und Vorbedingungen zu schaffen, die eine von konvulsivischen [krankhaft zuckenden] Ausbrüchen freie Überführung der modernen Gesellschaftsordnung in eine höhere ermöglichen und verbürgen sollen. Aus dem Bewußtsein, die Pioniere einer höheren Kultur zu sein, schöpfen ihre Anhänger immer wieder Begeisterung und Anfeuerung, in ihm ruht auch zuletzt der sittliche Rechtstitel der angestrebten gesellschaftlichen Expropriation. Die Klassendiktatur aber gehört einer tieferen Kultur an. [...]

Heute weiß schließlich jeder, was gemeint ist, wenn von Bekämpfung der Bourgeoisie und Abschaffung der Bourgeoisgesellschaft gesprochen wird. Aber was heißt Bekämpfung oder Abschaffung der bürgerlichen Gesellschaft? Was heißt es namentlich in Deutschland, in dessen größtem und leitendem Staate, Preußen, es sich noch immer darum handelt, ein großes Stück Feudalismus erst loszuwerden, das der bürgerlichen Entwicklung im Wege steht? Kein Mensch denkt daran, der bürgerlichen Gesellschaft als einem zivilistisch [anständig] geordneten Gemeinwesen an den Leib zu wollen. Im Gegenteil, die Sozialdemokratie will nicht diese Gesellschaft auflösen und ihre Mitglieder allesamt proletarisieren, sie arbeitet vielmehr unablässig daran, den Arbeiter aus der sozialen Stellung eines Proletariers zu der eines Bürgers zu erheben und so das Bürgertum oder Bürgersein zu *verallgemeinern. Sie will nicht an die Stelle der bürgerlichen eine proletarische Gesellschaft, sondern sie will an die Stelle der kapitalistischen eine sozialistische Gesellschaftsordnung setzen.* [...]

(E. Bernstein, Die Voraussetzungen des Sozialismus und die Aufgaben der Sozialdemokratie (1899). Hrsg. v. G. Hillmann, Reinbek 1969, S. 156ff.)

T 11 Karl Kautsky: Vom Hineinwachsen in die sozialistische Gesellschaft (1909)

Ein Sozialist kann die Illusion der Versöhnung der Klassen und des sozialen Friedens nicht teilen. Gerade daß er sie nicht teilt, das macht ihn ja zum Sozialisten. Er weiß, daß nicht eine schimärische [trügerische] *Versöhnung*, sondern nur die *Aufhebung* der Klassen den gesellschaftlichen Frieden herstellen kann. Hat er aber den Glauben an die Revolution verloren, dann bleibt ihm nichts übrig, als die Erwartung der friedlichen und unmerklichen Aufhebung der Klassen durch den ökonomischen Fortschritt, durch das Anwachsen und Erstarken der Arbeiterklasse, die allmählich die anderen Klassen aufsaugt. Das ist die Theorie des *Hineinwachsens* in die sozialistische Gesellschaft.

Diese Theorie enthält einen sehr realen Kern. Sie stützt sich auf Tatsachen der wirklichen Entwicklung, die bezeugen, daß wir in der Tat dem Sozialismus entgegenwachsen. Gerade Marx und Engels waren es, die diesen Vorgang darstellten und seine Naturgesetzlichkeit nachwiesen.

Von zwei Seiten aus wachsen wir hinein: einmal durch die Entwicklung des Kapitalismus, durch die Konzentration des Kapitals. Der Konkurrenzkampf bringt es mit sich, daß das größere Kapital, da es dem kleinen überlegen ist, dieses bedroht, bedrängt, schließlich verdrängt. Schon das, ganz abgesehen von der Profitwut, treibt jeden Kapitalisten danach, sein Kapital zu vergrößern, seine Unternehmungen zu erweitern. Immer gewaltiger werden die Betriebe, immer mehr Betriebe werden in einer Hand vereinigt. Heute sind wir bereits so weit, daß Banken und Unternehmerorganisationen den größten Teil der kapitalistischen Unternehmungen der verschiedensten Nationen beherrschen und organisieren. So wird die gesellschaftliche Organisierung der Produktion immer mehr vorbereitet. [...]

Die Vorbereitung des Sozialismus durch die Kapitalkonzentration ist indes nur die eine Seite des Hineinwachsens in den Zukunftsstaat. Daneben geht innerhalb der Arbeiterklasse ebenfalls eine Entwicklung vor sich, die ein Wachsen in der Richtung zum Sozialismus bedeutet. Mit der Zunahme des Kapitals wächst auch die Zahl der Proletarier innerhalb der Gesellschaft. Sie werden deren zahlreichste Klasse. Und gleichzeitig wachsen ihre Organisationen. Die Arbeiter gründen Genossenschaften, die den Zwischenhandel ausschalten und eine Produktion für den Selbstbedarf einrichten; sie gründen Gewerkschaften, die den Unternehmerabsolutismus eindämmen und auf den Produktionsprozeß Einfluß gewinnen sollen; sie wählen Abgeordnete in die Vertretungen der Gemeinden und Staaten, die dort streben, Reformen durchzusetzen, Arbeiterschutzgesetze zur Annahme zu bringen, die Staats- und Gemeindebetriebe zu Musterbetrieben zu gestalten und die Zahl solcher Betriebe ständig zu vermehren. [...]

Dieser Ausblick ist sicher sehr verlockender Art, und man müßte in der Tat teuflischer Natur sein, wünschte man einen so herrlichen „schrittweisen reformistischen Aufstieg" durch eine Katastrophe zu stören. Wäre der Wunsch der Vater unserer Gedanken, wir Marxisten müßten uns sämtlich für diese Theorie des Hineinwachsens begeistern.

Sie hat nur einen kleinen Fehler: das Wachstum, das sie beschreibt, ist nicht das Wachstum eines *einzigen* Elementes, sondern *zweier* Elemente, und zwar zweier sehr *gegensätzlichen* Elemente: Kapital und Arbeit. Was den „Reformisten" als das friedliche Hineinwachsen in den Sozialismus erscheint, ist nur das Wachstum an Kraft der beiden gegensätzlichen Klassen, die einander in unüberbrückbarer Feindschaft gegenüberstehen, bedeutet bloß, daß der Gegensatz zwischen Kapital und Arbeit, der anfänglich nur einer zwischen einer Anzahl von Individuen war, die eine kleine Minderheit im Staate bildeten, nun zu einem Kampfe riesenhafter, festgeschlossener Organisationen anwächst, die das ganze gesellschaftliche und staatliche Leben bedingen. So bedeutet das Hineinwachsen in den Sozialismus das Hineinwachsen in große Kämpfe, die das ganze Staatswesen erschüttern, die stets gewaltiger werden müssen und nur enden können mit der Niederwerfung und Expropriierung der Kapitalistenklasse. Denn das Proletariat ist unentbehrlich für die Gesellschaft, es kann zeitweise niedergeworfen, nie aber vernichtet werden. Die Kapitalistenklasse dagegen ist überflüssig geworden, die erste große Niederlage in dem Kampfe um die Staatsmacht, die jene Klasse erleidet, muß zu ihrem völligen und dauernden Zusammenbruch führen.

Wer sich der Anerkennung dieser Konsequenzen unseres steten Hineinwachsens in den Sozialismus verschließt, muß blind sein für die Grundtatsache unserer Gesellschaft: den Klassengegensatz von Kapital und Arbeit. Das Hineinwachsen in den Sozialismus ist nur ein anderer Ausdruck für die stete Verschärfung der Klassengegensätze, für das Hineinwachsen in eine Epoche großer, entscheidender Klassenkämpfe, die wir unter dem Namen der sozialen Revolution zusammenfassen dürfen.

(K. Kautsky, Der Weg zur Macht. Frankfurt 1972, S. 32ff.)

T 12 Rosa Luxemburg: Gegen die bürgerliche Demokratie (1899)

R. Luxemburg (1870–1919) schloß sich dem radikalen Flügel der SPD an und gründete 1917 mit Karl Liebknecht den Spartakusbund. 1918 trat sie zur KPD über und nahm am kommunistischen Aufstand in Berlin im Januar 1919 teil. Ohne Verfahren wurde sie mit Liebknecht von Regierungstruppen erschossen. Sie gehört zu den herausragenden marxistischen Theoretikern. Von ihr stammt der vielzitierte Ausspruch: „Freiheit ist immer nur Freiheit des anders Denkenden".

In den politischen Verhältnissen führt die Entwicklung der Demokratie, insofern sie günstigen Boden hat, zur Beteiligung aller Volksschichten am politischen Leben, also gewissermaßen zum „Volksstaat". Aber dies in der Form des bürgerlichen Parlamentarismus, wo die Klassengegensätze, die Klassenherrschaft, nicht aufgehoben sind, sondern vielmehr entfaltet und bloßgelegt werden. Weil sich die ganze kapitalistische Entwicklung somit in Widersprüchen

bewegt, so muß, um den Kern der sozialistischen Gesellschaft aus der ihm widersprechenden kapitalistischen Hülle herauszuschälen, auch aus diesem Grunde zur Eroberung der politischen Macht durch das Proletariat und zur gänzlichen Aufhebung des kapitalistischen Systems gegriffen werden. [...]
Mit einem Worte, die Demokratie ist unentbehrlich, nicht weil sie die Eroberung der politischen Macht durch das Proletariat *überflüssig*, sondern umgekehrt, weil sie diese Machtergreifung ebenso *notwendig* wie auch einzig möglich macht.
(R. Luxemburg, Sozialreform oder Revolution (1899). In: Schriften zur Theorie der Spontaneität, Hrsg. v. S. Hillmann, Reinbek 1970, S. 55 f.)

T 13 Aus der Weimarer Reichsverfassung (1919)
Artikel 159
Die Vereinigungsfreiheit zur Wahrung und Förderung der Arbeits- und Wirtschaftsbedingungen ist für jedermann und für alle Berufe gewährleistet. Alle Abreden und Maßnahmen, welche die Freiheit einzuschränken oder zu behindern suchen, sind rechtswidrig.
Artikel 165
Die Arbeiter und Angestellten sind dazu berufen, gleichberechtigt in Gemeinschaft mit den Unternehmern an der Regelung der Lohn- und Arbeitsbedingungen sowie an der gesamten wirtschaftlichen Entwicklung der produktiven Kräfte mitzuwirken. Die beiderseitigen Organisationen und ihre Vereinbarungen werden anerkannt.
Die Arbeiter und Angestellten erhalten zur Wahrnehmung ihrer sozialen und wirtschaftlichen Interessen gesetzliche Vertretungen in Betriebsarbeiterräten sowie in nach Wirtschaftsgebieten gegliederten Bezirksarbeiterräten und in einem Reichsarbeiterrat. Die Bezirksarbeiterräte und der Reichsarbeiterrat treten zur Erfüllung der gesamten wirtschaftlichen Aufgaben und zur Mitwirkung bei der Ausführung der Sozialisierungsgesetze mit den Vertretungen der Unternehmer und sonst beteiligter Volkskreise zu Bezirkswirtschaftsräten und zu einem Reichswirtschaftsrat zusammen. Die Bezirkswirtschaftsräte und der Reichswirtschaftsrat sind so zu gestalten, daß alle wichtigen Berufsgruppen entsprechend ihrer wirtschaftlichen und sozialen Bedeutung darin vertreten sind. [...]
(Von Frankfurt nach Bonn. Hundert Jahre deutsche Verfassungen. Hrsg. von F. Siebert. Frankfurt/M. [13]1982, S. 141 f.)

Problem und Diskussion

1 *Stellen Sie die Charakteristika der vorindustriell-ständischen Gesellschaft zusammen. Worin bestanden die Unterschiede zwischen den Ständen?*

2 *Vergleichen Sie die Struktur der ständischen Gesellschaft mit der Schichtung der modernen Industriegesellschaft (Schaubilder). Welche wirtschaftlichen und politischen Entwicklungen waren für die Veränderungen maßgebend?*

3 *Wo können Sie heute gesellschaftliche Umschichtungsprozesse aufgrund sich verändernder wirtschaftlicher, technologischer usw. Bedingungen feststellen?*

4 *Wie ist es zum „Pauperismus" des Industrieproletariats während der ersten Phase der Industrialisierung gekommen? Welche wirtschaftlichen und sozialen Entwicklungen waren dafür entscheidend?*

5 *Schildern Sie die Lebensverhältnisse der Industriearbeiterschaft im 19. Jahrhundert.*

6 *Wie haben die Herrschenden auf die soziale Lage der Arbeiterschaft reagiert?*

7 *Worin unterscheidet sich die Entwicklung der organisierten Arbeiterbewegung in England von derjenigen in Deutschland (Programmatik usw.)?*

8 *Welche Rolle spielten theoretische Entwürfe in der Arbeiterbewegung in England und Deutschland?*

9 *Welche gesellschaftlichen Zustände ermöglichten die Ausgestaltung des Wahlrechts in England im 19. Jahrhundert?*

10 *Vergleichen Sie die soziale Schichtung in England und Deutschland. Welches Schichtungsmodell ist gesellschaftlich durchlässiger (gewesen)? Was bedeutet das Ergebnis dieser Fragestellung für die politisch-soziale Entwicklung des jeweiligen Landes?*

11 *Worin liegen die wegweisenden Momente des englischen Gesellschaftsmodells des 19. Jahrhunderts für die deutsche Arbeiterbewegung?*

12 *Arbeiten Sie die wichtigsten Etappen der deutschen Arbeiterbewegung bis zum Ersten Weltkrieg heraus. Welche Rolle spielten die Arbeiterinnen?*

13 *In welchen Punkten unterscheiden sich die Theoretiker der deutschen Arbeiterbewegung im 19. Jahrhundert untereinander (T 5, 10–12).*

14 *Wie wirkte sich das Sozialistengesetz (T 7) auf die deutsche Arbeiterbewegung aus?*

15 *Die deutsche Sozialdemokratie war der politische Zusammenschluß eines großen Teils der von der industriellen Revolution benachteiligten Arbeiterschaft. Arbeiten Sie ihr gesellschaftliches Konzept während des 19. Jahrhunderts heraus (T 9).*

16 *Wie war das Verhältnis zwischen Arbeiterbewegung (Gewerkschaften) und politischen Parteien? (Das Beispiel der englischen Trade Unions zeigt, daß die Gewerkschaften ohne die (teilweise) Anlehnung an eine politische Partei nicht auskommen.)*

17 *Welche Richtungen gab es in der deutschen Gewerkschaftsbewegung bis zum Ersten Weltkrieg? Worin unterscheiden sie sich (T 10–12)?*

18 *Wie versuchten die Handwerker ihre Interessen zu wahren? Welche Rolle spielten sie in der politischen Szene des 19. Jahrhunderts? Welche Anstrengungen nach politischen und gesellschaftlichen Rechten unternahmen die Gesellen (T 4)?*

2. Sozialpolitische Lösungsversuche der Sozialen Frage

2.1 Die staatliche Sozialpolitik

Die gewaltige Entfaltung der Industrie und das Wirtschaftswachstum führten – nicht zuletzt unter dem Druck der Gewerkschaften – zur Verbesserung der wirtschaftlichen Lage der Arbeiter. Die Industrieerzeugung stieg von 1875–1896 infolge der steigenden Qualifikation der Arbeitskräfte, der Intensivierung der Arbeitstechnik und der technischen Verbesserung je Arbeiter um 54%. Dem folgte ein spürbares Ansteigen des Lohnes, 1881–1896 um 35%. Der Lebensstandard hob sich allgemein. Um 1890 hatten 30%, 1913 60% der arbeitenden Bevölkerung das steuerpflichtige Mindesteinkommen erreicht.
Im Frühstadium der deutschen Industrialisierung aber war die Lage der Arbeiter z. T. katastrophal. So gab es schon vorher Bestrebungen gegen die Mißstände. 1837 brachte Franz Josef Ritter von Buß im badischen Landtag in Karlsruhe ein umfassendes sozialpolitisches Reformprogramm ein. Er forderte die Einführung einer Kranken- und Unfallversicherung, die Beschränkung der Arbeitszeit besonders für Kinder, die amtsärztliche Überwachung der Fabriken, das Verbot der Sonn- und Feiertagsarbeit u.a.m. Er wollte die Eigentumsbildung der Arbeiter mit Hilfe von Sparkassen und Genossenschaften erreichen. Hier sollte die staatliche Sozial- und Wirtschaftspolitik ansetzen. Ferner trat Buß für ein umfassendes Bildungsprogramm ein. Die Unternehmer sollten für regelmäßigen Unterricht der Kinder ihrer Arbeiter sorgen und den Erwachsenen Weiterbildungsmöglichkeiten anbieten.
Diese Forderungen brauchten Jahrzehnte bis zu ihrer Verwirklichung. Sie wurden von der katholischen Sozialbewegung (s. Ketteler 2.2) aufgenommen. Sozialistische Programme, wie das Lassalles oder das der sogenannten Kathedersozialisten, die 1872 den „Verein für Socialpolitik" gründeten, forderten ebenfalls staatliche Sozialgesetze und das Sozialstaatsprinzip. Der Staat, der bisher nach klassischer liberaler Auffassung passiv alle gewähren ließ (Lassalles Begriff vom „Nachtwächterstaat"), sollte aktive Sozialpolitik betreiben.
Bismarck griff diese Strömungen auf und brachte, gegen die Stimmen der Sozialdemokraten und der Liberalen, in den 80er Jahren eine Reihe von Sozialgesetzen in den Reichstag ein (s. C 3.2). Der Staat erschien darin als die über den Klasseninteressen stehende Instanz. Bismarck wollte durch die Sozialversicherung eine positive Ergänzung des Sozialistengesetzes und damit der in seiner Sicht revolutionären Gefährdung von Staat und Gesellschaft durch die Sozialdemokratie das Wasser abgraben, die gewerblichen Arbeiter (nicht die in größerer Not befindlichen Landarbeiter, Dienstboten und Heimarbeiter) von ihren Führern trennen und enger an den Staat binden. Diese Absicht mißlang. Andererseits wurde das Deutsche Reich mit seiner als Rechtsansprüche gewährten **Sozialgesetzgebung** vorbildlich und richtungweisend: 1883 Krankenversicherungsgesetz, 1884 Unfallversicherungsgesetz, 1889 Invaliditäts- und Altersversorgungsgesetz. Vorher hatte es bereits freiwillige Unterstützungs- und Hilfskassen der Arbeiter gegeben. Nun handelte es sich um Pflichtversicherungen, wobei zwei Drittel der Beiträge vom Arbeitnehmer, der Rest vom Arbeitgeber zu tragen waren.
Das hohe Maß an Selbstbeteiligung führte zur Verankerung des Selbstverwaltungsgedankens der (Orts)Krankenkassen. Die Leistungen der Sozialversicherung waren jedoch gering.
1911 wurden diese Gesetze in der **Reichsversicherungsordnung** (RVO) zusammengefaßt, die im wesentlichen noch heute gilt. Zwangsmitgliedschaft und Selbstverwaltung der Ortskrankenkassen haben sich bewährt. Die Angestellten wurden in die ursprünglich klassenspezifischen Gesetze mit einbezogen. 1927 trat das Gesetz über die Arbeitsvermittlung und die Arbeitslosenversicherung – die sozialpolitische Tat der Weimarer Republik – hinzu. Durch die Rentenreform von 1957 wurde

die dynamische Altersrente eingeführt, die neben der allgemeinen Bemessungsgrundlage (Verdienstdauer und -höhe) die Renten an die allgemeine Lohn- und Gehaltsentwicklung bindet. Im Gegensatz zum Bismarckreich versteht sich die Bundesrepublik Deutschland als ein Sozialstaat, in dem die sozialen Leistungen als Rechtsansprüche des einzelnen an den Staat gewährleistet werden. Sozialer Schutz in allen Lebenslagen geschieht nicht nur über das frühere Versicherungsprinzip, sondern auch durch steuerliche Maßnahmen.
Nach Bismarcks Entlassung (1890) wurde der Arbeiterschutz erweitert. Vor allem ging es um die Verbesserung der Frauen-, Jugend- und Kinderschutzbestimmungen. Zu Arbeitervertretungen ist es trotz kaiserlicher Ankündigung nicht gekommen. Erst das Hilfsdienstgesetz von 1916 hat Arbeitervertretungen als gleichberechtigte Partner der Organe der Arbeitgeber eingeführt. In dieser Bestimmung lag der Ausgangspunkt für das spätere Betriebsrätegesetz und auch für die Idee der Mitbestimmung. Mit dem Ausbruch des Ersten Weltkrieges waren die Gewerkschaften als berufene Arbeitnehmerverbände anerkannt worden.
1920 wurde der 8-Stunden-Tag eingeführt, ferner die Vereins- und Versammlungsfreiheit, das Tarifvertrags- und Schlichtungswesen, die Landarbeitsordnung (die die veraltete Gesindeordnung aufhob) und vor allem das Betriebsrätegesetz. Gesellschaftlich war mit dem Bismarckschen Versicherungssystem eine Umwälzung verbunden. Das mildtätige Armenwesen, einst von der Kirche und den Gemeinden in einer überschaubaren Gesellschaft als eine ihrer vornehmsten Aufgaben wahrgenommen, wurde von dem Prinzip der Versicherung mit dem Gedanken des Rechtsanspruchs, der Selbstverantwortung und Selbstverwaltung abgelöst. In der Sozialpolitik setzte sich dann der Grundgedanke durch, daß der Staat die Verantwortung für ein bestimmtes Maß an sozialer Sicherheit und Gerechtigkeit gegenüber allen Schichten der Gesellschaft zu tragen hat. Dies ist im Zusammenhang damit zu sehen, daß immer weitere Bevölkerungsschichten aus ihren beschützenden Familienverbänden herausgelöst und den Risiken der industriellen Gesellschaft ausgesetzt wurden. Heute soll das Arbeitseinkommen einen angemessenen Lebensstandard für die aktiv Erwerbstätigen, bei Krankheit, Arbeitslosigkeit, Invalidität und im Alter ermöglichen. Dies wird, außer durch das Versicherungsprinzip (Leistung nach der Höhe der angesparten Einzahlungen), in erster Linie durch den sog. Generationenvertrag gewährleistet, wonach die arbeitende Bevölkerung die Nichtarbeitenden an den wirtschaftlichen Ergebnissen teilhaben läßt.

2.2 Christliche Verantwortung gegenüber der Sozialen Frage

Bismarck sah seine Sozialgesetzgebung auch auf der Grundlage „praktischen Christentums". Christen beider Konfessionen hatten erkannt, daß die immer stärker werdende Entfremdung großer Teile der Arbeiterschaft von den Kirchen ihren Grund im ungehemmten kapitalistischen Gewinnstreben und in der Verelendung weiter Volksteile hatte. Die entwurzelten Landarbeiter hatten sich in den städtischen Massenquartieren der Obhut der Kirche entzogen und dem an die bürgerlichen Schichten gebundenen Klerus entfremdet.
Bereits 1848 organisierte auf protestantischer Seite Pastor **Johann Hinrich Wichern** (1808–1881) die praktische Hilfe der Inneren Mission. Er hatte 1833 das „Rauhe Haus" in Hamburg für die Unterbringung und Ausbildung armer, verwaister Kinder gegründet und legte 1847 das erste moderne Dokument der sozialen Verantwortung des deutschen Protestantismus vor: „Die innere Mission der evangelischen Kirche. Eine Denkschrift an die deutsche Nation." (T 14) Wichern wollte das soziale Denken der Menschen verändern, um die Verhältnisse der beginnenden Industrie- und Großstadtgesellschaft zu ändern, während Karl Marx den umgekehrten Weg vorschlug.

Der westfälische Pfarrer (seit 1850 Bischof von Mainz) **Wilhelm Emmanuel Frhr. von Ketteler** (1811–1877) begann 1848 mit seinen sozialen Predigten und Schriften, deren Gedanken in die erste päpstliche Sozialenzyklika eingegangen sind. Auf dem Katholikentag in Frankfurt/M. 1863 war die Arbeiterfrage zentrales Thema, und 1864 gab Ketteler seine Studie „Die Arbeiterfrage und das Christentum" heraus (T 15). Darin wurde der (erfolgreiche) katholische Weg zur Sozialpolitik aus dem Geist christlich-praktischer Nächstenliebe gewiesen. Ketteler forderte die Erhöhung der Löhne, die Verkürzung der Arbeitszeit, die Gewährung von Ruhetagen, das Verbot der Fabrikarbeit von Kindern, die Abschaffung der Fabrikarbeit von Müttern und jungen Mädchen zum Schutz der Familie und der Sittlichkeit. Ferner wurden Einrichtungen zur Hebung des Arbeiterstandes wie Spar- und Konsumvereine, Gewinnbeteiligung und Miteigentum verlangt; schließlich forderte er katholische Gewerkschaften und Parteiorganisationen. Die Caritas wurde als Entsprechung zur Inneren Mission erst 1897 gegründet.

Der „Gesellenvater" **Adolf Kolping** (1813–1865) gründete 1846 in Elberfeld den „Katholischen Gesellenverein" (heute „Kolpingfamilie") und schuf für die unverheirateten Mitglieder Wohn- und Freizeitheime. Ziel war die Beseitigung der sittlich-religiösen und materiellen Gefahren für die Handwerksgesellen. Die Arbeit sollte mit der Religion verbunden werden. Es entstanden die (katholischen) christlich-sozialen Vereine. Ihre Ausbreitung wurde durch das Sozialistengesetz, das sich auch gegen christliche Arbeiterorganisationen auswirkte, gehemmt. Die lokalen und regionalen christlichen Gewerkschaften schlossen sich 1899 in Mainz zum Gesamtverband der Christlichen Gewerkschaften zusammen.

Über die karitative Tätigkeit hinaus drängte der Berliner Hofprediger **Adolf Stoecker** mit seiner „Christlich-sozialen Arbeiterpartei" (1878). Auf dem Wege staatlicher Sozialpolitik sollten die sozialistischen Forderungen entschärft und die Arbeiter wieder bereit werden für die christliche Botschaft. Dafür setzten sich auch seit 1882 die von Geistlichen geleiteten Evangelischen Arbeitervereine ein. Stärker als auf die Arbeiterschaft wirkte der kirchlich orthodoxe und politisch konservativ-nationalistische Stoecker auf den Mittelstand, besonders in Berlin. Das Judentum wurde von ihm als Hort des Liberalismus bekämpft (Antisemitismus). Unter der Führung des liberalen Pfarrers und Politikers **Friedrich Naumann** (1860–1919) lösten sich die „Jungen" von Stoecker und gründeten 1896 den „Nationalsozialen Verein" mit dem Ziel, Staat und Wirtschaft demokratisch umzugestalten und die Arbeiterschaft für ein „Soziales Kaisertum" zu gewinnen, wie es Wilhelm II. vorschwebte. Die Verwirklichung einer stärkeren sozialen Komponente wäre eine Herausforderung für die Unternehmer gegenüber neuen Lasten gewesen und widersprach der liberalen Wirtschaftsauffassung.

Diese ersten christlich-sozialen Bewegungen haben sich in der damaligen Gesellschaft nur wenig Gehör verschaffen können.

Wegweisend für die katholische Soziallehre wurde die Enzyklika „Rerum novarum" **Leos XIII.** von 1891 (T 16). Sie ging vor allem auf die Arbeiterfrage und die Eigentumslehre ein und verurteilte Liberalismus und Sozialismus. Ihre fortschrittliche Haltung stand im Widerspruch zur Praxis der Kanzelverkündigung und fand Widerstand bei katholischen Unternehmern. 40 Jahre später ließ Pius XI. eine zweite Enzyklika, „Quadragesimo anno" (1931), folgen, die auf den Grundsätzen Leos XIII. aufbaute und die Einzelheiten der katholischen Soziallehre darlegte. Pius sah die Arbeiterfrage im Zusammenhang der gesamten gesellschaftlichen Ordnung, deren Neugestaltung in Anlehnung an die ständisch gegliederte Gesellschaft des Mittelalters entworfen wurde. Er trat für eine christliche Sittenreform ein und stellte vor allem den Doppelcharakter des Privateigentums als individuelles und sozial verpflichtendes Gut heraus. Ebenso ging es ihm um Lohngerechtigkeit sowie um die Beteiligung der Arbeiter am Produktionsertrag. Eine zentrale Rolle spielte das Prinzip der Subsidiarität (lat. Hilfe, Beistand), wonach jede gesellschaftliche und/oder staatliche Tätigkeit ihrem Wesen nach „subsidiär" (unterstützend und ersatzweise eintretend) sei. D. h.

Gesellschaft und Staat sollen dem einzelnen erst dann helfen, wenn die eigenen Kräfte und Möglichkeiten nicht ausreichen („Hilfe zur Selbsthilfe"). Ähnliche Gedanken werden in der evangelischen Sozialethik vertreten (T 17).
Johannes XXIII. erkannte in seiner Enzyklika „Mater et magistra" (1961) die Lehren seiner Vorgänger an und forderte zu sittlich-sozialem Handeln im Sinne der Umverteilung des Eigentums und der Lösung der Mitbestimmungsfrage auch in den Entwicklungsländern auf (vgl. auch die Enzyklika „Pacem in terris", 1963). Paul VI. setzte sich mit dieser Problematik in der Enzyklika „Populorum progressio" (1967) auseinander. In der Enzyklika Johannes Pauls II. „Laborem exercens" (Über die menschliche Arbeit, 1981) ist der Vorrang der menschlichen Arbeit vor dem Kapital zum Thema schlechthin geworden. Die Arbeit wird als personaler Faktor des Menschen betrachtet, die ihn über die vernunftlose Schöpfung hinaushebt, das Kapital als lediglich instrumentaler Faktor. Der Mensch erweist sich durch seine Arbeit als einmalige und unwiederholbare Person, zugleich aber auch als Glied der menschlichen Gesellschaft.

2.3 Soziale Betriebspolitik und Genossenschaftswesen

Im Betrieb wurde dem Arbeiter seine Stellung in der Gesellschaft besonders deutlich, weil er hier weniger Rechte hatte als im Privatleben. Die Verfassung seines Betriebes war für ihn der Probefall der gesellschaftlichen Verfassung überhaupt. Die Sozialisten aller Richtungen setzten ihre Hoffnung auf eine radikale Umgestaltung und Eigentumsänderung der Betriebe, sei es, daß sie den Gedanken der genossenschaftlichen Kooperation zugrunde legten oder daß sie dem Staat bzw. den Kommunen das Eigentum und damit die bestimmende Funktion in den Betrieben zusprechen wollten.
Einsichtige Unternehmer begriffen früh, daß das versachlichte Herr- und Knecht-Verhältnis in den Betrieben in einer sich demokratisierenden Gesellschaft auf die Dauer nicht zu halten war. Die ersten Versuche einer sozialen Betriebspolitik lehnten sich an das Vorbild der ostelbischen Gutshöfe an, wo die „väterliche" Fürsorge des Gutsherrn für seine „Leute" üblich war (T 18). Die persönliche Entfremdung sollte durch familienähnliche Züge im Betriebsleben und durch Fürsorge- und Wohlfahrtseinrichtungen verbessert werden. Anhänglichkeit, Treue, moralische Zuverlässigkeit wurden als Gegenleistung des Arbeiters erwartet (T 19). Das patriarchalische Prinzip konnte nur in kleineren Betrieben wirksam werden. In größeren Betrieben versank der einzelne in der Anonymität.
Die Arbeiter sollten zur Selbständigkeit erzogen und für die Mitverantwortung im Betrieb reif werden. Mancherorts wurden Betriebsausschüsse, später Betriebsräte eingerichtet. Das patriarchalisch-autoritäre Prinzip vermischte sich mit dem kooperativen (vgl. den mittelalterlichen Genossenschaftsgedanken). Seit 1870 nahmen in Deutschland die durch die Unternehmerinitiative gebildeten **Arbeiterausschüsse** zu. Ihre Tätigkeit erstreckte sich auf Vermittlungs- und begrenzte Verwaltungsfunktionen und bewirkte eine Entspannung in der betrieblichen Zusammenarbeit.
Die Arbeiterausschüsse erhielten bald eine andere Bedeutung, als sie – in Deutschland seit 1891 – gesetzlich anerkannt und später gesetzlich erzwungen wurden: Ihre Mittlerrolle im Betrieb schwand, und an die Stelle der Kooperation trat ein Neben- und Gegeneinander der Sozialparteien. Die Rolle der Arbeiterausschüsse bestimmten nun außerbetriebliche Kampffronten (politische Arbeiterbewegung). Die Ansätze der protektoralen Betriebsverfassung kamen dadurch zum Erliegen.
Seit 1860 handhabten einzelne Betriebe die **protektorale** (= beschützende) Form der Betriebsverfassung, die oft über die rein betrieblichen Angelegenheiten hinausging; so die saarländische Eisenhüttendynastie **Stumm**, die sich von ihren Kollegen an Rhein und Ruhr – den Herren über

Kohle und Stahl –, von Thyssen, Klöckner, Krupp, Harkort, Kardorff, Kirdorf, Röchling, Haniel und Wolff, als alter Familienbesitz (seit 1715) unterschied. „König Stumm" fühlte sich für die Handlungen seiner Arbeiter außerhalb der Fabrik voll verantwortlich (T 20) und erzwang Gehorsam durch Androhung von Kündigungen. Niemand durfte z. B. ohne seine Erlaubnis heiraten. Er überwachte die Erziehung durch Stummsche Schulen und forderte den Kirchenbesuch, schloß jedoch Kinderarbeit aus. Werkswohnungen mit niedriger Miete waren zu haben. Es gab eigene Büchereien, Speiseanstalten, Teuerungszulagen, einen eigenen Park für Arbeiter und schließlich Militärkonzerte. Kein Arbeiter durfte ohne die Erlaubnis Stumms bestraft oder entlassen werden. Er hielt Sprechstunden für die Belegschaft, wo man sich über erlittenes Unrecht beklagen konnte. Die Löhne waren – wie bei Krupp – als ziemlich hoch über dem Durchschnitt liegend bekannt. **Krupp** (T 21) sah in seinen Arbeitern eher die Gefolgsmannen, Stumm die geborenen Untertanen. Gründe für das Scheitern des protektoralen Lösungsversuchs lagen bereits in seinem Ansatz begründet. Er wollte mit den vorindustriellen Mitteln die Probleme des durch einen freien Markt bestimmten industriellen Zeitalters lösen. Das liberale Konkurrenzsystem verlangte Wettbewerbskraft, Wendigkeit, Kostensenkung und damit Verminderung der sozialen Leistungen, die ja nur von einzelnen Betrieben gewährt wurden. Dazu kam die zunehmende Mobilität der Arbeiter (Arbeitsplatzwechsel). Eine weitere Phase unternehmerischer Betriebspolitik zwischen 1900 und 1939 ist durch das Stichwort Menschenökonomie, d. h. den möglichst humanen Umgang mit den Arbeitern zwecks Erreichen einer höheren Produktivität, gekennzeichnet. Die zentrale Frage war nicht mehr, mit welchen Maßnahmen das persönliche Distanzverhältnis in der Betriebshierarchie gemildert, sondern wie der Arbeiter mit dem Betrieb enger verbunden werden könnte. Man erstrebte dies durch bessere Arbeitsbedingungen, Weckung des Erfolgsinteresses und durch ein neues, sachliches Arbeits- und Dienstethos. Damit wollte man besonders in Deutschland dem Abströmen von Arbeitskraft aus dem Arbeitsraum in den sozialen und politischen Kampfraum, in die Organisationen jeder Art, entgegenwirken.
Der **genossenschaftliche Gedanke** setzte sich – in anderer Form als bei den Arbeitern – bei den (kleinen) Bauern durch. Sie konnten in den wirtschaftlich schwierigen Jahren zwischen 1870 und 1890 überleben dank ihrer raschen Anpassung an die neuen Anbaumethoden (s. D 2.), dank ihrer Zusammenarbeit untereinander sowie mit Hilfe der Landwirtschaftskredite. 1862 riefen die westfälischen Bauern den Deutschen Bauernverband ins Leben; zwischen 1870 und 1880 setzte sich **Friedrich Wilhelm Raiffeisen** (1818–1888) für die Einkaufs- und Verkaufsgenossenschaften ein und gründete die genossenschaftlichen Spar- und Darlehenskassen sowie die später sogenannte Raiffeisen-Zentralbank. In der Genossenschaft – die nichts mit der kollektiven Produktionsgenossenschaft der utopischen Sozialisten (s. 3.1) zu tun hat – tritt an die Stelle der Konkurrenz die Solidarität zwischen den Genossen. Um 1890 waren zwei Drittel der Landwirte Mitglieder der Genossenschaften. **Hermann Schulze-Delitzsch** (1808–1883), der Gründer der deutschen Kredit- (= Volksbanken) und Konsumvereinsbewegung, unterstrich in einer Rede (1858) den Standpunkt: „Das Wesen der Genossenschaft ist die Selbsthilfe, das Verweisen auf die eigene Kraft, ihr Element die Freiheit." Daher lehnte er auch, im Gegensatz zu Raiffeisen und Lassalle, eine Staatshilfe strikt ab (T 22).

T 14 Johann Hinrich Wichern: Die Innere Mission der Deutschen Evangelischen Kirche (1847)

Je wichtiger seit dem letzten Jahrzehnt die Behandlung des Armenwesens geworden, desto ernster und frischer ist die innere Mission mit neuen, belebenden Kräften zu den bestehenden festen Institutionen hinzugetreten. [...] In allen Fällen ist durch sie wieder das christlich-sittliche, also wahrhaft volkserziehende Element in der Behandlung des Armenwesens geltend gemacht, und zwar besonders durch die Form des aus der Liebe neu erzeugten *persönlichen* Verkehrs der freiwilligen Pfleger mit den Armen und der wesentlichen Verknüpfung der äußeren Unterstützung mit der inneren, der materiellen mit der sittlichen, der geistigen mit der geistlichen, so daß die letztere immer als der Zweck, und, damit dies um so gewisser erreicht werde, als die Kraft zur Gewinnung und richtigen Benutzung und Verwendung der ersteren behandelt wird. Damit aber ist die Armenpflege wieder in den Dienst Christi und seiner Gemeinde gestellt [...]

Die *Gestaltung der Hilfe,* welche die freie christliche Liebe seit ihrem neuen Erwachen der Not bietet, konzentriert sich in der *Assoziation* [Vereinigung]; der Geist der rettenden, erbarmenden Liebe erträgt nicht mehr die Isolierung und bildet frei aus sich neue Gemeinschaften, in welchen sich das Gleiche zu Gleichem findet. Aus dieser Assoziation ergeben sich die materiellen und persönlichen Kräfte, deren Zusammenhalten und Zusammenwirken die Arbeit aller jener Institutionen, von denen bisher die Rede gewesen, möglich machen. [...] ein neuer Schritt der noch getan werden und verfolgt werden muß, ist: *christliche Assoziationen der Hilfsbedürftigen selbst* für deren soziale (Familie, Besitz und Arbeit betreffende) Zwecke zu veranlassen. Begibt sich die innere Mission erst ernsthaft an die Verwirklichung *dieser* Aufgabe, so ist *der Grenzstein aufgerichtet zwischen der bisherigen und einer künftigen Epoche der christlich rettenden Liebesarbeit,* und sie tritt mit gleichen *Waffen* und gleicher Rüstung wie ihre Gegner auf den Kampf- und Tummelplatz der Bewegungen, welche jetzt die Welt erschüttern.

(P. Meinhold, [Hrsg.], Johann Hinrich Wichern, Sämtl. Werke, Bd. 1. Luth. Verlagshaus, Berlin 1962, S. 268, 273f.)

T 15 Wilhelm Emmanuel von Ketteler: Arbeiterfrage und Christentum (1864)

Die von uns bisher besprochenen Ursachen der damaligen Lage der Arbeiter sowie die Bösartigkeit der aus diesen Ursachen hervorgegangenen Wirkungen und Folgen haben ihren wesentlichen und tiefsten Grund im Abfall vom Geiste des Christentums, der in den letzten Jahrhunderten stattgefunden hat [...] Hier kann und wird daher die Heilung nur von innen heraus erfolgen. In dem Maße, als die göttlichen Wahrheiten des Christentums wieder die Geister erleuchten, wird man auch auf dem Gebiete der Volkswirtschaft und dem ihm so nahe verbundenen, der Politik, die richtigen Prinzipien und die rechte Weise ihrer Durchführung, man wird mit der göttlichen auch die wahre politische und soziale Weisheit wiederfinden. [...] Damit die Macht des Reichtums nicht die Armen erdrücke, dazu ist notwendig, daß die Reichen sich selbst beschränken und nicht alles, was einer rein egoistischen Ausbeutung aller den Reichen zustehenden Mittel möglich wäre, sich auch erlauben. Ebenso kann aber auch nur dieser Geist der Selbstverleugnung und der Bescheidenheit, den allein das Christentum erzeugt, den aber der moderne Unglaube in sein gerades Gegenteil, in einen Geist der Begierlichkeit und Unzufriedenheit verkehrt, der arbeitenden Klasse jene Sittlichkeit und Mäßigung, jene Arbeitsamkeit, Sparsamkeit und Genügsamkeit verleihen, wovon ihr und ihrer Arbeitgeber wahres Beste abhängt. Auch darüber dürfen wir uns nicht täuschen, daß nur unter solchen Arbeitern, in denen der Geist des Christentums lebt, wahrhaft gedeihliche Genossenschaften, namentlich die Produktionsgenossenschaften, wovon wir unten reden, auf die Dauer möglich sein werden; wie auch nur echt christliche Kapitalisten und Fabrikherren geeignet und geneigt sein werden, mit ihren Arbeitern in eine gewisse Gemeinschaft des Gewinnes zu treten. Ich wende mich nun zur Betrachtung einiger Punkte, die mir besonders wichtig erscheinen.

Das erste Hilfsmittel, welches die Kirche dem Arbeiterstande auch fortan bieten wird, ist die Gründung und Leitung der Anstalten für den arbeitsunfähigen Arbeiter. [...]

Das zweite Hilfsmittel, welches die Kirche dem Arbeiterstande bietet, um auch seiner materiellen Not Abhilfe zu gewähren, ist die christliche Familie mit ihrer Grundlage, der christlichen Ehe. [...]

Das dritte Hilfsmittel [...] besteht in seinen Wahrheiten und Lehren, die dem Arbeiterstande zugleich die wahre Bildung geben. Wenn die liberale Partei dem Arbeiterstande in ihrer Lehre von der Selbsthilfe und in ihren Arbeiterbildungsvereinen eine höhere Ausbildung verspricht, so ist das, inwieweit dabei von Bildungsmitteln des Christentums abgesehen wird, leerer Schein und eitle Täuschung. Nur das Christentum bietet ihm die wahre Bildung. [...]

Das vierte Hilfsmittel des Christentums zur Verbesserung der materiellen Lage des Arbeiterstandes besteht in den sozialen Kräften desselben. [...] Da wir bisher von den Versuchen, dem Arbeiterstande durch Bildung von Genossenschaften zu helfen, nur diejenigen der liberalen Partei, welche fast ausschließlich in den von Schulze-Delitzsch ins Leben gerufenen bestehen, erwähnt haben, so müssen wir noch zwei andere hier berühren, die für den Teil der Arbeiter, der sich dem Handwerk widmet, unternommen sind. [...] Wir meinen hier erstens das Unternehmen des Handwerkervereins, der seit einigen

Jahren entstanden ist und den Handwerkerstand wieder in eine zusammenhängende Genossenschaft vereinigen will. [...] Das zweite Unternehmen [...] sind die Gesellenvereine. Da sie hauptsächlich auf katholischem Gebiete entstanden sind, so dürfen wir sie mit allem Rechte einen katholischen Beitrag zur Lösung der Arbeiterfrage nennen. Schon das bisherige Resultat derselben übertrifft alle Erwartung und zeigt uns zugleich, was aus diesen Gesellenvereinen werden kann, wenn ihre ganze Entwicklung zum vollen Abschluß gebracht wird. Gott hat sich eines Gesellen bedient, um dieses Werk in Angriff zu nehmen, und nachdem er ihn in den Priesterstand erhoben, hat er den hochwürdigen Herrn Kolping, diesen alten Gesellen, zu einem wahren Vater des Gesellenstandes gemacht. [...]
Als fünftes Hilfsmittel [...] nennen wir endlich die Förderung der Produktiv-Assoziationen durch die besonderen Mittel, die eben nur dem Christentum zu Gebote stehen.
(W. E. v. Ketteler, Die Arbeiterfrage und das Christentum. Schriften. Kempten und München 1911, S. 287ff.)

T 16 Leo XIII: Die Pflichten und Rechte der Arbeitnehmer und Arbeitgeber (1891)

Ein Grundfehler in der Behandlung der sozialen Frage ist sodann auch der, daß man das gegenseitige Verhältnis zwischen der besitzenden und der unvermögenden, arbeitenden Klasse so darstellt, als ob zwischen ihnen von Natur ein unversöhnlicher Gegensatz Platz griffe, der sie zum Kampf aufrufe. Ganz das Gegenteil ist wahr. Die Natur hat vielmehr alles zur Eintracht, zu gegenseitiger Harmonie hingeordnet; und so wie im menschlichen Leibe bei aller Verschiedenheit der Glieder im wechselseitigen Verhältnis Einklang und Gleichmaß vorhanden ist, so hat auch die Natur gewollt, daß im Körper der Gesellschaft jene beiden Klassen in einträchtiger Beziehung zueinander stehen und ein gewisses Gleichgewicht darstellen. Die eine hat die andere durchaus notwendig. Der Besitz ist auf die Arbeit angewiesen und die Arbeit auf den Besitz. [...] Zur Beseitigung des Kampfes aber und selbst zur Ausrottung seiner Ursachen besitzt das Christentum wunderbare und vielgestaltige Kräfte. [...]
Von diesen Pflichten berühren folgende die arbeitenden Stände: vollständig und treu die Arbeitsleistung zu verrichten, zu welcher sie sich frei und mit gerechtem Vertrage verbunden haben; den Arbeitgebern weder an der Habe noch an der Person Schaden zuzufügen, in der Wahrung ihrer Interessen sich der Gewalttätigkeit zu enthalten und in keinem Falle Auflehnung zu stiften; nicht Verbindung zu unterhalten mit Übelgesinnten, die ihnen trügerische Hoffnungen vorspiegeln und nur bittere Enttäuschung und Ruin zurücklassen.
Die Pflichten, die hinwieder die Besitzenden und Arbeitgeber angehen, sind die nachstehenden: Die Arbeiter dürfen nicht wie Sklaven angesehen und behandelt werden; ihre persönliche Würde, welche geadelt ist durch ihre Würde als Christen, werde stets heilig gehalten; Arbeit und Erwerbssorgen erniedrigen sie nicht, vielmehr muß, wer vernünftig und christlich denkt, es ihnen als Ehre anrechnen, daß sie selbständig ihr Leben unter Mühe und Anstrengung erhalten; unehrenvoll dagegen und unwürdig ist es, Menschen bloß zu eigenem Gewinn auszubeuten und sie nur so hoch anzuschlagen, als ihre Arbeitskräfte reichen [...]; es ist ungerecht, sie mit mehr Arbeit zu beschweren, als ihre Kräfte tragen können, [...]
Vor allem aber ist es Pflicht der Arbeitsherren, den Grundsatz: Jedem das Seine stets vor Augen zu behalten. Dieser Grundsatz sollte auch unparteiisch auf die Höhe des Lohnes Anwendung finden, ohne daß die verschiedenen, für die Billigkeit des Lohnmaßes mitzuberücksichtigenden Momente übersehen werden. [...]
(Die Enzyklika Leos XIII. Rerum novarum und die Enzyklika Pius' XI. Quadragesimo anno. Amtlicher deutscher Text. Hrsg. vom Erzbischöflichen Seelsorgeamt Köln. Bastion Verlag, Düsseldorf 1946. Abschnitt 15–17)

T 17 Weltrat der Kirchen: Von der verantwortlichen Gesellschaft (Amsterdam 1948)

Der Mensch ist geschaffen und berufen, ein freies Wesen zu sein, verantwortlich vor Gott und seinem Nächsten. Alle Tendenzen innerhalb des Staates und der Gesellschaft, die den Menschen der Möglichkeit des verantwortlichen Handelns berauben, sind eine Verleugnung des Willens Gottes über den Menschen und Seines Erlösungswerkes. Eine verantwortliche Gesellschaft ist eine solche, in der Freiheit die Freiheit von Menschen ist, die sich für Gerechtigkeit und öffentliche Ordnung verantwortlich wissen und in der jene, die politische Autorität oder wirtschaftliche Macht besitzen, Gott und den Menschen, deren Wohlfahrt davon abhängt, für ihre Ausübung verantwortlich sind.
Der Mensch darf niemals zum bloßen Mittel für politische oder wirtschaftliche Zwecke gemacht werden. Der Mensch ist nicht für den Staat geschaffen, sondern der Staat für den Menschen. Der Mensch ist nicht für die Produktion geschaffen, sondern die Produktion für den Menschen. Für eine Gesellschaft, die unter modernen Lebensbedingungen verantwortlich bleiben soll, ist es erforderlich, daß die Menschen die Freiheit haben, ihre Regierungen zu kontrollieren, zu kritisieren und zu wechseln, daß die Macht durch Gesetz und Tradition verantwortlich gemacht und soweit wie möglich auf die ganze Gemeinschaft verteilt wird. Es ist erforderlich, daß wirtschaftliche Gerechtigkeit und die Bereitstellung gleicher Ent-

faltungsmöglichkeiten für alle Mitglieder der Gesellschaft gesichert werden.
(W. A. Visser't Hooft [Hrsg.], Die erste Vollversammlung des Ökumenischen Rates der Kirche. Zürich 1948, S. 100)

T 18 Friedrich Spielhagen: Gutsherr und „Leute" in Pommern in den 1830er/1840er Jahren

Auf der einen Seite des meist offenen Hofes das Herrenhaus, welches nur in verhältnismäßig wenigen Fällen auf alten Edelsitzen ein schloßartiges Ansehen hat, für gewöhnlich aber ein sehr einfaches, meistens nur einstöckiges und – ich spreche von der Zeit vor einem halben Jahrhundert – nicht selten mit Stroh gedecktes Gebäude ist. Neben und etwas hinter dem Herrenhaus das selbstredend noch viel bescheidenere Leutehaus. Die drei anderen Seiten des Hofes werden von den Scheunen, den diversen Ställen, den Schuppen für die Wagen, die Stellmacherei und sonstige ländliche Verrichtungen eingenommen. Unmittelbar hinter dem Herrenhaus liegt der Garten von meist ziemlich großer Ausdehnung, je nach Geschmack und Laune des Hausherrn und der Hausfrau gut oder schlecht gehalten. [...]
In einiger Entfernung vom Hofe liegen die „Kathen", d. h. die Wohnungen der zu dem Gut gehörenden und auf dem Gut beschäftigten Arbeiter – ein Dörfchen, verschieden in der Zahl der Häuschen je nach der Zahl der Köpfe, denen sie Obdach gewähren sollen. Noch mehr verschieden – denn die Differenz der Kopfzahl ist meistens nicht groß – in ihrem Aussehen und Zustande. Bei guten Herrschaften, die etwas auf sich und ihre Leute halten, sind die Häuschen bei aller Bescheidenheit sauber geweißt, mit ordentlichen Thüren, Fenstern und mit Schornsteinen auf dem Strohdach. Die beiden Gärtchen rechts und links von der Hausthür – es wohnen fast immer zwei Familien unter demselben Dach, – sind anständig gehalten; auch an ein paar Sonnenblumen, oder gar Nelken und Levkojenstauden fehlt es nicht. Die Ställchen hinter oder neben dem Häuschen sind in gutem Stande, die Düngerhaufen regelrecht geschichtet, die Wege durch das Dörfchen außer bei ganz schlechtem Wetter selbst für Damenfüße passierbar. Aber bei Herrschaften, die nicht gut, die geizig oder faul oder zu dumm sind, um einzusehen, daß, von der Menschlichkeit zu schweigen, das Wohlbefinden der Leute ihr eigener Vorteil ist und umgekehrt – da sah es bös aus in dem Dorfe [...] Nur so viel darf ich sagen, daß der Torfrauch, der sich in Ermangelung eines Schornsteins durch die in der oberen Hälfte stets geöffnete Thür und die mit Papier und Lumpen verstopften Fenster einen Ausgang verschaffen mußte, in diesen Höhlen menschlichen Elends noch lange nicht das schlimmste war.
Denn mit dem materiellen Elend Hand in Hand ging die moralische Depravation [Entartung], die außerdem in dem eigentümlichen Verhältnis, in welchem Gutsherrschaft und Kathenleute zu einander standen, reichliche Nahrung fand [...] auf der einen Seite erzeugend und nährend der Stumpf- und Knechtssinn, der sich alles bieten läßt, sich jeder eigenen Verantwortung entschlägt, alles von oben erwartet, gar nicht auf den Gedanken kommt, daß der Mensch eigene Kräfte hat, die er üben, denen er vertrauen soll und muß, um so seines Glückes Schmied zu werden. Auf der anderen den nicht weniger stumpfen und dummen Hoch- und Herrenmut, mit dem der im Besitze der Macht sich auch allweise dünkt; auf sie, die sich zu der Sklaverei hergeben, als auf Sklaven herabsieht, an denen man seine böse Laune sultansmäßig auslassen kann [...]
(F. Spielhagen, Finder und Erfinder. Erinnerungen aus meinem Leben. 1. Bd. Leipzig 1890, S. 180f.)

T 19 Elard von Oldenburg-Januschau: Zur „Leutefrage" auf einem ostpreußischen Gut

E. von Oldenburg-Januschau vertrat einige Jahre als konservativer Abgeordneter die Interessen des Adels im Reichstag

Die Nöte und Sorgen eines Landwirts beruhen ja nicht nur auf dem rein Wirtschaftlichen. Sie erstrekken sich in erster Linie auf die Leutefrage. Als ich Januschau übernahm (1883), hatte ich nur Arbeiter, die nicht seßhaft waren. Auf allen Gütern, wo einige Jahre keine Herrschaft vorhanden ist, wird die Leutefrage für den Nachfolger die bitterste Not sein. So ging es auch mir.
Als ich anfing zu wirtschaften, sprachen die meisten meiner Arbeiter polnisch. Sie wechselten dauernd von Betrieb zu Betrieb. Sie wurden leicht aufsässig und gingen mit Beginn der Caprivizeit [1890] nur allzugern vom Lande in die Stadt. Dieser Vorgang des Bevölkerungsumschwunges, des Wegzuges in die Stadt, wurde durch die Technisierung der Landwirtschaft nicht unerheblich gefördert. [...]
Auf meinen Gütern gelang es mir, einen seßhaften Arbeiterstand zu schaffen. Im Anfang mußte ich manchem ungehorsamen und aufsässigen Gesellen persönlich entgegentreten und mit der Faust Ordnung und Gehorsam erzwingen. Im Laufe der Jahre wurden die schlechten Arbeiter dadurch abgestoßen und die guten angezogen. Mein Mittel zu diesem Ziel hieß Gerechtigkeit.
Als Offizier hatte ich gelernt, was Gerechtigkeit ausmacht, was man von einem gerecht behandelten Menschen verlangen kann und wie Gerechtigkeit Menschen verschiedener Lebensstufen auch für Zeiten der Not aneinander bindet. Die Leutehäuser in Januschau wurden nach meinen Anweisungen gebaut. Von den bei mir angestellten Arbeiterfamilien zogen nur ganz wenige fort, so daß ich heute einen Stamm von Arbeitern habe, die ich seit Jahren und Jahrzehnten persönlich kenne, deren großen Teil ich in Januschau habe anwachsen sehen.
Das Geheimnis zur Lösung der Leutefrage auf dem

Lande habe ich immer darin gesehen, den Arbeitern ein gerechter Vorgesetzter und ein wohlwollender Vertrauensmann in allen Lebenslagen zu sein. [...] So führte ich denn ein, daß ich zu jeder Zeit für meine Leute in allen Dingen zu sprechen war. Freilich war ich auch niemals nachsichtig, sondern hielt darauf, daß im Betrieb Gehorsam der oberste Grundsatz blieb. Auf diese Weise bildete sich im Laufe der Jahrzehnte auf allen meinen Gütern zwischen meinen Leuten und mir ein Vertrauensverhältnis, dessen Formen manchem, nicht aus dem Osten stammenden Deutschen vielleicht eigenartig erscheinen mögen.
Wer aber Land und Leute des deutschen Ostens kennt, wer beides so in sein Herz geschlossen hat wie ich, der weiß, daß hinter der Rauheit der Form nur die Herzlichkeit verschlossen liegt. Manche Ehestreitigkeiten wurden mir von meinen Leuten vorgetragen, und viele dieser Streitigkeiten konnte ich schlichten, wenn ich mich dabei auch nicht der Maßnahmen des Bürgerlichen Gesetzbuches bediente, sondern den Maßstab aus dem Gesichtskreis und dem Empfinden der Leute selbst zu nehmen versuchte.
Der Landarbeiter ist immer eine der gesichertsten menschlichen Existenzen gewesen. Nach altem Herkommen, das schon aus der Zeit vor der Errichtung all der vielen Versicherungen stammt, ist der Landarbeiter des deutschen Ostens für die Zeit seines Alters versorgt. Er wird nicht von Haus und Hof verjagt, sondern bleibt auf dem Gute wohnen und erhält sein Altleute-Deputat. Die Söhne des Landarbeiters brauchen sich nicht nach Stellung und Beruf umzusehen. Sie treten ohne weiteres an die Stelle ihres Vaters. Mit andern Worten: Sie fangen da an, wo der Vater aufgehört hat.
(Elard von Oldenburg-Januschau, Erinnerungen. Leipzig 1936, S. 43 ff.)

T 20 Carl Ferdinand Freiherr von Stumm-Halberg an seine Arbeiter: „Das System Stumm“ (1889)

Überall, wohin wir sehen, wird die Autorität aufrechterhalten, nötigenfalls durch Strafen gegenüber denjenigen, die sich der notwendigen Autorität nicht fügen. Von der Armee will ich hier gar nicht sprechen. Es wird vielfach behauptet, eine Analogie zwischen den Betrieben und der Armee bestehe nicht. Ich behaupte das Gegenteil. [...] In beiden Fällen ist, wenn Erfolge erzielt werden sollen, die Disziplin eine ganz unvermeidliche Voraussetzung. Wenn ein Fabrikunternehmen gedeihen soll, so muß es militärisch, nicht parlamentarisch organisiert sein. [...] Wie der Soldatenstand alle Angehörigen des Heeres vom Feldmarschall bis zum jüngsten Rekruten umfaßt, und alle gemeinsam gegen den Feind ziehen, wenn ihr König sie ruft, so stehen die Angehörigen des Neunkircher Werkes wie ein Mann zusammen, wenn es gilt, die Konkurrenz sowohl wie die finstren Mächte des Umsturzes zu bekämpfen. [...] Auf diese Weise (durch Wohlfahrtseinrichtungen) hoffe ich, weit über meine eigenen Lebenstage dafür zu sorgen, daß Ihr für die Lockungen der Sozialdemokraten und anderen falschen Propheten unempfänglich bleibt [...] Bleibt fest für alle Zeit in der alten, unerschütterlichen Treue zu unserem erhabenen Monarchen, bleibt fest in der christlichen Nächstenliebe und der echten Gottesfurcht, welcher Konfession Ihr auch angehört, dann wird es Euch nach menschlichem Ermessen auch fernerhin wohlergehen. [...] Die Tendenz, Euch zu einem vierten Stande zu degradieren, ist geradezu eine Beleidigung des gesamten Arbeiterstandes. Die Arbeiterschaft steht heute jeder anderen Kategorie von Staatsbürgern gesetzlich völlig gleich. [...] Daß es unter den Arbeitern vielfach Not und Elend gibt, wird niemand weniger bestreiten als ich, der täglich bemüht ist, dasselbe zu mildern, wo es in Eurer Mitte auftritt. Dies ist aber kein Merkmal des sogenannten vierten Standes. [...] Nein, meine Freunde, wir alle gehören einem Stande an, das ist der alte ehrenhafte Stand der Hammerschmiede, und ich habe mich stets und allerorten mit Stolz zu diesem Stand bekannt. [...]
(E. Schraepler [Hrsg.], Quellen zur Geschichte der sozialen Frage in Deutschland. Bd. II, Göttingen 1957, S. 91 f.)

T 21 Alfred Krupp: Patriarchalische Betriebspolitik (1877)

A. Krupp entwickelte die von seinem Vater 1811 gegründete Gußstahlfabrik „Friedrich Krupp“ in Essen zu einem Großunternehmen, dessen Belegschaft von 4 auf 20 000 Arbeiter anwuchs. In einer Rede vor seinen Arbeitern führte er aus:
Ich habe Kräfte gebraucht und solche engagiert, ich habe ihnen den geforderten Lohn gezahlt, meistens ihre Stellung verbessert und, nach gesetzlichen Bestimmungen, den Kontrakt verlängert oder sie entlassen. Mancher hat die Fabrik verlassen, um anderswo sich zu verbessern, der eine ist gegangen, und ein anderer hat die Stelle wieder besetzt, und wo ursprünglich 3 Mann beschäftigt waren, standen später 15 000. Im Laufe der Zeit haben mehr als 100 000 Mann solchen Wechsel auf meinen Werken durchgemacht. Jeder hat sich nach seiner Kraft und nach seiner Fähigkeit seinen Lohn verdient, und anstatt eines jeden konnte in den meisten Fällen auch ein anderer hingestellt werden, denn die Arbeiter haben nicht das Verdienst der Erfindung, und überall finden sich geschickte Arbeiter zum Ersatz. Es kann also keine Rede davon sein, daß irgend jemand einen besonderen Anspruch behalte außer solchem, der selbstverständlich ist, der in Steigerung des Lohnes und des Gehaltes besteht und immer Folge einer höheren Leistung ist. Die Apostel der Sozialdemokraten suchen aber den bescheidensten Leuten durch ihre verführerischen Reden den Kopf zu verdrehen, und sie werden das Unglück von manchem Arbeiter

verschulden, der ihnen Gehör schenkt und deshalb entlassen wird. [...]
Ich habe den Mut gehabt, für die Verbesserung der Lage der Arbeiter Wohnungen zu bauen, worin bereits 20 000 Seelen untergebracht sind, ihnen Schulen zu gründen und Einrichtungen zu treffen zur billigeren Beschaffung von allem Bedarf. Ich habe mich dadurch in eine Schuldenlast gesetzt, die abgetragen werden muß. Damit es geschehen kann, muß jeder seine Schuldigkeit tun in Friede und Eintracht und in Übereinstimmung mit unseren Vorschriften. [...]
Genießet, was Euch beschieden ist. Nach getaner Arbeit verbleibt im Kreise der Eurigen, bei den Eltern, bei der Frau und den Kindern und sinnt über Haushalt und Erziehung. Das sei Eure Politik, dabei werdet Ihr frohe Stunden erleben. Aber für die große Landespolitik erspart Euch die Aufregung. Höhere Politik treiben erfordert mehr freie Zeit und Einblick in die Verhältnisse, als dem Arbeiter verliehen ist. Ihr tut Eure Schuldigkeit, wenn Ihr durch Vertrauenspersonen empfohlene Leute erwählt. Ihr erreicht aber sicher nichts als Schaden, wenn Ihr eingreifen wollt in das Ruder der gesetzlichen Ordnung. Das Politisieren in der Kneipe ist nebenbei sehr teuer, dafür kann man im Hause Besseres haben. [...]
(A. Krupps Briefe 1826–1887, hrsg. von W. Berdrow, Berlin 1928, S. 343ff.)

T 22 Hermann Schulze-Delitzsch: Wesen und Sinn der Genossenschaft (1858)

[...] Das Wesen der Assoziation ist also die Selbsthilfe, das Verweisen auf die eigene Kraft, ihr Element die Freiheit. Unterstützung von fremder Seite her, Subventionen aus öffentlichen Mitteln, Zwang und Einmischung der Staatsbehörden, wird unbedingt abgewiesen. Nur in der Selbstbetätigung der eignen Kraft, in dem, was jeder leisten kann, wenn er es geschickt anfängt, in der freien Gruppierung je nach gemeinschaftlichem Interesse zu gemeinschaftlichen Zwecken, sieht man das Heil. Man will Selbständigkeit im Erwerb, weil sie die einzige Möglichkeit wirtschaftlicher Entwicklung für die Gesamtheit wie für den einzelnen ist, und das Gegenteil zum allgemeinen Ruin führen muß. Das beginnen die Mitglieder aller Genossenschaften mehr und mehr einzusehen. Wo sollten sie auch sonst den Mut hernehmen, vor einer Versammlung von Volkswirten hinzutreten, um auf ihr Urteil sich zu berufen, wenn sie nicht auf die einzig wirtschaftlich gesunde Basis der Selbsthilfe sich stützten! [...]
Der unbemittelte Arbeiter in seiner Vereinzelung, meine Herren, hat im Verkehr nur vermöge seiner Arbeitskraft ökonomischen Wert. Da aber die Arbeitskraft des einzelnen einer großen Masse von Zufällen preisgegeben ist, die nicht in seiner Gewalt stehen, so bietet sie keine Sicherheit für die Kapitalanlage. Diesen Mangel kann der einzelne nur ergänzen, wenn er sich assoziiert, wenn er sich einer größeren Gruppe von Arbeitern zugesellt, welche ihn eintretendenfalls übertragen. Erst durch die Assoziation wird also der unbemittelte Arbeiter eigentlich kreditfähig. Denn was auch den einzelnen treffen und ihn außer Stand setzen kann, seine Verpflichtungen zu erfüllen, Krankheit, Not oder Zufälle anderer Art: daß dem ganze Massen von Arbeitern unterliegen sollten, spricht gegen alle Erfahrung. Sobald also die Solidarität der Genossen dem einzelnen zur Seite steht, ist der Gläubiger gegen solche Unfälle gesichert. Nur dieses strenge Zusammenschließen, die Übertragung und Verteilung des durch den Ausfall eines einzelnen entstehenden Defekts auf alle, mit einem Wort: die solidarische Haft gibt den Arbeitern diejenige Kreditfähigkeit, mit der sie der Wohltaten des großen Kapitals teilhaftig werden. [...]
(H. Schulze-Delitzsch, Das deutsche Assoziationswesen. Rede 1858. In: W. Mickel [Hrsg.], Quellen zur Sozial- und Wirtschaftspolitik. Frankfurt [2]1968, S. 25f.)

Problem und Diskussion

1 *Arbeiten Sie die unterschiedlichen Ansätze zur Lösung der Sozialen Frage a) von staatlicher, b) von kirchlicher, c) von unternehmerischer und d) von gewerkschaftlicher Seite heraus.*
2 *Welche Ansätze haben zu ihrer Zeit einen wirksamen Beitrag zur Bewältigung des Problems geleistet? Begründen Sie.*
3 *Welche (gesetzlichen) Maßnahmen zur Lösung der Sozialen Frage zeigen ihre Nachwirkungen bis heute?*
4 *Inwieweit hat das Genossenschaftswesen dazu beigetragen, soziale Abhängigkeiten und materielle Benachteiligungen unter den Betroffenen abzubauen?*
5 *Worin besteht der Unterschied zwischen der „Arbeiterfrage" und der „Sozialen Frage"? Inwieweit ist die Arbeiterfrage zur Sozialen Frage geworden?*

3. Die Kritik an der bürgerlichen Gesellschaft

3.1 Die Frühsozialisten: Utopien der Industriegesellschaft

Die soziale Bewegung hat ihre geistigen Wurzeln in der Philosophie der Aufklärung (s. A 1.4). Das Streben der Sozialisten nach sozialer Gleichheit bildete das Gegenmodell zur vor allem nach Gewinn strebenden kapitalistischen Auffassung.

Während die Arbeiterbewegung in England mit konkreten Aktionsmitteln wie Gewerkschaften, Hilfsvereinen, Streiks ihre Forderungen nach Gerechtigkeit für die Arbeiter im politischen Tageskampf durchzusetzen versuchte, entstand in Frankreich die sozialistische Theorie und die kritische Gesellschaftsanalyse, die sich zur Wissenschaft der Soziologie entwickelte. Französische Denker formulierten das begriffliche Werkzeug für die Auseinandersetzungen der kommenden Jahrzehnte. Die von Saint-Simon und vor allem von seinem Schüler Auguste Comte (1798–1857) sogenannte **„Soziologie"** untersucht die Gesetze, denen die Gesellschaft unterliegt.

Den Gedankengängen der **frühen Sozialisten** – Graf Saint-Simon (1760–1825), Charles Fourier (1772–1837), Pierre Proudhon (1809–1865) (T 23), Etienne Cabet (1788–1856) (T 24), Robert Owen (1771–1858) u. a. – lag die Überzeugung zugrunde, daß die Gesellschaft nach den erlebten Erschütterungen und Veränderungen auf der Grundlage eines elementaren menschlichen Zusammengehörigkeitsgefühls neu zu gründen und dazu Produktion und Konsum genossenschaftlich zu organisieren seien. Teils glaubten sie mit Owen, Cabet und Fourier, dies ohne staatliche Organisation allein durch die Zusammenarbeit kleiner, freier Gruppen tun zu können, teils erwarteten sie, das Ziel mit Hilfe eines von Grund auf neu eingerichteten Staatswesens (St.-Simon), immer aber auf dem Wege der Überzeugung und Erziehung zu sozialer Gerechtigkeit, nicht auf dem des gewaltsamen Umsturzes erreichen zu können. Denn die Erinnerung an die Französische Revolution schreckte noch. Der englische Fabrikant **Owen** setzte seine finanziellen Mittel ein, um in seinen Fabriken ein Vorbild zu sein. Er hat auf die Praxis der sozialen Bewegung wie der Sozialpolitik eingewirkt durch Gründung von Konsumgenossenschaften als Arbeiterselbsthilfe. Er war Mitorganisator der Arbeiterbewegung, forderte die gesetzliche Beschränkung der Frauenarbeit und die Abschaffung der Kinderarbeit bis 12 Jahre; in seinem Werk in New Lanark (Schottland) verkürzte er die tägliche Arbeitszeit auf $10^1/_2$ Stunden und erließ ein Arbeitsverbot für Kinder unter 10 Jahren, richtete schließlich eine Fabrikschule als Beitrag zur Erziehungsreform ein (Verbindung von produktiver Arbeit und Lernen, die von Marx später sogenannte „polytechnische" Bildung).

Als Beispiel frühsozialistischer Gedankengänge seien die Lehren **Saint-Simons** genannt (T 25). Er erkannte die Bedeutung der wirtschaftlichen Faktoren für die Prägung der gesellschaftlichen Verhältnisse. Darin hat er starken Einfluß auf den französischen Sozialismus ausgeübt. Ihm zeigte sich die Geschichte der menschlichen Gesellschaft doppelgesichtig: Einmal befreit die Entwicklung der Produktionstechniken die Menschen in immer größerem Ausmaß von den alten sozialen Bindungen, zugleich aber wächst dabei die Vergesellschaftung, die gegenseitige Abhängigkeit aller voneinander und vom Ganzen. Die Entwicklung führt schließlich zur (idealen) **freien Assoziation** (= Vereinigung) der Partner, die auf der Arbeitsteilung beruht. Die Welt wird dabei zu einer großen Werkstatt, einem Markt, dem sog. **Industriesystem.** St.-Simon sah die Gesellschaft auf dem Weg zu einer produktiven industriellen Organisation mit dem Ziel, die Natur zu bezwingen und das Wohlergehen aller zu sichern. Die Ordnung, die für die Industrie am vorteilhaftesten ist, ist es auch für die Gesellschaft. Freiheit kann nur im Industriesystem verwirklicht werden, da dessen vielgliedrige Arbeitsteilung jedem die Tätigkeit zuweisen kann, die seinen Fähigkeiten entspricht. Freiheit besteht „in der unbehinderten Entwicklung und aller möglichen Förderung

jeder praktischen oder geistigen Fähigkeit, die für die Assoziation nützlich ist". Für St.-Simon erschien die Theorie der individuellen Menschenrechte als ein reaktionäres Hindernis auf dem Weg des Fortschritts zu sozialem Zusammenhalt und zur Integration der Gesellschaft.
Die politischen Entscheidungen sollen, wie die wirtschaftlichen, von **Fachleuten** getroffen werden. Die herrschenden Klassen müssen dazu überredet werden, die öffentlichen Angelegenheiten einer Regierung aus sachverständigen Industriellen und Wissenschaftlern zu übertragen, die ihre Entscheidungen aufgrund „der Natur der Sache" treffen.
Die geforderte Assoziationsform der Gesellschaft bedeutet Verfügung über die **Produktionsmittel** und über das **Eigentum.** Die Art des Eigentums muß durch die Bedürfnisse des allgemeinen Produktionsprozesses bestimmt werden. Eigentum ist ebenso Produktionsmittel wie Bedingung für den persönlichen Selbstausdruck. Wenn Eigentum einem Menschen versagt wird, der die Fähigkeit hat, es zum größten eigenen wie gesellschaftlichen Vorteil zu verwenden, dann wird ihm die Freiheit des Selbstausdrucks versagt und zugleich der Gesellschaft ein Verlust zugefügt. Begabung und Besitz dürfen daher nicht voneinander getrennt werden. Wahre Gleichheit besteht darin, daß jeder die Vorteile genießt, die seiner Leistung entsprechen. Unter diesem Gesichtspunkt verdient das Industriesystem, das ungleiche Vorteile, wie z. B. das Privileg der Geburt, verwirft, als eine Ordnung „vollkommener Gleichheit" betrachtet zu werden.
Nach St.-Simon verläuft die Geschichte der Menschheit 1. nach dem Gesetz der Höherentwicklung (Fortschrittsidee); 2. als Kampf der Gegensätze; 3. als gegenseitige Beeinflussung von Gesellschaft und Staat (die Träger der Wirtschaftsgesellschaft sollen auch die Träger der öffentlichen Gewalt sein); 4. zu einer staatlosen Gesellschaft (haben die Tüchtigsten der Wirtschaftsgesellschaft – die „industriels" – die Staatsmacht übernommen, so ist diese in ihrem Wesen verändert: sie hört auf, Herrschaftsmittel zu sein. Die Regierung wird aus einer Herrschaft über Personen zur bloßen Verwaltung von Sachen. Vgl. Engels, T 32).
In Frankreich ist die soziale Bewegung 1848 zur Arbeiterbewegung geworden, der vierte Stand als geschichtliche Kraft in Erscheinung getreten. Wichtige Anstöße kamen von den Frühsozialisten sowie von den (sozial-)politischen Praktikern Blanqui und Blanc. **Auguste Blanqui** (1805–1881) trat für den Klassenkampf und die Errichtung einer **Diktatur des Proletariats** ein. Zu diesem Zwecke sollten der Großgrundbesitz enteignet, die Staatskontrolle über die Fabriken eingeführt, die öffentlichen Schulden annulliert (für nichtig erklärt) und eine progressive Einkommensbesteuerung durchgesetzt werden.
Louis Blanc (1811–1882) richtete 1848 sog. Nationalwerkstätten ein. Es handelte sich um staatlich geschützte Genossenschaftswerkstätten, vom Staat geförderte Produktivgemeinschaften, die die Konkurrenz mit dem Privatgewerbe aufnehmen sollten. Sie scheiterten u. a., weil sie sich in das vorhandene Wirtschaftssystem – ein Konkurrenzsystem mit Folgen für Löhne und Preise – nicht einordnen wollten. Das Verdienst dieser und anderer Frühsozialisten beruhte im Aufzeigen von Gegenmodellen zur kapitalistischen Wirtschaft und deren sozialen Folgen, von teils radikalen Problemlösungsansätzen und Methoden. Insoweit waren sie utopisch und wirklichkeitsfremd. Ihre Bedeutung liegt in den Anregungen, die sie späteren, theoretisch und praktisch arbeitenden Sozialisten überliefert haben.
Als profilierter deutscher Frühsozialist galt der wandernde Schneidergeselle – die deutschen wandernden Handwerksgesellen trugen in jener Zeit die sozialistischen Ideen von Ort zu Ort – **Wilhelm Weitling** (1808–1871). Er hat seit 1837 für etwa zehn Jahre – vor Marx und Engels – die politischen Vorstellungen des „Bundes der Gerechten" (später „Bund der Kommunisten") in Paris bestimmt. In seinen von St.-Simon und Fourier beeinflußten Schriften trat er für einen konsequenten Gleichheitskommunismus ein: für Abschaffung des Geldes, für Gütergemeinschaft, für „gleiche Lebenslage aller", für die Aufhebung der nationalen Grenzen und die Verbrüderung aller Menschen zu einem „Familienbund der Menschheit" (T 26). All dies sei

durch einen gewaltsamen Umsturz zu erreichen. Er dachte vor allem an die kleinen Handwerker und die kleinen Kaufleute, an die Erhaltung „des einfachen, harmonischen Lebens in Städten und Dörfern“und nicht so sehr an die Industrialisierung und das Proletariat.

T 23 Pierre Proudhon: Eigentum ist Diebstahl

Das Schlagwort „Eigentum ist Diebstahl“ wird auf das Einkommen ohne Arbeit bezogen. Proudhon übte Einfluß auf die französische Syndikalistenbewegung aus (frz. syndicat = Gewerkschaft). Er wollte die Befreiung der Arbeiter durch die Organisation von Genossenschaften, nicht durch politischen Kampf erreichen. Er hatte Gespräche mit Marx geführt, wurde jedoch von ihm abgelehnt. Seine „ordre naturel“ (die natürliche Ordnung) beruhte auf den angeborenen Menschenrechten, auf Freiheit, Gleichheit, persönlicher Souveränität.

Der eine Schriftsteller bezeichnet das Eigentum als positives Recht, das aus der Besitznahme entstanden und durch das Gesetz sanktioniert sei, der andere verteidigt es als natürliches Recht, dessen Ursprung in der Arbeit beruhe: und diese Ideen haben trotz ihrer scheinbar ganz entgegengesetzten Natur dennoch beide eine große Anhängerschaft. Ich aber behaupte, daß weder die Arbeit, noch die Besitznahme, noch das Gesetz das Eigentum zu schaffen imstande sind, daß es vielmehr eine Wirkung ohne Ursache ist: wer will mich deshalb verdammen? Was für ein Sturm der Entrüstung sich da erhebt!

– Das Eigentum ist Diebstahl! Hört die Sturmglocken von 93, hört das nahende Brausen der Revolution! [...]

(O. v. d. Gablentz [Hrsg.], Die politischen Theorien seit der amerikanischen Unabhängigkeitserklärung. Köln und Opladen ²1963, S. 175f.)

T 24 Etienne Cabet: Was ist die Gesellschaft? (1842)

Cabet (1788–1856) entwickelte eine utopische Gemeinschaftsideologie, die er in kommunistischen Gemeinschaften in Texas und der Mormonenstadt Nauroo (USA) zu verwirklichen versuchte. Der folgende Text entstammt seinem Staatsroman „Voyage en Icarie“.

Was ist die Gesellschaft? – Sie ist die Gegenseitigkeit aller Menschen und beruht auf Freiwilligkeit. Daher darf es in ihr nicht Herren und Knechte, nicht Plünderer und Geplünderte, nicht Scherer und Geschorene, nicht Schinder und Geschundene, nicht Betrüger und Betrogene geben. Kurz, die Gesellschaft darf nicht einer Herde gleichen, die den Hirten unterworfen ist.

Mit anderen Worten: worauf beruht die Gesellschaft? – Auf dem gemeinsamen Interesse aller Vergesellschafteten, Assoziierten.

Sind die Nationen bisher Gesellschaften gewesen? – Keineswegs, denn in jeder war eine Spannung, ein Zwiespalt zwischen Reichen und Nichtreichen, Aristokratie und Volk. [...] Was will die Gemeinschaft? – Sie will, daß eine Nation ein Ganzes von gleichmäßig assoziierten, verpflichteten, berechtigten, freien Personen werde, so daß folglich das Einzelinteresse mit dem Allgemeininteresse zusammenwachse, verschmilze und einen einzigen, gesunden, lebendigen Körper oder Gesellschaftsorganismus bilde. Der Wahlspruch sei: „Alle für einen und einer für alle“; dies heißt die Solidarität und ist der vollkommene Gegensatz zum Individualismus oder zur Vereinzelung und Zersplitterung, die wir heute erleben. Was will die Gemeinschaft ferner? – Sie setzt alle Lebensbedürfnisse als gemeinsames oder Gesellschafts-Kapital; sie setzt allen Boden als gemeinsames Grundstück oder Gesellschaftseigentum.

Sie will die Bedürfnisse der Menschen befriedigen und läutern durch Kunst- und Naturprodukte, welche auf dem Wege der Gesellschaftsindustrie gewonnen werden [...]. Jeder einzelne arbeitet die gleiche Stundenzahl am Tage, nach seinen Fähigkeiten, und genießt den gleichen Anteil an den Erzeugnissen, nach seinem Bedarfe.

Warum bekommt der Mann von Talent und Wissen nicht eben deshalb mehr von den Erzeugnissen zu genießen? – Darum nicht, weil Talent und Wissen sowohl eine Naturgabe als – und noch mehr – Gesellschaftsgabe ist; ohne die gesellschaftliche Erziehung wäre jener Mann weder wissend noch talentiert geworden. [...] Was ist die Arbeit? – Gemeinsam in den großen Werkstätten, möglichst angenehm und kurz; übrigens müssen alle arbeiten. Durch immer weiter zu vervollkommende Maschinen wird sie für die Menschen schonender gemacht werden als je zuvor. [...] Welches ist der Hauptgrundsatz des Staates? – Er lautet: „Alles für und durch das Volk und nichts ohne das Volk“! Sämtliche Mitglieder der Gesellschaft sind gleichermaßen Staatsbürger, gehen zur Versammlung, dienen in der Volksgarde oder Landwehr, sind Wähler und wählbar.

Wie entsteht das Gesetz? – Das Volk wählt Vertreter, diese beraten das Gesetz und legen es dem Volke zur Ansicht vor. Folglich ist das Gesetz der einfache, ungeschminkte Ausdruck des allgemeinen Willens und der allgemeinen Weisheit.

Da das Gesetz vom Volke, d. h. von allen ausgeht, kann niemals die Freiheit und Gleichheit leiden.

[...]

Wie sollen wir es anfangen, um die Machthaber für das Prinzip der Gütergemeinschaft zu gewinnen? – Durch mündliche und schriftliche rastlose Ausbreitung, Entwicklung, Bekanntmachung. Man wende

sich weder nur an Reiche, noch nur an Arme, sondern an beide Klassen, aus denen der heutige Staat ganz und gar besteht. Man suche die Wähler, die Abgeordneten, die Regierenden zu überzeugen; man mache Licht im Kopfe des Volkes. [...]
(Die Frühsozialisten. Hrsg. von Thilo Ramm. Stuttgart 1956, S. 310ff.)

T 25 Claude Henri de Rouvroy, Graf von Saint-Simon: Über die Gesellschaftsorganisation

Drittes Fragment

Da die Klasse der Proletarier in der Zivilisation ebenso fortgeschritten ist wie die Klasse der Eigentümer, muß sie das Gesetz als gleichberechtigte Mitglieder (sociétaires) einordnen.

[...] Die wichtigsten Arbeiten müssen auf die Verbesserung unseres sittlichen und körperlichen Wohlbefindens abzielen, da doch geringe Kräfte genügen, um die öffentliche Ruhe aufrechtzuerhalten, denn die Mehrheit hat an der Arbeit Geschmack gefunden (was jede Neigung zur Unordnung ausschließt) und besteht heute aus Menschen, die erst vor kurzem ihre Fähigkeit erwiesen haben, bewegliches und unbewegliches Eigentum zu verwalten.

Die Minderheit bedarf nunmehr keiner Gewaltmittel, um die proletarische Klasse in Unterordnung zu halten, und muß die folgenden Maßnahmen ergreifen: 1. solche, die die Proletarier über ihr Interesse am stärksten an die öffentliche Ordnung fesseln, 2. solche, die die leichteste Übertragung von Grundeigentum bezwecken, 3. solche, deren Ziel es ist, den Arbeitern das höchste politische Ansehen zuzuerkennen.

(Die Frühsozialisten: Hrsg. von Thilo Ramm. Stuttgart 1956, S. 39f.)

T 26 Wilhelm Weitling: Zehn Grundsätze, wie die Menschheit sein sollte (1838/39)

Mit Weitling (1808–1871) begann in Deutschland der Sozialismus zu einer politischen Bewegung zu werden. In seinen Schriften (u. a. „Garantien der Harmonie und Freiheit“ 1842; „Das Evangelium des armen Sünders“ 1844) vermittelte Weitling die bislang in Deutschland weithin unbekannten französischen und englischen Frühsozialisten.

1. Das Gesetz der Natur und christlichen Liebe ist die Basis aller für die Gesellschaft zu machenden Gesetze.
2. Allgemeine Vereinigung der ganzen Menschheit in einem großen Familienbunde und Wegräumung aller engherzigen Begriffe von Nationalität und Sektenwesen.
3. Allen gleiche Verteilung der Arbeit und gleichen Genuß der Lebensgüter.
4. Gleiche Erziehung so wie gleiche Rechte und Pflichten beider Geschlechter nach den Naturgesetzen.
5. Abschaffung allen Erbrechtes und Besitztums der einzelnen.
6. Hervorgehung der leitenden Behörden aus den allgemeinen Wahlen, Verantwortlichkeit und Absetzbarkeit derselben.
7. Kein Vorrecht derselben bei der gleichen Verteilung der Lebensgüter und Gleichstellung ihrer Amtspflicht mit der Arbeitszeit der übrigen.
8. Jeder besitzt, außerhalb des Rechts anderer, die größtmöglichste Freiheit seiner Handlungen und Reden.
9. Allen Freiheit und Mittel der Ausübung und Vervollkommnung ihrer geistigen und physischen Anlagen.
10. Der Verbrecher kann nur an seinem Recht der Freiheit und der Gleichheit gestraft werden; an seinem Leben nie, und an seiner Ehre nur durch Ausstoßung und Verbannung aus der Gesellschaft auf Lebenszeit.

(W. Weitling: Die Menschheit, wie sie ist und wie sie sein sollte. Paris 1838/39. Zit. n. W. Weitling. Das Evangelium des armen Sünders / Die Menschheit... Hrsg. v. W. Schäfer. Reinbek 1971, S. 154)

3.2 Karl Marx: Die Entfremdung des Menschen und die Analyse der bürgerlichen Gesellschaft

Karl Marx hat mit seinem Lebenswerk die Wirksamkeit der sozialistischen Denker vor und neben ihm weit übertroffen. Er vermittelte den Arbeitermassen das Bewußtsein, eine eigene, sich von den bisherigen Ständen durch wirtschaftliche und soziale Benachteiligung (= Unterprivilegierung) abhebende Klasse zu sein und einen revolutionären Auftrag zur Veränderung der bestehenden Gesellschaft zu haben. Seine Revolutionsidee gab der sozialistischen Bewegung ein Ziel, und seine scharfen Analysen des Bestehenden weckten die Zuversicht, auf dem richtigen Weg zu sein.

Karl Heinrich Marx wurde 1818 als Sohn eines zum Protestantismus übergetretenen jüdischen Rechtsanwalts und Enkel eines Rabbiners in Trier geboren. Sein Studium, seit 1836 in Berlin, machte ihn mit der Philosophie Hegels vertraut, die für sein Denken entscheidend werden sollte. In Berlin schloß er sich den Jung- oder Linkshegelianern an, die, im Gegensatz zu Hegel (s. u.), die Übereinstimmung von Theorie und Praxis anstrebten, von der Analyse der materiellen Wirklichkeit ausgingen und – in der Zeit des revolutionären Vormärz – nach gesellschaftspolitischem Engagement drängten. Hegel sollte vom Kopf auf die Füße gestellt werden. Für Marx wurde eine Einstellung maßgebend, die er in seiner 11. These über Feuerbach (1846) so formulierte: „Die Philosophen haben die Welt nur verschieden *interpretiert*; es kömmt darauf an, sie zu *verändern.*" Er praktizierte diese These in seiner nun folgenden revolutionären Tätigkeit. Nach kurzer Zeit als Chefredakteur der linksliberalen „Rheinischen Zeitung" in Köln ging er infolge der durch die preußische Zensur erfolgten Unterdrückung seines Blattes nach Paris, wo er mit den revolutionären kommunistischen Gruppen in Berührung kam und den Fabrikanten **Friedrich Engels** (1820–1895) kennenlernte, mit dem er zeitlebens freundschaftlich verbunden blieb. Zusammen mit Engels schrieb er im Auftrag des Bundes der Kommunisten in London das Parteiprogramm „Manifest der Kommunistischen Partei" (1848). 1848 zog ihn der Ausbruch der Revolution zurück nach Köln. Er gab zur Unterstützung der radikalen Linken bei ihrem Kampf um ein demokratisches Deutschland die „Neue Rheinische Zeitung" heraus, wurde jedoch 1849 von den preußischen Behörden ausgewiesen und übersiedelte – als ihm auch der Aufenthalt in Paris untersagt wurde – nach London. Hier wohnte er bis zu seinem Tod 1883. Völlig beschäftigt mit der Arbeit an seinem systematischen Hauptwerk „Das Kapital" (1. Band 1867; die folgenden Bände gab Engels posthum nach den Notizen von Marx heraus) und der Führung der internationalen Arbeiterbewegung (1864 Gründung der Internationalen Arbeiterassoziation, der I. Internationale), bewahrte ihn nur die großzügige materielle Hilfe von Friedrich Engels vor dem äußersten Elend.

Einteilung der Schriften von Karl Marx:

1844 Deutsch-französische Jahrbücher (zusammen mit A. Ruge)
Kritik der Hegelschen Rechtsphilosophie
Ökonomisch-philosophische Manuskripte (Skizzierung der wesentlichen Gedanken des „Kapitals")
1846 Thesen über Feuerbach
Deutsche Ideologie
1848 Kommunistisches Manifest

Diese sogenannten Frühschriften enthalten bereits eine Darstellung des Verhältnisses von Kapital und Arbeit, der Entwicklung der „Notwendigkeit" der proletarischen Revolution und der klassenlosen Gesellschaft als Ergebnis der Analyse des Kapitalismus (seiner Konzentration, Krisen, Verelendung) und der geschichtlichen „Gesetzmäßigkeit" der Klassenkämpfe, ferner das Basis-Überbau-Theorem usw.

Weitere Schriften:
1849 Lohnarbeit und Kapital
1859 Zur Kritik der politischen Ökonomie
1867 Das Kapital Bd. I
1875 Kritik des Gothaer Programms
1885 und 1894 Das Kapital Bd. II u. III (nach Marx' Tod hrsg. von F. Engels)

Im „Kapital" unternimmt Marx den Versuch, die komplizierten Zusammenhänge zwischen Produktivkräften und Produktionsverhältnissen im Kapitalismus zu erforschen, um „das ökonomische Bewegungsgesetz der Gesellschaft zu enthüllen."

Unter den **Produktivkräften** versteht Marx die arbeitenden Menschen mit ihren Erfahrungen und Fertigkeiten, ihrem Wissen; ferner die Wissenschaft und Technologie sowie die **Produktionsmittel.** Letztere bezeichnen die Gesamtheit der Arbeitsmittel (z. B. Maschinen, Werkzeuge, Fabrikgebäude, Straßen usw.) und Arbeitsgegenstände (be- und verarbeitete Dinge, Rohstoffe). Die **Produktionsverhältnisse** bezeichnen die Beziehungen zwischen den Menschen, die sie in der Produktion, beim Austausch, in der Verteilung und beim Verbrauch von Gütern und Dienstleistungen zum Zwecke der Bedürfnisbefriedigung oder produktiven Weiterverarbeitung miteinander eingehen.

Plakat zur Feier des 1. Mai 1901

Die Gedanken von Karl Marx haben sich als wirksames Instrument zur Veränderung der bestehenden Gesellschaft erwiesen. Aber sie erhielten ihren ersten Anstoß nicht aus der Beobachtung konkreter sozialer Notstände, sondern aus der kritischen Auseinandersetzung mit anderen Autoren. Marx ist dabei im Sinne der philosophischen Spekulation der Junghegelianer – und nicht der sozio-ökonomischen Gesellschaftsanalyse – vorgegangen: Danach stimmt die Wirklichkeit nicht mit der Wahrheit der Idee, d. h. der vom „Weltgeist" (Hegel) erreichten Stufe, überein.
Das Denkgebäude **Friedrich Georg Hegels** (1770–1831) zielt darauf ab, den Prozeß darzustellen, in dem die Idee, der absolute Geist zu seiner Selbstverwirklichung kommt. Dies vollzieht sich in den drei großen dialektischen Schritten des Bewußtseins, des Selbstbewußtseins und der Vernunft, wobei die höhere Stufe jeweils die vorangehende in sich „aufhebt". Hegel war der Überzeugung, mit seiner Philosophie dieses äußerste Ziel allen Philosophierens und der ganzen Menschheitsgeschichte erreicht zu haben: die Versöhnung von Subjekt und Objekt, von Wirklichkeit und Idee in der Selbstverwirklichung des absoluten Geistes.
Marx bestritt dies aufs entschiedenste. Statt der Selbstverwirklichung des Geistes hat er die Selbstverwirklichung des Menschen im Blick. Während für Hegel der Geist Subjekt des geschichtlichen Prozesses ist, ist es für Marx der Mensch. Daß der Mensch, mit seiner Wirklichkeit versöhnt, zur Fülle seiner Existenz komme, ist für Marx der Sinn der Geschichte. Der Weg dahin führt jedoch nicht durch die Bewegung des reinen Denkens wie bei Hegel, sondern durch die konkrete Arbeit.
Ein wesentlicher Ausgangspunkt für Marx in seinen Frühschriften war neben Hegel die **Religionskritik.** Er schloß sich darin den Junghegelianern an, die im Sinne von David Friedrich Strauß („Das Leben Jesu", 1835) das Christentum als bloßen Humanismus verstehen. Bedeutsamer

wurden die Schriften des materialistisch-atheistischen Linkshegelianers **Ludwig Feuerbach** (1804–1872) („Das Wesen des Christentums", 1841). Danach ist allein das Diesseitige, Irdische, Materielle wirklich. Die Religion entstammt dem Trostbedürfnis des Menschen, und Gott ist eine Projektion des menschlichen Geistes.
Dieser Vorgang wird als **Selbstentfremdung** begriffen. „Was der Mensch nicht wirklich ist, aber zu sein wünscht, macht er zu seinem Gott, oder das ist sein Gott. Hätte der Mensch keine Wünsche, so hätte er auch keine Religion. [...] Der Wendepunkt in der Geschichte der Menschen wird der Augenblick sein, in dem es dem Menschen bewußt wird, daß der einzige Gott des Menschen der Mensch selber ist." (L. Feuerbach, Das Wesen der Religion, 1845)
Das gesellschaftliche und ökonomische Sein bestimmt das Bewußtsein des Menschen. Daß der Mensch wieder zu sich selbst kommt, ist nach Marx nur möglich durch Veränderung der sozialen und ökonomischen Basis. „Religion ist Opium des Volkes", sie ist ideologischer Überbau über die Basis, wächst auf dem Boden des Elends, des Kapitalismus usw.
Marx radikalisierte die Religionskritik von Feuerbach. Nach seiner Auffassung ist die Religion auch wissenschaftlich überholt; sie ist Ausdruck bestimmter Produktions- und Klassenverhältnisse und damit von Herrschafts- und Abhängigkeitsverhältnissen. An ihre Stelle tritt die Vernunft.
Hegel hatte in seiner „Phänomenologie des Geistes" entwickelt, daß der Mensch *eine* Phase seiner Selbstverwirklichung durch die Überwindung der Natur mit Hilfe der gestaltenden Arbeit durchschreitet. Indem er den Widerstand der Natur überwindet, bildet er sein Selbstbewußtsein. Marx knüpfte daran an: Der Mensch ist wesentlich das Produkt seiner eigenen Arbeit (T 27) und der Umwelt, wandlungs- und entwicklungsfähig mit Hilfe der von ihm geschaffenen Werke, durch die er sich selbst vergegenständlicht und in denen er sich selbst wiederfindet. „Aber das menschliche Wesen ist kein dem einzelnen Individuum innewohnendes Abstraktum. In seiner Wirklichkeit ist es das Ensemble der gesellschaftlichen Verhältnisse." (Marx, 6. These über Feuerbach, 1846).
In der kapitalistischen Gesellschaft schafft der Arbeiter ein Produkt, das aufgrund des Privateigentums an Produktionsmitteln nicht ihm, sondern dem Kapitalisten gehört. Dadurch ist er seinem Werk entfremdet. Auch die Produktionsmittel, derer er sich bedient, treten ihm als fremde gegenüber und sind die Grundlage der organisatorischen Gewalt des Kapitals über die Arbeiter in den Betrieben. Die **Entfremdung** wird erst durch die Abschaffung des Privateigentums an Produktionsmitteln beseitigt (T 28). Sie entsteht durch die Notwendigkeit des zivilisatorischen Fortschritts, die Produktion zu vervielfältigen und zu differenzieren, was die Kräfte des einzelnen übersteigt und zur Spezialisierung führt. In der Arbeitsteilung nimmt sie bedrohliche Züge an.
Mit der Arbeitsteilung beginnt die Ausbildung von Berufsgruppen, die gegenseitige Abhängigkeit, die soziale Ungleichheit der Berufe, die Trennung von geistiger und körperlicher Arbeit, die Aufspaltung von Arbeit und Genuß der Produkte auf verschiedene Klassen der Gesellschaft. Diese selbst sind Folge der *gesellschaftlichen* Arbeitsteilung, welche die nur *technische* Arbeitsteilung überlagert. Der Besitz der Produktionsmittel trennt sich von dem Besitz der Arbeitskraft.
Die verheerendste Folge dieser Aufspaltung ist die Umwandlung der Arbeitsprodukte aus Gebrauchs- und Genußgegenständen in **Waren.** An der Ware interessiert den Produzenten nicht mehr die Qualität und Dienlichkeit als solche, sondern ihr Tausch (Geld-)wert, und das heißt: der Gewinn, den sie auf dem Markt bringt. Da in der bürgerlich-kapitalistischen Gesellschaft alle Mitglieder als Warenbesitzer erscheinen und als Warenbesitzer miteinander in Verbindung treten, wird auch der Arbeiter als Besitzer seiner einzigen Ware, die er anbieten kann, der Arbeitskraft, eingeschätzt. Wenn der Mensch seine Arbeitskraft verkaufen muß und nurmehr nach deren Tauschwert eingeschätzt wird, ist der äußerste Grad der Entfremdung und der „Verdinglichung" der zwischenmenschlichen Beziehungen erreicht. In seinem Hauptwerk „Das Kapital" schildert Marx diesen Vorgang als **„Warenfetischismus"**. Die gesellschaftlichen **Klassen** (T 29) werden nach der Stellung der Menschen im Produktionsprozeß (= wirtschaftlich) als Besitzer oder Nichtbesitzer

von Produktionsmitteln bestimmt. Sie bilden sich an ihren Sonderinteressen heraus, die sie im gemeinsamen Kampf gegen die widersprechenden Interessen anderer Gruppen behaupten („Klassenkampf"). Dabei gelingt es der herrschenden Klasse, nämlich derjenigen, die über die Produktionsmittel verfügt (z. B. Gutsbesitzer, Großhändler, Bankiers, Industrieherren), ihre Sonderinteressen als die der Allgemeinheit zu erklären. Dazu dient der ideologische „Überbau" der materiellen „Basis" (T 30, 32, 33b). Der Staat wird von den herrschenden Klassen zum Schutz ihrer Interessen organisiert und dazu benutzt, die ausgebeuteten Klassen niederzuhalten. Für Marx ist der **Staat** daher eine Institution der Gesellschaft, nicht eine über ihr stehende Instanz. Er wird überflüssig sein („absterben") (T 32) in der klassenlosen Gesellschaft, und „die Regierung der Menschen verwandelt sich in die Verwaltung von Sachen" (Engels). Damit ist auch die Machtfrage betroffen. Politische Macht ist Ausdruck wirtschaftlicher Interessen, die verschwindet, wenn keine gegenteiligen Interessen mehr vorhanden sind.

In der Neuzeit hat sich nach Marx die Klassengesellschaft in die feindlichen Klassen der die Produktionsmittel besitzenden **Bourgeoisie** und des **Proletariats** polarisiert (T 29). Das Proletariat aber unterscheidet sich von allen früheren Klassen dadurch, daß in ihm alle Klassen überhaupt negiert werden. Denn es hat alle spezifischen Unterscheidungsmerkmale menschlicher Gruppen eingebüßt: Eigentum, Kultur, Religion, Nationalität. Es kennt keine Sonderinteressen mehr; sein einziges Interesse, die Überwindung der gesellschaftlichen Entfremdung auf dem Weg der Vergesellschaftung der Produktionsmittel, ist das wahre Interesse der Gesellschaft als Ganzes; denn es zielt auf die Befreiung der Menschen von jeder Form der Fremdbestimmung und würde das Ende der Klassengesellschaft bedeuten. Sie müßte notfalls mit Hilfe der proletarischen Revolution erreicht werden.

Als Beispiel für die zu errichtende Diktatur des Proletariats wurde von Marx, Engels und Lenin die **Pariser Kommune** (s. C 2.4.3) angesehen. Nach der französischen Niederlage gegen Deutschland und dem Zusammenbruch des Zweiten Kaiserreiches unter Napoleon III. war die Pariser Kommunalverwaltung – nach dem Rückzug der vorläufigen republikanischen Regierung Frankreichs aus der Hauptstadt nach Versailles (die deutschen Truppen hatten Paris nur belagert, aber nicht eingenommen) – aus bürgerlichen Demokraten (die einige Tage nach Schaffung der Kommune zurücktraten), Sozialisten, Anarchisten und wenigen Marxisten durch spontane Volkserhebung am 18. März 1871 zur Macht gelangt (bis zum 28. Mai). Die geistigen Väter der Kommune waren Proudhon, Blanqui und Blanc. (s. 3.1)

Die Versuche einer Arbeiterselbstverwaltung, die beabsichtigte Gründung von Vereinen und Genossenschaften durch die Kommunarden fanden außerhalb von Paris, vor allem bei den Bauern, keine Unterstützung und litten u. a. am Mangel an Erfahrung, Organisation und Realitätssinn. Unter Duldung der preußischen Armee wurde die Pariser Kommune von französischem Militär blutig niedergeworfen. Auf die sozialistische Arbeiterbewegung hatte sie einen nachhaltigen Eindruck ausgeübt (vgl. Marx, Bürgerkrieg in Frankreich; Lenin, Über die Pariser Kommune). Ihre politische Bewertung ist umstritten.

Die Marxsche Gesellschaftslehre beruht auf der Betonung der Politischen Ökonomie (sein Hauptwerk „Das Kapital" trägt den Untertitel „Kritik der Politischen Ökonomie"), d. h. der grundlegenden Bestimmung der staatlich-gesellschaftlichen Verhältnisse durch die Wirtschaft (T 30). Das, was als „Materialismus" bezeichnet wird, sind demnach die wirtschaftlich-materiellen Verhältnisse. Ausgangspunkt der Kritik an der bürgerlichen Ökonomie sind die **Klassengegensätze** zwischen Ausbeutern und Ausgebeuteten, zwischen **Kapital und Arbeit** als dem sog. **Grundwiderspruch des Kapitalismus.** Dieser ergibt sich aus der Gegenüberstellung der gesellschaftlichen Art der Produktion und der privaten Aneignung der Produkte. Es handelt sich dabei um einen unversöhnlichen (antagonistischen) Widerspruch zwischen Kapitalisten und Lohnarbeitern. Das Ziel der Entwicklung ist nach Marx die Vergesellschaftung (Überführung) des Privateigentums an Produktions-

Die Geschichtsentwicklung in marxistischer Sicht

	Produktivkräfte	Produktionsverhältnisse	Hauptklassen	
Urgesellschaft	Steinerne Werkzeuge, Bogen, Pfeil, Jagd, Fischerei	Gesellschaftliches Eigentum an Produktionsmitteln	keine Klassen	Vorgeschichtliche Zeit
Sklavenhaltergesellschaft	Metallwerkzeuge, Viehzucht, Ackerbau, Handwerk	Privateigentum an Produktionsmitteln und an Menschen	Sklavenbesitzer und Sklaven	
Feudalismus	Verbesserte Eisengewinnung, eiserner Pflug, Webstuhl, weitere Entwicklung von Ackerbau und Handwerk	Privateigentum an Produktionsmitteln, beschränktes Privateigentum an Menschen	Feudalherren und Leibeigene	Schriftlich überlieferte Geschichtszeit der Klassenkämpfe
Kapitalismus	Große, mit Maschinen ausgerüstete Fabriken	Privateigentum an Produktionsmitteln	Kapitalisten und Proletarier	
Sozialismus – Kommunismus	Weitere, gesteigerte Entwicklung der Fabrikindustrie	Gesellschaftliches Eigentum an Produktionsmitteln	keine Klassen	Beginn der eigentlichen Menschheitsgeschichte

(Heinz Neuhöffer [Hrsg.], Der Kommunismus in der Sowjetunion und in China. Frankfurt/M. 1975, S. 15)

mitteln in sein Gegenteil: in gesellschaftliches Eigentum. Daraus ergibt sich die Grundlage des Marxismus als wissenschaftliche Methode zur Analyse der kapitalistischen Wirtschaft und Gesellschaft: der **dialektische Materialismus** (DIAMAT). Seine Ausformulierung geht mehr auf Engels und Stalin als auf Marx zurück. Eine dialektische Entwicklung ist eine solche, die sich aus Widersprüchen ergibt. Sie schreitet nach Art eines (idealen) Dialogs von der These zur Antithese (dem Widerspruch) fort. These und Antithese gehören zusammen, sie bilden ein „Gegensatzpaar“. Daraus ergibt sich in der Diskussion die Synthese, die den Widerspruch löst. Die gefundene Synthese wird zur neuen These, die sich wieder einer Antithese gegenübersieht (T 30a).

Dialektischer Denkansatz

These:	**Antithese:**	**Synthese:**
Mensch Ursprünglich ist der Mensch eins mit der Gesellschaft, er ist „die gedachte Gesellschaft für sich“. **(Position)**	**Kapitalismus** Die bürgerlich-kapitalistische Ordnung ist die Negation des Menschen. **(Negation)**	**Kommunismus** Der Mensch kann sich nur in einer Gesellschaft verwirklichen, die den Kapitalismus vollständig negiert. **(Negation der Negation)**

(Günther Wagenlehner. In: Informationen zur politischen Bildung Nr. 178, S. 7)

Man greift auch hier auf Hegel zurück. In der ständigen Wiederholung dieses dreistufigen Vorgangs (Triade) glaubte Hegel das Entwicklungsgesetz der Weltgeschichte erkannt zu haben. Während bei Hegel die Ideen selbständig sind und die wirklichen Vorgänge nur ihr Reflex („Was vernünftig ist, das ist wirklich, und was wirklich ist, das ist vernünftig."), sind bei Marx die materiellen Verhältnisse autonom, und die Ideen sind ihre Widerspiegelung („Das Sein bestimmt das Bewußtsein, nicht das Bewußtsein das Sein."). Die äußeren Gegenstände werden in unseren Empfindungen „abgebildet", „reflektiert", „widergespiegelt", und so entsteht Erkenntnis (**Abbildtheorie**). Nach Marx ist die **Dialektik,** das Fortschreiten in Triaden, die Entfaltung von Gegensatzpaaren, das Bewegungsgesetz der materiellen Welt. Daraus folgt die politische Handlungsanweisung: In jedem Stadium des Geschichtsprozesses muß untersucht werden, welchen Punkt dieser erreicht hat. Der dialektische Materialismus, angewandt auf die Geschichte, ergibt die materialistische Geschichtsauffassung (HISTOMAT = **historischer Materialismus** (T 29, T 37). Die **Eigentumsverhältnisse** bestimmen den Gang der Geschichte. Das Privateigentum an Produktionsmitteln verschafft Macht. Eine aus der vorgegebenen Wirtschaftsordnung Nutzen ziehende Klasse von Menschen, die Besitzer von Produktionsmitteln und damit von Herrschaft, stehen als Klasse immer einer Klasse gegenüber, die von ihnen abhängig ist. Die in Klassenkämpfen auszutragenden Klassengegensätze werden erst beseitigt sein, wenn das Privateigentum an Produktionsmitteln und die kapitalistische Produktionsweise abgeschafft worden sind. Die kapitalistische Produktion ist nicht nur ein Arbeits-, sondern zugleich ein Verwertungsprozeß. Die dabei verwendeten Produktionsmittel und Arbeitskräfte erzeugen beim Produktionsvorgang Mehrwert (s. u.). Der Grundwiderspruch von Kapital und Arbeit bleibt bestehen, solange es eine private Aneignung des Mehrwerts gibt.

Marx stellte die dialektische Entwicklung der Geschichte als unausweichlichen Ablauf dar (historischer Determinismus), der notwendig zur **klassenlosen Gesellschaft** (Marx), zu Vernunft und Freiheit (Hegel) führen wird. Er orientierte sich dabei an dem ehernen Gang des Hegelschen Weltgeistes durch die Geschichte, aber auch an dem modernen Begriff einer zwingenden Naturgesetzlichkeit. Erst wenn die klassenlose Gesellschaft erreicht ist, setzt – mit der letzten Negation durch das Proletariat – auch die dialektische Bewegung aus. Es beginnt die eigentliche Menschheitsgeschichte, die nicht mehr durch Notwendigkeit, sondern durch Selbstbestimmung (Freiheit) gekennzeichnet ist. Zwar bestimmen auch dann noch die ökonomischen Verhältnisse das Bewußtsein, aber dies steht nicht in blinder Abhängigkeit, vielmehr arbeitet der Mensch in bewußter Wechselwirkung mit ihnen.

Nach Marx hängt die Revolution davon ab, daß zur hochentwickelten kapitalistischen Industriewelt eine selbstbewußte und international organisierte **Arbeiterklasse** tritt, die den revolutionären Kampf mit dem Bewußtsein des Endziels zu führen imstande ist.

In seiner **Kapitalismuskritik** führt Marx aus: Der Kapitalismus setzt das aus den alten ständischen Bindungen emanzipierte, rechtlich freie und gleiche Individuum voraus, das über sich selbst frei verfügen und Verträge eingehen kann. In Wirklichkeit sind die Individuen der bürgerlichen Gesellschaft höchst ungleich. Die eine Gruppe ist infolge der geschichtlichen Verhältnisse ohne Eigentum. (Marx weist auf die Massenvertreibung der Bauern von ihrem Land hin, z. B. anläßlich der Klostersäkularisierungen nach der Reformation oder durch die enclosures in England.) Die andere Gruppe verfügt über die zur Produktion nötigen Kapitalien. Die besitzende Gruppe kauft die einzige Ware der Besitzlosen, die Arbeitskraft, zu dem marktüblichen Preis, nämlich dem Betrag, der zur Aufrechterhaltung der Arbeitskraft und der Ermöglichung des Unterhalts von Kindern (Reproduktion) erforderlich ist, zwingt den Arbeiter jedoch, länger für sie zu arbeiten als es für die Kosten der Reproduktion nötig wäre. In der überschüssigen Zeit erarbeitet der Proletarier den Gewinn des Kapitalisten. Er bringt einen **„Mehrwert"** hervor. Den Profit investiert der Kapitalist zum größten Teil wieder in das Unternehmen, um die Produktion zu steigern; denn der

Profit – und darin liegt das Verwerfliche des Systems – ist Selbstzweck geworden und strebt danach, unaufhörlich zu wachsen. Daß kein Stillstand eintritt, besorgt der Konkurrenzdruck der liberalen Marktwirtschaft: Um im Rennen zu bleiben, muß der Unternehmer die Konkurrenz durch billigere Angebote unterbieten. Er drückt daher die Löhne, die z. B. so knapp werden, daß weitere Familienangehörige mitzuverdienen gezwungen sind, oder er intensiviert die Arbeit – der Arbeiter muß in gleicher Zeit mehr leisten – oder verbessert die Maschinen – z. B. durch Automatisierung. Alle diese Faktoren vermehren nicht nur die Produktion und das Kapital, sondern auch das Elend der Arbeiter (T 31). Massen von Arbeitern werden arbeitslos (**Verelendungstheorie**) in die „industrielle Reservearmee" verwiesen, wo sie als zusätzliche Arbeitskräfte in Zeiten der Hochkonjunktur zur Verfügung stehen. Da die Märkte nicht so schnell wachsen wie die Produktion, tritt Überproduktion auf, die zur Krise führt. Die schwächeren Unternehmer gehen dabei zugrunde, ihre Fabriken bzw. ihre Marktanteile werden von den kräftigeren Unternehmern übernommen **(Konzentrationstheorie).** Das Kapital „akkumuliert" in wenigen Händen, die Tendenz zur Monopolbildung zeichnet sich ab (**Akkumulationstheorie**).
Marx hat sich im Laufe seines Lebens öfter dazu geäußert, ob die Vergesellschaftung durch gewaltsame Revolution oder durch allmähliche Umwandlung der Verhältnisse auf demokratisch-legalem Wege erfolgen solle. Er hat beide Möglichkeiten offengelassen. Die sozialistischen Parteien, die sich auf seine Lehre stützen, haben sich jeweils für einen der beiden Wege – Revolution oder Evolution – entschieden.

T 27 Karl Marx: Die Arbeit (1844)

Im Gegensatz zur klassischen Theorie (A. Smith, D. Ricardo), die drei Produktionsfaktoren Arbeit, Kapital und Boden anerkannte, anerkennt Marx nur den Produktionsfaktor Arbeit, der allein Werte schafft (Arbeitswerttheorie), mit der Folge, daß alle Produkte eigentlich den Arbeitern gehören.

Das Tier ist unmittelbar eins mit seiner Lebenstätigkeit. Es unterscheidet sich nicht von ihr. Es ist s i e . Der Mensch macht seine Lebenstätigkeit selbst zum Gegenstand seines Wollens und seines Bewußtseins. Er hat bewußte Lebenstätigkeit. [...]
Das praktische Erzeugen einer *gegenständlichen Welt,* die *Bearbeitung* der unorganischen Natur ist die Bewährung des Menschen als eines bewußten Gattungswesens, das heißt eines Wesens, das sich zu der Gattung als seinem eigenen Wesen oder zu sich als Gattungswesen verhält. Zwar produziert auch das Tier. Es baut sich ein Nest, Wohnungen, wie die Biene, Biber, Ameise etc. Allein es produziert nur, was es unmittelbar für sich und sein Junges bedarf; es produziert einseitig, während der Mensch universell produziert; es produziert nur unter der Herrschaft des unmittelbaren physischen Bedürfnisses, während der Mensch selbst frei vom physischen Bedürfnis produziert und erst wahrhaft produziert in der Freiheit von demselben; es produziert nur sich selbst, während der Mensch die ganze Natur reproduziert; sein Produkt gehört unmittelbar zu seinem physischen Leib, während der Mensch frei seinem Produkt gegenübertritt. [...].
Eben in der Bearbeitung der gegenständlichen Welt bewährt sich der Mensch daher erst wirklich als ein *Gattungswesen.* Diese Produktion ist sein werktätiges Gattungswesen. Durch sie erscheint die Natur als *sein* Werk und seine Wirklichkeit. Der Gegenstand der Arbeit ist daher die *Vergegenständlichung des Gattungslebens des Menschen;* indem er sich nicht nur wie im Bewußtsein intellektuell, sondern werktätig, wirklich verdoppelt, und sich selbst daher in einer von ihm geschaffenen Welt anschaut.
(K. Marx, Ökonomisch-Philosophische Manuskripte. In: Marx-Engels Gesamtausgabe. Berlin 1932, Bd. 3, S. 88f.)

T 28 Karl Marx: Die Arbeitsteilung und die Entfremdung des Menschen (1845/46)

Und endlich bietet uns die Teilung der Arbeit gleich das erste Beispiel davon dar, daß, solange die Menschen sich in der naturwüchsigen Gesellschaft befinden, solange also die Spaltung zwischen den besonderen und gemeinsamen Interessen existiert, solange die Tätigkeit also nicht freiwillig, sondern naturwüchsig geteilt ist, die eigene Tat des Menschen ihm zu einer fremden gegenüberstehenden Macht wird, die ihn unterjocht, statt daß er sie beherrscht. Sowie nämlich die Arbeit verteilt zu werden anfängt, hat jeder seinen bestimmten, ausschließlichen Kreis der Tätigkeit, der ihm aufgedrängt wird, aus dem er nicht heraus kann; er ist Jäger, Fischer oder Hirt oder kritischer Kritiker, und muß es bleiben, wenn er nicht die Mittel zum Leben verlieren will – während in der kommunistischen Gesellschaft, wo jeder nicht einen ausschließlichen Kreis der Tätigkeit hat, sondern sich in jedem beliebigen Zweige ausbilden kann, die Gesellschaft die allgemeine Produktion regelt und

mir eben dadurch möglich macht, heute dies, morgen jenes zu tun, morgens zu jagen, nachmittags zu fischen, abends Viehzucht zu treiben, auch das Essen zu kritisieren, ohne je Jäger, Fischer oder Hirt oder Kritiker zu werden, wie ich gerade Lust habe. Dieses Sichfestsetzen der sozialen Tätigkeit, diese Konsolidation unseres eigenen Produkts zu einer sachlichen Gewalt über uns, die unserer Kontrolle entwächst, unsere Erwartungen durchkreuzt, unsere Berechnungen zunichte macht, ist eines der Hauptelemente in der bisherigen geschichtlichen Entwicklung.
Der Kommunismus ist für uns nicht ein Zustand, der hergestellt werden soll, ein Ideal, wonach die Wirklichkeit sich zu richten habe. Wir nennen Kommunismus die wirkliche Bewegung, welche den jetzigen Zustand aufhebt.
(K. Marx, Die deutsche Ideologie [1845/46]. In: Die Frühschriften. Stuttgart 1953, S. 361)

T 29 Marx-Engels: Manifest der Kommunistischen Partei (1848)

Die Geschichte aller bisherigen Gesellschaft ist die Geschichte von Klassenkämpfen.
Freier und Sklave, Patrizier und Plebejer, Baron und Leibeigener, Zunftbürger und Gesell, kurz, Unterdrücker und Unterdrückte standen in stetem Gegensatz zueinander, führten einen ununterbrochenen, bald versteckten, bald offenen Kampf, einen Kampf, der jedesmal mit einer revolutionären Umgestaltung der ganzen Gesellschaft endete oder mit dem gemeinsamen Untergang der kämpfenden Klassen. [...]
Die aus dem Untergang der feudalen Gesellschaft hervorgegangene moderne bürgerliche Gesellschaft hat die Klassengegensätze nicht aufgehoben. Sie hat nur neue Klassen, neue Bedingungen der Unterdrükkung, neue Gestaltungen des Kampfes an die Stelle der alten gesetzt.
Unsere Epoche, die Epoche der Bourgeoisie, zeichnet sich jedoch dadurch aus, daß sie die Klassengegensätze vereinfacht hat. Die ganze Gesellschaft spaltet sich mehr und mehr in zwei große feindliche Lager, in zwei große, einander direkt gegenüberstehende Klassen: Bourgeoisie und Proletariat. [...]
Wir sehen also, wie die moderne Bourgeoisie selbst das Produkt eines langen Entwicklungsganges, einer Reihe von Umwälzungen in der Produktions- und Verkehrsweise ist.
Jede dieser Entwicklungsstufen der Bourgeoisie war begleitet von einem entsprechenden politischen Fortschritt. Unterdrückter Stand unter der Herrschaft der Feudalherren, bewaffnete und sich selbst verwaltende Assoziation in der Kommune, hier unabhängige städtische Republik, dort dritter steuerpflichtiger Stand der Monarchie, dann zur Zeit der Manufaktur Gegengewicht gegen den Adel in der ständischen oder in der absoluten Monarchie, Hauptgrundlage der großen Monarchien überhaupt, erkämpfte sie sich endlich seit der Herstellung der großen Industrie und des Weltmarktes im modernen Repräsentativstaat die ausschließliche politische Herrschaft. Die moderne Staatsgewalt ist nur ein Ausschuß, die die gemeinschaftlichen Geschäfte der ganzen Bourgeoisieklasse verwaltet.
Die Bourgeoisie hat in der Gesellschaft eine höchst revolutionäre Rolle gespielt.
Die Bourgeoisie, wo sie zur Herrschaft gekommen, hat alle feudalen, patriarchalischen, idyllischen Verhältnisse zerstört. Sie hat die buntscheckigen Feudalbande, die den Menschen an seinen natürlichen Vorgesetzten knüpften, unbarmherzig zerrissen und kein anderes Band zwischen Mensch und Mensch übriggelassen, als das nackte Interesse, als die gefühllose „bare Zahlung". [...] Sie hat, mit einem Wort, an die Stelle der mit religiösen und politischen Illusionen verhüllten Ausbeutung die offene, unverschämte, direkte, dürre Ausbeutung gesetzt. [...]
Die Bourgeoisie kann nicht existieren, ohne die Produktionsinstrumente, also die Produktionsverhältnisse, also sämtliche gesellschaftliche Verhältnisse fortwährend zu revolutionieren. Unveränderte Beibehaltung der alten Produktionsweise war dagegen die erste Existenzbedingung aller früheren industriellen Klassen. Die fortwährende Umwälzung der Produktion, die ununterbrochene Erschütterung aller gesellschaftlichen Zustände, die ewige Unsicherheit und Bewegung zeichnet die Bourgeoisepoche vor allen andern aus. [...]
Wir haben also gesehen: Die Produktions- und Verkehrsmittel, auf deren Grundlage sich die Bourgeoisie heranbildete, wurden in der feudalen Gesellschaft erzeugt. Auf einer gewissen Stufe der Entwicklung dieser Produktions- und Verkehrsmittel entsprachen die Verhältnisse, worin die feudale Gesellschaft produzierte und austauschte, die feudale Organisation der Agrikultur und Manufaktur, mit einem Wort die feudalen Eigentumsverhältnisse den schon entwickelten Produktivkräften nicht mehr. Sie hemmten die Produktion, statt sie zu fördern. Sie verwandelten sich in ebenso viele Fesseln. Sie mußten gesprengt werden, sie wurden gesprengt.
An ihre Stelle trat die freie Konkurrenz mit der ihr angemessenen gesellschaftlichen und politischen Konstitution, mit der ökonomischen und politischen Herrschaft der Bourgeoisklasse.
Unter unsren Augen geht eine ähnliche Bewegung vor. Die bürgerlichen Produktions- und Verkehrsverhältnisse, die bürgerlichen Eigentumsverhältnisse, die moderne bürgerliche Gesellschaft, die so gewaltige Produktions- und Verkehrsmittel hervorgezaubert hat, gleicht dem Hexenmeister, der die unterirdischen Gewalten nicht mehr zu beherrschen vermag, die er heraufbeschwor. Seit Dezennien ist die Geschichte der Industrie und des Handels nur die Geschichte der Empörung der modernen Produktivkräfte gegen die modernen Produktionsverhältnisse, gegen die Eigentumsverhältnisse, welche die Lebens-

bedingungen der Bourgeoisie und ihrer Herrschaft sind. Es genügt, die Handelskrisen zu nennen, welche in ihrer periodischen Wiederkehr immer drohender die Existenz der ganzen bürgerlichen Gesellschaft in Frage stellen. In den Handelskrisen wird ein großer Teil nicht nur der erzeugten Produkte, sondern der bereits geschaffenen Produktivkräfte regelmäßig vernichtet. In den Krisen bricht eine gesellschaftliche Epidemie aus, welche allen früheren Epochen als ein Widersinn erschienen wäre – die Epidemie der Überproduktion. [...] Wodurch überwindet die Bourgeoisie die Krisen? Einerseits durch die erzwungene Vernichtung einer Masse von Produktivkräften; anderseits durch die Eroberung neuer Märkte und die gründlichere Ausbeutung alter Märkte. Wodurch also? Dadurch, daß sie allseitigere und gewaltigere Krisen vorbereitet und die Mittel, den Krisen vorzubeugen, vermindert.

Die Waffen, womit die Bourgeoisie den Feudalismus zu Boden geschlagen hat, richten sich jetzt gegen die Bourgeoisie selbst.

Aber die Bourgeoisie hat nicht nur die Waffen geschmiedet, die ihr den Tod bringen; sie hat auch die Männer erzeugt, die diese Waffen führen werden – die modernen Arbeiter, die *Proletarier*.

In demselben Maße, worin sich die Bourgeoisie, d. h. das Kapital, entwickelt, in demselben Maße entwickelt sich das Proletariat, die Klasse der modernen Arbeiter, die nur so lange leben, als sie Arbeit finden, und die nur so lange Arbeit finden, als ihre Arbeit das Kapital vermehrt. Diese Arbeiter, die sich stückweis verkaufen müssen, sind eine Ware wie jeder andere Handelsartikel und daher gleichmäßig allen Wechselfällen der Konkurrenz, allen Schwankungen des Marktes ausgesetzt.

Die Arbeit der Proletarier hat durch die Ausdehnung der Maschinerie und die Teilung der Arbeit allen selbständigen Charakter und damit allen Reiz für den Arbeiter verloren. Er wird ein bloßes Zubehör der Maschine, von dem nur der einfachste, eintönigste, am leichtesten erlernbare Handgriff verlangt wird. Die Kosten, die der Arbeiter verursacht, beschränken sich daher fast nur auf die Lebensmittel, die er zu seinem Unterhalt und zur Fortpflanzung seiner Rasse bedarf. Der Preis einer Ware, also auch der Arbeit, ist aber gleich ihren Produktionskosten. [...]

Die Lebensbedingungen der alten Gesellschaft sind schon vernichtet in den Lebensbedingungen des Proletariats. Der Proletarier ist eigentumslos; sein Verhältnis zu Weib und Kindern hat nichts mehr gemein mit dem bürgerlichen Familienverhältnis; die moderne industrielle Arbeit, die moderne Unterjochung unter das Kapital, dieselbe in England wie in Frankreich, in Amerika wie in Deutschland, hat ihm allen nationalen Charakter abgestreift. Die Gesetze, die Moral, die Religion sind für ihn ebenso viele bürgerliche Vorurteile, hinter denen sich ebenso viele bürgerliche Interessen verstecken.

Alle früheren Klassen, die sich die Herrschaft eroberten, suchten ihre schon erworbene Lebensstellung zu sichern, indem sie die ganze Gesellschaft den Bedingungen ihres Erwerbs unterwarfen. Die Proletarier können sich die gesellschaftlichen Produktivkräfte nur erobern, indem sie ihre eigene bisherige Aneignungsweise und damit die ganze bisherige Aneignungsweise abschaffen. Die Proletarier haben nichts von dem Ihrigen zu sichern, sie haben alle bisherigen Privatsicherheiten und Privatversicherungen zu zerstören. Alle bisherigen Bewegungen waren Bewegungen von Minoritäten oder im Interesse von Minoritäten. Die proletarische Bewegung ist die selbständige Bewegung der ungeheuren Mehrzahl im Interesse der ungeheuren Mehrzahl. Das Proletariat, die unterste Schicht der jetzigen Gesellschaft, kann sich nicht erheben, nicht aufrichten, ohne daß der ganze Überbau der Schichten, die die offizielle Gesellschaft bilden, in die Luft gesprengt wird. [...]

Was den Kommunismus auszeichnet, ist nicht die Abschaffung des Eigentums überhaupt, sondern die Abschaffung des bürgerlichen Eigentums.

Aber das moderne bürgerliche Privateigentum ist der letzte und vollendetste Ausdruck der Erzeugung und Aneignung der Produkte, die auf Klassengegensätzen, auf der Ausbeutung der einen durch die andern beruht. [...]

Kapitalist sein, heißt nicht nur eine rein persönliche, sondern eine gesellschaftliche Stellung in der Produktion einnehmen. Das Kapital ist ein gemeinschaftliches Produkt und kann nur durch eine gemeinsame Tätigkeit vieler Mitglieder, ja in letzter Instanz nur durch die gemeinsame Tätigkeit aller Mitglieder der Gesellschaft in Bewegung gesetzt werden.

Das Kapital ist also keine persönliche, es ist eine gesellschaftliche Macht.

Wenn also das Kapital in gemeinschaftliches, allen Mitgliedern der Gesellschaft angehöriges Eigentum verwandelt wird, so verwandelt sich nicht persönliches Eigentum in gesellschaftliches. Nur der gesellschaftliche Charakter des Eigentums verwandelt sich. Er verliert seinen Klassencharakter. [...]

In der bürgerlichen Gesellschaft ist die lebendige Arbeit nur ein Mittel, die aufgehäufte Arbeit zu vermehren. In der kommunistischen Gesellschaft ist die aufgehäufte Arbeit nur ein Mittel, um den Lebensprozeß der Arbeiter zu erweitern, zu bereichern, zu befördern.

(K. Marx/F. Engels, Manifest der Kommunistischen Partei. Frühschriften, a.a.O., S. 525ff., 537, 540f.)

T 30 Karl Marx: Der Historische Materialismus (1859)

In der gesellschaftlichen Produktion ihres Lebens gehen die Menschen bestimmte, notwendige, von ihrem Willen unabhängige Verhältnisse ein, Produktionsverhältnisse, die einer bestimmten Entwicklungsstufe ihrer materiellen Produktivkräfte entsprechen. Die Gesamtheit dieser Produktionsverhältnisse bildet die ökonomische Struktur der Gesellschaft, die reale Basis, worauf sich ein juristischer und politischer Überbau erhebt, und welcher bestimmte gesellschaftliche Bewußtseinsformen entsprechen. Die Produktionsweise des materiellen Lebens bedingt den sozialen, politischen und geistigen Lebensprozeß überhaupt. Es ist nicht das Bewußtsein der Menschen, das ihr Sein, sondern umgekehrt ihr gesellschaftliches Sein, das ihr Bewußtsein bestimmt. Auf einer gewissen Stufe ihrer Entwicklung geraten die materiellen Produktivkräfte der Gesellschaft in Widerspruch mit den vorhandenen Produktionsverhältnissen oder, was nur ein juristischer Ausdruck dafür ist, mit den Eigentumsverhältnissen, innerhalb deren sie sich bisher bewegt hatten. Aus Entwicklungsformen der Produktivkräfte schlagen diese Verhältnisse in Fesseln derselben um. Es tritt dann eine Epoche sozialer Revolution ein. Mit der Veränderung der ökonomischen Grundlage wälzt sich der ganze ungeheure Überbau langsamer oder rascher um. In der Betrachtung solcher Umwälzungen muß man stets unterscheiden zwischen der materiellen, naturwissenschaftlich treu zu konstatierenden Umwälzung in den ökonomischen Produktionsbedingungen und den juristischen, politischen, religiösen, künstlerischen oder philosophischen, kurz, ideologischen Formen, worin sich die Menschen dieses Konflikts bewußt werden und ihn ausfechten. Sowenig man das, was ein Individuum ist, nach dem beurteilt, was es sich selbst dünkt, ebensowenig kann man eine solche Umwälzungsepoche aus ihrem Bewußtsein beurteilen, sondern muß vielmehr dieses Bewußtsein aus den Widersprüchen des materiellen Lebens, aus dem vorhandenen Konflikt zwischen gesellschaftlichen Produktivkräften und Produktionsverhältnissen erklären.

(K. Marx, Zur Kritik der politischen Ökonomie. Vorwort. [1859]. In: Marx-Engels, Werke. Berlin 1956, Bd. 13, S. 8ff.)

T 31 K. Marx: Über die Verelendung (1867)

Innerhalb des kapitalistischen Systems vollziehen sich alle Methoden zur Steigerung der gesellschaftlichen Produktivkräfte der Arbeit auf Kosten des individuellen Arbeiters; alle Mittel zur Entwicklung der Produktion schlagen um in Beherrschungs- und Exploitationsmittel [Ausbeutungsmittel] des Produzenten, verstümmeln den Arbeiter in einen Teilmenschen, entwürdigen ihn zum Anhängsel der Maschine, vernichten mit der Qual seiner Arbeit ihren Inhalt, entfremden ihm die geistigen Potenzen des Arbeitsprozesses [...], sie verunstalten die Bedingungen, innerhalb deren er arbeitet, unterwerfen ihn während des Arbeitsprozesses der kleinlichst gehässigen Despotie, verwandeln seine Lebenszeit in Arbeitszeit, schleudern sein Weib und Kind unter das Juggernaut-Rad [= engl. Rad des Götzen, Molochs, dem etwas blind geopfert wird] des Kapitals. Aber alle Methoden zur Produktion des Mehrwertes sind zugleich Methoden der Akkumulation, und jede Ausdehnung der Akkumulation wird umgekehrt Mittel zur Entwicklung jener Methoden.

Es folgt daher, daß im Maße, wie Kapital akkumuliert, die Lage des Arbeiters, welches immer seine Zahlung, hoch oder niedrig, sich verschlechtern muß. Das Gesetz endlich, welches die relative Überbevölkerung oder industrielle Reservearmee stets mit Umfang und Energie der Akkumulation in Gleichgewicht hält, schmiedet den Arbeiter fester an das Kapital als den Prometheus die Keile des Hephästos an den Felsen. Es bedingt eine der Akkumulation von Kapital entsprechende Akkumulation von Elend. Die Akkumulation von Reichtum auf dem einen Pol ist also zugleich Akkumulation von Elend, Arbeitsqual, Sklaverei, Unwissenheit, Brutalisierung und moralischer Degradation auf dem Gegenpol, d. h. auf der Seite der Klasse, die ihr eigenes Produkt als Kapital produziert.

(K. Marx, Das Kapital. Berlin/DDR 1962. Bd. I, S. 674f.)

T 32 Friedrich Engels: Über das Absterben des Staates (1878)

Indem die kapitalistische Produktionsweise mehr und mehr die große Mehrzahl der Bevölkerung in Proletarier verwandelt, schafft sie die Macht, die diese Umwälzung, bei Strafe des Unterganges, zu vollziehen genötigt ist. Indem sie mehr und mehr auf Verwandlung der großen, vergesellschafteten Produktionsmittel in Staatseigentum drängt, zeigt sie selbst den Weg an zur Vollziehung dieser Umwälzung. Das Proletariat ergreift die Staatsgewalt und verwandelt die Produktionsmittel zunächst in Staatseigentum. Aber damit hebt es sich selbst als Proletariat, damit hebt es alle Klassenunterschiede und Klassengegensätze auf, und damit auch den Staat als Staat. Die bisherige, sich in Klassengegensätzen bewegende Gesellschaft hatte den Staat nötig, das heißt eine Organisation der jedesmaligen ausbeutenden Klasse zur Aufrechterhaltung ihrer äußeren Produktionsbedingungen, also namentlich zur gewaltsamen Niederhaltung der ausgebeuteten Klasse in den durch die bestehende Produktionsweise gegebenen Bedingungen der Unterdrückung (Sklaverei, Leibeigenschaft oder Hörigkeit, Lohnarbeit). Der Staat war der offizielle Repräsentant der ganzen Gesellschaft, ihre Zusammenfassung in einer sichtbaren Körperschaft, aber er war dies nur, insofern er der Staat derjenigen Klasse war, welche selbst für ihre Zeit die ganze Gesellschaft vertrat: im Altertum Staat der sklavenhaltenden Staatsbürger, im Mittelalter des Feudaladels, in unserer Zeit der Bourgeoisie. Indem er endlich tatsächlich Repräsentant der ganzen Gesellschaft wird, macht er sich selbst überflüssig. Sobald es keine Gesellschaftsklasse mehr in der Unterdrückung zu

halten gibt, sobald mit der Klassenherrschaft und dem in der bisherigen Anarchie der Produktion begründeten Kampf ums Einzeldasein auch die daraus entspringenden Kollisionen und Exzesse beseitigt sind, gibt es nichts mehr zu reprimieren [unterdrükken], das eine besondere Repressionsgewalt, einen Staat, nötig machte. Der erste Akt, worin der Staat wirklich als Repräsentant der ganzen Gesellschaft auftritt – die Besitzergreifung der Produktionsmittel im Namen der Gesellschaft – ist zugleich sein letzter selbständiger Akt als Staat. Das Eingreifen einer Staatsgewalt in gesellschaftliche Verhältnisse wird auf einem Gebiet nach dem anderen überflüssig und schläft dann von selbst ein. An die Stelle der Regierung über Personen tritt die Verwaltung von Sachen und die Leitung von Produktionsprozessen Der Staat wird nicht „abgeschafft", er stirbt ab. Hieran ist die Phrase vom „freien Volksstaat" zu messen, also sowohl nach ihrer zeitweiligen agitatorischen Berechtigung, wie nach ihrer endgültigen wissenschaftlichen Unzulänglichkeit; hieran ebenfalls die Forderung der sogenannten Anarchisten, der Staat solle von heute auf morgen abgeschafft werden.
(F. Engels, Anti-Dühring. Berlin 1878. In: Marx/Engels Werke. Bd. 20. Berlin/DDR 1962, S. 260f.)

T 33 a) Friedrich Engels: Über das Gerstenkorn (Die Negation der Negation) (1878)

Bei der doppelten Negation handelt es sich um eine Denkfigur, die von Marx zur Erklärung des dialektischen Prozesses benutzt wird. Danach bildet die Antithese die Negation der These, während die Synthese aus der Negation der Antithese – der Negation – entsteht.

Aber was ist denn diese schreckliche Negation der Negation? [...] Eine sehr einfache, überall und täglich sich vollziehende Prozedur, die jedes Kind verstehen kann. [...] Nehmen wir ein Gerstenkorn. Billionen solcher Gerstenkörner werden vermahlen, verkocht und verbraut und dann verzehrt. Aber findet solch ein Gerstenkorn die für es normalen Bedingungen vor, fällt es auf günstigen Boden, so geht unter dem Einfluß der Wärme und der Feuchtigkeit eine eigene Veränderung mit ihm vor, es keimt: das Korn vergeht als solches, wird negiert, an seine Stelle tritt die aus ihm entstandene Pflanze, die Negation des Korns. Aber was ist der normale Lebenslauf dieser Pflanze? Sie wächst, blüht, wird befruchtet und produziert schließlich wieder Gerstenkörner und sobald diese gereift, stirbt der Halm ab, wird seinerseits negiert. Als Resultat dieser Negation der Negation haben wir wieder das anfängliche Gerstenkorn, aber nicht einfach, sondern in zehn-, zwanzig-, dreißigfacher Anzahl. Getreidearten verändern sich äußerst langsam, und so bleibt sich die Gerste von heute ziemlich gleich mit der von vor 100 Jahren. Nehmen wir aber eine bildsame Zierpflanze, z. B. eine Dahlie oder Orchidee; behandeln wir den Samen und die aus ihm entstehende Pflanze nach der Kunst des Gärtners, so erhalten wir als Ergebnis dieser Negation der Negation nicht nur mehr Samen, sondern auch qualitativ verbesserte Samen, der schönere Blumen erzeugt, und jede Wiederholung dieses Prozesses, jede neue Negation der Negation steigert diese Vervollkommnung. [...]
(F. Engels, Anti-Dühring. In: Marx/Engels Werke. Bd. 20. Berlin/DDR 1962, S. 126f.)

b) Friedrich Engels: Das Verhältnis von Basis und Überbau (1894)

Die politische, rechtliche, philosophische, religiöse, literarische, künstlerische etc. Entwicklung beruht auf der ökonomischen. Aber sie alle reagieren auch aufeinander und auf die ökonomische Basis. Es ist nicht, daß die ökonomische Lage *Ursache, allein aktiv* ist und alles andere nur passive Wirkung. Sondern es ist Wechselwirkung auf Grundlage der *in letzter Instanz* stets sich durchsetzenden ökonomischen Notwendigkeit. [...] Es ist also nicht, wie man sich hier und da bequemerweise vorstellen will, eine automatische Wirkung der ökonomischen Lage, sondern die Menschen machen ihre Geschichte selbst, aber in einem gegebenen, sie bedingenden Milieu, auf Grundlage vorgefundener tatsächlicher Verhältnisse, unter denen die ökonomischen, so sehr sie auch von den übrigen politischen und ideologischen beeinflußt werden mögen, doch in letzter Instanz die entscheidenden sind und den durchgehenden, allein zum Verständnis führenden roten Faden bilden.
(Engels an Borgius. In: Marx-Engels, Werke. Bd. 39. a.a.O., S. 206)

Aus der Marxismuskritik

T 34 Iring Fetscher, Zum Begriff der Entfremdung

I. Fetscher lehrte als Politologe und Marxismus-Forscher an der Universität Frankfurt/M.

Das vom jungen Marx aufgedeckte Phänomen der Entfremdung der industriell-kapitalistischen Arbeit ist eine unbestreitbare Tatsache, ja es hat in den Jahren, seit er es erstmalig schilderte (1844), ständig zugenommen und ist heute allgemein ins Bewußtsein der Kulturkritik getreten. Die Teilhabe am arbeitsteiligen Herstellungsprozeß moderner Industrieprodukte vermag keine „Befriedigung" zu gewähren. In der Arbeit sind die Menschen außer sich, und erst außer der Arbeit (in der „Freizeit") sind sie *bei sich.* Aber die von Marx beschriebene Entfremdung hat weniger mit dem Privateigentum an den Produktionsmitteln als mit der *technisch-notwendigen Arbeitsteilung* zu tun, und eine Abschaffung des Privateigentums an den Produktionsmitteln ändert am Wesen der entfremdeten Arbeit im allgemeinen nicht viel. Es ist dagegen darauf hinzuweisen, daß in der „westlichen Welt" verschiedenartige Versuche unternommen wurden, um die Arbeiter zu einer inneren Befriedigung an ihrer Arbeit kommen zu lassen. Man erklärte

ihnen ausführlich den gesamten Produktionsprozeß, wechselte sie regelmäßig zwischen den verschiedenen Abteilungen und Arbeitsfunktionen aus, gab ihnen Einblick in den Geschäftsgang, ließ sie an der Leitung des Betriebes teilnehmen (Mitbestimmung) usw. Diesen vielseitigen und noch keineswegs abgeschlossenen Bemühungen glaubt sich der sowjetische „Sozialismus" völlig enthoben, weil er durch die Überführung der Produktionsmittel in die Hand der Gesellschaft das Problem gelöst zu haben glaubt. Die rasche Hebung des intellektuellen Niveaus der Arbeitermassen, auf die sich der sowjetische Kommunismus so viel zugute hält, fehlt aber – insofern sie ein Erfordernis der modernen industriellen Produktion ist – in keinem der hochindustrialisierten Staaten und ist offenbar nicht an die angeblich sozialistische Gesellschaftsordnung gebunden. Die von Marx im *Kapital* als notwendig begründete „Vielseitigkeit der Arbeiter" kann zwar einerseits als eine „Befreiung" von den Schranken der Spezialisierung empfunden werden, andererseits kann diese „absolute Disponibilität" aber auch zu einem ebenso absoluten Disponieren durch den bürokratischen Lenkungsapparat verführen. Dann stellt die Allseitigkeit des Menschen keine Befreiung von der Entfremdung, sondern lediglich den Ersatz einer unpraktischen, einseitigen Menschenmaschine durch eine praktischere, allseitig verwendbare dar. Die Bezeichnung des Menschen als des „wertvollsten Produktionsmittels" wird von hier aus verständlich. Die scheinbare Befreiung schlägt in die höchste Versklavung um.
(I. Fetscher, Von Marx zur Sowjetideologie. Frankfurt [5]1960, S. 30f.)

T 35 Iring Fetscher: Zur Marxschen Staatstheorie

Die Marxsche Staatstheorie (Staat = Instrument der Klassenherrschaft) krankt an einer einseitigen Auffassung vom Wesen der *Macht*. Es ist in der Tat (auch unterm Kapitalismus) nicht so, daß alle politische Macht letztlich aus ökonomischer hervorginge, sondern es gibt Abhängigkeits- und Machtverhältnisse, die auf anderen Grundlagen ruhen, z. B. rein *militärische*, rein macht*politische* und *geistige* (z. B. klerikale, journalistische, wissenschaftliche) Macht. Diese verschiedenen Machtformen beeinflussen zusammen mit der heute zweifellos einflußreichen wirtschaftlichen Macht die Willensbildung der Staatsorgane. Der moderne demokratische Staat stellt ein Herrschaftsinstrument dar, um dessen Beeinflussung eine Vielzahl von miteinander konkurrierenden Gruppen sich bemühen. Die Abschaffung des Privateigentums an den Produktionsmitteln ist daher keineswegs eine ausreichende Voraussetzung für die Abschaffung der Herrschaft des Menschen über den Menschen. Sie setzt lediglich an die Stelle einer privatrechtlichen, ökonomisch motivierten Abhängigkeit eine *rein*-politische, die nicht weniger drückend zu sein braucht. Mit der Abschaffung von miteinander konkurrierenden Herrschaftsgruppen, wie sie aus der Vereinheitlichung der klassenlosen Gesellschaft resultiert, verschwinden die Chancen konkreter Freiheit für den Einzelnen, der sich entweder mit dem von den „Organen *der Gesellschaft*" bekundeten Willensäußerungen identifizieren, als Verbrecher untergehen oder sich in seine Innerlichkeit zurückziehen muß.
(I. Fetscher, Von Marx zur Sowjetideologie. Frankfurt [5]1960, S. 31)

T 36 Gustav A. Wetter: Zur Marxschen Klassentheorie

G. A. Wetter ist Professor für katholische Soziallehre und Sozialphilosophie in Rom.

Der erste Einwand, den wir gegen das Marxsche und sowjetische Zweiklassenschema erheben müssen, lautet demnach, daß bei seinem Zustandekommen zu deduktiv vorgegangen wurde und daß es noch dazu aus einer Prämisse abgeleitet wurde, die sich als unhaltbar erwies, nämlich aus der materialistischen Geschichtsauffassung. Dazu kommt ein zweiter Einwand. Die weitere Entwicklung der kapitalistischen Klassengesellschaft folgte nämlich nicht der Prognose, die Marx gestellt hatte. Marx hatte erwartet, daß die Mittelschicht zwischen den beiden Mühlsteinen der miteinander kämpfenden Klassen und der Lohnarbeit aufgerieben werde, daß nur ein geringer Prozentsatz aus dieser Mittelschicht in die Reihen der Kapitalisten aufsteigen, die große Mehrheit aber in den proletarischen Massen aufgehen werde. Zunächst schien die Entwicklung die Marxsche Voraussage zu bestätigen. Um die Jahrhundertwende jedoch begann eine entgegengesetzte Entwicklung, die zu einem Wiedererstarken und Anwachsen des Mittelstandes führte, so daß das von Marx gezeichnete Bild der Klassengesellschaft sich als bloßes Durchgangsstadium, nicht aber als typische Struktur der modernen Industriegesellschaft erwies. Zur Erhaltung des sog. „alten Mittelstandes", des Gewerbes und des Handels, trug vor allem die Erfindung des Elektromotors bei, der das Handwerk wieder konkurrenzfähig machte, dann aber auch die Tatsache, daß die Industrialisierung selbst auch der Ergänzung durch das Handwerk (durch Installateure und Reparaturwerkstätten) bedurfte. Das Anwachsen der Betriebe, die Rationalisierung der Produktion, die das Schwergewicht mehr und mehr auf die Organisationstätigkeit verlegte, bedingten ein Anwachsen des Verwaltungs- und technischen Personals; dies und die Entfaltung des Verkehrs-, Geld- und Versicherungswesens führten zur Bildung des sog. „neuen Mittelstandes", bestehend aus den Angestellten. Beide Teile des Mittelstandes schlossen sich keineswegs dem Proletariat an. Der alte Mittelstand betrachtete das Absinken ins Proletariat als Deklassierung, gegen die er sich mit allen Kräften sträubte; aber auch der neue Mittelstand fühlte sich bewußtseinsmäßig durchaus nicht als zum Proletariat gehörig, sondern

orientierte sich nach der alten Mitte und nach oben. Dazu kam das stets anwachsende Heer der Beamten der öffentlichen Verwaltung.
Schließlich bildete auch die Arbeiterklasse keine einheitliche Gruppe mehr, nachdem es ihr einerseits gelungen war, durch die gewerkschaftlichen Kämpfe ihre Stellung wesentlich zu verbessern, und nachdem andererseits die Entwicklung der modernen Industrie eine immer zunehmende Spezialisierung und Qualifizierung der Arbeiterschaft forderte. So kam es, daß manche Arbeiterkategorien in ihrem sozialen und wirtschaftlichen Rang über gewissen Angestelltengruppen liegen. Auf diese Weise gehört in einer modernen Industriegesellschaft die Masse der Bevölkerung den mittleren Schichten an. Diese ganze historische Entwicklung wurde jedoch von der sowjetischen Klassentheorie nicht zur Kenntnis genommen. Sie legt ihrem Klassenbegriff vielmehr immer noch die Situation von 1870 zugrunde.
(Sowjetideologie heute I: G. A.Wetter, Dialektischer und historischer Materialismus. Fischer Bücherei 460, Frankfurt 1962, S. 223f.)

T 37 Gustav A. Wetter: Kritik des Historischen Materialismus

[Es drängt sich die] Frage auf, inwieweit sich der historische Materialismus, bzw. die materialistische Geschichtsauffassung, mit Recht als „Materialismus" bezeichnet. Zwei Gründe vor allem sollen diesen Namen rechtfertigen. Der erste wird darin gesehen, daß die Produktionsweise der *materiellen* Güter hier die Grundlage des gesamten gesellschaftlichen Lebens abgibt, insbesondere auch die Grundlage des geistigen Lebens der Gesellschaft. Dagegen ist jedoch geltend zu machen, daß es nicht die materiellen Güter sind, sondern deren *Produktionsweise,* die hier entscheidend ist. Die Produktion ist jedoch ein durch und durch geistbestimmtes Phänomen. Dies wird klar sowohl aus der Analyse der Produktivkräfte wie auch aus der Analyse der Produktionsverhältnisse.
Die Produktivkräfte sind hauptsächlich die Produktionswerkzeuge und die sie betätigenden Menschen mit ihren Fertigkeiten und ihrer Erfahrung. Ein Werkzeug ist jedoch nicht ein naturgewachsenes Ding, sondern ein Produkt der menschlichen (auch vom dialektischen Materialismus als „unmateriell" anerkannten) Bewußtseinstätigkeit. Und gerade je vollkommener diese Produktionsinstrumente sind, um so größeres Gewicht erhält bei ihrem Zustandekommen die geistige Tätigkeit des Menschen, seine wissenschaftliche Betätigung auf dem Gebiete der Physik, Chemie usw. Und je komplizierter die Technik wird, einen um so beherrschenderen Anteil erhält gerade die abstrakteste unter allen Wissenschaften, die Mathematik. Denken wir etwa an die Rolle der Mathematik in der Atomphysik, in der Automation, die ohne Kybernetik nicht denkbar ist usw.
Ähnliches gilt aber auch von den Produktionsverhältnissen. Der Produktionsprozeß ist ein gesellschaftlicher Prozeß, der ohne Planung, Organisation, Führung, Recht usw. nicht möglich ist. Rudolf Stammler hat gezeigt, daß es keine einzige ökonomische Kategorie gibt, die nicht irgendwelche juristischen Begriffe als konstituierenden Bestandteil enthielte: „Kapital" setzt das Eigentumsrecht voraus; „Ware" beruht auf Kauf-Verkauf, die ohne Rechtsordnung undenkbar sind; „Lohn" setzt eine vertragliche Übereinkunft voraus usw.
Der historische Materialismus wird gegen diesen Einwand geltend machen, daß es sich bei all diesen Phänomenen nur um einen „rückwirkenden" Einfluß des Überbaues (Wissenschaft, Recht) handele, der sich fördernd auf die Basis (Produktionsverhältnisse) und über diese auch auf die Produktivkräfte selbst auswirkt. Jedoch läßt sich unschwer zeigen, daß der Einfluß von Wissenschaft und Recht auf die Produktionsweise durchaus konstitutiv ist. Die menschliche Arbeit wird ja erst dadurch zu einer menschlichen, daß die Arbeitswerkzeuge nicht in fertigem Zustand vorgefunden und verwendet werden (was auch dem Tier erreichbar ist), sondern daß sie eigens *erzeugt* werden; erst dadurch vollzieht sich der Übergang vom Tier zum Menschen. Anfertigen von Arbeitswerkzeugen bedeutet jedoch Hinordnen und Anpassen von Mitteln an ein noch nicht vorhandenes, geistig jedoch schon vorweggenommenes Ziel. Ohne die menschliche Bewußtseinstätigkeit kann also ein Werkzeug gar nicht zustande kommen. Außerdem, wäre die Bedeutung des Bewußtseins beim Zustandekommen des Werkzeuges nur eine sekundäre gegenüber dem Anteil der Natur, so wäre die Rolle des Materials, aus dem Werkzeug angefertigt wird, entscheidender als die Rolle des menschlichen Geistes. Dies ist aber auch wieder nicht der Fall. Wir sehen, daß der menschliche Geist ersetzen kann, was dem Material abgeht, und daß ein und derselbe Zweck mit Hilfe verschiedener Materiale erreicht werden kann; fehlt dem Menschen das eine, sucht er sich ein anderes (denken wir an die vielen Ersatzwaren während des Krieges!). Aus all dem geht hervor, daß die „unmaterielle" menschliche Bewußtseinstätigkeit als ein konstitutives Element in die Produktionsweise eingeht, daß diese also durchaus geistdurchtränkt ist und es demnach nicht ein materieller Faktor ist, der letztlich die Geschichte bestimmt.
(Sowjetideologie heute I: G. A. Wetter, Dialektischer und historischer Materialismus. Frankfurt 1962, S. 188f.)

T 38 Wolfgang Leonhard: Über die Rolle der Arbeiterklasse

Leonhard wurde in der Sowjetunion erzogen. Er war Kommunist, wandte sich aber vom Marxismus ab. Er lebt heute als Forscher über Fragen des Marxismus und der sowjetischen Politik in der Bundesrepublik Deutschland und in den USA.

Die Auffassung, die Arbeiterklasse sei die am meisten ausgebeutete und revolutionärste Klasse und daher dazu berufen, den Sturz des Kapitalismus zu vollziehen, wurde von Marx und Engels in den vierziger Jahren des 19. Jahrhunderts vertreten. Damals schien tatsächlich vieles dafür zu sprechen. Das stürmische Anwachsen des Industrieproletariats seit Beginn des 19. Jahrhunderts, die grauenvollen Lebensbedingungen, die Rechtlosigkeit, die Arbeiteraufstände der vierziger Jahre – all dies und manches andere rechtfertigte zu jener Zeit die Schlußfolgerung, die Arbeiterklasse sei die am meisten ausgebeutete und revolutionärste Klasse der Gesellschaft. Seitdem ist jedoch mehr als ein Jahrhundert vergangen. Durch die Entstehung und aktive Betätigung der Arbeiterparteien und Gewerkschaften, weitreichende Sozialgesetzgebung und eine Fülle anderer wirtschaftlicher, politischer und sozialer Veränderungen hat sich die ökonomische Situation, die soziale und gesellschaftliche Stellung der Arbeiterschaft weitgehend gewandelt. Heute noch ernsthaft behaupten zu wollen, die Arbeiterschaft sei die am meisten ausgebeutete Klasse, bedeutet nichts anderes, als die Wandlungen eines ganzen Jahrhunderts zu negieren. Mit diesen Wandlungen und durch sie ist auch die These, die Arbeiterklasse sei eo ipso die revolutionärste Klasse, in einem anderen Licht zu sehen. Vor allem die Revolutionen in den letzten Jahrzehnten (Jugoslawien, China, Indonesien, Vietnam, Ägypten, Irak, Algerien, Kuba) haben gezeigt, daß auch andere Kräfte (Studenten, die Armee, Bauern usw.) neben den Arbeitern eine Revolution führen bzw. sich aktiv daran beteiligen können. Der Versuch der Sowjetideologie, nach wie vor die Arbeiterschaft als revolutionärste Klasse zu bezeichnen, die die Führung der Revolution zu übernehmen habe, steht somit in offensichtlichem Widerspruch zu den historischen Erfahrungen.

(Sowjetideologie heute II: W. Leonhard, Die politischen Lehren. Frankfurt 1962, S. 31 f.)

Problem und Diskussion

1 *Erläutern Sie die Hauptgedanken der Frühsozialisten. Welche Rolle spielen Staat, Eigentum und Gesellschaft?*

2 *Auf welchem sozialen Hintergrund haben die Frühsozialisten ihre Gesellschaftsmodelle entworfen? Inwieweit waren sie von französischen bzw. englischen Sozialverhältnissen geprägt?*

3 *Worin sehen Sie die Bedeutung der Frühsozialisten für die sozialistische Theorie und Praxis?*

4 *Welche frühsozialistischen Einflüsse lassen sich bei Karl Marx nachweisen?*

5 *Wie hat Marx die Gesellschaft seiner Zeit gesehen?*

6 *Arbeiten Sie wichtige Schlüsselbegriffe der Marxschen Gesellschaftstheorie heraus (T 27–33).*

7 *Nach der Marxschen Geschichtsauffassung verläuft die Geschichte der Menschheit dialektisch in überschaubaren Stadien (T 29). Nehmen Sie dazu Stellung aus Ihrer Kenntnis der Geschichte.*

8 *Das Privateigentum an Produktionsmitteln ist nach Marx die Quelle der gesellschaftlichen Ausbeutung (T 29). In östlichen Staaten ist diese Art von Eigentum abgeschafft. Diskutieren Sie die Bedeutung des Privateigentums für die Gesellschaft.*

9 *Nach Marx führt der Kapitalismus zu einer Konzentration des Kapitals in wenigen Händen und damit zur Herrschaft über die übrige Gesellschaft. Diskutieren Sie, inwieweit sich diese Auffassung bewahrheitet hat.*

10 *Ein wichtiges Ziel der Marxschen Gesellschaftstheorie war die Abschaffung der Herrschaft von Menschen über Menschen durch Beseitigung der Klassen (T 30, 32). Erläutern Sie, wie diese Forderung in den sozialistischen Ländern und bei uns realisiert ist.*

11 *In einer Anmerkung zum Gothaer Programm formulierte Marx: „Jeder nach seinen Fähigkeiten, jedem nach seinen Bedürfnissen." Kann diese Maxime zur Grundlage einer Gesellschaftsordnung werden?*

12 *Wie wird die Produktionsweise begründet bei Marx, Smith, den Physiokraten und im Merkantilismus?*

13 *Wie soll die klassenlose Gesellschaft nach Marx aussehen?*

14 *Arbeiten Sie die Hauptgedanken der Marx-Kritik heraus und diskutieren Sie die Kritik im Vergleich mit Marx' Äußerungen.*

Zeittafel

1848 Gründung der Inneren Mission durch Wichern.
Pfarrer Emmanuel von Ketteler beginnt seine sozialen Predigten im Mainzer Dom
(März) Ausbruch der Revolution in Deutschland
Kommunistisches Manifest von Marx und Engels

1861 Sachsen hebt als erster deutscher Staat das Koalitionsverbot auf

1863 Allgemeiner Deutscher Arbeiterverein von Lassalle gegründet

1864 Gründung der Internationalen Arbeiterassoziation unter Beteiligung von Marx

1867 Gründung des Norddeutschen Bundes
Die Sozialdemokratie ist im Reichstag vertreten

1871 Koalitionsfreiheit im Deutschen Reich

1872 Verein für Socialpolitik gegründet (sog. Kathedersozialisten)

1875 Kompromißprogramm der aus der Vereinigung von Allgemeinem Deutschen Arbeiterverein (Lassalle) und Sozialdemokratischer Arbeiterpartei (Liebknecht, Bebel) hervorgegangenen Sozialistischen Arbeiterpartei Deutschlands

1878–1890 Verbot der Sozialdemokratischen Partei (Sozialistengesetz) durch Bismarck

1883 Krankenversicherungsgesetz

1884 Unfallversicherungsgesetz

1889 Invaliditäts- und Altersversicherungsgesetz
(Mai/Juni) Bergarbeiterstreik im Ruhrgebiet, danach in Schlesien und im Saargebiet

1890 Umbenennung der SAD in Sozialdemokratische Partei Deutschlands (SPD)
Erfurter Parteitag der SPD

1891 Enzyklika Leos XIII. „Rerum novarum“

1905 (Januar/Februar) Bergarbeiterstreik im Ruhrgebiet

1908 (8. April) Politische Betätigung der Frauen im Reichsvereinsgesetz erlaubt

1912 SPD stärkste Partei im Reichstag

1918 Tarifvertragsordnung

1920 Betriebsrätegesetz

1933 Auflösung der Gewerkschaften

1949 Gründung des Deutschen Gewerkschaftsbundes (DGB)

1952/1972 Betriebsverfassungsgesetz

1976 Mitbestimmungsgesetz

Literaturhinweise

Borkenau, Franz (Hrsg.): Karl Marx (Texte, Fischer TB 112) Frankfurt

Engelhardt, Ulrich (Hrsg.): Handwerker in der Industrialisierung. Verlag Klett-Cotta, Stuttgart 1984

Fetscher, Iring: Der Marxismus. Seine Geschichte in Dokumenten. 2 Bde. Piper Verlag, München

Fetscher, Iring/Münkler, Herfried (Hrsg.): Pipers Handbuch der politischen Ideen, Band 4. Neuzeit: Von der Französischen Revolution bis zum europäischen Nationalismus. R. Piper Verlag, München 1986

Geiss, Imanuel: Zwischen Marx und Stalin. Kritische Anmerkungen zur marxistischen Periodisierung der Weltgeschichte. In: Aus Politik und Zeitgeschehen vom 12. 1. 1974

Grebing, Helga: Arbeiterbewegung. Sozialer Protest und kollektive Interessenvertretung bis 1914. dtv, München 1985

Henning, Friedrich-Wilhelm: Die Industrialisierung Deutschlands 1800–1914. Uni-TB 145. Schöningh Verlag, Paderborn [5]1980

Henning, Hansjoachim: Sozialgeschichtliche Entwicklungen in Deutschland von 1815 bis 1860. Schöningh Verlag, Paderborn 1977

Henning, Hansjoachim: Quellen zur sozialgeschichtlichen Entwicklung Deutschlands 1815–1860. Schöningh Verlag, Paderborn 1977

Kolakowski, Leszek: Die Hauptströmungen des Marxismus. Entstehung, Entwicklung, Zerfall. Piper Verlag, München 1979

Kool, Frits/Krauss, Werner (Hrsg.): Die frühen Sozialisten. 2 Bde. dtv 4102/4103, München

Limmer, Hans: Die deutsche Gewerkschaftsbewegung. Olzog Verlag, München

Pöls, Werner (Hrsg.): Deutsche Sozialgeschichte. Dokumente und Skizzen. Bd. 1: 1815–1870. Verlag C. H. Beck, München 1973

Quandt, Siegfried (Hrsg.): Kinderarbeit und Kinderschutz in Deutschland 1783–1976. Quellen und Anmerkungen. Schöningh Verlag, Paderborn 1978

Ritter, Gerhard A./Kocka, Jürgen (Hrsg.): Deutsche Sozialgeschichte. Bd. 2: 1870–1914. Verlag C. H. Beck, München 1974

Schraepler, Erich: Quellen zur Geschichte der sozialen Frage in Deutschland. 2 Bde. Verlag Vandenhoeck & Ruprecht, Göttingen [2]1960

Swoboda, Helmut (Hrsg.): Die Pariser Kommune. dtv, München [2]1972

Sczesny, Gerhard (Hrsg.): Der Marxismus – ernst genommen. rororo, Reinbek 1975

Starke, Fritz (Hrsg.): Einführung in den Marxismus – Texte, Erläuterungen, Kritik. Unterrichtsmodell für die S II. Metzler Verlag, Stuttgart 1984

Scherer, Peter/Schaaf, Peter (Hrsg.): Dokumente zur Geschichte der Arbeiterbewegung in Württemberg und Baden 1848–1949. Verlag Theiss, Stuttgart 1984

F. Die Weimarer Republik

1. Auf dem Weg zur ersten deutschen Republik

1.1 Die beiden letzten Jahre des Ersten Weltkrieges: Vorspiel zur Revolution

Die anfängliche Begeisterung für den Krieg, die von dem Glauben an einen rasch beendbaren Verteidigungskrieg getragen wurde und alle Parteien in einer nationalen Einheitsfront vereinigt hatte, war rasch verflogen. 1917 gab es eine deutliche Kriegsmüdigkeit. Trotz scharfer Rationierung war die Ernährungslage nun derart gespannt, daß es zu ersten **Hungerstreiks** kam. Im April 1917 legten Berliner und Leipziger Rüstungsarbeiter aus Protest gegen den Hunger die Arbeit nieder.

Die **Mehrheitsparteien** des Reichstags, die bisher die Reichsregierung bedingungslos unterstützt hatten, begannen sich von einer Kriegspolitik zu distanzieren, die auf Annexionen zur Sicherung und zum Ausbau der Machtposition Deutschlands ausgerichtet war und vor allem von Konservativen, Nationalliberalen und der außerparlamentarischen Gruppe der Alldeutschen in Übereinstimmung mit der Obersten Heeresleitung vertreten wurde. Als der Reichstag im Juli 1917 wieder Kriegskredite bewilligen sollte, kam es zu einer **politischen Krise**, die ihren Ausdruck in der Friedensresolution der Mehrheitsparteien im Reichstag fand: SPD, Zentrum und Fortschrittliche Volkspartei setzten sich in der Resolution vom 19. Juli 1917 für einen Verständigungsfrieden ein, mit dem „erzwungene Gebietsabtretungen und politische, wirtschaftliche oder finanzielle Vergewaltigungen unvereinbar" wären. Neu und bedeutsam an diesen Vorgängen war, daß die Reichstagsmehrheit ihr Budgetrecht dazu nutzen wollte, weitreichende politische Forderungen durchzusetzen, daß überhaupt Liberale, Sozialdemokraten und Zentrum gemeinsam handelten. So wurde in einer Notsituation ein wichtiger Schritt in Richtung auf die Verwirklichung parlamentarischer Verfassungsideen getan.

Zunächst konnten die parlamentarischen Bündnispartner, die sich formell zu einem **Interfraktionellen Ausschuß** zusammengeschlossen hatten, nur geringe Erfolge erzielen: Beteiligung an einer neuen Regierungsbildung. Aber die innenpolitische Krise führte nicht zum Umsturz. Vielmehr ergriff die Oberste Heeresleitung unter der Führung von **Hindenburg** und **Ludendorff** zunehmend auch die politische Initiative. Sie übte ab 1917 eine totalitäre antiparlamentarische Diktatur aus, die auch dadurch ermöglicht wurde, daß der Interfraktionelle Ausschuß wegen interner Streitigkeiten weitgehend handlungsunfähig blieb.

Nach dem **Fehlschlag der Märzoffensive** 1918 mußte der Krieg als verloren gelten. Die Möglichkeit eines Verständigungsfriedens war nun nicht mehr gegeben. Der verstärkte Einsatz amerikanischer Divisionen mußte den Zusammenbruch der ausgebluteten deutschen Truppen herbeiführen, den Frankreich und England nun als einzige mögliche Lösung ansahen. Im August 1918 wurden tiefe Einbrüche in die deutschen Linien erzielt; am 29. September forderte Ludendorff einen sofortigen Waffenstillstand. Die Situation des Deutschen Reiches war im Hinblick auf mögliche Friedensregelungen äußerst schwierig. Die Kriegsziele der alliierten Mächte, USA, Frankreich und England, waren nicht einheitlich. Wenn auch **Lloyd George** die völlige Niederwerfung Deutschlands und die Zerschlagung des preußischen Militärdespotismus als Ziel formulierte, wünschte England letztlich keine Gefährdung des europäischen Gleichgewichts durch ein starkes Frankreich. England wollte lediglich die preußische Militärmacht begrenzt wissen. In Frankreich herrschte Einigkeit in der Forderung nach der Rückgabe Elsaß-Lothringens. Im Sommer 1918 nannte Clemenceau die weiterreichenden Ziele der französischen Sicherheitspolitik, die dann auch auf der Pariser Friedenskonferenz vertreten wurden. Aber im Unterschied zu den Vorstellungen

der nationalistischen Rechten und der Militärs (General Foch) forderte Clemenceau mit Rücksicht auf die Alliierten nicht grundsätzlich den Rhein als natürliche Sicherheitsbarriere.
Da man in Deutschland die Kriegsziele Englands und Frankreichs kannte, setzte man seine Hoffnungen auf den amerikanischen Präsidenten **Wilson**. Seine Idee eines Friedens ohne Sieger und Besiegte gründete auf dem Selbstbestimmungsrecht für alle Völker, auf dauernder Sicherheit gegen Angriffskriege und Völkerrechtsbruch, auf der Errichtung eines Völkerbundes und auf den Grundprinzipien der Demokratie. Diese Leitsätze fanden ihren Niederschlag in einzelnen Bestimmungen der Botschaft an den Kongreß vom 8. Januar 1918, den sogenannten Vierzehn Punkten: offene Friedensverträge, Freiheit der Schiffahrt auf den Meeren, Beseitigung wirtschaftlicher Schranken, Schlichtung kolonialer Fragen. In anderen Punkten enthielt die Botschaft auch Forderungen der europäischen Alliierten: Wiederherstellung Belgiens, Rückgabe von Elsaß-Lothringen, Grenzen Italiens entsprechend den Nationalitäten, Autonomie für die Völker Österreich-Ungarns und Errichtung eines polnischen Staates mit freiem Zugang zum Meer.

Problem und Diskussion

1 *Skizzieren Sie die Auswirkungen des Verlaufs des Ersten Weltkriegs auf die Politik von OHL und Reichsregierung sowie die Einstellungen der politischen Parteien zu Kriegszielen und Friedensschlüssen. Ziehen Sie die Informationen über den Verlauf des Ersten Weltkriegs in Kap. C5 heran.*

2 *Warum setzte man in Deutschland gegen Ende des Krieges so große Hoffnungen in die politischen Leitlinien des amerikanischen Präsidenten Wilson?*

1.2 Die Novemberereignisse: Zwischen Kontinuität und Neubeginn

Die entscheidenden Schritte zur **Parlamentarisierung** des Reiches wurden von der Obersten Heeresleitung (OHL) Ende September 1918 eingeleitet; denn auf Initiative von Ludendorff und Hindenburg wurde neben der Forderung, unverzüglich einen Waffenstillstand auf der Grundlage der Vierzehn Punkte Wilsons anzubieten, auch die Neubildung der Reichsregierung unter nunmehr maßgeblicher Beteiligung der Mehrheitsparteien vorgeschlagen. Nur eine Reichsregierung, die von der parlamentarischen Mehrheit getragen wurde, konnte die von den westlichen Alliierten geforderte Legitimation besitzen, um als Verhandlungspartner aufzutreten. Mit diesem Vorschlag lud die OHL die Verantwortung auf die Mehrheitsparteien ab. Die solchermaßen zur Machtübernahme befohlenen Parteien waren – wie schon bei der Regierungsumbildung 1917 – wiederum nicht in der Lage, einen Reichskanzler vorzustellen, der ihr Programm durchsetzen konnte: die Friedensresolution von 1917, die weitgehende Befürwortung der Grundsätze Wilsons (Selbstbestimmungsrecht der Völker und Völkerbund), die Durchführung einer preußischen Wahlrechtsreform, die Berufung von Abgeordneten in Ministerämter statt der bisherigen Staatssekretäre als weisungsgebundenen Ressortchefs des Kanzlers. Der Interfraktionelle Ausschuß schlug Prinz Max von Baden als Verlegenheitskanditaten vor. Er war ein liberaler Mann, der zudem die Beziehungen zum Kaiser und zur OHL erleichtern würde. Er bildete am 3. Oktober eine Regierung der Mehrheitsparteien.
Im Gesetz zur Änderung der Reichsverfassung vom 28. Oktober 1918 wurde im nachhinein die faktisch vollzogene Parlamentarisierung verankert: Der Reichskanzler, der des Vertrauens des Parlaments bedurfte, war für alle politisch bedeutsamen Handlungen verantwortlich, die der Kaiser entsprechend seiner verfassungsmäßigen Rechte ausführte. Die Befugnisse des Kaisers wurden stark eingeschränkt: Ernennungen und Entlassungen bedurften der Gegenzeichnung; für Kriegserklärungen und Friedensschlüsse war die Zustimmung von Reichstag und Bundesrat erforderlich. So wurde das Reich nicht durch eine Erhebung der Parteien oder des Parlaments, sondern gleichsam durch eine „Revolution von oben“ in eine parlamentarische Demokratie umgewandelt. In Preußen wurde das Dreiklassenwahlrecht aufgehoben.

Obwohl damit die Hauptbedingungen Wilsons für einen Friedensschluß erfüllt waren, forderten die USA nach wochenlangem Notenwechsel einen Waffenstillstand, der eine Wiederaufnahme der Feindseligkeiten durch Deutschland unmöglich machen sollte. Als sich Ludendorff diesen Forderungen, die einer bedingungslosen Kapitulation gleichkamen, widersetzte, siegte die politische über die militärische Führung: Ludendorff wurde abgesetzt.
In der Heimat hatten die Vorgänge um einen Waffenstillstand, die praktisch ein Eingeständnis der Niederlage waren, und die Noten Wilsons den Wunsch nach einem möglichst raschen Frieden verstärkt. Die Forderungen nach **Abdankung des Kaisers**, den man als Haupthindernis für einen Frieden ansah, verstärkten sich. Am 29. Oktober reiste der Kaiser ins Hauptquartier der OHL im belgischen Spa.
Die **Revolution von unten** begann bei der Marine, die am 30. Oktober gegen die englische Flotte auslaufen sollte. Gegen dieses sinnlose Opfer lehnten sich am Vorabend die Besatzungen mehrerer Schlachtschiffe auf. Als die Anführer der Revolte festgenommen wurden, bildeten sich am 1. November erste Matrosenräte in Kiel, um Gegenmaßnahmen zu beschließen. Binnen weniger Tage breitete sich die Revolte über ganz Deutschland aus: Soldatenräte übernahmen die Macht; Arbeiter in den Großbetrieben schlossen sich an und wählten einen Arbeiterrat; ein Generalstreik wurde ausgerufen. Nennenswerten Widerstand gab es nicht. Das Bürgertum verweigerte den alten Autoritäten die Gefolgschaft. Das Kaiserreich brach zusammen. Die Führer der Sozialdemokratie, Ebert, Scheidemann und Noske, die keine Revolten wollten und die das Vorgehen der Bolschewiki in Rußland scharf abgelehnt hatten, erlangten die Kontrolle über die Arbeiter- und Soldatenräte.
Die **Unabhängige Sozialdemokratische Partei Deutschlands** (USPD), die im April 1917 von sozialdemokratischen Dissidenten gegen den „Burgfrieden" der Partei gegründet worden war, war gespalten: Der rechte, parlamentarisch-demokratische Flügel verfolgte ähnliche Ziele wie die SPD. Der linke Flügel der USPD, die Revolutionären Obleute der Berliner Betriebe und der Spartakusbund unter Rosa Luxemburg und Karl Liebknecht, wollten hingegen durch eine revolutionäre Umgestaltung nach russischem Muster den Sozialismus vollenden (T 2).
Als am 9. November der sozialdemokratische Parteivorstand erfuhr, daß die linkssozialistischen Kräfte den Generalstreik proklamieren würden, ergriff er die Initiative und forderte, den Kaiser durch einen Regenten zu ersetzen und den Rücktritt der Regierung. Prinz Max von Baden übertrug daraufhin dem Abgeordneten **Friedrich Ebert** den Posten des Reichskanzlers. Er handelte eigenmächtig, gegen die Verfassung, ohne Zustimmung des Parlaments und gegen den Willen des Kaisers. Der Kaiser trat am selben Tag zurück.
Als sich gegen Mittag die Nachricht verbreitete, daß Karl Liebknecht in Berlin die Sowjetrepublik Deutschland ausrufen wollte, antwortete der SPD-Politiker **Philipp Scheidemann** mit der **Ausrufung der Republik**. Für Friedrich Ebert und die SPD war mit dem 9. November 1918 die Revolution beendet: der Obrigkeitsstaat war gefallen; der Weg zur Errichtung einer parlamentarischen Demokratie nach westlichem Muster war frei.
Am 10. November bildete die SPD zusammen mit der USPD eine paritätisch besetzte Reichsregierung, den Rat der Volksbeauftragten, unter der Führung Eberts. Ebenfalls am 10. November bot der Generalquartiermeister der OHL, Wilhelm Groener – der Nachfolger Ludendorffs –, ein Bündnis an, auf das Ebert einging. Am 11. November folgte ein Erlaß der neuen Regierung, dem zufolge die Staatssekretäre und die Chefs der Reichsbehörden mit der vorläufigen Weiterführung der Geschäfte beauftragt würden.
Der Übergang zu einer parlamentarisch-demokratischen Republik war vollzogen (T 3), der Krieg war beendet, die politische Neuordnung jedoch noch nicht abgeschlossen. Diese Aufgabe sollte nach den Vorstellungen der neuen Regierung einer verfassunggebenden Versammlung vorbehalten bleiben. Noch aber stand die Frage nach der Rolle der Arbeiter- und Soldatenräte ungelöst im Raume.

T 1 Die Ereignisse des 9. November 1918

a) Ausrufung der Republik durch Scheidemann (SPD) gegen 14.00 vom Balkon des Reichstagsgebäudes in Berlin

Arbeiter und Soldaten!
Das deutsche Volk hat auf der ganzen Linie gesiegt. Das alte Morsche ist zusammengebrochen; der Militarismus ist erledigt! Die Hohenzollern haben abgedankt! Es lebe die deutsche Republik! Der Abgeordnete Ebert ist zum Reichskanzler ausgerufen worden. Ebert ist damit beauftragt worden, eine neue Regierung zusammenzustellen.
Dieser Regierung werden alle sozialistischen Parteien angehören. Jetzt besteht unsere Aufgabe darin, diesen glänzenden Sieg, diesen vollen Sieg des deutschen Volkes nicht beschmutzen zu lassen, und deshalb bitte ich Sie, sorgen Sie dafür, daß keine Störung der Sicherheit eintrete! Wir müssen stolz sein können in alle Zukunft auf diesen Tag! Nichts darf existieren, was man uns später wird vorwerfen können! Ruhe, Ordnung und Sicherheit, das ist das, was wir jetzt brauchen! [...]
(E. Drahn/E. Friedegg [Hrsg.], Deutscher Revolutionsalmanach für das Jahr 1919 über die Ereignisse des Jahres 1918. Hamburg/Berlin 1919, S. 72)

b) Ausrufung der sozialistischen Republik durch Liebknecht (Spartakusbund) gegen 16.00 vor dem Berliner Schloß

Der Tag der Revolution ist gekommen. Wir haben den Frieden erzwungen. [...]
Parteigenossen, ich proklamiere die freie sozialistische Republik Deutschland, die alle Stämme umfassen soll, in der es keine Knechte mehr geben wird, in der jeder ehrliche Arbeiter den ehrlichen Lohn seiner Arbeit finden wird. Die Herrschaft des Kapitalismus, der Europa in ein Leichenfeld verwandelt hat, ist gebrochen. [...]
Wir müssen alle Kräfte anspannen, um die Regierung der Arbeiter und Soldaten aufzubauen und eine neue staatliche Ordnung des Proletariats zu schaffen, eine Ordnung des Friedens, des Glücks und der Freiheit unserer deutschen Brüder und unserer Brüder in der ganzen Welt. Wir reichen ihnen die Hände und rufen sie zur Vollendung der Weltrevolution auf.
(Vossische Zeitung Nr. 576 vom 10. November 1918)

c) Schreiben des Vorstandes der SPD an den Vorstand der USPD

Berlin d. 9. 11. 1918, Abends 8½ Uhr
Von dem aufrichtigen Wunsch geleitet, zu einer Einigung zu gelangen, müssen wir Ihnen unsere grundsätzliche Stellung zu Ihren Forderungen klarlegen. Sie fordern:

1. Deutschland soll eine sozialistische Republik sein.
   Antwort: Diese Forderung ist das Ziel unserer eigenen Politik. Indessen hat darüber das Volk

Scheidemann ruft die Republik aus

   durch die konstituierende Versammlung zu entscheiden.
2. In dieser Republik soll die gesamte exekutive, legislative und die jurisdiktionelle Macht ausschließlich in den Händen von gewählten Vertrauensmännern der gesamten werktätigen Bevölkerung und der Soldaten sein.
   Antwort: Ist mit diesem Verlangen die Diktatur eines Teils einer Klasse gemeint, hinter dem nicht die Volksmehrheit steht, so müssen wir diese Forderung ablehnen, weil sie unseren demokratischen Grundsätzen widerspricht.
3. Ausschluß aller bürgerlichen Mitglieder aus der Regierung.
   Antwort: Diese Forderung müssen wir ablehnen, weil ihre Erfüllung die Volksernährung erheblich gefährden, wenn nicht unmöglich machen würde.
   [...]

Es ist von der Einsicht der Unabhängigen Sozialdemokratischen Partei zu erhoffen, daß sie mit der Sozialdemokratischen Partei noch zu einer Verständigung gelangt.
Der Vorstand der Sozialdemokratischen Partei Deutschlands.
(Vorwärts Nr. 310 vom 10. November 1918)

Kundgebung
des
neuen Reichskanzlers Ebert

Mahnung
zur
Ruhe und Ordnung!

Mitbürger! Der bisherige Reichskanzler, Prinz Max von Baden, hat mir unter Zustimmung sämtlicher Staatssekretäre die Wahrnehmung der Geschäfte des Reichskanzlers übertragen. Ich bin im Begriffe, die neue Regierung im Einvernehmen mit den Parteien zu bilden und werde über das Ergebnis der Öffentlichkeit in Kürze berichten. Die neue Regierung wird eine Volksregierung sein. Ihr Bestreben wird sein müssen, dem deutschen Volke den Frieden schnellstens zu bringen und die Freiheit, die es errungen hat, zu befestigen. Mitbürger! Ich bitte Euch alle um Eure Unterstützung bei der schweren Arbeit, die unserer harrt. Ihr wißt, wie schwer der Krieg die Ernährung des Volkes, die erste Voraussetzung des politischen Lebens, bedroht. Die politische Umwälzung darf die Ernährung der Bevölkerung nicht stören, es muß erste Pflicht aller in Stadt und Land bleiben, die Produktion von Nahrungsmitteln und ihre Zufuhr in die Städte nicht zu verhindern, sondern zu fördern. Nahrungsmittelnot bedeutet Plünderung und Not mit Elend für Alle. Die Ärmsten würden am schwersten leiden, die Industriearbeiter am bittersten betroffen werden. Wer sich an Nahrungsmitteln oder sonstigen Bedarfsgegenständen oder an den für ihre Verteilung benötigten Verkehrsmitteln vergreift, versündigt sich auf das Schwerste an der Gesamtheit. Mitbürger! Ich bitte Euch alle dringend, verlaßt die Straßen! Sorgt für Ruhe und Ordnung.

Berlin, den 9. November 1918.

Der Reichskanzler
Ebert.

Plakat aus Berlin vom November 1918

T 2 Aus dem Kampfprogramm der Spartakusgruppe vom 10. November 1918

1. Entwaffnung der gesamten Polizei, sämtlicher Offiziere sowie der Soldaten, die nicht auf dem Boden der neuen Ordnung stehen; Bewaffnung des Volkes; alle Soldaten und Proletarier, die bewaffnet sind, behalten ihre Waffen.
2. Übernahme sämtlicher militärischen und zivilen Behörden und Kommandostellen durch Vertrauensmänner des Arbeiter- und Soldatenrates.
3. Übergabe aller Waffen- und Munitionsbestände sowie aller Rüstungsbetriebe an den Arbeiter- und Soldatenrat.
4. Kontrolle über alle Verkehrsmittel durch den Arbeiter- und Soldatenrat.
5. Abschaffung der Militärgerichtsbarkeit; Ersetzung des militärischen Kadavergehorsams durch freiwillige Disziplin der Soldaten unter Kontrolle des Arbeiter- und Soldatenrates.
6. Beseitigung des Reichstages und aller Parlamente sowie der bestehenden Reichsregierung; Übernahme der Regierung durch den Berliner Arbeiter- und Soldatenrat bis zur Errichtung eines Reichs-Arbeiter- und Soldatenrates.
7. Abschaffung aller Dynastien und Einzelstaaten; unsere Parole lautet: einheitliche sozialistische Republik Deutschland.
8. Wahl von Arbeiter- und Soldatenräten in ganz Deutschland, in deren Hand ausschließlich Gesetzgebung und Verwaltung liegen. Zur Wahl der Arbeiter- und Soldatenräte schreitet das gesamte erwachsene werktätige Volk in Stadt und Land und ohne Unterschied der Geschlechter.
9. Sofortige Aufnahme der Verbindung mit allen in Deutschland bestehenden Arbeiter- und Soldatenräten und den sozialistischen Bruderparteien des Auslandes. [...]

Es darf kein „Scheidemann“ mehr in der Regierung sitzen; es darf kein Sozialist in die Regierung eintreten, solange ein Regierungssozialist noch in ihr sitzt. Es gibt keine Gemeinschaft mit denen, die euch vier Jahre lang verraten haben.
Nieder mit dem Kapitalismus und seinen Agenten!
Es lebe die Revolution!
Es lebe die Internationale!
(Die Rote Fahne. Berlin Lokal-Anzeiger Nr. 2 vom 10. November 1918)

Revolutionäre in Berlin, November 1918

T 3 Aufruf des Rates der Volksbeauftragten vom 12. November 1918

An das deutsche Volk!

Die aus der Revolution hervorgegangene Regierung, deren politische Leitung rein sozialistisch ist, setzt sich die Aufgabe, das sozialistische Programm zu verwirklichen. Sie verkündet schon jetzt mit Gesetzeskraft folgendes:

1. Der Belagerungszustand wird aufgehoben.
2. Das Vereins- und Versammlungsrecht unterliegt keiner Beschränkung, auch nicht für Beamte und Staatsarbeiter.
3. Eine Zensur findet nicht statt, die Theaterzensur wird aufgehoben.
4. Meinungsäußerung in Wort und Schrift ist frei.
5. Die Freiheit der Religionsausübung wird gewährleistet. Niemand darf zu einer religiösen Handlung gezwungen werden.
6. Für alle politischen Straftaten wird Amnestie gewährt: Die wegen solcher Straftaten anhängigen Verfahren werden niedergeschlagen.
7. Das Gesetz über den vaterländischen Hilfsdienst wird aufgehoben, mit Ausnahme der sich auf die Schlichtung von Streitigkeiten beziehenden Bestimmungen.
8. Die Gesindeordnungen werden außer Kraft gesetzt, ebenso die Ausnahmegesetze gegen die Landarbeiter.
9. Die bei Beginn des Krieges aufgehobenen Arbeiterschutzbestimmungen werden hiermit wieder in Kraft gesetzt.

Weitere sozialpolitische Forderungen werden binnen kurzem veröffentlicht werden. Spätestens am 1. Januar 1919 wird der achtstündige Maximalarbeitstag in Kraft treten. Die Regierung wird alles tun, um für ausreichende Arbeitsgelegenheit zu sorgen. Eine Verordnung über die Unterstützung von Erwerbslosen ist fertiggestellt. Sie verteilt die Lasten auf Reich, Staat und Gemeinde.

Auf dem Gebiete der Krankenversicherung wird die Versicherungspflicht über die bisherige Grenze von 2500 Mark ausgedehnt werden. Die Wohnungsnot wird durch Bereitstellung von Wohnungen bekämpft werden.

Auf die Sicherung einer geregelten Volksernährung wird hingearbeitet werden.

Die Regierung wird die geordnete Produktion aufrechterhalten, das Eigentum gegen Eingriffe Privater sowie die Freiheit und Sicherheit der Person schützen.

Alle Wahlen zu öffentlichen Körperschaften sind fortan nach dem gleichen, geheimen, direkten, allgemeinen Wahlrecht auf Grund des proportionalen Wahlsystems für alle mindestens 20 Jahre alten männlichen und weiblichen Personen zu vollziehen.

Auch für die Konstituierende Versammlung, über die nähere Bestimmung noch erfolgen wird, gilt dieses Wahlrecht.

Berlin, den 12. November 1918.

Ebert, Haase, Scheidemann, Landsberg, Dittmann, Barth.

(Reichsgesetzblatt 1918, S. 1303f.)

Die revolutionären Ereignisse in Deutschland 1918
(Nach: Werner Hilgemann, Atlas zur deutschen Zeitgeschichte 1918–1968, München 1984, S. 38f.)

Arbeiter, Bürger!

Das Vaterland ist dem Untergang nahe.

Rettet es!

Es wird nicht bedroht von außen, sondern von innen:

Von der Spartakusgruppe.

Schlagt ihre Führer tot!

Tötet Liebknecht!

Dann werdet ihr Frieden, Arbeit und Brot haben!

Die Frontsoldaten

Plakat aus Berlin vom Januar 1919

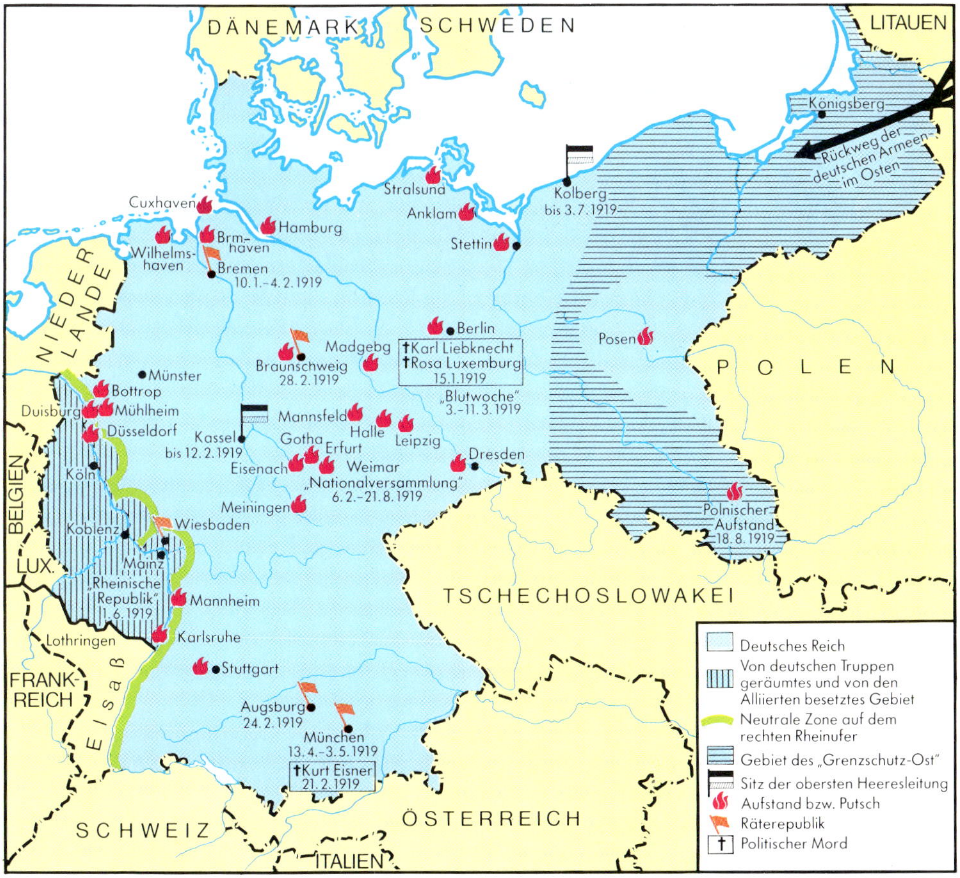

Deutschland 1919
(Nach: Werner Hilgemann, Atlas zur deutschen Zeitgeschichte 1918–1968, München 1984, S. 42f.)

Problem und Diskussion

1 *Begründen Sie, warum die Parlamentarisierung des Reiches von der OHL eingeleitet wurde.*

2 *Warum benennt man Ihrer Meinung nach die Ereignisse im November 1918 als Revolution?*

3 *Welche Ziele verfolgten die politischen Kräfte, die im Verlauf der revolutionären Ereignisse aktiv wurden?*

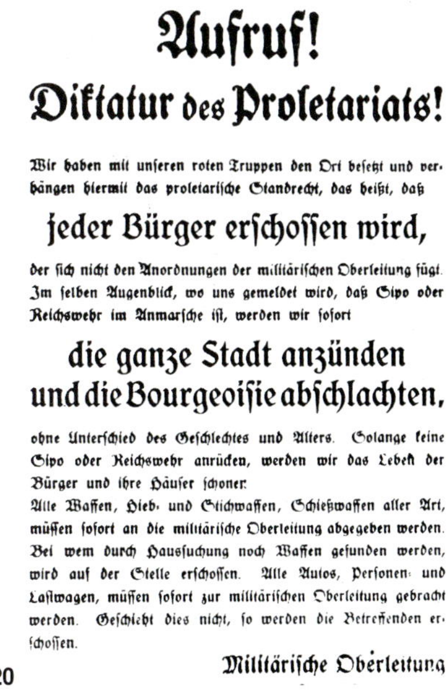

Aufruf!

Diktatur des Proletariats!

Wir haben mit unseren roten Truppen den Ort besetzt und verhängen hiermit das proletarische Standrecht, das heißt, daß

jeder Bürger erschossen wird,

der sich nicht den Anordnungen der militärischen Oberleitung fügt. Im selben Augenblick, wo uns gemeldet wird, daß Sipo oder Reichswehr im Anmarsche ist, werden wir sofort

die ganze Stadt anzünden und die Bourgeoisie abschlachten,

ohne Unterschied des Geschlechtes und Alters. Solange keine Sipo oder Reichswehr anrücken, werden wir das Leben der Bürger und ihre Häuser schonen.
Alle Waffen, Hieb- und Stichwaffen, Schießwaffen aller Art, müssen sofort an die militärische Oberleitung abgegeben werden. Bei wem durch Haussuchung noch Waffen gefunden werden, wird auf der Stelle erschossen. Alle Autos, Personen- und Lastwagen, müssen sofort zur militärischen Oberleitung gebracht werden. Geschieht dies nicht, so werden die Betreffenden erschossen.

Militärische Oberleitung

Plakat aus Sachsen vom April 1920

Neben der **Regierung der Volksbeauftragten** stellten weiterhin die **Arbeiter- und Soldatenräte** eine politische Macht dar. Die Räte waren zum Teil eher zufällig, ohne formelle Wahlordnungen oder Verteilungsschlüssel zustandegekommen. Auch die politische Ausrichtung der jeweiligen Räte war meistens von Zufällen abhängig. In Berlin versuchten am Abend des 9. November die linksrevolutionären Kräfte – die Revolutionären Obleute, die Spartakisten und die linken USPD-Anhänger – in einer improvisierten Versammlung Wahlen nach einem einheitlichen Wahlmodus für einen Berliner Arbeiter- und Soldatenrat zu organisieren. Dieser sollte eine provisorische Revolutionsregierung einsetzen. Die SPD unterlief die Aktion, indem sie ihrerseits Vertreter für die am 10. November anberaumte Sitzung mobilisierte, auf der dann ein paritätisch aus Linkssozialisten und Sozialdemokraten gewähltes, fiktives oberstes Organ aller deutschen Arbeiter- und Soldatenräte bestellt wurde. Dieser Vollzugsrat bestätigte den Rat der Volksbeauftragten. Es gelang ihm jedoch nie, seinen zunächst von allen Berliner Zentralbehörden anerkannten Anspruch durchzusetzen, den Rat der Volksbeauftragten zu kontrollieren.
Die Linksrevolutionäre verlagerten die Machtkämpfe mit der Regierung im Dezember 1918 zunehmend auf die Straße, gestützt auf ehemalige Marine- und Heereseinheiten. Am 24. Dezember kam es zu Auseinandersetzungen zwischen einer Marinedivision, die im Berliner Schloß ihr Quartier bezogen hatte, und regierungstreuen Truppen. Wegen der unklaren Haltung Friedrich Eberts beim Truppeneinsatz gegen das Schloß traten die USPD-Mitglieder des Rates der Volksbeauftragten zurück. Am 30. Dezember gründeten der Spartakusbund, Teile der linken USPD und einige Splittergruppen die **KPD**. Mit diesen Ereignissen war die Einheit der sozialistischen Bewegung endgültig zerbrochen.
Die Auseinandersetzungen um die politische Gestalt der Republik wurden um die Jahreswende auf zwei Ebenen ausgetragen und entschieden. Auf dem 1. Reichskongreß der Arbeiter- und Soldatenräte vom 16. bis 20. Dezember (s. T 5) sprach sich eine große Mehrheit für die Wahl zur Nationalversammlung aus. Diese wurde am 19. Januar 1919 nach einem Verhältniswahlrecht für

Der Soldatenrat von Groß-Berlin tagt Anfang November 1918 im Reichstag. Am Rednerpult der Stadtkommandant Otto Wels, SPD

Die erste Regierung, der Rat der Volksbeauftragten. Von links: Emil Barth, Sozialpolitik (USPD); Otto Landsberg, Presse, Kunst und Literatur (SPD); Friedrich Ebert, Innenpolitik und Militär (SPD); Hugo Haase, Außenpolitik und Kolonien (USPD); Wilhelm Dittmann, Demobilmachung, Verkehr, Rechtswesen (USPD) und Philipp Scheidemann, Finanzen (SPD)

Männer und erstmals Frauen ab zwanzig Jahren durchgeführt. Die von den Sozialdemokraten erhoffte sozialistische Mehrheit kam nicht zustande. Die Parteien des Interfraktionellen Ausschusses bzw. deren Nachfolger erhielten eine Dreiviertelmehrheit. Jene ehemaligen Mehrheitsparteien des Reichstages – SPD, Zentrum und Deutsche Demokratische Partei (DDP; Nachfolgerin der linksliberalen Fortschrittlichen Volkspartei) bildeten die erste durch demokratische Wahlen in Deutschland legitimierte Regierung unter dem Vorsitz von Philipp Scheidemann (SPD). Friedrich Ebert wurde von der Nationalversammlung zum Reichspräsidenten gewählt.
Die zweite Ebene der Auseinandersetzungen, die sich in Kundgebungen, Demonstrationen und Aufständen gegen die Regierung und gegen die Institutionalisierung einer parlamentarischen Demokratie abspielten, wurde mit der Niederschlagung des Januaraufstandes entschieden.
Anläßlich der Aufforderung der preußischen Regierung zum Rücktritt des USPD-Polizeipräsidenten von Berlin erhoben sich am 5. Januar 1919 Anhänger linksradikaler Gruppen zu einem spontanen Aufstand, dem die politische Führung der Revolutionären Obleute, der USPD und der KPD nur zögernd folgten. Die Aufständischen besetzten die Schlüsselpositionen in Berlin. Die Reichsregierung verließ die Hauptstadt und ernannte den Volksbeauftragten Gustav Noske (SPD) zum Befehlshaber der regierungstreuen Truppen. Gestützt vor allem auf Freikorps – Freiwilligenverbände ehemaliger Frontsoldaten mit einem hohen Anteil an Offizieren – wurde der Aufstand bis zum 13. Januar blutig niedergeschlagen. **Rosa Luxemburg** und **Karl Liebknecht** wurden am 15. Januar von Soldaten ermordet. Auch die in anderen Reichsteilen aufflackernden Aufstände wurden im Frühjahr 1919 von Freikorps niedergeschlagen: Thüringen, Sachsen, Ruhrgebiet, München, Leipzig, Hamburg und Bremen waren die Zentren der Wirren im Frühjahr 1919. Der Generalstreik, den USPD und KPD Anfang März ausgerufen hatten, um die Sozialisierung und die Auflösung der Freikorps zu erzwingen, war der politischen Führung entglitten und endete in blutigen Straßenschlachten. In diesen Auseinandersetzungen erwiesen sich die Freikorps als kampfkräftige Einheiten, die jedoch kaum eine Bindung an die Republik hatten. Vielmehr veranlaßten nationalistische und antibolschiwistische Motive Berufssoldaten, Studenten, Raufbolde und Landsknechtsnaturen zum Eintritt in die Verbände, die vor allem durch ihre Kommandanten zusammengehalten wurden.

Regierungstruppen im Kampf gegen Spartakisten in Berlin im März 1919

Mit den Beratungen der Verfassunggebenden Nationalversammlung und der Niederschlagung der Unruhen Anfang 1919 war endgültig entschieden, daß die neue Republik eine parlamentarisch-demokratische Ordnung erhalten sollte. Die von den Linksradikalen propagierte Weiterführung der Revolution in Richtung auf eine sozialistische Demokratie oder eine Sowjetrepublik blieb in unausgereiften, theoretischen Ansätzen stecken (T 2 u. T 4). Der Versuch durch blinden Aktionismus Formen eines Rätesystems zu etablieren, wurde nicht nur durch militärisches Eingreifen der Regierung beendet, er fand auch nicht die Zustimmung der Mehrheit der Bürger. Die **Wahlen zur Nationalversammlung** unterstrichen dies.
Die **Verfassunggebende Nationalversammlung** tagte in **Weimar**, da man dem Druck der Straße ausweichen und dem Mißtrauen der westlichen Alliierten gegen Berlin als Zentrum des preußisch-deutschen Obrigkeitsstaates begegnen wollte. Die Gründe für die Wahl des Tagungsortes waren viel prosaischer, als die Anknüpfung an die Tradition des klassischen Weimar, die Friedrich Ebert in der Eröffnungsrede ansprach.
Auch nachdem die grundsätzliche Entscheidung für ein parlamentarisch-demokratisches Regierungssystem gefallen war, harrten Probleme vielfältiger Natur ihrer Lösung. Die Frage der Neugliederung der Länder, also in erster Linie die Zerschlagung des übermächtigen Staates Preußen und die Zusammenfassung der Kleinstaaten Mitteldeutschlands, scheiterte am Einspruch der betroffenen Länder. Vor allem die süddeutschen Staaten sprachen dem Reich das Recht ab, über die föderalistische Struktur zu befinden. Wie hartnäckig Überkommenes verteidigt wurde, zeigte sich unter anderem in den Symbolen des neuen Staates. Die Verfassung bezeichnet das Reich als eine Republik mit den Reichsfarben schwarz-rot-gold. Aber der Versuch der Verfassungsgeber, in diesem Punkt einen Trennungsstrich zum Kaiserreich zu ziehen, indem man an die Farben der Burschenschaften und der Revolution von 1848 anknüpfen wollte, endete wegen des Widerstandes der Parteien auf der Rechten sowie einiger Parlamentarier der Koalition mit einem Kompromiß: Die Handelsflagge blieb schwarz-weiß rot mit den Reichsfarben in der oberen inneren Ecke. Die Gleichberechtigung der Symbole wurde auch als eine der politischen Überzeugungen angesehen: Bei nationalen Anlässen wurden, je nach politischer Einstellung, Landesfahnen, alte und neue Reichsflagge gezeigt.

Daß die neue Ordnung auf vielfältigen Kompromissen beruhte und daß anstehende Probleme aufgeschoben wurden, hatte sich bereits in den ersten Tagen der Regierungstätigkeit des Rates der Volksbeauftragten gezeigt: Der **Verwaltungsapparat** wurde übernommen, ohne daß eine nennenswerte Demokratisierung des Beamtenwesens stattgefunden hätte. Die Beamtenschaft verhielt sich parteipolitisch weitgehend neutral. Sie erfüllte pflichtbewußt ihre Aufgaben getreu der preußischen Ideologie vom Staat, der über den Parteien, den Interessen und der jeweiligen Staatsform steht; aber sie war nicht unpolitisch (s. T 10). Die **Reichswehr** hatte sich formal am 10. November 1918 der Republik unterstellt. Sie blieb jedoch eine der Demokratie wesensfremde Macht, die sich weitgehend der demokratischen Kontrolle entzog (s. T 9a–c). Unter der Führung des Generals von Seeckt zog sich die Armee aus der Innenpolitik zurück; Reichswehr und Republik lebten zunächst nebeneinander. Erst mit dem Aufstieg des Generals Kurt v. Schleicher, etwa ab 1929, nahm die Reichswehr wieder gezielt Einfluß auf die innenpolitischen Verhältnisse in Deutschland. Eine erfolgversprechende sozialpolitische Weichenstellung schien das Abkommen zu sein, das am 15. November 1918 zwischen Carl Legien (Vorsitzender der gewerkschaftlichen Zentralkommission) und dem Industriellen Hugo Stinnes zur Bildung der **„Zentralen Arbeitsgemeinschaft"** führte. Hier wurde der sozialpolitische Anspruch der Gewerkschaften auf legitime Vertretung der Arbeitnehmerschaft und damit die rechtliche Bestätigung des Abschlusses kollektiver Tarifverträge anerkannt. Das bedeutete: Einführung von Tarifverträgen, Einsetzung von Arbeiterausschüssen und von Schlichtungsinstanzen, Einführung des Acht-Stunden-Tages. Die Koalitionsfreiheit wurde durch Artikel 159 der Verfassung ausdrücklich garantiert.

Friedrich Ebert hatte unmittelbar nach dem Waffenstillstand eine entscheidende Übereinkunft mit der Reichswehrführung erzielt

Das in der Verfassung vorgesehene einheitliche Arbeitsrecht blieb jedoch ebenso Stückwerk wie ein neues Betriebs- und Arbeitsverfassungsrecht auf der Grundlage der **Mitbestimmung der Arbeitnehmer**. In der Praxis beschränkte sich die Mitbestimmung der Betriebsräte auf die Einschaltung bei Entlassungen und auf bestimmte soziale Betriebsmaßnahmen. Artikel 165 der Weimarer Verfassung sah Wirtschaftsräte in den Betrieben und auf Bezirksebene vor und einen Reichsarbeiterrat: „Die Bezirksarbeiterräte und der Reichsarbeiterrat treten zur Erfüllung der gesamten wirtschaftlichen Aufgaben und zur Mitwirkung bei der Ausführung der Sozialisierungsgesetze mit den Vertretungen der Unternehmer und sonstiger beteiligter Volkskreise zu Bezirkswirtschaftsräten und zu einem Reichswirtschaftsrat zusammen." Der Reichswirtschaftsrat blieb jedoch nahezu bedeutungslos; er gab lediglich Gutachten ab und führte Erhebungen durch.
Diese Ansätze zum sozialen Ausgleich machten ab 1924 wieder dem Arbeitskampf Platz. Der Staat griff zunehmend ein: Einführung der staatlichen Zwangsschlichtung bei Tarifstreitigkeiten (1924); Heraufsetzung der Beiträge und Leistungen der Kranken-, Unfall- und Invalidenversicherungen; Einführung der Arbeitslosenversicherung (1927). In der Frage der Sozialisierung, die in der Reichsverfassung verankert wurde, herrschte ein Dissens zwischen der marktwirtschaftlich orientierten DDP, dem Zentrum (das der Frage ziemlich gleichgültig gegenüberstand) und der SPD, die über Art und Umfang einer Vergesellschaftung in sich zerstritten war. Anfänglich gebildete Sozialisierungskommissionen verschwanden nach 1921.

„Sie tragen die Buchstaben der Firma – aber wer trägt den Geist?“ (Th. Th. Heine)

Der liberale Charakter der Verfassung zeigte sich am augenfälligsten im Wahlrecht, das von der Meinung bestimmt wurde, das demokratischste Wahlverfahren sei das **Verhältniswahlrecht**. Das Reichstagswahlgesetz von 1924 behandelte das Reich als einen einzigen Wahlkörper. Auf je 60 000 für eine Liste abgegebene Stimmen mußte ein Mandat entfallen. Abgestimmt wurde nur über die Liste, also über Parteien, nicht über die Kandidaten in den Wahlkreisen. Damit sollte sichergestellt werden, daß jede politische Meinung im gleichen Verhältnis im Parlament zum Ausdruck gebracht wurde, wie sie in der Bevölkerung vertreten war. In der Praxis zeigte dieses reine Verhältniswahlrecht negative Folgen. Es konkurrierte eine Vielzahl von Parteien miteinander, die keineswegs einen Grundkonsens über das Wesen einer parlamentarischen Demokratie besaßen (s. T 7 u. T 8). Die vielfältigen politischen Strömungen im Parlament waren wenig kompromißfähig. Der Hang zu Weltanschauungs- und Programmparteien verstärkte sich.

Die Verfassungsgeber hatten versucht, eventuellen Schwierigkeiten, mehrheitsfähige Koalitionen und stabile Regierungen zu bilden, durch ein kompliziertes Gleichgewicht der Verfassungsorgane zu begegnen. Dies geschah einmal aus einem Mißtrauen gegenüber der Regierungsfähigkeit der Parteien, zum anderen fürchteten konservative Kreise aus den Erfahrungen der Verfassungskonflikte im 19. Jahrhundert einen Parlamentsabsolutismus. Aus solchen Überlegungen heraus wurde die Stellung des Reichspräsidenten in der Verfassung verankert. Seine Position war in gewisser Weise vergleichbar mit derjenigen der amerikanischen und französischen Präsidenten in der damaligen Zeit; sie erinnerte aber zugleich an einen nunmehr säkularisierten und vom Volk legitimierten Monarchen. Die Berufung des Reichspräsidenten durch Volkswahl auf sieben Jahre sollte ein Gegengewicht zum Parlament bilden. Hierzu bediente man sich eines Systems gegenseitiger Kontrolle:

Der Reichspräsident ernennt und entläßt den Reichskanzler und auf dessen Vorschlag die Minister (Art. 53). Die Regierung benötigt zu ihrer Amtsführung das Vertrauen des Parlaments (Art. 54). Der Reichspräsident kann den Reichstag auflösen, jedoch nur einmal aus dem gleichen Anlaß (Art. 25). Der Reichstag hat das Recht, mit Zweidrittelmehrheit den Antrag zu stellen, den Reichspräsidenten durch eine Volksabstimmung abzusetzen. Die Legislative liegt beim Reichstag (Art. 68); aber der Präsident kann jedes Gesetz einem Volksentscheid unterwerfen. Die plebiszitäre Komponente in der Gesetzgebung kommt auch zum Tragen, wenn ein Drittel der Abgeordneten ein Gesetz dem Volksentscheid unterbreiten will und dem ein Zwanzigstel der Stimmberechtigten zustimmt. Ein Volksentscheid ist außerdem herbeizuführen, wenn ein Zehntel der Stimmberechtigten die Vorlage eines Gesetzentwurfs begehrt (Art. 73).

Dieses ausgeklügelte System gegenseitiger Kontrolle unter Einbeziehung plebiszitärer Elemente bot dem Reichspräsidenten die Möglichkeit, das Gleichgewicht zu seinen Gunsten zu verlagern. Die direkte Wahl verlieh dem Amt eine besondere Legitimation und Würde zugleich; das Staatsoberhaupt war das Symbol politischer Einheit gegenüber der Vielheit im Parlament. Daher lag es nahe, daß sich der zweite Reichspräsident, Hindenburg (1925–1934), als Schiedsrichter über den

Einzelinteressen der Parteien und Gruppen und als „Hüter der Verfassung" verstand. Der Reichspräsident konnte diesem Selbstverständnis des Amtes durch die Anwendungsmöglichen von Artikel 48 Nachdruck verschaffen; d.h. er „kann, wenn im Deutschen Reiche die öffentliche Sicherheit und Ordnung erheblich gestört oder gefährdet wird, die zur Wiederherstellung der öffentlichen Sicherheit und Ordnung nötigen Maßnahmen treffen". Zu diesem Zwecke darf er auch mit Hilfe der bewaffneten Macht eingreifen und vorübergehend Grundrechte ganz oder zum Teil außer Kraft setzen (Freiheit der Person, Unverletzlichkeit der Wohnung, Postgeheimnis, freie Meinungsäußerung, Versammlungs- und Vereinsfreiheit, Eigentum). Der Präsident muß alle Maßnahmen dem Reichstag unverzüglich mitteilen und sie auf dessen Verlangen außer Kraft setzen. Unter die „nötigen Maßnahmen" fielen auch die **„Notverordnungen"**, gesetzliche Maßnahmen ohne Mitwirkung des Reichstages.

In der Praxis wurde Artikel 48 aus unterschiedlichen Anläßen angewandt: So wurde z.B. zwischen 1919 und 1923 mehrfach der Ausnahmezustand ausgerufen, um Putschversuche und Aufstände links- und rechtsradikaler Kräfte abzuwehren. Friedrich Ebert erließ 135 Verordnungen nach Artikel 48, darunter 44 zur Behebung wirtschaftlicher Mißstände. 1921 erließ er z.B. eine Notverordnung, die es ermöglichte, gegen verfassungsfeindliche Presseorgane und Parteiveranstaltungen vorzugehen. Diese wurde wenige Monate später von einer Reichstagsmehrheit aufgehoben. Ab 1930 wurde Artikel 48 auch auf den Verfassungsnotstand angewandt, wie überhaupt seit diesem Zeitpunkt der Reichspräsident weitgehend gesetzgebende und exekutive Gewalt in seinem Amt vereinigte. Er ernannte und entließ Kanzler und Minister ohne Zustimmung des Parlaments, erließ über Notverordnungen Gesetze – 1930 fünfmal, 1931 vierundzwanzigmal und 1932 sechzigmal – und löste das Parlament auf. Reichskanzler Heinrich Brüning erklärte am 1. April 1930, daß sein neues Kabinett entsprechend dem vom Reichspräsidenten erteilten Auftrag an keine Koalition gebunden sei. Als der Reichstag die Notverordnungen vom 16. Juli 1930 ablehnte, löste Hindenburg das Parlament auf; Hindenburg entließ am 30. Mai 1932 Reichskanzler Brüning, obwohl kein Mißtrauensvotum gegen ihn vorlag, und ernannte Franz von Papen zum Kanzler, der keine Aussichten auf ein parlamentarisches Vertrauen besaß. Nachdem der Regierung Papens das Mißtrauen ausgesprochen worden war, verfügte der Reichspräsident die Auflösung des Parlaments, „weil die Gefahr besteht, daß der Reichstag die Auflösung meiner Notverordnung vom 4. September des Jahres 1932 verlangt".

Diese Beispiele zeigen, daß die parlamentarische Kontrolle der Anwendung von Artikel 48 ab 1930 praktisch wirkungslos wurde, zumal ab diesem Zeitpunkt die Regierungen keine Mehrheit hinter sich hatten (T 13) und ganz vom Vertrauen des Reichspräsidenten abhängig waren.

Die Offenheit und Liberalität der Verfassung führte zu einer Wertneutralität. In den Beratungen der Nationalversammlung brachten alle dort vertretenen Parteien ihre Vorstellungen von Normen und Werten ein. So fanden sich Eigentumsgarantieren neben Sozialisierungsparagraphen, Verhältniswahlrecht neben Volksentscheiden, konkurrierende Hoheitsrechte von Reich und Staaten. Aber es fehlte eine Verankerung demokratischer Werte, ein Verfassungsschutz gegenüber Gegnern der demokratischen Ordnung. Rolle und Aufgaben der Parteien wurden nirgends erwähnt. Auch im Grundrechtsteil waren die geistigen Grundlagen der parlamentarisch-demokratischen Ordnung nicht klar formuliert. Neben klassischen Freiheitsrechten finden sich Schutz der Mutterschaft und der Jugend, Schutz von Kunstwerken und Denkmälern, Vergesellschaftung von Betrieben, Beamtenrechte und politische Freiheit der Beamten. Die Grundrechte waren jedoch nicht als bindendes materielles Recht wie etwa im Grundgesetz 1949 festgelegt.

Im Kampf um die politische Macht verhielt sich der Staat von Weimar innenpolitisch neutral; er wachte über die Einhaltung der Gesetze und suchte vor Gewaltanwendung zu schützen. Nach der Verfassung war es möglich, die demokratische Ordnung legal aufzuheben. Man mußte lediglich die Mehrheit im Parlament erlangen.

T 4 Ernst Däumig (USPD): Der Rätegedanke

Däumig war Mitglied des Vollzugsrats des Arbeiter- und Soldatenrats von Groß-Berlin.

Der Rätegedanke in seiner reinen und konsequenten Anwendung ist praktischer Sozialismus; er soll die Möglichkeit schaffen, die durch die sozialistischen Parteien propagierten Lehren der sozialistischen Wissenschaft durch das Proletariat in die Wirklichkeit umzusetzen. [...] Das Wesen des Rätegedankens beruht auf folgenden Grundsätzen:

1. Träger des Rätegedankens kann nur das Proletariat sein. d. h. alle die Hand- und Kopfarbeiter, die gezwungen sind, ihre Arbeitskraft dem Kapital zu verkaufen, um leben zu können. Damit steht der Rätegedanke in einem ebenso scharfen wie natürlichen Gegensatz zu dem landläufigen demokratischen Gedanken, der die Staatsbürger als eine einheitliche Masse wertet, ohne Rücksicht auf den großen Gegensatz zwischen Kapital und Arbeit und die aus diesen hervorgehenden Klassenentscheidungen zu nehmen.
2. Da das dem Rätegedanken folgende Proletariat ausgesprochen antikapitalistische Ziele verfolgt, kann es in seinen Räteorganisationen keine kapitalistischen Vertreter dulden.
3. Da die den formalen demokratischen Gedanken verkörpernden Parlamente solange kapitalistischen Tendenzen dienstbar gemacht werden, solange die kapitalistische Produktionsform besteht, kann der Rätegedanke nicht mit den Mitteln des Parlamentarismus verwirklicht werden, sondern muß in den Keimzellen der kapitalistischen Produktion, den Betrieben, dann aber auch in verschiedenen Einrichtungen des Obrigkeitsstaates, der auf der Grundlage der kapitalistischen Produktion errichtet ist, zur Anwendung gebracht werden.
4. Da die Verwirklichung des Rätegedankens die ständige aktive Anteilnahme des Proletariats an allen wirtschaftlichen und politischen Fragen erfordert, können die Organe der Räteorganisation nicht langbefristete Vollmachten erhalten, sondern müssen stets der Kontrolle ihrer Wähler unterstehen und jederzeit abberufen werden können, wenn sie das Vertrauen ihrer Wähler nicht mehr haben.
5. Da der Rätegedanke die Befreiung des gesamten Proletariats von der kapitalistischen Ausbeutung zum Ziele hat, kann die Räteorganisation nicht die Domäne einer einzelnen Partei oder einzelner Berufsgruppen sein, sondern muß das Proletariat als Ganzes umfassen.

(Die Revolution. Unabhängiges Sozialdemokratisches Jahrbuch für Politik und proletarische Kultur. Berlin 1920, S. 85ff.)

T 5 Max Cohen (SPD) auf dem Reichskongreß der Arbeiter- und Soldatenräte in Berlin (16.–19. Dezember 1918)

Wie man auch über die Arbeiter- und Soldatenräte denken mag – ich denke ziemlich günstig über sie und werde darauf noch zurückkommen –, in jedem Falle drücken die *Arbeiter- und Soldatenräte nur einen Teilwillen*, niemals aber den Willen des ganzen deutschen Volkes aus. Diesen festzustellen, darauf kommt es an.

Die Gefahr, in der wir schweben, ist, glaube ich, sehr viel größer, als die meisten es sich vorstellen.

Wenn es so weiter geht wie bisher, dann wird unser gesamtes Wirtschaftsleben, das doch die Voraussetzung für den Wiederaufbau Deutschlands ist, lahmgelegt, ohne daß wir in der Lage sind, etwas Neues an seine Stelle zu setzen. Ich möchte hier einmal offen und ehrlich aussprechen: der Zerfall muß kommen, wenn es uns nicht gelingt, der Disziplin – und Einsichtslosigkeit Herr zu werden. [...]

Kameraden und Parteigenossen! Nun glaube ich, [...] daß für die Wiederaufrichtung unseres wirtschaftlichen Lebens eine vorhergehende Neuregelung unserer politischen Verhältnisse notwendig ist. Es ist in dieser kritischen Zeit und im Augenblick umgekehrt, wie wir Sozialisten es meist angenommen haben. Für den Augenblick ist die Politik die Voraussetzung der Ökonomie geworden, und ich glaube, daß wir eine geregelte Verwaltung in Deutschland nur durch die Nationalversammlung herstellen können, die uns die demokratische Verfassung gibt und das deutsche Reich wieder aufbaut und seine auseinanderstrebenden Teile zusammenhält. [...]

Parteigenossen, man kann eben Sozialismus durch Gewalt und Dekrete nicht einführen; das hat uns das russische Beispiel gezeigt. *Sozialisierung* ist ein organischer Entwicklungs- und Umbildungsprozeß, bei dem neue Wirtschaftsformen neben werdenden und auch alten Formen zusammen existieren werden. Wenn man aber diesen Entwicklungsprozeß nicht in sorgsamster Weise fördert, kommt die Katastrophe. [...]

Deshalb möchte ich aussprechen: wir Sozialdemokraten müssen uns endlich auf das entschiedenste und nachhaltigste wehren, daß unsere reine, klare gute sozialistische Gedankenwelt durch *bolschewistische Verschrobenheiten* sabotiert und diskreditiert wird.

(Allgemeiner Kongreß der Arbeiter- und Soldatenräte Deutschlands. Stenographischer Bericht. Berlin 1919, Spalte 209ff.)

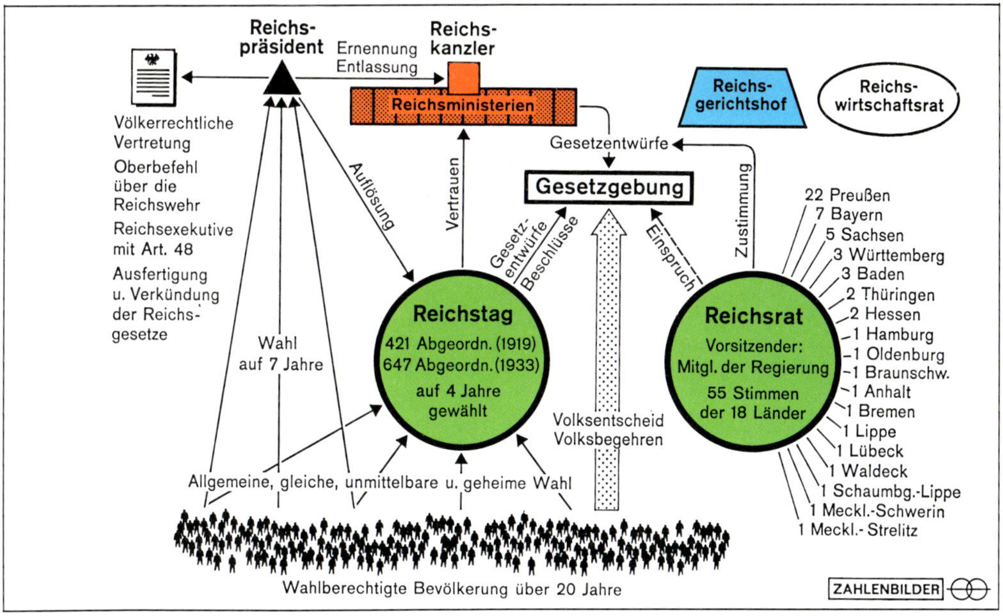

Die Verfassungsordnung von 1919

T 6 Synoptischer Vergleich: Weimarer Verfassung – Grundgesetz der Bundesrepublik Deutschland

	Weimarer Verfassung	Grundgesetz	
Staatsoberhaupt	Reichspräsident	Bundespräsident	
Amtsdauer	7 Jahre	5 Jahre	
Wahl	Volkswahl (Art. 41)	Bundesversammlung (Art. 54)	
Ernennung und Entlassung des Kanzlers	ohne Mitwirken des Parlaments (Art. 53)	Ernennung nach Wahl durch Bundestag (Art. 63, 2) Entlassung nach Wahl des Nachfolgers (Art. 64, 1)	
Wehrmacht	Oberbefehl (Art. 47)	kein Oberbefehl	
Ausnahmezustand	Art. 48, 2	–	
Gesetzgebungs-notstand	Notverordnungen nach Art. 48	nur zusammen mit Bundesregierung und Bundesrat (Art. 81)	
Parlamentsauflösung	Art. 25	nur beschränkt (Art. 63, 4) beschränkt bei Mißtrauensvotum (Art. 68)	
Gesetzgebung	suspensives Veto (Art. 73)	–	
Volksentscheid	gegen Reichstagsbeschluß (Art. 75) Verfassungsänderung (Art. 76) Gesetzgebungsmittel (Art. 73–74)	nur zur Neugliederung des Bundesgebietes (Art. 29)	
Parteien	–	Organe der politischen Willensbildung (Art. 21)	
Verfassungsschutz bzw. -widrigkeit	–	Treue zur Verfassung (Art. 18) Parteien (Art. 21, 2)	
Wahlrecht	reines Verhältniswahlrecht	kombiniertes Verhältnis- und Mehrheitswahlrecht mit 5%-Klausel	
Merkmale des demokratischen Rechtsstaates:			
Volkssouveränität	Art. 1, 2	Art. 20, 2	Art. 20 kann
Sozialstaat	–	Art. 20, 1	nicht geändert
Gewaltenteilung	–	Art. 20, 2	werden
Grundrechte:			
Einschränkung	Art. 48	siehe Notstandsgesetze	
Verwirkung	–	durch Bundesverfassungsgericht bei Verletzung der Grundrechte zum Schaden der Demokratie (Art. 18)	

T 7 Politische und wirtschaftliche Vorstellungen der Parteien in der Weimarer Republik

Partei	Grundlagen des Staates / Innenpolitik	Außenpolitik
KPD 24. 8. 1930	Aufbau des Sozialismus / Zerschlagung des Machtapparates / Sowjetdemokratie / Klassenkampf / Sturz der Macht der Kapitalisten und des Großgrundbesitzes / brüderliches Bündnis mit den Proletariern aller Länder	Annullierung aller internationalen Schuld und Reparationsleistungen / politisches u wirtschaftliches Bündnis mit der Sowjetunior Selbstbestimmungsrecht aller Nationen
SPD (Heidelberger Programm) 18. 9. 1925	Einheitsrepublik mit dezentralisierter Selbstverwaltung / Abwehr monarchischer und militaristischer Bestrebungen / Demokratisierung der Verwaltung / Schutz des Koalitions- und Streikrechts / weltliche Schulen	gegen Imperialismus / Verwirklichung d Sozialismus / friedliche Lösung international Konflikte / Selbstbestimmungsrecht / intern tionale Abrüstung / europäische Wirtschaf einheit
Zentrum 16. 1. 1922	Einigung starker Parteienkoalition auf festes Arbeitsprogramm / gegen gewaltsamen Umsturz / Vereinheitlichung der Verwaltung / Selbstverwaltung / Unparteilichkeit der Justiz / Bekenntnisschule	Gleichberechtigung Deutschlands / internati nale Prüfung der Kriegsschuldfrage / Befreiu der besetzten Gebiete mit rechtmäßigen M teln
DDP 13.–15. 12. 1919	Bekenntnis zur Weimarer Verfassung / Erziehung des Volkes zur staatsbürgerlichen Gesinnung / Volksstaat / gleiches Recht für alle in Gesetzgebung und Verwaltung / kommunale Selbstverwaltung	Revision der Friedensverträge / Selbstbesti mungsrecht / Gleichberechtigung Deutschlan / gegen Absplitterung deutscher Volksteile
DVP 19. 10. 1919	gesetzmäßig aufgerichtetes Kaisertum als geeignetste Staatsform / verantwortliche Mitarbeit der Volksvertretung / Verwaltungsreform / Selbstverwaltung / Stärkung der Familie / gegen Überflutung durch Fremdstämmige / nationale Einheitsschule / Koalitionsfreiheit	Völkerversöhnung erstrebenswert, jedo unmöglich, solange die Ehre des Volkes v Feinden zertreten / Vereinigung aller Deu schen einschließlich Österreichs / gegen auf zwungenen Frieden
DNVP 1920	über den Parteien stehende Monarchie sichert Einheit des Volkes / starkes Preußen / Mitwirkung der Volksvertretung bei der Gesetzgebung / starke Exekutive / unabhängiges Berufsbeamtentum (Justiz) / kommunale Selbstverwaltung / starkes deutsches Volkstum / gegen zersetzenden undeutschen Geist (Antisemitismus)	Befreiung von fremder Zwangsherrschaft / sta ke Außenpolitik / feste Vertretung der deu schen Interessen / Volksgemeinschaft mit all Deutschen im Ausland / Selbstbestimmun recht
NSDAP 24. 2. 1920	als Staatsbürger gelten nur Volksgenossen deutschen Blutes, keine Juden / gegen korrumpierende Parlamentswirtschaft / starke Zentralgewalt / unbedingte Autorität des Zentralparlaments über das gesamte Reich und seine Organisation	Zusammenschluß aller Deutschen auf d Grundlage des Selbstbestimmungsrechts / A hebung der Friedensverträge / Kolonien z Ernährung und Ansiedlung unseres Volkes gegen Einwanderung Nichtdeutscher

Wirtschaft
entschädigungslose Enteignung der Industriebetriebe, des großen Hausbesitzes und des Großgrundbesitzes / Übergabe ihres Grund und Bodens an landarme Bauern, Abschaffung der Unternehmerprofite
wirtschaftliches Rätesystem / Kontrolle des Reichs über Kartelle / Förderung der Genossenschaften / Verstaatlichung von Grund und Boden
Gewährleistung des Rechts der Privatunternehmen und Genossenschaften / Verstaatlichung gegen Entschädigung / Schutz des Mittelstandes / Aufsicht über Kartelle
gegen Vergesellschaftung der Produktionsmittel / Privatwirtschaft / gegen Monopole / Aufteilung des Großgrundbesitzes / Schutz von Handwerk und Kleinhandel
Privateigentum / nur bedingte Verstaatlichung gegen Entschädigung; vorzugsweise statt dessen Beteiligung des Staates an freien Betrieben / Genossenschaftswesen / Förderung der Landwirtschaft und des Mittelstandes
Privateigentum / gegen Kommunismus / berufliche und genossenschaftliche Zusammenschlüsse / Förderung der Landwirtschaft und des Mittelstandes / Sozialisierung nur mit erhöhter Vorsicht
Verstaatlichung aller bereits vergesellschafteten Betriebe / Gewinnbeteiligung an Großbetrieben / gesunder Mittelstand / Bodenreform / Kommunalisierung der Groß-Warenhäuser

T 8 Staatsverständnis politischer Parteien (Programmerklärungen)

a) **KPD,** 24. August 1930
Wir Kommunisten erklären, daß wir nach dem Sturz der Macht der Kapitalisten und Großgrundbesitzer, nach der Aufrichtung der proletarischen Diktatur in Deutschland, im brüderlichen Bündnis mit den Proletariern aller anderen Länder in erster Linie folgendes Programm durchführen werden.
(vgl. T 7)

b) **SPD,** Heidelberg, 18. September 1925
Die demokratische Republik ist der günstigste Boden für den Befreiungskampf der Arbeiterklasse und damit für die Verwirklichung des Sozialismus. Deshalb schützt die Sozialdemokratische Partei die Republik und tritt für ihren Ausbau ein.

c) **Zentrum,** 16. Januar 1922
Der Staatsautorität und den Gesetzen ist durch ebenso entschlossene wie unparteiische Haltung aller verantwortlichen Stellen Geltung zu verschaffen. Umsturzbewegungen ist kraftvoll entgegenzutreten, ohne Rücksicht auf Person und Partei des Urhebers. Durch den Geist und die Führung der inneren Politik muß ihnen der Boden entzogen werden.

d) **DDP,** 13.–15. Dezember 1919
Die Deutsche Demokratische Partei steht auf dem Boden der Weimarer Verfassung; zu ihrem Schutz und zu ihrer Durchführung ist sie berufen.

e) **DVP,** 19. Oktober 1919
Wir fordern die Wiederherstellung der ruhmvollen schwarz-weiß-roten Reichsfarben. Die Deutsche Volkspartei erblickt in dem durch freien Entschluß des Volkes auf gesetzmäßigem Wege aufzurichtenden Kaisertum, dem Sinnbild deutscher Einheit, die für unser Volk nach Geschichte und Wesensart geeignetste Staatsform. Verantwortliche Mitarbeit der Volksvertretung an der Regierung, ohne Ausbeutung der jeweiligen Parteimacht, gilt uns als wesentliche Grundlage jeder Verfassung.

f) **DNVP,** 1920
Die monarchische Staatsform entspricht der Eigenart und geschichtlichen Entwicklung Deutschlands. Über den Parteien stehend, verbürgt die Monarchie am sichersten die Einheit des Volkes. [...] Der starke Staat, den unser Volk braucht, verlangt zumal bei der jetzigen parlamentarischen Regierungsform eine kraftvolle vollziehende Gewalt und einen festgefügten planmäßigen Behördenaufbau.

g) **NSDAP,** München, 24. Februar 1920
Staatsbürger kann nur sein, wer Volksgenosse ist. Volksgenosse kann nur sein, wer deutschen Blutes ist [...]. (Wir) fordern die Schaffung einer starken Zentralgewalt des Reiches. Unbedingte Autorität des politischen Zentralparlaments über das gesamte Reich und seine Organisation im allgemeinen.

T 9 Selbstverständnis und Stellung der Reichswehr

a) Erlaß des Chefs der Heeresleitung von Seeckt (18. 4. 1920)

Die Reichswehr soll in allen Stellen jedem Volksgenossen offen stehen; die Auswahl ihrer Führer wird nach wie vor auf Grund dienstlicher Eignung und des Charakters erfolgen. Mit allen Kräften soll die politische Betätigung jeder Art dem Heere ferngehalten werden. Politische Kämpfe innerhalb der Reichswehr vertragen sich weder mit dem Geist der Kameradschaft noch mit der Disziplin und können die militärische Ausbildung nur schädigen. Wir fragen nicht nach der politischen Färbung des Einzelnen; aber von jedem, der jetzt noch in der Reichswehr dient, muß ich annehmen, daß er seinen Eid ernst nimmt.

(Fr. v. Rabenau, Seeckt. Aus seinem Leben 1918–1936. Leipzig 1940, S. 239f.)

b) Reichswehrminister Groener (parteilos) über die Aufgabe der Reichswehr (25. 10. 1930)

Seit ich Reichsminister bin, ist mein ganzes Sinnen und Trachten nur auf ein Ziel, die Befreiung unseres Landes gerichtet. Es ist klar, daß ich dieses weder von der Bühne des parlamentarischen Lebens in die Öffentlichkeit hinausrufen noch bei meinen Besuchen an der Front erörtern kann. [...] Die Wehrmacht für diese kommende Zeit als das scharfe, schlagfertige Instrument modernster Kriegsführung auf die höchste Stufe zu entwickeln und es zu gegebener Zeit weiter auszubauen, ist mein Bestreben in den schweren parlamentarischen Kämpfen gewesen. Die ganze Wehrmacht müßte allmählich wissen, wie ich in diesen Kämpfen ihre Interessen gewahrt und sie frei von jeder politischen Beeinflussung, vor allem von linker Seite, gehalten habe. Denn nur eine über allen Parteien stehende und in sich gefestigte Reichswehr ist für den ihr zugedachten hohen Zweck zu gebrauchen.

(O.-E. Schüddekopf, Das Heer und die Republik. Quellen zur Politik der Reichswehrführung 1918–1933. Frankfurt 1955, S. 304)

c) Der Reichstagsabgeordnete Stücklen (SPD) über die Reichswehr (26. 5. 1925)

Wir haben heute ein Heer der Republik, das, wie ich feststellen will, diesem Staate dient, dessen Leitung erklärt, wir stehen auf dem Boden der Verfassung; aber das schließt natürlich nicht aus, daß wir, wenn die Verfassung geändert, ein anderes Staatswesen aufgezogen wird, dann auch dem neuen Staatswesen dienen.

Es sind aber [...] recht deutliche Anzeichen dafür vorhanden, daß die Entwicklung der Reichswehr dahin geht, eine Art Staat im Staate zu werden. Das war das, was früher bei den Verhandlungen über die Reichswehr im Hauptausschuß und im Plenum dieses Hauses immer wieder betont wurde, eine gewisse Abgeschlossenheit, ein Korpsgeist, der zur Abgeschlossenheit führen mußte und letzten Endes bewirkte, daß die alte Armee wirklich ein Staat im Staate war, mit einem eigenen Ehrbegriff, ihrem eigenen Strafkodex, mit einem Wort eine Menge Einrichtungen, die von den Einrichtungen der zivilen Bevölkerung losgelöst waren. Im Hauptausschuß wurde darauf hingewiesen, daß die Anzeichen für eine solche Entwicklung abermals vorhanden seien. Die Gefahr ist um so größer, als früher der Soldat nur zwei Jahre diente und nach zwei Jahren in die Massen des Volkes zurücktrat, aus denen er gekommen war. Heute dient der Reichswehrsoldat zwölf Jahre. Zwölf Jahre verlebt er in einer ganz anderen Umwelt. Er ist ganz anderen Einflüssen und Eindrücken preisgegeben; das führt letzten Endes dazu, daß eine gewisse Entfremdung nicht vermieden werden kann.

(Ursachen und Folgen. Bd. 7. A.a.O., S. 476)

T 10 Wilhelm Hoegner: Die politische Justiz

Hoegner war 1930–1933 Reichstagsabgeordneter der SPD.

Die hohe Staatsbürokratie, insbesondere auch die Justizbürokratie [...], war im Grunde ein Fremdkörper im demokratischen Staat. Ihre Vertreter hingen zum größten Teil den Idealen an, die mit dem Zusammenbruch der kaiserlichen Macht [...] außer Geltung gekommen schienen: wirtschaftliche und politische Vorherrschaft der besitzenden Klassen, Obrigkeitsstaat und militärischer Machtstaat [...].

Ein großer Teil der höheren Justizbeamten hatte dem Offizierskorps angehört. In ihnen wirkte die Erinnerung nach, daß die Zugehörigkeit zur Sozialdemokratie oder die Billigung ihrer Forderungen ehemals den Ausschluß aus dem Offizierskorps und den Standesvereinen nach sich gezogen hatte [...]. Der Nachwuchs der von den Universitäten kam, gehörte überwiegend der völkischen Richtung an.

(W. Hoegener, Der politische Radikalismus in Deutschland 1919–1933. Geschichte und Staat 118/119, München/Wien 1966, S. 114–116.)

T 11 Ergebnisse der Reichstagswahlen, 1919–1933 (in %)

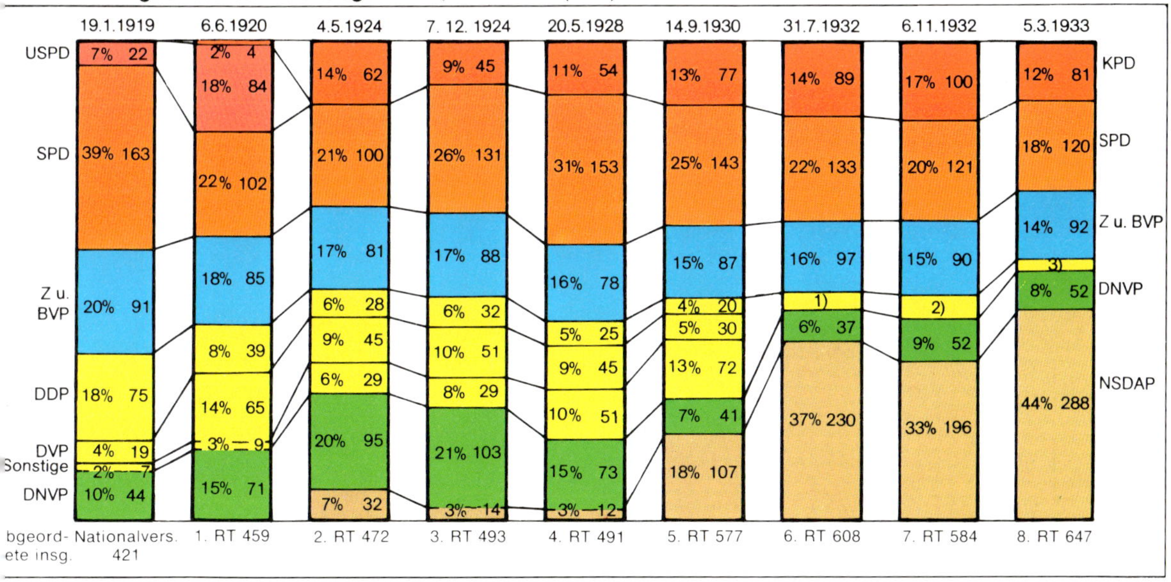

	1)	2)	3)
Dt. Staatspartei:	1,0	0,9	0,8
DVP	1,1	1,7	1,0
Sonstige	3,5	5,2	1,8

T 12 Ergebnisse der Reichspräsidentenwahlen (in %)

a) 1925

	1. Wahlgang (29. 3.)	2. Wahlgang (26. 4.)
Wahlbeteiligung	68,9%	77,6%
Davon entfielen auf:		
Jarres (DVP)	38,8%	Hindenburg 48,3%
Held (BVP)	3,7%	
Ludendorff (NSDAP)	1,1%	
Braun (SPD)	29,0%	
Marx (Z)	14,5%	45,3%
Hellpach (DDP)	5,8%	
Thälmann (KPD)	7,0%	6,4%

b) 1932

	1. Wahlgang (13. 3.)	2. Wahlgang (10. 4.)
Wahlbeteiligung	86,2%	83,5%
Davon entfielen auf:		
Duesterberg (DNVP)	6,8%	
Hindenburg	49,6%	53,0%
Hitler	30,1%	36,8%
Thälmann	13,2%	10,2%

(v. Aretin/Fauth, Die Machtergreifung. München 1959)

T 13 Die Reichsregierungen von 1919–1933 und ihre Zusammensetzung

Beginn	Koalition	Reichskanzler	Zahl der von den Parteien gestellten Minister									
			USPD/ KPD	SPD	DDP	Zentrum	DVP	BVP	DNVP	NSDAP	X[1]	parteilos
10. 11. 1918	SPD-USPD	(Rat der Volksbeauftragten)	3	3	0	0	0	0	0	0	0	0
29. 12. 1918	SPD	(Rat der Volksbeauftragten)	0	5	0	0	0	0	0	0	0	0
13. 2. 1919	SPD-Z-DDP	Scheidemann (SPD)	0	6	4	4	0	0	0	0	0	1
21. 6. 1919	SPD-Z-(DDP)	Bauer (SPD)	0	7(6)	2(3)	6	0	0	0	0	0	0
27. 3. 1920	SPD-Z-DDP	Müller (SPD)	0	5(6)	3	4(3)	0	0	0	0	0	0
21. 6. 1920	Z-DDP-DVP	Fehrenbach (Z)	0	0	2	4	3	0	0	0	0	2
10. 5. 1921	SPD-Z-DDP	Wirth (Z)	0	3	3	4	0	0	0	0	0	2
26. 10. 1921	SPD-Z-DDP	Wirth (Z)	0	4	2	4	0	0	0	0	0	1
22. 11. 1922	Z-DDP-DVP	Cuno (parteilos)	0	0	2	2	2	1	0	0	0	5
13. 8. 1923	SPD-Z-DDP-DVP	Stresemann (DVP)	0	4	2	3	2	0	0	0	0	1
6. 10. 1923	SPD-Z-DDP-DVP	Stresemann (DVP)	0	3	2	3	1	0	0	0	0	3
30. 11. 1923	Z-DDP-DVP-BVP	Marx (Z)	0	0	3	3	1	1	0	0	0	3(4)
3. 6. 1924	Z-DDP-DVP	Marx (Z)	0	0	3(2)	3	1	(1)	0	0	0	4
15. 1. 1925	Z-DDP-DVP-DNVP	Luther (parteilos)	0	0	1(2)	3(2)	2(3)	1	(3)	0	0	1(3)
20. 1. 1926	Z-DDP-DVP-BVP	Luther (parteilos)	0	0	3	4	3	1	0	0	0	0
17. 5. 1926	Z-DDP-DVP	Marx (Z)	0	0	3	4	3	1	0	0	0	0
29. 1. 1927	Z-DVP-BVP-DNVP	Marx (Z)	0	0	(1)	3	2	1	4	0	0	(1)
29. 6. 1928	SPD-Z-DDP-DVP-BVP	H. Müller (SPD)	0	3	2(1)	2(3)	2(3)	2(1)	0	0	0	0
30. 3. 1930	Präsidialkabinett	Brüning (Z)	0	0	1(2)	3(4)	2(1)	1	1	0	3(2)	1(3)
9. 10. 1931	Präsidialkabinett	Brüning (Z)	0	0	1	2	0	1	0	0	3	4
1. 6. 1932	Präsidialkabinett	von Papen (parteilos, vorher Z)	0	0	0	0	0	0	4	0	0	9
3. 12. 1932	Präsidialkabinett	von Schleicher (parteilos)	0	0	0	0	0	0	2	0	2	9
30. 1. 1933	DNVP-NSDAP	Hitler (NSDAP)	0	0	0	0	0	0	4	3	1	5

X[1] = Splitterparteien. Zahlen in Klammern beziehen sich auf Regierungsumbildungen innerhalb der Amtsdauer. (Zusammengestellt und neuprozentuiert nach: Statistisches Jahrbuch für das Deutsche Reich Bd. 27 [1928], S. 579 und Bd. 32 [1934], S. 302).

Problem und Diskussion

1 *Prüfen Sie die Argumente in der Diskussion über die Rätebewegung. Worin unterscheidet sich die Rätedemokratie von der parlamentarischen Demokratie?*

2 *Skizzieren Sie die Etappen, die zur politischen Ordnung der Weimarer Republik führten?*

3 *Die neue politische Ordnung wird häufig als Kompromiß bezeichnet. Setzen Sie sich mit dieser These auseinander.*

4 *Vergleichen Sie die Weimarer Verfassung mit dem Bonner Grundgesetz hinsichtlich Gemeinsamkeiten und Unterschieden.*

5 *Versuchen Sie anhand der Darstellung Einstellungen der wichtigsten politischen Parteien zur Weimarer Republik zu charakterisieren.*

6 *Beschreiben Sie die Haltung gesellschaftlicher Kräfte (Reichswehr, Interessenverbände, Bürokratie, Justiz) zur parlamentarischen Demokratie von Weimar.*

7 *Interpretieren Sie die Tabellen T 11 – T 13. Versuchen Sie in einer vorläufigen Hypothesenbildung Entwicklungstendenzen innerhalb des politischen Kräftefeldes abzuleiten.*

8 *Charakterisieren Sie historisch-politische Prozesse, die zur Weimarer Republik führten:*
- *Nennen Sie langfristige und kurzfristige Bedingungsfaktoren*
- *Untersuchen Sie die Verbindung von außen- und innenpolitischen Faktoren*
- *Analysieren Sie die historischen Prozesse unter den Aspekten von Kontinuität und Brüchen.*

2. Aspekte und Probleme der Weimarer Republik

2.1 Europa nach dem Ersten Weltkrieg

Die Neuordnung Europas wurde auf der **Pariser Friedenskonferenz** vom 18.1.1919 bis 21.1.1920 von Alliierten und Assoziierten Mächten behandelt. Rußland, d.h. die Bürgerkriegsparteien, fehlte. Die ehemaligen Feindmächte konnten nur schriftliche Stellungnahmen abgeben. Die wesentlichen Entscheidungen trafen die Großmächte USA, Frankreich, Großbritannien und Italien. Entsprechend der Tradition früherer Friedenskonferenzen in Europa wurden getrennte Verhandlungen mit den einzelnen Feindstaaten geführt. Die Pariser Verträge, besonders die territorialen Bestimmungen des **Versailler Vertrages**, waren ein Kompromiß zwischen den verschiedenen Zielvorstellungen der Mächte. Dabei stießen die politischen Voraussetzungen für ein Friedensprogramm, die Wilson mehrfach geäußert hatte, mit den Zielen der europäischen Mächte zusammen. Der konservative englische Premierminister Lloyd George trat den sicherheitspolitischen Interessen Frankreichs, die von Georges Clemenceau verfochten wurden, zudem dort entgegen, wo sie in eine französische Hegemonie auf dem Kontinent umzuschlagen drohten. Besonders in den Auseinandersetzungen um Saar und Rhein, um Danzig und in der Frage der Volksabstimmung in Oberschlesien billigte England deshalb die französischen Forderungen nicht.
Deutschland blieb nach Inkrafttreten der Vertragsbestimmungen ein bedeutender europäischer Staat, wenn auch die Wirtschaftskraft durch den Verlust von Industriegebieten und Rohstofflagern zunächst erheblich beeinträchtigt wurde: 15% der Anbaufläche, 17% der Kartoffel- und 13% der Weizenernte, 75% der Eisenerze, 68% der Zinkvorkommen, 26% der Steinkohleförderung und das Kalimonopol gingen verloren.
Weitere wirtschaftliche und finanzielle Auflagen und Belastungen Deutschlands, die vor allem Frankreich forderte, hatten nach dem Friedensprogramm von Wilson zunächst keine völker-

T 14 Gebietsverluste (Reichsteile) nach dem Ersten Weltkrieg

abgetretene Landesteile	an Staat	Fläche (in qkm)	Bevölkerung 1910 (in 1000)	davon mit Muttersprache Deutsch[4] (in 1000)	(in %)
Posen[1]	Polen	26042	1946	670	34,4
Westpreußen[1]	Polen	15865	965	412	42,7
Südostpreußen[1]	Polen	501	25	9	36,0
Pommern[1]	Polen	10	0,2	0,2	100,0
Schlesien[1]	Polen	512	26	9	34,6
Westpreußen (Danzig)[1]	Freie Stadt Danzig	1914	331	315	95,2
Ostpreußen (Memelgebiet)[1]	Litauen	2657	141	72	51,1
Ostoberschlesien[2]	Polen	3213	893	264	29,5
Schlesien (Hultschin)[1]	Tschechoslowakei	316	48	7	14,6
Nordschleswig[2]	Dänemark	3992	166	40	24,1
Eupen-Malmedy[2]	Belgien	1036	60	49	81,7
Elsaß-Lothringen[1]	Frankreich	14522	1874	1634	87,2
insgesamt		70579	6476	3482	53,8
in %[3]		13,0	10,0		

1 Ohne Abstimmung. 2 Mit Abstimmung. 3 Der Fläche und Bevölkerung des Deutschen Reiches von 1910.
4 Deutsch als einzige Muttersprache.

(Hagen Schulze, Weimar. Berlin 1982, S. 195)

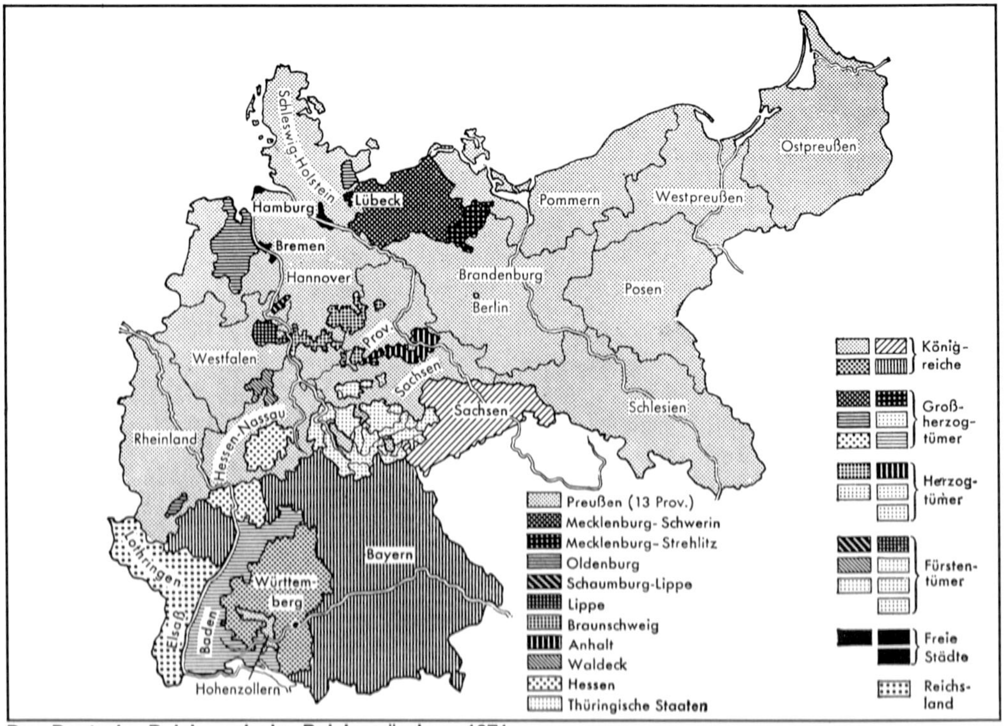

Das Deutsche Reich nach der Reichsgründung 1871

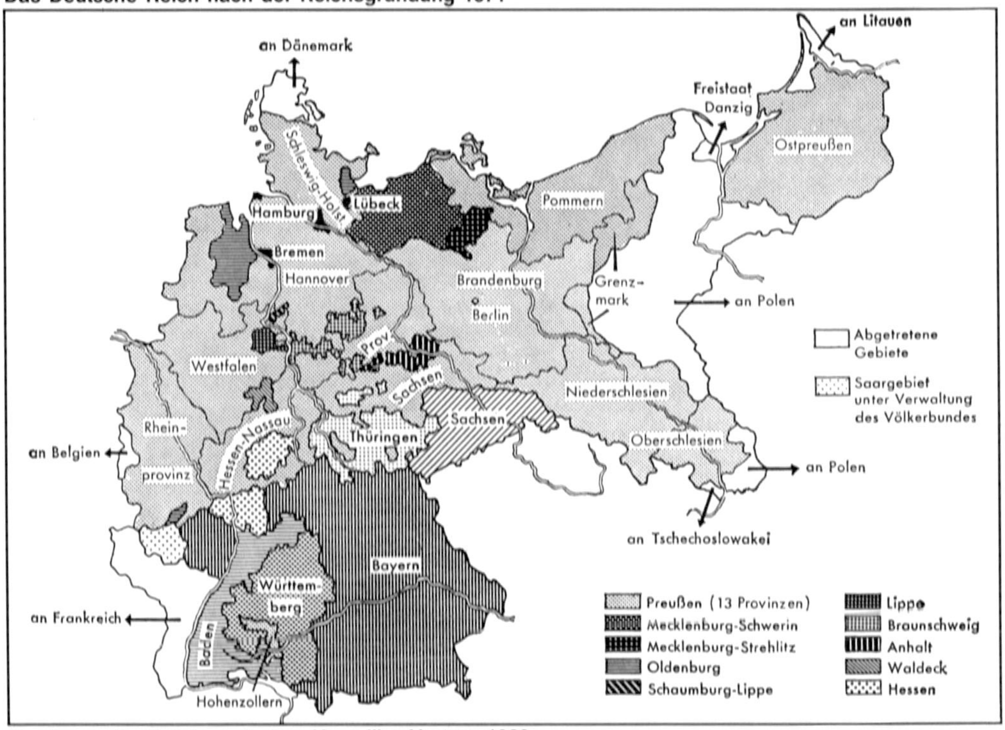

Das Deutsche Reich nach dem Versailler Vertrag 1920

rechtliche Grundlage. Es sollte weder Annexionen, noch Kontributionen oder Schadensersatzleistungen geben. Die Handhabe für Reparationsverpflichtungen ergab sich dann aus dem Argument der Kriegsschuld und der Aggression, also aus der Begründung von Forderungen aufgrund widerrechtlich zustandegekommener Schäden. In Artikel 231 des Friedensvertrags, dem sogenannten **Kriegsschuldartikel**, mußte Deutschland anerkennen, daß „es und seine Verbündeten als Urheber für alle Verluste und Schäden verantwortlich sind", die die Alliierten durch den Krieg erlitten hatten, der ihnen „durch den Angriff Deutschlands und seiner Verbündeten aufgezwungen wurde".
Deutschland und seine Verbündeten sollten zunächst in unbestimmter Höhe **materielle Wiedergutmachung** leisten, bis eine Reparationskommission das Ausmaß des angerichteten Schadens festgestellt hatte. Die sofort zu entrichtenden Leistungen wurden vornehmlich in Gütern festgesetzt. In diesem Zusammenhang verlor Deutschland 90% seiner Handelsflotte, 5000 Lokomotiven, 136 000 Waggons, 130 000 landwirtschaftliche Maschinen, 135 000 Rinder und 50 000 Pferde. Bis zur Festlegung der Reparationsleistungen im Mai 1921 auf 132 Mrd. Goldmark wurden weiterhin 24 Mio. t Kohle und 15 Mio. t Farbstoffe abgeliefert. Durch das Londoner Ultimatum vom Mai 1921 wurde Deutschland gezwungen, die Höhe der Reparationsleistungen anzuerkennen. Über die Möglichkeiten, diesen Betrag zu bezahlen, und über die Auswirkungen auf den internationalen Waren- und Zahlungsverkehr machten sich nur wenige Verantwortliche ernsthafte Gedanken (T 19).
In den **territorialen Bestimmungen** der Pariser Friedensverträge war – trotz einiger Einschränkungen – das **Prinzip des nationalen Selbstbestimmungsrechts** zumindest formal angewendet worden. Dieses schlug sich in den Plebisziten (Volksabstimmungen) nieder, die zur Grundlage für Grenzziehungen in Mitteleuropa gemacht wurden s. Kasten (T 15), wenn auch manchmal deren Durchführung anfechtbar war (T 17).

T 15 Volksabstimmungen nach dem Versailler Vertrag

1920	**Schleswig I.** (nördliche Zone): 75% für Dänemark. **Schleswig II.** (südliche Zone): 80% für Deutschland. **Bezirk Allenstein:** 98% für Deutschland. **Bezirk Marienwerder:** 92% für Deutschland.
1920	**Eupen und Malmedy:** auf Beschluß des Völkerbundes an Belgien nach umstrittenen Abstimmungsverfahren. Anstelle einer Volksabstimmung mußte sich die Bevölkerung in öffentliche Listen eintragen. Nach massiver belgischer Einschüchterung trugen sich nur 271 der 33700 Stimmberechtigten ein.
1921	**Oberschlesien:** Obwohl sich 60% der abstimmenden Bevölkerung und 55% der Gemeinden für das Verbleiben im Deutschen Reich aussprachen, wurde Oberschlesien im Oktober 1921 durch den Obersten Rat der Alliierten geteilt. Der wirtschaftlich wertvollste Teil des Industriereviers (Kattowitz, Tarnowitz, Pleß, Königshütte, Lublinitz, Rybnik, Myslowitz) fiel an Polen, das damit 91% der Kohlevorkommen in Oberschlesien erhielt.
1935	**Saargebiet:** 91% der Bevölkerung stimmten für Deutschland. Daraufhin kam das Gebiet an Deutschland zurück.

Ein drittes Moment der Schwächung des Deutschen Reiches und seiner ehemaligen Verbündeten betraf den **militärischen Sektor**. Die Abrüstungsmaßnahmen und Rüstungsbeschränkungen wurden nach der Präambel des Teils V des Versailler Vertrags als Einleitung einer allgemeinen Abrüstung erklärt. Deutschland mußte die schweren Waffen, Panzer, Luftwaffe, U-Boote und Kriegsflotte abtreten; die Armee wurde auf ein 100 000 Mann Heer längerdienender Freiwilliger beschränkt. Zudem wurde die westliche Rheinseite Deutschlands entmilitarisiert.

Deutsche Demonstration gegen den Versailler Vertrag 1919

Das alte europäische Mächtesystem der Vorweltkriegszeit existierte nicht mehr: **Österreich-Ungarn** war untergegangen, Rußland und Deutschland waren zunächst aus dem Kreis der Großmächte ausgeschieden, Italien war sehr geschwächt. So blieb zunächst auf dem Kontinent Frankreich dominierend; es wurde in seinen politischen Ambitionen allenfalls von Großbritannien zurückgehalten. Die überseeische **Großmacht USA**, die den Krieg entschieden hatte, zog sich wieder aus Europa zurück. Überall dort, wo in Europa historische Erinnerungen oder geographische Gegebenheiten Grenzziehungen nach Nationalitäten überlagerten, wurde auch das Prinzip der nationalen Selbstbestimmung nicht voll verwirklicht. Verletzungen des Prinzips aus Gleichgewichts- oder Machtdenken traten am augenfälligsten zutage, daß die Eingliederung Deutsch-Österreichs in das Deutsche Reich abgelehnt und die Grenzen Österreichs gegenüber Italien unter Mißachtung der Nationalitäten festgelegt wurde. Der mißglückte Versuch, heterogene Prinzipien wie nationales Selbstbestimmungsrecht und kollektive Sicherheit mit politischem Machtstreben zu vereinbaren, führte zu Widersprüchen und Konflikten. In vielen Regionen belasteten Grenzfragen den Frieden. Oberschlesien, dessen Bevölkerung sich mehrheitlich für Deutschland entschieden hatte, wurde 1921 geteilt. Das Memelgebiet wurde im Januar 1923 von litauischen Freischärlern besetzt; 1924 gaben es die Alliierten an Litauen. Heftig umstritten blieben die **Grenzen des wiederhergestellten polnischen Staates**. Die vom englischen Außenminister Curzon vorgeschlagene polnische Ostgrenze (Curzon-Linie: Memel–Grodno–Bug) deckte sich nicht mit der polnischen Ostgrenze aus der Zeit vor der ersten Teilung Polens 1772 (s. S. 216); diese Grenze wurde von Polen und Rußland nicht anerkannt. 1919 drangen polnische Truppen bis in die Ukraine vor, wurden aber von der Roten Armee zurückgeworfen. Im Friedensschluß 1921 behauptete Polen über die Curzon-Linie hinaus einen 150 km breiten Streifen weißrussischen und ukrainischen Gebietes. Polen wurde seit 1920 von Frankreich gegen die Sowjetunion unterstützt.

Der **Türkei** gelang es im Krieg mit Griechenland, Gebietsabtretungen des Friedensvertrages zu revidieren. Im Frieden von Lausanne 1923 mußte **Griechenland** auf seine kleinasiatischen Erwerbungen wieder verzichten. 1920 wurde Irland nach jahrelangen Unruhen und Auseinandersetzungen geteilt, und 1922 erhielt die **Republik Irland** ihre Unabhängigkeit von Großbritannien. Italienische Freischärler eroberten 1919 Fiume, das zunächst zum Freistaat erklärt wurde und 1924 an Italien fiel. Die italienische Besetzung Korfus wurde auf Druck des Völkerbundes wieder rückgängig gemacht.

Der **Völkerbund**, geschaffen als Instrument zur Stabilisierung des Status quo und der Friedensverträge, konnte in einzelnen Fällen Streitigkeiten schlichten, so bei den Spannungen zwischen Griechenland und Bulgarien. Er war aber in seinen Kompetenzen und Verfahrensweisen ungeeignet, größeren Einfluß auszuüben. Jede Entscheidung des Völkerbundrates mußte einstimmig getroffen werden, konnte also durch ein Veto blockiert werden. Außerdem gehörten von den Großmächten nur England und Frankreich für die ganze Dauer seines Bestehens dem Völkerbund an; Deutschland war 1926–1933, Italien bis 1937, die Sowjetunion 1934–1939, Spanien nur zeitweise und die USA überhaupt nicht Mitglied der Organisation.

T 16 Der Friedensvertrag von Versailles

Teil I: Völkerbundssatzung

Art. 2: Der Bund übt seine in dieser Satzung bestimmte Tätigkeit durch eine Bundesversammlung und durch einen Rat, denen ein ständiges Sekretariat beigegeben ist, aus. [...]

Art. 8: Die Bundesmitglieder bekennen sich zu dem Grundsatz, daß die Aufrechterhaltung des Friedens eine Herabsetzung der nationalen Rüstungen auf das Mindestmaß erfordert, das mit der nationalen Sicherheit und mit der Erzwingung internationaler Verpflichtungen durch gemeinschaftliches Vorgehen vereinbar ist. [...]

Art. 10: Die Bundesmitglieder verpflichten sich, die Unversehrtheit des Gebiets und die bestehende politische Unabhängigkeit aller Bundesmitglieder zu achten und gegen jeden äußeren Angriff zu wahren. [...]

Art. 12: Alle Bundesmitglieder kommen überein, eine etwa zwischen ihnen entstehende Streitfrage [...] der Schiedgerichtsbarkeit oder der Prüfung durch den Rat (des Völkerbundes) zu unterbreiten. [...]

Art. 14: Der Rat wird mit dem Entwurf eines Planes zur Errichtung eines Ständigen Internationalen Gerichtshofs betraut. [...] Dieser Gerichtshof befindet über alle ihm von den Parteien unterbreiteten internationalen Streitfragen.

Art. 16: Schreitet ein Bundesmitglied entgegen der [...] übernommenen Verpflichtungen zum Kriege, so wird es ohne weiteres so angesehen, als hätte es eine Kriegshandlung gegen alle anderen Bundesmitglieder begangen. Diese verpflichten sich, unverzüglich alle Handels- und Finanzbeziehungen zu ihm abzubrechen [...].

Teil II–XV

Art. 42: Es ist Deutschland untersagt, auf dem linken Ufer des Rheines und auf dem rechten Ufer westlich einer 50 km östlich des Flusses verlaufenden Linie Befestigungen beizubehalten oder anzulegen. [...]

Art. 45: Als Ersatz für die Zerstörung der Kohlengruben in Nordfrankreich und als Anzahlung auf den Betrag der von Deutschland geschuldeten Wiedergutmachung der Kriegsschäden tritt Deutschland das volle und unbeschränkte, völlig schulden- und lastenfreie Eigentum an den Kohlengruben im Saarbecken mit dem ausschließlichen Ausbeutungsrecht an Frankreich ab. [...]

Art. 49: Nach Ablauf [...] von fünfzehn Jahren [...] wird die Bevölkerung (des Saargebietes) zu einer Äußerung darüber berufen, unter welcher Souveränität sie zu treten wünscht. [...]

Art. 80: Deutschland erkennt die Unabhängigkeit Österreichs [...] an und verpflichtet sich, sie unbedingt zu achten; es erkennt an, daß diese Unabhängigkeit unabänderlich ist, es sei denn, daß der Rat des Völkerbundes einer Änderung zustimmt. [...]

Art. 87: Deutschland erkennt, wie die alliierten und assoziierten Mächte es bereits getan haben, die völlige Unabhängigkeit Polens an. [...]

Art. 119: Deutschland verzichtet zugunsten der alliierten und assoziierten Mächte auf alle seine Rechte und Ansprüche bezüglich seiner überseeischen Besitzungen. [...]

Art. 213: Solange der gegenwärtige Vertrag in Kraft bleibt, verpflichtet sich Deutschland, jede Untersuchung zu dulden, die der Rat des Völkerbundes mit Mehrheitsbeschluß für notwendig erachtet. [...]

Art. 228: Die deutsche Regierung räumt den alliierten und assoziierten Mächten die Befugnis ein, die wegen eines Verstoßes gegen die Gesetze und Gebräuche des Krieges angeklagten Personen vor ihre Militärgerichte zu ziehen. [...]

Art. 231: Die alliierten und assoziierten Regierungen erklären, und Deutschland erkennt an, daß Deutschland und seine Verbündeten als Urheber für alle Verluste und Schäden verantwortlich sind, die die alliierten und assoziierten Regierungen und ihre Staatsangehörigen infolge des ihnen durch den Angriff Deutschlands und seiner Verbündeten aufgezwungenen Krieges erlitten haben. [...]

Art. 428: Um die Ausführung des gegenwärtigen Vertrags durch Deutschland sicherzustellen, bleiben die deutschen Gebiete westlich des Rheins einschließlich der Brückenköpfe während eines Zeitraums von 15 Jahren nach Inkrafttreten des gegenwärtigen Vertrags durch die Truppen der alliierten und assoziierten Mächte besetzt.

(Der Friedensvertrag zwischen Deutschland und den alliierten und assoziierten Mächten. Amtliche deutsche Übertragung im Auftrag des Auswärtigen Amtes. Charlottenburg 1919)

T 17 John Maynard Keynes: Die Auswirkungen des Versailler Vertrages auf die wirtschaftliche Struktur Europas (1919)

Der bekannte Nationalökonom J. M. Keynes (1883–1946) war Delegationsleiter des britischen Schatzamtes bei der Friedenskonferenz in Paris 1919. Er trat für niedrigere Reparationen Deutschlands ein. Sein Standpunkt fand Ausdruck in der Schrift „Die wirtschaftlichen Folgen des Friedensvertrages".

Der Friedensvertrag enthält keine Bestimmungen zur

Eines der wesentlichen Probleme der Weimarer Republik war die hohe Arbeitslosigkeit

wirtschaftlichen Wiederherstellung Europas, nichts, um die geschlagenen Mittelmächte wieder zu guten Nachbarn zu machen, nichts, um die neuen Staaten Europas zu festigen, nichts, um Rußland zu retten. Auch fördert er in keiner Weise die wirtschaftliche Interessengemeinschaft unter den Verbündeten selbst. Über die Ordnung der zerrütteten Finanzen Frankreichs und Italiens oder den Ausgleich zwischen den Systemen der alten und der neuen Welt konnte man sich in Paris nicht verständigen. Der Rat der Vier schenkte diesen Fragen keine Aufmerksamkeit, da er mit anderem beschäftigt war – Clemenceau, das Wirtschaftsleben seiner Feinde zu vernichten, Lloyd George, ein Geschäft zu machen und etwas nach Hause zu bringen, was wenigstens eine Woche lang sich sehen lassen konnte, der Präsident (Wilson), nur das Gerechte und Rechte zu tun. Es ist eine bemerkenswerte Tatsache, daß das wirtschaftliche Grundproblem eines vor ihren Augen verhungernden und verfallenden Europa die einzige Frage war, für die es nicht möglich war, die Teilnahme der Vier zu erwecken. Wiedergutmachung war ihr Hauptinteresse auf wirtschaftlichem Gebiet, und sie behandelten sie als eine Frage der Theologie, der Politik, der Wahltaktik, kurz, von jedem anderen Gesichtspunkt als dem der wirtschaftlichen Zukunft der Staaten, deren Schicksal in ihrer Hand lag. [...]
Die bezeichnenden Züge der gegenwärtigen Lage lassen sich in drei Gruppen zusammenfassen:
1. Das vollständige Nachlassen der inneren Produktivität Europas.
2. Der Zusammenbruch des Verkehrswesens und des Austausches, mittels deren seine Erzeugnisse dorthin gebracht werden konnten, wo man ihrer am meisten bedurfte.
3. Europas Mangel an Kaufkraft zur Beschaffung der gewohnten Waren von Übersee.
[...] Vor uns steht ein leistungsunfähiges, arbeitsloses, desorganisiertes Europa, zerrissen vom Haß der Völker und von innerem Aufruhr, kämpfend, hungernd, plündernd und schwindelnd, wo soll man weniger düstere Farben hernehmen?
(J. M. Keynes, Die wirtschaftlichen Folgen des Friedensvertrages. München und Leipzig 1920, S. 184ff.)

Problem und Diskussion

1 *Welche wirtschaftlichen und politischen Folgen hatten die Friedensverträge für Deutschland?*
2 *Warum belastete die Friedensregelung das wirtschaftliche System in Europa?*
3 *Untersuchen Sie, warum das Nationalitätenprinzip und die nationalen Minderheiten nach 1919 zu einem Konfliktstoff wurden.*

2.2 Die europäische Wirtschaftsordnung in den zwanziger Jahren

Die traditionellen internationalen Wirtschaftsbeziehungen, gestützt auf einen kaum behinderten Warenaustausch und einen wachsenden Welthandel, wurden mit dem Ersten Weltkrieg unterbrochen und durch dessen Folgen schwer erschüttert. Die Organisation der **Kriegswirtschaft** hatte in den kriegsführenden Ländern tiefgreifende wirtschaftliche Veränderungen nach sich gezogen: Die Produktion von Rüstungsgütern schuf in einzelnen Industriesektoren (z. B. in der Schwerindustrie, im Schiffbau und im Kohlenbergbau) große Kapazitäten. Diese konnten nach dem Kriege nicht mehr ausgelastet werden. Die zweimalige Umstrukturierung des Arbeitsmarktes in wenigen Jahren verursachte zusätzliche Probleme. Die größten Schwierigkeiten bereitete für die europäischen Staaten jedoch der Abbau der durch den Krieg bedingten Schulden.

Die **Finanzierung des Krieges** hatte das Deutsche Reich 164 Mrd. Mark – bei einem Volkseinkommen von 48 Mrd. Mark 1913 – gekostet, die durch Kriegsanleihen und Schatzanweisungen gedeckt wurden. Am Ende des Rechnungsjahres 1918/19 betrug die Reichsschuld 156 Mrd. Mark, davon 40% an kurzfristigen Verpflichtungen. Die Alliierten waren stark bei den USA und bei England verschuldet (T 18).

T 18 Zwischenstaatliche Darlehen der Alliierten 1914–1918 in Mrd. Mark

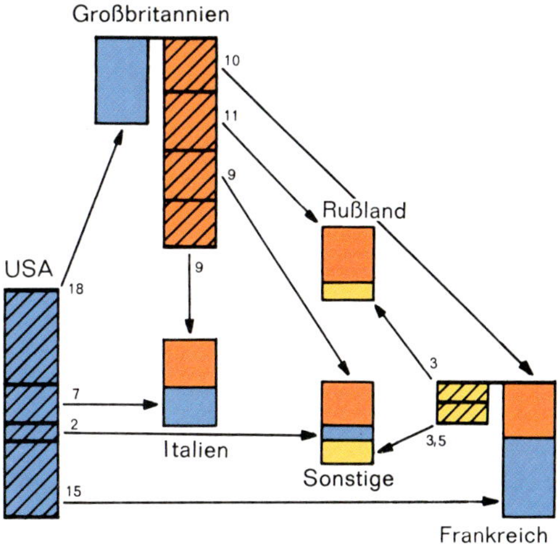

(F. W. Henning, Das industrialisierte Deutschland 1914 bis 1978. Paderborn [5]1979, S. 45)

Insgesamt hatte die Finanzierung des Krieges zu einer **inflationären Aufblähung des Notenumlaufs** geführt. Die notwendigen Anleihen und Kreditaufnahmen der Staaten waren nicht mehr durch Gold gedeckt, so daß nach dem Kriege das auf Gold beruhende internationale Währungssystem zusammenbrach.

Bereits bei Kriegsende war in Deutschland der öffentliche und private Geldumlauf auf das Fünffache und der Notenumlauf um das Zwölffache der Vorkriegszeit gestiegen. Die Steuereinnahmen deckten nur etwa 14% der Ausgaben des Reiches. Es erwies sich als verhängnisvoll, daß der Krieg im wesentlichen durch Anleihen finanziert worden war, denn das Deutsche Reich hatte sich damit verpflichtet, den Bürgern ihre Anleihen verzinst zurückzuzahlen. Die Probleme, wie der Krieg bezahlt werden sollte, wie die Ausgaben für die Kriegsführung wirtschaftlich verrechnet werden sollten, wurden auf die Nachkriegszeit verschoben. Ähnlich verhielten sich andere europäische Staaten. So finanzierte Frankreich etwa 20% der Kriegskosten durch zusätzliche Steuereinnahmen, jedoch 20% über Kredite Englands und der USA. Solche Finanzierung durch Anleihen oder Kredite bei Verbündeten ging jeweils von der Voraussetzung aus, daß der unterlegene Kriegsgegner die Schulden mitbezahlen sollte.

Die **Inflation in Deutschland**, die ihren Höhepunkt 1923 erreichte, wurde nach Kriegsende zunächst durch die Umstellung der Industrie auf Friedenswirtschaft vorangetrieben, da hohe Investitionen und somit weitere Kreditaufnahmen erforderlich waren. Die industrielle Ausrüstung war außerdem teilweise veraltet. Wichtige Wirtschaftszweige waren konzern- und kartellgebunden und strebten die Marktform des Monopols an (Stahl, Eisen, Kohle, Holz, Papier). Dies brachte aber Nachteile für den Konsumenten und die gesamte Volkswirtschaft mit sich, da Monopole ein bewegliches Preissystem verhindern, das z.B. auf Nachfrageschwund mit Preissenkungen reagiert. Die Absatzbedingungen wurden durch demontierte Transportwege und -mittel nach Inkrafttreten der Bestimmungen des Versailler Vertrags erschwert.

Die europäischen Industriestaaten hatten während des Krieges wegen der weitgehenden Ausrichtung auf die Rüstungsproduktion Exportmärkte an überseeische Konkurrenten – insbesondere die USA und Japan – verloren, die nicht wieder zurückgewonnen werden konnten. Der Handel der wichtigsten europäischen Industriestaaten untereinander erreichte lange Zeit nicht mehr den Vorkriegsstand. Der russische Raum wurde dem europäischen Güterverkehr weitgehend durch das bolschewistische System staatlicher Planwirtschaft im Innern und staatlichen Außenhandelsmonopols entzogen. Weitere Erschwernisse für den Güterhandel ergaben sich aus der Auflösung des mittel- und osteuropäischen Wirtschaftsgebietes in zahlreiche Klein- und Mittelstaaten. Großbritannien schützte sich auch nach dem Kriege durch Einfuhrzölle und räumte den Common-

T 19 Internationaler Finanzkreislauf 1924–1931/32

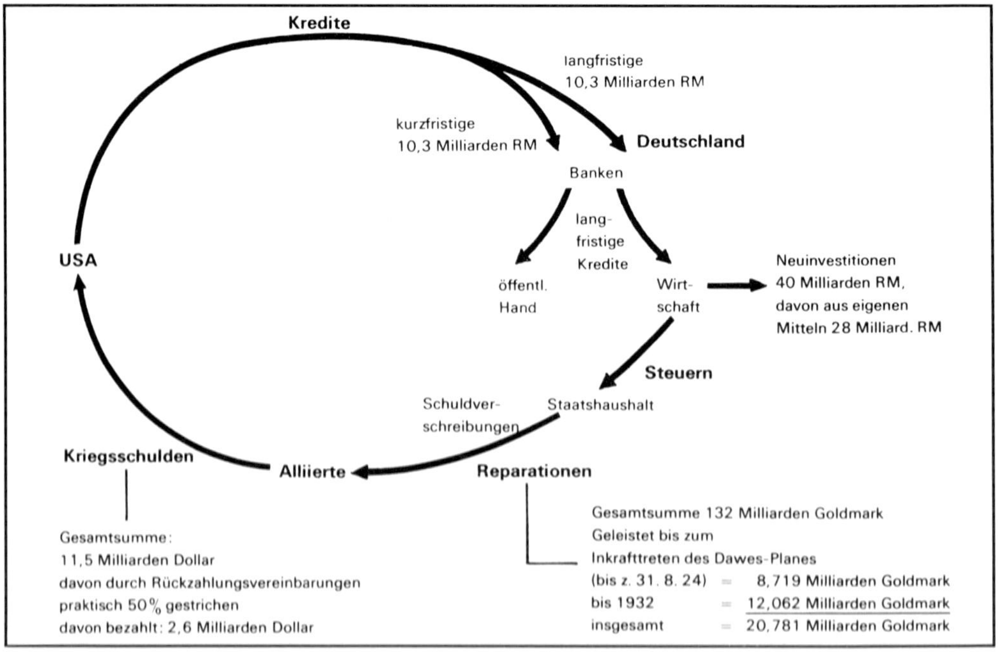

(K. Dederke, Reich und Republik Deutschland 1917–1933. Stuttgart [5]1984, S. 309)

wealthstaaten Präferenzen ein. Deutschland hatte wichtige Rohstoff- und Produktionsgebiete verloren. Die Reparationsfrage im Zusammenhang gesehen mit den interalliierten Schulden warf zusätzliche Probleme auf.
Nach der Inflation 1923 festigte sich 1924/25 die Währung in Deutschland; auch in Frankreich und England wurde die Währung gestärkt. Das deutsche Reich konnte dank ausländischer, vor allem amerikanischer Kredite seine Zahlungsbilanz ausgleichen. Damit waren auch die Voraussetzungen für eine Rückzahlung der alliierten Schulden an die USA geschaffen. Der internationale Finanzkreislauf funktionierte zwischen 1924 und 1931/32 wieder:
Trotz des wirtschaftlichen Aufschwungs blieb der europäische Kapitalmarkt von den USA abhängig. Die Phase wirtschaftlicher Erholung in Europa, die ihren Niederschlag in der Intensivierung der Handelsbeziehungen, in Investitionen und Produktionssteigerungen sowie einer niederen Arbeitslosenquote fand, schlug 1929/30 in eine schwere Depression mit nachfolgenden Erschütterungen der sozialen und politischen Verhältnisse um, als in den USA eine Krise ihren Ausgang nahm, die alle Industrienationen erfaßte (s. 3.1).

2.3 Regierungssysteme und außenpolitische Grundfragen

Der Erste Weltkrieg war von den Alliierten auch in der Absicht geführt worden, demokratische Ordnungen in Europa zu stärken. Nach dem Zusammenbruch der autoritären Monarchie in Deutschland und Österreich-Ungarn schien dieses Vorhaben realisiert werden zu können. Mit wenigen Ausnahmen – vor allem der Sowjetunion – wurden parlamentarisch-demokratische Regierungssysteme eingeführt. Auf der Grundlage liberaler Verfassungsideen bauten neben der Weimarer Republik und der ersten Republik Österreich die neuen Staaten in Ostmitteleuropa auf.

In den skandinavischen Ländern – Norwegen, Dänemark und Schweden –, in Großbritannien, den Niederlanden, in Belgien und Luxemburg wurden konstitutionelle Monarchien beibehalten. In Griechenland und Spanien hielten sie sich nur vorübergehend.
Die **neuen Nationalstaaten** in Ost- und Mitteleuropa waren keine historisch gewachsenen Gebilde; sie wurden in ihrer Einheit durch Minderheitenfragen gefährdet, die auch die zwischenstaatlichen Beziehungen in diesem Raum belasteten. Demokratische Traditionen und breite Schichten, die die demokratischen Ordnungen hätten tragen können fehlten, dies ließ vor allem die neuen Staaten für autoritäre und totalitäre Ordnungsvorstellungen anfällig werden.
Totalitäre Machtstaaten und autoritäte Staaten bzw. Diktaturen verdrängten in Süd-, Mittel- und Osteuropa den liberalen Verfassungsstaat. In Italien errichtete Mussolini 1922 das erste faschistische Herrschaftssystem, das demokratische Formen der Willensbildung durch hierarchisch-militärische Strukturen ersetzte. In Italien wie später in Deutschland, Ungarn oder Spanien wurde das Führerprinzip zur Grundlage der politischen Ordnung. Einheitsparteien, die ihrem Charakter nach eher Massenbewegungen waren, durchdrangen als politische Herrschaftsapparate den Staat oder versuchten sich über ihn zu stellen.
Neben den **faschistischen Herrschaftsformen** entstanden vielfältige Ausprägungen autoritärer Staaten, die sich nicht auf einheitliche Massenbewegungen stützten, sondern vorrangig das Ziel verfolgten, den absoluten Führungsanspruch der Exekutive zu verwirklichen. Es handelte sich dabei häufig um Diktaturen, die sich als Notlösungen tarnten und selten ideologische Grundlagen hatten: In Polen kam 1926 Marschall Pilsudski, gestützt auf das Militär, an die Macht und errichtete ein Regime mit diktatorischen Vollmachten. In Jugoslawien wurde 1929 das parlamentarische System durch den Staatsstreich König Alexanders aufgehoben. Wie Carol II. in Rumänien herrschte Alexander als Monarch mit diktatorischen Vollmachten. Das Regime in Portugal (ab 1932) wurde von dem bürgerlichen Politiker Salazar errichtet, der seine Diktatur durch eine Verfassung mit repräsentativen und ständischen Beratungsorganen zu legalisieren suchte. Andere Ausprägungen autoritärer Herrschaft entstanden in den baltischen Staaten, in Ungarn, Bulgarien und in Griechenland. In Österreich wurde 1933 die parlamentarische Demokratie durch ein christlich-konservativ geprägtes Regime unter Engelbert Dollfuß abgelöst, das sozialdemokratische, kommunistische und nationalsozialistische Parteien verbot.
Ein neuer Typ war der antiliberale **Einparteienstaat in der Sowjetunion**. Im Unterschied zu den faschistischen und anderen totalitären Systemen basierte er auf einer durchgebildeten Ideologie (s. G 1). Sie rechtfertigte die Vergesellschaftung der Produktionsmittel und lieferte eine theoretische Begründung für die Notwendigkeit eines kommunistischen Staates als Durchgangsstadium auf dem Wege zum utopischen Ideal einer staatsfreien, klassenlosen Gesellschaft. Gemeinsamkeiten mit anderen totalitären oder autoritären Regimen liegen in der einheitlichen politischen Ausrichtung, die durch Zensur, Überwachungsmechanismen (politische Polizei), Monopol einer Partei oder einer Massenbewegung, bürokratischen Apparat und Indoktrination in allen Lebensbereichen durchgesetzt wird. Ein neues Instrument der Manipulation der Massen wurde der gezielte Einsatz des neuen Mediums Rundfunk sowie der Presse.
Neben ideologischen Gegensätzen bestimmten politische und wirtschaftliche Machtinteressen die Gestaltung der Staatenwelt in Europa. Der Völkerbund konnte als System der Friedenssicherung die ihm zugedachte Aufgabe auf Dauer nicht erfüllen: weder die Sicherung des Friedens noch den Schutz der nationalen Minderheiten, noch die Schlichtung internationaler Streitigkeiten. Der **Briand-Kellogg-Pakt** (1928), an dem auch die USA beteiligt waren, verurteilte zwar moralisch den Krieg als Mittel zur Lösung internationaler Streitfälle und setzte an dessen Stelle eine internationale Schiedsgerichtsbarkeit; er blieb jedoch für die praktische Politik ohne Sanktionsverpflichtung. Die Bemühungen scheiterten, die Völkerbundssatzung im Sinne dieses Paktes zu erweitern. Der Inhalt des Vertrages wurde später in die Satzung der UN übernommen.

Die Neuordnung Europas in den Pariser Verträgen hatte bei den besiegten Staaten den Wunsch und den Willen zur wenn nötig gewaltsamen Revision hinterlassen. Das brachte den in Ost- und Mitteleuropa neu geschaffenen Klein- und Mittelstaaten Unsicherheit: Die zwischen den zunächst isolierten Mächten Deutschland und Sowjetunion gelegenen Staaten fühlten sich von ihren mächtigen Nachbarn bedroht. Der Staatengürtel von Finnland über die baltischen Staaten und Polen bis zum Balkan (**Cordon sanitaire**) war innenpolitisch instabil, wirtschaftlich und militärisch zu schwach, um von sich aus als Sperrgürtel gegen den Bolschewismus und gegen eine revisionistische Politik der Sowjetunion und Deutschlands zu dienen. Frankreich verstärkte seine Sperrgürtel-Politik daher durch ein ausgedehntes Bündnissystem: Beistandspakt mit Polen (1925), Bündnisverträge mit der Tschechoslowakei (1924), mit Jugoslawien (1927), Freundschaftsvertrag mit Rumänien (1926). 1922 wurden Freundschaftsverträge zwischen Polen, Lettland, Estland und Finnland geschlossen; 1926 kam es zum Bündnis zwischen Rumänien und Polen, Frankreich und Italien. Frankreich unterstützte außerdem die gegen Ungarn gerichtete sogenannte Kleine Entente (1920–21) zwischen der Tschechoslowakei, Jugoslawien und Rumänien.
Die **außenpolitischen Aktivitäten Deutschlands** richteten sich zunächst darauf, Handlungsspielraum zu gewinnen. Dazu bot sich die Sowjetunion an, die in Europa ebenfalls isoliert war. Obwohl das deutsch-sowjetische Verhältnis wegen der sowjetischen Unterstützung kommunistischer Aufstände in Deutschland 1919 belastet war, erschien eine Annäherung als sinnvoll, da Interessen gegen den französischen Verbündeten Polen beiden gemeinsam waren. Zudem unterstützten die westlichen Alliierten die antibolschewistischen Gruppen im russischen Bürgerkrieg. Bei Ausbruch des sowjetisch-polnischen Krieges im April 1920 verhielt sich Deutschland neutral und ließ Truppen der französischen Schutzmacht nicht über sein Reichsgebiet nach Polen ziehen. Erste Kontakte kamen zwischen den Führungsstäben der Armeen zustande, die zum Bau von deutschen Waffenfabriken, zu Ausbildungszentren und gemeinsamen Manövern in der Sowjetunion führten. Die Handelsbeziehungen nahmen zu, zumal die deutsche Schwerindustrie ihre Produkte auf westlichen Märkten nur noch schwer absetzen konnte. Während der Weltwirtschaftskonferenz in Genua im April 1922, auf der Probleme der Reparationen und des internationalen Handels besprochen wurden, kam es infolge der starren Haltung Frankreichs und Englands in der Frage der Reparationen zum Abschluß des deutsch-sowjetischen Vertrages von **Rapallo**, dem italienischen Seebad südöstlich von Genua.
Die beiden Mächte verzichteten auf gegenseitige Ansprüche aus dem Weltkrieg, nahmen die diplomatischen Beziehungen wieder auf, beschlossen wechselseitige wirtschaftliche Förderung und räumten im Handel einander Vergünstigungen ein. Der Vertrag beinhaltete nur die Normalisierung der gegenseitigen Beziehungen und schloß keine militärischen und politischen Bündnisverpflichtungen ein. Dennoch rief er scharfe Reaktionen der westlichen Mächte, vor allem Frankreichs, hervor. Für Deutschland bedeutete er mehr politische Bewegungsfreiheit besonders gegenüber den Westmächten.
Die Notwendigkeit einer **Revision des Versailler Vertrages**, seiner Reparations- und Sanktionsbestimmungen, aber auch der territorialen Bestimmungen, wurde mit abweichenden Zielvorstellungen von allen politischen Parteien in der Weimarer Republik vertreten (s. T 7). Die Vorstellungen reichten von einer sogenannten „Erfüllungspolitik", die auf der Grundlage der Völkerbundssatzung und unter Erfüllung der Reparationsforderungen eine Revision anstrebte, bis zur gewaltsamen Wiederherstellung der Grenzen von 1914.
Das Verhältnis der Weimarer Republik zu Frankreich war in den ersten Nachkriegsjahren wegen der Reparationsfrage äußerst gespannt. Als Anfang 1923 die Reparationskommission feststellte, daß Deutschland mit seinen Sachlieferungen geringfügig im Rückstand war, rückten am 11. Januar fünf französische Divisionen und belgische Verbände ins Ruhrgebiet ein. Die Ruhr war für die Franzosen ein Mythos: das Zentrum der Rüstungsindustrie und nach 1918 des Widerstandes gegen

Reparationslieferungen an Frankreich

Versailles. Gegen die Absicht der Franzosen, selbst die Sachlieferungen aus dem Ruhrrevier herauszuholen, rief die Reichsregierung zum passiven Widerstand auf: Die deutschen Beamten weigerten sich, Befehle der französischen und belgischen Militärverwaltung entgegenzunehmen; die Arbeiter folgten einhellig den Aufrufen aller Gewerkschaften und der SPD zum Widerstand. Die Franzosen reagierten mit der Verhängung des Belagerungszustandes über das besetzte Gebiet und erschwerten die Kohleausfuhr ins übrige Deutschland. Der eskalierende **Ruhrkampf** forderte auf beiden Seiten schwere wirtschaftliche Opfer. Frankreich mußte seine lothringische Stahlproduktion einstellen, weil die Kohle aus dem Ruhrgebiet ausblieb. Deutschland mußte Kohle aus dem Ausland einkaufen und zudem die Bevölkerung im Revier unterstützen. Dadurch wurde der Staatshaushalt so stark belastet, daß im April nur noch ein Siebtel der Ausgaben durch ordentliche Einnahmen gedeckt war. Im Spätsommer 1923 brach die deutsche Währung völlig zusammen. Der Ruhrkampf mußte Ende September abgebrochen werden.
Gustav Stresemann (1878–1929; DVP), der von Ende 1923 bis zu seinem Tode die Außenpolitik der Weimarer Republik bestimmte, suchte vorrangig einen Ausgleich mit England und Frankreich herbeizuführen. Die Voraussetzungen hierfür besserten sich im Sommer 1924 mit dem Sieg einer Linkskoalition in Frankreich. Als Frankreich einen Sicherheitspakt mit England und Belgien abzuschließen suchte, bot Stresemann einen multinationalen Pakt unter Anerkennung des Status quo in Europa an. Auf der Konferenz von **Locarno** am Lago Maggiore im Oktober 1925 wurde ein solcher Sicherheitspakt abgeschlossen. Er beinhaltete neben anderen Verträgen den sogenannten Rheinpakt zwischen Deutschland einerseits und Frankreich und Belgien andererseits unter der Garantie durch England und Italien. Die Vertragspartner verzichteten auf eine gewaltsame Änderung der gegenwärtigen Grenzen. Ausdrücklich wurde die Verpflichtung festgehalten, „in keinem Falle zu einem Angriff oder zu einem Einfall oder zu einem Krieg gegeneinander zu schreiten". Alle Probleme sollten friedlich geregelt werden; oberste Schiedsinstanz sollte der Völkerbundsrat sein. Das Inkrafttreten des Vertrages wurde mit dem Beitritt Deutschlands in den Völkerbund gekoppelt.

Aristide Briand und Gustav Stresemann traten für Frieden und Freundschaft zwischen ihren Vaterländern Frankreich und Deutschland ein. 1926 wurde ihnen gemeinsam der Friedensnobelpreis zugesprochen

Deutschland setzte in einer Anlage zum Vertragswerk durch, daß Artikel 16 der Völkerbundssatzung, der die Teilnahme an Sanktionen regelte, dahingehend ausgelegt wurde, daß die Teilnahme eines Mitgliedstaates an militärischen Sanktionen auf das Maß beschränkt wird, das „seiner militärischen Lage verträglich ist und seiner geographischen Lage Rechnung trägt". Dieser Vorbehalt erfolgte im Hinblick auf mögliche Konflikte mit Beteiligung der Sowjetunion. Frankreich, das den Abschluß des Locarno-Paktes mit den östlichen Nachbarn Deutschlands nicht durchsetzen konnte, kam dem Sicherheitsbedürfnis dieser Staaten entgegen, indem es mit Polen und mit der Tschechoslowakei Beistandsverträge für den Fall eines deutschen Angriffes abschloß. Deutschland, das eine Garantie der Grenzen zu seinen östlichen Nachbarn ablehnte, erklärte sich nur zu Schiedsabkommen bereit, die einem internationalen Schiedsgericht vorbehalten sein sollten. Dabei wurden Streitfragen ausgenommen, „die aus Tatsachen entsprungen sind, die zeitlich vor diesem Abkommen liegen und der Vergangenheit angehören". Ein Verzicht auf eine revisionistische Politik gegenüber den östlichen Nachbarn wurde damit nicht ausgesprochen. Positive Auswirkungen des Vertragswerks konnte die deutsche Regierung mit der Räumung der Kölner Zone des Rheinlandes zum 1. Januar 1926 vorweisen. Trotzdem stießen die Verträge auf erhebliche Widerstände in Deutschland (s. T 22). Am 10. September 1926 trat Deutschland dem Völkerbund bei und erhielt einen ständigen Sitz im Völkerbundsrat. Deutschland war nunmehr auch nach außen hin wieder eine Großmacht.

Um den sowjetischen Befürchtungen hinsichtlich des Locarno-Paktes entgegenzutreten, wurde im April 1926 in Berlin ein **deutsch-sowjetischer Freundschaftsvertrag** abgeschlossen. Dieser bekräftigte die deutsche Neutralitätspolitik gegenüber der Sowjetunion, die bereits in der Auslegung von Artikel 16 der Völkerbundssatzung zum Ausdruck gebracht worden war. Im Berliner Vertrag heißt es: „Sollte einer der vertragschließenden Teile trotz friedlichen Verhaltens von einer dritten Macht oder mehreren dritten Mächten angegriffen werden, so wird der andere vertragschließende Teil während der ganzen Dauer des Konflikts Neutralität wahren." Der Vertrag – eine Erweiterung des Rapallo-Vertrags – entsprach auch den Interessen der Reichswehr. Sie bildete geheim in der Sowjetunion Soldaten an schweren Waffen, Flugzeugen und Panzern aus, die ihr vom Versailler Vertrag verboten waren.

Im Unterschied zum europäischen Kräftefeld vor dem Ersten Weltkrieg besaß unter den Großmächten nur Frankreich ein traditionelles Bündnissystem mit Bündnisverpflichtungen. Die Sowjetunion verhielt sich nach außen hin defensiv und schloß neben dem Berliner Vertrag nur eine Reihe von Nichtangriffspakten mit seinen Nachbarn sowie mit Italien und Frankreich ab. Andererseits versuchte sie über die **Komintern** (Kommunistische Internationale), dem Zusammenschluß aller kommunistischen Parteien, die westlichen Demokratien zu schwächen, indem sie Streiks und revolutionäre Bewegungen zu schüren suchte. Großbritannien war nur über den Locarno-Pakt unmittelbar mit dem Kontinent verbunden. Deutschland hatte seine Westgrenzen

vertraglich festgelegt, behielt sich aber die Revision der Ostgrenzen offen (T 20/21). Das faschistische Italien Mussolinis betrieb zunächst eine Politik des Status quo.
Das internationale System in Europa geriet ab etwa 1930 in Bewegung: Die Rivalitäten der Nationen wuchsen. Bei den Besiegten des Ersten Weltkrieges steigerten sich revisionistische Tendenzen zu akuten Krisen. Die „Machtergreifung" Adolf Hitlers 1933 führte zu einer Veränderung der deutschen Außenpolitik, die statt Verständigung und Ausgleich eine Expansion anstrebte.

T 20 Gustav Stresemann über die deutsche Polenpolitik (19. 4. 1926)

1. Eine friedliche Lösung der polnischen Grenzfrage, die unseren Forderungen wirklich gerecht wird, wird nicht zu erreichen sein, ohne daß die wirtschaftliche und finanzielle Notlage Polens den äußersten Grad erreicht und den gesamten polnischen Staatskörper in einen Zustand der Ohnmacht gebracht hat. Solange sich das Land noch irgendwie bei Kräften befindet, wird keine Polnische Regierung in der Lage sein, sich auf eine friedliche Verständigung mit uns über die Grenzfrage einzulassen.
2. Aber auch ganz abgesehen von der polnischen Einstellung ist die allgemeine politische Stellung Deutschlands, insbesondere im Verhältnis zu den Westmächten, einstweilen noch zu schwach, als daß wir unsere politischen Wünsche hinsichtlich Polens in einem internationalen Gremium mit einiger Aussicht auf Erfolg geltend machen könnten. [...]
3. Es wird also, in der großen Linie gesehen, unser Ziel sein müssen, eine endgültige und dauerhafte Sanierung Polens so lange hinzuschieben, bis das Land für eine unseren Wünschen entsprechende Regelung der Grenzfrage reif und bis unsere politische Machtstellung genügend gekräftigt ist. [...]
7. In sachlicher Hinsicht läßt sich zu der Grenzfrage selbst im Augenblick folgendes sagen:
Zu einer Zwischenlösung irgendwelcher Art dürfen wir es unter keinen Umständen kommen lassen. Als solche Zwischenlösung müssen alle diejenigen angesehen werden, die unseren bekannten Standpunkten in der östlichen Grenzfrage hinsichtlich des Korridors, Danzigs, Oberschlesiens und gewisser Teile von Mittelschlesien nicht gerecht werden. Dahin gehört z. B. eine Regelung, die dem Korridor Autonomie verleiht, sei es zusammen mit Danzig, sei es in anderer Weise. Bei dem Auftauchen derartiger Gedanken muß die Gegenseite stets darauf hingewiesen werden, daß wir es für absolut unmöglich halten, die törichte Lösung des Versailler Vertrages durch andere törichte Lösungen zu ersetzen.
(G. Stresemann, Schriften. Hrsg. von A. Harttung. Berlin 1976, S. 345ff.)

T 21 Graf von Brockdorff-Rantzau, über die deutsch-sowjetischen Beziehungen (8. 7. 1926)

Graf v. Brockdorff-Rantzau berichtet als Botschafter in Moskau dem Reichspräsidenten.

Wir müssen mit den Tatsachen rechnen, wie sie gegeben sind. Wir dürfen nie vergessen, daß hier der Gedanke der Weltrevolution herrscht, wenn er in letzter Zeit auch wesentlich in den Hintergrund getreten ist und gleichzeitig das System sich langsam den praktischen Lebensnotwendigkeiten, allerdings widerstrebend, anzupassen versucht. Von einer „Evolution" statt einer Revolution kann trotzdem noch nicht entfernt die Rede sein. Wir werden daher jedem Versuch bolschewistischerseits, sich in die innenpolitischen Verhältnisse Deutschlands einzumischen, nach wie vor entgegentreten. [...]
Unser Verhältnis zu Sowjetrußland wird stets bis zu einem gewissen Grade gewissermaßen auf Bluff beruhen, das heißt, es wird nützlich sein, nach außen, unseren sogenannten ehemaligen Feinden gegenüber, den Eindruck einer größeren Intimität mit Rußland zu erwecken, als sie tatsächlich vorhanden ist. [...]
Für uns bleibt es jetzt von besonderer Wichtigkeit, die von Polen mit großer Mühe unternommenen Annäherungsversuche an Rußland auf wirtschaftlichem Gebiete und gewisse Tendenzen, die sich schon früher bemerkbar machten, die Ostgrenzen Polens mit Rußland vertragsmäßig festzulegen, zu verhindern. [...]
Durch den Vertrag vom 24. April ist die Basis für ein neues Verhältnis Deutschlands zu Rußland geschaffen worden; er ist in wahrem Sinne ein Friedensinstrument, gleichzeitig darauf berechnet, Deutschland wieder die Stellung in der Welt zu schaffen, die ihm gebührt.
(Akten zur Deutschen Auswärtigen Politik 1918–1945. Serie B: 1925–1933, Band 2/2, S. 98ff.)

T 22 Reichstagsdebatte über die Annahme der Verträge von Locarno (Oktober 1925)

Abg. **Wels** (SPD): Wie man auch zu den Verträgen von Locarno und zu dem Eintritt Deutschlands in den Völkerbund stehen mag, das fühlt ein jeder: Wir stehen jetzt am Scheidepunkt der europäischen Politik. Es fragt sich jetzt, ob eine neue Welt, in der der Gedanke des Friedens lebendige Kraft haben soll, das Leben der Völker Europas in Zukunft beherrschen wird, oder ob die Mächte, die, auf Gewalt und kriegerische Auseinandersetzungen fußend, dem Fortschritt, dem moralischen und materiellen Wiederaufbau den Weg dauernd versperren sollen.
Die ungeheure Wirtschaftskrise, die sich über die

ganze Welt erstreckt, zwingt allen Staaten, zwingt allen Bevölkerungsschichten die Erkenntnis auf, daß der Periode des Wiederaufbaus nach den Jahren der kriegerischen Zerstörung die Wege geebnet werden müssen durch ein neues Verhältnis der Staaten Europas zueinander. [...]
Abg. **Graf v. Westarp** (DNVP): Die Grundgedanken unseres Widerspruchs gegen das Werk von Locarno sind vier. Der erste: Jeder Verzicht auf deutsches Land, jedes erneute und freiwillige Anerkenntnis des Versailler Diktats sollte durch die Fassung und die zeitliche Begrenzung der abzuschließenden Verträge ausgeschlossen sein. [...]
Der zweite der Grundgedanken, um die es sich für uns handelt, ist, daß Deutschland als Land der Mitte Europas sich seine Handlungsfreiheit und die Möglichkeit seiner Neutralität wahren muß. [...]
Wir müssen uns die Handlungsfreiheit nach Osten freihalten, freihalten auch im Hinblick auf die östlichen Grenzen Deutschlands, die ja nach allgemeiner Anerkennung so unmöglich gezogen sind, in Oberschlesien nicht ohne Schuld des Völkerbundes so unmöglich gezogen sind, daß sie auf die Dauer nicht von Bestand sein können. Da erwecken uns der Völkerbund und die Schiedsverträge schwere Bedenken.
Der dritte Hauptsatz, auf den wir Wert legen, heißt: Nur auf dem Boden voller, auch praktisch wirksamer Gleichberechtigung könnte das Werk von Locarno für Deutschland möglich und annehmbar sein. Noch lastet auf Deutschland die Schmach der Schuldlüge.
Abg. **Thälmann** (KPD): Locarno ist nicht der Friede, [...] sondern Locarno ist der Versuch der Einbeziehung Deutschlands in eine europäische Konzentration unter der Führung Englands gegen Sowjetrußland und gegen die Hunderte von Millionen der erwachenden unterdrückten Völker im Fernen Osten und in Afrika. [...]
Die Arbeiterklasse sieht, daß der Druck der Revolution, der Kampf für die Revolution, den wir Kommunisten verkünden und organisieren, der einzig mögliche Weg zur Rettung ist. Vier Dinge bedeutet der Locarno-Pakt für die Arbeiterklasse, erstens die Bedrohung des Friedens, zweitens die Stärkung der Reaktion, drittens eine Verschärfung der wirtschaftlichen Notlage und viertens die Feindschaft der deutschen Bourgeoisie gegen Sowjetrußland.
Reichsaußenminister **Stresemann**: Wenn man uns fragt, was eigentlich der Geist von Locarno bedeute, [...] so zeigt sich die Bedeutung des Geistes von Locarno vor allem in dem Gedanken der Notwendigkeit eines gemeinschaftlichen Zusammenwirkens, in dem Gedanken, daß ein Zusammenbrechen Deutschlands nicht nur eine deutsche Frage, sondern eine europäische und eine Weltfrage ist. Man stimmt ja nicht über Motive ab. Die Motive dieses ganzen Zusammengehens brauchen deshalb nicht im Idealismus, wenigstens nicht in ihm allein zu liegen. Ich glaube, dieser Geist wird am besten fundiert sein, wenn Idealismus und reale Interessen sich dazu verbinden, den Weg aus dem europäischen Zusammenbruch gemeinschaftlich zu suchen. Damit ist eben eine Politik der Diktate und der Unterdrückung Deutschlands nicht vereinbar. Dazu ist notwendig die Grundlage eines dauernden Friedens. [...]
Abg. **Strasser** (NSDAP): Für uns Deutsche kommt eine deutsche Aufgabe, die politisch, wirtschaftlich und kulturell zugleich ist, hinzu. Wir haben von dem längst zu festen Formen erstarrten, verkalkten kapitalistischen Westen nichts zu erwarten. Keine Möglichkeit harrt dort unser. Aber der noch in Fluß befindliche Osten harrt der Formung, an der das germanische Deutschtum seit Jahrhunderten tätigen Anteil hat. [...]
Wir wollen an Stelle des ausbeuterischen kapitalistischen Wirtschaftssystem einen wahrhaften deutschen Sozialismus, aber nicht geführt durch jene seelenlose jüdische, materialistische Auffassung, sondern getragen von dem gläubigen opferfähigen, urdeutschen Gemeinschaftsgefühl, Gemeinschaftswillen und Gemeinschaftssinn. Ein solcher Staat [...] wird einst die Verträge von Versailles, London und Locarno wie Papierfetzen zerreißen können, weil er sich stützt auf das, was Sie bewußt im deutschen Volk zerschlagen, wofür kein Opfer gebracht werden darf, nämlich auf die Bildung eines in sich geschlossenen Volkes. [...]
(Verhandlungen des Reichstags. Stenographische Berichte Band 388, S. 4485–4562)

Problem und Diskussion

1 *Skizzieren Sie das europäische Mächtefeld zwischen den beiden Weltkriegen unter folgenden Gesichtspunkten:*
– *Herrschaftsformen*
– *Grundlinien der Außenpolitik der wichtigsten Mächte*
– *Veränderungen in Europa zwischen den Weltkriegen nach ideologischen Aspekten.*

2 *Welche Ziele verfolgte die deutsche Außenpolitik in den zwanziger Jahren?*

3 *Im Zusammenhang mit der Ostpolitik der Weimarer Republik wurden Begriffe wie „Revisionismus" und „Restaurationspolitik" gebraucht. Nehmen Sie dazu anhand der Darstellung und der Materialien Stellung.*

4 *Untersuchen Sie die West- und die Ostpolitik in der Weimarer Republik auf Gemeinsamkeiten und Unterschiede.*

5 *Betten Sie die Polenpolitik der Weimarer Republik in den größeren Zusammenhang des deutsch-polnischen Verhältnisses in den letzten 200 Jahren ein (s. B 3.1/3; B 4.1; C 2.4.1).*

2.4 Innenpolitische Schwierigkeiten und Stabilisierung der Weimarer Republik

Das wohlhabende **Bürgertum** und der **Adel**, die alten Eliten, hatten durch die Demokratisierung im Gefolge der Revolution den privilegierten Zugang zur politischen Macht verloren. Aber sie dominierten weiterhin im Offizierskorps, im Auswärtigen Dienst, in der Justiz und generell in der höheren Beamtenschaft, also in den Bereichen, die nach wie vor ein hohes gesellschaftliches Ansehen genossen und einflußreich blieben. Es bildete sich jedoch eine neue politische Oberschicht, die sich zu jeweils etwa einem Viertel aus dem Kleingewerbe in Handwerk und Handel, aus bäuerlichen Schichten, aus der Arbeiterschaft und aus den traditionellen Oberschichten der höheren Beamten, Adligen, Industriellen und Besitzbürger rekrutierte. Dieser neue Typ des Berufspolitikers, der nicht mehr wie die alten politischen Eliten durchweg auf eigenes Vermögen zurückgreifen konnte, lebte von der Politik. Das führte zu Parteibürokratien.

Der **traditionelle Mittelstand** der wirtschaftlich Selbständigen mit einem gewissen Besitz und des Bildungsbürgertums ergänzte sich durch die Schicht von Angestellten und Beamten, die aus den weitergehenden Bürokratisierungstendenzen in Wirtschaft, Gesellschaft und Politik erwuchs. Zu den **Unterschichten** mit geringem Einkommen und wenig Besitz zählten die Arbeiter in Industrie und Landwirtschaft, die Handwerksgesellen, die Hausangestellten, Teile der Rentner, die Invaliden und die Arbeitslosen. Diese Schichten waren nicht homogen: Die Handwerksgesellen und -lehrlinge blieben in ihren traditionellen Zünften verwurzelt und grenzten sich von den Industriearbeitern ab. Ebenso waren die Landarbeiter im Osten noch ihrem alten Rollenverständnis verhaftet, das durch die patriarchalischen Bindungen an den Gutsherrn geprägt wurde. Beide Gruppen waren deutschnational und konservativ eingestellt und erwiesen sich als besonders anfällig für die nationalsozialistische Propaganda (s. G 4.1). Demgegenüber stellte die industrielle Arbeiterschaft das Wählerpotential für SPD und KPD dar, ohne jedoch ein ausgeprägtes „Klassenbewußtsein“ zu entwickeln. Vielmehr fächerte sich diese Schicht infolge der weiter schreitenden Technisierung und Arbeitsteilung in eine breite Skala vom qualifizierten Facharbeiter bis zum ungelernten Arbeiter auf; diese wurde durch Ausbildung, Tätigkeitsfelder und Einkommen bestimmt. Die Übergänge zu den Mittelschichten wurden fließend und damit auch die Abgrenzungen zwischen Angestellten und Arbeitern.

Die innenpolitische Lage in Deutschland änderte sich nach dem Bekanntwerden der Bedingungen des Versailler Friedensvertrages. Das „Diktat von Versailles“ bewirkte einen psychologischen Schock und eine Abwehrhaltung aller politischen Kräfte, nicht zuletzt gegen den Kriegsschuldparagraphen 231, gegen die so verstandene „Kriegsschuldlüge“. Dieses führte zu einem Wiedererstarken des Nationalismus. Die Agitation gegen Versailles wendete sich aber auch gegen die Weimarer Koalition aus SPD, Zentrum und DDP bzw. DVP, die nun von weiten Bevölkerungskreisen für die Misere verantwortlich gemacht wurden. Vor allem das national gesinnte Bürgertum geriet in eine Identitätskrise, der Glaube an die zivilisatorische Mission Deutschlands und an die militärische Überlegenheit war erschüttert. Man suchte einen Sündenbock. Der Untersuchungsausschuß, den die Nationalversammlung als Anklageforum gegen die kaiserliche Regierung und die Oberste Heeresleitung eingesetzt hatte, wandelte sich mit dem Auftreten Hindenburgs zur Anklage gegen die Parteien. Es wurde die sogenannte **Dolchstoßlegende** geboren: Die Parteien hätten den Widerstandswillen der Heimat erschüttert, Heer und Flotte seien zersetzt und die Front zermürbt worden; die Armee sei von hinten erdolcht worden.

Die oppositionellen Rechtsparteien bedienten sich dieses Mythos zusammen mit der Parole der **„Novemberverbrecher“** gegen die demokratischen Parteien, deren Vertreter die Kapitulation unterschrieben und notgedrungen den Versailler Vertrag angenommen hatten. Die monarchistischen, national und konservativ geprägten Strömungen der antidemokratischen Rechten diffamierten mit großem Erfolg einzelne Politiker und das „System“ von Weimar insgesamt. Hierzu standen

ihnen Massenmedien wie der Pressekonzern des Deutschnationalen Hugenberg und Bünde wie der „Stahlhelm, Bund der Frontsoldaten" – mit 1 Mio. Mitgliedern zur Verfügung.
Der Industrielle **Alfred Hugenberg**, Vorsitzender der DNVP, war zunächst im Staatsdienst tätig gewesen, hatte leitende Funktionen in der privaten Wirtschaft, u.a. im Direktorium der Firma Alfred Krupp (1909–1919), übernommen und baute dann seinen eigenen Medienkonzern auf. Er druckte Zeitungen mit einer Auflage von 2–3 Mio. Exemplaren, Illustrierte, vaterländische Romane und Kriegstagebücher. Daneben vertrieb Hugenberg über die „Telegraphen Union" Nachrichten und Korrespondenzen an Provinzblätter und bot über seine „Wirtschaftsstelle der Provinzpresse" fertige Textspalten an. Damit konnte er seinen „nationalen Kurs" über das ganze Land verbreiten und maßgeblich das Meinungsbild der kleineren Zeitungen prägen.
In der **Opposition der Rechten**, die zunächst über die DNVP wirksam wurde, verbanden sich unter dem Bindeglied des Nationalismus vielfältige Ausprägungen, die von restaurativen Strömungen über nationale Bewegungen bis zu völkischen Bünden reichten. Die Völkischen waren zunächst zersplittert und suchten als eine Bewegung die bestehenden Parteien zu durchdringen. Diese Formation eines „Neuen Nationalismus" verstand sich als revolutionär, suchte nicht die Rückkehr zur Monarchie, sondern die Ideen einer Volksgemeinschaft und eines deutschen Sozialismus und artikulierte die Sehnsüchte nach einem Führer. Ein wesentlicher Bestandteil völkischer Lehren war der **Antisemitismus**, der mit einer pseudowissenschaftlichen Rassenlehre untermauert wurde (s. T 23 b). Die Angriffe der Rechtsopposition richteten sich zunächst gegen prominente Repräsentanten der parlamentarischen Demokratie: Reichspräsident Ebert mußte sich häufig gegen Verleumdungskampagnen zur Wehr setzen; der Zentrumsabgeordnete und zeitweilige Reichsfinanzminister Matthias Erzberger, den die antidemokratische Rechte als Exponenten der „Erfüllungspolitiker" attackierte, und der Reichsaußenminister Walther Rathenau (DDP) wurden von Femeorganisationen ermordet.
Der erste massive Angriff der Rechtsopposition gegen die Republik war der **Putschversuch** des Deutschnationalen **Wolfgang Kapp**, ehemaliger Generallandschaftsdirektor im Osten und Mitglied des nationalistischen Alldeutschen Verbandes. Er fand Unterstützung bei ostelbischen Gutsbesitzern und den zahlreichen Freikorps, die im Frühjahr 1920 im Zuge der Reduzierung des Heeres entsprechend den Versailler Vertragsbestimmungen aufgelöst werden sollten. Die Freikorps hatten die Ostgrenze des Reichs gegen Polen geschützt, im Baltikum im Rahmen der westlichen Interventionen gegen die Sowjetunion einen Stellvertreterkrieg geführt, im Reich kommunistische Aufstände und Räterepubliken niedergeschlagen. Am 13. März 1920 marschierten Freikorpseinheiten in Berlin ein, und Kapp ernannte sich zum Reichskanzler. Der Putsch brach am 17. März zusammen, da die Beamtenschaft die Mitarbeit verweigerte, die Reichswehrführung die Befehle der neuen „Regierung" ignorierte, die meisten Reichswehreinheiten sich Kapp nicht anschlossen und der Aufruf der legalen Regierung und der Gewerkschaften zum Generalstreik befolgt wurde. Während der Putsch zusammenbrach, entwickelte sich der Generalstreik zu einem Aufstand der antiparlamentarischen Linken gegen die Regierung. Die Aufstände im Ruhrgebiet – getragen von einer 50 000 Mann starken „Roten Armee" – mußten mit Hilfe auch der Freikorps niedergeschlagen werden, die zuvor erst für Kapp gegen die Republik marschiert waren. Ebenso scheiterten Versuche, kommunistische Räterepubliken in Thüringen und Sachsen zu errichten. Im März 1921 plante die KPD, die durch die Spaltung der USPD 1920 zu einer Massenpartei mit etwa 360 000 Mitgliedern geworden war, durch eine bewaffnete Aktion in Preußen eine revolutionäre Umgestaltung zu erreichen. Deren Niederschlagung brach endgültig den revolutionären Elan der Kommunisten.
Die politischen Nachwirkungen der Auseinandersetzungen zeigten sich in der Reichstagswahl 1920. Die Parteien der Weimarer Koalition (SPD, Zentrum, DDP) verloren die Mehrheit der Sitze im Reichstag; sie konnten auch in der Folgezeit nicht mehr die absolute Mehrheit erringen. Die

Wahlplakat Berlin 1924

radikalen Parteien auf beiden Flügeln gingen gestärkt aus der Wahl hervor. Die SPD verlor einen großen Teil ihrer Wähler an die USPD, die nicht durch Verantwortung für den Kapp-Putsch und die Niederschlagung der Arbeiteraufstände belastet war. Noch im Jahr 1920 zerbrach die USPD, und auf dem linken Flügel im Parteienspektrum etablierte sich die KPD als Massenpartei. Das sozialistische Lager war von da an gespalten.

In Konsequenz der Wahlniederlage zog sich die SPD aus der Regierungsverantwortung zunächst zurück, auch um ein weiteres Abbröckeln ihres Wählerpotentials zu verhindern. Dieser Schritt, der gleichbedeutend mit dem Eingeständnis war, als staatstragende Partei versagt zu haben, schwächte die Stabilität der Weimarer Republik. Die neue, bürgerliche Minderheitsregierung kam nur zustande durch eine Öffnung nach rechts, d.h. unter Einschluß der DVP, die 1918 die Revolution strikt abgelehnt und restaurative Tendenzen verfolgt hatte (Wiederherstellung des Kaisertums auf legalem Wege). Solche Minderheitsregierungen – unter Beteiligung der DVP als bürgerliche Koalitionen oder später wieder unter Beteiligung der SPD – blieben auf die Unterstützung durch andere Parteien angewiesen, die zumindest latent undemokratisch waren. In Preußen konnte sich die Weimarer Koalition hingegen behaupten.

Kennzeichnend für die **Innenpolitik der Jahre 1920–1923** waren vor allem die Bemühungen, die Auswirkungen des verlorenen Krieges zu bewältigen. Vorrangige Probleme warfen die Reparationsfrage und die Konsolidierung von Wirtschaft und Währung auf.
Die Höhe der Reparationen wurde von einer alliierten Kommission erst zwei Jahre nach dem Versailler Vertrag festgelegt. Nach dem „Londoner Ultimatum" vom 27. April 1921 beliefen sich die Gesamtforderungen auf 132 Mrd. Goldmark, die in jährlichen Raten zu 2 Mrd. zuzüglich 26% des Wertes der deutschen Ausfuhren gezahlt werden sollten. Die damalige deutsche Regierung suchte die Unmöglichkeit, diese Forderungen angesichts fehlender Devisenreserven und Außenhandelsdefiziten einlösen zu können, dadurch aufzuzeigen, daß man mit äußersten Anstrengungen die Forderungen zu erfüllen suchte. Für diese sogenannte **„Erfüllungspolitik"** mußte wiederum eine Minderheitsregierung der Weimarer Koalition die Verantwortung übernehmen. Ein deutsches Ersuchen um Zahlungsaufschub lehnte Frankreich ab und nutzte im Januar 1923 geringfügige Rückstände bei Sachlieferungen zum Einmarsch ins Ruhrgebiet. Der passive Widerstand im Ruhrkampf führte zum Zusammenbruch der deutschen Finanzen und Währung.
Der **Inflationsprozeß** erreichte im Herbst 1923 seinen Höhepunkt. Die Ursachen für diesen Prozeß lagen binnenwirtschaftlich – seit Beginn des Ersten Weltkrieges – in der ständigen Ausweitung und Beschleunigung des Notenumlaufs bei nahezu gleichbleibendem Warenangebot, in der Kreditvermehrung und in den wachsenden Reichsschulden. Dieser Prozeß wurde nach dem Kriege durch die Umstellung auf die Friedenswirtschaft und damit verbundene neue Investitionen (zusätzliche Kreditaufnahme), die Folgen des verlorenen Krieges und innenpolitisch durch die instabilen Verhältnisse weiter vorangetrieben. Ab dem Sommer 1923 konnte die Reichsbank den Kurs der Mark nicht mehr stützen, die Lebensmittelversorgung brach stellenweise zusammen, die Löhne und Gehälter reichten kaum noch zur Deckung des Existenzminimums aus. Als die Kaufkraft des Geldes immer schneller schwand, setzte eine allgemeine Flucht in Sachwerte ein.

Inflationsgeld wird beim Altpapierhändler eingestampft

Eine Konsolidierung war nur zu erreichen, indem man das Vertrauen der Bevölkerung in die Währung wiederherstellte. Dazu bediente man sich eines psychologischen Kunstgriffes: Eine Rentenbank wurde gegründet und mit der Ausgabe der **Rentenmark** beauftragt, deren Wert auf eine Billion Papiermark bei einer Parität von 4,20 Mark zum Dollar festgelegt wurde. Die neue Währung, die am 15. November 1923 eingeführt wurde, war nicht durch Gold gedeckt, sondern in Rentenbriefen einlösbar. Deren Deckung bestand in Hypotheken – auf landwirtschaftlich genutztem Boden sowie auf industriellem Vermögen – an das Reich in Höhe von 3,2 Mrd. Mark. Das Reich erhielt von der Rentenbank 1,2 Mrd. zur Begleichung der notwendigsten Ausgaben; eine gleich hohe Summe wurde als Kredit an die Wirtschaft gegeben. Zugleich beschränkte man die Umlaufmenge des Geldes und die Möglichkeiten übermäßiger Kreditnahme durch Gesetze.
Inflationsgewinner war zunächst einmal der Staat, dessen innere Kriegsschulden in Höhe von 154 Mrd. Mark am 15. November nur noch den Wert von 15,4 Pfennig des Jahres 1914 hatten. Gegenüber diesem rein fiskalischen Gewinn steht ein unermeßlich hoher Verlust an politischem Vertrauen in den Staat: Große Teile des Mittelstandes verarmten; ihre in festen Geldbeträgen angelegten Vermögenswerte (wie Staatsanleihen, Hypotheken, Pfandbriefe oder Sparkassenguthaben) wurden wertlos. Dies betraf vor allem die kleinen Unternehmer, die Händler und Handwerker, die Angehörigen der freien Berufe, die Beamten und Angestellten, also die Schichten des Bürgertums, die den deutschen Nationalstaat getragen hatten. Sie verloren ihre materielle Unabhängigkeit und Sicherheit. Gewinne aus der Inflation zogen diejenigen, die Papiergeldkredite aufgenommen und in Sachwerten angelegt hatten, z. B. in Grundbesitz, Kunstwerken oder Möbeln. Die größten Gewinne machten Industrielle wie Hugo Stinnes. Sie kauften mit Bankkrediten Firmen, Hotels oder Zeitungen. Unternehmer investierten in riesigem Ausmaß; denn sie konnten ihre Waren billig herstellen, zumal mit steigenden Inflationsraten die Reallöhne immer mehr hinter den Preisen zurückblieben. Das Exportgeschäft blühte.
Neben der katastrophalen Situation des Wirtschafts- und Währungssystems gefährdeten 1923 andauernde Aktivitäten radikaler Gruppen den Bestand der Weimarer Republik.
In **Bayern** kam es im Herbst zum Ausbruch offener Feindseligkeiten, als von Kahr, ehemaliger Regierungspräsident von Oberbayern und bayerischer Ministerpräsident 1920/21, zum Generalstaatskommissar mit diktatorischen Vollmachten bestellt wurde. Bayern war nach der Zerschlagung einer Räterepublik (1919) zum Agitationsfeld des Rechtsradikalismus jeglicher Schattierung aufgestiegen. In München hatte Adolf Hitler mit seiner kleinen radikal nationalistischen und antisemitischen Partei (Nationalsozialistische Deutsche Arbeiterpartei) die Führung der rechtsgerichteten Verbände an sich gerissen und plante eine Machtübernahme. Die Gelegenheit dazu bot sich angesichts der Auseinandersetzungen Kahrs mit dem Reich, die zur Frontstellung der bayerischen Reichswehreinheiten gegen die Reichsregierung und zur Verhängung des Ausnahmezustands nach Artikel 48 führten. In dieser Situation suchte Hitler die unschlüssigen Putschisten um Kahr zur „nationalen Revolution“ zu zwingen, mußte dann aber, auf sich allein gestellt, am 9. November 1923 seine Pläne begraben.
Zur Abwehr rechtsradikaler Angriffe waren Mitte Oktober in Thüringen und Sachsen **Volksfrontregierungen** (SPD, KPD) zustande gekommen, die nur teilweise bewaffnete und nicht militärisch organisierte Proletarier-Hundertschaften aufstellten. Ähnlich wie zur Zeit des Kapp-Putsches entschloß sich die Reichswehr zu einem energischen Durchgreifen in Mitteldeutschland, während sie der Entwicklung in Bayern untätig zusah; denn Seeckt wollte einen Bruch mit den rechtsgerichteten Kräften in Bayern vermeiden.
Zu diesen Problemen kam im Jahr 1923 noch eine **Separatistenbewegung im Rheinland**. Im Versailler Friedensvertrag hatte Frankreich zwar sein Ziel, unabhängige Pufferstaaten zwischen sich und dem Reichsgebiet zu schaffen, nicht erreicht, aber das linke Rheinufer und einige rechtsrheinische Gebiete blieben bis zu 15 Jahren von alliierten Truppen besetzt. Im Saargebiet, das

für 15 Jahre dem Völkerbund unterstellt war, wurde Frankreich nach den Bestimmungen des Friedensvertrags die Nutzung der Kohlengruben eingeräumt (s. T 16). In den Wirren des Herbstes 1923 suchten nun Separatistenbewegungen vergeblich, mit Unterstützung der französischen Besatzungsmacht autonome rheinische Republiken zu gründen. Diese Bewegungen waren aber nur Begleiterscheinungen der deutsch-französischen Machtprobe im Ruhrkampf und des damit zusammenhängenden völligen Zusammenbruchs der deutschen Währung.
Die Ereignisse des Jahres 1923 führten in der Wahl im Mai 1924 zu einer weiteren Stärkung der rechtsstehenden Parteien. In dieser Wahl kamen die politischen Auswirkungen der wirtschaftlichen und sozialen Einbußen der mittelständischen und kleinbürgerlichen Schichten zum Vorschein: Jene bürgerlichen Schichten, die sich vom Staat verlassen fühlten, wurden anfällig für antidemokratische bzw. republikfeindliche Strömungen. Das kam zunächst der DNVP zugute, obwohl sie vorübergehend unter dem gemäßigten konservativen Vorsitzenden Oskar Hergt – ähnlich wie die DVP – unter Vorbehalten die Republik mitzutragen bereit war. Jedoch in der Wahl 1928 gelang es der Partei nicht mehr, die unzufriedenen bürgerlichen Schichten zu sammeln. Sie versuchte durch einen neuerlichen Kurswechsel erfolgslos, ihr Wählerpotential von 1924 wieder anzusprechen. Der antirepublikanische Flügel unter Hugenberg übernahm die Parteiführung. Die NSDAP blieb trotz ihres Erfolges in den Wahlen vom Mai 1924 zunächst im Reichstag eine Randerscheinung, deren Wählerpotential bis zu den Wahlen von 1930 auf völkische und antisemitische Splittergruppen beschränkt blieb.
Auch nach Festigung der Währungsverhältnisse konnte sich die wirtschaftliche und politische Struktur des Reiches erst normalisieren, als die Reparationsfrage besser geregelt wurde. 1924 wurden in einem neuen Gutachten, dem **Dawesplan**, die Höhe der Raten, der Zeitpunkt der Zahlungen und die Quellen, aus denen die Reparationen geleistet werden sollten, festgelegt:
„Je mehr es gelingt, die Zahlungen automatisch, geregelt und unabhängig von den Schwankungen der politischen Haltungen gegenüber der Reparationsfrage zu gestalten, um so weniger Reibungen werden entstehen und um so größer wird die tatsächliche Stabilität des deutschen Staatshaushalts sein. Letzten Endes ist die beste Sicherheit für die Zahlung das Interesse der deutschen Regierung und des deutschen Volkes, ehrlich eine Last auf sich zu nehmen, von der die Welt überzeugt ist, daß sie die Grenzen der deutschen Leistungsfähigkeit nicht übersteigt, und so rasch als möglich eine Last abzutragen, die schwer ist und schwer sein soll."
Dieser Plan setzte einen Aufschwung der deutschen Wirtschaft voraus, sah daher für den Anfang eine Schonzeit vor und gewährte dem Reich eine Anleihe in Höhe von 800 Mio. Goldmark. Nur bis zu knapp 50% der Zahlungen sollten aus dem Reichshaushalt aufgebracht werden, um das finanzielle Gleichgewicht im Etat zu wahren. Den Rest sollten eine Verkehrssteuer, die der leistungsstarken Reichsbahn direkt auferlegt wurde, und Zinsen aus Eisenbahn- und Industrieobligationen (= Schuldverschreibungen) erbringen. Für den Transfer der aufgebrachten Summen sollte ein Reparationsagent unter Beachtung der Zahlungsbilanz und Währungsstabilität sorgen.
Die spürbare **Stabilisierung** wirkte sich auf die Reichstagswahlen vom 7. Dezember 1924 aus, zumal mit der schrittweisen Räumung der Ruhr ein wichtiger Agitationspunkt der Rechtsparteien entfiel. Die radikalen Parteien auf beiden Flügeln – KPD und NSDAP – erlitten beträchtliche Verluste. Jedoch blieben Regierungsbildungen weiterhin problematisch. Koalitionen der bürgerlichen Parteien (Zentrum, BVP, DDP, DVP) mit den nur beschränkt koalitionsfähigen Deutschnationalen waren kaum zu umgehen, weil weder SPD noch DVP zur großen Koalition neigten.
Parallel zum Abklingen der inneren Krisen und der Sanierung des Währungssystems vollzog sich der wirtschaftliche Aufschwung. Die Industrie, die nach amerikanischem Vorbild rationalisiert und den Erfordernissen des kapitalistischen Wirtschaftssystems angepaßt wurde, zog ausländisches Kapital an. Zwischen 1924 und 1929 wandte die deutsche Wirtschaft rund 70 Mrd. Mark für Neu- und Ersatzinvestitionen auf, davon 13,6 Mrd. ausländische Anleihen. Die elektrotechnische,

chemische und optische Industrie erlangte wieder eine führende Stellung auf dem Weltmarkt. Die Produktion der Wirtschaft übertraf 1927 den Vorkriegsstand. Der gesamtwirtschaftliche Aufschwung zeigte sich auch im Wiederaufbau der Handelsflotte, in der Ausweitung der Energieversorgung und des Verkehrsnetzes, im Anwachsen sozialer Investitionen (Wohnungsbau, Schulen, Krankenhäuser usw.).
Die Position der Arbeitnehmer wurde 1927 durch das Gesetz über **Arbeitsvermittlung und Arbeitslosenversicherung gestärkt**. Es brachte die volle Durchsetzung des Versicherungsprinzips und des Rechtsanspruchs. Träger der Versicherungsbeiträge in Höhe von 3% des Grundlohns waren zu gleichen Teilen Arbeitnehmer und Arbeitgeber. Zusammen mit dem System der Tarifverträge schien damit der Lebensstandard der breiten Massen der Bevölkerung gesichert. Die sozialpolitischen Auseinandersetzungen klangen ab. Die Arbeitslosigkeit ging mit dem einsetzenden wirtschaftlichen Aufschwung schnell zurück, und die Löhne und Gehälter erreichten bald wieder den Vorkriegsstand. Wirtschaftspolitisch betrieb man allerdings im Interesse von Großindustrie und Großgrundbesitz eine konsumentenfeindliche Schutzzollpolitik.

T 23 Leitideen der antidemokratischen Rechten

a) A. Moeller van den Bruck: Das dritte Reich (1923)

Das Genie des deutschen Volkes ist nicht revolutionär. Es ist erst recht nicht liberal. Es ist konservativ. [...] Der liberale Mensch verstand, die Jahre zu nutzen, die hinter uns liegen. Er befestigte während dieser Zeit seine politische Stellung in den Errungenschaften der Revolution und, wenn es nur eben anging, durch ergebene Erfüllung des Friedens von Versailles. Er nahm die Verhältnisse hin, zu denen der Ausgang des Weltkrieges das Reich heruntergebracht hatte, ja, er suchte sich mit ihnen abzufinden und fand sie, indem er sie nach Möglichkeit beschönigte, durchaus erträglich und wohlgefällig. Der liberale Mensch ist immer Bejaher, schon um des Lebens willen, das er so liebt. Also bejahte er auch dieses Leben, das wir nach dem Befehle unserer Führer führen mußten. Der liberale Mensch frißt jede Schande, die man ihm hinwirft. [...]
Welche Sache ist heute unsere Sache? Welche kann sie nur sein? Welche muß sie sein? Der liberale Mensch möchte noch immer eine westliche Sache aus ihr machen, und der revolutionäre Mensch seine weltproletarische. Alle Erfahrungen von Versailles haben den Einen, alle Erfahrungen mit Moskau und der Nationalisierung des Sowjetstaates haben den Anderen nicht von gehegten Lieblingsvorstellungen abzubringen vermocht. Der konservative Mensch ist sich klar darüber, daß es sich für uns nunmehr und nur noch um die deutsche Sache handelt.
[...] Die Entstehung der deutschen Republik ist beispiellos. Sie entstand aus der Revolution. Und die Revolution entstand aus Verrat. Und der Verrat entstand aus Dummheit.
[...] Wir brauchen nicht Demokraten, die von vornherein Partei sind, sondern volkliche Führer, die wir, ob sie nun in demokratischer oder aristokratischer Prägung, als Mariuscharaktere oder als Sullanaturelle erscheinen, gar nicht erst zu fragen brauchen, welcher Partei sie angehören, weil ihre Partei von vornherein Deutschland ist. [...] Wir brauchen, es ist sehr möglich, vielleicht sogar eine sehr lange und wechselnde Folge von solchen Führern, in denen sich die Politisierung der Nation als Nationalisierung des Volkes verkörpert; von Führern, in denen sich der Übergang von der deutschen Geschichte von Gestern über die Revolution hinweg in eine deutsche Geschichte von Morgen vollzieht, in der wir ohne sie führerlos hineintreiben würden. Die Enttäuschung durch den Parteigedanken bedeutet Bereitschaft für den Führergedanken. Und die Jugend hat sich diesem Führergedanken ganz unterstellt. In der Monarchie war kein Raum für ihn. Die Monarchie beanspruchte selber die Führung. Aber sie tat es mit einer Ausschließlichkeit, die nicht mehr auf Verdienst, sondern auf Herkommen beruhte. Erst die Revolution hat den Führergedanken freigegeben. Sie selber hat ihn als revolutionären Führergedanken in den Verführern verfehlt. Aber sie hat ihn als konservativen Führergedanken ausgelöst und dem Manne überantwortet, der nicht zersetzt, sondern erhält.
(A. Moeller van den Bruck, Das dritte Reich. Hamburg ^{3}1931, S. 192ff.)

b) Antisemitismus (1926)

Nicht nur zahlenmäßig, sondern auch an Bedeutung der wichtigste ist der nordisch-germanische Blutsteil. Der nordischen Rasse werden folgende Eigenschaften zugeschrieben: geistige Schöpferkraft [...], bisweilen gesteigert bis zum Genie, hohe geistige Beweglichkeit, staatenbildende Befähigung. Ihr Geist ist beweglich, ruhelos, strebt zur Unendlichkeit und umfaßt das Firmament. [...]
Die ostische (alpine) Rasse ist klein, dunkeläugig, dunkelhaarig und rundschädlig. Der ostische Mensch ist nicht schöpferisch veranlagt. [...] Er ist das typische Material für die Demokratie, der Massenmensch. [...] Eingehende Untersuchungen haben

ferner gezeigt, daß der Prozentsatz des nordischen Blutes in den oberen Gesellschaftsschichten höher ist als in den niederen. Die bis zur Revolution herrschende Schicht war vorwiegend nordisch. [...] Vorwiegend nordisch kann der Adel aber nur bleiben, wenn er den Vermischungsprozeß nicht weiter fortsetzt. [...] Im deutschen Volk findet ständig eine negative Auslese in Richtung auf eine Ausmerzung des edlen nordischen Blutes statt. [...]
Gewiß verführt der Jude bewußt und unbewußt das Volk zur materialistischen Weltanschauung. Nie aber könnte ihm dies gelingen, wenn nicht ein großer Teil des Volkes, eben jener ostisch bestimmte, entsprechend veranlagt wäre. Mit der Ausschaltung des jüdischen Einflusses allein ist es also keineswegs getan. Es gilt den nordischen Gedanken im deutschen Volke wieder zur Herrschaft zu verhelfen. [...] Es ist notwendig, endlich zu erkennen, daß im Germanentum die Wurzel unseres Wesens und das Geheimnis unserer Kraft ruht.
(H. Konopacki-Konopath, Ist Rasse Schicksal? Grundfragen der völkischen Bewegung. München 1926, S. 14ff.)

c) Die Nation (1923/1925)
Eine Nation braucht eine unabhängige Oberschicht, die selbständiger Träger des nationalen Wollens ist. [...] Der Mangel einer einheitlichen, nationalbewußten Oberschicht ist es, der unser Volk heute daran hindert, Nation zu werden, sich überhaupt als Nation zu empfinden und darzustellen.
(H. von Gleichen, Oberschicht und Nation. In: Bozi/Niemann, Die Einheit der nationalen Politik. Stuttgart 1925, S. 235)
Leben im Bewußtsein seiner Nation heißt Leben im Bewußtsein ihrer Werte. [...] Eine Nation ist eine Wertungsgemeinschaft. [...] Der nationalsozialistische Mensch geht von den Werten als dem Eigentümlichsten aus, das eine Nation besitzt.
(Moeller van den Bruck, a.a.O., S. 332ff.)

d) Organismus (nationalsozialistische Studentenschaft, 1932)
Das Element, die Wurzel, aus der unsere Weltanschauung kommt, ist der Organismusgedanke, der Wachstumsgedanke. Das heißt die Anschauung, die Auffassung alles Seins als eines Gewordenen und Wachsenden, als ein organisches Ganzes.
(E. Anrich, Drei Stücke über Nationalsozialistische Weltanschauung. Heft 2 der Kulturpolitischen Schriftenreihe der deutschen Gildenschaft. Stuttgart 1932)

T 24 Kritik an der parlamentarischen Demokratie

a) Müller-Meiningen, ehemaliger bayerischer Justizminister, 1931
Interessenhaufen, nicht Staatsbürger. [...] Nur die seelenlose Masse herrscht! Freies, denkendes Führertum ist erdrückt, machtlos. „Staat" nennt sich heute etwas, was sich als Volksstaat ausgibt, was aber nichts anderes ist als die jeweiligen an der Macht sitzenden Parteien und ihre Führer. [...] Eine ungeheure Gleichgültigkeit, Müdigkeit, ja wahrer Ekel vor dem ganzen politischen Treiben [...] hat die weitesten Kreise erfaßt. [...] Jeder wahren Führung bar, wußte das Volk nicht wohin. [...] Überall Zersetzung [...]; die politische Vernunft – verdrängt durch bloße, gemeine Parteitaktik und ein zersetzendes, [...] charakterloses politisches Literatentum – war zu Grabe getragen.
(E. Müller-Meiningen, Bolschewismus, Faschismus oder Freistaat. München 1931, S. 95)

b) Ein völkischer Autor, 1923
Der neudeutsche Staat ist hervorgegangen aus dem Verrat einer Partei, die sich dem jüdischen Marxismus und Internationalismus verschrieben hatte, am Volksganzen. Er ist also ein geschichts- und wurzelloser Parteistaat ohne jeden Halt im Volke. Das Parteiwesen und der daraus entstandene Parlamentarismus sind durch und durch undeutsch und widervölkisch, weil sie nicht naturgesetzlich von unten heraufgewachsen sind, sondern gewaltsam nach fremden Vorbildern geschaffen wurden. Die Parteien zerreißen die Einigkeit der Volksgemeinschaft und lassen die Einheit von Volk und Staat nicht zu, weil jede nach Vorherrschaft und nach Besetzung von Ämtern strebt. Der auf dem Parteiwesen beruhende Parlamentarismus ist der verkörperte Volksbetrug, denn dem Volk wird vorgegaukelt, er verbürge die Volksherrschaft, während das Wesen des Parlamentarismus [...] Parteiherrschaft übelster Art ist.
(Volkswirt Nüse, Der völkische Neuaufbau Deutschlands. Göttingen [2]1923, S. 71)

Problem und Diskussion

1 *Stellen Sie im Überblick zusammen, wie sich die innenpolitische Lage der Weimarer Republik in den zwanziger Jahren entwickelte und versuchen Sie nach übergeordneten Gesichtspunkten diesen Zeitraum in Phasen zu unterteilen (z.B. nach wirtschaftspolitischen, gesellschaftlichen Aspekten, nach innenpolitischer Stabilität bzw. Krisen usw.).*
2 *Welche gesellschaftlichen, wirtschaftlichen und politischen Auswirkungen hatte die Inflation?*
3 *Inwiefern belastete die Reparationsfrage die Innenpolitik?*
4 *T 23 ist überschrieben „Leitideen der antidemokratischen Rechten". Versuchen Sie diese Formulierung inhaltlich zu füllen.*
5 *Suchen Sie Gründe für Unzufriedenheit und Ablehnung der parlamentarischen Ordnung während der Weimarer Republik.*

2.5 Die „Goldenen zwanziger Jahre"

Nach dem für Deutschland niederschmetternden Kriegsende und den oft dramatischen Wirren der ersten Nachkriegsjahre suchte man allenthalben nach neuen Wegen. Für die Politiker bestand die Aufgabe, die Demokratie trotz der schwierigen wirtschaftlichen Lage und gegen viele Widerstände durchzusetzen. Für die Wirtschaft gab die rasante technologische Entwicklung in den USA Tempo und Richtung vor. Massenproduktion versprach niedrige Verkaufspreise. Wissenschaftliche Planungen und Regelungen der Arbeitsprozesse hatten Amerika einen ungeheuren wirtschaftlichen Aufschwung ermöglicht – die „Roaring Twenties".
Der einzelne war durch höheren Lohn in die Erfolge einbezogen. Solcher Fortschritt brachte mehr individuelle Freiheit, auch wenn sich der einzelne der Technik unterordnen mußte. Eine neue Generation von „Arbeitern" wuchs heran. Neue Lebensformen entwickelten sich.
Die Europäer, besonders die Deutschen, traf diese Entwicklung hart. Aber der Schock kam nicht unvorbereitet. Auch im alten Europa hatte man nach neuen technischen Mitteln und Möglichkeiten und nach neuen Welt- und Menschenbildern gesucht. Der Weltkrieg bezeichnete keineswegs die große Wende. Sein Verlauf und sein Ende hatten deutlich werden lassen, daß eine neue Gesellschaft entstehen mußte, wollte man die neuen Herausforderungen bestehen. Doch Anpassung an die Gegebenheiten fiel den Deutschen schwerer als den Amerikanern.
Uns interessiert der kulturelle Bereich, weil sich hier Reaktionen auf diese Herausforderung in einer bis dahin nicht für möglich gehaltenen Breite und Intensität zeigen. Die „Roaring Twenties" fanden ihre Parallele in Deutschland: Goldene zwanziger Jahre. Der Glanz, in dem manche Betrachter die zwanziger Jahre im Rückblick sahen, während die kulturelle Vielfalt durch die neue Reichskulturkammer der Nationalsozialisten unter völkisch-rassistischen Gesichtspunkten „bereinigt" wurde, mag nicht immer der Realität entsprochen haben. Es waren keineswegs sichere Jahre. Aber sie brachten gerade in kultureller Hinsicht einen einmaligen Um- und Ausbruch. Charakteristisch war das rastlose Suchen, das Streben nach etwas Absolutem, Vollkommenem. Stadt und Land waren daran allerdings nicht gleichmäßig beteiligt. Das Neue gedieh vor allem in den Großstädten. In dem hier gegebenen Rahmen kann diese Vielfalt nur mit wenigen Fakten und Namen angedeutet werden.
Das Suchen nach neuen Wegen hatte sich – freilich auf der überkommenen gesellschaftlichen Basis – schon vor der Jahrhundertwende angekündigt. Sigmund Freud, der Psychologe, hatte die Bedeutung der Triebstruktur für das menschliche Verhalten herausgearbeitet und damit Grundlagen für ein neues Menschenbild geschaffen. Seine Theorien ließen sich auf alle geistig-kulturellen, sozialen und religiösen Bereiche übertragen. Ihr Einfluß wirkte sich auch auf die bildende Kunst, die Literatur und die Philosophie aus. Lyrik und Theater, Erzählungen und Baukunst lassen das Suchen nach einem neuen Lebensstil erkennen. „Die Welt im Menschen an", wird Franz Werfel bald postulieren. Der als Bedrohung empfundenen Technisierung setzten Maler unter Vernachlässigung der materiellen Wirklichkeit Farben und Formen entgegen, die Seelenzustände ausdrücken: Expressionismus – Ausdruckskunst. Im Namen der Würde des Menschen wurde brüderliche Liebe gefordert. Die Kunst erspürte den Weltkrieg mit all seinem Grauen voraus. Das Volk aber blieb bereit, gehorsam in die Katastrophe zu marschieren. Hinweise auf eine „sinnlos gewordene Welt", wie sie z. B. Christian Morgenstern mit seinen die Logik der Sprache verlassenden Versen gab, blieben weithin ungehört.
Nach dem Krieg setzte die Auseinandersetzung mit dem Grauen nur langsam ein. Die Wirren der ersten Nachkriegsjahre mußten zunächst überwunden werden. Erst als sich ein neuer Nationalismus und Heroismus abzeichneten, wurden die Stimmen vernehmlicher, die die Krisen journalistisch oder auch dichterisch „verarbeiteten". Auch wenn sie von heroischer Ergebenheit bis zu bitterer Anklage reichten, ging es vor allem um den geschundenen Menschen. Man suchte neue

Formen, die Probleme sichtbar zu machen, und neue Werte. Der liberale, tolerante Staat schuf die Rahmenbedingungen, aber die kulturelle Szene und der demokratische Alltag blieben einander weitgehend fremd. Vor allem die junge Generation der Intellektuellen fand mit ihren utopischen Vorstellungen selten eine positive Einstellung zur Realpolititk der Weimarer Republik. Gemessen an den Zielvorstellungen der Künstler – absolute Freiheit und Gleichheit – war sie eine Spießer-Republik.
Das Theater sei zuerst genannt, da auf den Bühnen das Atmosphärische der Zeit am deutlichsten sichtbar wurde. Es hatte seinen Wandel, wie die Malerei mit den Künstlern des „Blauen Reiter", bereits vor dem Krieg begonnen. Die anstehenden neuen Themen – der autoritäre Staat, die Unglaubwürdigkeit des Bürgertums, patriarchalischer Zwang in den Familien, Paukschule, die dem Suchenden Glauben entfremdete, der Ordnung dienende Kirche, die im Maschinenzeitalter auftretenden Probleme des Individuums –, diese Themen waren von der Guckkastenbühne nicht mehr zu bewältigen. Das Publikum sollte unmittelbarer mit der Problematik der Zeit konfrontiert werden. Weite Bühnen wurden geschaffen – das Theater zog sogar in Zirkusmanegen –, auf denen die Schauspieler als Träger von Ideen agierten. Max Reinhardt, einer der großen Regisseure des deutschen Theaters, überwand mit neuen Mitteln das Theater des Naturalismus und diente dem Expressionismus. Entscheidend aber wurde Mitte der zwanziger Jahre der Regisseur Erwin Piscator. Er verstand seine Regiearbeit als politische Aufgabe. So setzte er neben Spruchbändern neue technische Möglichkeiten zur Dynamisierung und Emotionalisierung des Bühnengeschehens ein, u.a. Film-, Foto- und Kunstprojektionen. Das Theater wurde zur „moralischen Anstalt". Den Dramen der Klassiker (u.a. Shakespeare, Lessing, Schiller) gewann er durch seine Inszenierungen neue Einsichten ab.
Dieses „moderne Theater" beflügelte am meisten Bert Brecht, den „Stückeschreiber", Regisseur und Theaterleiter. Er durchleuchtete die Scheinheiligkeit und Inkonsequenz der Moral seiner Zeit und provozierte die friedlose Welt. Seine Dramen und Inszenierungen fanden weltweit Beifall. Die Probleme, die er thematisierte, schienen überall die gleichen zu sein. Die „Dreigroschenoper" brachte ihm Weltruhm.
Ernst Toller, 1914 Kriegsfreiwilliger, war durch sein Erlebnis des gnadenlosen Krieges so betroffen, daß er als militäruntauglich entlassen werden mußte. „Die Wandlung" heißt das aufrüttelnde Drama, in dem sich der Kampf gegen jede Gewalttätigkeit als eines seiner wesentlichen Anliegen artikuliert. Sein „Hinkemann", die Geschichte eines entstellten Kriegsveteranen, zählt zu den wichtigsten Dramen der Weltkriegsliteratur.
Fritz von Unruh, der – einer alten Soldatenfamilie entstammend und selbst Offizier – nach dem Krieg gegen jede Art von Tyrannei kämpfte und als radikaler Pazifist 1933 seine Heimat verlassen mußte, trat in seinen Dramen für Menschlichkeit und Völkerversöhnung ein.
Passives Heldentum hatte Georg Kaiser bereits 1913 in seinen „Bürgern von Calais" dargestellt. Der an der brutalen Wirklichkeit leidende Dichter unterwirft seine Figuren einem Läuterungsprozeß, der sie zu ihrem wirklichen „Sein" führt. Auch dieser einfallsreiche Dramatiker, dessen „Helden" reine, überzeitliche Ideen verkörpern, mußte emigrieren.
Ähnlich rang Ernst Barlach, der 1933 verfemte Bildhauer, als Dichter und Dramatiker um eine überhöhte menschliche Wirklichkeit. Auch seine Figuren werden durch Leid und Kampf geläutert.
Nicht nur der Unterhaltung, auch der Gesellschaftskritik dient das „Volkstheater", so z.B. Carl Zuckmayer mit seinem tragig-komischen „Hauptmann von Köpenick", aber auch mit seinem humorvollen, temperamentgeladenen und wirklichkeitsnahen „Fröhlichen Weinberg".
Wenn hier die großen Dramatiker, z.B. Gerhart Hauptmann, nicht genannt werden – unter den Romanciers auch Thomas Mann und Hermann Hesse nicht –, so sind sie einmal heute noch viel zu bekannt, um übersehen zu werden, zum andern waren sie den zwanziger Jahren nicht so verhaftet

Otto Dix, „Die Großstadt“ (Mitteltafel eines Tryptichons)

wie die oben genannten; sie lebten nicht so sehr aus der kaum beschreibbaren Atmosphäre dieser Jahre, wie sie sich in den Großstädten zeigte, vor allem in Berlin. Hier war das richtige Klima für Neues, hier war man offen für vielerlei Einflüsse – aus Paris und Chicago, auch aus Moskau, von wo das revolutionäre Theater ausstrahlte. Berlin war Drehscheibe, besonders für das Theater mit seiner neuen Seh- und Denkweise. Von hier wirkte es in die kulturelle Welt zurück.
In Berlin gab es ein gutes Dutzend experimentierfreudiger Theater, mit bedeutenden Regisseuren, Schauspielern und Bühnenbildnern. Hier gab es bedeutende Kritiker, die diese Experimente mit ihrer keineswegs immer wohlwollenden Kritik begleiteten und durchzusetzen versuchten. Es gab in Berlin eine beachtliche Anzahl bedeutender Zeitungen und Zeitschriften, mit namhaften Herausgebern und Journalisten, die sich täglich mit dem politischen, wirtschaftlichen und kulturellen Geschehen auseinandersetzten. Hier gab es Leser, die all das begierig aufnahmen, und Theaterbesucher, die den Experimenten aufmerksam folgten.
In der Literatur dominierten in den ersten Nachkriegsjahren die sozialkritischen Themen. Heinrich Mann rechnete in seinem „Untertan“ (1918) satirisch mit der wilhelminischen Gesellschaft ab. Die Atmosphäre der Hauptstadt fing der Berliner Armenarzt Alfred Döblin in seinen

Romanen, z.B. „Berlin-Alexanderplatz“, unübertroffen ein. Er benutzte vielerlei Stilmittel, um Berlin, vor allem seine sozialen Probleme, vor Augen zu führen. Und er fand Leser in allen Schichten des Volkes. 1925 bildeten linksgerichtete Schriftsteller die Gruppe 1925, der Alfred Döblin, Bertold Brecht, Johannes R. Becher, Rudolf Leonhard, Egon Erwin Kisch, Kurt Tucholsky, Leonhard Frank angehörten. Für eine politisch engagierte Literatur traten jedoch auch viele andere Schriftsteller ein. Für alle Schichten schrieb in Berlin Kurt Tucholsky seine satirischen Essays und Verse, die unübersehbar den Finger auf die Wunden der Zeit legten, um der Demokratie und dem Menschen zu dienen.
Weniger scharf gewürzt und kämpferisch-bissig trat Erich Kästner für den Menschen ein. Seine leisen, eingängigen Verse stritten gegen die Brutalität, den Egoismus und die Rohheit des Menschen. Es wundert einen nicht, daß dieser feinfühlige Humorist auch Kinderbücher verfaßte, die bis heute Kinder begeistern und mehrfach verfilmt wurden. Beim Stichwort Kabarett soll der Dadaismus nicht fehlen (während des Krieges in Zürich von deutschen Exilanten – Hugo Ball, Richard Huelsenbeck, Hans Arp u.a. kreiert), der sich als „Widerstand gegen den Wahnsinn der Zeit“ verstand. Er war bewußt anarchisch und zerstörerisch, auch in seinen Formen, die er nach dem Krieg in Deutschland fand. Aber von ihm gingen viele Einflüsse auf die seinerzeitigen Versuche der Kunst aus, so auf den Surrealismus und die abstrakte Dichtung. Neben Huelsenbeck wirkten in Berlin u.a. Walter Mehring, Johannes Baader, die Brüder Wieland Herzfelde und John Heartfield, George Grosz (bekannt vor allem als Maler und Graphiker) und Raoul Hausmann als Dadaisten. Kabarett, das war natürlich auch Ringelnatz mit seinen oft hintergründigen Versen. War die Oper noch den gehobenen Kreisen der Gesellschaft vorbehalten, so öffneten sich Theater und Kabarett rasch einem breiteren Publikum. Noch vor Kriegsende war die Volksbühne gegründet worden, und Umfragen der ersten Nachkriegsjahre zeigten schon ein bemerkenswertes Interesse unter jungen Angestellten und Arbeitern für diese Einrichtung. Für die unteren Schichten aber war das Kino ergötzlicher. In der „Massenkultur“, die bewußt angestrebt wurde, lag die Gefahr zunehmender Kommerzialisierung und Trivialisierung.
Dennoch entwickelte sich der Film nicht nur zu abendfüllenden Streifen, sondern erlangte bald eine hohe künstlerische Qualität, für die hier Charlie Chaplin und René Clair genannt seien. Begeistert wurde der russische Film „Panzerkreuzer Potemkin“ (Eisenstein) aufgenommen. So markierte auch der Film diese turbulenten Jahre.
Zu Kabarett und Kino gehört die Musik, die ihren Schwung nun weniger aus Wien und seinem Walzer bezog, sondern als Jazzmusik aus den USA kam, von den schwarzen Bands aus New Orleans, die Anfang der zwanziger Jahre nach Chicago übersiedelt waren. Das Saxophon gewann an Bedeutung, Charleston wurde, neben Tango und Rumba, getanzt, mit kokett geschwungenen Beinen, was der tänzerischen Bewegung etwas Prickelnd-Frivoles geben mochte. Die Frauen waren „emanzipiert“, unterwarfen sich nicht mehr den alten gesellschaftlichen Leitbildern und Ordnungen, schminkten sich die Lippen, trugen das Haar kurz als Bubi- oder Pagenkopf.
„Goldene zwanziger Jahre“! Daß sie auch für die Philosophie, Theologie, für die Physik und Chemie und andere Naturwissenschaften, vor allem aber für die Wohnkultur und das Bauen einen Umbruch bedeuteten, kann hier nicht ausgeführt werden. Was Walter Gropius und später Mies van der Rohe mit dem Bauhaus schufen, hat die moderne Architektur der westlichen Welt bis heute sichtbar beeinflußt. Ihre Gegner traten u.a. auf, als der Film zu Erich Maria Remarques berühmtem Kriegsbuch „Im Westen nichts Neues“ 1929 uraufgeführt wurde und sie mit weißen Mäusen die Vorstellung unterbrachen.
Dann kam die Not der Weltwirtschaftskrise, die Arbeitslosigkeit. Der Optimismus schlug in sein Gegenteil um. Auch das gehört zu den zwanziger Jahren, aber es hat nichts mit kultureller Vielfalt zu tun. Der Aufschwung der geistigen, künstlerischen, gesellschaftlichen und wirtschaftlichen Kräfte zeigte sich nicht stark genug, diesen Druck auszuhalten.

3. Niedergang und Zerstörung einer Demokratie

3.1 Die Weltwirtschaftskrise und ihre Folgen

Als die Auswirkungen des **Börsenkrachs** in den USA (25. Oktober 1929) die europäischen Staaten in die Wirtschaftskrise hineinzogen, führten sie in Deutschland zu Störungen des Kreditwesens, aber auch der Produktion und des Absatzes. Die Inflation hatte nur vorübergehend die Schulden und die Steuerlasten der Landwirtschaft getilgt. Sinkende Agrarpreise – bedingt durch Überproduktion und Einströmen billiger Agrarprodukte aus Übersee – brachten neue Verschuldungen der Landwirtschaft. Kredite mußten aufgenommen werden, um Betriebsdefizite auszugleichen, Steuern und Schuldzinsen zu zahlen; sie konnten jedoch kaum zu Investitionen verwendet werden. Da die Kredite also nicht produktiv angelegt und somit auch kaum zurückgezahlt werden konnten, wurden die landwirtschaftlichen Betriebe zunehmend von der Bereitschaft der Banken abhängig, die Kredite zu verlängern oder umzuschulden. Die Industrie war stark exportabhängig. Die Lohnkosten, die stärker als in den meisten Konkurrenzländern stiegen, wurden durch moderne rationalisierte Fertigungstechniken (Normung der Einzelteile und Typisierung, Fließbandarbeit) aufzufangen versucht. Viele kleinere und mittlere Unternehmen waren während der Inflationszeit zusammengebrochen. Dieses führte zu einem neuen Konzentrationsschub, zur marktbeherrschenden Stellung von Konzernen in mehreren Industriezweigen (z. B. Vereinigte Stahlwaren und IG-Farben). Auch im Handel dominierten große Warenhausketten (Tietz, Wertheim, Karstadt). Die Kartellisierung, die Preisabsprachen auf hohem Preisniveau beinhaltet, reagierte in Krisenzeiten äußerst schwerfällig auf Veränderungen in der Absatzlage; dieses beschleunigte dann die Drosselung von Absatz und Nachfrage.

Die **Konjunktur in Deutschland** war bereits vor dem Sommer 1929 abgeflacht: von Mitte 1927 erhöhte sich das Niveau der Industrieproduktion im ganzen nicht mehr; jene hatte zu diesem Zeitpunkt etwa den Stand von 1913 wieder erreicht. Das reale Bruttosozialprodukt wuchs 1926/27 um 8,2%, 1927 auf 1928 um 1% negativ; insgesamt überstieg das reale Volkseinkommen 1929 das Vorkriegsniveau um etwa 6%. In keinem Jahr zwischen 1926 und 1929 lag die Arbeitslosenquote im Jahresdurchschnitt unter 1,3 Mio. Die privaten und öffentlichen Investitionen waren erheblich niedriger als vor dem Kriege; die Staatsausgaben hingegen waren im Verhältnis zum Nettosozialprodukt von 15 auf 26% gestiegen. Die anfänglichen Wettbewerbsvorteile im Außenhandel waren Ende der zwanziger Jahre infolge steigender Lohnstückkosten geschwunden. Ab 1928 reichten die Kapitalzuflüsse aus dem Ausland nicht mehr zur Lösung der Zahlungsbilanzprobleme aus. Die öffentlichen Haushalte gerieten zudem durch die Arbeitslosenversicherung in Schwierigkeiten. Die Reichsanstalt für Arbeitslosenversicherung forderte angesichts von fast 2,5 Mio. Unterstützungsempfängern zusätzliche Mittel. Da jedoch die Steuererträge sanken und der Zufluß ausländischer Mittel zurückging, mußte die Reichsregierung bei den deutschen Großbanken einen Kredit aufnehmen. Die wirtschaftliche Blüte erwies sich also bereits vor dem Börsenkrach als eine Scheinblüte, die im Erlöschen war.

Die **politische Kräftekonstellation** war problematisch, obwohl nach der Reichstagswahl von 1928 eine große Koalition aus SPD – Zentrum (BVP) – DDP – DVP regierte. Die SPD, die gestärkt aus den Wahlen hervorgegangen war, hatte bereits vorher ihre Bereitschaft erklärt, wieder Regierungsverantwortung mitzutragen. Die neue Regierung unter Hermann Müller (SPD) war jedoch von Anfang an schweren Belastungen ausgesetzt, da die Bewegungsfreiheit der Koalitionspartner durch interne Streitigkeiten und Kontroversen eingeschränkt war. Obwohl führende Mitglieder aller vier Parteien in der Regierung vertreten waren, erklärten die Parteien, daß sie sich

nicht an dieses Kabinett gebunden fühlten. Die politischen Gegensätze auch unter den Koalitionspartnern führten die Regierung von einer Krise in die andere.
Diese wirtschaftlich wie politisch labile Lage der Weimarer Republik wurde zusätzlich durch äußere Einflüsse verstärkt. Der Börsenkrach in den USA Ende Oktober 1929 führte zu erheblichen **Störungen des weltwirtschaftlichen Finanzkreislaufs.** Er wurde ausgelöst durch eine maßlose Spekulation und verursachte in spiralförmigen Bewegungen den Einsturz des amerikanischen Finanzsystems: Kursstürze, Bankrotte, Zahlungseinstellungen der Banken, Fallen der Preise, Rückgang der Produktion, Lohnkürzungen und Entlassungen, Nachlassen der Kaufkraft verstärkten sich in immer schnellerer Folge. Die Amerikaner zogen ihre Kredite vom internationalen Markt ab, beharrten aber weiter auf der Begleichung der Schulden, erhöhten ihre Zolltarife und schränkten damit die Importe drastisch ein. Wegen der exponierten weltwirtschaftlichen Stellung der USA traf diese Entwicklung vor allem die exportorientierten europäischen Industrieländer. Jene griffen ebenfalls zu protektionistischen Mitteln. Zum Schutz der eigenen Wirtschaft bemühte man sich, steigende Inlandspreise zu verhindern, um auf dem Markt konkurrenzfähig zu bleiben.
Die **deutsche Wirtschaft** wurde 1930 von der Krise erfaßt: Die Produktion fiel, die Einkommen sanken und die Arbeitslosigkeit stieg. Der Rückgang der amerikanischen Kredite und der Abzug ausländischer Einlagen wirkten sich negativ auf strukturelle Schwächen des deutschen Bankwesens aus. Das Eigenkapital der Banken war während der Inflation stark zusammengeschrumpft; die Banken waren auf kurzfristige Kredite angewiesen, die sie zum Teil langfristig festgelegt hatten. Auch in Deutschland hatten Aktienspekulationen mit starkem Engagement der Banken zu risikoreichen Börsengeschäften geführt. Durch den Abzug ausländischer Einlagen geriet das deutsche Kreditwesen ins Wanken. 1931 brach das Bankwesen zusammen, und der Staat war gezwungen, mit eigenen Geld- und Kreditreserven einzuspringen, um den notwendigen Zahlungsverkehr aufrecht zu erhalten (Auszahlung von Löhnen, Sozialleistungen und Steuern). Die Zahl der Arbeitslosen stieg im Winter 1929/30 auf über 3 Mio.; sie erreichte ihren Höchststand im Februar 1932 mit über 6 Mio.
Die **Krise,** die alle Bereiche der Wirtschaft traf, führte zur Verschärfung der Arbeitskämpfe, in deren Verlauf die Arbeitnehmerorganisationen an Macht verloren: Das Schlichtungswesen wurde zugunsten der Unternehmer abgebaut, die in einer Klage vor dem Arbeitsgericht durchsetzten, daß der Staat nicht mehr verbindlich Löhne im Konfliktfalle festsetzen könne. Die Gewerkschaften konnten angesichts der sinkenden Mitgliedsbeiträge und der steigenden Belastungen (Unterstützung der Arbeitslosen, Streikenden und Ausgesperrten) das klassische Mittel des Arbeitskampfes, den Streik, nicht mehr wirkungsvoll einsetzen.
Die wirtschaftspolitischen Schwierigkeiten führten Ende März 1930 zum Auseinanderbrechen der großen Koalition. Das Haushaltsdefizit von über 1,5 Mrd. Reichsmark – Ausgaben insgesamt nach dem Etatplan für 1930 11,5 Mrd. – machte die notwendige Entschuldung der Reichsanstalt für Arbeitslosenversicherung zu einem politischen Streitpunkt, der die Unbeweglichkeit der politischen Parteien und deren zunehmende Tendenz zu „Weltanschauungsparteien" zutage treten ließ. Die DVP, die sich nach dem Tode Stresemanns von einer liberalen Volkspartei zur „antimarxistischen" Wirtschaftspartei gewandelt hatte und strikt „sozialistische Wirtschaftsforderungen" der SPD ablehnte, forderte unter dem Druck ihres der Industrie nahestehenden Flügels den Abbau der Versicherungsleistungen. Sie war nicht bereit, eine Erhöhung der Beitragssätze zur Arbeitslosenversicherung von drei auf vier Prozent zu akzeptieren. Die SPD ihrerseits lehnte einen Vermittlungsvorschlag Brünings (Erhöhung um ½%) mit Rücksicht auf ihren Gewerkschaftsflügel ab. Das Parteiinteresse, eine mögliche Abspaltung des Gewerkschaftsflügels zu verhindern, war der SPD wichtiger als der Fortbestand der Koalition. Jenes Spannungsfeld zwischen allgemeinen politischen und gewerkschaftlichen Gesichtspunkten, die Problematik, als Arbeiterpartei die Regierungsverantwortung zusammen mit bürgerlichen Parteien zu tragen und gleichzeitig die

Interessen des beträchtlichen Wählerpotentials in der Arbeiterschaft gegenüber der Konkurrenz von USPD und später KPD zu vertreten, hatte seit Entstehen der Weimarer Republik die Sozialdemokraten belastet.
Die **Spaltung der Arbeiterbewegung** war politisch nachteilig für die Weimarer Demokratie. Nach 1929 wurden die Sozialdemokraten von den Kommunisten als „Sozialfaschisten" diffamiert, was gemeinsame Aktionen gegen das Erstarken der Nazi-Bewegung verhinderte.
Die andere große Volkspartei, das Zentrum, war zwar aufgrund seiner antikapitalistischen wie antisozialistischen Ausrichtung relativ flexibel und gehörte allen Koalitionen an. Die opportunistische Haltung, die nach 1928 dazu führte, in der SPD den politischen Gegner zu sehen und Annäherungsmöglichkeiten an die DNVP zu suchen, war durch die Erfahrungen vor 1917 geprägt, als die Partei aus der politischen Verantwortung ausgeschlossen war. Während der Weimarer Republik versuchte das Zentrum, sofern irgend möglich an der Regierung beteiligt zu bleiben. Die DDP sank ab 1930 zur Bedeutungslosigkeit herab, obwohl sie versuchte, durch eine Öffnung nach rechts Wählerstimmen zurückzugewinnen.
Die republikfeindlichen Parteien auf der Rechten, zu denen seit 1928 eindeutig auch die DNVP zählte, traten mit einer Kampagne gegen den Young-Plan zum offenen Kampf gegen das „System von Weimar" an. Der Young-Plan, der im Januar 1930 von der Regierung H. Müller unterzeichnet worden war, legte die Reparationsleistungen endgültig auf 112 Mrd. RM fest, die in 59 Jahresraten zu 2 Mrd. gezahlt werden sollten. Bei wirtschaftlicher Notlage konnte Deutschland ein Zahlungsaufschub gewährt werden. Die Alliierten räumten die noch besetzten Rheinlandgebiete 1930, also fünf Jahre vor der vertraglichen Übergabe.
Die zur **„nationalen Einheitsfront"** zusammengeschlossenen Parteien DNVP und NSDAP sowie der „Stahlhelm" traten mit Flugblattaktionen auf den Straßen, mit Hetzkampagnen in der Hugenbergpresse und mit einem Aufruf für ein Volksbegehren gegen den Young-Plan an; jedoch nur knapp 14% der Wahlberechtigten konnten mobilisiert werden. Infolge des Zusammengehens mit der NSDAP und infolge jener Aktionen wurde die DNVP gespalten; konservative und christlich-soziale Deutschnationale verließen die Partei und gründeten neue Parteien, die jedoch bei Reichstagswahlen bedeutungslos blieben. Die DNVP trat verstärkt mit antidemokratischen und antirepublikanischen Parolen auf; sie wurde ein Bundesgenosse der NSDAP.

Problem und Diskussion

1 *Nennen Sie Gründe dafür, warum man von einer Weltwirtschaftskrise spricht.*

2 *Prüfen Sie, ob die Aussage haltbar ist, daß der wirtschaftliche Aufschwung in Deutschland nach 1924 eine „Scheinblüte" gewesen sei.*

3 *Stellen Sie den Zusammenhang zwischen wirtschaftlichen Problemen, innenpolitischen Schwierigkeiten und politischer Radikalisierung in Deutschland dar. Handelt es sich dabei um funktionale, monokausale, multikausale, multidimensionale usw. Aspekte?*

4 *Untersuchen Sie den Zusammenhang zwischen Wirtschaftskrise und Anwachsen antidemokratischer Einstellungen.*

3.2 Politische Radikalisierung und Präsidialregierungen

Das **Auseinanderbrechen der großen Koalition** im Frühjahr 1930 signalisierte die Unfähigkeit der politischen Parteien zu Kompromissen vor allem in Krisensituationen. Zugleich zeigte sich, daß es den politisch Handelnden Schwierigkeiten bereitete, vor allem wirtschafts- und sozialpolitische Probleme mit den Mitteln und Möglichkeiten einer parlamentarischen Demokratie zu lösen.
Die Sorge um die wirtschaftliche Existenz, die Ratlosigkeit, Resignation, aber auch die Erbitterung fand ihren Niederschlag im Wahlkampf 1930. Die politische Ordnung war weiten Bevölkerungsschichten verdächtig geworden. Der Reichstag hatte sich nach dem Auseinanderbrechen der großen Koalition selbst entmachtet, da er nicht mehr in der Lage war, dringend notwendige

Entscheidungen wie etwa die Haushaltssanierung zu treffen. Das Kabinett unter der Führung des Zentrums-Fraktionsvorsitzenden Heinrich Brüning stellte nach außen hin eine gewisse Kontinuität der bisherigen Koalitionen – abgesehen vom Ausscheiden der SPD – dar. Es handelte sich jedoch um eine Regierung, deren Zusammensetzung vom Reichspräsidenten maßgeblich beeinflußt und die nicht mehr vom Vertrauen des Reichstages getragen wurde. Bereits 1929 hatte General von Schleicher, der unter dem Reichswehrminister Groener Chef des Ministeramtes und damit dessen Stellvertreter wurde, den Plan entwickelt, eine von den Parteien unabhängige Regierung des Reichspräsidenten einzusetzen. Er fand hierfür Unterstützung beim Zentrum und bei der DVP. Der geeignete Reichskanzler schien **Heinrich Brüning** (1885–1970) zu sein. Aufgewachsen in einem streng katholischen Elternhaus in Westfalen wurde Brüning nach dem Kriege Geschäftsführer des katholischen Deutschen Gewerkschaftsbundes und gehörte ab 1924 der Reichstagsfraktion des Zentrums an. Als Fraktionsvorsitzender und Finanzexperte der einzig stabilen, immer die Regierungsverantwortung mittragenden Partei wurde er von Hindenburg beauftragt, ein Kabinett zu bilden, das an keine Koalition gebunden sei. Diese erste unter folgenden Präsidialregierungen ließ geplante Gesetze mangels parlamentarischer Zustimmung als Notverordnungen durch den Reichspräsidenten in Kraft setzen. Als eine Reichstagsmehrheit eine Notverordnung aufhob, ließ der Reichspräsident nach Artikel 25 den Reichstag auflösen und setzte Neuwahlen an. Obwohl dieses Verfahren nicht der Verfassung widersprach, unterlief es das von den Verfassungsgebern beabsichtigte Gleichgewicht von Parlament und Reichspräsident. Es hatte sich in der Verfassungswirklichkeit gezeigt, daß mit wachsenden politischen und wirtschaftlichen Krisen die antiparlamentarischen Parteien und deren Zuspruch in der Bevölkerung anwuchsen, während die Fähigkeit der verfassungskonformen Parteien zu politischem Handeln sank.

Wahlplakat 1932

Die antidemokratischen Parolen der extremen Rechten, wie sie im Manifest der **NSDAP** vom 10. 9. 1930 formuliert waren (T 25), fanden angesichts der Schwäche des Parlamentes Anklang in weiten Bevölkerungsschichten. Die NSDAP, die nach dem Putschversuch im November 1923 (s. 2.4) gespalten wurde, war bis 1929 eine kaum beachtete Splitterpartei geblieben. Sie hatte jedoch in dieser Zeit einen festgefügten und organisierten Apparat mit weitverzweigten Parteigliederungen (Hitler-Jugend, NS-Frauenschaft, NS-Lehrerbund, NS-Betriebszellen) aufgebaut. Als äußerst wirkungsvolles Propagandamittel erwiesen sich die militärisch organisierten Sturmabteilungen der NSDAP, die SA, in ihrem geschlossenen, uniformierten Auftreten. „Der Anblick einer starken Zahl innerlich und äußerlich gleichäßiger, disziplinierter Männer, deren restloser Kampfeswille unzweideutig ist“, verkündete der SA-Führer Franz Pfeffer, „macht auf jeden Deutschen den tiefsten Eindruck und spricht zu seinem Herzen eine überzeugendere und mitreißendere Sprache als Schrift und Rede und Logik es je vermag". Die SA diente auch dazu, eigene politische Veranstaltungen zu schützen und gegnerische zu sprengen.

Die **Bewegung des Nationalsozialismus** lebte von den demagogischen und rhetorischen Fähigkeiten ihres „Führers Adolf Hitler", der es verstand, Emotionen anzusprechen: Angst vor sozialem Abstieg, wirtschaftliche Notlage, Sehnsucht nach neuer Sinngebung des Lebens, also Phänomene einer tiefgreifenden Krise. Wo sich sinngebende Gemeinschaften erhalten hatten, konnte die NSDAP keine großen Erfolge verbuchen. Dieses galt für die über Generationen in der Sozialdemokratie und in den Gewerkschaften verwurzelte Arbeiterschaft, für den Katholizismus im Westen und Süden Deutschlands und für die alten protestantischen Kreise des Bildungs- und Besitzbürgertums. Während diese Schichten dem irrationalen Appell des Nationalsozialismus widerstanden, fand jener Zulauf in mittelständischen Schichten, die durch die Inflation ihrer wirtschaftlichen Existenzvorsorge beraubt waren.

Eine Verhandlung vor dem 4. Strafsenat des Leipziger Reichsgerichts im September 1930 gegen drei Offiziere, die wegen Errichtung nationalsozialistischer Zellen angeklagt waren, bot Hitler die Chance, vor der Öffentlichkeit zu erklären, daß seine Partei ausschließlich auf legalem Wege die Macht ergreifen wolle. Die Versicherung, nicht mehr wie 1923 über einen Umsturz an die Macht zu kommen, bestärkte politisch schwankende Bürger darin, einer Bewegung ihre Stimme zu geben, die nationale Interessen (Revision der Versailler Verträge) im Rahmen der Verfassung zielstrebig verfolgen wollte. Auch die Reichswehrführung glaubte nun, daß eine Unterwanderung durch die NSDAP abgewendet wäre. Kurt von Schleicher suchte die SA in Milizverbände einzubinden. Er wollte die NSDAP an Regierungen beteiligen, um durch politische Verantwortung den Elan der Bewegung zu brechen.

In der Septemberwahl 1930 stieg die NSDAP sprunghaft auf über 18% an (s. T 11). Da auch die KPD Gewinne zu verzeichnen hatte, waren die beiden radikalen Parteien so stark im Reichstag vertreten, daß sie verfassungsändernde Gesetze (Zweidrittelmehrheit erforderlich) blockieren konnten. Obwohl der preußische Ministerpräsident Otto Braun (SPD) für eine große Koalition eintrat, scheiterten alle diesbezüglichen Bemühungen am Widerstand der für eine Mehrheits-

In der „Harzburger Front" – hier Vorbeimarsch der SA 1931 in Bad Harzburg – dominierten die Nationalsozialisten

Das Reichsbanner „Schwarz-Rot-Gold" kämpfte mit seinen meist der SPD verbundenen Mitgliedern seit 1924 „für Demokratie und Republik"

Der kommunistische Rotfrontkämpferbund, 1924 gegründet

bildung notwendigen Wirtschaftspartei. Diese kleine Partei wollte keine Koalition mit der SPD eingehen.

Die Parteiführung der SPD tolerierte jedoch die neue Regierung Brüning. Der Reichstag überließ alle Initiativen der Regierung; er vertagte sich mehrmals auf längere Zeit und beschränkte seine Tätigkeit auf verfassungsmäßig gebotene Aufgaben. Hauptsächlich trat er in Erscheinung bei Anträgen der Opposition zur Aufhebung der Notverordnungen. Die Regierung Brüning versah ihre Amtsgeschäfte in extensiver Auslegung der Bestimmungen nach Artikel 48 (Notverordnungen). Sie war vom Vertrauen des Reichspräsidenten abhängig.

Brüning versuchte, die wirtschaftlichen Probleme mit einer deflationären Politik zu bewältigen, d.h. die Staatsausgaben wurden stark eingeschränkt, um den Haushalt bei sinkenden Einnahmen und steigenden Soziallasten auszugleichen; Löhne und Preise wurden gesenkt, um die Exportfähigkeit zu stärken und die notwendigen Devisen zur Zahlung der Reparationen zu erhalten.
Diese Wirtschaftspolitik war teilweise erfolgreich, da die Deckungslücke im Haushalt verringert werden konnte. Die Kürzung der Beamtengehälter, die Senkung der Unterstützungssätze für Arbeitslose und die Erhöhung der Steuern ließen den Unmut in der Bevölkerung wachsen, zumal immer größere Bevölkerungsschichten von der Arbeitslosigkeit betroffen wurden. 1932 betrug die Zahl der Arbeitslosen 30,8% aller Arbeitnehmer. Im Herbst 1932 lebten etwa 23 Millionen Menschen in Deutschland von staatlicher Unterstützung.
Das Bestreben Brünings scheiterte, durch Senkung der Preise – und damit auch der Löhne – die Konkurrenzfähigkeit der deutschen Wirtschaft zu erhöhen. Im Mai/Juni 1931 stand Deutschland vor dem Staatsbankrott, als der Zusammenbruch des Bankenwesens drohte. Die Reichsregierung mußte mit Kreditreserven der Reichsbank Bürgschaft leisten. In dieser angespannten finanziellen Lage schienen sich jedoch Erfolge in der Reparationsfrage abzuzeichnen. Der amerikanische Präsident verkündete einen Zahlungsaufschub. Die **Konferenz von Lausanne** im Januar 1932 sollte die endgültige Regelung der abschließenden Reparationszahlungen bringen. Der erzielte Kompromiß mußte jedoch aufgeschoben werden, da Frankreich nicht auf seine Ansprüche verzichten wollte. Erst nach dem Sturz Brünings wurde dieses Problem endgültig gelöst: Die alliierten Gläubiger gewährten einen Zahlungsaufschub von drei Jahren und verlangten eine einmalige Zahlung von drei Mrd. Goldmark. Auf der Abrüstungskonferenz in Genf im Februar 1932 sollten nach den Vorstellungen Brünings die einseitigen militärischen Beschränkungen Deutschlands revidiert werden, die im Versailler Vertrag als „Einleitung einer allgemeinen Rüstungsbeschränkung aller Nationen" begründet worden waren. Die USA, Großbritannien und Italien stimmten zu, daß bis zur Einberufung einer zweiten Konferenz Deutschland seine Bewaffnung zwar nicht verstärken dürfe, aber die Dienstzeit der Reichswehr von zwölf auf fünf Jahre gesenkt, eine Miliz von 100000 Mann aufgestellt und die waffentechnischen Beschränkungen aufgehoben würden. Es fehlte jedoch die endgültige Zustimmung Frankreichs, das auf der Konferenz nicht vertreten war. Die sich anbahnenden außenpolitischen Erfolge wurden durch die innenpolitischen Mißerfolge überholt.
Die innenpolitische Lage hatte sich inzwischen drastisch zugespitzt. Im Oktober 1931 trafen sich in Bad Harzburg die antiparlamentarischen Kräfte der Rechten: NSDAP, DNVP, die inzwischen radikalisierte DVP, die Wirtschaftspartei, der „Stahlhelm", prominente Persönlichkeiten aus Adel und Wirtschaft und pensionierte Generäle. Die demokratische Linke – SPD, Reichsbanner Schwarz-Rot-Gold, Gewerkschaften, Sozialistische Arbeiterjugend und andere Organisationen – bildete im Dezember 1931 die „Eiserne Front". Diese fand jedoch keine Unterstützung durch die bürgerlichen, demokratischen Parteien. Die halbmilitärischen Kampfverbände der NSDAP, die SA, und der KPD, der „Rotfrontkämpferbund", lieferten sich erbitterte Straßenschlachten. 1931 kamen dabei in Preußen rund 300 Menschen ums Leben. Im März 1932 ließ die preußische Regierung alle nationalsozialistischen Parteigeschäftsstellen durchsuchen und fand Mobilmachungs- und Putschpläne. Doch Reichskanzler Brüning und sein Reichswehr- und Reichsinnenminister Groener wollten Maßnahmen gegen die NSDAP und ihre Kampfverbände vermeiden. Brüning versuchte, in einigen Länderregierungen Koalitionen von Zentrum und NSDAP zustande zu bringen, um die Nationalsozialisten in staatspolitische Verantwortung einzubinden. Von der Reichswehrführung aus bestand das Interesse, auf die SA über die Integration in eine projektierte Miliz Einfluß zu nehmen.
Erst nach starkem Druck Preußens und einer wachsenden Öffentlichkeit kam es am 13. April zum Verbot aller nationalsozialistischen Wehrverbände durch eine Verordnung des Reichspräsidenten. Brünings und Groeners Position gegenüber den weiter rechts stehenden Kräften war jedoch

danach geschwächt. Insbesondere General von Schleicher, der einflußreiche Chef des Ministeramtes im Reichswehrministerium, arbeitete von nun an gezielt auf den Sturz Brünings hin, um das Terrain für neue Angebote an die NS-Führung zu schaffen.
Das Verbot der NS-Wehrverbände erfolgte drei Tage nach dem zweiten Wahlgang zur Reichspräsidentenwahl, bei der Hindenburg mit 53% nur knapp die absolute Mehrheit erreichte, während Hitler 36,8% der Stimmen bekam.
Brüning war im Vorfeld der Wahl mit dem Versuch gescheitert, mit Unterstützung der DNVP und NSDAP eine Verlängerung der Amtszeit Hindenburgs zu erreichen. Die „Nationale Opposition" der Harzburger Front verlangte, daß der Reichspräsident sich mit ihr identifizieren, Brüning fallen lassen und gegen das „System" auftreten sollte. Hindenburg wollte sich jedoch an keine Partei binden. Es trat die Situation ein, daß alle politischen Parteien, die die Demokratie retten wollten, nun Hindenburg gegen die Kandidaten der radikalen Parteien unterstützten. Hindenburg war über das Wahlergebnis enttäuscht und lastete es Brüning an, daß er nicht mehr von der nationalistischen Rechten gestützt wurde. Damit war das Ende der Ära Brüning eingeläutet. Am 30. Mai 1932 wurde er von Hindenburg entlassen.

T 25 Auszug aus dem Manifest der NSDAP vom 10. September 1930

Die nationalsozialistische Bewegung wird mit ihrem Sieg den alten Klassen- und Kastengeist überwinden. Sie wird aus Standeswahn und Klassenirrsinn wieder ein Volk entstehen lassen.
Sie wird dieses Volk zu eiserner Entschlossenheit erziehen. Sie wird die Demokratie überwinden und die Autorität der Persönlichkeit in ihre Rechte setzen. [...]
Die nationalsozialistische Bewegung wird bei ihrem Siege die deutsche Verwaltung säubern von den Parasiten, die ohne Recht und ohne alle Kenntnisse, nur auf Grund ihres Parteibuchs die Nation belasten. Wer von neuen Steuern redet, soll erst die Verwaltung von den in zwölf Jahren hineingeströmten Revolutionsparasiten befreien. Man schützt den ehrlichen Beamten nur, indem man seiner Leistung und seiner redlichen Arbeit den Weg frei macht, den parlamentarischen Schieber aber aus der Beamten-Bahn entfernt.
Die nationalsozialistische Bewegung wird bei ihrem Siege den Schutz des deutschen Menschen auch wirtschaftlich bis zum äußersten zu garantieren suchen. Solange Börse und Warenhäuser nicht genügend besteuert sind, ist jede weitere Steuererhöhung im kleinen ein Verbrechen. [...]
Wir werden die nationale Ehre und den nationalen Stolz darein setzen, alles Fremde, wenn irgendmöglich, zu meiden und den Ergebnissen des eigenen Fleißes den Vorzug geben.
Wir werden dafür sorgen, daß an die Spitze aller Reformen, die Reform unseres Wehrwillens gestellt wird und die Änderung unserer auswärtigen Politik.
(Ursachen und Folgen, a.a.O., Bd. 7, S. 371 f.)

Problem und Diskussion

1 *In dem Abschnitt wird ein Zusammenhang zwischen politischer Radikalisierung und Präsidialregierungen zumindest in der Überschrift unterstellt. Nehmen Sie hierzu Stellung.*
2 *Nennen Sie Gründe für das Anwachsen der NSDAP.*
3 *Vergleichen Sie den Nationalsozialismus mit anderen im Reichstag vertretenen Parteien auf politische, organisatorische und wahlkampftaktische Gemeinsamkeiten und Unterschiede.*
4 *Charakterisieren Sie das politische Handeln und die Legitimationsgrundlage der Präsidialregierungen im Vergleich zu den vorhergehenden Kabinetten. Ziehen Sie hierzu auch die Darstellung und die Materialien in 1.3 heran.*

3.3 Das Scheitern einer Republik

Der Niedergang der **parlamentarischen Demokratie** wurde mit der Berufung von Papens im Juni 1932 besiegelt. Das neue Präsidialkabinett besaß von Anfang an keine parlamentarische Unterstützung; es bestanden noch nicht einmal geringe Chancen, von wechselnden Zufallsmehrheiten geduldet zu werden.
Die Regierung wurde nur noch von der DNVP gestützt. Sie verkörperte die Interessen von ostelbischen Großgrundbesitzern, preußischen Konservativen, politikhungrigen Militärs und einigen

Wahlplakat der NSDAP 1932

Wahlplakat der SPD 1932

Industriellen. Diese Konstellation ließ Erinnerungen an einen Herrenklub im 19. Jahrhundert wach werden. Von Papen, der als Hinterbänkler der Zentrumsfraktion im preußischen Landtag kaum politisches Profil gewonnen hatte, fand auch bei seiner eigenen Partei keine Unterstützung. Vielmehr ging das Zentrum aus Verärgerung über die Behandlung Brünings in die Opposition. Von Papen kam einem Parteiausschlußverfahren nur durch freiwilligen Austritt zuvor. In seiner ersten Rundfunkansprache entwarf er seinen „Neuen Staat“, eine konservativ geprägte, wirre Utopie eines Ständestaates, in dem für die Sozialdemokratie, das liberale Bürgertum und das Zentrum kein Platz mehr war. Jene Kräfte wurden als nicht „national“ und moralisch zersetzend disqualifiziert. Im sogenannten **„Kabinett der nationalen Konzentration“** waren weder die Arbeiterschaft noch der Mittelstand vertreten. Von Papen suchte eine Tolerierung durch die Nationalsozialisten zu erreichen; er löste deshalb den Reichstag auf und hob das SA-Verbot auf. Die Folge war ein sprunghaftes Ansteigen terroristischer Aktionen. In den Monaten Juli und August 1932 wurden über 300 Menschen getötet und 1200 verletzt. Der von den radikalen Parteien entfachte Straßenterror wurde auch in die Parlamente hineingetragen; in den Landtagen von Bayern und Preußen kam es zu Tumulten und Schlägereien. Eine blutige Straßenschlacht in Altona am 17. Juli forderte 17 Tote und über 100 Verletzte. Jenes Ereignis diente der Reichsregierung als Vorwand, um die preußische Regierung ab- und einen Reichskommissar einzusetzen. Angeblich sei wegen einer Konspiration zwischen Kommunisten und preußischen SPD-Ministern die verfassungsmäßige Ordnung gefährdet gewesen. Damit wurde am 20. Juli die Länderregierung beseitigt, die energisch gegen Terror von links wie von rechts gleichermaßen vorgegangen war.

In dieser Atmosphäre wurde die Reichstagswahl vom 31. Juli 1932 abgehalten. Die NSDAP konnte ihren Stimmenanteil vor allem auf Kosten bürgerlicher Parteien nahezu verdoppeln;

unter den staatstragenden Parteien konnte nur das Zentrum leichte Gewinne verzeichnen. NSDAP und KPD zusammen verfügten nunmehr über eine absolute, negative Mehrheit.
Von Papen, der sich nun gegen die NSDAP wandte, wurde im Parlament das Mißtrauen ausgesprochen; Hindenburg reagierte darauf mit der Auflösung des Reichstags. Politische Gewalttaten und Streiks kennzeichneten den Wahlkampf der Reichstagswahl vom 6. November 1932. Der Stimmenanteil der NSDAP sank um 4% zugunsten der DNVP; die KPD konnte ihren Anteil hauptsächlich auf Kosten der SPD auf fast 17% steigern. Die negative Mehrheit der republikfeindlichen Parteien blieb erhalten.
Adolf Hitler versuchte seine Machtansprüche zu bekräftigen, indem er den Nachweis erbringen wollte, daß die Industrie hinter ihm stände. Es traten jedoch nur 20 Persönlichkeiten aus Industrie- und Bankkreisen für eine Ernennung Hitlers zum Reichskanzler ein – unter ihnen der ehemalige Reichsbankpräsident Schacht und der Industrielle Fritz Thyssen; 339 Persönlichkeiten unterstützten hingegen von Papen. Hindenburg erklärte sich nur bereit, Hitler zum Reichskanzler einer parlamentarisch legitimierten Regierung zu ernennen; ein Präsidialkabinett mit Notverordnungsermächtigung unter Führung der NSDAP lehnte er ab. Von Papen wollte durch eine autoritäre Diktatur, gestützt auf alte preußische Eliten, auf Industrie und auf Reichswehr, einer nationalsozialistischen Machtergreifung begegnen. Diese Vorstellungen lehnte **von Schleicher** ab.
Am 3. Dezember wurde Reichswehrminister von Schleicher zum Reichskanzler ernannt. Die politischen Rahmenbedingungen schienen sich zu bessern: Die NSDAP mußte in Landtags- und Kommunalwahlen empfindliche Stimmenverluste hinnehmen. Die Straßenkämpfe ließen nach. Die Wirtschaft signalisierte Anzeichen für eine Erholung. Der Höhepunkt der Arbeitslosigkeit war überschritten.
Von Schleicher suchte in einer parteiübergreifenden Gewerkschaftsache Unterstützung. Er wandte sich an den Flügel um Gregor Strasser in der NSDAP, der für sozialistische Tendenzen in seiner Partei eintrat und ein gespanntes Verhältnis zu Hitler hatte. Strasser zögerte jedoch, als Vizekanzler in ein Kabinett Schleicher einzutreten. Statt der befürchteten Spaltung seiner Bewegung gelang Hitler die Ausschaltung Strassers. Ein angestrebtes Bündnis von Reichswehr und Arbeiterbewegung scheiterte ebenfalls. Der sozialdemokratische Allgemeine Deutsche Gewerkschaftsbund war einer Zusammenarbeit mit von Schleicher nicht abgeneigt, doch die SPD verhinderte ein Zusammengehen mit dem „reaktionären General". Statt der beabsichtigten Gewerkschaftsfront formierte sich eine Gegenbewegung der Interessenverbände von Landwirtschaft und Industrie und der DNVP. Von Papen, der „Stahlhelm" und die DNVP forderten eine Regierungsbeteiligung der NSDAP. Am 28. Januar 1933 trat von Schleicher zurück. **Am 30. Januar wurde Adolf Hitler zum Reichskanzler** ernannt und ein Kabinett aus Vertretern der „Nationalen Opposition" unter Einschluß parteiloser Persönlichkeiten gebildet. Von Papen wurde Vizekanzler.

T 26 Weimar im Urteil von Historikern

a) Karl Dietrich Bracher: Parteienstaat, Präsidialsystem, Notstand (1968)

K. D. Bracher war Professor für Zeitgeschichte an der Universität Bonn.

Wenn man also mit Grund darauf hinweist, daß sich zwar 1919 eine breite Mehrheit der die Neuordnung tragenden Parteien fand, daß aber schon ein Jahr später und während der ganzen Dauer der Republik diese Weimarer Koalition in der Minderheit blieb, dann ist dies doch nicht einfach ein Beweis für die Lebensunfähigkeit einer parlamentarischen Demokratie im Deutschland der zwanziger Jahre, wie die Argumentation noch immer geht. Ebensoviel Berechtigung besitzt eine umgekehrte Begründung , die von der Tatsache ausgeht, daß eben das Bekenntnis zum Parteienstaat und seine verfassungspolitische Realisierung von Anfang an versäumt, ja entschieden inhibiert (= verhindert) worden ist. [...]
Nach meiner Überzeugung ist auch der Historiker, bevor er solchen Kausalreihen folgt, von seiner Pflicht nicht entbunden, die tieferen Ursachen und die denkbaren Alternativen abzuwägen. Daß etwas so und nicht anders geschehen ist, rechtfertigt noch nicht, eine historische Notwendigkeit dieses Geschehens zu postulieren. [...]

Es ist unbestreibar, daß die verfassungspolitische Konstruktion der Weimarer Republik nach Absicht und Bemühung ihrer Schöpfer die höchstmögliche Perfektion angestrebt hat. Ihr Grundgedanke war, die vor allem im französischen Typ gegenwärtigen Strukturprobleme der klassischen Parlamentsdemokratie – exzessive Parlamentsherrschaft, Instabilität des Vielparteiensystems – durch das Gegengewicht eines volksgewählten Reichspräsidenten auszugleichen. [...]
Hier lag ein latenter Konfliktfall verborgen, sobald die beiden je volksgewählten Gewalten in verschiedenen Richtungen strebten; Kontinuität und Stabilität der Regierung, Kompromiß- und Verantwortungsbereitschaft von Parlament und Parteien wurden eher geschwächt als gestärkt. [...]
Verfassungsstruktur und Parteiensystem der Weimarer Republik sind unlöslich mit der Tradition und der Fortdauer obrigkeitsstaatlicher Grundvorstellungen verknüpft. [...] immer steht, wie verschieden Akzent und Bewertung sein mögen, der Gedanke im Vordergrund, daß nicht einfach ein verunglückter Perfektionismus, sondern wesentlich die Beharrungs- und Verführungskraft obrigkeitsstaatlicher, autoritärer, bürokratischer Ordnungsvorstellungen, Gewohnheiten, Bedürfnisse die Institutionen der Weimarer Demokratie geprägt hätten. Auch im Verhalten der wirtschaftlichen Machtträger ist diese Einstellung tief verwurzelt – hier besonders natürlich gegen Parteienstaat und Parlamentarismus gerichtet. [...]
Mit der wohl einzigen Ausnahme des Zentrums verharrten die deutschen Parteien seit der ersten Niederlage der Weimarer Koalition (1920) in Skepsis und Unsicherheit; eigene Schwäche und Anfälligkeit gegenüber den Lösungsmöglichkeiten überparteilicher und überparlamentarischer Art bestimmten die Labilität parlamentarischer Regierungspraxis. [...]
Der Verzicht auf parlamentarische Alternativen, die bis zum Sommer 1932 keineswegs einfach ausgeschlossen werden können, ist in seiner Rückwirkung auf die Parteien weder in der damaligen Politik noch in der heutigen Diskussion hinreichend berücksichtigt worden. Die Existenz- und Funktionsfähigkeit der Parteien im Parlament wie in der öffentlichen Meinung, ihre Verpflichtung zum konstruktiven Kompromiß und zur arbeitsfähigen Mehrheitsbildung, ihre Aufgabe der Verankerung und Stützung der Regierungspolitik in der Bevölkerung sind damit unterhöhlt worden.
(In: G. Jasper [Hrsg.], Von Weimar zu Hitler. 1930–1933. Kiepenheuer & Witsch. Köln/Berlin 1968, S. 60–67)

b) Hagen Schulze: Weimar (1982)

H. Schulze ist Professor für Neuere Geschichte an der Freien Universität Berlin.

Woran ist also Weimar gescheitert? Die Antwort ist nicht mit letzter wissenschaftlicher Präzision zu geben, aber einiges läßt sich doch ausmachen: die wichtigsten Gründe liegen auf dem Feld der Mentalitäten, der Einstellungen und des Denkens. In der Mitte des Ursachenbündels finden sich eine Bevölkerungsmehrheit, die das politische System von Weimar auf die Dauer nicht zu akzeptieren bereit war, sowie Parteien und Verbände, die sich den Anforderungen des Parlamentarismus nicht gewachsen zeigten. Die Ursachen für diese Defekte dürften überwiegend in langfristigen, aus den besonderen Bedingungen der preußisch-deutschen Geschichte zu erklärenden Zusammenhängen zu suchen sein, verstärkt durch die Entstehungsbedingungen des Weimarer Staatswesens und seiner außenpolitischen Belastungen. Die Übertragung dieser ungünstigen Gruppenmentalitäten auf das Weimarer Regierungssystem wurde durch den Wahlrechtsmodus erheblich begünstigt; andere Merkmale der formalen Verfassungsordnung, wie ihr mangelnder normativer Charakter oder der Föderalismus, wirkten nur in zweiter Linie destabilisierend, während das starke präsidiale Moment daneben auch stabilisierende Komponenten enthielt, die allerdings letzten Endes nicht zum Zuge kamen. Die antirepublikanischen Tendenzen in Armee, Bürokratie und Justiz waren grundsätzlich beherrschbar, eine Frage des Machtbewußtseins von Parteien und Regierung. Die gesellschaftlichen und wirtschaftlichen Rahmenbedingungen waren hauptsächlich langfristig wirksam, indem sie auf die Mentalitäten von Bevölkerung und einzelnen Gruppen einwirkten; aktuelle ökonomische Krisen verstärkten die destabilisierenden Momente, verursachten sie aber nicht.
Lapidar läßt sich also schließen: Bevölkerung, Gruppen, Parteien und einzelne Verantwortliche haben das Experiment Weimar scheitern lassen, weil sie falsch dachten und deshalb falsch handelten. Auch auf dem Umweg über die Strukturanalyse gelangt man so zu dem Schluß, daß Weimar nicht schicksalhaft oder bedingt durch anonyme Sachzwänge scheitern mußte – die Chance der Gruppen wie der Einzelnen, sich für Weimar zu entscheiden und dem Gesetz der parlamentarischen Demokratie zu gehorchen, nach dem man angetreten war, hat immer bestanden.
(Hagen Schulze: Weimar. Deutschland 1917–1933. Berlin 1982, S. 425)

Problem und Diskussion

1 *Stellen Sie politische, wirtschaftliche, gesellschaftliche und andere Aspekte zusammen, die zum Zusammenbruch der Weimarer Republik geführt haben könnten.*

2 *Vergleichen und diskutieren Sie die Erklärungsversuche für das Scheitern der Weimarer Republik in T 31 a und b.*

3 *Suchen Sie Argumente Für und Wider die These, daß die Weimarer Republik am Versagen der politischen Parteien zugrundegegangen sei.*

Zeittafel

1918

28. Okt.	Parlamentarisierung der Reichsverfassung.
4. Nov.	Matrosenaufstand in Kiel/Bildung von Arbeiter- und Soldatenräten
9. Nov.	Philipp Scheidemann (SPD) ruft in Berlin die Republik aus; Abdankung des Kaisers; Reichskanzler Prinz Max von Baden betraut den SPD-Vorsitzenden Friedrich Ebert mit der Wahrnehmung der Regierungsgeschäfte als Reichskanzler
10. Nov.	Rat der Volksbeauftragten aus SPD und USPD
11. Nov.	Matthias Erzberger (Z) unterzeichnet in Compiègne den Waffenstillstand
15. Nov.	Stinnes-Legien-Abkommen (Arbeitgeber–Arbeitnehmer)
19. Dez.	Reichskongreß der Arbeiter- und Soldatenräte in Berlin beschließt Wahl zur Nationalversammlung

1919

5.–12. Jan.	„Spartakusaufstand" von Kommunisten und USPD
19. Jan.	Wahlen zur Nationalversammlung
6. Febr.	Zusammentritt der Nationalversammlung in Weimar – Wahl Friedrich Eberts zum Reichspräsidenten
13. Febr.	Bildung einer Regierung der „Weimarer Koalition" (SPD–Zentrum–DDP), Ministerpräsident: Scheidemann (SPD)
Mai	Freikorps beseitigen die Räterepublik in München – Niederschlagung von Streiks und Aufständen in verschiedenen Teilen Deutschlands
11. Aug.	Unterzeichnung der Weimarer Verfassung
28. Juni	Deutsche Bevollmächtigte unterzeichnen den Versailler Vertrag

1920

4. Febr.	Betriebsrätegesetz
13.–17. März	Kapp-Putsch; Generalstreik der Gewerkschaften
15. März bis 15. Mai	Kommunistische Aufstände in Thüringen, Sachsen und im Ruhrgebiet; nach Einmarsch der Reichswehr niedergeworfen
6. Juni	Wahlen zum 1. Reichstag: Verluste der Weimarer Koalitionsparteien – Ausscheiden der SPD aus der Regierung

1921

1. März	Londoner Reparationskonferenz droht Sanktionen an
8. März	Besetzung von Duisburg, Düsseldorf und Ruhrort durch französische Truppen
11. Mai	Annahme des Londoner Ultimatums vom 5. Mai – Festsetzung der deutschen Reparationen auf 132 Mrd. Goldmark
26. Aug.	Ermordung Matthias Erzbergers (Z) durch Rechtsextremisten
29. Aug.	Verhängung des Ausnahmezustandes durch den Reichspräsidenten; Konflikte zwischen Bayern und dem Reich.

1922

16. April	Vertrag von Rapallo zwischen dem Deutschen Reich und Sowjetrußland
24. Juni	Ermordung von Außenminister Walther Rathenau (DDP) durch Rechtsextremisten

1923

11. Jan.	Einmarsch französischer und belgischer Truppen in das Ruhrgebiet: passiver Widerstand bis September (Ruhrkampf)
26. Sept.	Ausnahmezustand in Bayern unter Generalstaatskommissar von Kahr
27. Sept.	Verhängung des Ausnahmezustandes für das Reichsgebiet
Oktober	Höhepunkt der Inflation; Unruhen in Sachsen und Thüringen und Reichsexekution gegen diese beiden Länder; Separatistenbewegung im Rheinland
8./9. Nov.	Hitlerputsch in München
16. Nov.	Ausgabe der Rentenmark, Ende der Inflation
23. Nov.	Sturz des Reichskanzlers Gustav Stresemann (DVP)
30. Nov.	Stresemann Außenminister bis zu seinem Tode am 3. Oktober 1929

1924

4. Mai	Wahlen zum 2. Reichstag: Gewinne für KPD und DNVP auf Kosten von SPD und DVP
29. Aug.	Reichstag nimmt Dawes-Plan an (Reparationsregelung, die Umfang und Dauer der Zahlungen offenlegt)
7. Dez.	Wahlen zum 3. Reichstag: Stimmenanstieg der demokratischen Parteien

1925

15. Jan.	Erstmals Eintritt der DNVP in eine Regierung
28. Febr.	Reichspräsident Ebert stirbt im Alter von 54 Jahren
26. April	Paul von Hindenburg zum Reichspräsidenten gewählt
Juli/Aug.	Räumung des Ruhrgebiets durch die Alliierten
16. Okt.	Vertrag von Locarno (ratifiziert am 1. Dezember 1925)
1. Dez.	Räumung der Kölner Zone von britischen Truppen

1926

24. April	Freundschafts- und Neutralitätsvertrag mit der UdSSR (Berliner Vertrag)
10. Sept.	Aufnahme Deutschlands in den Völkerbund
10. Dez.	Friedensnobelpreis für die Außenminister Briand und Stresemann

1927	
16. Juli	Gesetz zur Arbeitslosenversicherung
1928	
20. Mai	Wahlen zum 4. Reichstag: Erfolge vor allem für die SPD
28. Juni	Große Koalition unter Reichskanzler Müller (SPD)
27. Aug.	Briand-Kellogg-Pakt (Kriegsächtung)
1929	
März	Anstieg der Arbeitslosen auf 2,8 Millionen
Juni	Young-Plan (Festlegung der Zahlungsraten und der Laufzeit der Reparationen); am 13. März 1930 durch Reichsgesetz angenommen
3. Okt.	Außenminister Stresemann (DVP) stirbt
25. Okt.	Börsenkrach in New York, Beginn der Weltwirtschaftskrise
1930	
27. März	Große Koalition unter Reichskanzler Müller zerbricht wegen Streit zwischen SPD und DVP über Finanzierungsbeiträge zur Arbeitslosenversicherung
30. März	Erstes Präsidialkabinett unter Heinrich Brüning
1. Juli	Räumung der letzten besetzten Rheinlandzone
14. Sept.	Reichstagswahl. NSDAP wird zweitstärkste Partei
1932	
10. April	Wiederwahl Hindenburgs zum Reichspräsidenten
1. Juni	Minderheitskabinett Papen löst Brüning ab
31. Juli	Reichstagswahl. Regierungsbildungen waren von nun an ohne die Stimmen der radikalen Parteien unmöglich
8. Juli	Konferenz von Lausanne. Ende der Reparationen
2. Dez.	Präsidialkabinett unter v. Schleicher
1933	
30. Jan.	Hindenburg beruft Hitler zum Reichskanzler
28. Febr.	Aufhebung der Demokratischen Grundrechte
14. Juli	Gesetz gegen die Neubildung von Parteien

Literatur

Gesamtdarstellungen:

Bracher, Karl Dietrich: Zeit der Ideologien. Eine Geschichte des politischen Denkens im 20. Jahrhundert. Deutsche Verlagsanstalt, Stuttgart 1982 (als TB dtv 4429, München 1985)

Dederke, Karlheinz: Reich und Republik. Deutschland 1917–1933. Verlag Klett-Cotta, Stuttgart [5]1984

Erdmann, Karl Dietrich: Die Zeit der Weltkriege. In: Gebhardt, Handbuch der deutschen Geschichte. 9. Aufl., hrsg. von H. Grundmann, Bd. 4, 1 u. 2, Klett Verlag, Stuttgart 1973/76 (TB-Ausgabe dtv Bd. 18–20)

Eyck, Erich: Geschichte der Weimarer Republik, 2 Bde. Rentsch Verlag, Erlenbach/Zürich [4]1962/1972

Graml, Herrmann: Europa zwischen den Kriegen (dtv-Weltgeschichte des 20. Jahrhunderts, Bd. 4005), München [4]1979

Heiber, Helmut: Die Republik von Weimar. (dtv-Weltgeschichte des 20. Jahrhunderts, Bd. 4003), München [14]1981

Kolb, Eberhard: Die Weimarer Republik. Oldenbourg Verlag, München 1984

Möller, Horst: Weimar. Die unvollendete Demokratie. (Deutsche Geschichte der neuesten Zeit, dtv 4512), München 1985

Schieder, Theodor (Hrsg.): Handbuch der europäischen Geschichte. Bde. 7/1 u. 7/2. Verlag Klett-Cotta, Stuttgart 1979

Tormin, Walter (Hrsg.): Die Weimarer Republik. Fackelträger Verlag, Hannover 1977

Schulze, Hagen: Weimar. Deutschland 1917–1933, Verlag Siedler, Berlin 1982

Einzelthemen:

Apelt, W.: Geschichte der Weimarer Verfassung. Verlag C. H. Beck, 1964

Blaich, Fritz: Der Schwarze Freitag. Inflation und Wirtschaftskrise. DTV, München 1985

Bracher, Karl Dietrich: Die Auflösung der Weimarer Republik. Eine Studie zum Problem des Machtverfalls in der Demokratie. Ring Verlag, Villingen [5]1971

Bracher, Karl Dietrich/Sauer, Wolfgang/Schulz, Gerhard: Die nationalsozialistische Machtergreifung. Studien zur Errichtung des totalitären Herrschaftssystems in Deutschland 1933/34. Westdeutscher Verlag, Köln 1980 (Taschenbuch 3 Bde. Ullstein 1973)

Brüning, Heinrich: Memoiren 1918–1934. Deutsche Verlagsanstalt, Stuttgart 1970

Carsten, Francis L.: Reichswehr und Politik 1918–1933. Verlag Kiepenheuer & Witsch, Köln 1964

Conze, Werner/Raupach, H. (Hrsg.): Die Staats- und Wirtschaftskrise des deutschen Reiches 1929/33. Stuttgart 1967
Czichon, Eberhard: Wer verhalf Hitler zur Macht? Zum Anteil der deutschen Industrie an der Zerstörung der Weimarer Republik. Verlag Pahl-Rugenstein, Köln 1967
Dahrendorf, Ralf: Gesellschaft und Demokratie in Deutschland. dtv, München 1965
Erdmann, Karl/Schulze, H.: Weimar. Selbstaufgabe einer Demokratie. Bilanz heute. Droste Verlag, Düsseldorf 1980
Eschenburg, Theodor: Die improvisierte Demokratie. Gesammelte Aufsätze zur Weimarer Republik. Piper Verlag, München 1963
Fischer, Wolfram: Deutsche Wirtschaftspolitik 1918–1945. Leske Verlag, Opladen ³1968
Flemming, Jens u.a.: Die Republik von Weimar. 2 Bde. Athenäum Verlag, Königstein 1979/80
Gay, Peter: Die Republik der Außenseiter. Geist und Kultur in der Weimarer Zeit 1918–1933. Fischer Verlag, Frankfurt 1970
Hardach, Karl: Wirtschaftsgeschichte Deutschlands im 20. Jahrhundert. Verlag Vandenhoeck & Ruprecht, Göttingen 1976
Hermand, Jost/Trommler, Frank: Die Kultur der Weimarer Republik. Nymphenburger Verlagshandlung, München 1978
Hermens, F./Schieder, Theodor (Hrsg.): Staat, Wirtschaft und Politik in der Weimarer Republik. Festschrift für Heinrich Brüning, Berlin 1967
Hillgruber, Andreas: Kontinuität und Diskontinuität in der deutschen Außenpolitik von Bismarck bis Hitler. Düsseldorf 1969
Hoegner, Wilhelm: Der politische Radikalismus in Deutschland 1919–1933. Olzog Verlag, München/Wien 1966
Huber, Ernst Rudolf: Ausbau, Schutz und Untergang der Weimarer Republik. Deutsche Verfassungsgeschichte seit 1789. Bd. VII. Kohlhammer Verlag, Stuttgart/Berlin/Köln/Mainz 1984
Kevenhörster, Paul: Das Rätesystem als Instrument zur Kontrolle politischer und wirtschaftlicher Macht. Westdeutscher Verlag, Opladen 1974
Kluge, Ulrich: Die deutsche Revolution 1918/19. Staat, Politik und Gesellschaft zwischen Weltkrieg und Kapp-Putsch. Suhrkamp Verlag, Frankfurt 1985
Kolb, Eberhard: Die Arbeiterräte in der deutschen Innenpolitik 1918–1919. Ullstein Verlag, Frankfurt/Berlin/Wien ²1978
Krüger, Peter: Die Außenpolitik der Republik von Weimar. Wissenschaftliche Buchgesellschaft, Darmstadt 1985
Krüger, Peter: Versailles. Deutsche Außenpolitik zwischen Revisionismus und Friedenssicherung. DTV, München 1986
Laqueur, Walter: Die Kultur der Republik. Ullstein Verlag, Frankfurt/Berlin/Wien 1977
Lee, Marshall/Michalka, Wolfgang: Deutsche Außenpolitik 1917–1933. Kontinuität oder Bruch? Kohlhammer Verlag, Stuttgart 1980
Matthias, E./Morsey, R. (Hrsg.): Das Ende der Parteien 1933. Droste Verlag, Düsseldorf 1984
Michalka, Wolfgang/Niedhart, G.: Die ungeliebte Republik. Dokumente zur Innen- und Außenpolitik Weimars 1918–1933. (dtv-dokumente 2918), München 1980
Neumann, Sigmund: Die Parteien der Weimarer Republik. Kohlhammer Verlag, Stuttgart ²1970
Pohl, K. H.: Weimars Wirtschaft und die Außenpolitik der Republik 1924–1926. Droste Verlag, Düsseldorf 1979
Ritter, Gerhard A./Müller, Susanne (Hrsg.): Die deutsche Revolution 1918–1919. Fischer Taschenbuch Verlag, Frankfurt ²1983
Ritter, Gerhard A./Müller, Susanne (Hrsg.): Regierung, Bürokratie und Parlament in Preußen und Deutschland von 1848 bis zur Gegenwart. Düsseldorf 1983
Rosenberg, Arthur: Geschichte der Weimarer Republik. Europäische Verlagsanstalt, Frankfurt 1961
Sontheimer, Kurt: Antidemokratisches Denken in der Weimarer Republik. Nymphenburger Verlagshandlung, München ²1968
Schneider, Dieter/Kuda, Rudolf: Arbeiterräte in der Novemberrevolution. Ideen, Wirkungen, Dokumente. edition suhrkamp 296, Frankfurt 1968
Schulz, Gerhard: Aufstieg des Nationalsozialismus. Krise und Revolution in Deutschland. Propyläen Verlag, Berlin 1974
Siebert, Ferdinand (Hrsg.): Von Frankfurt nach Bonn. Hundert Jahre deutsche Verfassungen 1849–1949. Hirschgraben-Verlag, Frankfurt ¹³1981
Stürmer, Michael (Hrsg.): Die Weimarer Republik. NWB Geschichte 112, Athenäum Verlag, Königstein 1980
Treue, Wilhelm: Deutsche Parteiprogramme 1861–1961. Musterschmidt Verlag, Göttingen 1961
Vogelsang, Thilo: Reichswehr, Staat und NSDAP. Deutsche Verlagsanstalt, Stuttgart 1962
Winkler, Heinrich August: Von der Revolution zur Stabilisierung. Arbeiter und Arbeiterbewegung in der Weimarer Republik 1918–1924. Dietz Verlag, Bonn ²1985
Winkler, Heinrich August: Der Schein der Normalität. Arbeiter und Arbeiterbewegung in der Weimarer Republik 1924–1930. Dietz Verlag, Bonn 1985

G. Der Nationalsozialismus

1. Geschichte und Struktur der NSDAP

Die 1919 als Deutsche Arbeiterpartei gegründete, 1920 umbenannte Nationalsozialistische Deutsche Arbeiterpartei war lange Zeit eine der kleinen, auf Bayern begrenzten nationalen und völkischen Bewegungen, in denen sich die Gegner der noch jungen Weimarer Republik sammelten. Die Nationalen und die Völkischen waren sich einig in der radikalen Ablehnung des Versailler Vertrages und der darin festgeschriebenen Ergebnisse des Ersten Weltkrieges, besonders der These von der Kriegsschuld Deutschlands (s. Bd. 2, D 3.1), einig auch in der Behauptung, Sozialisten und Sozialdemokraten fiele die Schuld am Untergang des Deutschen Reiches zu. Die extrem rechte Politik der NSDAP zielte auf einen Putsch, durch den die verhaßte demokratische Republik gestürzt werden sollte. Bis 1924 beteiligte sich die NSDAP nicht an Wahlen, ihre extremen Thesen propagierte sie vor allem durch Vortragsveranstaltungen in Wirtshaussälen. Der italienische Faschistenführer Benito Mussolini, dem 1922 nach einem Marsch auf Rom die Macht in Italien übertragen worden war, galt als Vorbild.
Seit 1921 war **Adolf Hitler** als Vorsitzender die bestimmende Person innerhalb der NSDAP. Der 1889 in Braunau, Österreich, geborene Sohn eines kleinen Zollbeamten nahm immer stärker die Rolle eines charismatischen Führers ein, der durch seine außergewöhnliche Begabung als Redner und Propagandist die Mitglieder seiner Partei, aber auch bald breitere Teile der Bevölkerung in seinen „Bann" ziehen konnte. Von 1908 bis 1913 hatte Hitler ohne festen Beruf und ohne abgeschlossene Schulbildung von Gelegenheitsarbeiten als freier Künstler in Wien gelebt. Anerkennung als Kunstmaler blieb ihm dort versagt. In dieser Zeit erarbeitete sich Hitler durch Lesen zahlreicher Bücher und den Besuch von Vorträgen die Grundlagen seiner späteren „Weltanschauung". 1914 meldete er sich in München als Kriegsfreiwilliger. Durch die Niederlage Deutschlands und die Novemberrevolution wurde der wegen Tapferkeit mehrmals ausgezeichnete Gefreite Hitler, wie viele Frontsoldaten, tief getroffen. Er faßte den Entschluß, Politiker zu werden, um die ihn tiefverletzende persönliche Kränkung und, wie er glaubte, die Kränkung aller Deutschen zu rächen.
Hitlers provokatorische Reden, seine Anklagen gegen die „Regierung der Novemberverbrecher" und seine fanatischen Beschuldigungen der Juden, am Unglück Deutschlands schuld zu sein, beeindruckten die Menschen. Viele seiner Zuhörer, vor allem ehemalige arbeitslose Soldaten, glaubten „einer neuen Wahrheit und Gewißheit" (Broszat) teilhaftig zu werden. Hitler sprach ihre innersten Gefühle der Demütigung und des Betroffenseins über die nationale Niederlage von 1918 an und wies ihnen einen vermeintlichen Weg, der die verletzte „Ehre" Deutschlands wiederherstellen sollte.
Im November 1923 versuchte Hitler in München durch einen Putsch die Reichsregierung zu stürzen. Der dilettantische Versuch blieb bereits im Ansatz stecken. Der Demonstrationsmarsch ins Regierungsviertel, der einen Marsch nach Berlin einleiten sollte, endete an der Feldherrnhalle unter den Schüssen einiger beherzter Polizisten in einer ziellosen Flucht aller Beteiligten. Der anschließende Hochverratsprozeß vor dem Münchener Volksgerichtshof gab Hitler die Möglichkeit, im großen Stil seine politischen Ziele zu propagieren. Die wohlwollende Behandlung vor Gericht und während der kurzen Festungshaft 1924/25 zeigten Hitler, daß das Bürgertum für seine Ideen und für seine Person eine gewisse Sympathie hegte.
In der Haft diktierte Hitler sein Buch **„Mein Kampf"**, in dem er seine „Weltanschauung" (T 2)

niederlegte. Dieses Buch wurde für die 1925 wiedergegründete NSDAP der ideologische Rahmen. Zwei Kerngedanken bestimmten die Weltanschauung Hitlers, die – weit entfernt von einer in sich schlüssigen Theorie – ein von Vorurteilen bestimmtes Gemisch von nationalistischen, völkischen, antimarxistischen und antisemitischen Ideen darstellt. Sowohl Hitlers **Rassentheorie** wie seine **Lebensraumtheorie** (T 3) sind, wenn auch stark vergröbert, von sozialdarwinistischen Lehren geprägt: Hitler glaubte an die Überlegenheit der nordischen Rasse (T 1), der sogenannten Arier, die in der Lage wären, gute charakterliche Eigenschaften zu vererben. Den Ariern komme deswegen innerhalb der Volksgemeinschaft die Vorherrschaft zu. Nach Hitlers Auffassung gibt es einen ewigen Kampf zwischen angeblich höherwertigen und angeblich minderwertigen Rassen. Bei diesem „Kampf ums Dasein" würde die schlechtere Rasse naturnotwendig untergehen. Die nichtarischen Rassen seien zu Sklaven der höherwertigen Rasse, der Arier, bestimmt. Die höherwertige Rasse müsse sich vor Vermischung der minderwertigen Rassen schützen und das Blut „rein" halten. Die Juden erklärte Hitler zu einer „minderwertigen" Rasse; sie waren für ihn der erklärte Feind der Arier. Alle Mitglieder der jüdischen Glaubensgemeinschaft waren für ihn Angehörige der „semitistischen Rasse", ohne Rücksicht darauf, daß sein Rassenbegriff auf die Mitglieder einer religiösen Gemeinschaft nicht anwendbar war. Der „jüdischen Rasse" schrieb er gemäß der langen Tradition des Antisemitismus in Deutschland (s. B 2.5) alle Bosheit und zerstörerische Kraft in der Geschichte zu. Der von den Nationalsozialisten geschürte Rassenhaß gipfelte in der These, die Juden hätten 1918 und 1932 eine Weltverschwörung angezettelt. Zwei so unterschiedliche Erscheinungen und Ideen wie der Kapitalismus und der Kommunismus wurden als jüdische Erfindungen bezeichnet, die die Herrschaft des Herrenvolkes der Arier bedrohten.
In der Lebensraumtheorie (T 3) wurde gelehrt, daß die arische Rasse sich ausreichenden Lebensraum erkämpfen müsse. Das deutsche Volk müsse sich angesichts seiner Größe den Lebensraum durch Kriege gegen rassisch minderwertige Völker erobern, wobei die Nachbarn im Osten, Polen und Russen, als Angehörige der slawischen Rasse für Hitler als minderwertig galten. Hitler wollte nicht nur die Grenzen von 1918 revidieren, sondern dem rassisch am höchsten stehenden Volk, den Deutschen, die Vormachtstellung in Europa verschaffen. Durch die Eroberung der Sowjetunion sollte der Lebensraum für das „Herrenvolk" geschaffen werden. Gleichzeitig wollte Hitler die Feinde der „höherstehenden" Rasse, die Juden und die Bolschewisten, liquidieren.
Nach 1925 verfolgte Hitler drei Ziele:
- Die Macht sollte nicht mehr durch einen Putsch, sondern auf dem Wege einer **„legalen Taktik"** erobert werden. Breite Bevölkerungsschichten sollten für die Eroberung der Macht durch die Partei mobilisiert werden.
- Durch den Aufbau einer straff organisierten, das ganze Reich überziehenden, zentralgesteuerten **Parteiorganisation** sollte die Grundlage für die Eroberung der Macht auf „legalem" Weg gelegt werden. Der neuen Partei sollte die wiedergegründete SA (Sturmabteilung), eine paramilitärische Truppe, als Machtinstrument zur Verfügung stehen, damit die politische Führung ihre Ziele notfalls mit Gewalt durchsetzen konnte.
- Die Partei sollte mit allen ihren Organisationen auf die Person Hitlers ausgerichtet werden, und innerhalb der Partei sollte das absolute **Führerprinzip** – das militärische Prinzip von Befehl und Gehorsam – als Leitprinzip für die Klärung strittiger Fragen gelten. Hier war der Antiparlamentarismus bereits deutlich sichtbar.

Hitler konnte diese Ziele im großen und ganzen relativ schnell verwirklichen. Bereits Ende 1925 hatte die wiedergegründete NSDAP 27000 Mitglieder, und die Zahl der Ortsgruppen, die 1923 außerhalb Bayerns 71 betragen hatte, war auf 262 angestiegen. Die Partei besaß nun eine zentrale Finanzverwaltung in München, die mit einer zuverlässigen Mitgliederkartei ausgestattet war. Aber sie war in sich zerstritten und blieb nach außen bedeutungslos. Bei den Reichstagswahlen von 1928 konnte sie ganze 2,6% der Wählerstimmen für sich verbuchen. Sie stellte 12 der 491 Reichstags-

abgeordneten. Das war keine politisch ernstzunehmende Macht; aber sie hatte sich die Tribüne des Reichstages für ihre Agitation erobert.
Durch ihre politische Arbeit erschloß sich die NSDAP systematisch fast alle gesellschaftlichen Felder. Über Sympathisanten und Anhänger gelang es ihr, in allen Schichten der Bevölkerung Fuß zu fassen. Im Wintersemester 1928/29 erhielt der Nationalsozialistische Deutsche Studentenbund bei den AStA-Wahlen 15% der Stimmen; 1930 hatten die NS-Studenten bereits an neun Hochschulen die absolute Mehrheit erreicht. Der Bund Nationalsozialistischer Deutscher Juristen, der NS-Ärztebund, der NS-Lehrerbund sind Beispiele dafür, wie das propagandistische Netz der Partei seit 1929/30 immer weiter ausgelegt wurde. Außerordentlichen Erfolg hatte der agrarpolitische Apparat der Partei, mit dem ein starker Einbruch in die Interessenverbände der Bauern gelang. Dem agrarischen Mittelstand schien sich ein neuer Weg zwischen dem – wie man glaubte – bedrohlichen Kapitalismus und dem für ihn ebenso bedrohlichen Kommunismus aufzutun. Der Kampfbund für den gewerblichen Mittelstand und die NS-Betriebszellenorganisation, die viele Arbeiter gewinnen konnte, ergänzten den Kranz gesellschaftlicher Gliederungen und Verbände um den Kern der Partei. Einfluß versuchte die NSDAP in vielen gesellschaftlichen Leitungsgremien zu gewinnen, nicht zuletzt in denen der Evangelischen Kirche.
Die NSDAP, die 1930 130000 Mitglieder zählte, war eine „junge" Partei: 70% der Mitglieder waren zu dieser Zeit jünger als 40 Jahre. Nach Angaben der parteioffiziellen Statistik waren im September 1930 26,3% der Mitglieder Arbeiter, 24% Angestellte, 18,9% Selbständige, 7,7% Beamte, 13,2% Bauern. In der Partei waren die mittelständischen Berufe eindeutig überrepräsentiert, aber die Arbeiter aus kleineren und mittleren Betrieben außerhalb der Großstädte bildeten die stärkste soziale Gruppe. Hitlers Partei war zu einer Integrationspartei geworden. In der Wirtschaftskrise 1929–32 gelang es dem Agitator Hitler die Massen für sich zu mobilisieren. Die Reichstagswahlen 1930 brachten den großen politischen Erfolg. Der Anstieg ihrer Reichstagsmandate von 12 auf 107 war beispiellos in der Geschichte des Parlamentarismus. 1932 gewann die NSDAP dann 230 von 608 Mandaten; 13,8 Mio. Wahlberechtigte hatten für Hitler und dessen Partei gestimmt.

T 1 Adolf Hitler in einem Brief über Rasse und Rassenfragen (September 1919)

Der Antisemitismus als politische Bewegung darf nicht und kann nicht bestimmt werden durch Momente des Gefühls, sondern durch die Erkenntnis von Tatsachen. Tatsachen aber sind: Zunächst ist das Judentum unbedingt Rasse und nicht Religionsgenossenschaft [...] selbst der mosaische Glaube kann, so groß auch seine Bedeutung für die Erhaltung dieser Rasse sein mag, nicht als ausschließlich bestimmend für die Frage, ob Jude oder Nichtjude, gelten. Es gibt kaum eine Rasse, deren Mitglieder ausnahmslos einer einzigen bestimmten Religion angehören.
Durch tausendjährige Inzucht, häufig vorgenommen in engstem Kreise, hat der Jude im allgemeinen seine Rasse und ihre Eigenarten schärfer bewahrt als zahlreiche der Völker, unter denen er lebt. Und damit ergibt sich die Tatsache, daß zwischen uns eine nichtdeutsche fremde Rasse lebt, nicht gewillt und auch nicht imstande, ihre Rasseneigenarten zu opfern, ihr eigenes Fühlen, Denken und Streben zu verleugnen, und die dennoch politisch alle Rechte besitzt wie wir selber. Bewegt sich schon das Gefühl des Juden im rein Materiellen, so noch mehr sein Denken und Streben. [...]
Der Wert des einzelnen wird nicht mehr bestimmt durch seinen Charakter, der Bedeutung seiner Leistungen für die Gesamtheit, sondern ausschließlich durch die Größe seines Vermögens, durch sein Geld.
Die Höhe der Nation soll nicht mehr gemessen werden nach der Summe ihrer sittlichen und geistigen Kräfte, sondern nur mehr nach dem Reichtum ihrer materiellen Güter. Aus diesem Fühlen ergibt sich jenes Denken und Streben nach Geld und Macht, die dieses schützt, das den Juden skrupellos werden läßt in der Wahl der Mittel, erbarmungslos in ihrer Verwendung zu diesem Zweck. Er winselt im autokratisch regierten Staat um die Gunst der „Majestät" des Fürsten und mißbraucht sie als Blutegel an seinen Völkern. Er buhlt in der Demokratie um die Gunst der Masse, kriecht vor der „Majestät des Volkes" und kennt doch nur die Majestät des Geldes. Er zerstört den Charakter des Fürsten durch byzantinische Schmeichelei, den nationalen Stolz, die Kraft eines Volkes, durch Spott und schamloses Erziehen zum Laster. [...]

Sein Wirken wird in seinen Folgen zur Rassentuberkulose der Völker. Und daraus ergibt sich folgendes: Der Antisemitismus aus rein gefühlsmäßigen Gründen wird seinen letzten Ausdruck finden in der Form von Pogromen [= Verfolgungen]. Der Antisemitismus der Vernunft jedoch muß führen zur planmäßigen gesetzlichen Bekämpfung und Beseitigung der Vorrechte des Juden, die er zum Unterschied der anderen zwischen uns lebenden Fremden besitzt (Fremdengesetzgebung). Sein letztes Ziel aber muß unverrückbar die Entfernung der Juden sein. Zu beidem ist nur fähig eine Regierung nationaler Kraft und niemals eine Regierung nationaler Ohnmacht.
(Hitler, Sämtliche Aufzeichnungen 1905–1924. Hrsg. v. E. Jäckel zus. mit A. Kuhn. Stuttgart 1980, S. 88–90)

T 2 Adolf Hitler: Völkische Weltanschauung als Grundlage des Staates (1924/25)

[...]
Wenn wir versuchen, aus dem Wort „völkisch" den sinngemäßen innersten Kern herauszuschälen, kommen wir zu folgender Feststellung:
Die völkische Weltanschauung erkennt die Bedeutung der Menschheit in deren rassischen Urelementen. Sie sieht im Staat prinzipiell nur ein Mittel zum Zweck und faßt als seinen Zweck die Erhaltung des rassischen Daseins der Menschen auf. Sie glaubt somit keineswegs an eine Gleichheit der Rassen, sondern erkennt mit ihrer Verschiedenheit auch ihren höheren oder minderen Wert und fühlt sich durch diese Erkenntnis verpflichtet, gemäß dem ewigen Wollen, das dieses Universum beherrscht, den Sieg des Besseren, Stärkeren zu fördern, die Unterordnung des Schlechteren und Schwächeren zu verlangen. Sie huldigt damit prinzipiell dem aristokratischen Grundgedanken der Natur und glaubt an die Geltung dieses Gesetzes bis herab zum letzten Einzelwesen. Aus der Masse schält sich für sie die Bedeutung der Person heraus, dadurch aber wirkt sie gegenüber dem desorganisierenden Marxismus organisatorisch.
Damit entspricht die völkische Weltanschauung dem innersten Wollen der Natur, da sie jenes freie Spiel der Kräfte wiederherstellt, das zu einer dauernden gegenseitigen Höherzüchtung führen muß, bis endlich dem besten Menschentum, durch den erworbenen Besitz dieser Erde, freie Bahn gegeben wird zur Betätigung auf Gebieten, die teils über, teils außer ihr liegen werden. [...]
Dieses Ziel verfolgt die Nationalsozialistische Deutsche Arbeiterpartei. Menschliche Kultur und Zivilisation sind auf diesem Erdteil unzertrennlich gebunden an das Vorhandensein des Ariers. Sein Aussterben oder Untergehen wird auf diesen Erdteil wieder die dunklen Schleier einer kulturlosen Zeit senken.
Das Untergraben des Bestandes der menschlichen Kultur durch Vernichtung ihres Trägers aber erscheint in den Augen einer völkischen Weltanschauung als das fluchwürdigste Verbrechen. Wer Hand an das höchste Ebenbild des Herrn zu legen wagt, frevelt am gütigen Schöpfer dieses Wunders und hilft mit an der Vertreibung aus dem Paradies.
[...]
(A. Hitler, Mein Kampf. München [220]1936, S. 415ff. Nach: W. Hofer, Der Nationalsozialismus. Frankfurt/M. 1957, S. 31f.)

T 3 Adolf Hitler: „Lebensraum im Osten" erobern als Ziel der Außenpolitik (1924/25)

[...] Die Außenpolitik des völkischen Staates hat die Existenz der durch den Staat zusammengefaßten Rasse auf diesem Planeten sicherzustellen, indem sie zwischen der Zahl und dem Wachstum des Volkes einerseits und der Größe und Güte des Grund und Bodens andererseits ein gesundes, lebensfähiges, natürliches Verhältnis schafft.
Als gesundes Verhältnis darf dabei immer nur jener Zustand angesehen werden, der die Ernährung eines Volkes auf eigenem Grund und Boden sichert. Jeder andere Zustand, mag er auch Jahrhunderte, ja selbst Jahrtausende andauern, ist nichtsdestoweniger ein ungesunder und wird früher oder später zu einer Schädigung, wenn nicht zur Vernichtung des betreffenden Volkes führen.
Nur ein genügend großer Raum auf dieser Erde sichert einem Volke die Freiheit des Daseins. Dabei kann man die notwendige Größe des Siedlungsgebietes nicht ausschließlich von den Erfordernissen der Gegenwart aus beurteilen, ja, nicht einmal von der Größe des Bodenertrages, umgerechnet auf die Zahl des Volkes. Denn wie ich schon im ersten Band unter „Deutsche Bündnispolitik vor dem Kriege" ausführte, kommt der Grundfläche eines Staates außer ihrer Bedeutung als direkter Nährquelle eines Volkes auch noch eine andere, die militär-politische, zu. [...]
[...] Damit ziehen wir Nationalsozialisten bewußt einen Strich unter die außenpolitische Richtung unserer Vorkriegszeit. Wir setzen dort an, wo man vor sechs Jahrhunderten endete. Wir stoppen den ewigen Germanenzug nach dem Süden und Westen Europas und weisen den Blick nach dem Land im Osten. Wir schließen endlich ab die Kolonial- und Handelspolitik der Vorkriegszeit und gehen über zur Bodenpolitik der Zukunft.
Wenn wir aber heute in Europa von neuem Grund und Boden reden, können wir in erster Linie nur an Rußland und die ihm untertanen Randstaaten denken. [...]
(A. Hitler, Mein Kampf, a.a.O., S. 728, 742. Nach: Hofer, S. 175)

T 4 Adolf Hitler: Die Aufgabe der Politik (1928)

Wenn aber die Aufgabe der Politik die Durchführung des Lebenskampfes eines Volkes ist, der Lebenskampf eines Volkes im letzten Grund darin besteht,

der jeweiligen Volkszahl die zur Ernährung notwendige Raummenge zu sichern, dieser gesamte Vorgang jedoch eine Frage des Machteinsatzes eines Volkes ist, dann ergibt sich folgende Schlußdefinition: Politik ist die Kunst der Durchführung des Lebenskampfes eines Volkes um sein irdisches Dasein.
Außenpolitik ist die Kunst, einem Volke den jeweils notwendigen Lebensraum in Größe und Güte zu sichern.
Innenpolitik ist die Kunst, einem Volk den dafür notwendigen Machteinsatz in Form seines Rassenwertes und seiner Zahl zu erhalten. [. . .]
(Hitlers Zweites Buch. Stuttgart 1961, S. 62)

T 5 Die Sozialstruktur der NSDAP-Wähler

[...]
Die Septemberwahl von 1930 ist zweifellos eines der Schicksalsdaten der deutschen Geschichte, denn sie markiert den entscheidenden Durchbruch der NS-Bewegung, die jetzt zu einem Faktor der deutschen Politik wurde, mit dem gerechnet werden mußte. Zwei Fragen verlangen in diesem Zusammenhang eine knappe Erörterung: Woher kamen die rd. 6,4 Mill. Stimmen die die NSDAP auf sich vereinigte, insbesondere die rd. 5,6 Mill. Stimmen, die sie gegenüber ihrem Ergebnis von 1928 hinzugewann? [...]
In der Diskussion dominierten lange Zeit zwei durchaus gegensätzliche Hypothesen: Die eine lautet, der nationalsozialistische Wahlerfolg von 1930 sei auf die Mobilisierung bisheriger Nichtwähler, der Eintritt neuer Wählerschichten in die Politik und die Abwanderung früherer DNVP-Wähler zur NSDAP zurückzuführen (u. a. Reinhard Bendix); genau entgegengesetzt postulierte Seymour M. Lipset, der Wahlerfolg der NSDAP von 1930 sei durch den Zulauf radikalisierter Mittelschichtenwähler zu erklären, die früher für die liberalen bürgerlichen Parteien gestimmt hätten. Beide Hypothesen werden durch neuere wahlhistorische Untersuchungen nicht voll bestätigt. Nach dem Ergebnis dieser Untersuchungen gelang es der NSDAP, sowohl von der gestiegenen Wahlbeteiligung, als auch vom Verlust der bürgerlichen Mittelparteien und vom Rückgang der DNVP zu profitieren. Danach wäre der große Wahlerfolg der NSDAP vom September 1930 tatsächlich nicht ausschließlich der unteren Mittelklasse zuzuschreiben, sondern Wählern aus verschiedenen sozialen Klassen und von unterschiedlicher parteipolitischer Herkunft. Erst nachdem die NSDAP bereits die zweitstärkste Partei geworden war, erfolgte dann 1932 die fast völlige Absorbierung der bisherigen protestantischen Mittelklassenwähler durch die NSDAP. [...]
Was das sozialstrukturelle Profil der NSDAP-Wählerschaft betrifft, so kann die landläufige Auffassung, das Kleinbürgertum habe mit seinen Stimmen Hitler zur Macht verholfen, in dieser Form nicht aufrechterhalten werden. Wie R. F. Hamilton anhand einer sorgfältigen Analyse der Wahlergebnisse in den einzelnen Stimmbezirken von 14 deutschen Großstädten nachzuweisen vermag, hat die NSDAP gerade in den Wohnvierteln der Oberschicht und der oberen Mittelklasse überdurchschnittlich gut abgeschnitten, ja teilweise sogar ihre Spitzenergebnisse der jeweiligen Stadt erzielt, z. B. in Berlin, Hamburg, Essen und Dortmund. [. . .]
Aber auch aus der Arbeiterschaft erhielt die NSDAP wesentlich mehr Stimmen als früher angenommen wurde. Dabei ist allerdings zweierlei zu berücksichtigen. Erstens: Auch vor 1930 hat ein nicht unerheblicher Teil der Arbeiterschaft keine der beiden „Arbeiterparteien" SPD und KPD gewählt. So schätzt man z. B., daß die DNVP bei den Dezemberwahlen 1924 rd. 2,2 Mill. Arbeiterstimmen erhielt. Es ist zu vermuten, daß die NSDAP besonders solche vordem konservativ oder „bürgerlich" wählende Arbeiter für sich gewinnen konnte. Zweitens: Einbrüche in die Arbeiterschaft konnte die NSDAP vor allem dort erzielen, wo freie Gewerkschaften und Arbeiterparteien bis dahin wenig Erfolg gehabt hatten, bei Landarbeitern, Heimarbeitern, unselbständigen Handwerkern und Arbeitern kleinerer Betriebe sowie bei den Arbeitern einiger Zweige des öffentlichen Dienstes (Post, Eisenbahn, kommunale Betriebe). Dagegen blieb die Industriearbeiterschaft, insbesondere der Großbetriebe, gegenüber der NSDAP nach wie vor weitgehend resistent.
Als weiteres wichtiges Ergebnis der neueren Untersuchungen ist festzuhalten, daß es der NSDAP entgegen landläufiger Meinung nicht gelang, auf breiter Front in das Arbeitslosenheer einzubrechen. Die arbeitslosen Arbeiter (1932/33 etwa ein Drittel aller Arbeiter) stimmten eher für die KPD und (in geringerem Maße) für die SPD als für die NSDAP; lediglich bei den arbeitslosen Angestellten erzielte die NSDAP nennenswerte Stimmengewinne. Die gängige Behauptung, die Arbeitslosen hätten maßgebend zu den Wahlerfolgen der Hitler-Partei beigetragen, wird durch die Befunde der wahlhistorischen Forschung also nicht bestätigt, sondern widerlegt.
(E. Kolb, Die Weimarer Republik. München 1984, S. 120, 210f.)

Problem und Diskussion

1 *Stellen Sie aus T 1 und T 2 Elemente von Hitlers Aussagen über die Rassenpolitik der NSDAP zusammen und prüfen Sie diese kritisch.*
2 *Untersuchen Sie T 3/4 und diskutieren Sie Hitlers Definition von Politik. Stellen Sie andere Aussagen über die Aufgaben der Politik eines Staates dagegen.*
3 *Erarbeiten Sie sich die Ergebnisse der Wähleranalyse der NSDAP (T 5). Diskutieren Sie, ob es zulässig ist, die NSDAP 1933 als eine „Volkspartei" zu bezeichnen.*

2. Die Machtübertragung

Das innenpolitische Klima der Weimarer Republik, das durch die Wirtschaftskrise mit ihrer Massenarmut, einer zunehmenden Zahl von Arbeitslosen, einem Anstieg der Konkurse und der umfangreichen Sparpolitik der Regierungen gekennzeichnet war, war für den Aufstieg des Nationalsozialismus ein guter Nährboden. Anstelle der vom Vertrauen der Mehrheit der Parteien des Reichstages getragenen Regierung traten nach dem Bruch der großen Koalition aus SPD, Zentrum und DNVP 1930 Präsidialkabinette, die mit Hilfe von Notverordnungen nach Art. 48 der Weimarer Reichsverfassung regieren wollten und versuchten das Parlament immer stärker zu entmachten (s. F 3.2). Später blieb der Art. 48 der Weimarer Verfassung die letzte Möglichkeit, um überhaupt in der politischen Krise des Parlaments noch regieren zu können.
Während der Reichstag 1930 noch 98 Gesetze auf ordnungsgemäßem Weg beschlossen hatte, waren es 1931 nur noch 34, 1932 nur noch 5. Die Notverordnungen nach Art. 48 stiegen von 5 im Jahre 1930 auf 44 im Jahre 1931 und schließlich auf 60 im Jahre 1932 an. 1932 tagte der Reichstag nur noch an 13 Tagen, 1930 war er noch an 94 Tagen zusammengekommen. Mit dem Übergang zum präsidialen Regierungssystem unter Reichskanzler Brüning waren die demokratischen Regeln der Verfassung durch den Rückgriff auf die nur für den Notfall vorgesehenen Kompetenzen des Reichspräsidenten aufgegeben worden. **Die Gewöhnung an das Regieren ohne Parlament** brachte schließlich, dem erklärten Gegner des parlamentarischen Regierungssystems, Adolf Hitler, die Möglichkeit, die Macht auf formal legalem Weg zu gewinnen.
Viele Menschen waren in ihrer Verzweiflung bereit, den Versprechungen und den irrationalen Parolen Hitlers und seiner Partei Glauben zu schenken. Insbesondere taten dies die Angehörigen des Mittelstandes, Handwerker, Bauern, kleine Beamte und die wachsende Zahl der Angestellten, die in den Büros der Versicherungen und Fabriken tätig waren. Nicht nur die wirtschaftliche Not, sondern auch die große Angst vor einer kommunistischen Machtergreifung angesichts des relativen Stimmengewinns der Kommunisten um 6% (auf 17%) 1932 veranlaßte viele Menschen, sich für den entschiedensten Gegner der Sozialisten und Kommunisten, Hitler, zu entscheiden. Die radikale Propaganda der Kommunisten schürte diese in weiten Teilen des Bürgertums vorhandene Angst. Der Anstieg der Stimmen für die Nationalsozialisten von 3% (1928) auf 37% (Juli 1932) beunruhigte die Menschen weit weniger, da man mit vielen der von Hitler verkündeten Parolen übereinstimmte und allenfalls an Hitlers Radikalität Anstoß nahm. Der leichte Rückgang der Stimmen für die Nationalsozialisten auf 33% im November 1932 schien anzudeuten, daß deren Siegeszug gestoppt worden war. Hitlers außenpolitische Ziele, die Beseitigung des Vertrages von Versailles, seine Parole „Brot und Freiheit", verbunden mit dem Versprechen, schnell Arbeit für die etwa 6 Millionen Arbeitslosen zu beschaffen, waren ein massenwirksames Programm, dem viele zustimmen konnten. Hitlers Kompromißlosigkeit und die offen geäußerte Absicht, die Verfassung von Weimar zu beseitigen, stießen nicht ab, sondern beeindruckten angesichts der in der Wirtschaftskrise schwächlich und erfolglos handelnden politischen Führer der demokratischen Republik. In der wirtschaftlich aussichtslosen Situation waren viele Menschen – ausgenommen überzeugte Kommunisten, Sozialdemokraten und Katholiken – bereit, Hitler eine Chance zur Verwirklichung seines Programms zu geben. Dies schien risikolos zu sein, da führende Männer der Industrie, der Großlandwirtschaft, der Reichswehr und aus den konservativen Parteien Hitler förderten oder zumindest bereit waren, mit ihm zusammenzuarbeiten.
Besonders mit den Parolen von der „Wiederherstellung der deutschen Ehre" und der „Volksgemeinschaft" konnten die Nationalsozialisten die Gefühle der Menschen erreichen. Durch das Versprechen, die hohe Arbeitslosigkeit rasch zu beseitigen, gelang es, viele von der Republik enttäuschte Menschen für den Nationalsozialismus zu gewinnen. Der Erfolg der Nationalsozia-

listen beruhte nicht zuletzt auch darauf, daß Hitler bisher unbefriedigte Bedürfnisse der Menschen nach „Ruhe und Ordnung“ und nach „fester“ Führung zu erfüllen versprach.
Die politischen Ziele und die skrupellosen Herrschaftsmethoden Hitlers, seine offen geäußerte Absicht, die Demokratie mit „legalen“ Mitteln zu beseitigen, waren den führenden Männern von Industrie, Großlandwirtschaft, Militär und aus dem kulturellen Bereich aus zahlreichen Reden und auch aus der politischen Praxis der Nationalsozialisten während der Jahre 1928 bis 1932 bekannt. Auch der Straßenterror der SA und Hitlers demonstrative Billigung politischer Morde durch SA-Männer hinderten die Mehrzahl der maßgebenden Männer nicht, im Führer der NSDAP den zukünftigen, erfolgreichen Reichskanzler zu sehen.
Unter Führung des ehemaligen Reichskanzlers Franz von Papen hatten sich in langen Verhandlungen Vertreter der konservativen Parteien und von Teilen der Großindustrie wie der Großlandwirtschaft auf eine gemeinsame **Koalitionsregierung** mit den Nationalsozialisten unter Hitlers Führung geeinigt. Durch dieses Bündnis glaubte man, das in der Weimarer Republik bestehende kapitalistische Wirtschaftssystem vor einer in der Realität keineswegs bestehenden Gefahr der Sozialisierung retten zu können.
In einem komplizierten Intrigenspiel gelang es Papen, den Reichspräsidenten Hindenburg zu veranlassen, Hitler zum Reichskanzler zu ernennen. Papen hatte gehofft, Hitler und die Nationalsozialisten in eine bürgerliche Koalitionsregierung einbinden zu können. Tatsächlich hatten er und der Führer der Deutschnationalen, Hugenberg, bereits vor Hitlers Ernennung in allen für die politische Zukunft wichtigen Punkten nachgegeben. Sie erfüllten Hitlers Forderungen nach sofortigen Neuwahlen und nach einem Ermächtigungsgesetz, das erlaubte, den Reichstag für vier Jahre auszuschalten.
Die von Hitler geführte Koalitionsregierung aus NSDAP und DNVP hatte keine parlamentarische Mehrheit. Obwohl ihr nur drei Nationalsozialisten angehörten, verfügten diese über die wichtigsten staatlichen Gewaltmittel. Hitler war Reichskanzler, Frick wurde zum Reichsminister des Inneren und der bisherige Reichstagspräsident Hermann Göring zum Minister ohne Geschäftsbereich ernannt und gleichzeitig mit der Wahrnehmung der Geschäfte des preußischen Ministers des Inneren betraut. Damit verfügten die Nationalsozialisten im größten Land des Reiches, Preußen, über die Polizeigewalt. Mit der Sicherung der entscheidenden Posten hatten die Nationalsozialisten sich die Mittel verschafft, die nötig waren, um einerseits die politischen Gegner auszuschalten und andererseits schrittweise die Macht im Staate zu erobern. Überheblich und in totaler Verkennung der Realität erklärte Papen: „Wir haben ihn (Hitler) uns engagiert ...“ und „was wollen Sie denn? Ich habe das Vertrauen Hindenburgs. In zwei Monaten haben wir Hitler in die Ecke gedrückt, daß er quietscht ...“ (Niedhard, S.362)
Klarer sah der ehemalige Verbündete Hitlers, der rechtskonservative General Ludendorff, die Auswirkungen der Entscheidung vom 30. Januar 1933. Er schrieb an den Reichspräsidenten Hindenburg, mit dem er verfeindet war: „Sie haben durch die Ernennung Hitlers zum Reichskanzler unser Heiliges Deutsches Vaterland einem der größten Demagogen aller Zeiten ausgeliefert. Ich prophezeie Ihnen feierlich, daß dieser unselige Mann unser Reich in den Abgrund stürzen und unsere Nation in unfaßbares Elend bringen wird. Kommende Geschlechter werden Sie wegen dieser Handlung in Ihrem Grabe verfluchen.“ (Der Aufstieg der NSDAP, S.418)
Die **Übertragung der Macht** an Hitler am 30. Januar 1933 war der **Auftakt zur systematischen Zerstörung der parlamentarischen Demokratie**. Diese Zerstörung gelang, weil es nur wenige gab, die bereit waren, die Weimarer Republik zu verteidigen, und weil es viele gab, die sich von den wahren Absichten der Nationalsozialisten allzu gerne täuschen ließen.

Fackelzug vom 30. Januar 1933, hier drei Jahre später für einen Propagandafilm nachgestellt, galt dem Reichspräsidenten von Hindenburg und Hitler gleichmaßen. „Revolutionäre Kraft und patriotische Solidarität" (Goebbels) waren zu demonstrieren.

T 6 Eingabe führender Männer aus Wirtschaft und Industrie sowie großagrarischer Kreise an Reichspräsident von Hindenburg, Mitte November 1932

Ew. Exzellenz, Hochzuverehrender Herr Reichspräsident!

Gleich Eurer Exzellenz durchdrungen von heißer Liebe zum deutschen Volk und Vaterland, haben die Unterzeichneten die grundsätzliche Wandlung, die Eure Exzellenz in der Führung der Staatsgeschäfte angebahnt haben, mit Hoffnung begrüßt.

Mit Eurer Exzellenz bejahen wir die Notwendigkeit einer vom parlamentarischen Parteiwesen unabhängigeren Regierung, wie sie in dem von Eurer Exzellenz formulierten Gedanken eines Präsidialkabinetts zum Ausdruck kommt.

Der Ausgang der Reichstagswahl vom 6. November d.J. hat gezeigt, daß das derzeitige Kabinett, dessen aufrechten Willen niemand im deutschen Volke bezweifelt, für den von ihm eingeschlagenen Weg keine ausreichende Stütze im deutschen Volk gefunden hat, daß aber das von Eurer Exzellenz gezeigte Ziel eine volle Mehrheit im deutschen Volke besitzt, wenn man – wie es geschehen muß – von der staatsverneinenden kommunistischen Partei absieht. Gegen das bisherige parlamentarische Parteiregime sind nicht nur die Deutschnationale Volkspartei und die ihr nahestehenden kleineren Gruppen, sondern auch die Nationalsozialistische Deutsche Arbeiterpartei grundsätzlich eingestellt und haben damit das Ziel Eurer Exzellenz bejaht. Wir halten dieses Ergebnis für außerordentlich erfreulich und können uns nicht vorstellen, daß die Verwirklichung des Zieles nunmehr an der Beibehaltung einer unwirksamen Methode scheitern sollte.

Es ist klar, daß eine des öfteren wiederholte Reichstagsauflösung mit sich häufenden, den Parteikampf immer weiter zuspitzenden Neuwahlen nicht nur einer politischen, sondern auch jeder wirtschaftlichen Beruhigung und Festigung entgegenwirken muß. Es ist aber auch klar, daß jede Verfassungsänderung, die nicht von breitester Volksströmung getragen ist, noch schlimmere wirtschaftliche, politische und seelische Wirkungen auslösen wird.

Wir erachten es deshalb für unsere Gewissenspflicht, Eure Exzellenz ehrerbietigst zu bitten, daß zur Erreichung des von uns allen unterstützten Zieles Eurer Exzellenz die Umgestaltung des Reichskabinetts in einer Weise erfolgen möge, die die größtmögliche Volkskraft hinter das Kabinett bringt. Wir bekennen uns frei von jeder engen parteipolitischen Einstellung. Wir erkennen in der nationalen Bewegung,

die durch unser Volk geht, den verheißungsvollen Beginn einer Zeit, die durch Überwindung des Klassengegensatzes die unerläßliche Grundlage für einen Wiederaufstieg der deutschen Wirtschaft erst schafft. Wir wissen, daß dieser Aufstieg noch viele Opfer erfordert. Wir glauben, daß diese Opfer nur dann willig gebracht werden können, wenn die größte Gruppe dieser nationalen Bewegung führend an der Regierung beteiligt wird.
Die Übertragung der verantwortlichen Leitung eines mit den besten sachlichen und persönlichen Kräften ausgestatteten Präsidialkabinetts an den Führer der größten nationalen Gruppe wird die Schlacken und Fehler, die jeder Massenbewegung notgedrungen anhaften, ausmerzen und Millionen Menschen, die heute abseits stehen, zu bejahender Kraft mitreißen.
In vollem Vertrauen zu Eurer Exzellenz Weisheit und Eurer Exzellenz Gefühl der Volksverbundenheit begrüßen wir Euer Exzellenz mit größter Ehrerbietung.
Es folgen die Unterschriften von
G. Beindorff, K. v. Eichborn, E. Helfferich, E. Hekker, Graf Kalckreuth, C. V. Krogmann, E. Lübbert, E. Merck, H. K. v. Oppen-Dannenwalde, F. Reinhart, A. Rosterg, Hj. Schacht, K. v. Schröder, R. Ventzki, K. Woermann und F. H. Witthoefft.
(Ursachen und Folgen, Bd. 8. S. 687ff.)

T 7 Aufruf der KPD zum Generalstreik vom 30. 1. 1933

Hitler Reichskanzler – Papen Vizekanzler – Hugenberg Wirtschaftsdiktator – die Frick und Göring an der Spitze der Polizei – Stahlhelm-Seldte Arbeitsminister! Dies neue Kabinett der offenen, faschistischen Diktatur ist die brutalste, unverhüllteste Kriegserklärung an die Werktätigen, die deutsche Arbeiterklasse!
Die Betrugsmanöver des „sozialen“ Generals [Schleicher] sind zu Ende. Die Zuspitzung der Krise, der machtvolle revolutionäre Aufschwung der Massen zwingt die Bourgeoisie, das nackte Gesicht ihrer Diktatur in äußerster Brutalität zu enthüllen. An die Stelle der „sozialen“ Phrasen treten die Bajonette der Reichswehr und die Revolver der mordenden SA- und SS-Kolonnen. Schamloser Raub der Löhne, schrankenloser Terror der braunen Mordpest, Zertrampelung der letzten spärlichen Überreste der Rechte der Arbeiterklasse, hemmungsloser Kurs auf den imperialistischen Krieg – das alles steht unmittelbar bevor.
Die Partei der deutschen Arbeiter, die Partei der Streiks gegen Lohnraub, der Verteidigung der Interessen aller Werktätigen, des Kampfes für die Freiheit der Arbeiterklasse und für den Sozialismus – die KPD will man verbieten!
Die Kampforganisation der proletarischen Jugend, der KJVD [Kommunistischer Jugendverband Deutschlands], die Massenkampforganisation, die den Kampf gegen Lohnraub und Unternehmerwillkür führt, die RGO [Revolutionäre Gewerkschaftsopposition] sollen verboten werden. Diese faschistischen Anschläge sollen den Kurs auf die volle Zerschlagung aller Arbeiterorganisationen Deutschlands einleiten.
Das blutige, barbarische Terrorregime des Faschismus wird über Deutschland aufgerichtet. Massen, laßt nicht zu, daß die Todfeinde des deutschen Volkes, die Todfeinde der Arbeiter und armen Bauern, der Werktätigen in Stadt und Land ihr Verbrechen durchführen! Setzt euch zur Wehr gegen die Anschläge und den Terror der faschistischen Konterrevolution! Verteidigt euch gegen die schrankenlose soziale Reaktion der faschistischen Diktatur! Heraus auf die Straße!
Legt die Betriebe still!
Antwortet sofort auf den Anschlag der faschistischen Bluthunde mit Streik, mit dem Massenstreik, mit dem Generalstreik!
Arbeiter, Arbeiterinnen, Jungarbeiter, nehmt in allen Betrieben, in allen Gewerkschaften, in allen Arbeiterorganisationen, auf allen Stempelstellen sofort Stellung für den Generalstreik gegen die faschistische Diktatur! Beschließt die Arbeitsniederlegung! Beschließt Massendemonstrationen! Wählt Einheitskomitees und Streikleitungen! Organisiert den Kampf!
(Geschichte der deutschen Arbeiterbewegung. Berlin/DDR, Bd. 5, S. 441f.)

T 8 Aufruf der SPD vom 31. 1. 1933

Arbeitendes Volk! Republikaner!
Im Kabinett Hitler-Papen-Hugenberg ist die Harzburger Front [s. F. 3.2] wieder auferstanden.
Die Feinde der Arbeiterklasse, die einander bis vor wenigen Tagen auf das heftigste befehdeten, haben sich zusammengeschlossen zum gemeinsamen Kampf gegen die Arbeiterklasse, zu einer reaktionären großkapitalistischen und großagrarischen Konzentration.
Die Stunde fordert die Einigkeit des ganzen arbeitenden Volkes zum Kampf gegen die vereinigten Gegner. Sie fordert Bereitschaft zum Einsatz der letzten und äußersten Kräfte.
Wir führen unseren Kampf auf dem Boden der Verfassung. Die politischen und sozialen Rechte des Volkes, die in Verfassung und Gesetz verankert sind, werden wir gegen jeden Angriff mit allen Mitteln verteidigen. Jeder Versuch der Regierung, ihre Macht gegen die Verfassung anzuwenden oder zu behaupten, wird auf den äußersten Widerstand der Arbeiterklasse und aller freiheitlich gesinnten Volkskreise stoßen. Zu diesem entscheidenden Kampf sind alle Kräfte bereitzuhalten.
Undiszipliniertes Vorgehen einzelner Organisationen oder Gruppen auf eigene Faust würde der gesamten Arbeiterklasse zum schwersten Schaden gereichen. Darum her zur Eisernen Front! [Zusammenschluß

von SPD, freien Gewerkschaften, Reichsbanner Schwarz-Rot-Gold, Arbeiterverbänden; Gegengründung zur Harzburger Front] Nur ihrer Parole ist Folge zu leisten! Kaltblütigkeit, Entschlossenheit, Disziplin, Einigkeit und nochmals Einigkeit ist das Gebot der Stunde!
(Geschichte der deutschen Arbeiterbewegung. Berlin/DDR. Bd. 5, S. 442)

T 9 Reaktionen zum 30. Januar 1933 in der Provinz

a) Ein Schüler berichtet von den Ereignissen in Mühlacker

[...] Ich wurde von unserem Lehrer zu einem Bürger in Mühlacker geschickt, von dem ich wußte, daß er deutschnational eingestellt und organisiert war. Wie ich ihm einen Brief übergeben habe von der Schule, kam eben schon die Sondermeldung, daß der Reichspräsident Hindenburg den Führer der NSDAP Adolf Hitler, zum Reichskanzler ernannt habe. Die erste Reaktion dieses Bürgers mit deutschnationaler Gesinnung: „So eine Schande!" Er horchte weiter, und als er hörte, daß Hugenberg und Seldte und Papen mit in der Regierung waren, ja, daß sie ein großes Kontingent in der Regierung stellten, da glätteten sich seine Zorneswogen wieder etwas, und er sagte dann: „Na, ja, hoffen wir, daß es etwas wird."
Der Schüler selbst reagierte ganz anders als sein deutschnationaler Lehrer. Ich selber habe allerdings, wie wir Jungen damals eingestellt waren, einen Luftsprung gemacht aus Freude, daß nun wirklich die sogenannte nationale Erhebung angebrochen war. Die hat mich damals als junger Mensch wirklich ganz buchstäblich erhoben. [...]
(B. Burkhardt, Eine Stadt wird braun. Hamburg 1980, S. 103f.)

b) Der Sohn des Stadtpfarrers von Mühlacker, ebenfalls 1933 Schüler, erinnert sich

Am 30. Januar kamen nachmittags Freunde meiner Schwester und sagten: „Adolf Hitler ist Reichskanzler geworden." Damals war ich ziemlich erschrocken. Und dann erinnere ich mich noch, daß ich am Abend am Anfang der Bahnhofstraße stand, als ein Fackelzug, wahrscheinlich liedersingend, vorbeizog. Von einem, der in diesem Fackelzug mitmarschierte, wurde ich erkannt und dann vom Gehweg in den Zug hereingezogen, und ich bin dann ebenfalls mitmarschiert. Wie es ausging, daran kann ich mich heute nicht mehr erinnern. [...]
(Ebenda, S. 104)

Problem und Diskussion

1 *Beschreiben Sie wichtige Ursachen für die Übergabe der Macht an Hitler.*
2 *Stellen Sie die Motive derjenigen wirtschaftlichen und gesellschaftlichen Gruppen zusammen, die die Übertragung der Macht an Hitler befürworteten.*
3 *Arbeiten Sie die Reaktion von KPD und SPD auf die Ernennung Hitlers zum Reichskanzler heraus und bewerten Sie die politische Argumentation beider Parteien im Hinblick auf die Entwicklung in der Weimarer Republik.*
4 *Sammeln Sie Informationen über die Reaktionen in Ihrem Heimatort auf die Nachricht über die Ernennung Hitlers zum Reichskanzler und bewerten Sie diese Informationen.*

3. Die Zerstörung der Demokratie und die Monopolisierung der Macht

Den überall im Reich organisierten Feiern und Fackelzügen anläßlich der Machtübertragung an Hitler folgte zielstrebig die Machteroberung zunächst in Preußen und dann im ganzen Reich. Mit formal legalen Maßnahmen über Notverordnungen des Reichspräsidenten und mit Straßenterror der SA wurden die Institutionen der Republik von oben und unten gleichzeitig besetzt. Aufgrund der kommissarischen Vollmachten als preußischer Innenminister ließ Göring zahlreiche Polizeipräsidenten durch SA- oder SS-Angehörige ersetzen. 50000 SA-Männer wurden zu Hilfspolizisten ernannt. Schließlich forderte Göring alle Polizisten auf, gegen „Staatsfeinde" mit der Schußwaffe vorzugehen. Versammlungen der KPD, der SPD und des Zentrums wurden verboten, aufgelöst oder gesprengt. Die Presseorgane der linken Parteien wurden zeitweise verboten oder beschlagnahmt. Durch die Verordnung des Reichspräsidenten **„Zum Schutz von Volk und Staat"** vom 28. Februar 1933 (sogenannte Reichstagsbrandverordnung, T 10) wurden wesentliche Grundrechte der Weimarer Verfassung außer Kraft gesetzt und der Ausnahmezustand proklamiert. Die obersten Landesbehörden wurden dem Reich nachgeordnet, die willkürliche Verhaftung politischer Gegner war nun möglich. Der sogenannten Schutzhaft, einer Verhaftung ohne richterlichen Haftbefehl, fielen vor allem Funktionäre von KPD und SPD zum Opfer. Die erste große Verhaftungswelle – in Preußen waren allein im März 1933 10000 Menschen betroffen – wurde von der Mehrheit der Bevölkerung hingenommen, zumal der Reichstagsbrand am 27. Februar die NS-Propagandathese von einem kommunistischen Aufstandsversuch zu unterstützen schien.
Auch die **Führung der Reichswehr** (seit 1935 „Wehrmacht") und führende Männer der **Industrie** akzeptierten Hitlers politisches Programm, das er ihnen kurz nach seiner Ernennung in großer Offenheit vortrug. Bereits am 3. Februar 1933 erklärte Hitler vor den Befehlshabern der Reichswehr, den Marxismus mit Stumpf und Stiel ausrotten und den „Krebs der Demokratie" beseitigen zu wollen (T 11). Er werde die Reichswehr als unpolitisches und überparteiliches Instrument aus dem Kampf im Innern heraushalten. Zugleich kündigte Hitler die „Eroberung neuen Lebensraumes im Osten und dessen rücksichtslose Germanisierung" an. Vor Unternehmern legte Hitler am 20. Februar wesentliche Züge seiner Politik dar. Die Wahl am 5. März werde die letzte Wahl sein. Verdeckt sprach er über seine Rüstungspläne und wünschte der Industrie eine ruhige und gesicherte Zukunft im NS-Staat. Göring forderte in derselben Veranstaltung die Industrie zu einer kräftigen finanziellen Unterstützung des Wahlkampfes der NSDAP auf. Das erbetene Opfer falle der Industrie sicher leicht, da dies die letzten Wahlen für lange Zeit seien.
Trotz des massiven **Terrors** und der **Propaganda** vor allem gegen die gesamte Linke brachten die Reichstagswahlen vom 5. März Hitler und der NSDAP nicht den gewünschten Erfolg. Die NSDAP bekam mit 43,9% der Stimmen nicht die erwartete absolute Mehrheit. Die bisherige Koalitionsregierung erreichte nur eine knappe absolute Mehrheit. Zum Ärger der Nationalsozialisten konnten die Sozialdemokraten ihre letzten Wahlergebnisse halten. Allerdings verloren die Kommunisten knapp 5% ihrer Wähler. Auch das Zentrum konnte seine Stammwähler halten (11%). Unübersehbar war aber, daß ein großer Teil der Bevölkerung trotz der nationalsozialistischen Übergriffe und Gewalttätigkeiten ihre Stimme der NSDAP gegeben hatte. Zielstrebig setzten die Nationalsozialisten ihre Politik der Täuschung und der gewaltsamen Eroberung des Staates fort. Einen Tag nach der Reichstagswahl kündigte der nationalsozialistische Reichsinnenminister die Errichtung von „Konzentrationslagern" an, in denen politische Gegner gefangen gehalten würden. Die nationale Versöhnungsfeier zur Eröffnung des Reichstages in der Garnisonkirche in Potsdam am 21. März 1933 wurde von einer Verordnung „zur Abwehr heimtückischer Angriffe gegen die Regierung" begleitet, die selbst jede mündlich geäußerte Kritik am Regime und an der NSDAP unter Strafe stellte.

Der Tag von Potsdam, 21. März 1933. Die feierliche Eröffnung des neu gewählten Reichstags wurde in die traditionsreiche Garnisonskirche von Potsdam verlegt. Unter den Fahnen der preußischen Regimenter saßen die Abgeordneten der NSDAP in braunen Röcken und Hemden. Mittelpunkt war auch hier der greise Generalfeldmarschall von Hindenburg, Symbol und „Schirmherr" der „Vermählung zwischen alter Größe und junger Kraft". Die Repräsentanten der alten Ordnung, Konservative und bürgerlich Nationale, Stahlhelm und Reichswehr sollten durch diese Verpflichtung auf den „Geist von Postdam" gewonnen, der „Geist von Weimar" überwunden werden. Die erste Inszenierung des neuen Propagandaministers gelang vollkommen.

Am 23. März 1933 verabschiedete der Reichstag, der von SA- und SS-Männern abgeriegelt war, gegen die Stimmen der SPD, das von Hitler schon vor seiner Machtübernahme geforderte Ermächtigungsgesetz (T 13) mit mehr als der nötigen Zwei-Drittel-Mehrheit. Die 81 KPD-Abgeordneten und 26 Abgeordnete der SPD konnten an der Abstimmung nicht teilnehmen, da sie in „Schutzhaft" gehalten wurden oder vor der Verfolgung geflohen waren. Die bürgerlichen Parteien, vor allem das Zentrum, stimmten aufgrund ungewisser Zusicherungen Hitlers mit der NSDAP für das Gesetz. Nur der Vorsitzende der SPD, Otto Wels, lehnte das Gesetz in einer mutigen Rede für seine Fraktion ab.

Mit dem Ermächtigungsgesetz konnte die Reichsregierung Gesetze, auch verfassungsändernden Inhalts, unter Ausschluß des Reichstages und des Reichspräsidenten, durch einfachen Beschluß der Regierung in Kraft setzen. Das Ermächtigungsgesetz war die scheinbar rechtliche Grundlage für die systematische Zerstörung des Verfassungsstaates von Weimar. Es wurde wiederholt verlängert und galt bis zum Kriegsende.

Nach dem Tode des Reichspräsidenten Paul von Hindenburg (2.8.1934) wird das Reichskanzleramt mit dem Amt des Reichspräsidenten in der Hand von Adolf Hitler vereinigt. Die Reichswehr wird am 2. August auf Hitler als Oberbefehlshaber der Wehrmacht persönlich vereidigt.

Wichtige Stationen der von den Nationalsozialisten als „Gleichschaltung" bezeichneten Beseitigung des politischen Systems der Weimarer Republik waren:

29. März 1933: „Lex van der Lubbe"[1]
Rückwirkende Geltung der durch die Reichstagsbrandverordnung eingeführten Todesstrafe für Brandstiftung. Das Gesetz löst den zentralen Rechtsgrundsatz „Nulla poena sine lege" (keine Strafe ohne Gesetz) auf.

31. März 1933: „Vorläufiges Gesetz zur Gleichschaltung der Länder mit dem Reich"
Länderparlamente sind gemäß dem Ergebnis der Reichstagswahlen ohne KPD-Sitze neu zu bilden; Landesgesetzgebung darf von der Verfassung abweichen.

7. April 1933: „Gesetz zur Wiederherstellung des Berufsbeamtentums"
Politisch „unzuverlässige Elemente" und Juden können vom Beamtenberuf ausgeschlossen werden. Durchführungsverordnungen bestimmen die Entlassung jüdischer Beamter, jüdischer Honorarprofessoren, Privatdozenten und Notare. Kommunisten dürfen nicht mehr, Juden nur noch beschränkt Rechtsanwälte werden. Berufsverbot für „nicht-arische" Patentanwälte und Kassenärzte, Kassenzahnärzte und Techniker.

2. Mai 1933: Zerschlagung der Gewerkschaften
Nach dem 1. Mai, der als „Feiertag der nationalen Arbeit" erstmals gesetzlicher Feiertag ist, werden am 2. Mai die Gewerkschaftshäuser von SA-Trupps besetzt, die Gewerkschaftsmitglieder werden am 10. Mai zwangsweise in eine neu gegründete nationalsozialistische „Deutsche Arbeitsfront" (DAF) eingegliedert.

19. Mai 1933: „Gesetz über Treuhänder der Arbeit"
Treuhänder der Arbeit, ernannte nationalsozialistische Kommissare in den Betrieben, können Arbeitsverträge rechtsverbindlich regeln, die Tarifautonomie wird durch staatlichen Zwang ersetzt.

22. Juni 1933: Verbot der SPD
Dem Verbot der SPD folgt die rasche Selbstauflösung der bürgerlichen Parteien, zuletzt des Zentrums am 5. Juli 1933.

14. Juli 1933: „Gesetz gegen die Neubildung von Parteien"
Die NSDAP bleibt einzig zugelassene Partei in Deutschland.

14. Juli 1933: „Gesetz zur Verhütung erbkranken Nachwuchses"
Zwangssterilisierung wird möglich, wenn mit großer Wahrscheinlichkeit Nachkommen mit schweren körperlichen oder geistigen Erbschäden zu erwarten sind.

1. Dezember 1933: „Gesetz zur Sicherung der Einheit von Partei und Staat"
Die NSDAP wird zur „Trägerin des deutschen Staatsgedankens" erklärt und ist mit dem Staat unauflöslich verbunden.

20. Januar 1934: „Gesetz zur Ordnung der nationalen Arbeit"
In den Betrieben wird die Tarifautonomie von Arbeitnehmer/Arbeitgeber durch das „Führerprinzip" (Fürsorge/Treueverhältnis von Betriebsführung und „Gefolgschaft") ersetzt. Die Arbeiter können ihre bisherigen Rechte – z.B. Mitsprache in bestimmten Angelegenheiten – nicht mehr wahrnehmen. Staatlich beamtete „Treuhänder der Arbeit" (seit 19.5.33) können Anordnungen der Betriebsleitung korrigieren.

30. Januar 1934: „Gesetz über den Neuaufbau des Reiches"
Länderparlamente werden aufgehoben; die Hoheitsrechte der Länder fallen an das Reich; die Länderregierungen und Reichsstatthalter unterstehen der Reichsregierung; die Reichsregierung kann neues Verfassungsrecht in den Ländern anordnen.

3. Juli 1934:
Die von Hitler veranlaßten Morde an Ernst Röhm (Stabschef der SA) und ihm ergebener SA-Führer sowie an oppositionellen konservativen Gegnern werden durch Gesetz als „Staatsnotwehr" für rechtens erklärt.

1. August 1934: „Gesetz über das Oberhaupt des Deutschen Reiches"

1 Marinus van der Lubbe war ein holländischer Maurer und Anarchist, der in der Nacht des Reichstagsbrandes (27. Februar 1933) aufgegriffen und wegen Brandstiftung zum Tode verurteilt wurde. Die Frage seiner Täterschaft ist bis heute nicht völlig geklärt.

In eineinhalb Jahren hatten die Nationalsozialisten die Grundlagen der Gesellschaft weitgehend verändert und Lebensverhältnisse geschaffen, die mit der Weimarer Republik nur noch wenig gemein hatten. Die neuen Machthaber beanspruchten aber nicht nur die politische Macht, sondern versuchten auch den Alltag der Menschen zu prägen. Ihr Ziel war es, die unpolitische „Privatheit“ der Menschen im Sinne der nationalsozialistischen Ideologie zu politisieren.

T 10 Aus der Verordnung des Reichspräsidenten zum Schutz von Volk und Staat vom 28. Februar 1933

Auf Grund des Artikels 48, Absatz 2 der Reichsverfassung wird zur Abwehr kommunistischer staatsgefährdender Gewaltakte folgendes verordnet:

§ 1 [...] Die Artikel 114, 115, 117, 118, 123, 124 und 153 der Verfassung des Deutschen Reiches werden bis auf weiteres außer Kraft gesetzt. Es sind daher Beschränkungen der persönlichen Freiheit, des Rechtes der freien Meinungsäußerung, einschließlich der Pressefreiheit, des Vereins- und Versammlungsrechtes, Eingriffe in das Brief-, Post-, Telegraphen- und Fernsprechgeheimnis, Anordnungen von Haussuchungen und von Beschlagnahme sowie Beschränkungen des Eigentums auch außerhalb der sonst hierfür bestimmten gesetzlichen Grenzen zulässig.

§ 2 [...] Werden in einem Lande die zur Wiederherstellung der öffentlichen Sicherheit und Ordnung nötigen Maßnahmen nicht getroffen, so kann die Reichsregierung insoweit die Befugnisse der obersten Landesbehörde vorübergehend wahrnehmen.

§ 3 [...] Die Behörden der Länder und Gemeinden (Gemeindeverbände) haben den auf Grund des § 2 erlassenen Anordnungen der Reichsregierung im Rahmen ihrer Zuständigkeit Folge zu leisten. [...]

§ 5 [...] Mit dem Tode sind die Verbrechen zu bestrafen, die das Strafgesetzbuch in § 81 (Hochverrat), 229 (Giftbeibringung), 307 (Brandstiftung), 311 (Explosion), 312 (Überschwemmung), 315, Absatz 2 (Beschädigung von Eisenbahn), 324 (gemeingefährliche Vergiftung) mit lebenslangem Zuchthaus bedroht. [...]

(J. Hohlfeld [Hrsg.], Dokumente der Deutschen Politik und Geschichte von 1848 bis zur Gegenwart, Bd. IV. Berlin 1952ff., S. 19f.)

T 11 Hitler vor den Befehlshabern des Heeres und der Marine über seine politischen Ziele am 3. 2. 1933. Aufzeichnungen eines Teilnehmers

Ziel der Gesamtpolitik allein: Wiedergewinnung der politischen Macht. Hierauf muß gesamte Staatsführung eingestellt werden (alle Ressorts!)

1. Im Innern. Völlige Umkehrung der gegenwärt. innenpol. Zustände in D. Keine Duldung der Betätigung irgendeiner Gesinnung, die dem Ziel entgegensteht (Pazifismus!). Wer sich nicht bekehren läßt, muß gebeugt werden. Ausrottung des Marxismus mit Stumpf und Stiel. Einstellung der Jugend u. des ganzen Volkes auf den Gedanken, daß nur d. Kampf uns retten kann u. diesem Gedanken gegenüber alles zurückzutreten hat. (Verwirklicht in d. Millionen d. Nazi-Bewegung. Sie wird wachsen.) Ertüchtigung der Jugend u. Stärkung des Wehrwillens mit allen Mitteln. Todesstrafe für Landes- u. Volksverrat. Straffste autoritäre Staatsführung. Beseitigung des Krebsschadens der Demokratie!

2. Nach außen. Kampf gegen Versailles. Gleichberechtigung in Genf [Sitz des Völkerbundes]; aber zwecklos, wenn Volk nicht auf Wehrwillen eingestellt. Sorge für Bundesgenossen.

3. Wirtschaft! Der Bauer muß gerettet werden! Siedlungspolitik! Künftige Steigerung d. Ausfuhr zwecklos. Aufnahmefähigkeit d. Welt ist begrenzt u. Produktion ist überall übersteigert. Im Siedeln liegt einzige Möglichkeit, Arbeitslosenheer zum Teil wieder einzuspannen. Aber braucht Zeit u. radikale Änderung nicht zu erwarten, da Lebensraum für deutsches Volk zu klein.

4. Aufbau der Wehrmacht wichtigste Voraussetzung für Erreichung des Ziels: Wiedererringung der pol. Macht. Allg. Wehrpflicht muß wieder kommen. Zuvor aber muß Staatsführung dafür sorgen, daß die Wehrpflichtigen vor Eintritt nicht schon durch Pazif., Marxismus, Bolschewismus vergiftet werden oder nach Dienstzeit diesem Gifte verfallen.

Wie soll pol. Macht, wenn sie gewonnen ist, gebraucht werden? Jetzt noch nicht zu sagen. Vielleicht Erkämpfung neuer Export-Mögl., vielleicht – und wohl besser – Eroberung neuen Lebensraums im Osten u. dessen rücksichtslose Germanisierung. Sicher, daß erst mit pol. Macht u. Kampf jetzige wirtsch. Zustände geändert werden können. Alles, was jetzt geschehen kann – Siedlung – Aushilfsmittel.

Wehrmacht wichtigste u. sozialistischste Einrichtung d. Staates. Sie soll unpol. u. überparteilich bleiben. Der Kampf im Innern nicht ihre Sache, sondern der Nazi-Organisationen. Anders wie in Italien keine Verquickung v. Heer u. SA beabsichtigt. – Gefährlichste Zeit ist die des Aufbaus der Wehrmacht. Da wird sich zeigen, ob Fr(ankreich) Staatsmänner hat; wenn ja, wird es uns Zeit nicht lassen, sondern über uns herfallen (vermutlich mit Ost-Trabanten).

(Vierteljahrshefte für Zeitgeschichte 2/1954, S. 434f.)

Reichstagswahlergebnisse 1928–1933

Wahl vom	Wahl-beteili-gung	Gültige Stimmen (in Mio.)	Von den abgegebenen gültigen Stimmen entfielen auf (in Mio. bzw. %)								
			NSDAP	DNVP	DVP	DDP	BVP	Zentrum	SPD	KPD	Sonstige Parteien
20. Mai 1928	75,6%	30,73	0,81 2,6%	4,38 14,3%	2,68 8,7%	1,50 4,9%	0,95 3,1%	3,71 12,1%	9,15 29,8%	3,26 10,6%	4,30 13,9%
14. Sept. 1930	82,0%	34,96	6,41 18,3%	2,46 7,0%	1,58 4,5%	1,32 3,8%	1,06 3,0%	4,13 11,8%	8,58 24,5%	4,60 13,1%	4,82 13,7%
31. Juli 1932	84,1%	36,88	13,75 37,3%	2,19 5,9%	0,44 1,2%	0,37 1,0%	1,20 3,2%	4,59 12,5%	7,96 21,6%	5,28 14,3%	1,10 3,0%
6. Nov. 1932	80,6%	35,47	11,74 33,1%	3,02 8,5%	0,66 1,9%	0,34 1,0%	1,10 3,1%	4,23 11,9%	7,25 20,4%	5,98 16,9%	1,15 3,2%
5. März 1933	88,8%	39,34	17,28 43,9%	3,14 8,0%	0,43 1,1%	0,33 0,9%	1,07 2,7%	4,43 11,2%	7,18 18,3%	4,85 12,3%	0,63 1,6%

(Statistik des Deutschen Reiches, Bd. 291 ff.)

T 12 Aus der Rede Hitlers vor führenden Industriellen am 20. 2. 1933

Wir stehen heute vor folgender Situation: Weimar hat uns eine bestimmte Verfassungsform aufoktroyiert, mit der man uns auf eine demokratische Basis gestellt hat. Damit ist uns aber keine leistungsfähige Regierungsgewalt beschert worden. Im Gegenteil, der Kommunismus mußte sich nach dem, wie ich eingangs die Demokratie kritisiert habe, immer tiefer in das deutsche Volk hineinbohren. Die Folge war eine immer größere innere Spannung, durch die auch – und das ist mit das Schlimmste – die Gerichte nicht unbeeinflußt blieben. Es haben sich so zwei Fronten herausgebildet, die uns vor die Wahl stellen: entweder Marxismus in Reinkultur oder die andere Seite. Man kann sich nicht auf den Standpunkt stellen und sagen: die andere Seite wird sich schon allmählich durchsetzen. So eine Haltung bedeutet die Niederlage ... Wir müssen erst die ganzen Machtmittel in die Hand bekommen, wenn wir die andere Seite ganz zu Boden werfen wollen. So lange man an Kraft zunimmt, soll man den Kampf gegen den Gegner nicht aufnehmen. Erst wenn man weiß, daß man auf dem Höhepunkt der Macht angelangt ist, daß es keine weitere Aufwärtsentwicklung gibt, soll man losschlagen. Wir müssen in Preußen noch 10, im Reich noch 33 Mandate erringen. Das ist, wenn wir alle Kräfte einsetzen, nicht unmöglich. Dann beginnt erst die zweite Aktion gegen den Kommunismus. Wir stehen jetzt vor der letzten Wahl. Die mag ausfallen wie sie will, einen Rückfall gibt es nicht mehr, auch wenn die kommende Wahl keine Entscheidung bringt. So oder so, wenn die Wahl nicht entscheidet, muß die Entscheidung eben auf einem anderen Weg fallen [...]
Für die Wirtschaft habe ich nur den einen Wunsch, daß sie parallel mit dem inneren Aufbau einer ruhigen Zukunft entgegen geht. Die Frage der Herstellung der Wehrmacht wird nicht in Genf (Sitz des Völkerbundes), sondern in Deutschland entschieden werden, wenn wir durch innere Ruhe zur inneren Kraft gekommen sind. Innere Ruhe gibt es aber nicht eher, als bis der Marxismus erledigt ist. Hier liegt die Entscheidung, der wir entgegen gehen müssen, und ist der Kampf auch noch so schwer [...]
(Der Prozeß gegen die Hauptkriegsverbrecher, Beweisdokument D/203, Bd. XXXV, S. 42 ff.)

T 13 Gesetz zur Behebung der Not von Volk und Staat (Ermächtigungsgesetz) vom 24. März 1933

Artikel 1. Reichsgesetze können außer in dem in der Reichsverfassung vorgesehenen Verfahren auch durch die Reichsregierung beschlossen werden. Dies gilt auch für die in den Artikeln 85, Absatz 2 und 87 der Reichsverfassung bezeichneten Gesetze.
Artikel 2. Die von der Reichsregierung beschlossenen Reichsgesetze können von der Reichsverfassung abweichen, soweit sie nicht die Einrichtung des Reichstags und des Reichsrats als solche zum Gegenstand haben. Die Rechte des Reichspräsidenten bleiben unberührt.
Artikel 3. Die von der Reichsregierung beschlossenen Reichsgesetze werden vom Reichskanzler ausgefertigt und im Reichsgesetzblatt verkündet. Sie treten, soweit sie nichts anderes bestimmen, mit dem auf die Verkündung folgenden Tage in Kraft. Die Artikel 68 bis 77 der Reichsverfassung finden auf die von der Reichsregierung beschlossenen Gesetze keine Anwendung.

Artikel 4. Verträge des Reiches mit fremden Staaten, die sich auf Gegenstände der Reichsgesetzgebung beziehen, bedürfen für die Dauer der Geltung dieser Gesetze nicht der Zustimmung der an der Gesetzgebung beteiligten Körperschaften. Die Reichsregierung erläßt die zur Durchführung dieser Verträge erforderlichen Vorschriften.
Artikel 5. Dieses Gesetz tritt mit dem Tage seiner Verkündung in Kraft. Es tritt mit dem 1. April 1937 außer Kraft, es tritt ferner außer Kraft, wenn die gegenwärtige Reichsregierung durch eine andere abgelöst wird. [...]
(Hohlfeld, Dokumente, a.a.O., Bd. IV., S. 40)

T 14 Aus Hitlers Rede im Reichstag am 23. März 1933 zum Ermächtigungsgesetz

[...] Um die Regierung in die Lage zu versetzen, die Aufgaben zu erfüllen, die innerhalb dieses allgemein gekennzeichneten Rahmens liegen, hat sie im Reichstag durch die beiden Parteien der Nationalsozialisten und der Deutschnationalen das Ermächtigungsgesetz einbringen lassen. Ein Teil der beabsichtigten Maßnahmen erfordert die verfassungsändernde Mehrheit. Die Durchführung dieser Aufgaben bzw. ihre Lösung ist notwendig. Es würde dem Sinn der nationalen Erhebung widersprechen und dem beabsichtigten Zweck nicht genügen, wollte die Regierung sich für ihre Maßnahmen von Fall zu Fall die Genehmigung des Reichstags erhandeln und erbitten. Die Regierung wird dabei nicht von der Absicht getrieben, den Reichstag als solchen aufzuheben; im Gegenteil, sie behält sich auch für die Zukunft vor, ihn von Zeit zu Zeit über ihre Maßnahmen zu unterrichten oder aus bestimmten Gründen, wenn zweckmäßig, auch seine Zustimmung einzuholen. Die Autorität und damit die Erfüllung der Aufgaben der Regierung würden aber leiden, wenn im Volke Zweifel an der Stabilität des neuen Regiments entstehen könnten. Sie hält vor allem eine weitere Tagung des Reichstags im heutigen Zustand der tiefgehenden Erregung der Nation für unmöglich. Es ist kaum eine Revolution von so großem Ausmaß so diszipliniert und unblutig verlaufen wie diese Erhebung des deutschen Volkes in diesen Wochen. Es ist mein Wille und meine feste Absicht, für diese ruhige Entwicklung in Zukunft zu sorgen. Allein um so nötiger ist es, daß der nationalen Regierung jene souveräne Stellung gegeben wird, die in einer solchen Zeit allein geeignet ist, eine andere Entwicklung zu verhindern. Die Regierung beabsichtigt dabei, von diesem Gesetz nur insoweit Gebrauch zu machen, als es zur Durchführung der lebensnotwendigen Maßnahmen erforderlich ist. Weder die Existenz des Reichstags noch des Reichsrats soll dadurch bedroht sein. Die Stellung und die Rechte des Herrn Reichspräsidenten bleiben unberührt; die innere Übereinstimmung mit seinem Willen herbeizuführen, wird stets die oberste Aufgabe der Regierung sein. Der Bestand der Länder wird nicht beseitigt, die Rechte der Kirchen werden nicht geschmälert, ihre Stellung zum Staate nicht geändert.
[...]
(J. Hohlfeld, Dokumente der deutschen Politik. Berlin 1935, Bd. 1, S. 35f.)

T 15 Aus der Stellungnahme des Abgeordneten Wels (SPD) zum Ermächtigungsgesetz am 23. März 1933

Nach den Verfolgungen, die die Sozialdemokratische Partei in der letzten Zeit erfahren hat, wird billigerweise niemand von ihr verlangen oder erwarten können, daß sie für das hier eingebrachte Ermächtigungsgesetz stimmt. Die Wahlen vom 5. März haben den Regierungsparteien die Mehrheit gebracht und damit die Möglichkeit gegeben, streng nach Wortlaut und Sinn und Verfassung zu regieren. Wo diese Möglichkeit besteht, besteht auch die Pflicht. Kritik ist heilsam und notwendig. Noch niemals, seit es einen deutschen Reichstag gibt, ist die Kontrolle der öffentlichen Angelegenheiten durch die gewählten Vertreter des Volkes in solchem Maße ausgeschaltet worden, wie es jetzt geschieht und wie es durch das neue Ermächtigungsgesetz noch mehr geschehen soll. Eine solche Allmacht der Regierung muß sich um so schwerer auswirken, als auch die Presse jeder Bewegungsfreiheit entbehrt.
[...]
Die Herren von der Nationalsozialistischen Partei nennen die von ihnen entfesselte Bewegung eine nationale Revolution, nicht eine nationalsozialistische. Das Verhältnis ihrer Revolution zum Sozialismus beschränkt sich bisher auf den Versuch, die sozialdemokratische Bewegung zu vernichten, die seit mehr als zwei Menschenaltern die Trägerin sozialistischen Gedankengutes gewesen ist und auch bleiben wird. Wollten die Herren von der Nationalsozialistischen Partei sozialistische Taten verrichten, sie brauchten kein Ermächtigungsgesetz. Eine erdrückende Mehrheit wäre Ihnen in diesem Hause gewiß. Jeder von Ihnen im Interesse der Arbeiter, der Bauern, der Angestellten, der Beamten oder des Mittelstandes gestellte Antrag könnte auf Annahme rechnen, wenn nicht einstimmig, so doch mit gewaltiger Majorität.
Aber dennoch wollen Sie vorerst den Reichstag ausschalten, um Ihre Revolution fortzusetzen. Zerstörung von Bestehendem ist aber noch keine Revolution. Das Volk erwartet positive Leistungen. [...] Wir Sozialdemokraten wissen, daß man machtpolitische Tatsachen durch bloße Rechtsverwahrungen nicht beseitigen kann. Wir sehen die machtpolitische Tatsache ihrer augenblicklichen Herrschaft. Aber auch das Rechtsbewußtsein des Volkes ist eine politische Macht, und wir werden nicht aufhören, an dieses Rechtsbewußtsein zu appellieren.
Die Verfassung von Weimar ist keine sozialistische Verfassung. Aber wir stehen zu den Grundsätzen des Rechtsstaates, der Gleichberechtigung, des sozialen

Rechts, die in ihr festgelegt sind. Wir deutschen Sozialdemokraten bekennen uns in dieser geschichtlichen Stunde feierlich zu den Grundsätzen der Menschlichkeit und der Gerechtigkeit, der Freiheit und des Sozialismus. Kein Ermächtigungsgesetz gibt Ihnen die Macht, Ideen, die ewig und unzerstörbar sind, zu vernichten. Sie selbst haben sich ja zum Sozialismus bekannt. Das Sozialistengesetz hat die Sozialdemokratie nicht vernichtet. Auch aus neuen Verfolgungen kann die deutsche Sozialdemokratie neue Kraft schöpfen.

Wir grüßen die Verfolgten und Bedrängten. Wir grüßen unsere Freunde im Reich. Ihre Standhaftigkeit und Treue verdienen Bewunderung. Ihr Bekennermut, ihre ungebrochene Zuversicht verbürgen eine hellere Zukunft.

(J. Hohlfeld, Dokumente, Bd. 4, a.a.O., S. 38ff.)

T 16 Aus dem Protokollentwurf der Fraktionssitzung des Zentrums vor und nach der Regierungserklärung am 23. März 1933:

Protokollentwurf des Abgeordneten Jean Albert Schwarz.

23. März 1933, vormittags 10¼ Uhr

Tagesordnung: *Politische Lage.*

Vorsitz: *Dr. Perlitius.*

Dr. Kaas erstattet Bericht über die Besprechungen, die er unter Anwesenheit Dr. Stegerwalds und Dr. Hackelsbergers mit Reichskanzler Hitler gehabt hat. Er habe ihm erkärt, das Ermächtigungsgesetz sei für die Zentrumspartei nur tragbar, wenn gewisse Zusicherungen gegeben würden. Es müsse für die Gesetzgebung der Reichstag eingeschaltet bleiben. Die Bildung eines Arbeitsausschusses zur Durchberatung der Vorlagen sei notwendig. Auf gewisse Einzelgegenstände könne das Ermächtigungsgesetz keine Anwendung finden. Es sei vom Reichskanzler Hitler zugesagt worden, daß keine Maßnahmen gegen den Willen des Reichspräsidenten durchgeführt würden. Ein Arbeitsausschuß zur Durchberatung der auf Grund des Ermächtigungsgesetzes zu erlassenden Gesetze werde gebildet. Die Gleichheit vor dem Gesetze werde nur den Kommunisten nicht zugestanden werden. Die Zugehörigkeit zur Zentrumspartei solle kein Grund zum Einschreiten gegen Beamte sein. Es sei nicht beabsichtigt, die Unabhängigkeit der Richter zu beseitigen. Das Bestehen der Länder werde nicht angetastet. Auf kulturpolitische Dinge werde das Ermächtigungsgesetz nicht angewendet. Die bestehenden Rechte der christlichen Konfessionen werden gewahrt, die Errungenschaften gesichert bleiben. Kirche, Konkordat und Schule würden durch das Ermächtigungsgesetz nicht berührt. – Im Anschluß weist Dr. Kaas auf die schwierige Stellung der Fraktion im gegenwärtigen Augenblick hin. Es gelte einerseits unsre Seele zu wahren, andererseits ergäben sich aus der Ablehnung des Ermächtigungsgesetzes unangenehme Folgen für die Fraktion und die Partei. Es bliebe nur übrig, uns gegen das Schlimmste zu sichern. Käme die ⅔-Majorität nicht zustande, so werde die Durchsetzung der Pläne der Reichsregierung auf anderem Wege erfolgen. Der Reichspräsident habe sich mit dem Ermächtigungsgesetz abgefunden. Auch von den Deutschnationalen her sei kein Versuch einer Entlastung der Situation zu erwarten. Dr. Kaas lehnt es ab, von sich aus einen Vorschlag zu machen, wie man sich entscheiden solle.

[...]

Die Wiederaufnahme der Fraktionssitzung erfolgt nach Abgabe der Regierungserklärung in der Kroll-Oper. Auf Vorschlag von Dr. Kaas wird eine Probe Abstimmung vorgenommen, die kein einmütiges Votum der Fraktion ergibt. Nach längerer Aussprache über das obige Ergebnis ergibt sich der allseitige Wille der Fraktion, mit Rücksicht auf die Partei und ihre Zukunft der Mehrheit der Fraktion zu folgen und für das Ermächtigungsgesetz zu stimmen. Dr. Kaas wird im Namen der Fraktion eine Erklärung abgeben.

Schluß: 5 Uhr.

(Vierteljahreshefte für Zeitgeschichte, 4. Jahrg. 1956, S. 306 f.)

Problem und Diskussion

1 *Die Verordnung des Reichspräsidenten „Zum Schutz von Volk und Staat" vom 28. 2. 1933 (T 10) ist oft als „Grundgesetz" des nationalsozialistischen Staates bezeichnet worden. Inwieweit trifft eine solche Bezeichnung zu?*

2 *Analysieren Sie die Reden Hitlers vor den Befehlshabern der Reichswehr und vor dem Industrieklub vom Februar 1933 (T 11, 12) und arbeiten Sie heraus, was führende Kreise bereits im Februar 1933 von der nationalsozialistischen Herrschaft wissen konnten.*

3 *Untersuchen Sie, inwieweit durch das Ermächtigungsgesetz die Diktatur Hitlers auf „legalem" Weg ermöglicht wurde (T 13).*

4 *Untersuchen Sie die Argumente Hitlers, mit denen die Notwendigkeit eines Ermächtigungsgesetzes (T 14) begründet wurde, und beurteilen Sie sie auf dem Hintergrund der Situation von 1933.*

5 *Erläutern Sie die politische Argumentation von Otto Wels in seiner Rede gegen das Ermächtigungsgesetz (T 15) und bewerten Sie seine Stellungnahme im Vergleich mit der Haltung der übrigen Abgeordneten.*

4. Leben und Arbeiten unter dem Nationalsozialismus

4.1 Alltag

Innerhalb weniger Monate nach der Machtübertragung an Hitler war es den neuen Machthabern gelungen, das öffentliche Leben in den Städten und Dörfern Deutschlands neu zu organisieren. Dabei griffen sie auf vorhandene Traditionen zurück und setzten zugleich im großen Maßstab die damals neuen Medien, Radio und Film, ein. Die **Umgestaltung des öffentlichen Lebens** wurde **zentral geplant** und gesteuert und durch die örtlichen Machthaber verwirklicht. Reichsminister Dr. Joseph Goebbels, der das neue Ministerium für Volksaufklärung und Propaganda leitete, gab an Presse und Rundfunk und an alle Parteistellen zentrale Weisungen, unter welchen Gesichtspunkten die aktuelle Politik der Nationalsozialisten in der Öffentlichkeit zu vertreten sei. Aus der Gleichförmigkeit und der Gleichzeitigkeit vieler Aktionen, die über den Rundfunk und die gleichgeschalteten Zeitungen ins Bewußtsein der Menschen gehoben wurden, entstand eine spezifische „nationalsozialistische Öffentlichkeit", die das Alltagsleben der Menschen wesentlich prägte. Durch den verhältnismäßig preiswerten „Volksempfänger" wurde der Rundfunk zum zentralen Propagandainstrument der Nationalsozialisten. 1939 besaßen 70% der Haushalte ein Radiogerät (1933: 25%).

Auf zahlreichen Kundgebungen, im Radio und in der Presse war täglich von „Volk", von „Blut und Boden" und von der „Rückgewinnung der deutschen Ehre" die Rede, stets verbunden mit einem Appell, sich in der „Volksgemeinschaft" um den „Führer" zu scharen. Die Marschkolonnen der SA und der SS, die Aktivität und Siegesgewißheit ausstrahlten, demonstrierten im Straßenbild des Jahres 1936 die Präsenz der neuen Machthaber. Die zahlreichen, geschickt inszenierten nationalsozialistischen Kundgebungen und Feiern begeisterten anfangs viele Menschen, da sie das lang vermißte Gemeinschaftsgefühl vermittelten. Marschmusik und ein Meer von Hakenkreuzfahnen gaben den Feiern ein Gepränge, das dem kirchlicher Feiern in manchem nahe kam.

Die neuen Betätigungsmöglichkeiten, die die Nationalsozialisten gerade den „kleinen Leuten" in den zahlreichen Unterorganisationen der Partei anboten, vermittelten diesen das Gefühl, ernst und wichtig genommen zu werden. Durch die Übernahme eines Amtes in den Gliederungen der NSDAP konnte man seine bisherige gesellschaftliche Stellung verbessern. So bekam z.B. der Hausmeister als SA-Mann gesellschaftliche Gewalt über bisher sozial höhergestellte Mitbewohner in einem Mietshaus. Die Parteiuniform machte gewichtig und eröffnete viele Möglichkeiten zum schnellen, bisher so nicht gekannten sozialen Aufstieg. Nicht mehr Examina und bürgerlicher Erfolg waren entscheidend, sondern die Bereitschaft zur unbedingten Unterordnung unter den Führerbefehl.

Das öffentliche Leben wurde durch die stete Anwesenheit der SA und SS und durch die zahlreichen Umzüge, Versammlungen, Appelle, Sammlungen und Feiern geprägt. Alle diese Veranstaltungen zielten darauf ab, jeden einzelnen im Alltag nachdrücklich zu bewegen, sich mit dem neuen Regime öffentlich zu identifizieren. Als Beispiel seien die Sammlungen des Winterhilfswerkes erwähnt. Die Unterstützung der Arbeitslosen und Notleidenden war eine Sache, der jedermann zustimmen konnte. Die Nationalsozialisten machten aber aus solcher Sammlung durch Kennzeichnung der Spender mittels Abzeichen und Plaketten an der Haus- oder Flurtür eine bekennerhafte Abgabe, der sich niemand mehr entziehen konnte.

Alle gesellschaftlichen Gruppen und Vereinigungen im vorpolitischen Raum – neben Berufsverbänden auch Sport- und Gesangsvereine – wurden entweder aufgelöst oder unter den Einfluß der Nationalsozialisten gebracht. Der **Zugriff auf das Private** ging aber noch über den Bereich der Freizeit hinaus. Mit der verpflichtenden Einführung des Hitler-Grußes in Behörden, Betrieben

und Schulen versuchte das nationalsozialistische Regime seinen Anspruch auf die privaten Umgangsformen durchzusetzen. Auch der Wohnbereich wurde durch die Partei und ihre Untergliederungen erfaßt. Der unscheinbare Machthaber vor Ort, der Haus- oder Blockwart, konnte nicht nur lästig und aufdringlich werden, sondern auch gefährlich. Die Blockwarte hatten die Bewohner zu überwachen und immer wieder zum Engagement für das Regime zu bewegen. Der Organisation der Bürger zu einer „Volksgemeinschaft" entsprach es, daß fast jedes Familienglied in einer der zahlreichen nationalsozialistischen Organisationen als Mitglied „erfaßt" war.
Die Volksabstimmungen über den Austritt aus dem Völkerbund 1933, den Einmarsch der Reichswehr in das Rheinland 1936 und den „Anschluß" Österreichs 1938 waren keine freien Abstimmungen im Sinne demokratischer Wahlen; die Stimmabgabe war Pflicht und nicht mehr geheim. Wer gewählt hatte, wurde genötigt, eine Plakette zu tragen, um im Straßenbild den Nichtwähler kenntlich zu machen. Die gleichzeitig veranstalteten Wahlen zum Reichstag, bei denen die NSDAP als einzig zugelassene Partei vertreten war, wurden propagandistisch mit Wahlreden Hitlers und der öffentlichen Übertragung dieser Reden im Radio vorbereitet. Wer sich in den Betrieben oder in der Öffentlichkeit nicht die Übertragung der Reden des „Führers" anhörte, machte sich verdächtig, ein Gegner des Regimes zu sein.
Nach den massiven Terrormaßnahmen des neuen Regimes gegenüber den Kommunisten und den Sozialdemokraten wurde der offen ausgeübte, oft unkontrollierte Terror der örtlichen SA-Trupps in punktuelle Maßnahmen gegen einzelne umgewandelt. Gegenüber der großen Mehrheit der Bevölkerung wurde der Schein des Normalen wieder stärker aufrecht erhalten. Der schnelle Aufbau der Geheimen Staatspolizei (Gestapo), als neues Macht- und Unterdrückungsorgan des NS-Staates, führte dazu, daß die Terrormaßnahmen des Regimes für den einzelnen Bürger unkalkulierbar wurden. Die Justiz, die erst nach und nach mit Angehörigen der NSDAP durchsetzt wurde, bot keinen Schutz gegen die „Schutzhaftbefehle" und die Quälereien in den Gestapo-Kellern und Konzentrationslagern.
Die zunächst breite, allerdings beschönigende Berichterstattung über die Konzentrationslager in den Lokalzeitungen sorgte dafür, daß die Masse der Bevölkerung eingeschüchtert wurde. Ein blühendes Denunziantentum bewirkte, daß niemand die Folgen eigener, vielleicht unbedachter Äußerung in der Öffentlichkeit oder auch im privaten Bereich einschätzen konnte.
Die **ersten Opfer der „Gleichschaltung" der Gesellschaft waren die Juden** (s. 5.2), die mit einem Boykott ihrer Geschäfte am 1. April 1933 im ganzen Reich erstmalig als Feinde des Volkes gebrandmarkt wurden. Die kritiklose Hinnahme dieser Übergriffe durch die überwiegende Mehrheit der Bürger und das Schweigen der Kirchenvertreter ermutigten die Nationalsozialisten, ihre antisemitische Politik stetig auszuweiten. Diese Passivität gegenüber der ersten Judenverfolgungswelle reichte bis in die Universitäten hinein. Gerade hier ließen es die „arischen" Professoren meist an Solidarität mit ihren oft hochverdienten jüdischen Kollegen ermangeln. Sie sahen tatenlos zu, wie diese von ihren Lehrstühlen vertrieben wurden. Oft verweigerten sie auch den Bedrohten die erbetene Hilfe bei Appellen an die Reichsregierung.
Durch konsequente Gleichschaltung der Presse und durch die Zusammenfassung aller in kulturellen Bereichen Tätigen in der „Reichskulturkammer" (untergliedert in Reichsschrifttumskammer, Reichsmusikkammer, Reichstheaterkammer, Reichsfilmkammer, Reichskammer der bildenden Künste, Reichsrundfunkkammer) im September 1933 wurde die kulturelle Vielfalt in Deutschland zerstört. Der Ausschluß aus der Reichskulturkammer bedeutete für zahlreiche demokratische und jüdische Schriftsteller und andere Künstler Berufsverbot und den Verlust der Existenzgrundlage. Demonstrativ verbrannten die Nationalsozialisten in einer von Goebbels im ganzen Reich organisierten Aktion am 10. Mai 1933 Bücher bedeutender deutscher, zum Teil weltweit anerkannter Schriftsteller, u.a. von Heinrich und Thomas Mann, Stefan Zweig, Bert Brecht, Carl Zuckmayer, Robert Musil, Anna Seghers, Alfred Döblin, Kurt Tucholsky und Erich Kästner.

Mit einer Ausstellung über nach ihrer Meinung „entartete Kunst" demonstrierten die Nationalsozialisten 1937 in München ihren Anspruch, allein bestimmen zu können, was Kunst sei. Hervorragende Kunstwerke der Weimarer Zeit wurden vom Staat beschlagnahmt und auf Auktionen ins Ausland verkauft. Betroffen waren u. a. Maler und Bildhauer wie Ernst Barlach, Max Beckmann, Otto Dix, Wassily Kandinsky, Paul Klee, Käthe Kollwitz, Max Liebermann, Emil Nolde. Viele Schauspieler, Musiker, Architekten sahen bald keine Möglichkeiten mehr, künstlerisch zu wirken, und verließen Deutschland. Als künstlerisch wertvoll galten nur Werke, die auf der Linie der NS-Ideologie lagen und nicht von Juden stammten. Da viele Künstler bereits emigriert waren und es keine breite Diskussion über Kunstfragen in Deutschland gab, bewirkten die Maßnahmen der Nationalsozialisten keine nennenswerten Protestaktionen.

T 17 Der neue Kurs auf dem Rathaus von Göttingen

12 Anträge der Fraktion der NSDAP des Bürgervorsteher-Kollegiums an den Magistrat der Stadt Göttingen.

Die nationalsozialistische Rathausfraktion hat eine Anzahl von Anträgen an den Magistrat und an das Bürgervorsteherkollegium gerichtet, die von dem Bestreben diktiert sind, Klarheit in eine Anzahl schwebender Fragen der Göttinger Gemeindeverwaltung zu bringen, die besonders zur Zeit der letzten Wahlen Gegenstand lebhafter öffentlicher Erörterungen waren. Sie enthalten Forderungen, die von der Bürgerschaft wiederholt und längst gestellt wurden, aber bei dem alten Kollegium keine Beachtung fanden. Wie wir hören, bilden die nachstehenden 12 Anträge lediglich den Auftakt des kommunalpolitischen Programms der Göttinger NSDAP, das auf den vollkommenen Umbau der städtischen Verwaltung im Sinne der nationalen Regierung hinzielt.

1. Der Magistrat wird gebeten, alle Vorbereitungen zu treffen, um dem Führer zur völkischen Erneuerung und dem Kanzler des Deutschen Reiches, Adolf Hitler, zu seinem Geburtstage die Ehrenbürgerschaft der Stadt Göttingen anzubieten. [...]

8. Der Magistrat wird gebeten, keinerlei neue Aufträge auf Lieferung an städtischen Einrichtungen irgend welcher Art an jüdische Firmen zu erteilen. Ferner möge der Magistrat mit allen Mitteln darauf hinweisen, daß von den selbständigen städtischen Betrieben keinerlei Aufträge mehr an jüdische Firmen erteilt werden.

9. Der Magistrat wird gebeten, dafür zu sorgen, daß bestehende Lieferungsverträge der Stadt oder der selbständigen Betriebe mit jüdischen Firmen schnellmöglichst ihr Ende finden. [...]

12. Da festgestellt wurde, daß die als kommunistisch eingestellt bekannten Lehrer Hermann Küchemann, Knaben-Mittelschule, Rudolf Küchemann, Oberrealschule, sowie die Lehrerinnen Fräulein Ziems und Fräulein Adomeit, Mädchen-Mittelschule, noch bis unmittelbar vor den Osterferien ihr Lehramt versehen haben, wird der Magistrat gebeten, mit allen Mitteln dafür zu sorgen, daß diese Lehrkräfte bei Beginn des neuen Schuljahres keinen Unterricht mehr erteilen. Die national gesinnte Elternschaft Göttingens würde es als unerträglich empfinden, die Erziehung ihrer Kinder weiterhin kommunistisch gesinnten Lehrkräften anvertrauen zu müssen.

Dr. R. Ambronn, Stellvertretender Vorsitzender der Fraktion der NSDAP

(Göttinger Tageblatt vom 12. 4. 1933)

T 18 Das Eintopfgericht und die Gefolgschaftstreue, November 1933

Der Sonntag ist der zweite Sonntag des Eintopfgerichtes. Es gibt keinen Zweifel darüber, daß das deutsche Volk seinen Führer verstanden hat und bereit sein wird, den Willen zur spartanischen Einfachheit seines Kanzlers in einem Umfange zu erfüllen, der beweisen soll, daß der Sozialismus der Tat kein leerer Begriff für den deutschen Menschen ist, sondern Ausdruck einer moralischen Verpflichtung darstellt. Das Geheimnis der nationalsozialistischen Weltanschauung beruht in der Forderung, daß Gemeinnutz vor Eigennutz geht. Die Erfüllung dieser Forderung ist auch die vom Führer geforderte Gefolgschaftstreue. Und wenn wir bedenken, wie wenig Opfer im Grunde genommen die Forderung des Eintopfgerichtes bedeutet, dann müssen wir alle am Sonntag bekennen, daß der Tag des Eintopfgerichtes von allen deutschen Menschen zu einem Fest des Opfers erwählt wurde. Die vielfach verbreitete Ansicht, daß mit dem regelmäßigen Gehalts- und Lohnabzug für das Winterhilfswerk, mit dem sich erfreulicherweise zahlreiche Volksgenossen einverstanden erklärt haben, die Beteiligung am Eintopfgericht und die Spendengabe an den Sammel-Sonntagen abgegolten sei, ist irrig. Deshalb wird die gesamte Bevölkerung Göttingens aufgerufen, sich ausnahmslos am Sonntag am Eintopfgericht und an der Sammlung zu beteiligen.

SS-Männer werden die durch das Eintopfgericht ersparten Beträge in allen Haushaltungen einkassieren. Der abgeführte Betrag muß von den Gebern in den vorgelegten Listen eingetragen werden. Die Volksgenossen, die in Gaststätten das Eintopfgericht einnehmen, erhalten dort eine Quittung als Ausweis. Bei der Straßensammlung werden Ansteckblumen – Narzissen – als Ausweis abgegeben. Am Sonntag darf kein Göttinger ohne diese Ansteckblume angetroffen werden!

M. Hagemann, Kreiswalter der NSV.
(Göttinger Tageblatt vom 4./5. 11. 1933)

Problem und Diskussion

1 *Erläutern Sie, welche Informationen über die Absichten der Nationalsozialisten die Bürger Göttingens aus ihrer Tageszeitung im April 1933 entnehmen konnten (T 17).*

2 *Beschreiben Sie Aspekte des Alltags unter der Herrschaft des Nationalsozialismus.*

3 *Versuchen Sie mit Hilfe lokaler Tageszeitungen den Alltag der Jahre 1933 und 1934 in ihrem Heimatort zu beschreiben.*

4.2 Die Kirchen unter der NS-Herrschaft

Die Haltung der beiden großen Kirchen gegenüber dem Nationalsozialismus war zunächst sehr widersprüchlich und für viele Kirchenmitglieder verwirrend. Schon vor der Machtübertragung an Hitler hatte sich innerhalb der evangelischen Landeskirchen eine nationalsozialistisch geprägte Gruppierung herausgebildet, die „Deutschen Christen", die bei den Kirchenwahlen im November 1932 in Preußen mit einem nationalsozialistischen Programm ein Drittel der Sitze in den Kirchengemeinden gewannen. Etwa 20% der Pfarrer und eine weit größere Anzahl der Gemeindeglieder zählten sich zu ihnen und unterstützen den Ruf nach einer reichseinheitlichen Kirche mit einem „Reichsbischof" an der Spitze. In der reichseinheitlichen Kirche sollten die bisherigen 29 Landeskirchen aufgehen.
Bei den der Evangelischen Kirche von den Nationalsozialisten aufgezwungenen Kirchenwahlen am 23. Juli 1933 gewannen die **„Deutschen Christen"** etwa 70% der Stimmen. Sie setzten auf der Preußischen Generalsynode vom 5. September 1933 in Berlin den sogenannten „Arier-Paragraphen" für den kirchlichen Bereich durch und bestimmten, daß nur derjenige Pfarrer sein könne, der arischer Abstammung ist und rückhaltlos für den nationalen Staat und die deutsche evangelische Kirche eintritt. Auch durfte er nicht mit einer „nichtarischen" Frau verheiratet sein. Gegen diesen Arier-Paragraphen wandten sich insbesondere Martin Niemöller und Dietrich Bonhoeffer, die ihn mit dem Wesen der Kirche für unvereinbar erklärten.
Dem von Niemöller gegründeten Pfarrer-Notbund, der sich gegen den Arier-Paragraphen einsetzte, traten etwa 6000 Pfarrer bei. Die evangelischen Christen und Theologischen Fakultäten blieben zunächst in der Judenfrage gespalten und unentschieden. Im Frühjahr 1934 versuchten die „Deutschen Christen" und der von Hitler ernannte Reichsbischof Müller die Landeskirchen zu beseitigen und das Kirchenprogramm der „Deutschen Christen" durchzusetzen. Gegen diese Maßnahmen entwickelte sich auf der Grundlage der Beschlüsse der ersten Bekenntnissynode von Barmen, auf der sich im Mai 1934 oppositionelle evangelische Geistliche und Theologen getroffen hatten, eine starke Opposition. Auf der Bekenntnissynode von Barmen hatten Lutheraner, reformierte und unierte evangelische Christen in Anlehnung an die Theologie von Karl Barth die „Barmer Erklärung" als entschiedene Zurückweisung des Programms der „Deutschen Christen" formuliert und dieses als Irrlehre verworfen. Auf der zweiten Bekenntnissynode in Berlin-Dahlem am 19. 10. 1934 wurde den Kirchenleitungen, die in der Hand der „Deutschen Christen" waren, der Gehorsam aufgekündigt. Die evangelischen Gemeinden wurden aufgefordert, nur den Anordnungen der **Bekennenden Kirche** und den neugegründeten, vorläufigen Kirchenleitungen Folge zu leisten.
Die evangelische Kirche blieb gespalten. Viele Pfarrer und Gemeindeglieder konnten sich aufgrund der evangelischen Tradition zu einem Bruch mit dem Staat nicht durchringen. Zahlreiche Mitglieder der Bekennenden Kirche wurden wegen ihrer Äußerungen und Predigten vom NS-Regime verfolgt, vor Gericht gestellt oder in ein Konzentrationslager eingeliefert.

Die katholische Kirche hatte zunächst die Ideologie des Nationalsozialismus scharf verurteilt und den Gläubigen die Zugehörigkeit zur NSDAP untersagt. Nach der Machtübertragung an Hitler und dessen Zusagen, die Rechte der Kirchen unangetastet zu lassen, schloß der Vatikan überraschend am 22. 7. 1933 das in der Weimarer Republik vorbereitete **Konkordat** (Staatsvertrag) mit der neuen nationalsozialistischen Regierung ab. In ihm wurden die Rechte der katholischen Kirche gesichert, insbesondere die katholische Jugendarbeit und der Religionsunterricht. Als Preis hierfür verbot der Vatikan den katholischen Priestern die parteipolitische Betätigung. Durch das Konkordat mit dem NS-Regime wurden die katholischen Gläubigen überrascht und auch dadurch verwirrt, daß die Bischöfe nun ihren öffentlichen Widerstand gegen den Nationalsozialismus und dessen Ideologie einstellten.
Außenpolitisch brachte der Abschluß des Konkordates dem neuen Regime eine erste große Anerkennung. Innenpolitisch wurde der religiös motivierte Widerstand vieler Katholiken gegenüber dem Nationalsozialismus stark geschwächt. Erst nach 1936 korrigierten zunächst einzelne, dann fast alle Bischöfe ihre öffentliche Haltung gegenüber Hitler und dem Nationalsozialismus, als deutlich wurde, daß dieser den Kampf gegen die Kirche fortsetzte. In der von allen Kanzeln verlesenen Enzyklika „Mit brennender Sorge" verurteilte Papst Pius XI. 1937 die permanenten Vertragsbrüche der Nationalsozialisten, die Verfolgungen von Priestern und die Behinderung der kirchlichen Arbeit. Der Papst verurteilte nun die nationalsozialistische Ideologie, da diese mit der katholischen Glaubenslehre unvereinbar sei. Einzelne Geistliche, die in ihren Predigten die Unrechtstaten des nationalsozialistischen Regimes anprangerten, wurden von der Gestapo verhaftet, vor Gericht gestellt oder auch ähnlich wie die Glaubensbrüder der Bekennenden Kirche ohne Urteil in Konzentrationslager verschleppt.
Die beiden großen Kirchen protestierten auch gegen die Tötung von Geisteskranken (s. 5.3). Aufgrund dieser Proteste wurde die Tötungsaktion („Euthanasie") aber nur nach außen hin eingestellt; im Verborgenen wurde sie bis zum Kriegsende weiterbetrieben. Die Diskriminierung und Verfolgung der jüdischen Mitbürger in Deutschland wurde von den beiden großen Kirchen dagegen kaum angeprangert, nur einzelne Christen halfen verfolgten Juden.

T 19 Aus der Predigt des evangelischen Kirchenführers Otto Dibelius bei der Eröffnung des Reichstags am 21. März 1933 in der Potsdamer Garnisonskirche

Otto Dibelius (1880–1967) war seit 1925 Generalsuperintendent der preußischen Kirche und wurde 1933 vom Amt suspendiert. Mitglied der Bekennenden Kirche. Nach dem Krieg langjähriger Bischof der Ev. Kirche von Berlin-Brandenburg und Vorsitzender des Rates der EKD.

Ein neuer Anfang staatlicher Geschichte steht immer irgendwie im Zeichen der Gewalt. Denn der Staat ist Macht. Neue Entscheidungen, neue Orientierungen, Wandlungen und Umwälzungen bedeuten immer den Sieg des einen über den anderen. Und wenn es um Leben und um Sterben der Nation geht, dann muß die staatliche Macht kraftvoll und durchgreifend eingesetzt werden, es sei nach außen oder nach innen.
Wir haben von Dr. Martin Luther gelernt, daß die Kirche der rechtmäßigen staatlichen Gewalt nicht in den Arm fallen darf, wenn sie tut, wozu sie berufen ist. Auch dann nicht, wenn sie hart und rücksichtslos schaltet. Wir kennen die furchtbaren Worte, mit denen Luther im Bauernkrieg die Obrigkeit aufgerufen hat, schonungslos vorzugehen, damit wieder Ordnung in Deutschland werde. Aber wir wissen auch, daß Luther mit demselben Ernst die christliche Obrigkeit aufgerufen hat, ihr gottgewolltes Amt nicht zu verfälschen durch Rachsucht und Dünkel, daß er Gerechtigkeit und Barmherzigkeit gefordert hat, sobald die Ordnung wiederhergestellt war. Das muß die doppelte Aufgabe der evangelischen Kirche auch in dieser Stunde sein. Wenn der Staat seines Amtes waltet gegen die, die die Grundlagen der staatlichen Ordnung untergraben, gegen die vor allem, die mit ätzendem und gemeinem Wort die Ehe zerstören, den Glauben verächtlich machen, den Tod für das Vaterland begeifern – dann walte er seines Amtes in Gottes Namen! Aber wir wären nicht wert, eine evangelische Kirche zu heißen, wenn wir nicht mit dem Freimut, mit dem Luther es getan hat, hinzufügen wollten: staatliches Amt darf sich nicht mit persönlicher Willkür vermengen! Ist die Ordnung hergestellt, so müssen Gerechtigkeit und Liebe wie-

der walten, damit jeder, der ehrlichen Willens ist, seines Volkes froh sein kann. [...]
(H. Grabert, Die Kirche im Jahre der deutschen Erhebung. Stuttgart 1934, S. 2. Nach: Reinhard Kühnl, Der deutsche Faschismus in Quellen und Dokumenten. Köln 1978, S. 222)

T 20 Aus der Kundgebung der Fuldaer Bischofskonferenz über die veränderte Haltung gegenüber der NSDAP und die Stellung zur Reichsregierung, 28. März 1933

Die Oberhirten der Diözesen Deutschlands haben aus triftigen Gründen, die wiederholt dargelegt sind, ihrer pflichtmäßigen Sorge für Reinerhaltung des katholischen Glaubens und für Schutz der unantastbaren Aufgaben und Rechte der katholischen Kirche in den letzten Jahren gegenüber der nationalsozialistischen Bewegung eine ablehnende Haltung durch Verbote und Warnungen eingenommen, die solange und insoweit in Geltung bleiben sollen, wie diese Gründe fortbestehen.

Es ist nunmehr anzuerkennen, daß von dem höchsten Vertreter der Reichsregierung, der zugleich autoritärer Führer jener Bewegung ist, öffentlich und feierlich Erklärungen gegeben sind, durch die der Unverletzlichkeit de katholischen Glaubenslehre und den unveränderlichen Aufgaben und Rechten der Kirche Rechnung getragen, sowie die vollinhaltliche Geltung der von den einzelnen deutschen Ländern mit der Kirche abgeschlossenen Staatsverträge durch die Reichsregierung ausdrücklich zugesichert wird. Ohne die in unseren früheren Maßnahmen liegende Verurteilung bestimmter religiös-sittlicher Irrtümer aufzuheben, glaubt daher der Episkopat das Vertrauen hegen zu können, daß die vorbezeichneten allgemeinen Verbote und Warnungen nicht mehr als notwendig betrachtet zu werden brauchen.

Für die katholischen Christen, denen die Stimme ihrer Kirche heilig ist, bedarf es auch im gegenwärtigen Zeitpunkte keiner besonderen Mahnung zur Treue gegenüber der rechtmäßigen Obrigkeit und zur gewissenhaften Erfüllung der staatsbürgerlichen Pflichten unter grundsätzlicher Ablehnung allen rechtswidrigen oder umstürzlerischen Verhaltens.
(Ecclesiastica, Jg. 1933. Nach: W. Michalka, Das Dritte Reich. München 1985, Bd. 1, S. 122)

T 21 Entschließung der Glaubensbewegung Deutsche Christen des Gaues Groß-Berlin Berlin, 13. November 1933

Die am 13. November im Berliner Sportpalast versammelten Mitglieder des Gaues Groß-Berlin der Glaubensbewegung Deutsche Christen haben folgenden Entschluß gefaßt:

1. Wir sind als nationalsozialistische Kämpfer gewohnt, das Ringen um die Gestaltung einer großen Idee nicht mit einem faulen Frieden abzubrechen. Der kirchenpolitische Kampf kann für uns erst dann beendet sein, wenn das an vielen Orten zwischen Geistlichen und Gemeinden bestehende Mißtrauen überall beseitigt worden ist, das durch offenen und heimlichen Widerstand der uns in der Mehrzahl noch feindlich oder verständnislos gegenüberstehenden Pfarrer entstanden ist. Ein dauernder Frieden kann hier nur geschaffen werden durch Versetzung oder Amtsenthebung aller der Pfarrer, die entweder nicht willens oder nicht fähig sind, bei der religiösen Erneuerung unseres Volkes und der Vollendung der deutschen Reformation aus dem Geist des Nationalsozialismus führend mitzuwirken.
2. Wir lassen uns keine Führer aufzwingen, die wir innerlich ablehnen müssen, weil wir weder zu ihrem Nationalsozialismus noch zu ihrem deutschen Glauben das rechte Vertrauen haben. Auf kirchlichem Gebiet können wir das Führerprinzip überhaupt nur hinsichtlich der äußeren Ordnung anerkennen.
3. Wir erwarten von unserer Landeskirche, daß sie den Arier-Paragraphen – entsprechend dem von der Generalsynode beschlossenen Kirchengesetz – schleunigst und ohne Abschwächung durchführt, daß sie darüber hinaus alle fremdblütigen evangelischen Christen in besondere Gemeinden ihrer Art zusammenfaßt und für die Begründung einer judenchristlichen Kirche sorgt.
4. Wir erwarten, daß unsere Landeskirche als eine deutsche Volkskirche sich frei macht von allem Undeutschen in Gottesdienst und Bekenntnis insbesondere vom Alten Testament und seiner jüdischen Lohnmoral.
5. wir fordern, daß eine deutsche Volkskirche Ernst macht mit der Verkündigung der von aller orientalischen Entstellung gereinigten schlichten Frohbotschaft und einer heldischen Jesus-Gestalt als Grundlage eines artgemäßen Christentums, in dem an die Stelle der zerbrochenen Knechtsseele der stolze Mensch tritt, der sich als Gotteskind dem Göttlichen in sich und in seinem Volke verpflichtet fühlt.
6. Wir bekennen, daß der einzige wirkliche Gottesdienst für uns der Dienst an unseren Volksgenossen ist, und fühlen uns als Kampfgemeinschaft von unserem Gott verpflichtet, mitzubauen an einer wehrhaften und wahrhaften völkischen Kirche, in der wir die Vollendung der deutschen Reformation Martin Luthers erblicken, und die allein dem Totalitätsanspruch des nationalsozialistischen Staates gerecht wird.
(J. Beckmann, Kirchliches Jahrbuch 60–71, 1948 S. 29 f.)

T 22 Das „Bekenntnis" der „Deutschen Christen", 1. Dezember 1933

1. Wir Deutschen Christen glauben an unseren Heiland Jesus Christus, an die Macht seines Kreuzes und seiner Auferstehung. Jesu Leben und Sterben lehrt uns, daß der Weg des Kampfes zugleich der Weg der Liebe und der Weg zum Leben ist.
Wir sind durch Gottes Schöpfung hineingestellt in die

Blut- und Schicksalsgemeinschaft des deutschen Volkes und sind als Träger dieses Schicksals verantwortlich für seine Zukunft.
Deutschland ist unsere Aufgabe. Christus ist unsere Kraft!
2. Quelle und Bestätigung unseres Glaubens sind die Gottesoffenbarung in der Bibel und die Glaubenszeugnisse der Väter. Das Neue Testament ist uns die heilige Urkunde vom Heiland, unserem Herrn, und seines Vaters Reich.
Das Alte Testament ist uns Beispiel göttlicher Volkserziehung. Für unseren Glauben ist es von Wert, soweit es uns das Verständnis für unseres Heilandes Leben, Kreuz und Auferstehung erschließt.
3. Wie jedem Volk, so hat auch unserem Volk der ewige Gott ein arteigenes Gesetz geschaffen. Es gewann Gestalt in dem Führer Adolf Hitler und in dem von ihm geformten nationalsozialistischen Staat.
Dieses Gesetz spricht zu uns in der aus Blut und Boden erwachsenen Geschichte unseres Volkes. Die Treue zu diesem Gesetz fordert von uns den Kampf für Ehre und Freiheit.
4. Der Weg zur Erfüllung des deutschen Gesetzes ist die gläubige deutsche Gemeinde. In ihr regiert Christus, der Herr, als Gnade und Vergebung. In ihr brennt das Feuer heiliger Opferbereitschaft. In ihr allein begegnet der Heiland dem deutschen Volke und schenkt ihm die Kraft des Glaubens. Aus dieser Gemeinde Deutscher Christen soll im nationalsozialistischen Staat Adolf Hitlers die das ganze Volk umfassende „Deutsche Christliche Nationalkirche" erwachsen.
Ein Volk! – Ein Gott! – Ein Reich! – Eine Kirche!
(J. Beckmann, Kirchliches Jahrbuch. Gütersloh 1948, S. 32 f.)

T 23 Landesbischof Theophil Wurm an Reichsinnenminister W. Frick am 19. Juli 1940

Th. Wurm (1868–1953) war ab 1933 Landesbischof der evangelischen Landeskirche in Württemberg. Im Kirchenkampf gegen den Nationalsozialismus hat er sich zum mutigen Wortführer des Widerstands der evangelischen Kirche entwickelt und besonders gegen die Übergriffe im kirchlichen Bereich und gegen die sogenannten Euthanasieaktionen protestiert.

[...] Aber immerhin – bis heute steht der Führer und die Partei auf dem Boden des positiven Christentums, das die Barmherzigkeit gegen leidende Volksgenossen und ihre menschenwürdige Behandlung als eine Selbstverständlichkeit betrachtet. Wird nun aber eine so ernste Sache wie die Fürsorge für Hunderttausende leidende und pflegebedürftige Volksgenossen lediglich vom Gesichtspunkt des augenblicklichen Nutzens aus behandelt und im Sinne einer brutalen Ausrottung dieser Volksgenossen entschieden, dann ist damit der Schlußstrich unter eine verhängnisvolle Entwicklung gezogen und dem Christentum als einer das individuelle und das Gemeinschaftsleben des deutschen Volkes bestimmenden Lebensmacht endgültig der Abschied gegeben. Damit ist aber auch § 24 des Parteiprogammes hinfällig geworden. Die Berufung darauf, daß nur das konfessionelle Christentum, nicht aber das Christentum als solches bekämpft werde, verfängt hier nicht; denn alle Konfessionen sind darin einig, daß der Mensch oder das Volk die ihm durch das Vorhandensein pflegebedürftiger Menschen auferlegte Last als von Gott auferlegt und zu tragen hat und nicht durch Tötung dieser Menschen beseitigen darf.
Ich kann nur im Grausen daran denken, daß so, wie begonnen wurde, fortgefahren wird. Der etwaige Nutzen dieser Maßregeln wird je länger je mehr aufgewogen werden durch den Schaden, den sie stiften werden. Wenn die Jugend sieht, daß dem Staat das Leben nicht mehr heilig ist, welche Folgerungen wird sie daraus für das Privatleben ziehen? Kann nicht jedes Rohheitsverbrechen damit begründet werden, daß für den Betreffenden die Beseitigung eines anderen von Nutzen war? Auf dieser schiefen Ebene gibt es kein Halten mehr. Gott läßt sich nicht spotten, er kann das, was wir auf der einen Seite als Vorteil gewonnen zu haben glauben, auf anderen Seiten zum Schaden und Fluch werden lassen. Entweder erkennt auch der nationalsozialistische Staat die Grenzen an, die ihm von Gott gesetzt sind, oder er begünstigt einen Sittenverfall, der auch den Verfall des Staates nach sich ziehen würde.
Ich kann mir denken, Herr Minister, daß dieser Einspruch als unbequem empfunden wird. Ich wage auch kaum die Hoffnung auszusprechen, daß meine Stimme gehört werden wird. Wenn ich trotzdem diese Darlegungen gemacht habe, so tat ich es in erster Linie deshalb, weil die Angehörigen der betroffenen Volksgenossen von der Leitung einer Kirche einen solchen Schritt erwarten. Sodann bewegt mich allerdings auch der Gedanke, daß dieser Schritt vielleicht doch zu einer ernsten Nachprüfung und zum Verlassen dieses Weges Anlaß geben könnte.
Dixi et salvavi animam meam!

Heil Hitler
Ihr ergebener
gez. Wurm

(J. Beckmann, Kirchliches Jahrbuch für die evang. Kirche, 60–71. Gütersloh 1948, S. 414 f.)

T 24 Predigt des Bischofs von Münster Clemens August v. Galen am 3. August 1941

Clemens August Graf von Galen (1878–1946) war seit 1933 Bischof von Münster. Nach einer zunächst schwankenden Einstellung zum Nationalsozialismus wandte sich Graf von Galen ab 1933 entschieden gegen die nationalsozialistischen Übergriffe im kirchlichen Bereich und wurde zum Wortführer des öffentlichen Widerstands gegen die sogenannten Euthanasieaktionen.

[...] Ich hatte bereits am 26. Juli bei der Provinzialverwaltung der Provinz Westfalen, der die Anstalten unterstehen, der die Kranken zur Pflege und Heilung anvertraut sind, schriftlich ernstesten Einspruch erhoben. Es hat nichts genützt. Der erste Transport der schuldlos zum Tode Verurteilten ist von Marienthal abgegangen. Und aus der Heil- und Pflegeanstalt Warstein sind, wie ich höre, bereits 800 (achthundert) Kranke abtransportiert.
So müssen wir damit rechnen, daß die armen, wehrlosen Kranken über kurz oder lang umgebracht werden. Warum? Nicht weil sie ein todeswürdiges Verbrechen begangen haben, nicht etwa, weil sie ihren Wärter oder Pfleger angegriffen haben, so daß diesem nichts anderes übrigblieb als daß er zur Erhaltung des eigenen Lebens in gerechter Notwehr dem Angreifer entgegentrat. Das sind Fälle, in denen neben der Tötung des bewaffneten Landesfeindes im gerechten Krieg Gewaltanwendung bis zur Tötung erlaubt und nicht selten geboten ist.
Nein, hier handelt es sich um Menschen, unsere Mitmenschen, unsere Brüder und Schwestern – arme Menschen, kranke Menschen – „unproduktive Menschen" meinetwegen. Aber haben sie damit das Recht auf das Leben verwirkt? Hast du, habe ich nur solange das Recht zu leben, als wir produktiv sind, solange wir als produktiv von andern anerkannt werden?
Wenn man den Grundsatz aufstellt und anwendet, daß man den „unproduktiven Menschen" töten darf, dann wehe uns allen, wenn wir alt und altersschwach werden! Wenn man die „unproduktiven Menschen" töten darf, dann wehe den Invaliden, die im Produktionsprozesse ihre Kraft, ihre gesunden Knochen eingesetzt, geopfert und eingebüßt haben!
Wenn man die „unproduktiven Menschen" gewaltsam beseitigen darf, dann wehe unseren braven Soldaten, die als Schwerkriegsverletzte, als Krüppel, als Invalide in die Heimat zurückkehren!
Wenn einmal zugegeben wird, daß Menschen das Recht haben, „unproduktive Menschen" zu töten, und wenn es jetzt zunächst auch nur arme, wehrlose Geisteskranke betrifft, dann ist grundsätzlich der Mord an allen unproduktiven Menschen, also an den unheilbar Kranken, den arbeitsunfähigen Krüppeln, den Invaliden der Arbeit und des Krieges, dann ist der Mord an uns allen, wenn wir alt und altersschwach und damit unproduktiv werden, freigegeben.
Wer kann da noch Vertrauen haben zu einem Arzt? Vielleicht meldet er den Kranken als „unproduktiv" an und erhält die Anweisung, ihn zu töten. Es ist nicht auszudenken, welche Verwilderung der Sitten, welch allgemein gegenseitiges Mißtrauen bis in die Familien hineingetragen wird, wenn diese furchtbare Lehre geduldet, angenommen und befolgt wird! Wehe den Menschen, wehe unserm deutschen Volke, wenn das heilige Gebot Gottes „Du sollst nicht töten", das der Herr unter Donner und Blitz verkündet hat, das Gott, der Schöpfer, von Anfang an in das Gewissen der Menschen geschrieben hat, nicht nur übertreten, sondern wenn diese Übertretung sogar geduldet und ungestraft ausgeübt wird! [...]
(H. Michaelis/E. Schraepler, Ursachen und Folgen. Bd. XIX. Berlin 1964–1975, S. 518f.)

Problem und Diskussion

1 *Informieren Sie sich über die verschiedenen Phasen der Einstellung der Kirchen gegenüber dem Nationalsozialismus und beurteilen Sie die Politik beider Kirchen gegenüber dem NS-Regime.*

2 *Diskutieren Sie die Predigt Bischof Dibelius' (T 19) unter Beachtung des Anlasses unter zwei Aspekten:*
– *sie ist eher der Versuch, den brutalen Übergriffen der Nationalsozialisten Einhalt zu gebieten;*
– *sie ist ein Beleg für die Nähe der evangelischen Kirche bzw. des Bischofs zu den neuen Machthabern.*

3 *Analysieren Sie die Kundgebung der katholischen Kirche vom 28. März 1933 (T 20) im Hinblick auf die möglichen Reaktionen der Katholiken in Deutschland.*

4 *Untersuchen Sie die Erklärung der Deutschen Christen auf ihre Sprache, und bestimmen Sie, was Christsein für die Deutschen Christen bedeutet.*

5 *Analysieren Sie die Begründungen der Proteste der beiden Kirchenführer gegen die Tötung von Geisteskranken (T 23 und T 24).*

4.3 Jugend unter der NS-Herrschaft

Bis 1933 gab es die Jugendabteilung der NS-Kampfverbände. Diese **Hitler-Jugend** (HJ) hatte Ende 1932 ca. 100000 Mitglieder. Nach der Machtübertragung an Hitler und die NSDAP, im Sommer 1933, war sie – meist durch zum Teil erzwungene Übertritte großer Gruppen von Jugendlichen aus anderen, oft bündischen Jugendverbänden – auf 3,5 Mio. angewachsen. Die Verbindung der bündischen Traditionen aus der Zeit vor dem Ersten Weltkrieg und aus der Weimarer Zeit mit dem „revolutionären Gedankengut" der Nationalsozialisten und das Gefühl, hier am „Aufbruch in eine neue Zeit" teilhaben zu können, machte den Reiz der HJ aus. Daß beide, bündische Jugend wie Hitler-Jugend, den Grundsatz vertraten, Jugend solle von Jugend geführt

werden, schuf die Distanz zum Parteienstaat. So bot auch die HJ ein attraktives Gegenbild zu der Welt der Erwachsenen. Die Jugendlichen wurden durch Fahrten, Zeltlager, Heimabende und andere gemeinsame Unternehmungen angesprochen. Die HJ Uniform, die zahlreichen Ämter der Hitler-Jugend und die Möglichkeit, eigenständig Verantwortung tragen zu können, waren für viele Jugendliche attraktiv. Besonders groß war der Zulauf bei der Organisation der 10- bis 14jährigen, „Jungvolk" und „Jungmädel".
Die Schlagworte der Hitler-Jugend „Führer und Gefolgschaft", „Ehre", „Treue", „Gemeinschaft", „Blut und Boden", „Rasse" usw. waren inhaltlich zum großen Teil auch schon in der Jugendbewegung vor 1933 bekannt und bestimmten dort das Denken der bürgerlichen Jugend. So war der Weg zur Hitler-Jugend nicht weit. Nur streng kirchlich und die bisher demokratisch-politisch gebundene Jugend hatte es schwer, sich mit der neuen Lehre zu identifizieren.
Hitler wies der Hitler-Jugend die zentrale Aufgabe zu, die Jugend im nationalsozialistischen Sinn zu erziehen und sicherzustellen, daß die Jugendlichen dem NS-Staat ergeben und unkritisch dienen würden. Die Erziehung der Jungen hatte das Ziel, „Soldaten der Bewegung" heranzubilden. Die Mädchen sollten auf die Mutterschaft im Sinne der nationalsozialistischen Frauenideologie vorbereitet werden.
Ab 1936 wurde die Hitler-Jugend zur Staats-Jugend erklärt, ab 1939 war der Dienst in der Hitler-Jugend Pflicht. Die zunehmende Militarisierung der Veranstaltungen und die offene Vorbereitung der Jugendlichen auf den Krieg führte dazu, daß eine größer werdende Zahl von Jugendlichen die Hitler-Jugend ablehnte. Der „Dienst" in der Hitler-Jugend wurde für sie zu einer lästigen Pflicht, der man sich, wo immer es möglich war, zu entziehen suchte. Doch aus der Verweigerung wurde nur selten „Widerstand".
Einige Jugendliche organisierten sich in spontanen Gruppen, die sich durch ihre Kleidung und durch ihre Freizeitgestaltung bewußt von der Hitler-Jugend absetzten. Die bekanntesten dieser Gruppen waren die „Edelweiß-Piraten", die sich an Rhein und Ruhr während des Krieges bildeten (s. 5.4).

T 25 „Alle mußten in der HJ gehorchen"
[...] Wir waren Hitler-Jungen, Kindersoldaten, längst ehe wir mit zehn Jahren für wert befunden wurden, das Braunhemd zu tragen. Schon vorher waren wir dauernd „im Einsatz". Wir sammelten Altpapier und Altmetalle, suchten Heilkräuter, schwangen fürs Winterhilfswerk die Sammelbüchse, bastelten Spielzeuge für Babies, führten zu Erheiterung der Soldatenfrauen politische Spielchen auf („In England wohnt ein alter Mann, der nie die Wahrheit sagen kann."), waren aufs „Dienen" vorbereitet, ehe wir als Pimpfe zwei- oder dreimal die Woche und oft auch noch am Sonntag zum „Dienst" befohlen wurden: „Du bist nichts, dein Volk ist alles!"
Wenn andere von der Pimpfenzeit schwärmen (als sei das Ganze nur ein Pfadfinderklub mit anderem Vorzeichen gewesen), so kann ich diese Begeisterung nicht teilen. Ich habe beklemmende Erinnerungen. In unserem Fähnlein bestanden die Jungvolk-Stunden fast nur aus „Ordnungsdienst", das heißt aus sturem militärischem Drill. Auch wenn Sport oder Schießen oder Singen auf dem Plan stand, gab es erst immer „Ordnungsdienst": endloses Exerzieren mit „Stillgestanden", „Rührt euch", „Links um", „Rechts um", „Ganze Abteilung – kehrt" – Kommandos, die ich noch heute im Schlaf beherrsche. Es ging zu wie bei Unteroffizier Himmelstoß (Figur aus Remarques Roman „Im Westen nichts Neues") auf dem Kasernenhof: Zwölfjährige Hordenführer brüllten zehnjährige Pimpfe zusammen und jagten sie kreuz und quer über Schulhöfe, Wiesen und Sturzäcker. Die kleinsten Aufsässigkeiten, die harmlosesten Mängel an der Uniform, die geringste Verspätung wurden sogleich mit Strafexerzieren geahndet – ohnmächtige Unterführer ließen ihre Wut an uns aus. Aber die Schikane hatte Methode: Uns wurde von Kindesbeinen an Härte und blinder Gehorsam eingedrillt. Auf das Kommando „Hinlegen" hatten wir uns mit bloßen Knien in die Schlacken zu werfen; bei Liegestützen wurde uns die Nase in den Sand gedrückt; wer bei Dauerlauf außer Atem geriet, wurde als „Schlappschwanz" der Lächerlichkeit preisgegeben.
Wie haben wir das nur vier Jahre ertragen? Warum haben wir unsere Tränen verschluckt, unsere Schmerzen verbissen? Warum nie den Eltern und Lehrern geklagt, was uns da Schlimmes widerfuhr? Ich kann es mir nur so erklären: Wir alle waren vom Ehrgeiz gepackt, wollten durch vorbildliche Disziplin, durch

Härte im Nehmen, durch zackiges Auftreten den Unterführern imponieren. Denn wer tüchtig war, wurde befördert, durfte sich mit Schnüren und Litzen schmücken, durfte selber kommandieren, und sei es auch nur die fünf Minuten, in denen der „Führer" hinter den Büschen verschwunden war. Jugend muß durch Jugend geführt weden, lautete die Losung. In der Praxis hieß das: Wer oben ist, darf treten.
Mit dreizehn hatte ich es geschafft: Ich wurde „Jungzugführer" in einem Dörflein, wo es nur zwölf Pimpfe gab. Beim Sport und beim Geländespiel vertrugen wir uns prächtig, und wenn ich zum Dienstschluß mein „dreifaches Sieg Heil auf unseren geliebten Führer Adolf Hitler" ausrief, strahlten die Augen „meiner Kameraden". Doch der befohlene „Ordnungsdienst" langweilte sie. Eines Tages muckten sie auf. Nun war die Reihe an mir zu treten. Nach Dienstschluß um sechs Uhr abends knöpfte ich mir (um im Jargon jener Jahre zu reden) die drei ärgsten „Rabauken" vor und „schliff sie nach Strich und Faden": ‚Hinlegen – auf', ‚An die Mauer – marsch – marsch', ‚Zurück – marsch – marsch', ‚Tiefflieger von links', ‚von rechts' ‚von links', ‚zehn Liegestützen', ‚fünfzehn Liegestützen', ‚zwanzig' – so in immer schnelleren Wechseln. Ich brauchte nur zu brüllen, den Daumen auf und ab zu bewegen und die Liegestützen zu zählen, ganz so, wie ich es als Sechsjähriger schon beim Strafexerzieren des Reichsarbeitsdienstes mitangesehen hatte. Die armen Kerle stöhnten, schwitzten, schnappten nach Luft – aber sie gehorchten. Ihr (Eigen-)Wille war gebrochen. [...]
(K.-H. Janßen, Eine Welt brach zusammen. In: H. Glaser/A. Silenius [Hrsg.], Jugend im Dritten Reich. Frankfurt 1975, S. 89–91)

Kriegsversehrte Hitlerjungen, 9. November 1943.
Das Reichspropagandaministerium sperrte dieses Bild: es durfte nicht veröffentlicht werden.

T 26 Adolf Hitler: „... und sie werden nicht mehr frei ihr ganzes Leben"
Rede vor der Reichenberger Hitlerjugend, 4.12. 1938
[...] Diese Jugend, die lernt ja nichts anderes als deutsch denken, deutsch handeln! Und wenn diese Knaben mit 10 Jahren in unsere Organisation hineinkommen und dort oft zum erstenmal überhaupt eine frische Luft bekommen und fühlen, dann kommen sie vier Jahre später vom Jungvolk in die Hitlerjugend, und dort behalten wir sie wieder vier Jahre. Und dann geben wir sie erst recht nicht zurück in die Hände unserer alten Klassen- und Standeserzeuger (Lachen), sondern dann nehmen wir sie sofort in die Partei, in die Arbeitsfront, in die SA oder in die SS, in das NSKK [NS-Kraftfahrerkorps] usw. Und wenn sie dort zwei Jahre oder eineinhalb Jahre sind und noch nicht ganze Nationalsozialisten geworden sein sollten (Lachen), dann kommen sie in den Arbeitsdienst und werden dort wieder 6 und 7 Monate geschliffen, alles mit einem Symbol, dem deutschen Spaten (Beifall). Und was dann nach 6 oder 7 Monaten noch an Klassenbewußtsein oder Standesdünkel da oder da noch vorhanden sein sollte, das übernimmt dann die Wehrmacht zur weiteren Behandlung auf zwei Jahre (Beifall), und wenn sie nach zwei, drei oder vier Jahren zurückkehren, dann nehmen wir sie, damit sie auf keinen Fall rückfällig werden, sofort wieder in die SA, SS usw., und sie werden nicht mehr frei ihr ganzes Leben. [...]
(Nach: Lautarchiv des Deutschen Rundfunks, Nr. C 1326)

Problem und Diskussion
1 *Diskutieren Sie, inwieweit für Sie die Hitlerjugend attraktiv gewesen wäre. Ziehen Sie zu dieser Diskussion T 25 hinzu und versuchen Sie ihre eigenen Empfindungen als Führer und Geführter mit in die Diskussion einzubringen.*
2 *Beschreiben Sie die Unterschiede zwischen heutigen Jugendverbänden und der Hitlerjugend und bewerten Sie diese.*

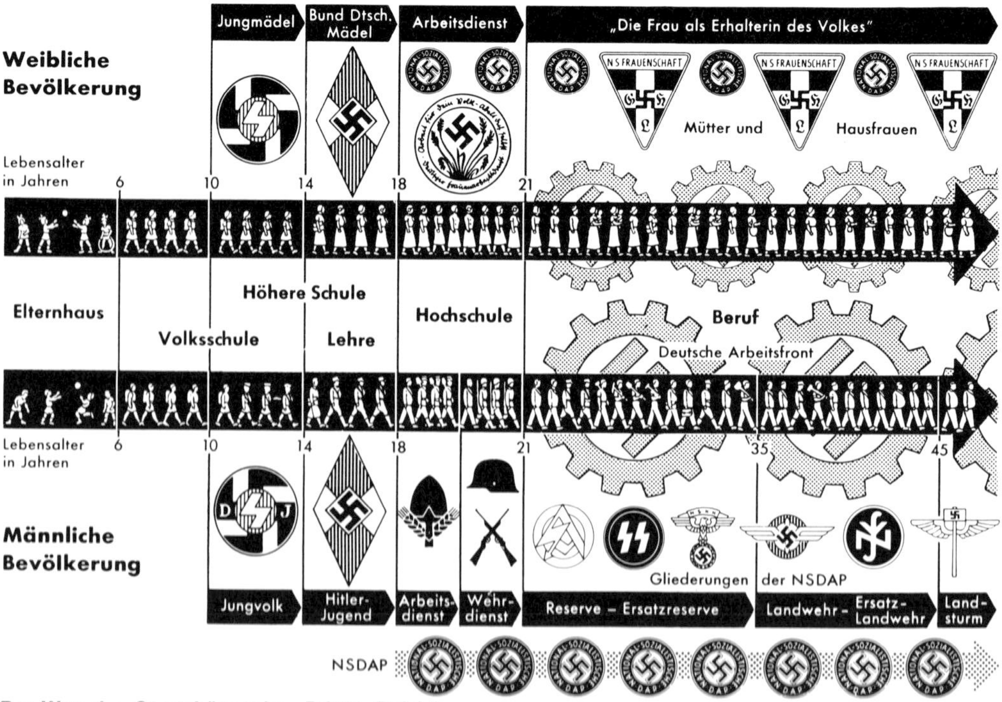

Der Weg des Staatsbürger im „Dritten Reich"

Parteiorganisationen und angeschlossene Verbände:
Nationalsozialistisches Kraftfahrerkorps **(NSKK),** Sturmabteilungen **(SA),** Schutzstaffeln **(SS),** Hitler-Jugend **(HJ), NS-Frauenschaft, NS-Deutscher Studentenbund** und **NS-Deutscher Dozentenbund: Gliederungen der NSDAP** zur Organisation propagandistischer Massenveranstaltungen und paramilitärischer Ausbildung.
NSV: Nationalsozialistische Volkswohlfahrt, wie **NS-Lehrer-, Ärzte-, Beamten-, Rechtswahrer-** und **Techniker-Bund** sowie Deutsche Arbeitsfront **(DAF), angeschlossener Verband der NSDAP** mit sozial- und gesundheitspolitischen Aufgaben.
Politische Leiter: führende Funktionäre der NSDAP, wie z. B. Blockwarte, Zellen- und Sektionsleiter, Kreis- und Gauleiter, die die Durchsetzung der weltanschaulich-politischen Grundsätze der Partei zu überwachen hatten.

4.4 Die Situation der Industriearbeiter

Die **Beseitigung der Arbeitslosigkeit,** vor allem die schnelle und sichtbare Senkung der Arbeitslosenzahlen, war für die Nationalsozialisten eine Voraussetzung für die Stabilisierung ihrer Herrschaft. Die „Arbeitsschlacht", wie sie ihren propagandistisch geschickt geführten Kampf zur Arbeitsbeschaffung nannten, erzeugte bei vielen Menschen das Gefühl, daß die Wirtschaft wieder in Gang komme. Mit kurzfristigen Notstandsprogrammen versuchten die Nationalsozialisten Arbeitsplätze zu schaffen; zum Teil griffen sie auf Vorschläge zurück, die bereits 1932 im Reichsarbeitsministerium ausgearbeitet worden waren. So vergab die Regierung Hitler Subventionen und langfristige Kredite für Verschönerungs- und Reparaturarbeiten an Häusern, Kredite für den Neubau von Wohnungen oder die Teilung von großen Altbauwohnungen und forderte den öffentlichen Bau von Straßen und Anlagen. Vor allem wurden arbeitsintensive Erdarbeiten in Gang gesetzt, z. B. die Vorarbeiten für den Autobahnbau, die vom Reich mit relativ geringen Mitteln finanziert wurden und die gleichzeitig kurzfristig viele Menschen beschäftigten. Begleitet wurden diese Maßnahmen von einer beispiellosen psychologischen Bearbeitung der Handwerker und Unternehmer, die aufgefordert wurden, nun wieder Arbeitskräfte einzustellen, da sich unter der neuen Regierung die Wirtschaft positiv entwickeln würde.

Durch Manipulationen an der Arbeitslosenstatistik und durch die Einberufung junger Leute in den „Freiwilligen Reichsarbeitsdienst“ konnte Hitler die Zahl der gemeldeten Arbeitslosen in einem halben Jahr drastisch senken. 1934 hatte sie sich im Vergleich zu 1932 halbiert. Die nun greifenden **massiven Aufrüstungsprogramme** und das Ausklingen der internationalen Weltwirtschaftskrise milderten die Massenarbeitslosigkeit. Der Rüstungsboom führte dazu, daß im Jahr 1938 Facharbeiter kaum noch zur Verfügung standen.

Plakat der Deutschen Arbeitsfront, vermutlich aus dem Jahr 1933

Aus den verfügbaren Daten lassen sich die Lebensverhältnisse der Arbeiter nur grob rekonstruieren. Die Zahl der Arbeitslosen sank langsam, die Arbeitsmarktlage war branchenspezifisch und regional stark unterschiedlich. Noch 1936 lag der Höchststand der Arbeitslosen bei 2,5 Mio. Die Reallöhne der Arbeiter erreichten erst 1937 das Niveau von 1928. Ihre Steigerung war vor allem durch die Ausdehnung der Arbeitszeit zustande gekommen. Nach 1936 gelang es allerdings den Arbeitern in der Rüstungs- und Bauindustrie, durch kurzfristige Arbeitsverweigerungen Lohnerhöhungen durchzusetzen.

Innerhalb der Arbeiterschaft gab es starke Differenzierungen. Die Arbeiter der Rüstungsindustrie hatten sehr viel höhere Löhne als die Landarbeiter, die immer am unteren Ende der Lohnskala blieben. Bis 1936 war der Alltag eines Arbeiters in der Regel von Entbehrungen gekennzeichnet. Die Statistiken über die Arbeitsunfälle zeigen die starken Belastungen der Arbeiter. Während die Zahl der Beschäftigten von 1933 bis 1938 um ein Viertel stieg, verdoppelten sich die Arbeitsunfälle. Die kontinuierliche Abnahme der Arbeitslosenzahl und die Aussicht, überhaupt Arbeit zu finden, weckte zunächst bei vielen politisch nicht organisierten Arbeitern die Bereitschaft, sich auf das Regime einzulassen. Nur die ehemals politisch Organisierten und die in den Gewerkschaften verwurzelten Arbeiter blieben trotz der nationalsozialistischen Sozialpolitik, die mit Zwang und Verführung die Arbeiter für sich gewinnen wollte, gegenüber dem Regime auf Distanz.

Bereits im März 1933 hatten SA-Trupps in spontanen Aktionen einzelne Gewerkschaftshäuser besetzt und sich auf diese Weise den Zugriff auf die Arbeiterorganisationen und deren Vermögen gewaltsam gesichert. Mit der Erklärung des 1. Mai zu einem staatlichen Feiertag („Tag der nationalen Arbeit“) gelang es den Nationalsozialisten, die Mehrzahl der Arbeiter und die Gewerkschaften über ihre wahren Ziele zu täuschen. Viele folgten im Glauben an das von Hitler propagierte Bündnis zwischen Arbeitgebern und Arbeitern den Maiaufrufen der Nationalsozialisten. Am 2. Mai 1933 wurden dann in einer zentral geplanten Aktion alle Gewerkschaftshäuser

besetzt und die Vermögen der Gewerkschaften beschlagnahmt. An die Stelle der Gewerkschaften setzten die Nationalsozialisten im Mai 1933 die Deutsche Arbeitsfront (DAF), die später durch den Beitritt der Unternehmerverbände zum nationalsozialistischen Zwangsverband aller in der Industrie Beschäftigten wurde.
Die DAF sollte vor allem die sozialpolitischen Belange der Arbeiter gegenüber den Unternehmern vertreten, hatte aber rechtlich kaum Einfluß auf die soziale Ausgestaltung in den Betrieben. Ihr Hauptarbeitsfeld wurde die Organisierung der Freizeit, mit der fast alle Freizeitbereiche erfassenden Organisation „Kraft durch Freude" (KdF, s. T 28). Zunächst setzte die DAF eine Verlängerung des bezahlten Urlaubs der Industriearbeiter von durchschnittlich drei auf sechs Tage durch. Zahlreiche Aktivitäten wie Wanderungen, Theaterbesuche, Konzertbesuche, Volkssportveranstaltungen und großartig propagierte Schiffsreisen waren die verlockenden Angebote der Organisation „Kraft durch Freude". Viele Arbeiter nutzten diese Angebote, nicht nur weil sie besonders preisgünstig waren, sondern weil hier zum erstenmal überhaupt Arbeitern attraktive Angebote für den Freizeitbereich gemacht wurden. Die unpolitische Haltung der Teilnehmer bereitete dem NS-Regime Sorge, da die politischen Angebote, die stets mit den Freizeitangeboten verknüpft waren, von den Arbeitern kaum angenommen wurden.
Die soziale Wirklichkeit in Betrieben war dadurch gekennzeichnet, daß die Nationalsozialisten die Ruhe an den Arbeitsplätzen erzwangen (T 27). Neben die uneingeschränkte Unternehmermacht trat gegebenenfalls die gefürchtete Gewalt der Gestapo (Geheime Staatspolizei), die alle Anzeichen von politischer Opposition in den Betrieben brutal unterdrückte. Die Arbeiter hatten ihre wenigen Mitbestimmungsrechte verloren, und die Fragen der Tarifauseinandersetzungen wurden autoritär durch „Treuhänder der Arbeit", vom Reich ernannte Beamte, geregelt.
Mit dem „Gesetz zur Ordnung der nationalen Arbeit" vom 20. Januar 1934 wurde die Sozialverfassung der Weimarer Republik, soweit sie nicht längst zerstört war, endgültig aufgelöst. An der Spitze der „Betriebsgemeinschaft" stand nun der Unternehmer als „Führer des Betriebes". Die Angestellten und Arbeiter bildeten die „Gefolgschaft". In § 2 des Gesetzes hieß es: „Der Führer des Betriebes entscheidet der Gefolgschaft gegenüber in allen betrieblichen Angelegenheiten, soweit sie durch dieses Gesetz geregelt werden. Er hat für das Wohl der Gefolgschaft zu sorgen. Diese hat ihm die in der Betriebsgemeinschaft begründete Treue zu halten ...". An die Stelle des Betriebsrates trat ein einflußloser Vertrauensrat, dessen Mitglieder vom Betriebsführer und der NSDAP nominiert wurden. Der Vertrauensrat hatte die Aufgabe, Maßnahmen zu beraten, „die der Verbesserung der Arbeitsleistung, der Gestaltung, Durchführung der allgemeinen Arbeitsbedingungen, insbes. der Betriebsordnung ..." dienen (§ 6). Mit Kriegsbeginn wurden die Rechte der Arbeiter in den Industriebetrieben noch weiter eingeschränkt und viele von ihnen kriegsdienstverpflichtet. Die Arbeiter konnten aber auf betrieblicher Ebene aufgrund der Rüstungshochkonjunktur höhere Löhne durchsetzen. Zum Teil konnten sie während des Krieges ihre Lebensbedingungen im Betrieb auf Kosten der nach Deutschland verschleppten ausländischen Zwangsarbeiter und der Kriegsgefangenen (T 29; s. 7.2), die mit besonders schweren Arbeiten beschäftigt wurden, verbessern. Es gab aber auch zahlreiche Menschen, die versuchten, das Los der Zwangsarbeiter und der Gefangenen durch heimliche Hilfe zu erleichtern.
Nur mit Hilfe der Kriegsgefangenen und der zur Arbeit gepreßten Zwangsarbeiter(innen) konnte ab 1943 der Krieg überhaupt noch weitergeführt werden. Im August 1944 waren im sogenannten Großdeutschen Reich 7,6 Mio. „Fremdarbeiter" registriert, 1,9 Mio. Kriegsgefangene und 5,7 Mio. Zivilarbeiter. Sie arbeiteten hauptsächlich in der Landwirtschaft (2,75 Mio.), in der Metallindustrie (1,96 Mio.), in der Bauindustrie (0,478 Mio.) und im Bergbau (0,433 Mio.). Das Hauptkontingent stellten die sowjetischen Arbeiter mit 2,8 Mio. (davon über die Hälfte Frauen), die Polen (1,7 Mio.) und die Franzosen (1,25 Mio.).

Zivile Arbeitsbeschaffung der öffentlichen Hand 1933–1934 (in Mio. RM)

Verwendungszweck	Bis Ende 1933	Insges. bis Ende 1934
1. Öffentlicher Bau (Wasserstraßen, Straßen- und Tiefbauten, öffentliche Gebäude, Brücken etc.)	855,6	1002,4
2. Wohnungsbau	723,3	1280,0
3. Verkehrsunternehmungen	950,8	1683,9
(Davon: Reichsautobahnen)	(50,0)	(350,0)
4. Landwirtschaft und Fischerei (Meloriationen, landwirtschaftliche Siedlungen etc.)	337,4	389,2
5. Konsumförderung	70,0	70,0
6. Andere Zwecke	164,0	568,0
insgesamt	3101,1	4993,5
7. Zum Vergleich: Rüstungsausgaben	1900,0	5900,0

(Nach: H. E. Volkmann, Die NS-Wirtschaft in Vorbereitung des Krieges. In: Ursachen u. Voraussetzungen der Deutschen Kriegszielpolitik. Stuttgart 1979, S. 245)

Industrieproduktion im Deutschen Reich 1928–1944 (Index 1928 = 100)

	Insgesamt	Verbrauchsgüter insgesamt	Produktionsgüter insgesamt[a]	Bergbau[b]
1928	100	100	100	100
1929	100	97	102	108
1930	87	91	84	94
1931	70	82	62	79
1932	58	74	47	70
1933	66	80	56	74
1934	83	93	81	83
1935	96	91	99	96
1936	107	98	114	107
1937	117	103	130	124
1938	125	108	144	126
1939	132	108	148	135
1940	128	102	144	165
1941	131	104	149	169
1942	132	93	157	177
1943	149	98	180	185
1944	146	93	178	163

[a] Ab 1938 zusammengesetzt aus Grundstoffen, Rüstungsgeräten, Bauten, übrige Investitionsgüter.
[b] 1933–1944 nur Kohlenbergbau.
(Alle Angaben für den jeweiligen Gebietsstand.)
(Nach: Ploetz, Das Dritte Reich. Freiburg 1983, S. 112)

Arbeitslosigkeit

a) Arbeitslose in Deutschland 1928–1940 (Jahresdurchschnitt)

	abhängige Erwerbspersonen[a] (in 1000)	Arbeitslose[d] (in 1000)	Arbeitslosigkeit (in % d. Gewerkschaftsmitglieder)	(in % d. abhängigen Erwerbspersonen)
1928	21 995	1391	8,4	6,3
1929	22 418	1899	13,1	8,5
1930	21 916	3076	22,2	14,0
1931	20 616	4520	33,7	21,9
1932	18 711	5603	43,7	29,9
1933	18 540	4804	(46,3)[e]	25,9
1934	20 090	2718		13,5
1935[b]	20 886	2151		10,3
1936	21 507	1593		7,4
1937	22 347	912		4,1
1938	23 222	429		1,9
1939	24 372	119		0,5
1940	28 592[c]	52		0,2

[a] Anhand der Statistik der gesamten Kassenversicherungsmitglieder der reichsgesetzlichen Krankenkassen, Knappschaftskassen und der Seekrankenkasse.
[b] Einschließlich Saargebiet, ohne Saarknappschaft.
[c] Ohne (annektierte) Ostgebiete.
[d] Für 1928 nicht amtliche, errechnete Zahlen der Vollarbeitslosen unter teilweiser Schätzung der Abzüge. Ab 1929 amtliche Zahlen der Reichsanstalt.
[e] Bezogen auf das 1. Halbjahr.

(Nach: Ploetz, Das Dritte Reich. Freiburg 1983, S. 99)

b) Hoch- und Tiefpunkte der Arbeitslosigkeit 1933–1939 (in 1000)

	Hoch	Tief
1933	6014	3715
1934	4059	2268
1935	2974	1706
1936	2520	1035
1937	1853	469
1938	1052	156
1939	456	74

(Nach: T. W. Mason, Arbeiterklasse und Volksgemeinschaft. Opladen 1975, S. 1238)

Reallöhne der Arbeiter je Woche und Arbeitszeit durchschnittlich wöchentlich

	Reallöhne je Woche (Index 1928 = 100)	Arbeitszeit (in Std.)
1928	100	46,0
1929	102	–
1930	97	–
1931	94	–
1932	86	41,5
1933	91	42,9
1934	94	44,6
1935	95	44,4
1936	97	45,6
1937	101	46,1
1938	105	46,5
1939	108	47,0

(Nach: Sozialgeschichtliches Arbeitsbuch III. Hg. v. D. Petzina u.a. München 1978, S. 98)

Unfallanzeigen und Entschädigungen

	Gemeldete Berufskrankheiten (Verletzte und Erkrankte)	Zahl der Entschädigungen für Verletzte/Erkrankte oder deren Hinterbliebene	Entschädigungen in Reichsmark
1932	827 000	364 000	214 417 000
1933	929 600	585 600	252 984 000
1934	1 173 600	591 600	260 037 000
1935	1 354 300	614 500	274 227 000
1936	1 527 300	622 900	285 003 000
1937	1 799 500	641 300	301 317 000
1938	2 006 600	659 100	320 191 000

(Nach: K. Teppe, Zur Sozialpolitik des Dritten Reiches am Beispiel der Sozialversicherung. In: Archiv für Sozialgeschichte. Bonn, Neue Gesellschaft 17/1977, S. 231)

T 27 Terror im Betrieb

Bekanntmachung der NS-Betriebszelle Osramwerk D, Berlin, 24. 7. 1933

Am Freitag, den 21. Juli 1933, nachmittags 18 Uhr ist in Gegenwart von Vertretern des Werkes D und des Geheimen Staatspolizeiamtes 20 Männern und Frauen, welche dem Betriebe angehörten oder noch angehören, folgender Beschluß des Geheimen Staatspolizeiamtes zur Kenntnis gebracht worden: Den Unterzeichneten ist heute im Gebäude des Geheimen Staatspolizeiamtes durch die Geheime Staatspolizei eröffnet, daß sie auf Anordnung der Geheimen Staatspolizei für mehrere Jahre in ein Konzentrationslager überführt werden, falls am Montag, den 24. Juli 1933, im Werk D der Osram GmbH Kommanditgesellschaft noch ein einziges Mal durch Mund oder Schrift Propaganda für irgend eine Partei, ausgenommen die NSDAP, getrieben wird. Die Unterzeichneten bezeugen durch ihre eigenhändige Unterschrift, daß sie von Vorstehendem Kenntnis genommen haben.
gez. 21 Unterschriften
Obige Anordnung wird sämtlichen Angestellten und Arbeitern des Werkes D zur Kenntnis gebracht.
gez. W. Böttcher gez. Keppler.
Die Werksleitung hofft, daß durch diese abschließende Maßnahme die für den Betrieb nötige Ruhe wieder einkehren wird.
(75 Jahre IG-Metall. Frankfurt 1966, S. 290).

T 28 Aus einem Bericht an den Exilvorstand der SPD über „Kraft durch Freude“ (KdF), 1936

[...] Einen Einblick in die Vielgestaltigkeit des KdF-Programms bieten die von den einzelnen Gauen herausgegebenen Prospekte und Monatshefte. So veranstaltet der Gau Sachsen vom Januar bis September 1936 46 Gaufahrten, darunter 4 Seefahrten, außerdem 104 Bezirksfahrten, darunter ebenfalls 4 Seefahrten. Der Gau München-Oberbayern, der allein in München 83 Geschäftsstellen unterhält, hat im Mai 1936 neben Urlaubs- und Wanderfahrten folgende Veranstaltungen durchgeführt:
Theateraufführungen, Frauennachmittage, Kinderfeste, Fröhliche Samstagsnachmittage, Gymnastikkurse, Leichtathletik (Reichssportabz.), Sportspiele (auch Tennis), Schwimmkurse, Reitunterricht, Segelsportfahren an d. Ostsee, Vorträge, Führungen d. Museen usw.,
Bildungs-Arbeitsgemeinschaften, Fachkurse (Stenographie, Deutsch, Rechnen, Musik usw.), Kochkurse.
Unseren Berichten entnehmen wir:
Bayern [...] Die KdF hat jetzt ihre Wanderfahrten sehr ausgebaut. Es werden Tages- und Halbtagswanderungen, Radtouren usw. unternommen. Diese Wanderfahrten haben einen sehr großen Zuspruch, weil sie ausgezeichnet vorbereitet sind und glänzende Führer haben. Geologische und botanische Exkursionen, auch Führungen durch Kunstsammlungen sind in der letzten Zeit stark ausgebaut worden. Eigene KdF-Jugendwandergruppen haben sich gebildet. Die Beliebtheit der KdF-Veranstaltungen ist sehr groß geworden. Auch der einfache Arbeiter kann sich solche Wanderungen leisten, denn sie kommen meist billiger als jede Privatwanderung.
Die KdF wird bei fast allen Volksgenossen als eine wirklich anerkennenswerte Leistung des Nationalsozialismus gewertet. [...]
Über Kraft durch Freude geht hier das geflügelte Wort um: „Die Bonzen fahren nach Madeira. Die Kleinen erhalten eine Straßenbahnrundfahrt in Dresden.“
In Sachsen haben mehrere Korruptionsfälle bei der KdF viel Gemecker hervorgerufen. Die Art, wie die KdF Exkursionen durchführt, stößt viele Arbeiter ab. Man fährt aus wie eine Hammelherde und die alberne Erklärerei vor jedem Denkmal und jedem Bild, die

der Vertiefung der nationalsozialistischen Weltanschauung dienen soll, widert manchen an. Für KdF hat man einige kräftige Namen gefunden: Bonzenbordell, Posten-Vermittlungs A.G., Ehevermittlung usw. [...]
Auf einem Schwimmkursus der „Kraft durch Freude" an dem über 50 Frauen teilnahmen, habe ich die Erfahrung machen müssen, daß es dort sehr wenig parteimäßig zugeht. Es handelt sich bei den Teilnehmerinnen durchweg um einfache Leute. Man hörte kaum ein „Heil Hitler" und wir, die wir früher bei den Arbeitersportlern waren, fühlten uns sozusagen zu Hause. Ich hatte zunächst Bedenken, an einer KdF-Verstaltung teilzunehmen, aber es bleibt einem ja nichts anderes mehr übrig. Um so mehr war ich angenehm überrascht, bei der Zusammensetzung und der Handhabung dieses Kurses gar nichts Nationalsozialistisches zu finden.
Die Tatsache, daß man um KdF kaum noch herum kommt, wenn man Sport treiben oder Reisen machen will, ist ziemlich allgemein. So nehmen z. B. viele unserer Genossen, die früher bei den Naturfreunden waren, heute die Gelegenheit war, die Reisen mit KdF zu machen. Es bleibt einfach keine andere Möglichkeit. [...]
Kraft durch Freude hat viel Zuspruch. Man kann doch für billiges Geld allerhand haben. Im Central-Theater in Dresden erhält man einen Platz im I. Rang, Tribüne, für 1,25 Mk., regulär kostet er 2,50 Mk., im III. Rang einen Platz für 40 Pf. Auch die Ferienreisen sind preiswert. [...]
KdF arbeitet sehr ruhig. Die Ansichten über diese Organisation sind sehr geteilt. Es ist oft sehr schwer, den Leuten die demagogischen Absichten, die die Nazis damit verfolgen, klarzumachen. Benutzt wird KdF nur von Leuten mit mittleren Einkommen, da ja die schlecht bezahlten Arbeiter nicht einmal 20 Mk für eine Fahrt ins Erzgebirge sparen können. [...]
(Deutschlandberichte der Sozialdemokratischen Partei Deutschlands 3/1936, a.a.O., S. 880ff.)

T 29 Ausbeutung der sowjetischen Kriegsgefangenen

Die Arbeits- und Lebensbedingungen der sowjetischen Zivilarbeiter und Kriegsgefangenen waren gemäß den Richtlinien Görings vom November 1941, durch die „Ostarbeitererlasse" sowie durch entsprechende Vorschriften der Arbeits- und Ernährungsbehörden so gestaltet worden, daß schon kurze Zeit nach dem Eintreffen der ersten Transporte aus dem gesamten Reichsgebiet Meldungen eintrafen, daß die Ernährungslage der Ostarbeiter und der russischen Kriegsgefangenen katastrophal, die Unterbringung unzureichend und der Lohn der Zivilarbeiter durch eine zusätzliche Steuer („Ostarbeiterabgabe") so niedrig sei, daß er keinen Leistungsanreiz enthalte. Zahlreiche Betriebe beschwerten sich bei den zuständigen zivilen militärischen Behörden, daß eine effektive Arbeitsleistung von den sowjetischen Arbeitern angesichts ihres Ernährungszustandes nicht mehr zu erwarten sei. Die Essener Firma Krupp zum Beispiel berichtete im April 1942: „Bei den zivilen russischen Arbeitern, die – mit wenigen Ausnahmen – in einem ausgezeichneten Gesundheitszustand hier ankamen, machen sich bereits ebenfalls die typischen Hungerödeme bemerkbar. Nach Ansicht unserer Betriebsärzte ist der körperliche Verfall ausschließlich auf die ungenügende Verpflegung zurückzuführen, wobei wir noch besonders darauf hinweisen, daß unsere Verpflegungssätze den amtlichen Vorschriften entsprechen. Von unseren russischen Kriegsgefangenen sind bereits über 30% infolge ungenügender Ernährung arbeitsunfähig und 12 schon im Lager gestorben. [...]
Ursache dieser vom wirtschaftlichen Standpunkt aus absurd wirkenden Entwicklung waren aber nicht nur die Erlasse und Verordnungen der Behörden. Ausschlaggebend war vielmehr auch eine Einstellung bei den zentralen und örtlichen Verantwortlichen in den Behörden und Betrieben, wonach „der Russe" „rassisch wertlos" sei, zu höheren und qualifizierteren Leistungen gar nicht in der Lage, und die Ernährung der sowjetischen Arbeiter nur die Versorgung der deutschen Bevölkerung belasten würde. „Wenn der Eine nicht taugt, taugt der Andere. Die Bolschewisten seien seelenlose Menschen, wenn hunderttausende eingingen, kämen weitere Hunderttausend dran", erklärte z. B. ein Vertreter der DAF in Essen gegenüber einem Kruppschen Betriebsleiter, der darauf hingewiesen hatte, daß die ihm zugeteilten sowjetischen Arbeitskräfte dem Verhungern nahe und zur Arbeit gar nicht in der Lage seien. Zwar gab es verschiedene Initiativen zur Verbesserung der Lage der Ostarbeiter und sowjetischen Kriegsgefangenen, außer der Lockerung der Kolonnenarbeit aber geschah bis zum Frühjahr 1943 nichts.
(Ulrich Herbert, Geschichte der Ausländerbeschäftigung in Deutschland 1880–1980. Berlin 1986, S. 148f.)

Problem und Diskussion

1 *Beschreiben Sie die Arbeitsbeschaffungsmaßnahmen der Nationalsozialisten und bewerten Sie diese Maßnahmen.*
2 *Untersuchen Sie mit Hilfe der Statistiken und des Textes die Lebensbedingungen der Arbeiter und kennzeichnen Sie die Entwicklung.*
3 *Analysieren Sie mit Hilfe von T 27 die Situation der Arbeiter in den Industriebetrieben nach dem 30. 1. 1933.*
4 *Bewerten Sie die unterschiedlichen Einschätzungen des KdF-Programms, wie sie sich in den Berichten der SPD-Korrespondenten in T 28 spiegeln.*
5 *Vergleichen Sie die Einstellung der Nationalsozialisten gegenüber den sowjetischen Zivilarbeitern und Kriegsgefangenen mit Hitlers Rassentheorie (s. T 1).*

4.5 Die Situation der Frauen

Die „braune Revolution" (Schoenbaum) hatte eine militarisierte Männergesellschaft zum Ziel. Ihr Ideal war der „nordische, germanische" Mann, der blind gehorchende Soldat der „Bewegung". Innerhalb der NS-Ideologie bekam die Frau die Rolle der Mutter und der „Dienerin des Mannes" zugewiesen. Sie sollte diesem zuarbeiten und ihm entsprechend den romantischen Vorstellungen des 19. Jahrhunderts ein liebevolles Zuhause bieten. **Die Beschränkung der Frau auf Mutterschaft und Kindererziehung,** die Ablehnung der Frauenarbeit in der Industrie und der Widerstand gegen die Emanzipation der Frau wurden von weiten Kreisen der Bevölkerung, vor allem auch von den Männern aller Schichten, geteilt.
Für Hitler war die Frau vor allem die Gebärerin künftiger Männer (T 30). Das Ziel der Mädchenerziehung war „unverrückbar die kommende Mutter" und die „natürliche Welt der Frau" war „ihr Mann, ihre Familie, ihre Kinder, ihr Haus". Das Hausfrauendasein wurde durch die nationalsozialistische Propaganda verherrlicht. Mit Mutterkreuzen und öffentlichen Lobeshymnen auf die Mutter (Muttertag) wurde der hausfrauliche Alltag als wichtige Tätigkeit anerkannt. Ein Anspruch der Frau auf Selbständigkeit und Gleichberechtigung gegenüber dem Mann wurde aber entschieden zurückgewiesen.
Der Einbindung der Frau in ihre alte Rolle diente auch die Sozialpolitik, mit der die Nationalsozialisten seit 1933 Eheschließungen förderten. Junge Ehepaare erhielten ein zinsloses Darlehen, wenn die Frau ihren Arbeitsplatz aufgab. Der Durchschnittsbetrag des Darlehens betrug 600,– RM, ein Betrag, der 3–4 mal so hoch war wie der Monatsverdienst eines Arbeiters. Die Rückzahlung war langfristig geregelt, für jedes Kind wurde der Betrag um 1/4 gekürzt. Ab 1935 gab es für kinderreiche Familien verschiedene Kinderbeihilfen und Steuerfreibeträge, der Mutterschaftsurlaub wurde ausgedehnt, Geburtskliniken wurden neu eingerichtet oder verbessert. Ziel dieses Programmes war es, die Zahl der Kinder zu erhöhen. Kurzfristig gelang es den Nationalsozialisten, den langfristig fallenden Trend der Eheschließungen und Geburten umzukehren.
Die nationalsozialistische Ideologie von der Rolle der Frau war nicht in der Lage, die langfristigen Trends der deutschen Industriegesellschaft zu verändern. Allenfalls wurden einige Entwicklungen kurzfristig verlangsamt. Die Ideologie behinderte allerdings entscheidend den zu Kriegsbeginn beabsichtigten Kurswechsel in der Frauenarbeitspolitik, als die Nationalsozialisten versuchten, verstärkt Frauen in der Rüstungsindustrie einzusetzen. Im Gegensatz zu England, wo die Frauen im Krieg durch Dienstverpflichtung in den Produktionsprozeß eingegliedert wurden, konnte das NS-Regime das vorhandene Frauenarbeitspotential nicht ausschöpfen und verzichtete aufgrund von Hitlers Grundüberzeugung, daß Frauen nicht in der Industrie arbeiten sollten, auch auf eine durchgreifende Frauendienstpflicht. Zu Beginn des Krieges nahm die Zahl der arbeitenden Frauen sogar leicht ab, da viele Ehefrauen aufgrund der relativ hohen Unterstützungen für Frauen eingezogener Männer keinen Grund mehr für eine weitere Berufstätigkeit sahen. 1944 arbeiteten 14,9 Mio. Frauen; der Anteil der Frauenarbeit blieb damit weit unter dem entsprechenden Anteil von Frauenarbeit in England und den USA.
Die Zahl der erwerbstätigen Frauen stieg von 1932 bis 1939 um ca. 2 Mio. auf 12,7 Mio. Frauen (36% aller Erwerbstätigen). Sie blieb damit aber unter dem Stand von 1928. Die meisten Frauen arbeiteten im Bereich der Landwirtschaft, zumeist als mithelfende Familienangehörige (1939: 4,9 Mio.). Von 1933 bis 1939 stieg die Zahl der Industriearbeiterinnen – entgegen den ideologischen Bestrebungen – von 1,2 Mio. auf 1,8 Mio. Frauen an. Diese Zahl war etwa gleich hoch wie die der Hausgehilfinnen und der weiblichen Angestellten. Die Zahl der weiblichen Angestellten stieg aufgrund des Bedarfs in den privaten und den öffentlichen Verwaltungen stetig weiter an.
Von den **Industriearbeiterinnen** waren zwei Drittel in der Konsumindustrie beschäftigt, etwa 15% in der Metallindustrie. Erst im Krieg verstärkte sich wie im Ersten Weltkrieg der Einsatz von

Plakat 1936

Plakat 1943

Frauen in der Rüstungsindustrie. Nur 4,8% der Industriearbeiterinnen hatten einen Beruf gelernt, dagegen 37,5% der Männer. Die Löhne der jüngeren Frauen, insbesondere der Arbeiterinnen, lagen 25 bis 40% unter den Männerlöhnen. Führungspositionen waren für Frauen in allen Bereichen der Gesellschaft nicht zu erreichen.

Die **Lage der in der Landwirtschaft tätigen Frauen** verschlechterte sich zwischen 1933 und 1939 stetig, da etwa 400000 Landarbeiter in die Bau- und Rüstungsindustrie abwanderten. Die höheren Industrielöhne ließen die schlecht bezahlte Landarbeit für Männer besonders unattraktiv erscheinen. Deswegen waren die weiblichen Arbeitskräfte, besonders die Bäuerinnen, aufgrund ihrer Überlastung als Mutter, Hausfrau und Arbeiterin, ständig überbeansprucht. Die Folge waren ernsthafte gesundheitliche Schäden der ländlichen Frauenbevölkerung.

Nur bei einer kleinen Gruppe, den **Akademikerinnen** und **Beamtinnen,** insbesondere den verheirateten Lehrerinnen und Juristinnen, setzte das Regime zu Beginn seiner Herrschaft konsequent seine ideologische Auffassung von der Rolle der Frau durch. An dieser kleinen Gruppe der berufstätigen Frau (1,1%) demonstrierten sie ihre langfristigen Ziele, indem sie die Frauen aus auch für Männer attraktiven Berufen verdrängten und die Politik, die am Ende der Weimarer Republik gegenüber Frauen eingeleitet worden war, fortsetzten. Der Frauenanteil an der Studentenschaft wurde auf 10% begrenzt.

Den Widerspruch zwischen der ideologischen Einstellung gegenüber den Frauen und den ökonomischen Notwendigkeiten einer Rüstungs- und Kriegswirtschaft konnte das NS-Regime nie überwinden. Noch 1938 heißt es in einer Verordnung über den Einsatz von Frauen im Kriegsfall: „... Frauen sollen nicht mit Arbeiten beschäftigt werden, die besondere Geistesgegenwart, Entschlußkraft und schnelles Handeln erfordern. Frauen sollen im allgemeinen nicht mit Arbeiten betraut werden, die besonderes technisches Verständnis und technische Kenntnisse erfordern." Nachdem Goebbels im Februar 1943 den „totalen Krieg" ausgerufen hatte, wurden immer mehr Frauen zur Arbeit in kriegswichtigen Betrieben und in der Landwirtschaft verpflichtet. Weitere Männer konnten nur zur Wehrmacht einberufen werden, wenn Kriegsgefangene, Fremdarbeiter oder Frauen ihre Arbeitsplätze ausfüllten. Auf die arbeitsrechtlichen Schutzbestimmungen für Frauenarbeit – Verbot von Nacht- und Schwerarbeit – wurde dabei immer weniger Rücksicht genommen.

T 30 Hitler über die Rolle der Frau, 1934

[...] Das Wort von der Frauenemanzipation ist nur ein vom jüdischen Intellekt erfundenes Wort, und der Inhalt ist von demselben Geist geprägt. Die deutsche Frau braucht sich in den wirklich guten Zeiten des deutschen Lebens nie zu emanzipieren. [...]

Wenn man sagt, die Welt des Mannes ist der Staat, die Welt des Mannes ist sein Ringen, die Einsatzbereitschaft für die Gemeinschaft, so könnte man vielleicht sagen, daß die Welt der Frau eine kleinere sei. Denn ihre Welt ist der Mann, ihre Familie, ihre Kinder und ihr Haus. [...] Was der Mann einsetzt an Heldentum auf dem Schlachtfeld, setzt die Frau in ewig geduldiger Hingabe, in ewig geduldetem Leid und Ertragen. Jedes Kind, das sie zur Welt bringt, ist eine Schlacht, die sie besteht für das Sein oder Nichtsein ihres Volkes. [...]

Wenn früher die liberalen intellektualistischen Frauenbewegungen in ihren Programmen viele, viele Punkte enthielten, die ihren Ausgang vom sogenannten Geiste nahmen, dann enthält das Programm unserer nationalsozialistischen Frauenbewegung eigentlich nur einen einzigen Punkt, und dieser Punkt heißt: das Kind, dieses kleine Wesen, das werden muß und gedeihen soll, für das der ganze Lebenskampf ja überhaupt allein einen Sinn hat. [...]

(M. Domarus, Hitler, Reden und Proklamationen, Bd. I. Würzburg 1962, S. 450ff.)

T 31 Frauen in der Rüstungsindustrie

Nach Feststellungen des Landesarbeitsamtes, Zweigstelle Nürnberg, waren am 31. Dez. 1939 14500 Frauen weniger in Arbeit als am 1. Sep. 1939. Die Ursachen dieser Erscheinung lag in folgendem Umstand begründet: Der Eigenverdienst von Kriegerfrauen, die also Familienunterstützung bezogen, wurde hohen Abzügen unterworfen (beispielsweise bei Monatsbruttoverdienst von RM 85,– Abzug RM 45,–), so daß der geringe Mehrverdienst keinen Arbeitsanreiz mehr bot. Insbesondere bei Frauen, welche weite Wege oder Bahnfahrt zu ihren Arbeitsstätten zurückzulegen hatten, stand der Mehrverdienst, nach Abzug der Familienunterstützung, kaum im Verhältnis zu den vermehrten Schwierigkeiten bei Führung des Haushaltes, Vornahme von Einkäufen und Vertretung des im Felde befindlichen Mannes in verschiedenen Angelegenheiten.

Ferner schieden zahlreiche werktätige Mädchen nach Kriegstrauung aus ihren bisherigen Stellungen aus. Die Familienunterstützung ermöglichte es ihnen, nicht mehr selbst verdienen zu müssen. Andere Frauen wieder, die zwar im Frieden einem Verdienst nachgingen, aber auf ihn nicht unbedingt angewiesen waren, legten unter den erschwerten Haushaltsverhältnissen ihre Arbeit nieder. In den Monaten Januar/April häuften sich die Beschwerden aus der Rüstungsindustrie über disziplinloses Verhalten von Frauen. So fehlten beispielsweise in einem sozial durchaus gut geleiteten Werk, Rheinisch-Westfälische Sprengstoff AG Nürnberg (Belegschaft 2000 Köpfe), wochenlang regelmäßig montags, manchmal auch noch dienstags etwa 400 Frauen, bei einem anderen Rüstungsbetrieb, Steatit Magnesia, Lauf, (Belegschaft 1800 Mann) täglich rund 300 weibliche Arbeitskräfte. Gründe für dieses Verhalten waren zum Teil einmal das Bestreben unter der Mindestverdienstgrenze zu bleiben, um Abzügen an der Familienunterstützung vorzubeugen, zum anderen veranlaßten die erschwerten Versorgungsverhältnisse – wie vorstehend bereits angedeutet, die Frauen von der Arbeit fern zu bleiben. [...]

(Geschichte der Rüstungsinspektion des Wehrkreises XIII, Winter 1939/40. In: Bayern in der NS-Zeit, Band III. München 1981, S. 595f.)

Problem und Diskussion

1 *Beschreiben Sie die Situation der Frauen unter der Herrschaft des Nationalsozialismus.*

2 *Beurteilen Sie das Verhalten der Frauen, wie es in T 31 geschildert wird, und diskutieren Sie, ob es sich hier nach Ihrer Meinung um „Widerstand" handelte.*

3 *Versuchen sie mit Hilfe von Befragungen die Situation der Frau während der Zeit der NS-Herrschaft in ihrem Heimatort genauer zu beschreiben.*

5. Der SS-Staat: Unterdrückung und Widerstand

5.1 Der Verfolgungsapparat

Die nationalsozialistische Herrschaft war für den Bürger nur schwer zu überblicken. Verschiedene, miteinander konkurrierende Machtapparate von Staat und Partei beanspruchten nebeneinander jeweils für sich Zuständigkeiten und Entscheidungskompetenzen. Hitler ließ die Zuständigkeit zum Beispiel von Ministerien und parteiamtlichen Institutionen bewußt offen. Er forderte sogar die Verschmelzung von Partei- und Staatsbehörden, um in allen wichtigen Fragen selbst die letzte Entscheidung durch „Führerbefehl" treffen zu können. Im Rivalitätskampf der verschiedenen Behörden und Parteiämter untereinander blieb **Hitler die letzte Entscheidungsinstanz,** gegen die kein Widerspruch mehr möglich war. Durch diese Herrschaftsmethode und den ständigen Machtzuwachs der SS wurden Rechtssicherheit und Rechtsnormen schließlich aufgelöst.
Die **Auflösung der Rechtssicherheit** hatte mit der Einführung der „Schutzhaft" durch die Reichstagsbrandverordnung (T 10) begonnen. Die politische Polizei (Geheime Staatspolizei = Gestapo) konnte nun Schutzhaft ohne gerichtliches Verfahren und gerichtliche Nachprüfung zur „vorbeugenden Bekämpfung" politischer Gegner verhängen. Oft wurden politische Gefangene nach Verbüßung einer von einem ordentlichen Gericht verhängten Strafe erneut von der Gestapo noch im Gerichtssaal wieder festgenommen und in ein Konzentrationslager gebracht.
Einer der Machtapparate der Partei, die SS, die Hitler unmittelbar unterstellt war, konnte ihre Machtposition im nationalsozialistischen Herrschaftssystem ständig ausbauen. Ihr Prinzip war vor allem die Androhung und Anwendung von Terror gegenüber allen Gegnern. Die SS (Schutzstaffel) war ursprünglich eine Art Parteipolizei, die Heinrich Himmler befehligte. Im Januar 1933 umfaßte sie 56000 Mann. Eine Unterorganisation bildete der „Sicherheitsdienst" (SD) unter Reinhard Heydrich, der geheime Nachrichten über politische Gegner sammelte und oppositionelle Parteimitglieder überwachte. Formell war die SS der obersten SA-Führung unterstellt. Bis 1934 war die SA (Sturmabteilung) die eigentliche politische Kampf- und Schlägertruppe der Nationalsozialisten, die 1932 etwa 200000 Mann umfaßte und als paramilitärische Organisation aufgebaut und gegliedert war.
In Zusammenarbeit mit der Reichswehr entmachtete die SS die SA unter Hitlers Leitung Ende Juni 1934. In der SA bestand ein starkes Ressentiment gegen die alten Eliten des Reiches, mit denen sich Hitler verbunden hatte. Viele SA-Mitglieder waren unzufrieden mit den Ergebnissen der bisherigen NS-Herrschaft, da sie sich einen großen Einfluß im neuen Staat erhofft hatten. Gegenüber der Reichswehr beanspruchte die SA eine gleichberechtigte militärische Organisation zu werden. Dies lehnte die Reichswehrführung entschieden ab. Da Hitler die SA als Terrorinstrument nicht mehr dringend benötigte, holte er unter dem Vorwand angeblicher Putschpläne zu einem vernichtenden Schlag aus. Im Zuge einer dreitägigen Mordaktion, der etwa 100 Menschen (darunter der Organisator und Stabschef der SA, Ernst Röhm) zum Opfer fielen, wurden auch zahlreiche politische Gegner aus dem konservativen Lager auf Befehl Hitlers heimtückisch umgebracht, die mit der SA nichts zu tun hatten, u.a. der ehemalige Staatskommissar von Kahr und zwei der engsten Mitarbeiter des Ministers von Papen. Auch die Tatsache, daß ihre beiden Generäle von Schleicher und von Bredow ohne jedes Gerichtsurteil erschossen worden waren, veranlaßte die Reichswehr nicht zum Protest. Durch ein Gesetz wurden die Morde als Akt der „Staatsnotwehr" für Rechtens erklärt.

Gesetz über Maßnahmen der Staatsnotwehr vom 3. Juli 1934
Die Reichsregierung hat das folgende Gesetz beschlossen, das hiermit verkündet wird:
Einziger Artikel.
Die zur Niederschlagung hoch- und landesverräterischer Angriffe am 30. Juni, 1. und 2. Juli 1934 vollzogenen Maßnahmen sind als Staatsnotwehr Rechtens.
Berlin, den 3. Juli 1934
Der Reichskanzler: Adolf Hitler
Der Reichsminister des Innern: Frick
Der Reichsminister der Justiz: Dr. Gürtner
(Reichsgesetzblatt I, 1934)

Bei großen Teilen der Bevölkerung stieß das brutale Vorgehen gegen die SA auf Sympathie, da die SA bei vielen durch ihre rabiaten Methoden verhaßt war. Die weitreichenden Folgen der beginnenden Aushöhlung der Rechtsstaatlichkeit wurden nur von wenigen bedacht.
Durch einen persönlichen Eid auf Hitler band sich die Reichswehr nach dem Tod Hindenburgs enger an Hitler.
Nach der Übernahme der Konzentrationslager von der SA im Sommer 1934 konnte Himmler im Juni 1936 seine Macht weiter vergrößern: er wurde nun Reichsführer der SS und Chef der deutschen Polizei. Diese Personalunion machte es ihm möglich, die allgemeine Polizei und die SS miteinander institutionell zu verschmelzen. Diese Verschmelzung von Partei- und Staatsamt schuf die Möglichkeit, den Terror gegen die zu Gegnern des Regimes erklärten Menschen bürokratisch zu organisieren und gleichzeitig völlig außerhalb der Legalität durchzuführen.
Die sich als Elite verstehende SS baute ihre Organisation in zahlreichen Unterorganisationen ständig aus und stellte auch eigene bewaffnete Verbände auf. Die SS-Totenkopfverbände übernahmen die Bewachung der Konzentrationslager, aus den SS-Verfügungstruppen entstanden modern bewaffnete Divisionen, die im Krieg dann zur Waffen-SS ausgebaut wurden. Ende 1944 umfaßte die Waffen-SS rund 900000 Mann (etwa zur Hälfte Freiwillige), die allgemeine SS ungefähr 200000 Mann. Die Wachmannschaften der Konzentrationslager hatten eine Stärke von 24000 Mann.
Die bereits im Frühjahr 1933 errichteten **Konzentrationslager** waren die eigentlichen Terror- und Zwangsinstrumente des NS-Regimes. Zunächst waren Kommunisten, Sozialdemokraten und andere Gegner der Nationalsozialisten meist für relativ kurze Zeit ohne jede rechtliche Grundlage in die schnell errichteten Barackenlager eingesperrt worden. Die Lebensverhältnisse der Häftlinge waren beträchtlich schlechter als in den normalen Gefängnissen und Zuchthäusern der Justiz. Vor allem waren die Gefangenen hilflos der Willkür der Wachmannschaften ausgeliefert.
1934 übernahm die SS die zahlreichen Konzentrationslager von der SA und organisierte sie in wenigen Hauptlagern nach einheitlich bürokratischen Vorschriften. 1939 betrug die Zahl der Häftlinge etwa 25000. Sie stieg bis zum März 1942 auf 100000. 1944 betrug die Gesamtzahl 397000 Männer und 145000 Frauen. Doch kann hinter diesen Zahlen weder das unsägliche Leid sichtbar werden, das den Gefangenen angetan wurde, noch geben sie Auskunft, wie viele Menschen insgesamt die KZs „durchliefen".
Im Kriege dienten besonders die in Polen und der Sowjetunion von der SS errichteten Vernichtungslager, wie z. B. Auschwitz, der bürokratisch organisierten Tötung von Juden. Arbeitsfähige KZ-Häftlinge mußten Zwangsarbeit leisten oder wurden zu Sklavenarbeiten an Rüstungsbetriebe vermietet. SS-Ärzte erprobten in unmenschlichen Versuchen neue Medikamente an den todgeweihten Opfern. Die mit Güterwagen der Reichsbahn antransportierten Juden aus allen Teilen Europas wurden in den Vernichtungslagern kurz nach ihrer Ankunft durch Gas oder durch Massenerschießungen getötet oder, soweit sie noch gesund und kräftig waren, zur Zwangsarbeit befohlen. Aufgrund der mangelhaften Ernährung und Unterbringung starben viele von diesen Häftlingen in Folge der körperlichen und psychischen Belastung. Die Nationalsozialisten nannten das zynisch „Vernichtung durch Arbeit".

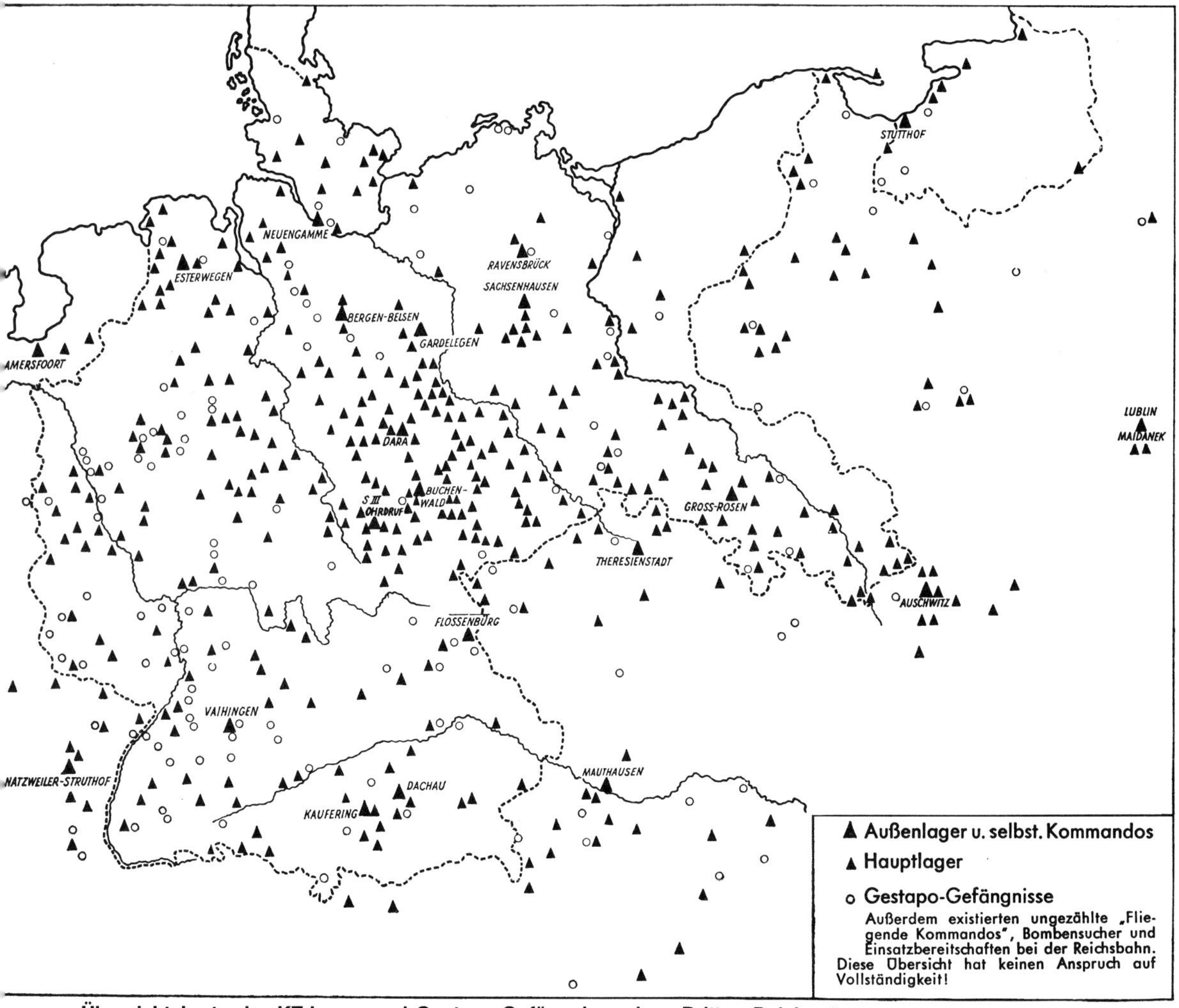

Übersichtskarte der KZ-Lager und Gestapo-Gefängnisse des „Dritten Reiches“

Vernichtungslager[1]	*Vernichtungsaktionen*	*Todesopfer* (Mindestzahlen)
Kulmhof/Chelmno	8. Dez. 1941–März 1943, Sommer 1944	152 000
Auschwitz-Birkenau	Jan. 1942–Nov. 1944	über 1 000 000
Belzec	17. März 1942–Frühjahr 1943	über 600 000
Sobibor	7. Mai 1942–Herbst 1943	250 000
Treblinka	23. Juli 1942–Oktober 1943	700 000–900 000[2]
Lublin-Majdanek	Sommer 1942–Juli 1944	200 000, darunter 60 000 Juden

(Nach: Ploetz, Das Dritte Reich, a.a.O., S. 119)

1 Weitere lagermäßig organisierte Vernichtungsaktionen fanden in Jungfernhof (Jumpravmuiza, Lettland) Ende 1941 bis Ende 1942 und in Maly Trostinec (Weißrußland) Herbst 1942 bis Juni 1944 statt. Den Massenmorden in eigens eingerichteten Lagern gingen die Massenerschießungen von Juden, sowjetischen Kriegsgefangenen u. a. durch die mobilen „Einsatzgruppen“ der SS voraus oder verliefen parallel dazu (etwa 1 Million Todesopfer).

2 Die Gesamtzahl der Todesopfer gilt für die Zeit ab Errichtung des KL. In der Vernichtungslager-Phase bis Herbst 1943 Vergasungen, dann vor allem Erschießungen.

Das KZ Auschwitz war mit 40 km² das größte Vernichtungslager. Sofort nach der Ankunft nahmen SS-Ärzte die sogenannten Selektionen vor, die Auswahl der Juden nach Einschätzung ihrer Arbeitskraft

T 32 Die Verwendung von KZ-Häftlingen in der Industrie

Der Kommandant des KZ Auschwitz, Rudolf Höß, sagte 1946/47 im Nürnberger Prozeß u. a. aus:

[...] Nach meiner Kenntnis begann die massenhafte Verwendung von KZ-Häftlingen in der deutschen Privatindustrie im Jahre 1940/41. Diese Verwendung steigerte sich fortlaufend bis zum Ende des Krieges. Gegen Ende 1944 waren ungefähr 400000 Konzentrationslagerhäftlinge in der privaten Rüstungsindustrie und rüstungswichtigen Betrieben beschäftigt. Wie viele Häftlinge schon vorher oder nachher eingesetzt waren, kann ich nicht sagen. Nach meiner Schätzung sind in den Betrieben mit besonders schweren Arbeitsbedingungen, z. B. Bergwerken, jeden Monat ein Fünftel gestorben oder wurden wegen Arbeitsunfähigkeit zur Vernichtung von den Betrieben an die Lager zurückgeschickt.

Die Konzentrationslager haben niemals Arbeitskräfte der Industrie angeboten. Vielmehr wurden Häftlinge nur dann in die Betriebe entsandt, wenn die Betriebe vorerst um Konzentrationslagerhäftlinge angesucht hatten [...]

Die Betriebe mußten keine Berichte über Todesursachen usw. abgeben. Auf Grund der Berichte, die wir in den Lagern von der SS-Wachmannschaft und den Arbeitskommandoführern über Verminderung der Zahl der in den betreffenden Betrieben arbeitenden Häftlinge erhielten, wurden die Zahlen der Todesfälle und der Arbeitsunfähigen mitgeteilt, und sodann wurden fortlaufend neue Häftlinge als Nachschub an die betreffenden Betriebe gesandt.

Während meiner Dienstreisen wurde mir fortgesetzt von leitenden Persönlichkeiten der Betriebe gesagt, daß sie mehr Häftlinge haben wollen. Anfang des Krieges bezahlten die Unternehmungen wenig für diese Arbeitskräfte – etwa Mk. 1,–, Mk. 1,20. Später zahlten sie bis zu Mk. 5,00 für gelernte Arbeiter. Unter den zum Arbeitseinsatz gesandten Häftlingen befanden sich

1. nicht-jüdische Häftlinge, die auf Grund ihrer Berufsschulung ausgesucht wurden, und
2. Juden, die nur auf Grund ihrer Arbeitsfähigkeit ausgesucht wurden.

Das Alter der zum Arbeitseinsatz verwendeten Häftlinge war von ungefähr 13 Jahren aufwärts. Häftlinge über 50 Jahre wurden nur selten zum Arbeitseinsatz verwendet, wenn sie besonders kräftig oder besonders geschult waren; sonst wurden sie sofort vernichtet.

Diejenigen Arbeitseinsatzhäftlinge, die jeden Abend von dem Betrieb in die Konzentrationslager zurückkehrten, mußten am selben Abend im Konzentrationslager arbeiten, wenn Kollektiv- oder Einzelstrafen dieser Art verhängt wurden. Solche Kollektiv- oder Einzelstrafarbeit wurde wegen kleiner Disziplinarvergehen, z. B. vorschriftswidriges Grüßen, verhängt. Die Häftlinge mußten dann so lange arbeiten, als es das Tageslicht erlaubte, im Sommer 2 bis 3 Stunden. Außerdem wurden die üblichen Strafen verhängt.

(Nach: R. Kühnl, Der deutsche Faschismus in Quellen und Dokumenten. Köln [5]1980, S. 377 f.)

Problem und Diskussion

1 *Beschreiben und bewerten Sie das Terrorsystem der Nationalsozialisten, besonders der SS. Diskutieren Sie das Selbstverständnis der SS.*

2 *Diskutieren Sie die Voraussetzungen des „bürokratischen Terrors".*

3 *Untersuchen Sie T 32 und beschreiben Sie die „Verwertung" der Gefangenen in den KZ-Lagern durch die SS.*

4 *Erkundigen Sie sich, ob es in der Nähe ihres Schulortes ein Konzentrationslager oder ein Außenlager eines Konzentrationslagers gab.*

5 *Versuchen Sie in Erfahrung zu bringen, was die damals in Deutschland lebenden Menschen vom Terror in den KZs wußten.*

5.2 Judenverfolgung und Massenmord an Juden

Der **Antisemitismus** war schon vor der Machtübertragung an Hitler einer der tragenden Pfeiler der nationalsozialistischen Weltanschauung. Die antisemitische Agitation der NSDAP wurde nach der Machtübernahme schrittweise in eine Politik umgesetzt, die mit der Diskriminierung und Verfolgung der Juden in Deutschland begann und mit der massenweisen, bürokratisch organisierten Ermordung des europäischen Judentums in Vernichtungslagern endete.
Den Auftakt dazu bildete ein am 1. April 1933 im ganzen Reich verbreiteter Boykott-Aufruf, nicht in jüdischen Geschäften zu kaufen. SA-Wachen zogen auf und hinderten die Bevölkerung am Betreten jüdischer Geschäfte. Diese Aktion, die viele Menschen als „Spuk“ abtaten, und die Diskriminierung der Juden in wichtigen Gesetzen des Jahres 1933 (z. B.: Gesetz zur Wiederherstellung des Berufsbeamtentums, Reichserbhofgesetz, Schriftleitergesetz) stießen kaum auf Widerstand innerhalb der Bevölkerung (T 33). Der Antisemitismus war als eine Art Blitzableiter zur Ablenkung von den wirtschaftlichen Nöten allgemein populär. Er traf eine Gruppe, die kaum 1% der Bevölkerung ausmachte (562000 Menschen) und die allein aufgrund ihrer Religion verfolgt wurde. Die sich steigernden Diskriminierungen veranlaßten bis 1938 220000 jüdische Bürger auszuwandern, ihnen folgten mehr oder minder unfreiwillig bis 1941 weitere 100000. 135000 deutsche Juden wurden in Lager verschleppt und ermordet. Am Ende des Zweiten Weltkrieges hatten nur ca. 25000 jüdische deutsche Bürger den Massenmord überlebt.
Die **„Nürnberger Gesetze“** (1935) gaben den rechtlichen Rahmen zur allgemeinen Entrechtung der Juden in Deutschland ab, nachdem bereits seit 1933 die Juden aus ihren Beamtenstellungen an Universitäten und Schulen verdrängt worden waren. Durch das „Reichsbürgergesetz“ wurden die Juden zu Reichsbürgern zweiter Klasse. Das „Gesetz zum Schutze deutschen Blutes und der deutschen Ehre“ (T 34) verbot die Mischehe zwischen „Ariern“ und Juden sowie außereheliche Beziehungen zwischen beiden. Die Beschäftigung „arischer“ Dienstmädchen unter 45 Jahren in jüdischen Haushalten wurde strafbar, ebenso das Hissen der Hakenkreuzfahne durch Juden. Später wurde den Juden das Wahlrecht, die Ausübung von öffentlichen Ämtern, die Zulassung als Rechtsanwälte, Ärzte und Steuerberater und die Ausübung zahlreicher anderer Berufe verboten.
Das Attentat des 17jährigen Herschel Grynszpan auf den Diplomaten Ernst von Rath in der deutschen Botschaft in Paris am 7. November 1938 war für die Nationalsozialisten der willkommene Anlaß, ein Judenpogrom (Verfolgung) von bis dahin unbekanntem Ausmaß zu organisieren: Aufgehetzt durch den Reichspropagandaminister Joseph Goebbels zerstörten nationalsozialistische Trupps 191 Synagogen durch Brandstiftung, 7500 Geschäfte, zahlreiche Wohnungen und die meisten jüdischen Friedhöfe. Sie richteten einen Sachschaden von mindestens 25 Mio. Reichsmark an. 30000 Juden wurden in Konzentrationslager eingeliefert, viele jüdische Mitbürger wurden verletzt und mißhandelt. Die offizielle Statistik meldete 91 Morde. Nach Beendigung der Aktion, die Goebbels zynisch als **„Reichskristallnacht“** bezeichnete, wurde den Juden eine Sondersteuer von 1,12 Mrd. Reichsmark auferlegt.
Die Aktionen vom 9. November 1938 waren aber nur der Beginn einer neuen systematischen Ausbeutung der Juden. Sie wurden nun aus allen wirtschaftlichen Bereichen ausgeschlossen, ihre Betriebe wurden ersatzlos von „arischen“ Treuhändern übernommen oder aufgelöst.
Die Lebensbedingungen der deutschen Juden wurden immer weiter verschärft. Im Jahr 1939 mußten Juden ihren Schmuck und alle Edelmetalle abliefern, „arische“ Wohnhäuser räumen, Radios abgeben und ihre Telefone kündigen. Ab 1. September 1941 mußten Juden in Deutschland öffentlich einen gelben Stern tragen. Im eroberten Polen, dem „Generalgouvernement“, war dies schon seit dem 23. November 1939 vorgeschrieben.
Mit dem Beginn des Zweiten Weltkrieges und dem Einmarsch deutscher Truppen in Polen begannen auch die ersten Deportationen von Juden aus Böhmen, Mähren und aus Österreich nach

T 36 Peter Brückner: Die „Technik des Nichtwissens", 1980

Brückner war Professor für Psychologie an der Technischen Universität Hannover.

[...] Die zweite Gruppe von Informationen war jedermann zugänglich, wie mir scheint. Sie betraf das Schicksal der Juden. Der langsame Prozeß ihrer Entrechtung vollzog sich öffentlich. Aber dennoch hat es sehr lange gedauert, bis mir die eigentliche und furchtbare Bedeutung des praktizierten Antisemitismus aufging. Ich meine damit, daß ich keine zureichende Vorstellung, keine Phantasie über das Elend hatte, das die NS-Gesetzgebung über die Juden brachte, und daß alle Informationen über das jüdische Schicksal für mich lange Zeit hindurch isolierte, fragmentierte Nachrichten geblieben sind, ohne Verbindungen zu jenem – schwankenden, widersprüchlichen – Konzept des „Ganzen" der NS-Gesellschaft, wie es sich in einem 16jährigen langsam bildete.

Nicht die „Kristallnacht", sondern die Emigration des Vaters meiner Halbbrüder brachten hier die Zäsur. Bis dahin, Herbst 1938, blieb das Schicksal der Juden für mich viel randständiger als das der Kommunisten oder der Homosexuellen. Dazu trug zweifellos bei, daß es zwar wenigstens Gerüchte über KZ-Lager, politische Verfolgung gab; auch über Erschlagene, Gefolterte, Erschossene, Verschwundene, aber keine Gerüchte über das Leben – oder das langsame Sterben – der Juden.

Man sah sie ja auch nicht mehr, oder kaum. Und wenn man sie sah, hätte man sie nicht erkannt. Woran denn?

Daß es ewig Gerüchte über Judenverfolgungen gab, ist gleichwohl merkwürdig, und wenn diese meine Erfahrung hier verallgemeinert werden darf, so vielleicht auch eine andere. Ich sagte schon: Wir wußten, daß es KZ's gab, und kannten – ungefähr – ihre Realität. Dennoch habe ich viele Lagernamen erst nach dem Krieg gehört. Die Gerüchtebildung war also auch hier bemerkenswert unvollständig. Ich habe keine Theorie über die mutmaßlichen Ursachen, ich glaube aber, wenigstens ein dafür wichtiges Element der damaligen Kommunikationsstrukturen zu erkennen.

Es gab bei manchem sonst Hellhörigen eine spürbare Abwehr dagegen, gewisse Nachrichten über das Grauen im NS-Staat zur Kenntnis zu nehmen: Man erschrak, aber verstummte, wurde unwillig, vergaß. Ich wollte wissen, und das „Vergessen" erschien uns als unwürdig. Und doch erinnere ich mich, daß ich gelegentlich den Impuls spürte, mich zuzuschließen, wie ein indischer Affe nichts zu sehen und nichts zu hören. Warum? Doch nicht um mich der Einsicht in Struktur, Charakter und Zielsetzung des „Dritten Reichs" zu entziehen. Manchmal aus Scham: es gab Verbrechen, denen gegenüber es fast unerträglich sein konnte, Zuhörer zu sein. Im Zugabteil reichten junge Soldaten Fotos herum – nicht die ihrer Bräute, sondern die aufgehängter Polen oder Russen; der Soldat, grinsend, im Vorder- oder Hintergrund, je nachdem. Manchmal aus Angst: vor der Sühne. (War ich denn nicht unschuldig? Gibt es denn im geschichtlichen Kontext Unschuld?) Manchmal – aus Grauen. Ich wollte ja leben, und nicht nur überleben, das heißt aber: Ich wollte auch lachen, mich verlieben, mit Genuß meinen Tee trinken und Gedichte schreiben, und das – oder Ähnliches – wollten auch meine Freunde. Wie soll man das Leben nicht lieben? Und wie konnte man das – nur zu genau wissend, was im Machtbereich des NS-Staates und seiner Heere geschah? [...]

(P. Brückner, Das Abseits als sicherer Ort. Berlin 1980, S. 146 f.)

Problem und Diskussion

1 *Beschreiben Sie mit Hilfe von T 34 und T 35 die Grundzüge der Judenpolitik der NS-Machthaber.*

2 *Informieren Sie sich über die frühe Geschichte des Antisemitismus in Deutschland. (Stadtbibliothek, Schülerbücherei)*

3 *Diskutieren Sie mit Hilfe von T 36, wie Sie sich unter der Herrschaft des Nationalsozialismus angesichts von Nachrichten über die Verbrechen an Juden verhalten hätten.*

5.3 Vernichtung „lebensunwerten Lebens"

Nicht nur die Juden waren Opfer der nationalsozialistischen Verfolgungs- und Mordmaschinerie, sondern auch die Sinti (Zigeuner) und die Angehörigen der Religionsgemeinschaft „Zeugen Jehovas". Aber auch Homosexuelle, Geisteskranke, körperlich mißgebildete und schwerbehinderte Menschen wurden von der NS-Mordmaschinerie erfaßt. Die „Vernichtung lebensunwerten Lebens" war bereits vor 1933 in Deutschland von Ärzten diskutiert und propagiert worden. Die Nationalsozialisten schufen 1933 und 1935 gesetzliche Grundlagen (Sterilisations- und Ehegesundheitsgesetze), durch die Behinderte der Zwangssterilisierung unterworfen wurden und ihnen zum Teil die Eheschließung verboten wurde.

In Schulbüchern und in Vorträgen wurde die sozialdarwinistische Auffassung verbreitet, daß

behinderte und mißgebildete Menschen lebensunwert seien. Man müsse der Natur wieder zu ihrem „Recht" verhelfen.
Mit Ausbruch des Krieges wurde eine geheimgehaltene Aktion „T 4" organisiert, bei der in bestimmten Heil- und Pflegeanstalten etwa 70000 Geisteskranke und körperlich Mißgebildete durch Gas oder Gift getötet wurden. Die beteiligten Ärzte, Pflegerinnen und Pfleger waren zur strengsten Geheimhaltung verpflichtet. Trotzdem wurde die Aktion aufgrund der Transporte von Geisteskranken bekannt. Als Folge der massiven Proteste christlicher Kirchenführer wurden die Aktionen im Jahre 1941 offiziell eingestellt (vgl. 4.2). Heimlich wurden sie aber bis Kriegsende in manchen Anstalten fortgesetzt.
Die Maßnahmen zur „Vernichtung lebensunwerten Lebens" wurden mit dem Begriff der „Euthanasie" (griech.: = schöner Tod) getarnt. Die Vernichtungsmaßnahmen des Nationalsozialsimus hatten jedoch nichts mit der Erleichterung des Sterbens im Sinne heute diskutierter Sterbehilfe zu tun, da er den Kranken das Recht auf Leben absprach.

5.4 Widerstand gegen das NS-Regime

Unter der Herrschaft des Nationalsozialismus gab es keinen einheitlichen, breiten politischen Widerstand gegen das Regime. Dies hatte zwei Gründe: Zum einen verhinderte die Gestapo durch frühzeitige Verhaftungswellen das Entstehen einer wirksamen Opposition, und zum anderen fehlte dem Widerstand der Rückhalt in der Bevölkerung, da Hitlers Politik lange Zeit, bis zu den Niederlagen im Rußlandfeldzug seit 1943, populär war.
Der **politische Widerstand** war in viele unabhängige kleine Gruppen gespalten, die sich uneinig in ihrer Strategie waren oder nicht voneinander wußten oder aufgrund der tiefen weltanschaulichen Gegensätze nicht miteinander handeln konnten. Im wesentlichen wurde der politische Widerstand von Mitgliedern der verbotenen Linksparteien (KPD, SPD), aus den Gewerkschaften und aus den Kreisen der evangelischen und katholischen Kirche gebildet. Daneben gab es ab 1938 eine militärische Opposition. Angesichts der Verfolgung durch die Gestapo und der immer länger dauernden Herrschaft der Nationalsozialisten kam es zwischen den verschiedenen Widerstandsgruppen zu Kontakten, die sich vor allem auf die Fragen der Zukunftsplanungen für die Zeit nach dem Sturz des NS-Regimes erstreckten.
Neben dieser politischen Opposition, die als politischer Widerstandskampf gegen die NS-Herrschaft von den einzelnen Gruppen geführt wurde, gab es Formen von **gesellschaftlicher Verweigerung** gegenüber dem Regime, bei der einzelne Menschen oder ganze Gruppen versuchten, das Eindringen von Nationalsozialisten in ihre beruflichen Bereiche (Militär, Kirche, Bürokratie) zu verhindern. Eine andere Form der gesellschaftlichen Verweigerung bestand darin, daß man versuchte, bewußt an dem hergebrachten Brauchtum festzuhalten, um so ein Zeichen gegen die Nationalsozialisten zu setzen.
Unterhalb der Ebene des bewußten politischen Widerstands gab es auch eine Reihe von Widerstandshandlungen im kleinen, ein nonkonformistisches Verhalten, mit dem das Regime aber nicht beseitigt oder auch nur bemerkenswert verunsichert werden konnte (T 38). Dieses nonkonformistische Verhalten reichte von der Verweigerung des Hitler-Grußes bis zur Nichtteilnahme an offiziell angesetzten NS-Feiern und NS-Kundgebungen, oder es zeigte sich u. a. in der Aufrechterhaltung des Kontaktes mit Juden oder durch das Eintreten für christliche Prinzipien im Alltag. Auch die Hilfe für Verfolgte oder die Versorgung von ausländischen Zwangsarbeitern mit Lebensmitteln gehört zu solch nonkonformistischem Verhalten. Dieses Verhalten setzte immer Mut voraus, und es ist ein Beleg dafür, daß es den Nationalsozialisten nicht gelang, ihren Anspruch der totalen Herrschaft über die Menschen zu verwirklichen.

Stellvertretend für die vielen, die Widerstand leisteten, seien beispielhaft einige Gruppen und einzelne benannt. Aktiven politischen Widerstand organisierten die Kommunisten, Sozialdemokraten und Gewerkschafter durch den Aufbau von Untergrundorganisationen, die vor allem Gegeninformationen gegenüber der Propaganda der Nationalsozialisten verbreiten sollten und Informationen über die NS-Herrschaft an das Ausland weiterleiteten. Solche Gruppen versuchten durch das Verteilen von heimlich hergestellten Flugblättern und durch den Aufbau von Betriebszellen in den Industriebetrieben den politischen Widerstand zu organisieren. Fast alle derartigen Gruppen wurden aber sehr schnell von der Gestapo entdeckt und zerschlagen. Dieses Schicksal erlitten besonders die streng hierarchisch aufgebauten Untergrundgruppen der verbotenen KPD.
Zwischen 1935 und 1938 verhaftete die Polizei etwa 40000 Mitglieder der verbotenen KPD, so daß die Untergrundarbeit der **Kommunisten,** ähnlich wie die der Sozialdemokraten und Sozialisten, fast zum Erliegen kam. Die Arbeit dieser Gruppen mußte sich, wie die Arbeit der illegalen Gewerkschaftsgruppen, immer stärker auf interne Schulung und die Weitergabe von Informationen beschränken. Der von den **Sozialdemokraten** organisierte Widerstand konzentrierte sich zunächst auf die Verbreitung von im Ausland gedruckten Flugblättern und Broschüren, mit denen die Leser über den Charakter des Regimes aufgeklärt werden sollten. Vertrauensleute sammelten Informationen für den Exilvorstand der SPD in Prag, der mit diesen Informationen die Weltöffentlichkeit über den Nationalsozialismus aufzuklären versuchte. Die Gestapo unterband aber diesen Versuch der Gegenpropaganda immer stärker durch das Aufdecken der Verteilerringe.
Der **bürgerliche Widerstand** gegen Hitler rekrutierte sich aus zwei Gruppen. Zum Kreis um den ehemaligen Leipziger Oberbürgermeister Carl Goerdeler gehörten der von Hitler 1938 entlassene Generaloberst Ludwig Beck und der Diplomat Ulrich von Hassel. Im **„Kreisauer Kreis“,** benannt nach dem schlesischen Gut des Grafen Helmuth von Moltke, fanden sich hohe Offiziere, Diplomaten, Christen und Sozialdemokraten zusammen. Beide Gruppen entwickelten in zunehmender Zusammenarbeit ein national-konservatives außenpolitisches Programm, das darauf abzielte, die von Hitler errungenen Positionen (Österreich, Sudetengebiete) zu erhalten. Einige Mitglieder des Kreisauer Kreises waren sich aber darüber im klaren, daß ein Frieden ohne Gebietsverluste von den Alliierten nicht zu erhalten wäre. Die nicht abgeschlossenen Diskussionen um die innenpolitischen Neuordnungen Deutschlands zielten auf eine eher ständisch-orientierte Staatsordnung hin, in der liberaldemokratische Vorstellungen der Weimarer Zeit keinen Platz hatten. Allerdings gab es in den Diskussionen auch christlich-sozialistische Elemente, die vor allem von den sozialdemokratischen Vertretern im Kreisauer Kreis vorgetragen wurden (T 39, 40).
Der **militärische Widerstand** hatte sich seit 1938 gegenüber Hitlers Kriegsplänen entwickelt. Hitlers Kriegskurs hatte einen Kreis von politisch oppositionellen Offizieren zu dem Versuch geführt, Hitler abzusetzen, um damit Deutschlands Niederlage in einem kommenden Krieg zu verhindern. Angesichts der außenpolitischen und militärischen Erfolge Hitlers scheiterten die Pläne der militärischen Verschwörung mehrmals.
Im Jahre 1944 wurde Oberst Claus Graf Schenk von Stauffenberg Motor einer Verschwörung gegen Hitler. Als Mitglied der bürgerlich militärischen Widerstandsgruppen um den Kreisauer Kreis unternahm es von Stauffenberg, das Attentat auf Hitler trotz seiner Kriegsverletzung am 20. Juli 1944 selbst auszuführen, nachdem zahlreiche andere Pläne, Hitler zu verhaften oder zu töten, gescheitert waren. Von Stauffenberg hatte als einziger aus dem Kreis der Verschwörer Zutritt zu Hitlers streng bewachtem damaligen Befehlszentrum „Wolfsschanze“ in Ostpreußen. Die von Stauffenberg anläßlich einer Lagebesprechung in einer Baracke in der Nähe Hitlers plazierte Bombe verletzte Hitler aber nur leicht. Der nach dem Attentat nur zögernd in Gang kommende Umsturzversuch brach aufgrund der Tatsache, daß Hitler überlebte und daß die überwiegende Mehrzahl der Militärs sich loyal zu Hitler verhielt, noch in der Nacht des 20. Juli

1944 zusammen. Stauffenberg und drei weitere Offiziere wurden im Hof des Oberkommandos der Wehrmacht in Berlin von hitlertreuen Truppen standrechtlich erschossen.
Generalmajor Henning von Tresckow, einer der führenden Repräsentanten des militärischen Widerstandes, hatte gegenüber Stauffenberg geäußert: „Das Attentat muß erfolgen, coute que coute (koste es, was es wolle). Sollte es nicht gelingen, so muß trotzdem in Berlin gehandelt werden, denn es kommt nicht mehr auf den praktischen Zweck an, sondern darauf, daß die deutsche Widerstandsbewegung vor der Welt und vor der Geschichte den entscheidenden Wurf gewagt hat. Alles andere ist daneben gleichgültig." Die Männer und Frauen, die das Attentat des 20. Juli vorbereitet und mitgetragen hatten, wollten mit ihrer Tat ein Zeichen für ein anderes Deutschland setzen. Vor dem Volksgerichtshof formulierte einer ihrer aktivsten Köpfe, Fritz Dietlof Graf von der Schulenburg: „Wir haben diese Tat auf uns genommen, um Deutschland vor namenlosem Elend zu bewahren. Ich weiß, daß ich dafür gehängt werde, bereue es aber nicht. Ich hoffe nur, daß ein anderer in einem glücklicheren Augenblick sie durchführen wird, um das Vaterland zu retten." Die SS und der Volksgerichtshof nahmen an den Verschwörern und ihren Familien grausame Rache. Im Zusammenhang mit dem 20. Juli wurden etwa 7000 Personen verhaftet, Tausende von Menschen wurden hingerichtet, keiner der Hauptbeteiligten, kaum einer der Mitwisser überlebte. Die Ermittlungen der Gestapo ergaben, daß es den Verschwörern gelungen war, ein breites Netz von Vertrauensleuten zu organisieren, die bereitstanden, auf lokaler Ebene die Macht zu übernehmen. Auch der Brückenschlag zwischen den bürgerlichen, sozialdemokratischen und kommunistischen Widerstandsgruppen war im Ansatz gelungen.
Mutigen Widerstand als einzelner leistete Georg Elser, der, ohne Verbindung zu anderen Gruppen, am 8. November 1939 versucht hatte, Hitler während der traditionellen Gedenkveranstaltung im Münchner Bürgerbräukeller durch Zündung einer Zeitbombe zu töten.
Stellvertretend für den Widerstand, den **Jugendliche** leisteten, sei hier die studentische Gruppe „Weiße Rose" genannt. Die Studenten um die Geschwister Hans und Sophie Scholl und den Professor Kurt Huber in München wollten durch das Verteilen von Flugblättern im Sommer 1942 bis zum Februar 1943 den Widerstand innerhalb der Studentenschaft organisieren. In ihrem letzten Flugblatt schrieben sie: „Der deutsche Name bleibt für immer geschändet, wenn nicht die deutsche Jugend endlich aufsteht, rächt und sühnt zugleich, ihre Peiniger zerschmettert und ein neues geistiges Europa aufrichtet." Besonders im Rheinland bildeten sich spontan jugendliche Protestgruppen, ohne gemeinsames Programm, aber einig im Protest gegen die Unterdrückungsmaßnahmen des NS-Staates. Aus diesen Gruppen fanden sich die „Edelweißpiraten" zusammen, die als Erkennungszeichen ein Edelweiß trugen und sich zunächst nur durch ihr nonkonformistisches Verhalten von der HJ abgrenzen wollten. Einige der Edelweißpiraten schlossen sich in Köln Widerstandsgruppen an, verteilten Flugblätter oder beteiligten sich an Sabotageakten und Attentaten. Das verstärkte Auftreten von jugendlichen oppositionellen Gruppen, besonders in den Großstädten, zeigte, daß die nationalsozialistische Herrschaft in den letzten Kriegsjahren auch unter den Jugendlichen ihren Einfluß teilweise verloren hatte.
Widerstand organisierten auch die **politischen Emigranten** aus den Bereichen von Literatur und Wissenschaft, die aufgrund der rassistischen und politischen Verfolgung Deutschland verlassen mußten. Die Aktivitäten der etwa 2000 Emigranten aus dem literarischen Bereich, unter ihnen Thomas und Heinrich Mann, trugen dazu bei, daß im Ausland die nationalsozialistischen Propagandalügen nicht geglaubt wurden. Zur wichtigsten Leistung der politischen Emigranten gehört die Herausgabe von etwa 400 Zeitungen, Zeitschriften und Nachrichtendiensten, mit denen das Ausland über die Zustände in Deutschland informiert werden sollte. Aber wie dem Widerstand im Innern, blieb auch den Exilorganisationen der durchgreifende Erfolg gegen das NS-Regime versagt. Die Leistungen des Widerstandes insgesamt aber waren eine wichtige moralische und politische Grundlage für den Neuanfang nach der Niederlage 1945.

T 37 Abstimmung mit den Füßen 1938

Aus dem Lagebericht der Geheimen Staatspolizeistelle Braunschweig an das Geheime Staatspolizeiamt für den Monat Mai 1938.

Marxismus: Fehlanzeige.

Zusatz: Zur Beurteilung der allgemeinen Lage ist folgende Erscheinung bei den Veranstaltungen zum 1. Mai d.J. erwähnenswert. Bei dem Abmarsch der Betriebe zu dem Kundgebungsplatz war zunächst eine 100%ige Teilnahme vorhanden, die aber schon während des Marsches durch die Stadt etwas nachließ. Beim Eintreffen vor dem Festplatz strömte der letzte Teil der einzelnen Marschblocks nach allen Seiten auseinander und gingen ohne den Festplatz betreten zu haben in die Stadt zurück. Es setzte danach ein allgemeines Zurückfluten der Massen vom Kundgebungsplatz ein, so daß zu Beginn der Führerrede etwa nur noch 1/3 der gesamten Festteilnehmer auf dem Platze vorhanden waren. [...]

(Mason, Arbeiterklasse ..., a.a.O., S.649f.).

T 38 Formen des Widerstandes

Man hat sich angewöhnt, als „Widerstand" im Dritten Reich nur zu qualifizieren, was – wie im Falle Eisinger/Meier, der „Weißen Rose", der nationalbolschewistischen Verschwörung der „Roten Kapelle" oder der Männer des 20. Juli 1944 – damals unter dem strafrechtlichen Begriff des Hochverrats subsumiert werden konnte, das heißt, letzten Endes auf den Sturz des Regimes abzielte. Kaum weniger beunruhigend für das Regime waren die viel häufigeren Formen der Oppositionen gegen bestimmte nationalsozialistische Zielsetzungen und Maßnahmen, besonders wenn sie breite Volksstimmung hinter sich hatten und mobilisieren konnten. Empfindlich trafen die braunen Machthaber, die Volksstimmungsmache so sehr als ihre eigene Domäne betrachteten, vor allem die kirchlich-religiös motivierten Volksproteste, die in Bayern und anderswo seit Beginn des Kirchenkampfes 1934/35 immer wieder aufflammten. Schauplatz des Geschehens waren dabei kleine Orte in der kirchenfrommen Provinz oft mehr als die großstädtischen Zentren. [...]

Vergleichbare Fälle, in denen Geistliche ihre Autorität bei den Gläubigen ausreizten, soweit ohne letzte Selbstaufopferung möglich, waren Legion, die dabei riskierten Sanktionen erheblich, aber halbwegs kalkulierbar und noch tragbar. Bauern und Mägde, die sich um das volks- und rassepolitische Gebot der Diskriminierung von Fremdarbeitern während des Krieges nicht kümmerten, Arbeiter, die NS-Betriebsversammlungen ostentativ fernblieben oder, zur Durchsetzung besserer Arbeits- oder Lohnbedingungen, gar zum verpönten Mittel der Arbeitsverweigerung griffen, hatten ähnliches zu gewärtigen. Schon das an sich unpolitische Beharren auf traditionellen Formen menschlich-sozialen Umgangs, auf persönlichen Interessen und Neigungen, konnte unter den Bedingungen des NS-Regimes politische Opposition darstellen und die Gestapo auf den Plan rufen.

Wenn auch die Anwendung des Widerstandsbegriffes hierfür problematisch sein mag, so verdeutlichen solche häufigen Vorkommnisse doch, daß es im Dritten Reich neben fundamentalem aktiven Widerstand viele Potentiale partieller gesellschaftlicher Resistenz gab, die das Durchsetzen der tendenziell unbegrenzten Ziele der totalitären Herrschaft beschränkten und Räume der Immunität bewahrten. [...]

(E. Fröhlich/H. Mehringer, Der Schrei der Ohnmächtigen. In: Süddeutsche Zeitung v. 17./18.9. 1983, Beilage)

T 39 Aus einer Denkschrift Goerdelers Herbst 1943

[...] Daß Deutschland materiell genügend stark wieder werden muß, ergibt sich aus der Notwendigkeit, das Deutsche Reich zumindest gegen einen dauernden Druck der gewaltigen russischen Kraft zu sichern. Daraus ergibt sich auch die Notwendigkeit, den territorialen Bestand Deutschlands, wie er sich durch die Geschichte als sinnvoll und notwendig herausgestellt hat, zu erhalten.

Alle Pläne, Deutschland aufzuteilen, müssen immer wieder Spannungen in Deutschland und damit in Europa erzeugen. Denn Deutschland liegt nun einmal in der Mitte des Kontinents. Als deutsche Grenzen kommen in Betracht: im Osten etwa die Reichsgrenze von 1914;

im Süden die in der Konferenz von München 1938 anerkannte Grenze einschließlich Österreichs; auch muß Südtirol, ein rein deutsches Land, bis zur Grenze Bozen–Meran zu Deutschland zurückkehren. Die italienische Herrschaft hat dort nur Verbitterung und Rückschritt erzeugt; im Westen ist die Elsaß-Lothringen-Frage sehr schwer zu lösen; es gibt keine Ruhe, wenn Elsaß-Lothringen in seinem alten Bestand zu Deutschland oder Frankreich geschlagen wird; es gibt zwei andere Möglichkeiten:

a) entweder Elsaß-Lothringen wird ein autonomes Land etwa in der Stellung der Schweiz, oder

b) durch eine neutrale Kommission wird die Sprachgrenze ermittelt, wie sie 1918 und 1938 war. Zwischen diesen beiden Linien muß die Grenze zwischen Frankreich und Deutschland liegen. Daß in diesem zweiten Falle Deutschland Elsaß-Lothringen weitgehende Selbstverwaltung zuweist, liegt ebensosehr in sachlichen Notwendigkeiten wie in unseren Überzeugungen und Zielen begründet;

im Norden muß in ähnlicher Weise wie im Westen die gerechte Grenze gegenüber Dänemark ermittelt werden.

Im übrigen werden in einem europäischen Staatenbunde, auf den wir hinstreben müssen, innereuropäische Grenzen eine immer geringere Rolle spielen. Dieser territoriale Bestand des Deutschen Reiches setzt eine Verständigung über Polen voraus. Soweit sich jetzt übersehen läßt, ist der Bestand Polens

davon abhängig, daß die deutsche Front im Osten die polnische Ostgrenze von 1938 hält. Bricht sie zusammen, so ist Polen an Rußland verloren. [...]
(B. Scheurig [Hrsg.], Deutscher Widerstand 1938–1944. München [2]1984, S. 208f.)

T 40 Aus den Grundsätzen des Kreisauer Kreises für die staatliche Neuordnung. Entwurf vom 9. 8. 1943

[...] I. Die Gemeinde
Gemeindevertretungen werden von allen Wahlberechtigten in geheimer, unmittelbarer Wahl gewählt. Aktiv wahlberechtigt ist jeder, der das 21. Lebensjahr vollendet hat oder Kriegsteilnehmer ist; Familienoberhäupter erhalten für jedes nicht wahlberechtigte Kind eine zusätzliche Stimme; wählbar ist jeder, der das 27. Lebensjahr vollendet hat und auf dessen Kandidatur sich eine nach der Größe der Gemeinde zu bestimmende Zahl von Wahlberechtigten einigt; nicht wählbar sind Waffenträger. [...]
III. Das Land
1. Der Landtag der Länder und die Stadtversammlung der kreisfreien Städte werden von den Vertretungen der Kreise und Städte bzw. von den Vertretungen der politischen Untergliederungen solcher Städte gewählt. – Wählbar ist jeder männliche Landes- oder Stadtbürger, der das 27. Lebensjahr vollendet hat. Nicht wählbar sind politische Beamte und Waffenträger. Durch die Wahlordnung ist sicherzustellen, daß mindestens die Hälfte der Gewählten nicht einer der wählenden Körperschaften angehört.
Dem Landtag obliegen folgende Aufgaben:
Beschlußfassung über Haushalt, Steuern und Landesgesetze; Fragerecht gegenüber dem Landeshauptmann und Resolutionsrecht zu allen Fragen der allgemeinen Landespolitik und Landesverwaltung; Wahl des Landesverwesers auf Vorschlag des Landesrats.
2. Die Landesregierung besteht aus dem Landeshauptmann und der erforderlichen Anzahl von Staatsräten. Der Landeshauptmann wird vom Landtag auf Vorschlag des Landesverwesers gewählt; die Staatsräte werden vom Landesverweser auf Vorschlag des Landeshauptmanns ernannt. Die Mitglieder der Landesregierung müssen ihren angestammten Wohnsitz in ihren Ländern haben.
Der Landesregierung obliegt neben der Regierung des Landes die Durchführung der Reichsaufgaben auf dem Landesgebiet.
3. Dem Landesrat obliegt es, dem Landtag Kandidaten für die Wahl des Landesverwesers vorzuschlagen, Empfehlungen an den Landtag zu richten und die Disziplinargerichtsbarkeit über die Mitglieder der Landesregierung auszuüben.
4. Der Landesverweser wird auf Vorschlag des Landesrats durch den Landtag auf 12 Jahre gewählt und vom Reichsverweser in seinem Amt bestätigt. Dem Landesverweser obliegt die Überwachung der gesamten Landesverwaltung und die Ernennung der Beamten. Er trägt die Verantwortung für die Verwirklichung der Reichspolitik in dem Lande. Er führt den Vorsitz im Landesrat.
IV. Das Reich
1. Der Reichstag wird von den Landtagen gewählt. Wählbar ist jeder männliche Reichsbürger, der das 27. Lebensjahr vollendet hat. Nicht wählbar sind politische Beamte und Waffenträger. Vorläufig ist durch die Wahlordnung sicherzustellen, daß mindestens die Hälfte der Gewählten nicht einer der wählenden Körperschaften angehört.
Dem Reichstag obliegen folgende Aufgaben:
Beschlußfassung über den Reichshaushalt, die Reichssteuern und die Reichsgesetze.
Fragerecht gegenüber dem Reichskanzler und Resolutionsrecht zu allen Fragen der Reichspolitik.
Wahl des Reichsverwesers auf Vorschlag des Reichsrats.
2. Die Reichsregierung besteht aus dem Reichskanzler und den Reichsministern. Der Reichskanzler wird von dem Reichsverweser mit Zustimmung des Reichstags berufen; die Minister werden vom Reichsverweser auf Vorschlag des Reichskanzlers ernannt. Der Reichsverweser kann den Reichskanzler abberufen; die Abberufung wird mit der Ernennung eines neuen Reichskanzlers wirksam. Der Reichstag hat das Recht, die Abberufung des Reichskanzlers mit qualifizierter Mehrheit zu verlangen, sofern er zugleich dem Reichskanzler die Berufung eines neuen Reichskanzlers vorschlägt.
3. Der Reichsrat besteht aus den Landesverwesern, den Präsidenten des Reichstags und der Reichswirtschaftskammer und aus vom Reichsverweser mit Zustimmung der Reichsregierung auf 8 Jahre berufenen Reichsräten. Der Reichsrat soll dem Reichstag Kandidaten für die Wahl des Reichsverwesers vorschlagen, Grundsätze für die Versetzung von Beamten aus einem Land in ein anderes Land und aus dem Dienst eines Landes in den Dienst des Reiches festsetzen; Empfehlungen an den Reichstag richten, die Disziplinargerichtsbarkeit über die Reichsregierung und die Landesverweser ausüben.
4. Der Reichsverweser wird auf Vorschlag des Reichsrats vom Reichstag auf 12 Jahre gewählt. Der Reichsverweser hat den Oberbefehl über die Wehrmaht und den Vorsitz im Reichsrat. Mit der Gegenzeichnung des Reichskanzlers vertritt er das Reich nach außen. Er vollzieht die Reichsgesetze, ernennt und entläßt die Reichsminister und Reichsbeamten. [...]
(B. Scheurig, a.a.O., S. 199ff.)

Problem und Diskussion

1 *Beschreiben Sie Widerstandsformen und versuchen Sie den Begriff „Widerstand" einzugrenzen.*
2 *Analysieren Sie die Pläne des Widerstandes (T 39, 40) und versuchen Sie eine Bewertung im historischen Kontext.*

6. Der Weg in den Zweiten Weltkrieg

6.1 Wirtschaftliche Vorbereitungen

Im November 1932 forderten Repräsentanten der Wirtschaft in einer Eingabe an den Reichspräsidenten von Hindenburg die Ernennung von Adolf Hitler zum Reichskanzler. (s. 2. u. T 9) Maßgebliche Vertreter der Schwer- und Chemieindustrie, vor allem der IG-Farbenkonzern, waren nun auf das Wirtschaftsprogramm der NSDAP eingeschwenkt. Die Industrie ging davon aus, daß – entsprechend Hitlers Versicherungen vor dem Industrieclub 1932 in Düsseldorf – die NSDAP die kapitalistische Wirtschaftsordnung und das Privateigentum nicht beseitigen werde und daß die von der Partei versprochene Aufrüstungspolitik die ökonomischen Schwierigkeiten der Weimarer Zeit, unter maßgeblicher Beteiligung der Industrie, lösen würde. Daraufhin unterstützte sie die Partei finanziell.
Große Teile der Wirtschaft billigten das nationalsozialistische Expansionsprogramm, das auf der Voraussetzung beruhte, daß Deutschland weitgehend unabhängig von Einfuhren wichtiger Rohstoffe und Lebensmittel werden müßte (Autarkie).
Bereits vier Tage nach seiner Ernennung zum Reichskanzler erklärte Hitler vor den Befehlshabern der Reichswehr (s. 2. u. T 13), die wirtschaftliche Krise langfristig durch Aufrüstung und Eroberung neuen Lebensraumes im Osten lösen zu wollen. Die nationalsozialistische Wirtschaftspolitik war von Anfang an der „Wehrhaftmachung des deutschen Volkes“ orientiert. Diesem Ziel wurde auch die zunächst notwendige Bekämpfung der Arbeitslosigkeit untergeordnet.
Nationalsozialismus, Reichswehr und Großwirtschaft schlossen einen ungeschriebenen Pakt, bei dem die nationalsozialistische Staatsführung die Ziele vorgab, die Reichswehr die Bedarfspläne zur Aufrüstung formulierte und die Großindustrie in relativer Unabhängigkeit – bei Erhaltung des marktwirtschaftlichen Systems – das Aufrüstungsprogramm vollzog.
Die Staats- und insbesondere die Militärausgaben wuchsen zwischen 1934 und 1939 so stark an, daß diese nicht durch das Steueraufkommen zu decken waren. 1938 betrugen die Staatsausgaben rund 30 Mrd. Reichsmark, das waren 35% des Volkseinkommens. Die Steuereinnahmen beliefen sich auf 17,7 Mrd. Reichsmark. Die Rüstungsausgaben wurden von Anfang an über Kredite der Reichsbank finanziert, die der Wirtschaft über eine Scheinfirma (Metallurgische Forschungsgesellschaft, MEFO) Kapital zur Verfügung stellte. Lieferanten der Wehrmacht wurden mit Wechseln auf diese Scheinfirma („Mefo-Wechsel“) bezahlt, die bei der Reichsbank eingelöst werden konnten. Von 1934 bis März 1938 betrug der Umfang dieser verdeckten Rüstungsfinanzierung 12 Mrd. RM. Als 1938 die ersten Wechsel fällig wurden, trug das Reich nur einen Teil der Schulden ab. Der Rest (10 Mrd. RM) wude durch Neuverschuldung beglichen. Die enorme Steigerung der Verschuldung des Reiches nahmen die Nationalsozialisten bewußt in Kauf, da sie möglichst schnell einen modernen und umfangreichen Rüstungsstandard der Wehrmacht erreichen wollten. Die von der Wehrmacht zu erobernden Gebiete sollten dann die Kosten der Aufrüstung tragen.
Die **Volkswirtschaft** wurde durch die **Aufrüstung** vollständig umstrukturiert. „Während sich das Bruttosozialprodukt (BSP) von 1932 bis 1939 von 85 Mrd. Reichsmark auf 180 Mrd. Reichsmark etwas mehr als verdoppelte, stiegen die Rüstungsausgaben von 0,8 Mrd. Reichsmark um mehr als auf das 35fache oder von unter 1% des BSP auf ca. 23% an.“ (Dülffer) 1943 machten die Rüstungsausgaben 61% des BSP aus. Insgesamt beliefen sich die Rüstungsausgaben nach Schätzungen in den Jahren von 1932 bis 1939 etwa auf 80 Mrd. Reichsmark.
Um das Ziel der **Autarkie Deutschlands** in wichtigen Bereichen der Rüstungswirtschaft zu erreichen, finanzierten die Nationalsozialisten, unabhängig von den unwirtschaftlichen Kosten, die Herstellung von synthetischem Benzin und schlossen mit der IG-Farbenindustrie darüber einen

Eröffnung der ersten Reichsautobahnstrecke durch Hitler am 19. Mai 1935 bei Darmstadt

langfristigen Vertrag ab. Ebenso übernahm das Reich die Kosten für die Herstellung von künstlichem Kautschuk (Buna). Gleichfalls wurde die Erschließung deutscher Erzlager vorangetrieben und der Ersatz von Textilgrundstoffen durch Kunststoff-Fasern eingeleitet.
Die Autarkie- und Rüstungspolitik führte die Wirtschaft mehrmals in größere Krisen, die die Nationalsozialisten durch die immer stärker werdende Verbindung zwischen staatlicher Bürokratie und Industrie und schließlich durch die politische und militärische Expansion zu lösen versuchten. 1936 wurde von Hitler der „Vierjahresplan" verkündet (T 41), dessen Ziel er in einer Denkschrift eindeutig auf die Vorbereitung eines Krieges festlegte: „Die deutsche Armee muß in vier Jahren einsatzfähig, die deutsche Wirtschaft muß in vier Jahren kriegsfähig sein." Mit der Durchführung des Vierjahresplanes wurde der preußische Ministerpräsident Hermann Göring beauftragt, der in einer neuen Superbehörde alle rüstungswirtschaftlichen Abläufe koordinieren sollte. In der Behörde des Vierjahresplanes wirkten zahlreiche Repräsentanten der Wirtschaft als Koordinatoren, so zum Beispiel an leitender Stelle der IG-Farben-Direktor Krauch, der zugleich seine Position im IG-Farben-Konzern beibehielt und immer mehr zu einem der wichtigsten Wirtschaftsfachleute des NS-Staates wurde.
Am 5. November 1937 legte Hitler im Kreis der Oberbefehlshaber der Wehrmacht und des Reichsaußenministers eine Bilanz seiner viereinhalbjährigen Herrschaft vor und kam dabei zu dem Ergebnis, daß die Autarkie auf dem Gebiet der Rohstoffversorgung vielleicht möglich sei, auf dem Gebiet der Lebensmittelversorgung sei sie allerdings unmöglich. Entsprechend seinen politischen und militärischen Zielen erklärte Hitler nun den Befehlshabern der Wehrmacht, daß wirtschaftliche Unabhängigkeit nur durch eine „einzige, uns vielleicht traumhaft erscheinende Abhilfe ...", in der Gewinnung eines größeren Lebensraumes zu erreichen sei. Hitler verkündete den Zeitpunkt als gekommen, Blitzkriege zur Stärkung der eigenen wirtschaftlichen Position vorzubereiten (T 45).

Eine neu aufgestellte Flakabteilung (Flugabwehr) auf dem Wege nach Berlin. Die Reichsautobahnen gehörten zum Rüstungsprogramm Hitlers.

Angesichts der Überlastung der deutschen Wirtschaft durch die Rüstungsproduktion und des starken Rückgangs der Devisen und der Rohstoffvorräte drängten führende militärische, industrielle und wirtschaftliche Kreise auf die Errichtung einer nationalsozialistischen Großraumwirtschaft in Mittel- und Osteuropa. Die schnelle Aufrüstung stürzte die deutsche Wirtschaft in eine Krise, in der es nur noch die Alternative Staatsbankrott oder Krieg zu geben schien.
Zunächst versuchte das NS-Regime die Krise politisch zu lösen. Der Anschluß Österreichs an das Deutsche Reich im März 1938 bedeutete die erste Stufe im Expansionsprogramm. „Die in Österreich vorgefundenen Rohstoffvorräte, sowie Geld und Devisenbestände erwiesen sich als so groß, daß die deutsche Rohstoff-Devisenwirtschaft nach der bestehenden Planung das Jahr 1938 hindurch fortgeführt und aufrecht erhalten werden" konnte (Volkmann, S. 325).
Österreich brachte an Gold und Devisenbeständen den 21fachen Betrag dessen ein, was die Reichsbank an Barvermögen besaß. Auch der Einmarsch in die Tschechoslowakei verbesserte kurzfristig die Rüstungs- und Rohstoffsituation. Vor allem fielen den Nationalsozialisten hochwertige Produktionsanlagen für die Rüstung in die Hand.
Die Forschung hat auch die ökonomischen Hintergründe für den überraschend abgeschlossenen Pakt zwischen Hitler und Stalin im August 1939 offengelegt. Der Ausbau der Handelsbeziehungen zwischen der Sowjetunion und dem nationalsozialistischen Deutschland hatte auf deutscher Seite das Ziel, eine mögliche englische Blockade des deutschen Handels im Falle eines Krieges unwirksam werden zu lassen.
Die Lieferungen der Sowjetunion, besonders der für die Kriegsrüstung notwendigen Mangan- und Chromerze, von Phosphat und Asbest schufen die Voraussetzungen für die kriegerische Expansion, deren Opfer dann auch die Sowjetunion werden sollte.

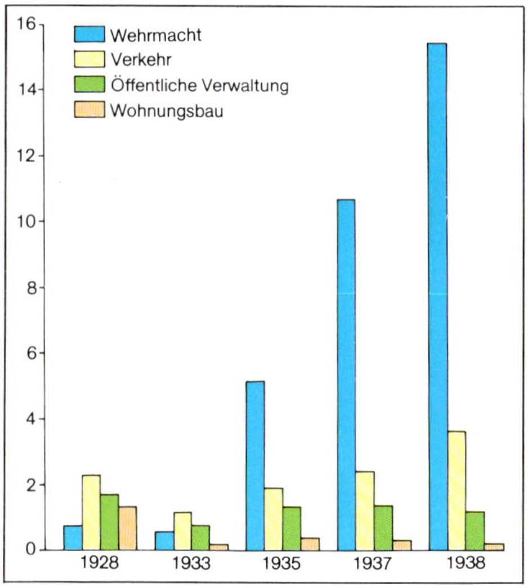

Öffentliche Investitionen im Deutschen Reich (in Mrd. RM)

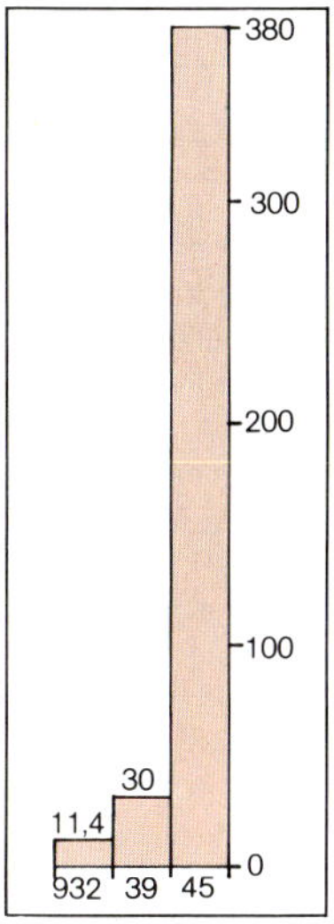

Staatsverschuldung im Deutschen Reich (in Mrd. RM)

T 41 Aus Hitlers geheimer Denkschrift über den Vierjahresplan (1936)

Mit dem sog. Vierjahresplan wurde die deutsche Wirtschaft endgültig auf den kommenden Krieg ausgerichtet. Der neue Beauftragte für den Vierjahresplan, Hermann Göring, erklärte am 17. Dez. 1936 vor Vertretern der Wirtschaft: „Die Auseinandersetzung, der wir entgegen gehen, verlangt ein riesiges Ausmaß an Leistungsfähigkeit. Es ist kein Ende der Aufrüstung abzusehen. Allein entscheidend ist hier der Sieg oder Untergang. Wenn wir siegen, wird die Wirtschaft genug entschädigt werden. Man kann sich nicht richten nach buchmäßiger Gewinnrechnung, sondern nur nach den Bedürfnissen der Politik. Es darf nicht kalkuliert werden, was kostet es. Ich verlange, daß Sie alles tun und beweisen, daß Ihnen ein Teil des Volksvermögens anvertraut ist. Ob sich in jedem Fall die Neuanlagen abschreiben lassen, ist völlig gleichgültig. Wir spielen jetzt um den höchsten Einsatz. Was würde sich wohl mehr lohnen als Aufträge für die Rüstung?" (Hildebrand, S. 49).

Der folgende Ausschnitt aus Hitlers geheimer Denkschrift zum Vierjahresplan enthält die grundsätzliche Weisung der Umstellung der Wirtschaft auf Kriegswirtschaft.

Wenn es uns nicht gelingt, in kürzester Frist die deutsche Wehrmacht in der Ausbildung, in der Aufstellung der Formationen, in der Ausrüstung und vor allem auch in der geistigen Erziehung zur ersten Armee der Welt zu entwickeln, wird Deutschland verloren sein!

Es gilt hier der Grundsatz, daß das, was in Monaten des Friedens versäumt wurde, in Jahrhunderten nicht mehr eingeholt werden kann.

Es haben sich daher dieser Aufgabe alle anderen Wünsche bedingungslos unterzuordnen. [...]

Wir sind übervölkert und können uns auf der eigenen Grundlage nicht ernähren. [...] Die endgültige Lösung liegt in einer Erweiterung des Lebensraumes bzw. der Rohstoff- und Ernährungsbasis unseres Volkes. Es ist die Aufgabe der politischen Führung, diese Frage dereinst zu lösen [...]

Die Erfüllung dieser Aufgaben in der Form eines Mehr-Jahres-Plans der Unabhängigmachung unserer nationalen Wirtschaft vom Ausland wird es aber auch erst ermöglichen, vom deutschen Volk auf wirtschaftlichem Gebiet und dem Gebiete der Ernährung Opfer zu verlangen, denn das Volk hat dann ein Recht, von seiner Führung, der es die blinde Anerkennung gibt, zu verlangen, daß sie auch auf diesem Gebiete durch unerhörte und entschlossene Leistungen die Probleme anfaßt und sie nicht bloß beredet, daß sie sie löst und nicht bloß registriert!

Es sind jetzt fast 4 kostbare Jahre vergangen. Es gibt keinen Zweifel, daß wir schon heute auf dem Gebiet der Brennstoff-, der Gummi- und zum Teil auch in der Eisenerzversorgung vom Ausland restlos unabhängig sein könnten. Genauso wie wir zur Zeit 7 oder 800000t Benzin produzieren, könnten wir 3 Millionen t produzieren. Genauso wie wir heute einige Tausend t Gummi fabrizieren, könnten wir schon jährlich 70 und 80000t erzeugen. Genauso wie wir von 2½ Millionen t Eisenerz-Erzeugung auf 7 Millionen t stiegen, könnten wir 20 oder 25 Millionen t deutsches Eisenerz verarbeiten und, wenn notwendig, auch 30. Man hat nun Zeit genug gehabt, in 4 Jahren festzustellen, was wir nicht können. Es ist jetzt notwendig, auszuführen das, was wir können.

Ich stelle damit folgende Aufgabe:

I. Die deutsche Armee muß in 4 Jahren einsatzfähig sein.

II. Die deutsche Wirtschaft muß in 4 Jahren kriegsfähig sein.

(Hofer, Dokumente. A.a.O., S. 86)

Deutschlands Einfuhr an wichtigen mineralischen Rohstoffen (in 1000 t)

Ware	1939 gesamt	1939 aus der UdSSR	1940 gesamt	1940 aus der UdSSR	1. Halbjahr 1941 gesamt	1. Halbjahr 1941 aus der UdSSR
Phosphorsaurer Kalk	1025	31	174	129	127	55
Asbest	18	1	12	8	12	7
Chromerz	193	–	40	26	4	–
Manganerz	235	6	119	65	116	75
Mineralöle u. Rückstände	4694	5	1806	617	816	248
Platin und Platinmetalle (in kg)	3320	1	2290	1474	1546	1262
Rohzinn	9	–	7	1	1	0
Rohnickel	3	–	5	2	2	1
Kupfer	144	–	105	7	52	7

Im Blick auf den geplanten Lebensraumkrieg gegen die UdSSR begnügte sich das Dritte Reich mit einem Minimum an Gegenleistungen, die gerade das Maß dessen erreichten, was notwendig erschien, um die sowjetischen Einfuhren nicht zu gefährden. Bei dem Überfall auf die Sowjetunion stand Deutschland jedenfalls tief in deren Schuld. Über ihre Höhe differieren die Angaben der russischen und deutschen Statistiker, was nicht zuletzt auf den schwankenden Rubelkurs zurückzuführen ist. Nimmt man einen Mittelwert, dann dürfte Berlin etwa zwischen 57 und 67% der sowjetischen Lieferungen mit deutschen industriellen Gütern, vor allem mit Metallwaren, Maschinen und elektrotechnischem Gerät kompensiert haben; die Restschuld blieb ungedeckt. [...]
(H. E. Volkmann, Die NS-Wirtschaft in Vorbereitung des Krieges. In: Das Deutsche Reich und der Zweite Weltkrieg. Hrsg. vom Militärgeschichtlichen Forschungsamt. Bd. 1. Stuttgart 1979, S. 358)

Problem und Diskussion

1 *Beschreiben Sie die wirtschaftlichen Maßnahmen der Nationalsozialisten in den Anfangsjahren ihrer Herrschaft. Ziehen Sie Kap. 4.4 hinzu.*

2 *Auf welche Ziele orientierten die Nationalsozialisten ihre Wirtschaftspolitik nach 1936?*

3 *Analysieren Sie Hitlers Denkschrift zum Vierjahres-Plan und stellen Sie Vermutungen an, wie die Adressaten (Militärs und Wirtschaftsfachleute) Hitlers Pläne beurteilt haben werden.*

4 *Untersuchen Sie die Tabelle über die deutsche Einfuhr an mineralischen Rohstoffen und beschreiben Sie die Bedeutung der sowjetischen Lieferungen für das NS-Regime.*

6.2 NS-Außenpolitik: Friedensreden und Drohungen

Die nationalsozialistische Außenpolitik, die im wesentlichen von Hitler selbst konzipiert und durchgesetzt wurde, knüpfte an der imperialistischen Großmachtpolitik des Deutschen Reiches vor 1914 an und versuchte diese **Großmacht- und Großraumpolitik** schrittweise zu verwirklichen. Der entschiedene Versuch, die Ergebnisse des Ersten Weltkrieges und die Bestimmungen des Versailler Vertrages zu verändern, fand die Zustimmung der konservativen Führungsgruppen in Politik und Wirtschaft.

Hitlers Außenpolitik schien zunächst nur die traditionelle Außenpolitik des Deutschen Reiches fortzusetzen, seine spezifischen Ziele, die Eroberung von Lebensraum im Osten und die Vernichtung der Juden in Europa, wurden aufgrund der guten Tarnung zu spät erkannt. Entsprechend Hitlers Darlegungen in seinen Büchern „Mein Kampf" und seinem „Zweiten Buch" verfolgte er eine Außenpolitik, die das Ziel hatte, das germanische Herrenvolk zum Herrscher über ganz Mittel- und Osteuropa zu machen. Die Sowjetunion sollte erobert werden, der Bolschewismus und das Judentum waren zu vernichten. Fernziel war eine weltweite Vorherrschaft der „höherwertigen" germanischen Rasse. Zunächst sollte die Welt aber in eine deutsche und in eine englische Einflußsphäre aufgeteilt werden.

Die ersten Schritte der nationalsozialistischen Außenpolitik schienen den Friedenswillen der deutschen Regierung zu belegen. Die Hitlerregierung verlängerte den Vertrag mit der Sowjet-

union von 1926 (Berliner Vertrag). Sie schloß mit dem Vatikan am 20. Juli 1933 ein Konkordat (Staatsvertrag) und vereinbarte im Januar 1934 einen Nichtangriffspakt mit Polen. Mit diesem Vertrag schien die aggressive Politik der Weimarer Republik gegenüber Polen zunächst beendet. Die angeblichen Friedensabsichten der Nationalsozialisten wurden auch durch das deutsch-englische Flottenabkommen vom 18. Juni 1935 bestätigt, in dem sich das Deutsche Reich verpflichtete, seine Flotte nur bis zu 35% der Stärke der britischen Marine aufzurüsten. Die Zahl der deutschen U-Boote wurde auf 45% der britischen beschränkt.
Diese „Friedenspolitik" wurde durch Friedensreden Hitlers (T 43) und Goebbels (T 44) begleitet, mit denen sie den Eindruck in der Welt erwecken wollten, daß Deutschland seine Ziele nur auf friedlichem Wege verfolgen würde. Zugleich testete aber Hitler mit einer Reihe von aggressiven Akten die Standfestigkeit der westlichen Staaten und kündigte schrittweise die vertraglichen Verpflichtungen Deutschlands einseitig auf.
Den Auftakt bildete der **Austritt aus dem Völkerbund** am 14. Oktober 1933, um freie Hand für seine Aufrüstungspläne zu haben. Am 16. März 1935 führte die Hitlerregierung unter Bruch der Bestimmungen des Versailler-Vertrages die allgemeine Wehrpflicht ein. Hitler unterstützte das faschistische Italien bei dessen Überfall auf das afrikanische Abessinien (heute: Äthiopien) 1936 und lieferte gleichzeitig dem abessinischen Negus (= Kaiser) Waffen für seinen Kampf gegen Italien. Auf diese Weise wurde der afrikanische Konflikt verlängert, in dessen Windschatten die deutsche Wehrmacht am 7. März 1936 überraschend in die nach dem Versailler Vertrag entmilitarisierte Zone des Rheinlandes einmarschierte.
Wie schon bei der Einführung der Wehrpflicht, protestierten Großbritannien und Frankreich gegen die Vertragsbrüche Deutschlands nur zögernd. In propagandistisch gut vorbereiteten „Volksabstimmungen" ließ Hitler seine Politik (Austritt aus dem Völkerbund, Rheinlandbesetzung) von der Bevölkerung billigen (s. 4.1). Die über 90%ige Zustimmung der Bevölkerung war nicht nur ein Werk der Propaganda, sondern auch ein Zeichen dafür, daß die aggressive Politik Hitlers, die die Ergebnisse des Ersten Weltkrieges zu verändern versuchte, populär war.
Die **Unterstützung** der faschistischen Truppen **des Genarals Franco im spanischen Bürgerkrieg** (1936–1939), das Bündnis mit Japan gegen China im japanisch-chinesischen Konflikt („Antikominternpakt" 1936) und das engere Bündnis mit Italien („Achse Berlin–Rom" 1936) leitete die zweite Phase der nationalsozialistischen Außenpolitik ein. In einer geheimen Rede vor den Oberbefehlshabern der Wehrmacht und dem Reichsaußenminister legte Hitler am 5. November 1937 seine weitreichenden Eroberungsziele dar und kündigte die schrittweise Verwirklichung seines Lebensraumprogramms (T 49) an.
Der **Anschluß Österreichs** an das Deutsche Reich war von den Nationalsozialisten langfristig vorbereitet worden. Nachdem Italien grundsätzlich einer Angliederung zugestimmt hatte, forderte Hitler im Februar 1938 die Beteiligung von österreichischen Nationalsozialisten an der österreichischen Regierung. Der österreichische Bundeskanzler von Schuschnigg lehnte die Übergabe des Innenministeriums an die Nationalsozialisten ab und versuchte durch eine unzureichend vorbereitete Volksabstimmung in Österreich die Machtübernahme der Nationalsozialisten zu verhindern. Ein deutsches Ultimatum vom 11. März 1938, das den österreichischen Bundeskanzler zum Rücktritt und die Übergabe der Macht an den Nationalsozialisten Seyß-Inquart forderte, verstärkte den Druck auf Österreich und gab den Vorwand für den Einmarsch deutscher Truppen am 12. März 1938 ab. Die europäischen Mächte, insbesondere Großbritannien, reagierten nicht auf den Einmarsch.
Die deutschen Truppen wurden mit großem Jubel von der Bevölkerung empfangen; Hitlers Einzug in Wien glich einem Triumphzug. Die Volksabstimmung über den „Anschluß" Österreichs an das Deutsche Reich zeigte, daß der Diktator, dem offensichtlich alles gelang, einen Höhepunkt seiner Popularität erreicht hatte.

Der Aufmarsch der Wehrmacht, hier der neugeschaffenen Panzerwaffe, gehörte früh zum Programm der Reichsparteitage in Nürnberg. Solche Machtdemonstrationen müssen vor dem Hintergrund der außenpolitischen Ziele Hitlers gesehen werden.

An der von Hitler unmittelbar nach dem „Anschluß" Österreichs ausgelösten **„Sudetenkrise"** lassen sich die Prinzipien nationalsozialistischer Außenpolitik und die Reaktionen des europäischen Auslands besonders gut ablesen. Hitlers Methode, durch **maßlose Forderungen und erpresserische militärische Drohungen,** eine von ihm selbst inszenierte Krise in seinem Sinne zu lösen, hatte noch einmal, ein letztes Mal, Erfolg.
Die auf die **Erhaltung des Friedens** in Europa bedachten Garantiemächte des Versailler Vertrages, England und Frankreich, erschienen gegenüber dem Erpresser hilflos. Beide Mächte waren nicht bereit, sich wegen einer sie nicht direkt betreffenden Frage in einen europäischen Krieg verwickeln zu lassen, zumal ihre eigenen Rüstungsanstrengungen im Vergleich mit Deutschland unzureichend waren. Aber auch die öffentliche Meinung in Frankreich und England lehnte eine kriegerische Auseinandersetzung um Fragen der Revision des Versailler Vertrages ab und erkannte die deutschen Forderungen zum Teil als berechtigt an.
Mit dem Zugriff auf die Tschechoslowakei ging Hitler über die bisherige Politik der Revision der Ergebnisse des Versailler Vertrages hinaus. Er war der offene Beginn des **nationalsozialistischen Imperialismus,** dessen Endziel die Weltherrschaft, zumindest aber die Eroberung weiter Teile der Sowjetunion sein sollte. „Die sudetendeutsche Frage, die völkisch-nationale Begründung erwiesen sich als bloßer Vorwand für die Annektion." (Bracher)
In der 1918 als selbständiger Staat gegründeten Tschechoslowakei, deren Unabhängigkeit 1919 von den Siegermächten garantiert wurde, lebten 1938 7,2 Millionen Tschechen, 3,5 Millionen Deutsche, 2,5 Millionen Slowaken, 0,7 Millionen Ungarn, 0,5 Millionen Karpato-Ukrainer und 0,1 Millionen Polen. Der Vielvölkerstaat Tschechoslowakei war aufgrund der schwierigen wirtschaftlichen Verhältnisse innenpolitisch nie zur Ruhe gekommen, besonders aber auch

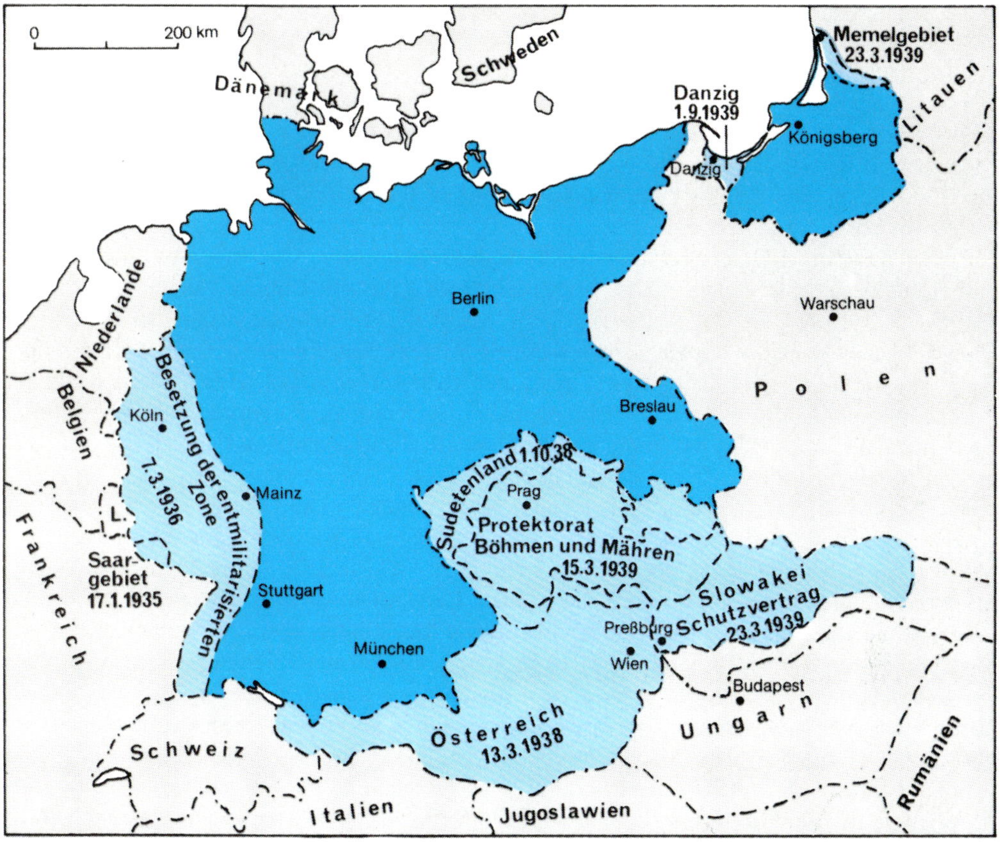

Die Entstehung „Großdeutschlands" und die Erweiterung des deutschen Machtbereichs bis 1939

wegen der Unzufriedenheit in der deutschen Volksgruppe, die vor allem in Böhmen und Mähren wohnte. Die Sudetendeutschen hatten sich 1918 den Anschluß an Deutsch-Österreich als Teil einer zukünftigen deutsche Republik erhofft. Aufgrund der Bestimmungen des Versailler Vertrages war es aber nicht dazu gekommen. Seit 1933 hatte die nationalsozialistische Bewegung im Sudetenland großen Einfluß, nach einem Verbot nannten sich die Nationalsozialisten nun Sudetendeutsche Partei. Unter ihrem Führer Konrad Henlein wurde sie zur stärksten politischen Partei des Landes und orientierte sich eindeutig an Hitlers Politik der Zerschlagung der Tschechoslowakei (T 46). Ende März 1938 forderte Hitler Henlein auf, unerfüllbare Forderungen gegenüber der tschechischen Regierung zu stellen (T 47) mit dem Ziel, durch die dadurch ausgelösten Spannungen den deutschen Einmarsch zu provozieren. Ende Mai befahl Hitler, den Einmarsch der Wehrmacht in die Tschechoslowakei für den 1. Oktober 1938 vorzubereiten.

Die britische Regierung unter Premierminister Chamberlain setzte ihre Politik der Beschwichtigung (appeasement) und der Erhaltung des Friedens um jeden Preis fort (T 50). Sie erkannte die deutschen Versuche zur Veränderung des Vertrages von Versailles an. Allerdings forderte sie dafür den Verzicht auf militärische Gewaltaktionen. Unter diesen Umständen war Großbritannien auch bereit, das sudetendeutsche Gebiet an Deutschland zu übergeben. Trotzdem schürte Hitler die internationale Krise durch die auf dem Nürnberger Parteitag ausgesprochene Drohung, den Sudetendeutschen militärisch zu Hilfe zu kommen. Daraufhin bot der britische Premiermini-

ster Chamberlain unter Zustimmung Frankreichs die Übergabe des Sudetenlandes an Deutschland an, um damit einen von Hitler provozierten Krieg zu verhindern. (Besuch auf dem Obersalzberg 15. September 1938).
Dieses Angebot war ohne Zustimmung der tschechoslowakischen Regierung ergangen, die es ausdrücklich am 20. September ablehnte. Hitler seinerseits erhöhte nun seine Forderungen und verlangte auf der Godesberger Konferenz vom 22. bis 24. September 1938 von Großbritannien die Zustimmung zum sofortigen Einmarsch deutscher Truppen in die Tschechoslowakei. Dies wurde von Großbritannien abgelehnt. Am 26. Oktober verschärfte Hitler nochmals die Krise mit einer Rede im Berliner Sportpalast. Ultimativ forderte er die Übergabe des Sudetenlandes und drohte dem tschechischen Staatspräsidenten: „Er hat jetzt die Entscheidung in seiner Hand! Frieden oder Krieg! Er wird entweder dieses Angebot akzeptieren und den Deutschen jetzt endlich Freiheit geben, oder wir werden diese Freiheit uns selbst hohen." Gegenüber Großbritannien erklärte Hitler in dieser Rede: „Und nun steht vor uns das letzte Problem, das gelöst werden muß und gelöst werden wird! Es ist die letzte territoriale Forderung, die ich in Europa zu stellen habe, aber es ist die Forderung, von der ich nicht abgehe, und die ich, so Gott will, erfüllen werde."
Angesichts des deutschen Ultimatums mobilisierten Frankreich und England ihre Truppen, ein Krieg schien unvermeidlich. Der britische Premierminister Chamberlain machte einen letzten Versuch zur Erhaltung des Friedens. Er bewegte den faschistischen Führer Italiens, Mussolini, dazu, eine Konferenz zwischen Frankreich, Italien, Großbritannien und Deutschland zur Lösung der Sudetenfrage bei Hitler anzuregen. Auf der **Münchener Konferenz** am 29. September 1938 war die tschechoslowakische Regierung nicht vertreten. Mussolini unterbreitete einen Kompromißvorschlag, der im wesentlichen vom deutschen Auswärtigen Amt entworfen worden war und den Hitler widerwillig akzeptiert hatte. „Zu verhandeln gab es nicht viel. Nach Meinung der Westmächte galt es vor allem, Hitler davon zu überzeugen, daß er das Sudetengebiet auch ohne Krieg erhalten könne; es gehe nur noch darum, die sachliche Übereinstimmung vertraglich zu fixieren. So nahm die Konferenz einen seltsam zwanglosen Verlauf. Nur Hitlers wütende Ausfälle unterbrachen die Atmosphäre des ‚allseitigen guten Einvernehmens'." (Thamer, 596/597).
Die Tschechoslowakei mußte das sudetendeutsche Gebiet an Deutschland abtreten und weitere Gebiete an Polen und Ungarn übergeben. Die Existenz der restlichen Tschechoslowakei wurde durch England und Frankreich feierlich garantiert. Der Friede in Europa schien noch einmal gerettet. Dieser Eindruck wurde auch durch einen deutsch-britischen Nichtangriffspakt verstärkt. Parallel hierzu schloß Deutschland auch mit Frankreich im Dezember 1938 einen Nichtangriffspakt.
Die militärische Opposition gegenüber den Kriegplänen Hitlers, die Hitler im Falle eines Angriffsbefehls auf die Tschechoslowakei durch einen Staatsstreich stürzen wollte, zerfiel angesichts Hitlers Erfolg auf der Münchener Konferenz. Sowohl die diplomatischen Versuche der Kriegsverhinderung wie die militärischen Vorbereitungen der Festnahme Hitlers und hoher NS-Funktionäre mußten aufgegeben werden.
Hitlers Ziele waren in der Sudetenkrise deutlich geworden: Er wollte den Krieg, und seine „Friedenspolitik" zielte darauf ab, die Westmächte über seine wahren Absichten zu täuschen. Großbritannien hoffte dagegen, durch seine Appeasement-Politik und durch die territorialen Zugeständnisse, die sein eigenes Interesse nicht besonders betrafen, den Frieden in Europa zu erhalten.
Am 15. März 1939 marschierten deutsche Truppen unter Bruch der Münchener Vereinbarungen in Prag ein. Damit war die Tschechoslowakei als Staat zerstört. Die Deutschen errichteten ein **„Protektorat Böhmen und Mähren"**. Die übrigbleibende Slowakei wurde ein Vasallenstaat Deutschlands. In Folge des Einmarsches deutscher Truppen in Prag garantierten Frankreich und

England erneut Polens Unabhängigkeit, als letzte Warnung und als Zeichen, keine weiteren deutschen Übergriffe hinzunehmen. Durch die Hilfszusagen gestärkt, lehnte die polnische Regierung die wiederholten deutschen Forderungen nach Rückgabe Danzigs und Schaffung einer exterritorialen Autobahn und Eisenbahn kategorisch ab.
Der für die Öffentlichkeit am 23. August 1939 überraschend geschlossene **Nichtangriffspakt zwischen Deutschland und der Sowjetunion** (T 50) war der Versuch, auch die Sowjetunion über die deutschen Pläne zu täuschen. Durch die Sicherung der sowjetischen Rohstofflieferungen an Deutschland sollte die bereits beschlossene Eroberung Polens abgesichert werden. Für Stalin bedeutete der Vertrag eine Durchbrechung der immer befürchteten Einkreisung der Sowjetunion durch Großbritannien und Frankreich. Bei dem nach Stalins Ansicht unvermeidlichen Krieg sollte die Sowjetunion zunächst den schwächeren Teil, nach seiner Ansicht Deutschland, unterstützen, um dadurch Zeit für die eigene Rüstung im Blick auf einen möglichen Konflikt zu gewinnen.

Dem Hohen Kommissar des Völkerbundes in Danzig, Carl Jacob Burckhardt, hatte Hitler am 11. August 1939 seine wahren Ziele gegenüber der Sowjetunion dargelegt: „Alles, was ich unternehme, ist gegen Rußland gerichtet. Wenn der Westen zu dumm und zu blind ist, dies zu begreifen, werde ich gezwungen sein, mich mit den Russen zu verständigen, den Westen zu schlagen und dann nach seiner Niederlage mich mit meinen versammelten Kräften gegen die Sowjetunion zu wenden. Ich brauche die Ukraine, damit man uns nicht wieder wie im letzten Krieg aushungert." (Hildebrand, S. 43)
Wie hätte ein Krieg nun noch verhindert werden können?

T 42 Außenpolitische Ziele Hitlers, 1924/25
[...] Die Forderung nach Wiederherstellung der Grenzen des Jahres 1914 ist ein politischer Unsinn von Ausmaßen und Folgen, die ihn als Verbrechen erscheinen lassen. Ganz abgesehen davon, daß die Grenzen des Reiches im Jahre 1914 alles andere eher als logisch waren. Denn sie waren in Wirklichkeit weder vollständig in bezug auf die Zusammenfassung der Menschen deutscher Nationalität noch vernünftig in Hinsicht auf ihre militärgeographische Zweckmäßigkeit. [...]
Indem unsere bürgerliche Welt die Wiederherstellung der Grenzen vom Jahre 1914 als politisches Programm für Deutschland aufstellt, scheucht sie jeden etwa aus dem Bunde unserer Feinde springenwollenden Partner wieder zurück, da dieser Angst haben muß, isoliert angegriffen zu werden und dadurch des Schutzes der einzelnen Mitverbündeten verlustig zu gehen. Jeder einzelne Staat fühlt sich durch jene Parole betroffen und bedroht. [...]
Selbst bei günstigem Erfolge würde ein solcher Versuch der Wiederherstellung der Grenzen von 1914 zu einer weiteren Ausblutung unseres Volkskörpers führen in einem Umfange, daß für die das Leben und die Zukunft der Nation wirklich sichernden Entschlüsse und Taten kein wertvoller Bluteinsatz mehr vorhanden wäre [...] Demgegenüber müssen wir Nationalsozialisten unverrückbar an unserem außenpolitischen Ziele festhalten, nämlich dem deutschen Volk den ihm gebührenden Grund und Boden auf dieser Erde zu sichern. [...]
Damit ziehen wir Nationalsozialisten bewußt einen Strich unter die außenpolitische Richtung unserer Vorkriegszeit. Wir setzen dort an, wo man vor sechs Jahrhunderten endete. Wir stoppen den ewigen Germanenzug nach dem Süden und Westen Europas und weisen den Blick nach dem Land im Osten. Wir schließen endlich ab die Kolonial- und Handelspolitik der Vorkriegszeit und gehen über zur Bodenpolitik der Zukunft.
Wenn wir aber heute in Europa von neuem Grund und Boden reden, können wir in erster Linie nur an Rußland und die ihm untertanen Randstaaten denken.
Das Schicksal selbst scheint uns hier einen Fingerzeig geben zu wollen. Indem es Rußland dem Bolschewismus überantwortete, raubte es dem russischen Volk jene Intelligenz, die bisher dessen staatlichen Bestand herbeiführte und garantierte. [...]
(A. Hitler, Mein Kampf, a.a.O., S. 736–742)

T 43 Friedenspolitik als taktisches Mittel
Aus einer geheimen Rede Hitlers vor Verlegern und führenden Redakteuren der deutschen Presse am 10.11.1938.
[...] Die Umstände haben mich gezwungen, jahrzehntelang fast nur vom Frieden zu reden. Nur unter der fortgesetzten Betonung des deutschen Friedenswillens und der Friedensabsichten war es mir möglich, dem deutschen Volk Stück für Stück die Freiheit zu erringen und ihm die Rüstung zu geben die immer wieder für den nächsten Schritt als Voraussetzung

notwendig war. Es ist selbstverständlich, daß eine solche jahrzehntelang betriebene Friedenspropaganda auch ihre bedenklichen Seiten hat; denn es kann nur zu leicht dahin führen, daß sich in den Gehirnen vieler Menschen die Auffassung festsetzt, daß das heutige Regime an sich identisch sei mit dem Entschluß und dem Willen, den Frieden unter allen Umständen zu bewahren. Das würde aber nicht nur zu einer falschen Beurteilung der Zielsetzung dieses Systems führen, sondern es würde vor allem auch dahin führen, daß die deutsche Nation, statt den Ereignissen gegenüber gewappnet zu sein, mit einem Geist erfüllt wird, der auf die Dauer als Dafaitismus [= Miesmacherei] gerade die Erfolge des heutigen Regimes nehmen würde und nehmen müßte. Der Zwang war die Ursache, warum ich jahrelang nur vom Frieden redete. Es war nunmehr notwendig, das deutsche Volk psychologisch allmählich umzustellen und ihm langsam klarzumachen, daß es Dinge gibt, die, wenn sie nicht mit friedlichen Mitteln durchgesetzt werden können, mit Mitteln der Gewalt durchgesetzt werden müssen. Dazu war es aber notwendig, nicht etwa nun die Gewalt als solche zu propagieren, sondern es war notwendig, dem deutschen Volk bestimmte außenpolitische Vorgänge so zu beleuchten, daß die innere Stimme des Volkes selbst langsam nach der Gewalt zu schreien begann. Das heißt also, bestimmte Vorgänge so zu beleuchten, daß im Gehirn der breiten Masse des Volkes ganz automatisch allmählich die Überzeugung ausgelöst wurde: wenn man das eben nicht im guten abstellen kann, dann muß man es mit Gewalt abstellen; so kann es aber auf keinen Fall weitergehen. Diese Arbeit hat Monate erfordert, sie wurde planmäßig begonnen, planmäßig fortgeführt, verstärkt. [...]
(Vierteljahrshefte für Zeitgeschichte Jg. 6/1958, S. 182 f.)

T 44 Goebbels: Den Gegner über die Ziele täuschen, 1940

Aus einer Rede des Reichspropagandaministers vor geladenen Vertretern der deutschen Presse.

[...] Bis jetzt ist es uns gelungen, den Gegner über die eigentlichen Ziele Deutschlands im unklaren zu lassen, genauso wie unsere innenpolitischen Gegner bis 1932 gar nicht gemerkt hatten, wohin wir steuerten, daß der Schwur auf die Legalität nur ein Kunstgriff war. Wir wollten legal an die Macht kommen, aber wir wollten sie doch nicht legal gebrauchen. [...] Man hätte uns ja erdrücken können. [...] Nein, man hat uns durch die Gefahrenzone durchgelassen. Genau so war das in der Außenpolitik. [...] 1933 hätte ein französischer Ministerpräsident sagen müssen (und wäre ich französischer Ministerpräsident gewesen, ich hätte es gesagt): Der Mann ist Reichskanzler geworden, der das Buch „Mein Kampf" geschrieben hat, in dem das und das steht. Der Mann kann nicht in unserer Nachbarschaft geduldet werden. Entweder er verschwindet, oder wir marschieren. Das wäre durchaus logisch gewesen. Man hat darauf verzichtet. Man hat uns gelassen, man hat uns die Risikozone ungehindert durchgehen lassen und wir konnten alle gefährlichen Klippen umschiffen. [...]
(Das Deutsche Reich und der Zweite Weltkrieg, Bd. 1. Hrsg. vom Militärgeschichtl. Forschungsamt. Stuttgart 1979, S. 114)

T 45 Hitler vor den Oberbefehlshabern der Wehrmacht am 5. 11. 1937

In einer programmatischen Rede am 5. 11. 1937 entwickelte Hitler vor dem Reichskriegsminister Generalfeldmarschall von Blomberg, dem Oberbefehlshaber des Heeres Generaloberst Freiherr von Fritsch, dem Oberbefehlshaber der Kriegsmarine Raeder, dem Oberbefehlshaber der Luftwaffe Generaloberst Göring und dem Reichsaußenminister von Neurath sein grundsätzliches außenpolitisches Programm. Diese Rede wurde von Oberst Hoßbach als Gedächtnisprotokoll einige Tage später aufgezeichnet, sie blieb bis 1945 geheim.

Der Führer stellt einleitend fest, daß der Gegenstand der heutigen Besprechung von derartiger Bedeutung sei, daß dessen Erörterung in anderen Staaten wohl vor das Forum des Regierungskabinetts gehörte, er – der Führer – sähe aber gerade im Hinblick auf die Bedeutung der Materie davon ab, diese im Kreise des Reichskabinetts zum Gegenstand der Besprechung zu machen. Seine nachfolgenden Ausführungen seien das Ergebnis eingehender Überlegungen und der Erfahrungen seiner 4 1/2 jähr. Regierungszeit; er wolle den anwesenden Herren seine grundlegenden Gedanken über die Entwicklungsmöglichkeiten und -notwendigkeiten unserer außenpolitischen Lage auseinandersetzen, wobei er im Interesse einer auf weite Sicht eingestellten deutschen Politik seine Ausführungen als seine testamentarische Hinterlassenschaft für den Fall seines Ablebens anzusehen bitte.
Der Führer führte sodann aus:
Das Ziel der deutschen Politik sei die Sicherung und die Erhaltung der Volksmasse und deren Vermehrung. Somit handele es sich um das Problem des Raumes. Die deutsche Volksmasse verfüge über 85 Millionen Menschen, die nach der Anzahl der Menschen und der Geschlossenheit des Siedlungsraumes in Europa einen in sich so fest geschlossenen Rassekern darstellte, wie er in keinem anderen Land wieder anzutreffen sei, wie er andererseits das Anrecht auf größeren Lebensraum mehr als bei anderen Völkern in sich schlösse. Wenn kein dem deutschen Rassekern entsprechendes politisches Ergebnis auf dem Gebiet des Raumes vorläge, so sei das eine Folge mehrhundertjähriger historischer Entwicklung und bei Fortdauer dieses politischen Zustandes die größte Gefahr für die Erhaltung des deutschen Volkstums auf seiner jetzigen Höhe. [...]
Die einzige, uns vielleicht traumhaft erscheinende

Abhilfe läge in der Gewinnung eines größeren Lebensraumes, ein Streben, das zu allen Zeiten die Ursache der Staatenbildung und Völkerbewegung gewesen sei. Daß dieses Streben in Genf [Völkerbund] und bei den gesättigten Staaten keinem Interesse begegne, sei erklärlich. Wenn die Sicherheit unserer Ernährungslage im Vordergrund stünde, so könne der hierfür nötige Raum nur in Europa gesucht werden, nicht aber ausgehend von liberalistisch-kapitalistischen Auffassungen in der Ausbeutung von Kolonien. Es handelt sich nicht um die Gewinnung von Menschen, sondern von landwirtschaftlich nutzbarem Raum. Auch die Rohstoffgebiete seien zweckmäßiger im unmittelbaren Anschluß an das Reich in Europa und nicht in Übersee zu suchen, wobei die Lösung sich für ein bis zwei Generationen auswirken müsse. Was darüber hinaus in späteren Zeiten notwendig werden solle, müsse nachfolgenden Geschlechtern überlassen werden. Die Entwicklung großer Weltgebilde gehe nun einmal langsam vor sich, das deutsche Volk mit seinem starken Rassekern finde hierfür die günstigsten Voraussetzungen inmitten des europäischen Kontinents. [...]
Zur Lösung der deutschen Frage könne es nur den Weg der Gewalt geben, dieser [werde] niemals risikolos sein. Die Kämpfe Friedrichs d. Gr. um Schlesien und die Kriege Bismarcks gegen Österreich und Frankreich seien von unerhörtem Risiko gewesen, und die Schnelligkeit des preußischen Handelns 1870 habe Österreich vom Eintritt in den Krieg ferngehalten. Stelle man an die Spitze der nachfolgenden Ausführungen den Entschluß zur Anwendung von Gewalt unter Risiko, dann bleibe noch die Beantwortung der Fragen „wann" und „wie".
Hierbei seien drei Fälle zu entscheiden:
Fall I: Zeitpunkt 1943–1945.
Nach dieser Zeit sei nur noch eine Veränderung zu unseren Ungunsten zu erwarten. Die Aufrüstung der Armee, Kriegsmarine, Luftwaffe sowie die Bildung des Offizierkorps seien annähernd beendet. Die materielle Ausstattung und Bewaffnung seien modern, bei weiterem Zuwarten läge die Gefahr ihrer Veralterung vor. Besonders der Geheimhaltungsschutz der „Sonderwaffen" ließe sich nicht immer aufrechterhalten. Die Gewinnung von Reserven beschränke sich auf die laufenden Rekrutenjahrgänge, ein Zusatz aus älteren unausgebildeten Jahrgängen sei nicht mehr verfügbar. Im Verhältnis zu der bis dahin durchgeführten Aufrüstung der Umwelt nähmen wir an relativer Stärke ab. Wenn wir bis 1943/45 nicht handelten, könne infolge des Fehlens von Reserven jedes Jahr die Ernährungskrise bringen, zu deren Behebung ausreichende Devisen nicht verfügbar seien. Hierin sei ein „Schwächungsmoment des Regimes" zu erblicken. Zudem erwarte die Welt unseren Schlag und treffe ihre Gegenmaßnahmen von Jahr zu Jahr mehr. Während die Umwelt sich abriegele, seien wir zur Offensive gezwungen. [...]
(Hofer, Dokumente. A.a.O., S. 193ff.)

T 46 Hitlers Anweisungen an den Führer der Sudetendeutschen Partei, Konrad Henlein am 29. März 1938

Die Tendenz der Anweisung, die der Führer Henlein gegeben hat, geht dahin, daß von seiten der SdP Forderungen gestellt werden sollen, die für die tschechische Regierung unannehmbar sind. Henlein beabsichtigt, trotz der günstigen Lage durch die österreichischen Ereignisse, nichts zu überspitzen, sondern nur die alten Forderungen auf Selbstverwaltung und Wiedergutmachung am Parteitag (23. und 24. April 1938) zu stellen. Eine Anregung des Führers, eigene deutsche Regimenter mit deutschen Offizieren und deutscher Kommando-Sprache zu fordern, will er sich für später vorbehalten. Das Reich wird von sich aus nicht eingreifen. Für die Ereignisse sei zunächst Henlein selbst verantwortlich. Es müßte aber eine enge Zusammenarbeit erfolgen. Henlein hat dem Führer gegenüber seine Auffassung folgendermaßen zusammengefaßt: Wir müssen also immer so viel fordern, daß wir nicht zufriedengestellt werden können. Diese Auffassung bejahte der Führer.
(Akten zur deutschen auswärtigen Politik, Serie D, Bd. 2, S. 158)

T 47 Die Karlsbader Forderungen der Sudetendeutschen Partei vom 24. April 1939 an die Regierung der Tschechoslowakei

Volle Gleichberechtigung und Unabhängigkeit der sudetendeutschen Volksgruppe: Feststellung und Anerkennung des deutschen Siedlungsgebietes; Aufbau einer deutschen Selbstverwaltung im deutschen Siedlungsgebiet in allen Bereichen des öffentlichen Lebens, soweit es sich um Interessen und Angelegenheiten der deutschen Volksgruppe handelt;
Schaffung gesetzlicher Schutzbestimmungen für jene Staatsangehörigen, die außerhalb des geschlossenen Siedlungsgebietes ihres Volkstums leben;
Beseitigung des dem Sudetendeutschtum seit 1918 zugefügten Unrechts und Wiedergutmachung der ihm durch dieses Unrecht entstandenen Schäden;
Anerkennung und Durchführung des Grundsatzes: Im deutschen Gebiet deutsche öffentliche Angestellte.
(Nach: Alfred Schickel, Das Münchner Abkommen. Aus Politik und Zeitgeschichte. Bonn 26/1971, S. 12)

T 48 Zerschlagung der Tschechoslowakei, Befehl Hitlers vom 30. Mai 1938

Auf Anordnung des Obersten Befehlshabers der Wehrmacht ist der Teil 2, Abschnitt II der Weisung für die einheitliche Kriegsvorbereitung der Wehrmacht vom 24. 6. 1937 [...] (Zweifrontenkrieg mit Schwerpunkt Südost-Aufmarsch „Grün") durch die beiliegende neue Fassung zu ersetzen. Ihre Ausführung muß spätestens ab 1. 10. 1938 sichergestellt sein. [...]
Es ist mein unabänderlicher Entschluß, die Tsche-

choslowakei in absehbarer Zeit durch eine militärische Aktion zu zerschlagen. Den politisch und militärisch geeigneten Zeitpunkt abzuwarten oder herbeizuführen ist Sache der politischen Führung. Eine unabwendbare Entwicklung der Zustände innerhalb der Tschechoslowakei oder sonstige politsche Ereignisse in Europa, die eine überraschend günstige, vielleicht nie wiederkehrende Gelegenheit schaffen, können mich zu frühzeitigem Handeln veranlassen. Die richtige Wahl und entschlossene Ausnützung eines günstigen Augenblicks ist die sicherste Gewähr für den Erfolg. Dementsprechend sind die Vorbereitungen unverzüglich zu treffen. [...]
IMT XXV, S. 433 ff.

T 49 Rüstungsproduktion der Großmächte
(in Mrd. $; Preise von 1944)

Land	1935 bis 1939	1939
USA	1,5	0,6
Großbritannien	2,5	1,0
Sowjetunion	8,0	3,3
Zusammen:	12,0	4,9
Deutschland:	12,0	3,4

(H. A. Jacobsen/H. Dollinger, Der Zweite Weltkrieg in Bildern und Dokumenten. Bd. 1. München 1962, S. 473)

T 50 Motive der britischen Appeasementpolitik
Die Appeasement-Politik beruhte weniger auf Leichtfertigkeit und Naivität als auf einem rationalen Kalkül, das den vielfachen Belastungen eines im Niedergang befindlichen Weltreiches Rechnung zu tragen suchte. Großbritannien, sowohl von der weltwirtschaftlichen Depression als auch von überdehnten Verpflichtungen in seinem Empire beschwert, mußte aus nationalem Interesse darauf achten, den Frieden in Europa aufrechtzuerhalten. Im Mittelmeer wie im Fernen Osten befand es sich in der Defensive. Die internationalen Habenichtse Italien, Japan und Deutschland rückten enger zusammen und drohten mit einer Veränderung der internationalen Ordnung. Eine forcierte Nachrüstung als Antwort auf diese Herausforderung hätte jedoch finanzielle Belastungen mit sich gebracht, die Großbritannien im Interesse der notwendigen wirtschaftlichen und sozialen Modernisierung im Innern und im Interesse seiner internationalen Handelsverbindungen vermeiden wollte. Hinzu kam, daß die britischen Dominions ein militärisches Engagement des Mutterlandes auf dem europäischen Kontinent genauso ablehnten wie die Mehrheit der englischen Bevölkerung.
Nur wenn alles unternommen würde, internationale Spannungen und Konflikte einzudämmen und am Verhandlungstisch abzubauen und damit den Frieden zu sichern, so das britische Kalkül, ließen sich Situationen vermeiden, die den Bestand des britischen Empire in Frage stellen würden. So sah die britische Regierung in der Erhaltung des Friedens den einzig gangbaren Weg, um der internationalen Krise ohne weitere Positionseinbußen zu begegnen und die überkommene Rolle einer Weltmacht behaupten zu können. Dies wiederum war wesentliche Voraussetzung für die Behauptung der britischen Sozialordnung. Es war eine konservative Strategie, deren Interesse vorrangig auf die Stabilisierung des politisch-gesellschaftlichen Systems gerichtet war und die darum auf die Beruhigung der internationalen Konfliktsituation hinarbeitete. Darum sollte die Befriedung Europas auch ohne die Sowjetunion erreicht werden, was freilich den Handlungsspielraum der britischen Regierung nicht unwesentlich einschränkte. Dissens herrschte innerhalb der britischen Führungsschichten nur darüber, zu welchem Zeitpunkt vitale britische Interessen gefährdet waren und wann die Schwelle zum Krieg als eines Mittels zur Verteidigung dieser Interessen überschritten werden mußte.
(Hans-Ulrich Thamer, Verführung und Gewalt, Deutschland 1933–1945. Berlin 1986, S. 582 f.)

T 51 Abkommen zwischen Deutschland, Großbritannien, Frankreich und Italien in München am 29. [30.] September 1938
Deutschland, das Vereinigte Königreich, Frankreich und Italien sind unter Berücksichtigung des Abkommens, das hinsichtlich der Abtretung des sudetendeutschen Gebiets bereits grundsätzlich erzielt wurde, über folgende Bedingungen und Modalitäten dieser Abtretung und über die danach zu ergreifenden Maßnahmen übereingekommen und erklären sich durch dieses Abkommen einzeln verantwortlich für die zur Sicherung seiner Erfüllung notwendigen Schritte.
1. Die Räumung beginnt am 1. Oktober.
2. Das Vereinigte Königreich, Frankreich und Italien vereinbaren, daß die Räumung des Gebietes bis zum 10. Oktober vollzogen wird, und zwar ohne Zerstörung irgendwelcher bestehender Einrichtungen, und daß die Tschechoslowakische Regierung die Verantwortung dafür trägt, daß die Räumung ohne Beschädigung der bezeichneten Einrichtungen durchgeführt wird.
3. Die Modalitäten der Räumung werden im einzelnen durch einen internationalen Ausschuß festgelegt, der sich aus Vertretern Deutschlands, des Vereinigten Königreichs, Frankreichs, Italiens und der Tschechoslowakei zusammensetzt.
4. Die etappenweise Besetzung des vorwiegend deutschen Gebiets durch deutsche Truppen beginnt am 1. Oktober: Die vier auf der anliegenden Karte bezeichneten Gebietsabschnitte werden in folgender Reihenfolge durch deutsche Truppen besetzt [...]
(Akten zur deutschen auswärtigen Politik. Ser. D, Bd. II, S. 812 ff.)

T 52 Deutsch-sowjetischer Nichtangriffspakt vom 23. August 1939

Die Deutsche Reichsregierung und die Regierung der Union der Sozialistischen Sowjetrepubliken, geleitet von dem Wunsche, die Sache des Friedens zwischen Deutschland und der UdSSR zu festigen, und ausgehend von den grundlegenden Bestimmungen des Neutralitätsvertrages, der im April 1926 zwischen Deutschland und der UdSSR geschlossen wurde, sind zu nachstehender Vereinbarung gelangt:

Artikel I. Die beiden Vertragschließenden Teile verpflichten sich, sich jeden Gewaltakts, jeder aggressiven Handlung und jeden Angriffs gegeneinander, und zwar sowohl einzeln als auch gemeinsam mit anderen Mächten, zu enthalten.

Artikel II. Falls einer der Vertragschließenden Teile Gegenstand kriegerischer Handlungen seitens einer dritten Macht werden sollte, wird der andere Vertragschließende Teil in keiner Form diese dritte Macht unterstützen.

Artikel III. Die Regierungen der beiden Vertragschließenden Teile werden künftig fortlaufend zwecks Konsultation in Fühlung miteinander bleiben, um sich gegenseitig über Fragen zu informieren, die ihre gemeinsamen Interessen berühren.

Artikel IV. Keiner der beiden Vertragschließenden Teile wird sich an irgendeiner Mächtegruppierung beteiligen, die sich mittelbar oder unmittelbar gegen den anderen Teil richtet.

Artikel V. Falls Streitigkeiten oder Konflikte zwischen den Vertragschließenden Teilen über Fragen dieser oder jener Art entstehen sollten, werden beide Teile diese Streitigkeiten oder Konflikte ausschließlich auf dem Wege freundschaftlichen Meinungsaustausches oder nötigenfalls durch Einsetzung von Schlichtungskommissionen bereinigen.

[...]

Geheimes Zusatzprotokoll

Aus Anlaß der Unterzeichnung des Nichtangriffsvertrags zwischen dem Deutschen Reich und der Union der Sozialistischen Sowjetrepubliken haben die unterzeichneten Bevollmächtigten der beiden Teile in streng vertraulicher Aussprache die Frage der Abgrenzung der beiderseitigen Interessensphären in Osteuropa erörtert. Diese Aussprache hat zu folgendem Ergebnis geführt:

1. Für den Fall einer territorial-politischen Umgestaltung in den zu den baltischen Staaten (Finnland, Estland, Lettland, Litauen) gehörenden Gebieten bildet die nördliche Grenze Litauens zugleich die Grenze der Interessensphäre Deutschlands und der UdSSR. Hierbei wird das Interesse Litauens am Wilnaer Gebiet beiderseits anerkannt.

2. Für den Fall einer territorial-politischen Umgestaltung der zum polnischen Staate gehörenden Gebiete werden die Interessensphären Deutschlands und der UdSSR ungefähr durch die Linie der Flüsse Narew, Weichsel und San abgegrenzt.

Die Frage, ob die beiderseitigen Interessen die Erhaltung eines unabhängigen polnischen Staates erwünscht erscheinen lassen, und wie dieser Staat abzugrenzen wäre, kann endgültig erst im Laufe der weiteren politischen Entwicklung geklärt werden.

In jedem Falle werden beide Regierungen diese Frage im Wege einer freundschaftlichen Verständigung lösen.

3. Hinsichtlich des Südostens Europas wird von sowjetischer Seite das Interesse an Bessarabien betont. Von deutscher Seite wird das völlige politische Desinteressement an diesen Gebieten erklärt.

3. Dieses Protokoll wird von beiden Seiten streng geheim behandelt werden.

(Hofer. Dokumente. A.a.O., S. 230f.)

Problem und Diskussion

1 *Analysieren Sie die außenpolitischen Vorstellungen Hitlers (T 42) und diskutieren Sie, inwieweit Sie dieses Programm als Zeitgenosse für realistisch gehalten hätten.*

2 *Kennzeichnen Sie mit Hilfe von T 43 und T 44 die Methoden der nationalsozialistischen Außenpolitik.*

3 *Fassen Sie die wichtigsten Punkte der geheimen „Hoßbach-Niederschrift" (T 45) zusammen und diskutieren Sie die Gründe für die Billigung dieser Politik durch die Führung der Wehrmacht.*

4 *Entwickeln Sie am Beispiel der „Sudetenkrise" mit Hilfe der Darstellung und T 46–T 48 eine Fallstudie zur nationalsozialistischen Außenpolitik.*

5 *Diskutieren Sie anhand von T 50 die Appeasementpolitik Großbritanniens.*

7. Der Zweite Weltkrieg

7.1 Blitzkriege

Mit dem deutschen **Überfall auf Polen** begann am 1. September 1939 der Zweite Weltkrieg. Hitler hatte gehofft, auch diesmal würden die westlichen Staaten nur protestieren, aber entsprechend ihren Garantien für Polen erklärten England und Frankreich am 3. September 1939 Deutschland den Krieg. Aufgrund der technischen Überlegenheit, insbesondere des hohen Motorisierungsgrades, konnten die deutschen Truppen Polen in einem „Blitzfeldzug" innerhalb von fünf Wochen erobern. Entsprechend dem geheimen Zusatz zu dem deutsch-sowjetischen Abkommen vom August 1939 besetzten sowjetische Truppen am 17. September den ihnen zugesprochenen östlichen Teil Polens und wirkten so an der Auflösung des polnischen Staates mit. Nach der Kapitulation Polens wurde in einem weiteren Vertrag Polen zwischen Deutschland und der Sowjetunion aufgeteilt. Dabei wurden die baltischen Länder der sowjetischen Interessensphäre zugeordnet und von der Sowjetunion im August 1940 einverleibt. Deutschland gliederte den nord-westlichen Teil Polens, die in Versailles abgetretenen Gebiete und das Wartheland, ins Reich ein; das restliche polnische Gebiet südlich von Warschau wurde zum „Generalgouvernement" erklärt. Die SS und die Gestapo übten ihre Schreckensherrschaft über das besetzte Land aus.

Das deutsche Konzept, die Gegner in **Blitzfeldzügen** niederzuwerfen, schien zunächst aufzugehen. Die erfolgreiche Besetzung von Dänemark und Norwegen zur Sicherung der deutschen Erzzufuhr (April 1940) und der unerwartet schnelle Sieg über die Niederlande, Belgien und Frankreich (1940) bestätigten diese Konzeption.

Mit dem **Sieg über Frankreich** stand Hitler innenpolitisch auf dem Höhepunkt seiner Macht und Popularität, bei der Bevölkerung und bei der Wehrmacht. Zielstrebig ließ er nun den Überfall auf die Sowjetunion vorbereiten (22. Juni 1941), die in einem weiteren Blitzfeldzug erobert werden sollte, unabhängig davon, ob Großbritannien sich zu einem Separatfrieden bereit erklärte. Mit dem Angriff auf die Sowjetunion sollten das nationalsozialistische Rassenprogramm mit seinen Zielen der Vernichtung des Bolschewismus und des Judentums und das Lebensraumprogramm verwirklicht werden. Hitler hoffte, Großbritannien nach einem Sieg über die Sowjetunion zu einem Friedensschluß zwingen zu können, unter Anerkennung der Vormacht Deutschlands in Europa. Trotz der Niederlage des britischen Expeditionskorps bei Dünkirchen 1940 organisierte Großbritannien unter seinem neuen Premier Winston Churchill einen energischen Widerstand gegen Deutschland in jeder Hinsicht. Dabei wurde es in immer stärkerem Maße von den Vereinigten Staaten von Amerika mit Waffen, Kriegsgerät und Lebensmitteln unterstützt. Die **USA** traten nach dem japanischen Überfall auf **Pearl Harbor** (7. 12. 1941) und der deutschen Kriegserklärung im Dezember 1941 in den sich zum Weltkrieg ausweitenden Krieg ein (s. Bd. 2, A 3.2.2).

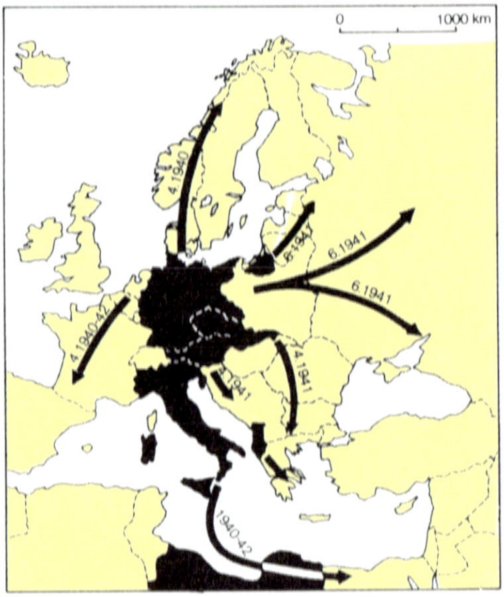

Die großen deutschen Operationen zu Beginn des Zweiten Weltkriegs

Noch vor dem Überfall auf die Sowjetunion wurden Jugoslawien und Griechenland von deutschen Truppen erobert, um dadurch einen Flankenangriff der westlichen Alliierten während des Rußland-Feldzuges zu verhindern und die rumänischen Ölvorkommen für Deutschland zu sichern.

7.2 Kriegswende und deutsche Besatzungspolitik

Nach großen Anfangserfolgen und erfolgreichen Schlachten gegen die Sowjetunion scheiterte der am 22. Juni 1941 überfallartig begonnene Blitzfeldzug am hinhaltenden Widerstand der sowjetischen Soldaten und der mangelnden Vorbereitung der deutschen Truppen und ihrer Verbündeten (Rumänen, Italiener, Finnen, Ungarn, Slowaken) auf den russischen Winter. Die Niederlage der 6. deutschen Armee in **Stalingrad** (Kapitulation am 31. Januar/2. Februar 1943) bedeutete den Wendepunkt des Weltkrieges. Auch an den anderen Fronten waren die Alliierten zum Gegenangriff übergegangen.

Im Seekrieg, der sogenannten Atlantikschlacht, gewannen die Alliierten 1943 durch Verbesserung ihrer Abwehr und durch die Entwicklung des Radars die Überlegenheit über die deutschen U-Boote. Deutschland mußte den gegen die Versorgung der britischen Inseln gerichteten Kampf weitgehend reduzieren. Auch die anfängliche Überlegenheit der deutschen Luftwaffe wurde durch die Alliierten gebrochen. Ab 1942 überzogen britische und amerikanische Bomberverbände in Nacht- und Tagesangriffen deutsche Städte mit Flächenbombardements. Auch hier war die Wende eingetreten.

Die materielle Überlegenheit der alliierten Truppen auf allen Kriegsschauplätzen setzte sich stetig durch. Der Entschluß, Deutschland bis zur bedingungslosen Kapitulation niederzukämpfen, den der amerikanische Präsident Roosevelt und der britische Premier Churchill im Januar 1943 auf der Konferenz von Casablanca verkündet hatten, wurde schrittweise verwirklicht.

Die Niederlage des Afrikakorps unter Generalfeldmarschall Rommel (Mai 1943), die Landung amerikanischer Truppen in Sizilien, die zum Sturz Mussolinis führte, die erfolgreiche Landung

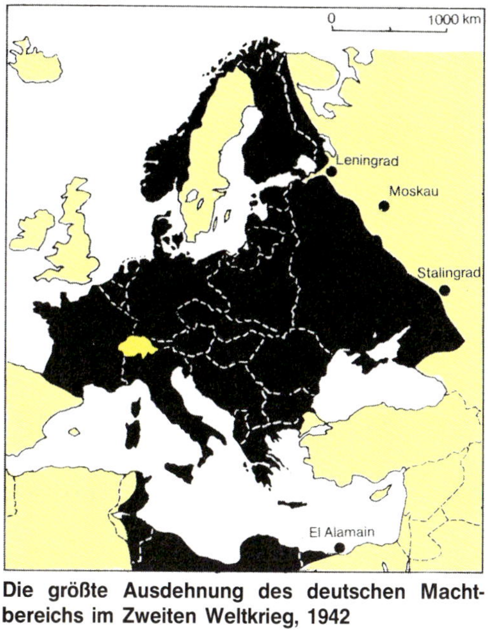

Die größte Ausdehnung des deutschen Machtbereichs im Zweiten Weltkrieg, 1942

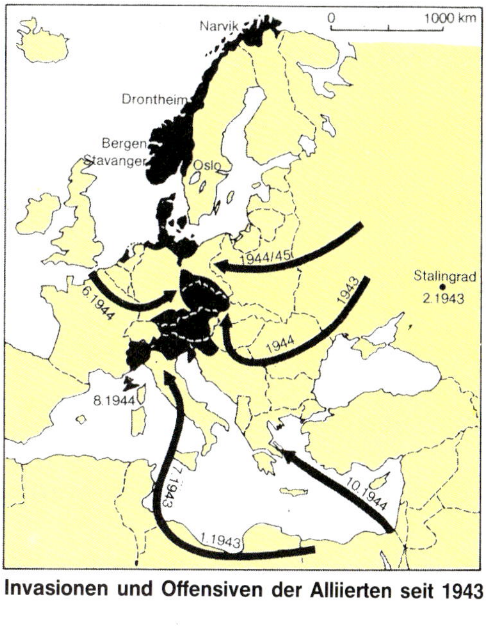

Invasionen und Offensiven der Alliierten seit 1943

91 000 Soldaten ziehen nach der Katastrophe von Stalingrad in sowjetische Gefangenschaft. Nur wenige von ihnen haben Deutschland nach dem Krieg wiedergesehen

der alliierten Invasionsarmee am 6. Juni 1944 an der Atlantikküste in Frankreich und der stete Vormarsch sowjetischer Truppen im Osten leiteten die deutsche Niederlage ein, die mit der bedingungslosen Kapitulation und der vollständigen Besetzung Deutschlands am 7./9. Mai 1945 besiegelt wurde.

Die **deutsche Besatzungspolitik** in den besetzten Gebieten im Osten zielte auf die totale Unterwerfung der Bevölkerung und auf die wirtschaftliche Ausbeutung der eroberten Gebiete ab. Die besetzten Gebiete in Osteuropa, die als künftiger deutscher Lebensraum angesehen wurden, sollten „germanisiert" werden. Die physische Ausrottung der Führungsschichten in Polen und in der Sowjetunion, die Zusammenfassung von Juden in großen Gettos und die Massenmorde an Juden in Vernichtungslagern kennzeichneten die deutsche Besatzungspolitik im Osten. An ihr beteiligten sich nicht nur besondere Einsatzgruppen der SS und des SD, sondern auch reguläre Einheiten der Wehrmacht.

Es wird geschätzt, daß Einsatzgruppen der Sicherheitspolizei und des Sicherheitsdienstes der SS in den besetzten Teilen der Sowjetunion mindestens eine Million Menschen töteten. Kriegsgefangene Kommissare der Roten Armee wurden ohne Verfahren erschossen (Kommissarbefehl). Von den 5,7 Millionen sowjetischer Soldaten, die als Kriegsgefangene in deutschen Gewahrsam kamen, starben 3,3 Millionen. Arbeitsfähige Männer und Frauen aus den besetzten Gebieten rings um Deutschland wurden als Zwangsarbeiter nach Deutschland verschleppt und unter erbärmlichen Lebensbedingungen in der deutschen Rüstungsproduktion und der Landwirtschaft eingesetzt (s. 4.4).

Die Umsiedlungs-, Vernichtungs- und Ausbeutungsaktionen führten zu einer beispiellosen Partisanenbewegung, die große Truppenteile band und empfindliche Verluste verursachte.

Der Krieg brachte für die Zivilbevölkerung in allen am Krieg beteiligten Ländern unsägliches Leid. In Deutschland selbst wurden die Auswirkungen des Krieges vor allem durch die Flächenbombardements der alliierten Luftstreitkräfte spürbar, die zunächst Wohngebiete in den westdeutschen Städten und das Ruhrgebiet, später alle Großstädte und Industriegebiete betrafen. Bei Großangriffen z. B. auf Hamburg im Juli 1943 starben 30000 Menschen, etwa 277000 Wohnungen wurden zerstört. Ähnlich verheerende Auswirkungen hatten Großangriffe auf Berlin und

Ab Herbst 1944 flohen die Bewohner der deutschen Ostgebiete vor den Truppen der Sowjets. Viele konnten nur Handgepäck mitnehmen, im Unterschied zu den organisierten Flüchtlingstrecks (unser Bild).

Dresden, wo noch kurz vor Kriegsende Tausende von Menschen Opfer der Bomben wurden.
Im Herbst 1944 kam es im Osten zur ersten Massenflucht der deutschen Zivilbevölkerung, die vor den vorrückenden Sowjettruppen in weiter westlich gelegene Gebiete des Deutschen Reiches, völlig unzureichend ausgerüstet, flohen. Die katastrophalen Zustände wurden dadurch vergrößert, daß die Nationalsozialisten an einer sinnlosen Durchhaltepolitik festhielten und die Fluchtbewegung der Zivilbevölkerung nicht organisierten. Die Flucht aus den Ostgebieten im Winter 1944/45 führte zu großen Verlusten unter den etwa zehn Millionen zählenden Einwohnern der Gebiete östlich von Oder und Neiße. Weitere zwei Millionen Deutsche flüchteten aus Süd- und Südosteuropa. Es wird geschätzt, daß 2,8 Millionen Zivilisten auf der Flucht starben. 1,5 Millionen Flüchtlinge und 500000 Soldaten und Verwundete konnten durch die Marine in einer Rettungsaktion über die Ostsee in westliche Gebiete gebracht werden (s. Bd. 2, G 1.4).
Die alliierten Truppen besetzten alliierten Vereinbarungen entsprechend das gesamte Reichsgebiet. Am 21. Oktober 1944 wurde Aachen als erste Großstadt von den Amerikanern erobert. Der Vormarsch im Westen wie im Osten war nicht mehr aufzuhalten. Die Sowjets eroberten Berlin und drangen bis zur Elbe vor. Die Amerikaner besetzten das westliche und mittlere Deutschland (einschließlich Sachsen und Thüringen), die Briten Norddeutschland. In den von den Alliierten besetzten deutschen Gebieten brach die nationalsozialistische Herrschaft wie ein Kartenhaus in sich zusammen. Bis zum Kriegsende gerieten 11 Mio. deutsche Soldaten in Gefangenschaft.
Die nationalsozialistische Herrschaft endete

Deutsche Szene, April 1945

einerseits mit dem Selbstmord Hitlers am 30. April 1945 und andererseits mit der **bedingungslosen Kapitulation** der Wehrmacht am 8./9. Mai 1945. Entsprechend den alliierten Vereinbarungen übernahmen die Siegermächte die oberste Regierungsgewalt in Deutschland und lösten die von Hitlers Nachfolger Großadmiral Dönitz gebildete Regierung des früheren Finanzministers Graf Schwerin von Krosigk am 23. Mai 1945 auf.
Mit dem Untergang der nationalsozialistischen Herrschaft war auch die 1871 durch Bismarck hergestellte Einheit Deutschlands zerstört. Auf einem um ein Drittel verkleinerten Staatsgebiet entstanden nach vierjähriger Besatzungsherrschaft zwei neue deutsche Staaten, die das Erbe der zwölfjährigen nationalsozialistischen Herrschaft antreten mußten.

Problem und Diskussion

1 *Erkundigen Sie sich über die Auswirkungen des Zweiten Weltkrieges auf Ihre Familie, Ihre Großeltern und weitere Angehörige.*
2 *Untersuchen Sie die Auswirkungen des Zweiten Weltkrieges auf Ihre Heimatstadt mit Hilfe von alten Zeitungen und Berichten in Lokalchroniken.*
3 *Versuchen Sie die Ergebnisse der nationalsozialistischen Herrschaft in Deutschland im Hinblick ihrer Auswirkungen auf die Gegenwart zu bewerten.*

8. Faschismus – Nationalsozialismus: Begriffsklärungen und Deutungen im Widerstreit

Seit dem Entstehen der ersten faschistischen Bewegung in Italien hat es Versuche gegeben, dieses Phänomen auch theoretisch zu verstehen und zu erklären. Dies gilt und galt besonders für die deutsche Variante einer faschistischen Bewegung, den Nationalsozialismus. Diese Versuche waren nicht zuletzt von dem Ziel geleitet, die Wiederholung eines solchen Herrschaftssystems in Deutschland frühzeitig zu verhindern. Mit den Theoriemodellen sollte aber auch erklärt werden, warum so viele Menschen sich von der NSDAP angezogen fühlten und bereit waren, sich für deren Ziele zu engagieren.
Die folgenden Auszüge aus der wissenschaftlichen Diskussion machen deutlich, daß die Auseinandersetzungen um den Begriff Faschismus bzw. Nationalsozialismus nicht zu einem Konsens geführt haben oder in absehbarer Zeit führen werden. Die Auseinandersetzung um den Faschismusbegriff ist wie bei jeder wissenschaftlichen Kontroverse, in besonderem Maße aber hier, von den politischen Grundannahmen der Forscher, von ihrem Erkenntnisinteresse und ihren Forschungsmethoden abhängig.
Aus sozialistischer Sicht wird der Faschismus als eine der radikalsten Formen bürgerlicher Herrschaft begriffen. Von daher untersuchen diese Forscher den Zusammenhang zwischen faschistischen Bewegungen und Kapital-Industriegruppen mit dem Ziel, die gegenseitige Abhängigkeit bzw. die Vormachtstellung von politischer Bewegung oder Kapitalgruppen zu belegen. Historiker und Sozialwissenschaftler westlicher Herkunft untersuchen den Faschismus/Nationalsozialismus als Sonderfall und nicht als eine Form von bürgerlicher Herrschaft. Der Faschismus wird als totalitäre Herrschaftsform angesehen, in der Menschenwürde und Menschenrechte, liberales Gedankengut und demokratische Regierungsformen mißachtet werden. Die faschistische Herrschaftsform wird mit sozialistischen Herrschaftssystemen unter dem Oberbegriff des Totalitarismus verglichen. Bei der Untersuchung der faschistischen Herrschaftsformen betonen Historiker und Sozialwissenschaftler westlicher Herkunft den Primat der Politik, die relativ große Autonomie der jeweiligen faschistischen bzw. nationalsozialistischen Bewegung gegenüber den Kapital- und Industriegruppen. Ein Abhängigkeitsverhältnis zwischen der Politik und den Kapital-Industriegruppen wird bezweifelt oder als unbedeutend angesehen. Für diese Historiker spielt die Persönlichkeit Hitlers zudem eine entscheidende Rolle. Seine Ideologie und seine Fähigkeit, Menschen

für seine Ziele zu gewinnen, werden als entscheidend bei der Beurteilung des Nationalsozialismus in Deutschland angesehen. Hitlers Rassenhaß wird als ausschlaggebender Faktor für die Mordaktionen gegenüber den Juden hervorgehoben. Dagegen betonen Historiker und Sozialwissenschaftler aus sozialistischen Staaten stärker die Interessen der Großindustrie und bezweifeln die Vorrangstellung der Ideologie; Hitler und die übrigen hohen Führer der NSDAP werden eher als Erfüllungsgehilfen der Industriegruppen gesehen.
In jüngster Zeit ist die Theoriediskussion zugunsten der genaueren Erforschung der lokalen Verhältnisse, aber auch der einzelnen nationalen faschistischen Bewegungen zurückgetreten, da es sich gezeigt hat, daß die globalen Theorien mit ihren grobmaschigen Aussagen nur schwer zu belegen sind. Zudem hat sich herausgestellt, daß der Erklärungswert solcher Theorien für die konkreten Ereignisse, z.B. für das komplexe und komplizierte Zusammenspiel verschiedener Faktoren, die zum Krieg oder zur Hinnahme der Judenpolitik führten, relativ gering ist.

T 53 Reinhard Kühnl: Faschismus (1971)

Der Autor lehrt Politikwissenschaft an der Universität Marburg.

Die Bestimmung des Begriffs Faschismus muß – unter Abgrenzung von Begriffen mit ähnlichem Inhalt (Diktatur, Terror, Autoritarismus, Totalitarismus) – präzis genug sein, um ein bestimmtes, unverwechselbares Phänomen in seiner Eigenart zu bezeichnen, und zugleich umfassend genug, um strukturelle Ähnlichkeiten zwischen vergangenen und gegenwärtigen und zwischen italienischen und anderen Bewegungen und Systemen erkennen zu helfen. Unter Berücksichtigung dieser Bedingungen ergeben sich für den Faschismus folgende Merkmale: 1) In einer bürgerlichen Demokratie bildet sich – meist in einer sozialökonomischen Krisenlage – eine militante, stark mittelständisch geprägte Protestbewegung, die die Abschaffung der Demokratie, die Niederwerfung der Linken und die Beschränkung der Macht des Großkapitals verlangt. Nach der Eroberung der politischen Macht wird sie zur staatlichen Monopolpartei, die durch ein System von Massenorganisationen eine möglichst totale Erfassung der Bevölkerung anstrebt. 2) Die Ideologie proklamiert die Volksgemeinschaft, verlangt das bedingungslose Zusammenstehen aller gegen innere und äußere Feinde und lenkt die Aggressionen der Massen auf Minderheiten und andere Völker. Sicherheit und Ordnung sollen durch ein straffes System von Befehl und Gehorsam gewährleistet werden, das alle Lebensbereiche durchdringt. 3) Die kapitalistischen Eigentumsverhältnisse und die damit verbundenen sozialen Privilegien der oberen Klassen werden gefestigt, indem der Staat Gewerkschaften und Arbeiterparteien auflöst und die Befehlsgewalt der Unternehmer im Betrieb garantiert, sich selbst aber Eingriffe in den Wirtschaftsprozeß vorbehält. 4) Durch terroristische Herrschaftsmethoden und ein staatliches Propaganda- und Informationsmonopol wird jede oppositionelle Regung unterdrückt und das Volk in die gewünschte Richtung gelenkt. – Jedes dieser vier Elemente gibt es als vereinzeltes auch in anderen Systemen. Was den Faschismus kennzeichnet ist die spezifische Kombination gerade dieser Elemente. [...]
(R. Kühnl, Faschismus. In: Lexikon zur Geschichte und Politik im 20. Jahrh. 2 Bde. Köln 1971, S.239)

T 54 Karl-Dietrich Bracher: Umstrittene Begriffe (1983)

Der Autor lehrte Politik und Zeitgeschichte an der Universität Bonn.

Die Bestimmung des geschichtlichen Orts des Nationalsozialismus hängt von dem gewählten historisch-politischen Bezugssystem ab. Einerseits steht der Nationalsozialismus im Rahmen einer allgemeineren europäischen Entwicklungs- und Machtproblematik; das fordert Vergleiche zwischen den jeweiligen nationalen Traditionen, zumal im Übergang zum 20. Jahrhundert und im Blick auf die Demokratie- und Modernisierungsfrage. Vor dem Hintergrund einer älteren antiwestlichen Tradition heben sich nach dem Ersten Weltkrieg andererseits die spezifisch deutschen Ansatzpunkte deutlich ab; sie werden als antiliberale Ideologie zugespitzt und in eine politische Bewegung umgesetzt, welche die deutsche Diktatur dann auch dezidiert [entschieden] vom Faschismus und von anderen autoritären Regimen unterscheidet: als „nationaler Sozialismus" mit rassistischen Vorzeichen und totalitärem Anspruch.
Die politische Begriffsbildung, für die Interpretation von großer Bedeutung, kreist vor allem um drei umstrittene Begriffe. Im Faschismusbegriff (1) wird das jeweils Nationale generalisiert, wobei häufig Faschismus und Nationalsozialismus gleichgesetzt statt wissenschaftlich verglichen werden: die Vernachlässigung fundamentaler Verschiedenheiten führt heute wieder (wie damals) zur Unterschätzung des Nationalsozialismus, der mehr war als eine autoritäre reaktionäre Abart bürgerlich-kapitalistischer Herrschaft. Der tagespolemische Mißbrauch des Faschismusbegriffs, marxistisch oder nicht, übersieht gerade auch den Unterschied zwischen den beiden Hauptformen: dem totalen Staatsgedanken (des

Faschismus) und dem totalen Rassegedanken (des Nationalsozialismus).
Umfassender und politischer bezeichnet (2) der Totalitarismusbegriff den ideologischen Anspruch und die Machtstruktur der umfassenden Diktatur im 20. Jahrhundert. Er ist durchaus differenzierbar: nach seinen verschiedenen Stadien und Zielsetzungen, als kommunistischer oder nationalsozialistischer Totalitarismus; auch von autoritären oder totalitären Faschismen könnte gesprochen werden. Unverzichtbar bleibt jedoch der Vergleich mit kommunistischen Diktaturen – der eigentliche Grund für die heutige Tabuisierung des Totalitarismusbegriffs in weiten Kreisen auch der Wissenschaft. Es gibt links- und rechtstotalitäre Regime und Bewegungen, die bei allen Unterschieden der ideologischen oder sozialen Herkunft bezeichnend ähnliche, für die betroffenen Menschen gleichermaßen gravierende Züge aufweisen.
Wollte man der Theoriemode vergleichender Systemforschung folgen, so könnte man übrigens auch eine Skala von Totalitarismen aufstellen: vom Proto-, Prä- oder Frühtotalitarismus über Machtergreifungs-, Konsolidierungs- und Kriegstotalitarismus, etablierten (DDR) oder dekadenten (Polen) zum Spät- und Neo-Totalitarismus. Auch nationalistische oder sozialistische, ideologische oder bürokratische Totalitarismen wären begriffliche Varianten, die dem Bedürfnis nach einer historisch-dynamischen oder politisch-ideologischen Differenzierung entgegenkämen und zugleich dem Abstraktionstrend unserer Zeit Genüge täten. Sie wären nicht fragwürdiger als der generelle Einwand, der Totalitarismusbegriff sei zu grob, statisch und daher überholt oder gar eine Beleidigung des kommunistischen Sozialismus. [...]
Das größte Hindernis einer sachgerechten Klärung liegt seit je vor allem (3) in dem so vieldeutigen Begriff des „Sozialismus“ selbst. Wie andere politisch-ideologische Schlüsselwörter ist er seit seiner vormarxistischen Prägung im Verlauf der letzten 150 Jahre grenzenlos ausgedehnt und widersprüchlich verwendet, zu einer fast beliebig manipulierbaren politischen Glaubensformel geworden. Bereits mit dem Aufstieg der Arbeiterbewegung im frühen 19. Jahrhundert beginnt auch schon der Streit zwischen internationalen und nationalen Versionen des Sozialismus und vor allem die Auseinandersetzung zwischen seinen demokratischen und diktatorischen Richtungen. Der Marxismus, selbst vielfach gespalten, ist nur eine unter ihnen, freilich die dogmatisch anspruchsvollste von Anbeginn; er tritt denn auch mit dem seither charakteristischen Alleinanspruch auf, den authentischen Sozialismus zu verkünden, der schon von Marx praktisch mit dem Kommunismus gleichgesetzt wurde.
Der pauschale Begriff des Sozialismus, wie er auch heute wieder gängig ist, verwischt den grundlegenden Unterschied zwischen einer diktatorisch-totalitären Konzeption und einem reformistisch-demokratischen Verständnis. Seit der Revolution Lenins (1917) und der Spaltung zwischen Sozialdemokratie und Kommunismus nach dem Ersten Weltkrieg erlangt jener Unterschied dann eine globale Bedeutung. Zum selben Zeitpunkt entstehen nationalistisch-diktatorische Gegenbewegungen, die unter den Parolen des „nationalen Sozialismus“ und des Faschismus ebenfalls an die kollektivistische und totalitäre sowie an die antikapitalistische und antibürgerliche Stoßrichtung des revolutionären Sozialismus anknüpfen. Was die beiden totalitären Versionen verbindet, ist die antiliberale und antiparlamentarische Grundauffassung von Politik; was sie trennt, ist die konträre Einstellung zu Klassenkampf und Diktatur des Proletariats. Aber es läßt sich nicht leugnen, daß die tiefen Unterschiede der ideologischen Herkunft – aus einer sozialen, übernationalen Emanzipationsbewegung einerseits, aus dem sozial-imperialen, völkisch-rassistischen Nationalismus andererseits – sich weitgehend verwischen, wenn im radikalen Machtkampf und in der monokratischen Machtbefestigung alsbald die diktatorischen Tendenzen und totalitären Herrschaftsmittel durchschlagen: „klassisch“ geschah dies im Nebeneinander (und zeitweiligen Miteinander) von Stalinismus und Hitlerismus.
Die Sozialdemokratie kann sich zwischen jenen beiden totalitären Versionen nur behaupten, wenn sie den Sozialismusbegriff allenfalls in einer betont demokratisch qualifizierten Weise verwendet und immer wieder klar gegen kommunistische und totalitäre Versionen abgrenzt. Das fällt freilich schwer, wenn der Begriff wie eine Glaubensformel aufgefaßt wird, welcher zumal die Jugend in ihrem Verlangen nach umfassenden Lösungen immer wieder zuneigt und auch ein Großteil der sozialistischen Parteien im freien Europa zugetan bleibt. [...]
So verschieden die Richtungen und die Erscheinungsformen „des“ Sozialismus in aller Welt sein mögen, und so gewiß sich der Nationalsozialismus als Gegenprinzip zum Marxismus verstand, so verwandt war er doch in seinen totalitären, antiliberalen Zügen und in der Tendenz, den Menschen zu organisieren und zu reglementieren, die dann in der Herrschaftspraxis des Dritten Reiches voll wirksam wurde. Gewiß ist die „linke“ Komponente dieses nationalen Sozialismus großteils im Führerabsolutismus Hitlers untergegangen; aber Ähnliches geschah auch dem revolutionären Sozialismus unter Stalin. Und die antibürgerliche Radikalität wurde im Kriegs- und Vernichtungsregime Hitlers ebenso sichtbar, wie sie auch in der extremen Schlußphase des italienischen Faschismus (Repubblica Sociale 1943–1945) wieder erschien: im Rückgriff des ehedem radikalen Sozialisten Mussolini auf die revolutionären Anfänge.
Die nivellierend egalisierenden, quasi-sozialistischen Wirkungen solcher totalitären Bewegungen und Regime sind nicht zu verkennen. Wenn es sich nach Mode der alten und neuen Faschismustheorien

durchsetzte, daß nur vom „deutschen Faschismus" gesprochen wird, dann hieße dies den Begriff Nationalsozialismus nicht ernst nehmen oder ihn gar tabuisieren, weil er das für viele so positive, ja geheiligte Wort Sozialismus enthält. Dieser Lesart folgen, verständlicherweise, vor allem die Kommunisten. Alle anderen aber, nicht zuletzt auch Sozialdemokraten, sollten dieser Tendenz widerstehen und darauf sehen, den Sozialismusbegriff wieder klarer (und rarer) zu verwenden, gerade wenn sie gegenwärtig eine europäische Nostalgie zur Wiedervereinigung aller linken Sozialismen drängt. Ohne freiheitlich-demokratische Qualifizierung bleibt „Sozialismus" ein Wort, an dem allzu viele Ideologen von links bis rechts ihre Sehnsüchte, Täuschungen und Ambitionen festmachen.
Jedenfalls war gerade für den Nationalsozialismus der Rückgriff auf die nationale und die totalitäre Komponente des Sozialismusbegriffs ein wichtiges Mittel zur Erreichung seiner Doppelwirkung als umfassende Synthese der beiden großen Zeittendenzen, die er in seiner deutschen Selbstbezeichnung propagierte. Die weite Anziehungskraft des Hitlerismus lag nicht zuletzt im Gebrauch der Doppelformel des Nationalen und des Sozialen, ohne die das Phänomen jener autoritär-revolutionären Massenbewegung und das totalitäre Ausmaß der furchtbarsten Diktatur unserer Geschichte undenkbar erscheint.
(K. D. Bracher, Die totalitäre Verführung. Probleme der Nationalsozialismusdeutung. In: ders., Zeitgeschichtliche Kontroversen. München 1983, S. 134–138)

Problem und Diskussion

1 *Erarbeiten Sie in Gruppenarbeit die unterschiedlichen theoretischen Ansätze, die das Phänomen Faschismus/Nationalsozialismus zu erklären versuchen.*
2 *Diskutieren Sie die Frage, ob es zulässig ist, sozialistische Herrschaftssysteme mit dem Herrschaftssystem des Nationalsozialismus gleichzusetzen.*

Zeittafel

1933
30. 1. Ernennung Hitlers zum Reichskanzler
27. 2. Reichstagsbrand
28. 2. Verordnung des Reichspräsidenten „Zum Schutze von Volk und Staat"
5. 3. Reichstagswahlen
24. 3. Ermächtigungsgesetz
20. 7. Konkordat mit dem Vatikan
14. 10. Austritt aus dem Völkerbund
12. 11. Reichstagswahlen (NSDAP: 92%)

1934
26. 1. Nichtangriffspakt mit Polen
30. 6. Röhm-Aktion
2. 8. Hindenburg gestorben; Hitler vereinigt Amt des Reichskanzlers und des Reichspräsidenten in seiner Hand

1935
16. 3. Wiedereinführung der allgemeinen Wehrpflicht
18. 6. Deutsch-englisches Flottenabkommen
15. 9. „Nürnberger Gesetze"

1936
7. 3. Besetzung des Rheinlandes durch die Wehrmacht
9. 9. Verkündigung des Vierjahresplans

1938
13. 3. Besetzung Österreichs
29. 9. Konferenz von München
1. 10. Einmarsch in die sudetendeutsche Gebiete der Tschechoslowakei
9. 11. Judenpogrom („Reichskristallnacht")

1939
15. 3. Besetzung der Tschechoslowakei
23. 3. Besetzung des Memellandes
23. 8. Deutsch-sowjetischer Nichtangriffspakt
1. 9. Angriff auf Polen
3. 9. Kriegserklärung Englands und Frankreichs
27. 9. Kapitulation Polens

1940
9. 4. Besetzung Dänemarks und Norwegens
10. 5. Beginn des Westfeldzuges gegen Frankreich, Belgien, Holland, Luxemburg
10. 6. Kriegseintritt Italiens
22. 6. Waffenstillstand mit Frankreich
27. 9. Pakt Deutschland–Italien–Japan

1941
6. 4. Angriff auf Jugoslawien und Griechenland
22. 6. Angriff auf die Sowjetunion
7. 12. Japanischer Angriff auf Pearl Harbor
11. 12. Kriegserklärung Deutschlands und Italiens an die USA
19. 12. Hitler übernimmt das Oberkommando des Heeres
Dez. Beginn der Massenvernichtung von Juden

1942
20. 1. Wannsee-Konferenz
Juni Beginn der Massenvergasung in Auschwitz-Birkenau
7. 11. Landung amerikanischer und englischer Truppen in Nordafrika

1943
2. 2. Kapitulation der 6. Armee in Stalingrad
18. 2. Goebbels proklamiert den „totalen Krieg"

1944
6. 6. Alliierte Invasion in Frankreich
20. 7. Attentat auf Hitler

1945
25. 4. Begegnung der amerikanischen und sowjetischen Truppen an der Elbe
30. 4. Selbstmord Hitlers
2. 5. Besetzung Berlins durch die Rote Armee
8./9. 5. Bedingungslose Kapitulation
23. 5. Alliierte übernehmen Regierungsgewalt

Literaturhinweise

Zitierte Literatur

Deuerlein, Ernst: Der Aufstieg der NSDAP in Augenzeugenberichten. München: DTV, [4]1980
Hildebrand, Klaus: Das Dritte Reich. München: Oldenbourg, 1980
Mason, Timothy W.: Zur Lage der Frauen in Deutschland 1930–1940. In: Gesellschaft, Beiträge zur Marxschen Theorie 6. Frankfurt: Suhrkamp, 1976
Niedhard, Gottfried: Die ungeliebte Republik. München: DTV, 1983
Thamer, Hans-Ulrich: Verführung und Gewalt. Deutschland 1933–1945. Berlin: Siedler, 1986
Volkmann, Hans-Erich: Die NS-Wirtschaft in Vorbereitung des Krieges. In: Das Deutsche Reich und der Zweite Weltkrieg, Bd. 1. Stuttgart: DVA, 1979

Bibliographie – Quellensammlungen

Hüttenberger, Peter: Bibliographie zum Nationalsozialismus. Göttingen: Vandenhoeck, 1980
Hofer, Walther (Hrsg.): Der Nationalsozialismus. Dokumente. Frankfurt/M.: Fischer, 1979
Michalka, Wolfgang (Hrsg.): Das Dritte Reich. Dokumente zur Innen- und Außenpolitik. Bd. 1: „Volkgemeinschaft“ und Großmachtpolitik 1933–1939; Bd. 2: Weltmachtanspruch und nationaler Zusammenbruch 1933–1945, München: DTV, 1985
Jahnke, Karl-Heinz/Buddrus, Michael: Deutsche Jugend 1933–1945. Hamburg: VSA 1989
Kühnl, Reinhard: Der deutsche Faschismus in Quellen und Dokumenten. Köln: Pahl-Rugenstein, [5]1980
Schönbrunn, Günter (Hrsg.): Weltkrieg und Revolutionen 1914–1945. Geschichte in Quellen. München: Bayer. Schulbuchverlag, 1979

Übersichtsdarstellungen

Barkai, Avraham: Das Wirtschaftssystem des Nationalsozialismus. Frankfurt: Fischer TB, 1988
Bracher, Karl Dietrich: Die deutsche Diktatur. Berlin: Ullstein, 1979
Broszat, Martin: Der Staat Hitlers. München: DTV, 1979
Broszat, Martin (Hrsg.): Das Dritte Reich. Ursprünge, Ereignisse, Wirkungen. Freiburg: Ploetz, 1983
Broszat, Martin: Die Machtergreifung. Der Aufstieg der NSDAP und die Zerstörung der Weimarer Republik. München: DTV 1984
Bracher, K. D./Funke, Manfred/Jacobsen, Hans-Adolf (Hrsg.): Nationalsozialistische Diktatur 1933–1945. Eine Bilanz. Düsseldorf: Droste, 1983
Hildebrand, Klaus: Das Dritte Reich. München: Oldenbourg, [3]1987.
Jasper, Gotthard: Die gescheiterte Zähmung. Wege zur Machtergreifung Hitlers 1930–1934. Frankfurt/M.: Suhrkamp 1986
Kolb, Eberhard: Die Weimarer Republik. München: Oldenbourg, 1984
Michalka, Wolfgang (Hrsg.): Die nationalsozialistische Machtergreifung. UTB 1329. Paderborn: Schöningh, 1984
Thamer, Hans-Ulrich: Verführung und Gewalt. Deutschland 1933–1945. Berlin: Siedler, 1986
Wippermann, Wolfgang: Europäischer Faschismus im Vergleich 1922–1982. Frankfurt/M.: Suhrkamp, 1983

Einzelne Probleme

Biographien

Fest, Joachim: Hitler. München: DTV 1980
Bullock, Alan: Hitler. Düsseldorf: Droste
Kube, Alfred: Pour le mérite und Hakenkreuz. Hermann Göring im 3. Reich. München: Oldenbourg 1986

Alltag

Focke, Harald/Reimer, Uwe: Alltag unter dem Hakenkreuz. Reinbek: Rowohlt, 1980
Focke, H./Strocka: Alltag der Gleichgeschalteten, Reinbek: Rowohlt, 1985
Beck, Johannes (Hrsg.): Terror und Hoffnung in Deutschland 1933–1945. Reinbek: Rowohlt, 1980
Berger, Thomas: Lebenssituationen unter der Herrschaft des Nationalsozialismus. Frankfurt/M.: Hirschgraben, 1981
Schmid, Heinz Dieter: Die nationalsozialistische Machtergreifung in einer Kreisstadt. Frankfurt/M.: Hirschgraben, 1979
Niethammer, Lutz: Die Jahre weiß man nicht, wo man sie heute hinsetzen soll. Faschismuserfahrungen im Ruhrgebiet. Bonn: Dietz, 1983

Kirchen

Denzler, Georg/Fabricius, Volker: Die Kirchen im Dritten Reich. 2 Bde. Frankfurt/M.: Fischer, 1984
Klee, Ernst: „Die SA Jesu Christi“. Die Kirche im Banne Hitlers. Frankfurt: Fischer TB, 1989
Meier, Kurt: Der evangelische Kirchenkampf. 3 Bde. Göttingen: Vandenhoeck, 1981 ff.
Scholder, Klaus: Die Kirchen und das Dritte Reich. Bd. 1 1918–1934. Berlin: Propyläen, 1977; Bd. 2: Das Jahr der Ernüchterung 1934. Barmen und Rom. Berlin: Siedler 1985.

Sozialstruktur – Arbeiter – Bauern

Schönbaum, David: Die braune Revolution. München: DTV, [2]1980
Broszat, M. (Hrsg.): Bayern in der NS-Zeit. Bde. 1–6. München: Oldenbourg, 1967–1983

Fremdarbeiter/Zwangsarbeiter

Das Daimler-Benz-Buch. Ein Rüstungskonzern im „Tausendjährigen Reich". Herausgegeben von der Hamburger Stiftung für Sozialgeschichte des 20. Jahrhunderts. Nördlingen: Greno, 1987

Herbert, Ulrich: Fremdarbeiter. Politik und Praxis des „Ausländereinsatzes". Berlin/DDR: Dietz, 1985

Mason, Timothy W.: Sozialpolitik im Dritten Reich. Opladen: Westdeutscher Vlg., 1977

Grundmann, Friedrich: Agrarpolitik im Dritten Reich. Hamburg: Hoffmann & Campe, 1979

Siegfried, Klaus-Jörg: Rüstungsproduktion und Zwangsarbeit im Volkswagenwerk 1939–1945. Frankfurt/M.: Campus, 1987

Frauen

Klinksiek, Dorothee: Die Frau im NS-Staat. Stuttgart: DVA, 1982

Winkler, Dörte: Frauenarbeit im Dritten Reich. Hamburg: Hoffmann &Campe, 1977

Kuhn, Annette/Rothe, Valentine (Hrsg.): Frauen im deutschen Faschismus. 2 Bde. Kommentierte Quellenslg. Düsseldorf: Schwann, 1983

Schmid, M./Dietz, G.: Frauen unterm Hakenkreuz. München: DTV 1985

Thalmann, R.: Frausein im 3. Reich. München: Hanser 1984

Jugend und Schule

Arbeitsgruppe pädagogisches Museum (Hrsg.): Heil Hitler, Herr Lehrer. Volksschule 1933–1945. Reinbek: Rowohlt, 1983

Klönne, Arno: Jugendprotest und Jugendopposition. Von der HJ-Erziehung zum Cliquen-Wesen der Kriegszeit. In: Broszat: Bayern in der NS-Zeit (s. oben), Bd. 4.

Flessau, Kurt-Ingo: Schule und Diktatur. Frankfurt/M.: Fischer, 1979

Heinemann, Manfred u. a.: Erziehung und Schule im Dritten Reich. Stuttgart: Klett, 1980

Herrmann, Ulrich (Hrsg.): Die Formung der Volksgenossen. Weinheim: Beltz, 1985

Vernichtungspolitik

Adam, Uwe D.: Judenpolitik im Dritten Reich. Königstein: Athenäum, ²1979

Benz, Wolfgang: Die Juden in Deutschland 1933–1945. München: Beck 1989

Kaiser, Jochen-Christoph/Greschat, Martin: Der Holocaust und die Protestanten. Frankfurt/M.: Athenäum 1988

Klee, Ernst: Euthanasie im NS-Staat. Die Vernichtung lebensunwerten Lebens. Frankfurt/M.: Fischer, 1983

Klee, Ernst: Euthanasie im NS-Staat. Dokumente. Frankfurt/M.: Fischer, 1985

Kogon, Eugen/Langbein, Hermann/Rückerl, Adalbert (Hrsg.): Nationalsozialistische Massentötungen durch Giftgas. Frankfurt/M.: Fischer, 1983

Widerstand

Hoffmann, Peter: Widerstand, Staatsstreich, Attentat. Berlin: Ullstein, ²1974

Löwenthal, Richard: Widerstand und Verweigerung in Deutschland 1933–1945. Bonn: Dietz, 1984

Graml, Hermann (Hrsg.): Widerstand im Dritten Reich. Frankfurt/M.: Fischer, 1984

Markmann, Heinz J.: Der deutsche Widerstand gegen den Nationalsozialismus 1933–1945. Modelle für den Unterricht. Mainz: Hase & Koehler, 1984

v. Roon, Ger.: Widerstand im Dritten Reich. München: Beck, 1979

Peukert, Detlef: Die Edelweißpiraten. Protestbewegung jugendlicher Arbeiter im Dritten Reich. Köln: Bund-Verlag, ²1983

Scheurig, Bodo: Deutscher Widerstand 1938–1944. Fortschritt oder Reaktion. München: DTV, ²1984

Schnädeke, Jürgen/Steinbach, Peter (Hrsg.): Der Widerstand gegen den Nationalsozialismus. Die deutsche Gesellschaft und der Widerstand gegen Hitler. München: Piper, 1985

Weltkrieg

Hillgruber, Andreas: Der Zweite Weltkrieg 1939–1945. Stuttgart: Kohlhammer, ³1984

Militärgeschichtliches Forschungsamt (Hrsg.): Das Deutsche Reich und der Zweite Weltkrieg. Bde. 1, 2, 4. Stuttgart: DVA, 1979ff.

Bildquellen

Bulloz, Paris: S. 7 – Giraudon, Paris: S. 11 – Archiv für Kunst und Geschichte, Berlin: S. 38, 135, 210 – Bildarchiv Preußischer Kulturbesitz, Berlin: S. 85, 112, 154, 269, 310 o. – Archiv Gerstenberg, Wietze: S. 102, 209, 210 – Leipziger Illustrierte: S. 106 – Süddeutscher Verlag, Bilderdienst, München: S. 157, 282, 289, 296, 309, 310 u., 326, 345, 358, 369, 370, 374, 384, 385 – Aldus Books Ltd.: S. 173 – Deutsches Museum, München: S. 175 – Walker Art Gallery, Liverpool: S. 176 – Städtisches Bildarchiv, Essen: S. 190 – Walter Moog, Essen: S. 190 u. – Akademie der Künste, Berlin: S. 198 – Dokumentenkabinett, Vlotho: S. 244 – aus: Unser Jahrhundert im Bild: S. 261, 266, 267 – Landesbildstelle Berlin: S. 263 (2) – aus: Anschläge. Deutsche Plakate als Dokumente der Zeit 1900–1970. Langewiesche-Brandt, Ebenhausen b. München: S. 262, 264, 265, 295, 308, 313 (2), 347, 353 (2) – Ullstein Bilderdienst, Berlin: S. 268, 284, 330, 385 – Keystone, Hamburg: S. 290 – Galerie der Stadt Stuttgart: S. 303

Register